日本・朝鮮半島の青銅武器研究

柳田 康雄 著

雄山閣

カラー図版1　有節柄式Ⅰ型「楚・徐王義」銘銅剣細部（根津美術館蔵）

カラー図版2　有節柄式Ⅰ型銅剣（東京国立博物館蔵）

カラー図版 3 福岡県中寒水中国式銅剣Ⅱb式

カラー図版 4 長崎県原の辻 18 号甕棺墓中国式銅剣Ⅱb式

カラー図版5　韓国松堂里未研磨銅戈の指紋（左）と鋳型補修痕跡

カラー図版6　福岡県東小田峰145号住居跡銅矛土製鋳型

カラー図版 7　触角式銅剣把頭飾（慶應義塾大学蔵）

まえがき

　弥生時代青銅武器は朝鮮半島から流入し、まもなくそれを模倣生産することから始まり、独自の発展を遂げると考えられている。

　本書では、北部九州の玄界灘沿岸に最初に舶載・副葬されると同時に国産化されることを論じてきた既論文を補強して論じている。

　北部九州では、佐賀平野が最も早く青銅器生産を開始したという研究がある。この研究も、玄界灘沿岸と佐賀平野が土器型式において併行関係にあって初めて論及できることである。ところが、その他にも初期鋳型が出土する北九州市・熊本市を含めて、当該地ではその生産された青銅器そのものが出土する時期が玄界灘沿岸より1小期以上遅れているのが実態である。

　この実態を受けて、1991年に「青銅武器のランクと支配秩序の出現」、「青銅武器の配布ルール」が語られ、「細形銅矛・細形銅戈・細形銅剣の段梯的分布図」が提示された。この分布図では、最上位にランクされる「細形銅矛」が玄界灘沿岸に限定され、次の「細形銅戈」が福岡県を中心に佐賀・大分両県の半分と熊本県の一部に、最下位の「細形銅剣」が中国・四国に及ぶものとなっている。ここでは「細形」が舶載品の意味をもつことから、筆者の型式分類では「細形銅矛」には舶載品がなく、福岡県外に分布する「細形銅剣」においても舶載品が稀有な存在になっていること、「細形銅戈」では福岡県内の一部に限定されている実態から、青銅武器の型式分類が未確定段階での青銅器分布図は有効性に欠けていることを述べてきた。「ランク・ルール」についての筆者の解釈は、階層分化が進行している玄界灘沿岸以外は最新武器が「規制」されていると考えている。

　1980年以降の弥生時代青銅器研究には、相対的時期の目安となる土器の研究歴のない研究者が多くなるように思えるのは偏見であろうか。結果は自身で土器及び青銅器の時期が確定できずに、文献頼りとなっている。

　北部九州に朝鮮半島系青銅武器が出現する時期は、1968年以来金海式甕棺が前期末とされる説が踏襲されてきた。筆者は、1978年に福岡県三雲柿木遺跡金海式甕棺墓坑から城ノ越式土器片を発掘し、1981年に報告できたことから、以後金海式甕棺を中期初頭とする論考を発表してきた。さらに、1984年調査、1996年報告された福岡市吉武高木遺跡において金海式甕棺に城ノ越式小壺が供献されている事実が判明した。以後前期末・中期初頭と曖昧に表現する研究者が出没するようになるが、2008年になってようやく金海式甕棺＝中期初頭説を採る青銅器研究者が現れたに過ぎない。同説を提唱して27年を費やしたが、一方では前期末説に固執する研究者が絶えない現状もある。

　兵庫県田能銅剣鋳型は、1991年に須玖岡本D地点銅剣に近いことが指摘されていながら「中細形銅剣a類」を踏襲、2001年になっても「中細形銅剣A類」とされている。須玖岡本D地点銅剣は中期後半であり、北部九州の「中細形銅剣A類」には「中細形銅剣B類」より新しい型式が含まれていることになるのは、土器の地域間の併行関係の齟齬に気付かれていないことと、近

畿地方先進性を主張する研究者の存在に起因するものと考えている。

　このように地域間の併行関係と時期差は、青銅器の型式分類に多大の影響を及ぼす。上記のように2001年に画期的な青銅武器・武器形青銅器集成がなされていながら、当該地の土器型式が古いことから、「中細形銅剣A類」には多様な地域性のある銅剣型式が含まれる結果を招いている。

　これまでの青銅器研究においては、鋳造遺跡・多数副葬遺跡・大量埋納遺跡などの発掘調査が相次いだこともあって目覚ましい発展がある一方で、上記のような疑問・問題点・課題を挙げれば枚挙に遑が無いのも現実である。一方では科学的分析・解析の参入もあり、弥生時代青銅器研究は将来性のある分野であることに間違いない。

　本書は、上記のような弥生時代青銅器研究の現状を把握して、可能な限りの大縮尺の実測図を網羅掲載した。新発見の資料紹介、集成一覧表、集成図作成を達成してきた弥生時代青銅器研究成果を享受して、71歳の現時点での研究成果を纏めたものである。

例 言

1. 本書は、日本列島及び朝鮮半島における弥生時代青銅武器の生産と流通の研究である。青銅武器とは実戦で使用可能な武器をさすことから、武器としての使用痕跡がある従来の「中細形」製品も含むことになるが、本書独自の型式分類で表示する。

   朝鮮半島系青銅武器は、朝鮮半島製をⅠ型式、北部九州製をⅡ型式以降とする。

2. 本書は、筆者が2003年以降に発表してきた青銅武器に関しての論文の

   「短身銅矛論」(『橿原考古学研究所論集』14)、

   「日本・朝鮮半島の中国式銅剣と実年代」(『九州歴史資料館研究論集』29)、

   「銅剣鋳型と製品」(『考古学雑誌』91—1)、

   「銅戈の型式分類と生産・流通」(『古代学研究』180)、

   「青銅武器・武器形青銅器の使用痕」(『橿原考古学研究所論集』15)、

   などを骨子に、その他の短編の論考を統合したものであるが、第7章の「青銅武器の研磨技術」は完全書下ろしの原稿である。

   既発表論文は学術雑誌などに掲載され、当然原稿枚数の制限が存在したことから、本書では大幅に加筆してある。

   とくに第4章の銅矛は、既論文が「短身銅矛」の存在論が主目的であったことから、型式分類と他型式を全面的に追加したことで、書下ろし原稿に近いものとなっている。

3. 既発表論文では、青銅武器の実測図において代表例を掲載したに過ぎなかったが、本書では新発見例を含めて自前の実測図の全部を掲載した。制約などの都合で実測できなかったり、型式的に不足する実測図は報告書などで掲載された図を転用して全型式の実測図を網羅することに努めたので、青銅武器の集成図も兼ねている。

4. 青銅武器の実測図は、可能な限り自身で実測したが、報告書や論文で使用された実測原図が現存して実大コピーが提供してもらえる場合に限り、そのコピーに鋳造技術・研磨痕跡・使用痕跡・断面図などを加筆したので、その旨を実測図一覧に記載している。

   韓国では実測において制約が多いことから、報告書（既発表）図を実大コピーして持参し加筆したものもある。

5. 青銅武器の実測図は、細部の微妙な変化が型式学的に必要不可分であることから可能な限り2分の1の大縮尺としたが、武器形青銅器は本書の体裁上やむなく3分の1、4分の1にせざるを得なかった。

6. 本書は、青銅武器の既型式分類を再考する立場を採ることから、実測図で表現できない細部の微妙な痕跡を近接撮影した写真を多用している。掲載した写真原版は全部自前撮影で、鋳造技術・研磨痕跡の表現では斜光線をあて、使用痕跡のマメツ部分は光沢で表現している。

   出土品を所蔵する博物館・資料館には掲載許可申請して掲載したが、掲載条件などの制約で掲載を断念せざるを得なかったものもある。

7. 遺跡などの所在地については、極力現在の行政単位の地名による表記となるように努めた。
8. 弥生時代の時期区分については、相対的時期区分である早期・前期・中期・後期を使用し、さらにそれを細分する初頭・前半・中頃・後半・終末などを適宜使用した。北部九州と他地域では、少なくとも1小期以上の時期差が存在することから、地域での時期には必要に応じて「当該期」を冠することにした。また、正確さを期すために当該地の土器様式・型式が判明する場合はそれを記した。

なお、弥生時代と古墳時代の区分は、庄内式併行期を古墳時代早期、布留1式を古墳前期前半とした。

日本・朝鮮半島の青銅武器研究　目次

まえがき ……………………………………………………………………………………… 1
例　言 ………………………………………………………………………………………… 3

第1章　青銅武器・武器形青銅器研究史 …………………………………………… 7

第2章　青銅武器出土主要遺跡の確認 ……………………………………………… 13
　1　朝鮮半島　13
　2　日　本　18

第3章　中国式銅剣 …………………………………………………………………… 29
　1　はじめに　29
　2　中国式銅剣　29
　3　日本・朝鮮半島出土の中国式銅剣と鋳型　43
　4　朝鮮半島との併行関係　57
　5　中国との併行関係と実年代論　63
　6　まとめ　71

第4章　銅　矛 ………………………………………………………………………… 75
　1　はじめに　75
　2　青銅武器の型式学的検討　75
　3　銅矛の鋳型　78
　4　銅矛の型式分類　100
　5　各型式の時期　122
　6　青銅武器の年代と伝世　125
　7　まとめ　131

第5章　銅　剣 ………………………………………………………………………… 135
　1　はじめに　135
　2　銅剣の型式分類　135
　3　銅剣鋳型　158
　4　日本出土鋳型の特徴　183
　5　鋳型と製品の対照　185

6　各型式の時期と年代　201
　　7　分布と製作地　203
　　8　まとめ　205

第6章　銅　戈 ……………………………………………………………………… 211
　　1　はじめに　211
　　2　初期鋳型の検討　211
　　3　銅戈の型式分類　217
　　4　銅戈の鋳造技術　244
　　5　国内生産　272
　　6　流通と地域性　274

第7章　青銅武器の研磨技術 ………………………………………………………… 283
　　1　はじめに　283
　　2　未研磨青銅武器　283
　　3　脊部の研磨進行段階　289
　　4　研磨の種類と段階　294
　　5　銅矛袋部と耳周囲処理　307
　　6　再研磨の技術　309

第8章　青銅武器・武器形青銅祭器の使用痕跡 …………………………………… 319
　　1　はじめに　319
　　2　武器の出現　320
　　3　実戦武器使用実例　321
　　4　使用痕跡の種類　330
　　5　まとめ　355

参考文献 ……………………………………………………………………………………… 357
あとがき ……………………………………………………………………………………… 379

青銅武器写真掲載一覧 ……………………………………………………………………… 381
青銅武器実測図一覧 ………………………………………………………………………… 384

第1章　青銅武器・武器形青銅器研究史

　これまでに何度となく研究史がまとめられてきたと思われるが、近年では日本考古学会創立100周年記念特集号Ⅱ、特集日本考古学における型式学（1）の『考古学雑誌』第82巻第2号（1996）に概要が掲載されている（岩永・井上）。
　ここでは、巻末の執筆者の五十音順の「参考文献」と区別する意味で、研究実績を年代順に表にし、私なりの項目分類と若干の解説も加えることで研究史とした。

1　第1期〔江戸時代〕

青柳種信 1822『柳園古器略考』	『柳園古器略考』は、1822（文政5）年に国学者で福岡藩士の青柳種信（1766～1835）が著した。同年に発見された「怡土郡三雲村所堀出古器図考」・「同郡井原村所堀出古鏡図考」など3編が収められ、特に三雲南小路発見の銅鏡35面・銅矛2本・有柄式銅剣・銅戈・装身具などを副葬した甕棺墓の記録が出土状態と出土品図と共に解説され、銅鏡が前漢鏡と認識されるなど考古学的な論考となっている。銅戈が銅鉾とされていた（後藤1983、柳田1985・2000・2002b・2007b・c・2008d）。
矢野一貞 1853『筑後将士軍談』	『筑後将士軍談』は、1853（嘉永6）年に久留米藩の国学者の矢野一貞（1794～1879）が著した筑後国史全60巻。蒙古襲来から豊臣秀吉の朝鮮出兵、関ケ原の戦い、江戸幕府成立までの筑後国の軍記のほか、古墳、青銅器などの考古学資料を図入りで説明している（『福岡県百科事典』西日本新聞社1982）。

2　第2期〔明治時代〕

神田孝平 1886「古銅剣の記」 神田孝平 1888「銅鐸出処考」	銅鐸と武器類の分布の違い。
若林勝邦 1897「銅剣に関する考説及びその材料の増加」	
八木奘三郎 1897「上代干戈考」 八木奘三郎 1900「九州古代遺跡調査報告」 八木奘三郎 1902『考古便覧』 八木奘三郎 1906『日本考古学』 八木奘三郎 1910『考古精説』	銅剣・銅鉾について詳説。

3　第3期〔大正～昭和前期〕

（1）時代区分

中山平次郎 1917a「銅鉾銅剣の新資料」	福岡県板付田端から出土した銅矛・銅剣と甕棺を図入りで報告。甕棺は、中期初頭（金海式）から中期中頃（須玖式）まであり、3基の甕棺から6本の青銅器が出土したことになる。
中山平次郎 1917b「九州北部に於ける先史原史両時代中間期間の遺物に就て」	原史時代（石器時代）と先史時代（古墳時代）の間に石器と金属器が共存する時代（今日の弥生時代）を設定。
富岡謙蔵 1918「九州北部に於ける銅剣銅鉾及び弥生式土器と伴出する古鏡の年代について（一）～（四）」	弥生土器の研究の進展。

（2）型式分類

高橋健自 1916～1923「銅鉾銅剣考」（一）～（一二） 高橋健自 1923「日本青銅器文化の起源」	銅鐸の朝鮮起源説。

梅原末治 1923～24「銅剣銅鉾に就いて」	銅剣・銅鉾を踏襲し、「細形銅剣」と広鋒銅矛をさらに２つに区分する。
高橋健自 1925『銅鉾銅剣の研究』	「銅鉾銅剣という青銅器を対象とする遺物研究の一方法論を確立した。型式学的な方法を駆使してそれを類型化して大別し、化学的分析によって成分を認定し、分布を把握した後、資料を集成して遂一瞥見して基礎的な事実関係を明らかにしている。その後に、各類型の起源と展開の時期、分布と型式観に論及し、それらの性格を分明にする手段として、埋没状態にもとづく遺跡の種類を検討し、関連遺物との相関関係を時空的に触れている」と、坂詰秀一（1971）は評価している。銅剣をクリス形銅剣・「細形銅剣」・「平形銅剣」の３型式、クリス形銅剣・銅矛をその鋒の広狭によって狭鋒と広鋒の２者に分類。共伴遺物を検討して「西紀前一・二世紀」にあると日本青銅器の起源年代に関する見解を示している。青銅器だけでなく、関連遺物を含めた分布図を掲載していることから、坂詰は「かかる構成の本書は、わが考古学界における遺物の本格的研究の嚆矢であり、大正時代考古学の金字塔」と評価する。
森本六爾編 1927「銅剣銅鉾の研究」	梅原末治と同じく、銅剣・銅鉾を踏襲し、「細形銅剣」と広鋒銅矛をさらに２つに区分する。
森本六爾編 1929『日本青銅器時代地名表』	
梅原末治 1930「朝鮮に於ける新発見の銅剣銅鉾並に関係の遺物」	
梅原末治 1933b「朝鮮出土銅剣銅鉾の新資料」	
榧本杜人 1933「結紐状銅器とクリス形銅剣」	
榧本杜人 1941「「朝鮮出土青銅器遺物の新資料」への追加」	
三木文雄 1941「朝鮮出土青銅器遺物の新資料」	

4　第４期〔20世紀後半〕

（１）青銅器出土地名表の作成

森本六爾編 1929『日本青銅器時代地名表』	
東京考古学会編 1965「日本青銅器発見地地名表」	
杉原荘介 1972『日本青銅器の研究』	鏡・青銅器分布図、飯倉出土甕棺を城ノ越式、銅剣・銅鐸・銅戈を細形・中細形・広形に分類。
樋口隆康編 1974「弥生時代青銅器出土地名表」	
岩永省三 1980b「日本青銅武器出土地名表」	
岡崎　敬 1982b「銅剣・銅矛・銅戈―韓国出土および第一次日本製品―」	
吉田　広・高山　剛編 1996「武器形青銅器集成」	
埋蔵文化財研究会第20回研究集会世話人編 1986『弥生時代青銅器とその共伴関係』	
松本岩雄・足立克己編 1996『出雲神庭荒神谷遺跡』	
松本岩雄・足立克己編 1996「青銅器埋納遺跡調査表」	
平野芳英編 1996「銅鐸・武器形青銅器出土地名表」	
黒沢　浩 1999「弥生時代鋳型地名表　改訂版」	

（２）型式分類の定形化と疑問

水野清一・樋口隆康・岡崎　敬 1953『対馬』東亜考古学会	銅鉾を銅矛とし、広鋒を２つに区分して、「中広形銅矛」と「広鋒銅矛」にわけた。
岡崎　敬 1955「銅剣・銅矛・銅戈」	
三木文雄 1956「青銅器」	
森貞次郎・乙益重隆・渡辺正気 1960「福岡県志賀島の弥生遺跡」	鋳型の平面形は「細形銅剣」でありながら、刃部の外側が内側より深く彫られていることを明記している。
森貞次郎 1960「青銅器の渡来　銅剣・銅矛・銅戈の鋳造」	銅剣・銅矛・銅戈は朝鮮から舶載され、日本で仿製し発達させたものであり、はじめは１つのセットであった。したがってこの３者には共通の型式変化の段階がある。細形・中細・中広・広形の４型式に分類した。
原田大六 1961b「平形銅剣の形成と編年」	
杉原荘介 1964「銅剣・銅鉾・銅戈」	

森貞次郎 1968b「弥生時代における組形銅剣の流入について」	前期後半（伯玄式）、前期末（金海式）、中期初頭（城ノ越式）中期前半（汲田式）、中期中頃（須玖式）、中期後半（立岩式）、後期初頭（桜馬場式）、後期中頃（三津式）、後期末（日佐原式）。 細形銅剣をBⅠa・BⅠb・BⅢ・Cに分類。
近藤喬一 1969「朝鮮・日本における初期金属器文化の系譜と展開」	朝鮮　　　　　　　　　　　　　　　日本 (1) 狭鋒銅矛a型式 (2) 〃　b型式　……　(1) 狭鋒銅矛b型式（全長 16.5～22.5cm） (3) 〃　c型式　……　(2) 〃　c型式（全長 28.8～46.7cm） (4) 〃　d型式　……　(3) 〃　d型式（全長 54.6～68.8cm） (5) 〃　e型式　　　　(4) 〃　f型式（全長 36.2cm 前後） 　　　　　　　　　　　　(5) 中鋒銅矛A型式（全長 71.0～89.0cm） 　　　　　　　　　　　　(6) 〃　B型式（全長 72.0～81.3cm） 　　　　　　　　　　　　(7) 広鋒銅矛A型式 　　　　　　　　　　　　(8) 〃　B型式
三木文雄 1969「大阪湾型銅戈について」	
杉原荘介 1972『日本青銅器の研究』	(1) 銅剣 　Ⅰ 細形銅剣―A 宇木式銅剣、B 須玖式銅剣 　Ⅱ 中細形銅剣―浜式銅剣 　Ⅲ 広鋒銅剣―A 岡垣式銅剣、B 古田式銅剣、C 一万式銅剣、D 瓦谷式銅剣 (2) 銅鉾 　Ⅰ 細形銅鉾―A 板付式銅鉾、B 宇木式銅鉾 　Ⅱ 中細形銅鉾―轟式銅鉾 　Ⅲ 広鋒銅鉾―A 大綱式銅鉾、B 黒島式銅鉾 (3) 銅戈 　Ⅰ 細形銅戈―A 鹿部式銅戈、B 柚比式銅戈 　Ⅱ 中細形銅戈―谷口式銅戈 　Ⅲ 広鋒銅戈―A 簑島式銅戈、B 糸田式銅戈
岡内三眞 1973「朝鮮出土の銅戈」	
岡崎　敬 1977「青銅器とその鋳型」	宇木汲田銅矛を「中細銅矛A類」、立岩銅矛を「中細銅矛B類」とし、全長 50cm 未満を「中細銅矛」とした点で卓見であったが、「中細銅矛A類」は朝鮮半島製とする。 (1) 細形銅矛（全長 16.5～22.5cm）　(4) 中広銅矛（全長 71.0～83.1cm） (2) 中細銅矛A類（全長 28.8～46.5cm）(5) 広形銅矛（全長 83.1～89.4cm） (3) 中細銅矛B類（全長 50.3～68.8cm）
宇野隆夫 1979「韓国南城里出土の青銅器」	
小田富士雄 1979「銅剣・銅矛文化と銅鐸文化―政治圏・祭祀圏―」	
岩永省三 1980a「弥生時代青銅器型式分類編年再考―剣矛戈を中心として―」	型式分類 細形銅剣―Ⅰ式a類・Ⅰ式b類・Ⅱ式a類・Ⅱ式b類・Ⅱ式c類・Ⅱ式d類 中細銅剣―a類・b類・c類 中広銅剣 平形銅剣―Ⅰ式a類・Ⅰ式b類・Ⅱ式a類・Ⅱ式b類 細形銅矛―Ⅰ式・Ⅱ式a類・Ⅱ式b類・Ⅱ式c類 中細銅矛―a類・b類・c類 中広銅矛―近藤（1964）の「中鋒銅矛」、岡崎（1977）の「中広銅矛」に相当 広形銅矛―近藤の「広鋒銅矛」、岡崎の「広形銅矛」に相当し、細分基準は近藤を踏襲する。 細形銅戈―Ⅰ式a類・Ⅰ式b類・Ⅱ式a類・Ⅱ式b類・Ⅱ式c類 中細銅戈―a類・b類・c類 中広銅戈・広形銅戈・大阪湾型銅戈 結語 朝鮮半島では、当初から細形銅剣Ⅰ式と同Ⅱ式a類とが併存し、日本に銅剣が流入した頃の朝鮮には、すでに細形銅剣Ⅱ式b類が出現しており、弥生前期末～中期初頭の遺構から細形銅剣Ⅱ式b類が出土する可能性は残されている。 日本での銅剣の仿製は確実には中期後葉以降に開始され、中細銅剣a類は中国四国地方でも製作されたと考えられる。 以後、岩永省三の型式分類が定着する。
岩永省三 1982「須玖遺跡D地点出土青銅利器の再検討」	
岡崎　敬 1982b「銅剣・銅矛・銅戈―韓国出土および第一次日本製品―」	
福井英治編 1982「田能遺跡発掘調査報告書」	
岡内三眞 1982「朝鮮における銅剣の始源と終焉」	

藤瀬禎博編 1985「安永田遺跡」	
岩永省三 1986「銅剣」・「銅矛」・「矛形祭器」	井上洋一（1996）は「現在最も信頼の置けるもの」と評価する。
難波洋三 1986ab「銅戈」・「戈形祭器」	
柳田康雄 1986c「北部九州の国産青銅器と共伴関係」	
宮井善朗 1987「銅剣の流入と波及」	
吉田 広 1993「銅剣生産の展開」	
三木文雄 1995『日本出土青銅器の研究―剣・戈・矛・鏡・銅鐸―』	

（3）青銅器の材料と製作技術

梅原末治 1925「銅鐸の化学成分に就いて」	
近藤喬一 1974a「青銅器の製作技術」	
馬淵久夫・平尾良光 1982a「鉛同位体比からみた銅鐸の原料」	
馬淵久夫・平尾良光 1982b「鉛同位体比法による漢式鏡の研究」	
西田守夫 1982「鉛同位体比法による漢式鏡研究への期待と雑感―主として呉鏡と三角縁神獣鏡の関係資料について―」	
近藤喬一 1983「亜鉛よりみた弥生時代の青銅器の原材」	
岡内三眞 1983「朝鮮の異形有文青銅器の製作技術」	
馬淵久夫・平尾良光 1983「鉛同位体比法による漢式鏡の研究（2）―西日本出土の鏡を中心として―」	
岡内三眞 1984「東北アジアにおける青銅器の製作技術」	
馬淵久夫・平尾良光 1985「三雲遺跡出土青銅器・ガラス遺物の鉛同位体比」「三雲遺跡」	
近藤喬一 1986a「青銅器の生産技術　青銅器の生産」	
近藤喬一 1986b「青銅器の生産技術　鋳造の技術」	
馬淵久夫・平尾良光 1989「完州上林里出土中国式銅剣の原料について」	
馬淵久夫・平尾良光 1990「福岡県出土青銅器の鉛同位体比」	
柳田康雄 1990「鉛同位体比法による青銅器研究への期待」	韓国上林里出土中国式銅剣が朝鮮系鉛であることから、拙稿（1982a）の朝鮮半島と北部九州に分布する中国式銅剣b式が朝鮮半島製であることが証明された。 韓国伝慶尚道で小型異体字銘帯鏡と共伴した「細形銅剣」2本の評価において、「BⅠ式とBⅡ式の違いが製作上意図された型式差ではなく、使用度合によっての差であり、製作直後がBⅠ式で、刃こぼれなどによる再研磨で結果的にBⅡ式になると考える」と明記している。
後藤 直 1996「霊岩出土鋳型の位置」	

（4）青銅器出現時期と時期区分への疑問

森貞次郎 1955「各地域の弥生式土器―北九州―」	
森貞次郎 1966「弥生文化の発展と地域性―九州―」	
李淳鎮、永島暉臣慎・西谷正訳 1968「『夫租薉君』墓について」	
橋口達也 1979「甕棺の編年的研究」	以後、相対的前後関係は評価できることから甕棺型式分類の基準とされるようになるが、集落出土土器との併行関係や時期区分では疑問があり、以下のように常に拙稿では批判している。
柳田康雄編 1981「三雲遺跡Ⅱ」	金海式甕棺墓の墓坑内から城ノ越式土器片が出土したことから、金海式甕棺を中期初頭とした。
柳田康雄 1982a「原始」	
柳田康雄 1982b「三・四世紀の土器と鏡」	
柳田康雄 1983a「糸島地方の弥生遺物拾遺」	
柳田康雄 1983b「伊都国の考古学―対外交渉のはじまり―」	
柳田康雄 1986a「青銅器の仿製と創作」	
柳田康雄 1986b「青銅器の創作と終焉」	
柳田康雄 1987a「北部九州の国産青銅器と共伴関係」	
小田富士雄・韓炳三編 1991『日韓交渉の考古学　弥生時代篇』	

下條信行 1991「青銅器文化と北部九州」	青銅武器の序列を矛・戈・剣の順番とする。三雲南小路甕棺墓・須玖岡本甕棺墓を「王」中の「王」とする。
国立中央博物館・国立光州博物館 1992『特別展韓国の青銅器文化』	
三木文雄 1995『日本出土青銅器の研究―剣・戈・矛・鏡・銅鐸―』	
柳田康雄 1995「弥生の諸形式とその時代への疑問」	
高倉洋彰 1995『金印国家群の時代』	
松本岩雄・足立克己編 1996『出雲神庭荒神谷遺跡』	
力武卓治・横山邦継編 1996「吉武遺跡群Ⅷ」	
高倉洋彰 1998「弥生時代は今から何年前?」	

5 第5期〔21世紀〕

(1) 青銅器とその鋳型の集成

近藤喬一 2000「東アジアの銅剣文化と向津具の銅剣」	東アジアの把頭飾付銅剣・石剣を集成。
後藤 直 2000「鋳型等の鋳造関係遺物による弥生時代青銅器の編年・系譜・技術に関する研究」	
後藤 直 2002「弥生時代の青銅器生産―九州―」	
吉田 広 2001a「弥生時代の武器形青銅器」	
宮本一夫・田尻義了 2005「朝鮮半島出土銅剣の集成」	
柳田康雄 2007a「銅剣鋳型と製品」	鋳型から舶載品と北部九州製品とを区別。
田尻義了 2012『弥生時代の青銅器生産体制』	

(2) 弥生時代開始年代論争

宮本一夫 2000c『中国古代北疆史の考古学的研究』	
国立歴史民俗博物館編 2004『検証 弥生時代の実年代』	
橋口達也 2003「炭素14年代測定法による弥生時代の年代論に関連して」	
石川日出志 2003「弥生時代暦年代論とAMS年代」	
武末純一 2003「弥生時代の年代」	
設楽博己編 2004・1月『歴史研究の最前線1 揺らぐ考古学の常識―前・中期旧石器捏造問題と弥生開始年代―』	弥生開始年代が遡るとする研究者が出版(春成秀爾・小林謙一・設楽博己)。
岡内三眞 2004a「東北式銅剣の成立と朝鮮半島への伝播」	
宮本一夫 2004b「青銅器と弥生時代の実年代」	
柳田康雄 2004a「日本・朝鮮半島の中国式銅剣と実年代論」	弥生早期を前400年頃とする。
柳田康雄 2004b「北部九州からみた弥生時代の実年代」	
田中良之・溝口孝司・岩永省三他 2004夏「弥生人骨を用いたAMS年代測定(予察)」	
2004「弥生時代の始まり」『季刊考古学』88 雄山閣	
宮本一夫 2004a・10月「中国大陸からの視点」	柳田(2004a)を批判。
岡内三眞 2004b「朝鮮半島青銅器からの視点」	
寺沢 薫 2004・11月「考古資料から見た弥生時代の暦年代」	
岩永省三 2005「弥生時代開始年代再考」	柳田(2004a)をほぼ肯定して、宮本(2004a)を批判。
高倉洋彰 2006「考古学から見た弥生時代の実年代」	
春成秀爾 2007「弥生青銅器の成立年代」	
宮本一夫 2008a「遼東の遼寧式銅剣から弥生の年代を考える」	
柳田康雄 2009a「中国式銅剣と磨製石剣」	前400年説を補強。
高倉洋彰・田中良之編 2011『AMS年代と考古学』	

(3) 青銅武器型式分類の改訂

岩永省三 2002「青銅武器儀器化の比較研究―韓と倭―」	
柳田康雄 2003c「短身銅矛論」	細形とされる銅矛に型式的に新しいものを指摘。
柳田康雄 2005a「佐賀県本行遺跡鋳型再考」	時期と形式・型式を批判。
柳田康雄 2005b「青銅武器型式分類序論」	銅剣の型式分類は研き減り。

柳田康雄 2005c「銅鏡鋳造における湯口について」	鏡と青銅器の湯口と掛堰。
柳田康雄 2006a「中国地方の青銅武器」	同地域の青銅武器の伝世とマメツ。
柳田康雄 2007a「銅剣鋳型と製品」	銅剣鋳型集成と半島との区別。
後藤　直 2007「朝鮮半島の銅戈—燕下都辛庄頭 30 号墓出土銅戈の位置付け—」	
柳田康雄 2008a「銅戈の型式分類と生産・流通」	銅戈型式分類再再考。
柳田康雄 2008c「弥生時代の手工業生産と王権」	
柳田康雄 2009b「弥生時代青銅器土製鋳型研究序論」	銅矛土製鋳型の発見。
柳田康雄 2009c「武器形青銅器の型式学的研究」	青銅武器型式分類の現状。
柳田康雄 2010a「北部九州と東日本の青銅器文化」	
柳田康雄 2010b「弥生王権の東漸」	
柳田康雄 2010c「日本出土青銅製把頭飾と銅剣」	吉野ヶ里有柄式銅剣は北部九州製品。
寺沢　薫 2010『青銅器のマツリと政治社会』	青銅器の流入に関しては前期後半説を採用し、「細形」・「中細形」においては柳田の型式分類に準拠し、「細形」・「中細形」を冠している。
柳田康雄 2011a「佐賀県中原遺跡青銅器鋳型の実態」	
柳田康雄 2011b「銅戈型式分類の補足」	未研磨銅戈の指紋と補修痕跡から土製鋳型鋳造とする。
柳田康雄 2011c「青銅器とガラスの生産と流通」	拙稿の青銅武器とガラスのまとめ。
柳田康雄編著 2012a『東日本の弥生時代青銅器祭祀の研究』	東日本の青銅器・石製武器の再考。

（4）青銅武器の使用痕跡

橋口達也 1976「磨製石剣嵌入人骨について」	
橋口達也 1990「弥生時代における戦闘を示す好資料—銅剣嵌入人骨・外傷例など—」	弥生墓出土武器切先を戦闘によるものとし、石剣・銅剣が入骨に嵌入したものとする。
橋口達也 1995「弥生時代の戦い」	
福島日出海　1998「石製及び青銅製武器の切先副葬について」	橋口説に対して副葬される切先を指摘。
柳田康雄 2008b「青銅武器・武器形青銅祭器の使用痕」	多様な使用痕跡を網羅し、型式分類を批判。
荒田敬介 2011「弥生墓から出土した鋒の性格—嵌入・副葬・供献」	

第2章　青銅武器出土主要遺跡の確認

1　朝鮮半島

①　蓮花里遺跡　忠清南道

遺跡は、標高41mの丘陵から東へのびる稜線上に位置する1963年に砂防工事で発見された石棺墓とされる。腐食した岩盤に掘られた墓坑の壁面に、厚さ10cmほどの石塊を一重で貼りつけるように積み上げることから、木棺の周囲を塊石で充填する石囲木棺墓と考える。

出土遺物は、多鈕粗文鏡1・BⅠa式銅剣4・天河石曲玉1がある（金1964、李健茂1991c）。

拙稿（2004a・b・2009a）の朝鮮半島墳墓副葬品の諸段階ではⅢ段階に属する。

②　槐亭洞遺跡　大田直轄市

遺跡は、低丘陵に位置する石棺墓とされる。墓坑は南北長2.5m、東西長0.73m、深さ2.7mで、床に木質が確認されていることから、厚さ10cmほどの割石を用いた石囲木棺墓と考える。その内法が長さ2.2m、幅0.5m、高さ1mと推定されている。

出土遺物は、多鈕粗文鏡2・BⅠa式銅剣1・防牌形銅器1・剣把形銅器3・小銅鐸2・円蓋形銅器1・天河石曲玉2・小玉50余・無茎式磨製石鏃B式3・円形粘土帯土器1・黒陶長頸壺1がある（韓国考古学会1969、李健茂1991f）。

拙稿（2004a・b・2009a）の朝鮮半島墳墓副葬品の諸段階ではⅢ段階に属する。

③　南城里遺跡　忠清南道

遺跡は、標高30～40mの低い丘陵地に立地する積石石棺墓または積石木棺墓。墓坑は東西長径3.1m、南北短径1.8mの不整楕円形で、床面が現地表下2mの深さである。石棺は、床面に厚さ5cmほどの板石が敷かれ、間に赤粘土が充填され、床石上には全面に厚さ1cmで灰青色泥土が敷かれている。壁面は、厚さ10cm程度の割石を保存のいいところで3段積み、約70cmの高さである。石棺内部規模は、長さ2.35m、幅50～70cm、復原深さ約1mほどと考えられている。頭位は、管玉の出土位置から広い側の東枕となる。

出土遺物は、多鈕粗文鏡2・BⅠa式銅剣9・防牌形銅器1・剣把形銅器3・扇形銅斧1・銅鑿1・天河石曲玉1・管玉103・粘土帯土器3・黒陶長頸壺1・漆片少量がある（韓・李1977、李健茂1991d）。

時期は、拙稿（2004a・b・2009a）の朝鮮半島墳墓副葬品の諸段階ではⅢ段階に属する。

④　東西里遺跡　忠清南道

遺跡は標高140～160mの稜線上に立地する積石石棺墓とされている。砂防工事中に発見され

たために詳細は不明で、墓坑の壁面に沿って何枚かの割板石をめぐらした長方形の石棺墓と考えられているが、蓋石がないことから木棺の周囲に割板石が充填されていた石囲木棺墓と考える。

出土遺物は、多鈕粗文鏡2・多鈕細文鏡1・同心円文鏡1・素文鏡1・BⅠa式銅剣9・剣把形銅器3・喇叭形銅器2・円蓋形銅器1・碧玉管玉100余・天河石小玉20余・無茎式磨製石鏃B式7・粘土帯土器1・黒色長頸壺1がある（池1978・1991）。

時期は、拙稿（2004a・b・2009a）の朝鮮半島墳墓副葬品の諸段階ではⅢ段階に属する。

⑤　扶餘九鳳里遺跡　忠清南道

遺跡は、1985年共同墓地工事で発見された石棺墓。石棺墓は、扶餘から西に8kmの標高約25m程度の丘の南斜面に営まれている。墓坑は、50cmほどの腐食表土下の風化岩盤層にさらに50cm掘り込まれ、南北長1.8m、東西長1m程度の大きさで、花崗岩の割石で築かれていたという。割石とは別に粘板岩の板石2枚があり、南北小口床石に使用されたらしく、蓋石にはならないことから、石囲木棺墓と考える。副葬品全部の出土状況は不明だが、土器が南壁の近くで出たという（李康承1987・1991a）。

出土遺物は、多鈕粗文鏡1・多鈕細文鏡1・ⅠA式銅矛1・BⅠa式銅剣11・ⅠA式銅戈2・銅斧2・銅鑿1・銅鉇1・石斧1・砥石1・黒色磨研長頸壺1・黒陶系扁球壺1がある。

時期は、拙稿（2004a・b・2009a）の朝鮮半島墳墓副葬品の諸段階ではⅣ-1段階に属する。

⑥　大谷里遺跡　全羅南道

遺跡は、標高55.9mの平坦な丘陵位置する石槨墓とされる。1971年偶然発見され緊急調査された。墓坑は、自然岩盤を東西3.3m、南北1.8m、深さ0.7mまで掘り込み、さらに深さ0.53m、長さ2.1m、幅0.8mの墓室の四壁内へ15cm未満の範囲に沿って詰石を2～3段積み上げて、内法長さ1.8m、幅0.5m、深さ0.4mの規模にし、床面に細かな粘土を敷き、その上に木板を置いていることから、石囲組合箱形Ⅰ型式木棺墓と考える（柳田2003a）。副葬品は、東南隅に鏡2点、西北に銅剣1点、西南端に銅剣2点、東側に銅鈴4点、西側に鉇と銅斧が置かれていたという（趙1984・1991）。

出土遺物は、多鈕細文鏡2・BⅠa式銅剣3・八珠鈴2・双頭鈴2・銅斧1・銅鉇1がある。

時期は、拙稿（2004a・b・2009a）の朝鮮半島墳墓副葬品の諸段階ではⅣ-2段階に属する。

⑦　草浦里遺跡　全羅南道咸平郡

標高30mほどの丘陵地の道路工事で発見された木棺墓。墓坑は、長さ2.6m、幅0.9mの不整長方形で、主体規模は長さ1.9m、幅0.55mある。主体床面には把頭飾付銅剣2点・多鈕細文鏡3点・曲玉2点があり、墓坑と割石の間から銅鈴が出土した。すでに取り出されていた遺物は、内部の埋土中に含まれていたものと考えられている。

出土遺物は、多鈕細文鏡3・ⅠA型式銅矛2・BⅠa式銅剣4・ⅠA型式銅戈3・有節柄Ⅱa式銅剣1・銅剣柱状b式把頭飾2・天河石曲玉2・竿頭鈴2・双頭鈴1・銅鈴1・銅斧1・銅鑿2・銅鉇1・砥石2がある（李・徐1988、西谷2007）。

時期は、拙稿（2004a・b・2009a）の朝鮮半島墳墓副葬品の諸段階ではⅣ-2段階に属する。

1 朝鮮半島

⑧ 金海会峴里遺跡

　金海市中心にある鳳凰台という標高46mの丘陵の周囲に形成された遺跡で、8回にわたる調査で住居跡・貝塚・甕棺墓・石棺墓などから構成されている。このうち青銅武器に関するものとして重要なのが甕棺墓で、荒らされた3基が調査されている。1号甕棺墓には銅製品の副葬痕跡があり、3号甕棺墓の棺内で碧玉管玉、棺外から銅剣2・銅鉇8が発見されている。

　副葬品のBⅠa式銅剣1・ⅡA型式銅剣1・銅鉇8のうち、少なくともBⅠa式銅剣は未研磨であるらしい（椛本1958・1980）。

　時期は、甕棺墓が北部九州の中期初頭に属する（柳田1981・1983〜）。

⑨ 南陽里遺跡　全羅北道長水郡

　1988年に深さ1mの土坑墓から青銅器・鉄器・石器が出土した。出土した遺物は、多鈕細文鏡1・ⅠA型式銅矛1・M立柱形b式把頭飾1・BⅠa型式銅剣1・鉄斧1・鉄鑿1・無茎B式磨製石鏃2・石刀1である（池1990、全1991b）。

　時期は、拙稿（2004a・b・2009a）の朝鮮半島墳墓副葬品の諸段階ではⅣ-2段階に属する。

⑩ 伝霊岩出土鋳型　全羅南道霊岩郡

　霊岩出土と伝えられる滑石製鋳型14点が、崇実大学校基督教博物館に保管されている。鋳型は完形品が13点あり、そのうちの12点が対になることから、青銅器製作遺跡からの同時期の一括出土品とみなされる（林1987・1991、後藤1996・2006）。

　鋳型には、多鈕鏡1面・ⅠA型式銅矛1面・BⅠa式銅剣5面・ⅠAb式銅戈2面の他に斧・鑿・釣針・鉇・針が多数彫り込まれている（韓国基督教博物館2011）。

　時期は、儀器が含まれていないことから、拙稿（2004a・b・2009a）の朝鮮半島墳墓副葬品の諸段階ではⅣ-3段階に属する。

⑪ 合松里遺跡　忠清南道扶餘郡

　遺跡は、盤山貯水池を望む標高25mの北斜面にある石囲木棺墓と考えられる。出土遺物は、多鈕細文鏡1・BⅠa式銅剣2・ⅠA型式銅戈1・銅舌付小銅鐸2・円蓋形銅器1・異形銅器1・鉄斧2・鉄鑿1・大型ガラス管玉8・土器片がある。

　時期は、鉄器・大型ガラス管玉を含むことから、拙稿（2004a・b・2009a）の朝鮮半島墳墓副葬品の諸段階ではⅣ-3段階に属する。

⑫ 平壌上里遺跡　平安南道

　遺跡は、南北に長い低丘陵の東斜面に位置し、採土工事中に発見された。遺構は、東西約2m、南北約1.5mの大きさで、遺物が東西方向に置かれていた。東側に車衡具と土器が、南半部に武器などが散乱していたという。

　出土遺物は、BⅠa式銅剣1・剣銅製把頭飾1・扁平筒形銅器1・小銅鐸3・鉄剣2・鉄矛2・鉄戟1・鉄斧2・馬具3・笠形銅器2・車衡頭2・乙字形銅器4・銅帯鉤1・鉢形土器1・短頸壺1などがある（椛本1934、李康承1991b）。

　時期は、車馬具・鉄器・新式小銅鐸などから、拙稿（柳田2004a・b・2009a）の朝鮮半島墳墓副葬品の諸段階ではⅥ-1段階に属する。

第2章　青銅武器出土主要遺跡の確認

⑬　夫租薉君墓（貞栢洞1号墳）　ピョンヤン特別市

　工事中に発見された木槨墓で、床面に遺存していた角材から長方形単葬木槨墓と推定されている。棺内と推定される木槨中央部から「夫租薉君」銀印1・BⅠa式銅剣1・把頭飾1・剣鞘金具一式・ⅠC型式銅矛1・弩機1・鉄剣2、副槨とされる北側から馬面1・鉄轡1・小銅鐸2・車馬具・笠頭円筒形銅器4・蓋弓帽・鉄斧・札甲が出土している（李淳鎮1964・1968・1974、高久2007・2013）。

　時期は前1世紀の典型で、拙稿（柳田2004a・b・2009a）の朝鮮半島墳墓副葬品の諸段階ではⅤ-1段階に属する。

⑭　益山平章里遺跡　全羅北道
　　ピョンジャンニ

　1987年地表が削られて遺物が露出した状態で発見された。遺構は丘陵上にある土坑墓らしい。
　出土遺物は、雲文地四葉四螭文前漢鏡1・銅矛1・BⅠa式銅剣2・ⅠA型式銅戈1がある（全1991a）。
　時期は、前漢鏡と銅矛の型式から拙稿（柳田2004a・b・2009a）の朝鮮半島墳墓副葬品の諸段階ではⅤ-1段階に属する。

⑮　竹東里遺跡　慶尚北道慶州市

　1986年に個人収蔵家から国立慶州博物館に寄贈された竹東里出土と伝えられる一括品。一括品には、ⅠC型式銅矛1・ⅡAa式銅剣1・ⅢB型式銅戈1・M立柱形b式把頭飾2（柳田2010c）・銅泡25・馬鐸1・銅鏃1・竿頭鈴2がある（韓1987）。
　時期は、北部九州製ⅢB型式銅戈・多樋式銅矛などから、拙稿（柳田2004a・b・2009a）の朝鮮半島墳墓副葬品の諸段階ではⅤ-1段階に属する。また、銅剣も報告された実測図の横断面図どおりであれば内傾斜樋を形成することから、北部九州製銅剣となる（柳田2007a）。

⑯　八達洞遺跡　大邱広域市
　　パルダルドン

　丘陵末端部に位置する青銅器時代から三国時代の集落と墳墓群からなる遺跡。1996・97年の嶺南文化財研究院の調査で、原三国時代木棺墓102基などが発見され、45号墓からBⅠa式銅剣と銅製把頭飾、90号墓からⅠC型式銅矛とⅠC型式銅戈、100号墓からⅠA型式銅矛・ⅠC型式銅矛・銅製把頭飾付BⅠa式銅剣が出土している（嶺南文化財研究院2000）。
　時期は、拙稿（柳田2004a・b・2009a）の朝鮮半島墳墓副葬品の諸段階ではⅤ-1段階に属する。

⑰　入室里遺跡　慶尚北道慶州市
　　イブシルリ

　1920年入室里駅付近で鉄道施設工事採土中に偶然発見された遺跡。遺跡は、東側の山から西へのびる舌状丘陵の先端部分に位置する。工事中の発見であるから遺物の出土状態は不明ながら、地表下1.2mのところで特別な施設なしで発見されたというから、複数の土坑墓系統の遺構が存在していたものと考えられている。
　入室里遺跡出土品と伝えられている遺物は、多鈕細文鏡1・銅矛4・銅剣6・銅戈2・小銅鐸2・馬鐸2・銅鈴3・板状鉄斧・牛角取手付土器などがある。出土品は、現在韓国の崇実大学校だけでなく、日本の東京国立博物館や辰馬博物館などに分散している（梅原・藤田・小泉1925、李健茂1991e、国立中央博物館・国立光州博物館1992）。

時期は、出土品に多樋式銅矛・綾杉文銅戈・新式小銅鐸が含まれることから、拙稿（柳田2004a・b・2009a）の朝鮮半島墳墓副葬品の諸段階ではⅤ-1段階に属する。

⑱　九政洞遺跡　慶尚北道慶州市

1951年に道路改修工事で丘陵地から青銅器・鉄器が一括で発見された。遺物は直径80cm程度の範囲の赤土の中から出土し、地表直下から銅矛・銅剣・銅鐸などが、そこから約30cm深いところからは鉄器と石斧が出土したという（崔1991）。

出土した遺物は、銅矛5・BⅠa式銅剣4・銅戈4・小銅鐸1・双銅鈴2・素環頭鉄刀1・鉄剣1・鉄斧4・板状鉄斧3・磨製石斧1・ガラス玉1・布片などがある（金1952、金1964）。

出土銅矛はⅠA型式1点・ⅠB型式1点・ⅡB型式2点・ⅠC型式1点、銅戈がⅠBb式2点・ⅢB式1点からなる。

時期は、拙稿（柳田2004a・b・2009a）の朝鮮半島墳墓副葬品の諸段階ではⅤ-1段階に属する。

⑲　龍田里遺跡　慶尚北道

2003年に農作業中に発見され、2004年に国立慶州博物館が調査した木棺墓。遺構は標高92mの低丘陵の末端渓谷部にあり、墓坑は平坦な風化岩盤を長さ3.25m、最大幅1.65m、深さ2.65m、腰坑部床面まで2.75m掘っている。墓坑内の木棺は、長さ2.6m、幅0.9m、高さ0.3m内外の長方形組合式箱形木棺であるらしい。

出土遺物は、1）腰坑部から銅円筒形ヒ管1・銅馬鐸2・銅泡1・ガラス小玉7、2）棺床面から把手付壺1・鋳造鉄斧26・素環頭刀子2・鉄把頭飾1・鉄帯鉤1・鉄鈴1・鉄鎌1、3）棺内部から土器片・円板形土製品1・前漢鏡片1・円板形装飾1・銅泡4・不明鍍金青銅器編・青銅剣盤部先金具2・銀製剣鞘金具片2・ガラス小玉31、4）補強土内部から瓦質袋壺2・円板形土製品5、5）補強土上部から把手付長頸壺1・土器片・ⅣAb式銅戈1・銅製戈鞘1・銅触角式把頭飾1・小銅鐸片・銅紡錘車附属具1・土製紡錘車1・青銅装飾5・鋳造鉄斧2、6）充填土から袋壺1・高坏1・台脚片・組合牛角形把手片・口縁部片・鉸具1・錨形鉄器2、7）収集遺物が鍍金弩機1・ⅣAb式銅戈1・五銖銭3・板状鉄斧8・鋳造鉄斧7・鉄矛1・鉄鎌2・鉄戈1・鉄茎銅鏃1・錨形鉄器1・轡片23、8）申告遺物がⅡD型式銅矛1・鉄矛9・鉄戈1・板状鉄斧1・鋳造鉄斧1・大型鉄鑿1がある（国立慶州博物館2007）。すなわち、最初に発見されて申告された遺物の銅矛・鉄矛などが地表近くに存在していたことになる。

時期は北部九州製銅矛・銅戈から、拙稿（柳田2004a・b・2009a）の朝鮮半島墳墓副葬品の諸段階ではⅤ-2段階に属する。

⑳　昌原茶戸里遺跡　慶尚南道

遺跡は、現在水田に開墾された低丘陵地に営まれた墳墓群で、その範囲は幅30～40m、長さ150m以上と推定されている。1988・1989年現在で28基が発見され、2基の甕棺墓を含む木棺墓群である。木棺墓はⅠ～Ⅲの類型に分類され、第Ⅰ類型に属する1号墓から多数の副葬品が発見されている。

1号墓は、墓坑の規模が長さ2.78m、幅1.36m、深さ2.05m。木棺は、外形の大きさが長さ2.4m、幅0.85m、上下0.65mの丸太を利用した刳抜形Ⅰ型式木棺である（柳田2003a）。棺内は

荒らされていたが、ガラス小玉が残っていた南東側が枕向きと推定されている。木棺下に腰坑があり、副葬品を入れた長さ65cm、幅55cm、高さ約12cmの紐で縛られた竹籠があった。

1号墓出土遺物は、竹籠の中に前漢星雲文鏡1・ⅡD型式銅矛1・BⅠ型式大型銅剣1・BⅠ型式銅剣1・漆塗り鞘鉄剣1・木製剣把付鉄剣1・鉄剣片2・漆塗り鞘鉄製環頭刀子1・中国式鉄矛4・板状鉄斧・方柱状鉄斧・袋状鉄斧・鋳造鉄斧6・木柄付鉄鎌2・鉄鋤・鉄鎚・五銖銭・馬鐸・銅帯鉤・銅環4・鋸歯銅環・団扇・筆・ガラス玉・漆器・種子など多数がある（李他1989）。

1号墓の時期は、拙稿（柳田2004a・b・2009a）の朝鮮半島墳墓副葬品の諸段階ではⅤ-2段階に属するが、墳墓群全体の時期幅は前1世紀後半から1世紀まで造営されたと考えられている（李他1989）。

㉑　大邱飛山洞遺跡　大邱直轄市

1956年臥龍山中腹で約50点の青銅器・鉄器の一括遺物が直径5～6mほどの範囲内に散乱していた中に散在していたという。遺構は石槨墓のような墳墓と推定されているが、遺物は散逸して、湖巌美術館に所蔵されているのは一部にすぎないという。

現存している出土遺物は、ⅡA型式銅矛2・ⅢB型式銅矛1・BⅠ型式銅剣5・ⅠCa式銅戈1・Ⅴ型式銅戈1・銅剣触角式把頭飾1・銅剣把1・銅剣鞘金具一式・蓋弓帽1・虎形帯鉤1・角形銅器3などがある（金1970、金1972a・b、李白圭1991b）。

時期は、いわゆる「中広形銅戈」と「中広形銅矛」の短身銅矛（柳田2003c）が含まれることから、拙稿（柳田2004a・b・2009a）の朝鮮半島墳墓副葬品の諸段階ではⅥ-1段階に属する。

㉒　大邱晩村洞遺跡　大邱直轄市

1966年に琴湖江岸の低丘陵の当時の地表下40～50cmから一括遺物が発見され、墳墓と考えられている（金・尹1966）。

出土遺物は、BⅠa式銅剣2・BⅡa式銅剣1・Ⅴ型式銅戈1・銅剣把頭飾1・銅剣把盤部金具1・銅剣鞘金具がある。

時期は、拙稿（柳田2004a・b・2009a）の朝鮮半島墳墓副葬品の諸段階ではⅥ-1段階に属する。

2　日　本

① 佐賀県小城市土生遺跡

佐賀平野西部の標高7～10mの低丘陵から低地に立地する集落遺跡で、1971（昭和46）年以後の第5次調査で掘立柱建物群と我が国最初の銅鏃鋳型が発見された。第7次調査で中期前半の土器と朝鮮系無文土器、第9次では転用銅鑿が出土している。

2001（平成13）年度の第11次調査では、SD01河川跡から中期前半の土器に伴って銅剣鋳型とミニチュア矛形銅製品鋳型が出土した。ミニチュア銅矛鋳型には片面に2個、裏面に不明棒状製品がやはり2個彫り込まれている。

2002年度の第12次調査では、SD14河川跡から中期前半の土器を主体として、無文土器と共に銅矛・銅剣鋳型と木製踏鋤が出土している。（永田編2005）。

② 熊本県熊本市八ノ坪遺跡

　八ノ坪遺跡は、熊本市南西部の護藤町・美登里町の標高1～2mの低地に立地する。2003年度の調査では、H5A小区から弥生時代中期初頭の土器に伴って無文土器と銅戈鋳型が、KD1小区北から中期初頭土器・無文土器に伴って馬形送風管と銅矛・銅戈鋳型が、同SK171から中期初頭の土器に伴って小銅鐸鋳型が出土した（林田2005、林田他2008）。
　鋳型から考えられる型式は、銅矛がⅡA型式、銅戈がⅡA型式である（柳田2003c・2008a）。

③ 福岡県福岡市板付田端遺跡

　1916（大正5）年に板付田端において「二畝余」の広さの田地面より「一丈余」の高さの「円墳状隆起」があり、これを採土したところ「六ヶ所」の合せ口甕棺のうち「三ヶ所」の甕棺から「六口の鉾及剣」が発見されたという（中山1917a）。すなわち、広さ約200㎡、高さ約3mの墳丘墓が存在して、その墳丘に6基の甕棺墓が埋葬され、その内の3基に青銅武器が副葬されていたことになる。青銅武器の数からして、当然甕棺1基に複数の銅矛と銅剣が副葬されていたことになる。
　中山平次郎紹介資料の図面を見ると、第1図に銅矛3点と銅剣3点の拓本図、第2図に甕棺と小型土器の断面図と拓本が掲載されている。銅矛と銅剣は、現在東京国立博物館に所蔵されている7点のうちの6点である。大甕口縁部は、金海式・汲田式・須玖式の3型式が掲載され、今日の金海式甕棺片に「朱及銅錆の混ぜる土塊の固著を認めたる」としていることから、本遺跡及び青銅武器は前期末と認識されてきた（後藤1979、下條1985、宮井1989）。しかし、拙稿（2003b）では出土甕棺から中期初頭・中期前半・中期中頃の時期幅を設定している。

④ 福岡県福岡市吉武高木遺跡

　早良平野の標高35mの沖積地に立地する埋葬遺構を主体とする遺跡。1984年度の第4次調査では、高木地区の約350㎡の範囲で中期初頭の木棺墓4基・甕棺墓34基の埋葬施設が確認され、青銅武器11・銅釧2・ヒスイ勾玉4・碧玉管玉458が出土した。
　副葬品が集中する3号木棺墓は、多鈕細文鏡1・ⅡA型式銅矛1・BⅠa式銅剣2・ⅡAa式銅戈1・ヒスイ獣形勾玉1・碧玉管玉95が組合箱形Ⅱ型式木棺内に（柳田2003b）、棺外に中期初頭の城ノ越式小壺が副葬されていた（力武・横山編1996）。
　遺跡群の青銅武器を副葬する甕棺墓は金海式甕棺で、城ノ越式小壺を共伴していることから、拙稿の金海式甕棺中期初頭説が証明された（柳田編1981～）。

⑤ 福岡県福岡市吉武大石遺跡

　1985年度の第6次調査では、大石地区の3,000㎡の面積から甕棺墓203基、木棺墓8基、土坑墓13基、祭祀遺構5か所が検出されている。高木地区は、大石地区の南東側200mに位置する。
　1号木棺墓からはBⅠa式銅剣1とⅡAa式銅戈1が、5号木棺墓から木製鞘付BⅠa式銅剣1、45号甕棺墓からⅡAb1銅矛1・BⅠa式銅剣1が、51号甕棺墓からBⅠa式銅剣1・碧玉管玉11が、53号甕棺墓からⅢAc式銅戈1・磨製石剣切先4が、67号甕棺墓からⅡA型式銅矛1が、70号甕棺墓から銅戈1が、140号甕棺墓からBⅠa式銅剣1が出土している（力武・横山編1996）。青銅器を副葬する甕棺はすべて金海式であることから、木棺墓も含めて中期初頭に限定できる。

⑥ 福岡県古賀市馬渡束ヶ浦遺跡

　馬渡束ヶ浦E地区2号甕棺墓は、中期初頭の独立甕棺墓で棺内に銅矛1本・銅剣2本・銅戈1本を副葬することから、墳丘墓に単独で埋葬されていたことが想定できる（柳田2005b・2007a）。

　銅矛は、全長20.2cm、節帯部復原幅3cm、同厚2.4cm、節帯幅0.4cm、袋部長4.8cm、関幅3.8cmの計測値をもつⅡB1式（柳田2003c）である。翼部では、関部から身下部にわずかながらも内傾斜がみられることから、北部九州製と考える。耳には柄と結縛した紐と袋内に木質が残存していることから、柄を装着した状態で副葬されていたことになるが、節帯部分を一部欠損する。さらに、刃部にも古い小さな刃こぼれが集中する箇所がある。

　銅剣1は、現全長33cm、復原全長33.3cm、茎長2.6cm、茎幅1.5cm、茎厚1.2cm、関幅3.2cm、元部最大幅3.89cm、脊最大幅1.41cmのBⅠa型式である。研磨は、刳方部脊の研磨が楕円形を呈することから1段階研磨である。使用痕跡は、剣身中央付近と鋒に金属刃による刃こぼれ合計18ヶ所が集中する。

　銅剣2は、全長31.2cm、茎長2.4cm、茎幅1.2cm、茎厚1.0cm、関幅2.65cm、元部最大幅3.11cm、脊最大幅1.33cmで、翼部全体が内傾斜する北部九州製のⅡA型式である。研磨は、刳方の研磨が角張ることから2段階研磨である。銅剣1と同じように元部以下には刃こぼれはなく、剣身中央付近に金属刃による刃こぼれが合計17ヶ所集中する。

　銅戈は、全長25.2cm、援長22.4cm、鋒長4.9cm、樋長18cm、闌幅7.03cm、闌厚1.76cm、脊幅1.61cm、脊最大厚1.17cm、内幅3.32cm、内厚0.95cmの堅牢な内と脊をもつ拙稿（2008b）の舶載のⅠAb型式で、脊にも研磨が進行している。穿から闌に及ぶ紐の痕跡が存在することと出土状態から、柄に鋭角に装着されていたらしい。ここで問題にするのは、総数27ヶ所の鋭利な金属刃による刃こぼれが、胡に集中して存在することである。鋭角に装着された銅戈であることから、当然のこととして外側（上側）に多くの刃こぼれが集中するが、内側にも4ヶ所が集中する他に7ヶ所の刃こぼれが確認できることをどう理解するかである。ちなみに、現状で鋒が急激に尖ることから、鋒の欠損に伴う研磨により、脊に鎬が及んだものであることがわかる。現状で刃部が著しく薄くなっているのは、研磨が繰り返されたためであり、類例として北朝鮮平壌付近銅戈と須玖岡本久我屋敷銅戈例がある（柳田2008a・2011b）。

⑦ 福岡県宗像市田熊石畑遺跡の青銅器

　田熊石畑遺跡は、宗像市田熊二丁目9番37に所在する弥生前期から中世に及ぶ集落および墳墓から構成された複合遺跡である。ここでは遺跡を代表することのできる墳墓から多数の青銅器と装身具などが発見されていることからこれらの概要を紹介する。

　墳墓群は、調査区面積約15,000㎡の南西隅で発見された。埋葬遺構は9基検出されたうちの6基が発掘調査され、合計15本の青銅器と多数の装身具が出土した（白木2009）。現状の墳墓群では5本の青銅器と装身具が出土した1号墓が中心的存在にみえるが、9基のうち唯一重複している4号・5号墓があり、5号墓が先行埋葬であることから、5号墓が中心埋葬と考える。墳墓群は長方形区画に配置されていることから、方形墳丘墓の中心主体部が5号墓であり、現在確認されているのは墳丘の約3分の1であるにすぎないことが明らかである。すなわち、北側から9

表1 田熊石畑遺跡銅矛計測表　　　　　　　　　　　　　　　　　　　　　　　　　　（単位 cm）

銅矛	型式	全長	鋒幅	関幅	鋒長	節帯幅	袋部長	袋部幅	袋部厚	計測
2号墓1号	ⅡDa	25.6	2.04	3.58	3.6	1.1	7	3.2	2.52	柳田実測
2号	ⅡB2	41	2.6	4.17	5.8	0.8	10.1	3.05	2.78	柳田実測
4号墓	ⅡB2	40.1	2.5	4.5	7	1	10.5	3.25	2.71	柳田実測

注：欠損部位は復元数値

表2 田熊石畑遺跡銅剣計測表　　　　　　　　　　　　　　　　　　　　　　　　　　（単位 cm）

銅剣	型式	研磨	全長	身幅	関幅	茎長	茎幅	茎厚	脊幅	脊厚	計測
1号墓1号	ⅡBb	1段階	42.4	4.9	5.15	2.7	1.38	1.07	1.32	1.07	柳田実測
2号	ⅡBb	1段階	43.8	5.8	5.5	1.8	1.6	1.3	1.4	1.4	柳田実測
3号	ⅡBa	1段階	38.3	4.82	3.5	2.2	1.6	1.3	1.5	1.3	柳田実測
4号	BⅠa4	4段階	27.7	3.6	3.35	1.8	1.58	1.17	1.35	1.17	柳田実測
2号墓	ⅡA2	4段階	35	3.19	2.86	2.8	1.45	1.2	1.34	1.2	柳田実測
3号墓	BⅠa4	4段階	27.5	2.78	2.52	2	1.41	1.2	1.46	1.17	柳田実測
4号墓	BⅠa4	4段階	33.6	3.5	3.26	2.7	1.5	1.21	1.52	1.23	柳田実測
6号墓	ⅡBa2	2段階	39.9	4.63	3.4	2.1	1.37	1.12	1.42	1.12	柳田実測
7号墓	BⅠa4	4段階	29.3	2.8	2.75	2.3	1.51	1.3	1.43	1.17	柳田実測

注：欠損部位は復元数値

表3 田熊石畑遺跡銅戈計測表　　　　　　　　　　　　　　　　　　　　　　　　　　（単位 cm）

銅戈	型式	全長	闌幅	脊幅	脊厚	内長	内幅	内厚	計測
1号墓	ⅡAa	24	8.5	1.44	1	2.3	2.91	0.4	柳田実測
2号墓	ⅢAa	12.9	4.9	0.8	4.8	0.7	1.34	0.31	柳田実測
4号墓	ⅠAb	29	8.5	1.37	1.12	3	3.57	0.66	柳田実測

注：欠損部位は復元数値

号・1号・5号・4号墓を中心軸とする墳丘墓が存在し、西側と南側には少なくとも12基以上の存在が予想され、合計20基前後の埋葬遺構で構成された墳丘墓であることが推測できる。

　発掘調査された埋葬遺構はすべて刳抜式木棺を主体部とするが、未調査の5号墓は組合式木棺である。

　ここでは図面が公表された青銅器を中心に紹介する。青銅器の計測値は、表1～3のとおり。

　1号墓では、頭部から2組の装身具と銅剣4本、銅戈1本が刳抜式木棺内で鋒を足部に向けて副葬されていた。銅剣は計測値から3号銅剣がⅡBa式、1・2号銅剣がⅡBb式銅剣であるが、4号銅剣が韓式銅剣のBⅠa式4段階研磨である。いわゆる「細形銅剣」と「中細形銅剣A・B類」が共伴した唯一の墓である。

　銅戈は、脊幅・内幅の計測値からⅡAa式で、脊に鎬があり樋先端が離れていることから研磨が進行していることになる。

　2号墓では、銅矛2本と銅剣1本が刳抜式木棺内で鋒を足部に向け、銅戈1本が鋒を左に向け副葬されていた。銅矛は実測図が報告されていないが、1号銅矛が有耳で翼部が内傾斜し、節帯幅が広く短身であることからⅡDa型式、2号銅矛が有耳で翼部が内傾斜することからⅡB2型式である。銅剣は、鋒を欠損しているにもかかわらず全長35cmある。しかも2段階研磨であるが脊幅が1.4cm未満であることから大型銅剣ではなく、元部が長く細身のⅡA2型式である。

　銅戈は、割合扁平で樋が広く、下端に文様がないことからⅢAa式の小型である。しかも、脊と内の厚さはⅢAa式の岡垣町元松原例につぎ、同型式の福岡市有田2号甕棺墓・糸島市久米23号甕棺墓例より厚いことから、小型だから新しい型式とはならない。穿は、鋳型は長方形であり

第2章　青銅武器出土主要遺跡の確認

ながら、ドリル穿孔で円形を呈する。

3号墓は、刳抜式木棺内に人骨と鋒を足方向に向けたＢⅠa4式銅剣1本が副葬されていたが、人骨が並べ替えられた再葬墓である。銅剣実測図では、一見5段階研磨のように茎にも研磨が及んでいるようだが、突起部の脊に丸みが残っており、刳方の方形研磨が前後していないこと、茎を側面からみても関部の磨上げが実施されていないことがわかる。しかし、4段階まで研磨が進行しているのに、刳方の脊に両面共に丸みが残っているのは稀有である。

4号墓は、墓坑が調査区外にのびることから、北東側の刳抜式木棺内に頭蓋骨とその北東側に鋒を右側に向けた銅戈1本と遺体左側に銅矛・銅剣各1本が鋒を足方向に副葬されていた。銅矛は、翼部全体が内傾斜することからⅡB2型式銅矛である。袋端部をみると、「中子4条溝」であるらしい。

銅剣は、概報の実測図では4段階研磨のＢⅠa式であるらしいが、保存修理中で実見できなかった。

銅戈は、脊幅と内幅が広いことから舶載のⅠAb式と考えるが、脊先端のみ研磨がおよび樋先端が開いている。樋基部が直線に近いタイプであり、古賀市馬渡束ヶ浦銅戈と同型式である。

6号墓は、刳抜式木棺の床面がかろうじて残っていたもので、銅剣・勾玉各1点が出土した。銅剣は、復原関幅が3.4cmの従来の「中細形銅剣a類」で、拙稿（2007a）のⅡBa2式である。関部の左側の小さな欠損にみえる部分は、鋳造時の大きな鬆であり、右側の大きな欠損が上層の撹乱によるものであろう。

7号墓は、刳抜式木棺の南側に粘土枕があり、その左右に各一組の装身具、右腕上腕部に鋒を足方向に向けて銅剣1本が副葬されていた。銅剣は、4段階研磨のＢⅠa4式で、全体に微細な鬆が無数にある。刃部には、数ヶ所の金属刃による欠損と無数の微細な刃こぼれが連続する部分が3ヶ所存在する。また、鋒が再研磨によって丸みをおびた研磨となっている（柳田2011d・2014a）。

⑧　福岡県筑前町 東小田峯遺跡

東小田峯遺跡は、1927年に1基の甕棺墓から異体字銘帯鏡と鉄戈が発見され注目されるようになり（中山1927a）、その後周辺で墳丘が確認されている（島田1928）。1968年段階でも松林の中に数基の墳丘が確認できた（柳田1982a、柳田編1984）。

その後は発掘調査で、弥生前期前半の方形周溝墓、中期後半の墳丘墓中心主体の10号甕棺墓から異体字銘帯鏡2・ガラス璧片円盤2・鉄剣・鉄戈などが出土し、住居跡から青銅器鋳型も出土しているが、そのほとんどが未報告である。

弥生時代中期前半から中期中頃の145号住居跡のP9から出土した銅矛土製鋳型一括は、外型と中子（内型）の破片が揃っている。銅矛では最初に発見された土製鋳型である（柳田2009a・b）。

⑨　佐賀県唐津市 宇木汲田遺跡

遺跡は、1930年に森本六爾、1939年に龍溪顕亮が甕棺内から銅剣・銅矛各1と勾玉・管玉及び甕棺上約66cmから発見された銅剣・銅矛を紹介している。1957年には東亜考古学会が調査して、55基の甕棺墓を調査して多鈕細文鏡・銅矛・銅剣・銅戈・銅釧・勾玉・管玉などが出土した。1965年の日仏合同調査では、九州大学とパリ大学が中心となって、26基（56〜81号）の

甕棺墓から銅剣・銅戈・銅釧・勾玉・管玉・ガラス管玉などが出土した。1966年の第2次日仏合同調査では、甕棺墓48基（82～129号）、土坑墓3基から銅剣・銅釧・勾玉・管玉などが出土した（岡崎他1982）。

甕棺はⅠ期の伯玄式からⅧ期の三津式まで存在することになっているが、実際はⅡ期の金海式とⅢ期の城ノ越式が同時期であり、Ⅵ期の立岩式以後は確実なものは数基が存在するにすぎない。したがって、伯玄期から埋葬が始まるが、主体は金海期から須玖期にあり、青銅器副葬もこの時期に限定されている。しかも、青銅器を副葬して中期初頭の金海期に属するのは18号甕棺のみで、銅剣を副葬する32号・61号甕棺は汲田期に属するものと考える（柳田2003a）。

⑩　佐賀県神埼市・吉野ヶ里町吉野ヶ里遺跡

遺跡は、脊振山地南麓から派生した南北に延びる丘陵上に位置する墓地群と大規模環壕集落からなる。1986年から調査が継続されており、丘陵南端に弥生時代前期の3haの環壕集落が、中期には20haの環壕集落に発展すると推定されている。環壕より北側には600mに及ぶ長大な甕棺墓の列状埋葬や首長墓の大型墳丘墓が営まれる。

大型墳丘墓は、南北約40m、東西30m弱の規模を誇り、中期前半から中期中頃の14人の首長が甕棺墓に埋葬されている（佐賀教育委員会1992）。14基の甕棺墓のうち8基に銅剣が副葬され、中期中頃新段階のSJ1007甕棺に大型BⅠ式銅剣にM立柱形c式把頭飾が伴い、同時期のSJ1057甕棺墓にⅡBb式銅剣にM立柱形c式把頭飾が伴っている。さらに同時期のSJ1002甕棺墓には、ⅡAa式を剣身とする有柄式銅剣が副葬され、大型ガラス管玉75個が伴っていた。M立柱形c式把頭飾と有柄式銅剣は、北部九州製と考えている（柳田2010b）。

⑪　佐賀県鳥栖市柚比本村遺跡

脊振山系東麓の丘陵上に位置し、1993・1994年に都市開発事業に伴い調査された。1区は北側の丘陵先端部で、銅剣7本などが副葬された墓域と大型掘立柱建物が確認され、柚比遺跡群の中核的役割を担った地区である（佐賀県教育委員会2003）。

丘陵先端に営まれた墳丘墓と考えられる墓域で、中期前半古段階（金海式崩れ）甕棺墓に切られた初葬の刳抜式木棺内蔵木槨墓には、S平形ⅲ式把頭飾が伴う4段階研磨韓式銅剣を副葬している。墓域では、45基の中期前半から後期初頭の甕棺が調査され、中期前半古段階以前で4段階研磨の韓式銅剣2本が出土し、中期中頃古段階甕棺墓で1段階研磨銅剣が出土していることから、研磨が進行した従来の「細形Ⅱ式銅剣」が「細形Ⅰ式銅剣」より古いことを検証できる。中期前半新段階の甕棺墓2基にM立柱形c式把頭飾を伴ったⅡBb式銅剣が出土した（柳田2010b）。ⅡBb式銅剣は合計4本出土している。

⑫　福岡県福岡市樋渡遺跡

帆立貝式古墳の下から東西径約25m、南北径約27mの長方形墳丘墓が見つかり、中期中頃新段階の75号甕棺墓から北部九州製大型BⅠ型式銅剣が出土し、M立柱形c式把頭飾が伴っていた（柳田2010c）。同時期の61号甕棺墓からは鉄剣、77号甕棺墓から銅剣、中期末の62号甕棺墓から前漢の小型異体字銘帯鏡と素環頭大刀、後期初頭の5号甕棺墓から鉄剣・鉄鏃、64号甕棺墓から素環頭大刀子が出土した（力武・横山編1996）。

⑬　福岡県糸島市三雲南小路王墓（みくもみなみしょうじおうぼ）

　三雲南小路王墓は、江戸時代の1822（文政5）年に前漢鏡35面などを副葬した甕棺墓が偶然発見されたことが、青柳種信が著した『柳園古器略考』に記録されている。1974・1975年の確認調査で1822年発見の甕棺の位置を確認すると同時に隣接するもう1基の甕棺を発見した。

　三雲南小路王墓は径32mの方形墳丘墓で、2基の中期後半の甕棺墓が埋葬されていた。1号棺は、前漢鏡35・ⅡA型式銅矛2・ⅣAc式銅戈1・有柄式銅剣1・ガラス勾玉3・ガラス管玉多数・ガラス璧8・金銅四葉座飾金具8・水銀少量・朱多量などを副葬していた。2号棺は、小型前漢鏡22以上・ヒスイ勾玉・ガラス勾玉12・ガラス璧片ペンダントなどが副葬されていた（柳田1985・2000・2002b・2010b・2013・2014b）。

　王墓の時期は、甕棺型式が中期後半であることと、前漢鏡のうち重圏彩画鏡・雷文鏡は伝世しているものの、多数の異体字銘帯鏡群に全くマメツがみられないことと、その内の最新の異体字銘帯鏡から前1世紀末であることを主張している（柳田1983b・2002a・b）。

　さらに、それまで「細形銅剣」として扱われていた有柄式銅剣を「有柄中細銅剣」とした（柳田1985）。

⑭　福岡県春日市須玖岡本王墓（すぐおかもとおうぼ）

　1899年に須玖岡本の大石の下の甕棺墓から銅鏡や青銅武器などが発見された。その後1929年の京都大学、1962年の福岡県教育委員会の発掘調査でも銅剣・銅戈・などが出土した。その後の春日市教育委員会の調査で、大石下甕棺墓北東側には弥生時代中期の墳丘墓の存在が明らかになっているが、後期の有力な首長墓がいまだに発見されない。

　その後の研究で、大石下の甕棺墓には、大型草葉文鏡3面を含む前漢鏡30面前後、ⅡA型式銅矛8・銅剣3・銅戈1・大型ガラス勾玉1・ガラス管玉多数・ガラス璧片などが副葬されていたことから漢王朝が認める王墓としている（柳田1994・2002b・2008c・2010b・2013）。

⑮　福岡県飯塚市立岩堀田遺跡（たていわほった）

　1963・65年に調査され、合計10面の前漢鏡や銅矛・鉄剣・鉄矛・鉄戈・貝輪などが発見された（岡崎編1977）。10号甕棺墓からは、中型異体字銘帯鏡6・ⅡA型式銅矛1・鉄剣1・鉄鉇1・砥石2が出土している。28号甕棺墓から小型異体字銘帯鏡1・鉄素環頭刀子1・ガラス管玉553・ガラス丸玉1・ガラス棗玉1・塞杆状ガラス器5が、34号甕棺墓から小型異体字銘帯鏡1・鉄戈1・ゴホウラ貝輪14が、35号甕棺墓から中型異体字銘帯鏡1・鉄戈1・銅剣1が、36号甕棺墓から鉄矛1・鉄刀子1・鉄鉇1が、39号甕棺墓から小型異体字銘帯鏡1・鉄剣1が出土し、副葬品をもつ甕棺はいずれも中期後半に属する（柳田2003a）。

⑯　島根県出雲市神庭荒神谷遺跡（かんばこうじんだに）

　1984・85年の発掘調査で2つの埋納坑が発見され、一方から銅矛16本と銅鐸6個が、もう一方から銅剣358本が出土した。銅矛・銅鐸の埋納例は全国初発見で、銅剣が最多を誇る。銅矛・銅鐸埋納坑は、長さ2.1m、幅1.5mで、銅矛が鋒を交互に向け、刃を立て、銅鐸が3個ずつ2列に鰭を立てた状態で出土した。銅剣埋納坑は、長さ2.6m、幅1.5mの隅丸方形で、4列に剣身を水平にして刃を立てた状態で出土した。銅剣はすべて同一型式で、鋳放しが1本、2～5本を

一組にした同笵品が113本、茎に×印の陰刻があるもの344本がある。銅矛は複数の型式があり、刃部を研ぎ分けたもの7本、水銀朱を塗るものがある。銅鐸は、菱環鈕1式から外縁付鈕1式までと外縁付鈕2式の可能性のある1号があるという（島根県教育委員会1996、足立2011）。

拙稿では、銅矛がⅡC型式とⅢA型式、銅剣がⅡC型式とし、後期前半に埋納されたとする（柳田2003c・2007a）。

⑰　兵庫県あわじ市古津路遺跡

1966年5月に西淡町古津路で水田用水路工事によって掘削された土砂中から運搬先で銅剣13本分が発見された。1969年11月からの兵庫県教育委員会の緊急調査で新たに1本と不足分の破片が発見された。遺跡はすでに攪乱されつくし、原状を留めていなかった。出土した銅剣は、13本がいわゆる「中細形b類」銅剣で、新発見の1本が「細形Ⅱ式b類」（岩永1980a）である（大平・種定2009）。拙稿（2007a・2010b）では、BⅠa式大型銅剣（14号）とⅡBb式（2～9・11～13号）銅剣、ⅡBc2式（1・10号）銅剣に細分している。新たに加わった14号銅剣は、全長37.6㎝、脊最大幅1.6㎝であることから北部九州製大型銅剣であり、鎬など著しくマメツして丸みがあることから、埋納されるまで長期間伝世されていたことになる。

⑱　香川県善通寺市瓦谷遺跡

1918（大正7）年5月、大麻山北麓の俗称「殿の林」と称する雑木林を開墾中に、地下約60㎝に鋒を上にして一束となって埋没していたものが発見されている（高橋1925）。埋没していた青銅器は、「中細形銅矛」1・「中細形銅剣」4・「中広形銅剣」1・「平形銅剣」2から構成されている（東京国立博物館2005）。このうち拙稿では、「中細形銅矛」をⅡD型式短身銅矛（柳田2003c）、「中細形銅剣」をⅡC型式銅剣（柳田2007a）としている。

⑲　和歌山県有田市山地遺跡

1916（大正5）年8月、「二三百尺許」の山の八合目程の西面した雑木林の地下「二尺五六寸」のところに銅戈6本が「鋒部と茎部とを交互に三口づつ相重ね」発見されたという。これより先の1892（明治25）年2月、銅戈の「南方約十間許梢上手」の地下60㎝余のところで横に埋没した銅鐸が発見されている（高橋1925）。銅戈は「中広形銅戈」（大阪湾型）で、1・2号の樋に斜格子文が、3～6号に斜格子文と複合鋸歯文がある（東京国立博物館2005）ことから、拙稿では1号をⅣBa式銅戈、2～6号をⅣBb式銅戈としている。樋先端が離れているのは、鋳造後の研磨が脊に及んだためであり、脊の鎬もその後のマメツで不鮮明となっている（柳田2008a）。銅鐸は胴部の文様は不明だが、鰭に複合鋸歯文があることから佐賀県安永田遺跡や本行遺跡などの九州型銅鐸であるらしい（三木1969）。

⑳　長野県中野市柳沢遺跡

長野県埋蔵文化財センターは、国土交通省千曲川河川事務所が計画する堤防整備事業に伴う長野県中野市柳沢遺跡の発掘調査で、2007年10月銅戈と銅鐸が共伴して埋納された状態で発見した（長野県埋蔵文化財センター2008）。柳沢遺跡は、「高井富士」とも称される高社山（標高1,351m）の西麓斜面から千曲川・夜間瀬川の際までを範囲とする広大な遺跡である。

青銅器埋納坑の平面形は隅丸長方形と推定され、遺構残存部の計測値は、東西66.0㎝、南北

26.2cm、深さ17cmを測る。断面形は鍋底形を呈する。埋納坑は弥生中期後半の土器片を包含する土層に掘り込まれており、埋納坑の時期については弥生中期後半～後期前半と把握されている。

柳沢遺跡銅戈の2～4号銅戈は、平面形が改変されるような研磨が繰り返されていて、同型式の原型を保つ5～7号銅戈との間で研磨・マメツに大差がある。同型式の和歌山県山地例にはマメツに大差がないことと対照的である。

埋納坑の観察では複数回埋納の痕跡は確認されていないが、銅戈の埋納順序では1～4号と5～7号との間で埋納処置に差があることは看過できない（廣田編2012）。なぜなら、1～4号と5～7号において研磨・マメツに大差があるからであり、埋納時期の差に関係する可能性を含んでいる。

1号銅戈（全長34.4cm）　1号銅戈は、研磨されているにもかかわらず、樋先端が閉じていること、樋内に綾杉文があること、刃部の鋒側半分が直刃であることから拙稿のⅣAb型式であるが、計量的にはⅣAc型式の平面形をしている。さらに、刃部がマメツにより丸みをもつことから、当初は鋳造後の研磨で面取されていたものと考える。鋒先端が刃として仕上げられていることもⅤ型式でないことを裏付けている。B面の内には2本の軸に各々二重の鉤で構成された陽刻が施されている。

2号銅戈（全長23.5cm）　2号銅戈は、樋内基部に斜格子文を施すこと、研磨され樋先端が離れることなどから拙稿のⅣBa型式の特徴をもつ。しかし、樋内に複合鋸歯文らしきものがみえる部分もあることから精査すればⅣBb型式の可能性も残している。また、樋内に脊に沿って細い突線もみえる。

闌・穿に鋳引け、樋に型崩れと大きな鬆があり、内も湯不足で内長が短い。内先端が面取されていることから破損などではない。この銅戈は8本中、8号と並んで最大マメツのものであり、鋒先端がとくに刃を形成しない。脊先端が平坦であることから、研磨されて鎬が形成されたものの、その後のマメツで平坦化したものと考える。

脊に厚みがあり、両面を合わせると横断面形が円形を呈する。刃部全体も厚みがあるのは、本来は6・7号銅戈のように幅広であったものが刃部の欠損などに伴う研磨が繰り返されたためである。2号銅戈はとくに鋒部が狭いが、これも刃部が樋先端付近から再度二次的に再々加工されたもので、鋳造当初の形態ではないものと考える。

闌先端の片方は、5方向からドリル穿孔されて故意に折られている。意図は不明。

3号銅戈（全長25.2cm）　樋内中央に突線があり、綾杉文が施されているように思えるが、樋に沿ったタテ研磨があり不鮮明である。右側穿の下に少なくとも2本の横の突線があり、文様が存在することが確実であることからⅣBa型式としておくが、複合鋸歯文であればⅣBb型式となる。

刃部が厚く、両側面が面取されているのは、鋳造後に刃部のみ研磨が繰り返されたものと考えるが、刃部の面取は1号銅戈のⅣAc型式とⅤ型式銅戈の属性で、時期的に新しい手法である。

4号銅戈（全長22.2cm）　片面の樋内中央には縦方向の不鮮明な突線が存在するが、裏面にはない。闌の角度と内が短小であり、和歌山県山地例を含めて本例が「大阪湾型銅戈」の最古型式となることからⅣBa1型式を新設しておく。内端にくぼみがあり、内全体に鋳引けがあることから、内に湯口があることになる。

5号銅戈（全長27.4cm）　樋内に斜格子文と複合鋸歯文があることから拙稿のⅣBb型式銅戈である（柳田2008a）。複合鋸歯文は北部九州の綾杉文と比較して突線が明瞭であることから、土製鋳型に比較的深く刻まれたものと考える。b面の闌側面に限って凹凸のバリが多いのも土製鋳型である現象であろう。内端にハバキの痕跡がありくぼむことから、内側が湯口である。湯口は内より幅が狭く、ハバキの部分は厚くなるところを研磨して内と同じにそろえている。闌両側に大きくバリを残して刃として生かしているが、基部側半分の身と脊には研磨が及んでいないので鋳肌が大きく残っている。したがって、脊先端が樋からとび出ていることから、樋先端が離れているようだ。刃部は段刃らしいが、樋両側鎬にも微マメツが生じている。

　鋒両側に大きな刃こぼれが存在し、連続性刃こぼれであるか未検討である。他に、援中央部の刃に金属刃による刃こぼれが一つある。

　6号銅戈（32.4cm）　樋内に斜格子文のみが明瞭に施されているⅣBa型式で、樋先端が左右揃わないことから、研磨されて樋先端が離れたことが想定される。内は大きく、左右に型ずれし、湯口がある。鋒に鬆が集中し、樋内をタテ研磨している。

　脊先端に研磨が及び、その後に中マメツしている。

　7号銅戈（全長36.1cm）　7号銅戈は和歌山県山地1号銅戈に近いⅣBa型式で、B面の脊が平坦なのは研磨が脊に及んでいるからで、両面の脊基部には鋳造当初の丸い脊が残っている。研磨後のマメツが著しいが、同じく脊先端にも研磨による砥ぎ分けがうかがえる。

　特記すべきは、樋内の3ヶ所に鋳型の補修痕跡があることで、1ヶ所が斜格子文の改変、他の2ヶ所が無文部分がくぼんでいる。この現象は、土製鋳型だからだと考える（柳田2009b・2011b）。

　本例と山地1号の闌幅が大きく伸びる特徴は、北部九州の中期後半の鉄戈にもみられることから、時期的に併行関係にあるものと考えている。

　8号銅戈（現存長7.9cm）　刃部と樋両側の鎬が著しくマメツしている。多マメツは内と樋内にも及んでいることから、意図して研磨が繰り返され、片面の複合鋸歯文がほとんど消えかかっている。内周縁も多マメツだが、端面がくぼむことから湯口らしい（柳田2012a・b）。

第3章　中国式銅剣

1　はじめに

　朝鮮半島では、早くから中国式銅剣が出土することが知られていた。また、北部九州でも若干の中国式銅剣が知られていながら、その大半が不時の発見であることなどから、筆者以外に論及されることがなかった（柳田1982a・1984・1990・1991b）。中には少数ながら発掘調査による発見もあったが、永年報告書が刊行されていなかった。近年になって新発見例が追加されたことと、出土した鋳型にそれらしき例があることから、これらを紹介し、朝鮮半島との併行関係、可能な限り中国との併行関係と実年代に迫ることが本論の目的とするところである。

　なお、朝鮮半島と日本に分布する有柄式磨製石剣は、磨製石鏃などとの共伴関係やその形態的特徴から中国式銅剣が祖型と考えられ、それを検証して有柄式磨製石剣が初出する弥生早期の実年代を考証したい。

　また、遼寧式銅剣も現在の中国領域の東北部に分布の中心があるところから広義の中国式銅剣と考え、日本出土品と朝鮮半島の一部を紹介して実年代論の一翼を担う根拠の一つとしたい。

　本論は2004年の拙稿を基本としているが、その後、町田章の『中国古代の銅剣』（2006）が刊行され、中国における銅剣の地域性と同時にその型式分類と年代観が一層明確になったことをふまえて加筆している。

2　中国式銅剣

(1) 中国式銅剣の型式分類

　拙稿（2004a・b）の型式分類では、林巳奈夫の『中国殷周時代の武器』（1972）に従いながら独自の型式名も設け、①有茎式、②有柄柱脊式、③翼付柄式、④有節柄式、⑤筒状柄式に分類した。ちなみに、町田分類と対照すると①が有茎銅剣、②・③が筒柄銅剣Ⅰ式、④が円柱柄銅剣Ⅰ・Ⅱ・Ⅲ式、⑤が筒柄銅剣Ⅲ式となる。以下拙稿の型式分類を踏襲するが、町田論文の年代観を援用した型式分類とする。

① 有茎式

　有茎式は、商代後期の四川省成都市十二橋遺跡から柳葉形扁茎短剣が出土している（町田2006）。西周前期の長安張家坡206号墓出土例が知られている。これは短剣で、剣身が丸脊式で関が形成されず、茎に目釘孔が2個ある（林1972）。

　春秋時代になると柱脊式で、前殺・鍔が出現し、春秋後期に有柄式と同じ剣身をもつ形式が出

第3章　中国式銅剣

現する。広東省から山東省まで広く分布するのが柱脊式の短剣である。時期は、春秋後期から前漢前期まで存在する（西江1987、広州市1981）。

有茎式銅剣の付属品として、鐔と剣首（把頭飾）がある。ここで扱うのは玉製や象嵌入りではなく、簡素な帯形鐔と皿形あるいはラッパ形といわれている剣首で、これも広く分布する。

② 有柄柱脊式

陝県上村嶺春秋前期墓出土例は、柱脊式剣身に前殺・鍔が出現しており、一鋳された棒状柄には皿状剣首も出現している。上村嶺例のような棒状柄のものは少ないようだが、長江流域では、西周中期頃から春秋早期頃にもみられる。鐔の出現は、春秋後期前半以後。

③ 翼付柄式

長江流域で西周晩期から春秋初期に出現し、戦国前期まである型式（叶1986、肖1988・1991、夏1989）で、柄の中央付近の両側に翼状突起を付設する型式。剣首は皿状のものと植木鉢形のものがあり、翼部分の柄が扁平になる特徴をもつ。植木鉢形剣首は、春秋後期後半の華中地域に出現する。

④ 有節柄式（図1・2）

有柄式銅剣のうち帯形鐔と楕円形・円形の丈夫な中実の棒状柄に、2個の円形節と皿形剣首を同鋳した型式を有節柄式銅剣という。柄の横断面形は、川又正智が指摘するように丈夫な縦長の楕円形が古式のものほど多く、円形が新しくなる傾向にある（川又1982）。東周式銅剣・戦国式銅剣といわれているもので、清水清一は、『周禮』「考工記」の「桃氏の剣」をこの型式とした（清水1940）。剣身には、前殺・両従・鍔を備え、材質をかえ精緻な文様を施すものもある。

町田は、格（拙稿の鐔）の形状でⅠ～Ⅲ型に区分している（町田2006）。Ⅰ型は隅丸凹字形の格で、この格や箍（節）に象嵌文様や鳥篆体の銘文をほどこすものがあり、装飾性に富む。Ⅱ型はⅠと同じ形状で、装飾性が乏しく、実用性の高いものとする。Ⅲ型は「中原地方と同じように円柱状の柄に箍をはめ円形の剣首をつくるが、格の形が異なる銅剣をⅢ型としてまとめ」ている。さらに各々を細分しているが、掲載されている6分の1の図では見分けがつかないので、後に一部を図示して詳論する。

町田のⅠ型には銘文を刻むものがあり、製作年代が限定できる。それは、春秋後期後半から戦国時代前半にかけて、

図1　有節柄式銅剣の部分名称

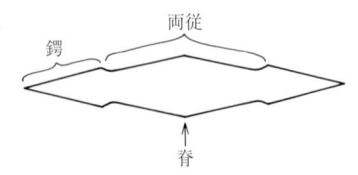

図2　中国式銅剣剣身断面図

楚・呉・越・蔡などの淮河・長江流域諸国で発見されている。

そのおもな例を紹介すると、

a 徐王義、楚之用銅剣（前535年）（現長21cm）—根津美術館蔵（曹1999）（図3、カラー図版1）。

b 攻呉王光剣、呉王闔閭（前514～496）（現長54cm）—安徽省廬江県出土。（馬1986）

c 越王勾践剣（前496～465年）（全長55.6cm）—湖北省江陵望山1号楚墓出土（林1972）

d 越王勾践之子剣、鹿郢（前496～459年）（林1972）

e 攻呉王夫差剣（前495～473年）（全長50.7cm）—山西省原平県峙峪村戦国墓。（李1990、山西省1972）

f 「攻呉王夫差自作元用」剣（前495～473年）（現長59.1cm）—河南省輝県百泉文物保管所蔵（崔1976）。

g 攻呉王夫差自作其元用剣（前495～473年）（全長58.9cm）—安徽省寿県西門内出土（李1990）。

h 「攻呉王夫差自作元用」剣（前495～473年）（全長60cm）—山東省鄒県城関鎮朱山庄村出土（胡1993）。

i 蔡侯産剣、蔡聲侯（前471～457年）—安徽省淮南市蔡家崗趙家孤堆出土（林1972）。

j 越王者旨於賜剣、越鼫與代（前464～459年）（全長約54cm）（林1972）。

k 越王不寿剣、不寿（前458～449）（曹2002）

l 越王州勾剣、越王朱勾代（前448～412年）（全長56.2cm）—湖北省江陵藤店1号楚墓出土（荊州地区1973、史1973）。

m 越王州句剣（戦国中期）（全長53.7cm）—湖北省荊門市子陵崗M36出土（荊門市博物館2008）

n 越王丌北古剣（戦国中期・前355年）—安徽省安慶市王家山M1木槨墓出土（黄2000）。

があり、この型式が前6世紀後半に出現して、前5世紀以後に盛行していたことが明らかである。さらに、これらが「越王の剣」といわれて、越で製作されていながら、楚の地域で発見されるなど、戦利品や贈答品を含めて中央部で流通しているのであり、一般的な有節柄式銅剣は、広東省から遼寧省まで広く分布している。しかも、平面的な形態が類似した模倣形式は、遼寧省・朝鮮半島・北部九州に限定して分布している。そこで、町田の区分と組み合わせると、実用性の高い円柱柄銅剣Ⅱ型をa・bに細分して、実戦武器として製作された前者をⅡa式、形態的に模倣された後者をⅡb式として細分類する（柳田1982a・1984・1990・1991b・2004a・b）。

　Ⅰ型有節柄式銅剣を国内所蔵品で詳細に観察すると、図3とカラー図版1は根津美術館所蔵の剣身が欠損する残長21cmの「徐王義」銅剣で、幅5.3cmの幅広の剣身中央の脊両側に象嵌文様を施す。文様は3本線に1本の斜行線が加えられた単位からなる。その上には片面に2行6字の金象嵌で「徐王義」、「楚之用」が残されている。鐔には金象嵌で縁取られた獣面文の中に緑松石が象嵌された痕跡がある。柄の節にも凸線文を施すが、剣首は欠損している。

　図4-1は根津美術館蔵品（考古62）の全長60cmの有節柄式Ⅰ型銅剣である。

　図4-2とカラー図版2は東京国立博物館蔵品〈TJ5700〉の現長55.9cmの前殺を有する有節柄式Ⅰ型銅剣で、幅4.5cm、厚さ1.04cmの剣身に斜行方格文を象嵌する。幅4.79cm、最大厚

第3章　中国式銅剣

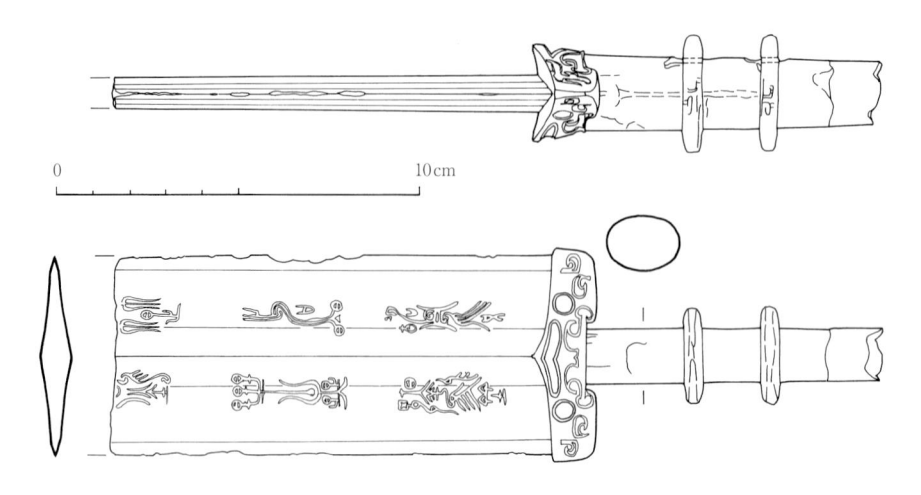

図3　「徐王義」銘銅剣（有節柄式Ⅰ型）実測図（1/2）（根津美術館蔵）

写真1　有節柄式Ⅰ型銅剣（根津美術館蔵）

2.07cmの鐔には緑松石を象嵌し、節にも凸線文を施す。有節柄式Ⅰ型銅剣の鐔の特徴として、象嵌文様のほかに側面図で明らかなように中央部が剣身に大きく突出する。

　Ⅰ型の使用下限は、荊門子陵崗で「越王州句」銘銅剣が出土したM36（荊門市博物館2008）と王家山M1木槨墓の「越王丌北古剣」銘銅剣が戦国中期に編年されている。

　Ⅱ型有節柄式銅剣a式は拙稿（2004a・b）で伝三雲出土例を図示していたが、新たに東京国立博物館蔵品〈35640〉を実測できたので紹介する。図4-3は全長54.7cm、剣身最大幅4.58cm、剣身長45.2cm、剣身最大厚1.21cm、格幅4.91cm、格最大厚2.07cm、柄幅1.51cm、柄厚1.74cm、剣首径3.88cmの計測値をもつⅡ型a式有節柄式銅剣である。剣身の前殺と柄側面の湯口が明瞭に観察できる。

　有節柄式銅剣Ⅱb式は、全体的に扁平な作りで、前殺・両従・鐔を備えているものの、剣身では脊が突線化するもの、刃部の未研磨、柄部が扁平でコウバリ未処理など、実用武器として製作されていない型式である。材質も、Ⅱa式は白銅質で堅牢で、重さ600g以上、錆方も漢式鏡と

2 中国式銅剣

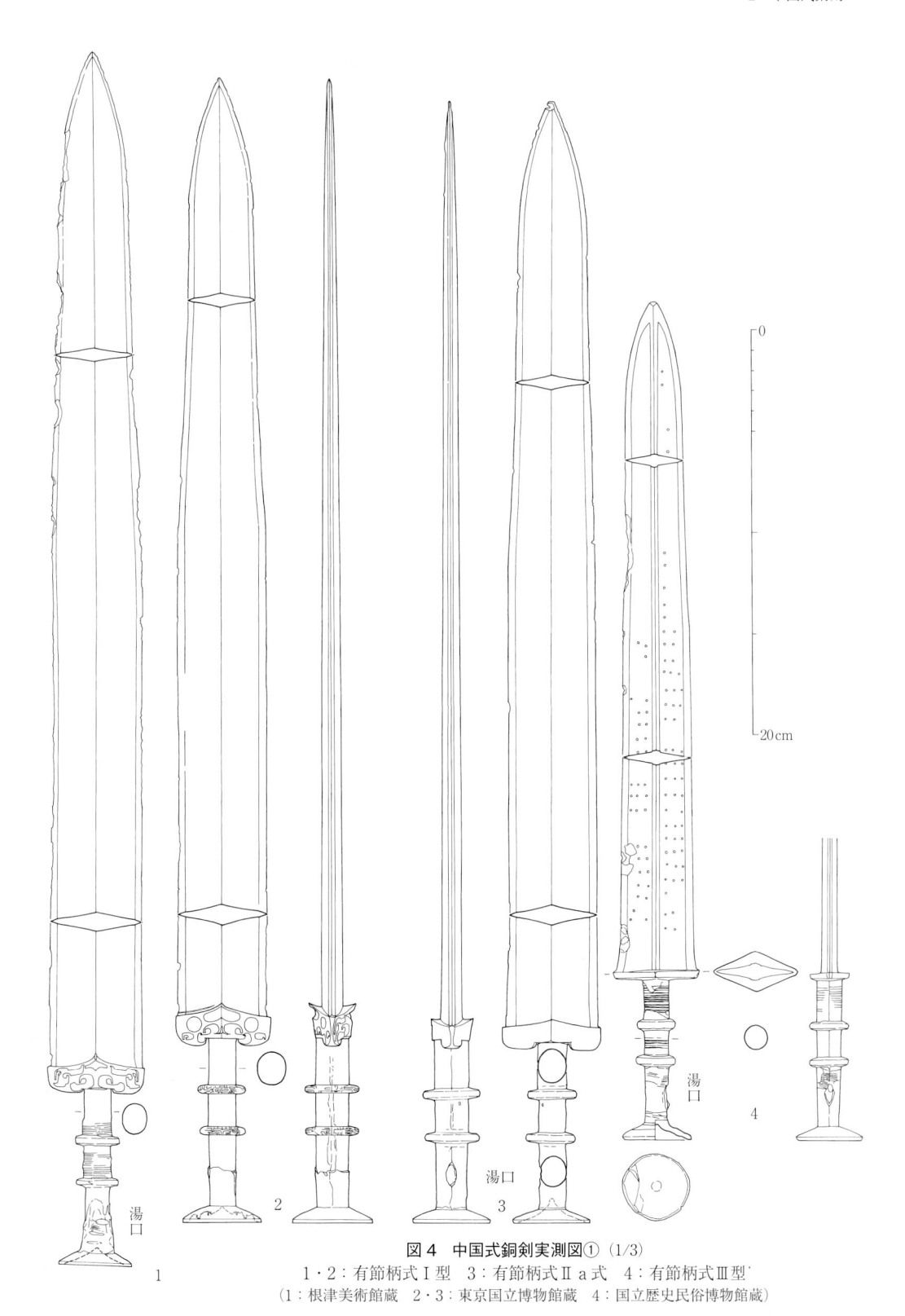

図4　中国式銅剣実測図①（1/3）
1・2：有節柄式Ⅰ型　3：有節柄式Ⅱa式　4：有節柄式Ⅲ型
（1：根津美術館蔵　2・3：東京国立博物館蔵　4：国立歴史民俗博物館蔵）

第 3 章　中国式銅剣

写真 2　有節柄式Ⅲ型銅剣（国立歴史民俗博物館蔵）

同じであるのに対して、Ⅱb式は朝鮮半島の青銅武器よりも脆いものが多く、重さ500g以下で、鉛同位体比分析では韓国上林里出土例（図19）に朝鮮半島の鉛が検出されたものがある（馬淵・平尾1990、柳田1990）。

　図4-4は国立歴史民俗博物館館蔵品（A-165）の全長41.6cmの有節柄式Ⅲ型銅剣である。この銅剣は鐔と剣身に特徴があり、鐔が直線で細く、剣身には脊が一段隆起し、両面に突起珠文を施している。この有節柄式Ⅲ型銅剣が有節柄式磨製石剣のモデルとなったものと考える。法量は柄長7.9cm、柄径1.26×1.28cm、鐔幅4.32cm、鐔最大厚1.98cm、剣身最大幅3.94cm、剣身最大厚尾0.8cmである（写真2）。

⑤　筒状柄式

　この型式の銅剣は、板状の薄い鐔と筒状柄が特徴的である。林巳奈夫は、この型式を『周禮』「考工記」の「桃氏の剣」としている。この型式は、洛陽中州路2717号・2719号・2721号出土品のように、柄の特徴として基部から剣首に向かって筒状部が太くなり、薄い皿状剣首となるところにある。この筒状柄は、鐔側の基部まで中空のものばかりではなく、基部が中実のものもこの型式に含める。この型式にも銘文をもつものがある。

　それは、「楚王畬章剣」（清水1940）であり、楚恵王代の前488～432年に製作されている。さらに、有節柄式の安徽省安慶市王家山M1木槨墓の「越王丌北古剣」（前355年）に共伴したものがあることから、この戦国中期に盛行していたことがわかり、戦国後期までみられる。

　町田は、剣身に柱状脊をつくるものをⅠ型、平脊をとおすものをⅡ型、脊稜をもうけるものをⅢ型とする。同じく細分しているが、拙稿の翼付柄式がこの型式のなかでⅠa式・Ⅰb式・Ⅱa式に分かれている。

　銘文をもつものは、次のとおり。

　a　呉王夫差其元用剣（前495～473年）（全長48.8cm）―河南省洛陽市中州路北側 C1M3352 出土（洛陽市1992）。

b　呉王夫差其元用剣（前495〜473年）（現長37cm）——河北省襄陽蔡坡M12出土（襄陽1976）。
　　c　「工呉王」剣（前560〜548年）（全長45.2cm）——山西省楡社県城関村三角坪出土（晋1990、曹1990）。
　　d　「楚王酓章剣」（前488〜432年）
　　e　越越王剣——河南省淮陽県平粮台M4出土（全長約60cm）（曹・駱・張1980、町田2006）。

　図5-1は東京国立博物館蔵品〈TJ3034〉で、全長43.1cm、剣身長34.6cm、剣身最大幅3.78cm、剣身最大厚0.74cm、鐔幅4.04cm、鐔厚1.77cm、柄最大径1.92cm、柄最小径1.25cm、剣首径2.99cmの計測値をもつ筒状柄式銅剣である。全体が鮮やかな青色で覆われているが、柄は全体に中空であり、剣身の前殺と柄側面の湯口の痕跡が明瞭である。

　図5-2は東京国立博物館蔵品〈TJ3035〉で、全長39.2cm、剣身最大幅3.64cm、剣身最大厚0.75cm、格幅3.83cm、格最大厚1.46cm、柄最大径1.94cm、柄最小径1.09cm、剣首径2.94cmの計測値をもつ筒状柄式銅剣。同じく全体が青色の錆に覆われているが、前殺と柄の湯口痕跡が明瞭であり、柄の中空が中途までである。

（2）中国東北部の外来銅剣

　拙稿では中国東北部の遼寧省で出土した中国式銅剣の有茎式3例、有柄柱脊式5例、有節柄式Ⅱa式3例、有節柄式Ⅱb式1例、筒状柄式3例、合計15例を一覧していたが、町田論文で有柄柱脊式3例、有節柄式Ⅱa式2例、有節柄式Ⅱb式1例、筒状柄式2例が図示されている。拙稿では、東北部に中国式銅剣が流入する時期を報文から戦国、戦国中・晩期、戦国末・漢初を例示していた。町田は有節柄式には流入品と模倣品の存在を認め、筒状柄式でも流入品を認めながら、時期を戦国中・後期との推定をも認めている。

　すなわち、中国東北部への有節柄式と筒状柄式の実物の流入と模倣が前400年以後であることを認めていることになる。これは銘文や精緻な文様をもつ古式のものが含まれていないことから肯定できる。先に検討したように、古式のものが山西・河北省を北限としていることが明晰であ

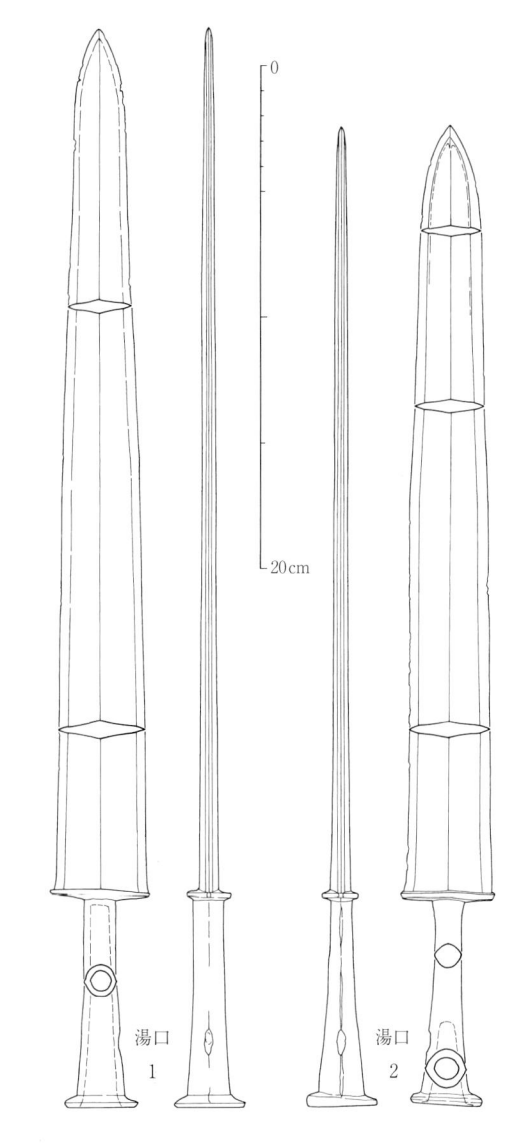

図5　中国式銅剣実測図②（1/3）
筒状柄式銅剣（東京国立博物館蔵）

第 3 章　中国式銅剣

る以上覆し難い。

　一方、小林青樹らは遼西式銅戈の年代について、中原系の筒状柄式銅剣・銅戈・三翼銅鏃が共伴している建昌県弧山子 90M1 例などを前 5 世紀中頃前後としている（小林・石川・宮本・春成 2007）。この説は中原系青銅器の遼寧省での上限を示しているが、下限が前 3 世紀にあることは変わりない。湖北省荊門子陵崗に例をとると、有節柄式「越王州句」剣出土 M36 が戦国中期に編年されるなどの実体と地域性を考慮しなければならない。

　共伴する銅鏃においても、秦始皇陵 1 号俑坑でも多くの三稜鏃と共に三翼鏃が出土している（楊 2005）。遼寧省長発郷家では遼寧 AⅡc 式銅剣に三翼鏃・三稜鏃が共伴して、戦国末・漢初に編年されている。さらに、三翼鏃は長崎県原の辻では弥生中期初頭から前半の E 区 16 号土坑から出土している（杉原編 1999）が、鄭仁盛の研究で明らかなように、楽浪土城では楽浪 3 期にも伴っている。鄭仁盛は楽浪墳墓でも三翼鏃と三稜鏃が楽浪郡設置以前にももたらされていることを指摘しつつも、両翼鏃が楽浪 2 期、三翼鏃が楽浪 3 期で三稜鏃に共伴して存在することを認めている（鄭 2002）。ちなみに、三稜鏃は、福岡県安徳台では後期初頭の 18 号住居跡から出土している（茂編 2006）。

(3) 遼寧式銅剣の型式分類（図 6～11）

　遼寧式銅剣の型式分類は、基本的な部分で宮本一夫（2002b）に従うことから、ここでは朝鮮半島に波及しない靳楓毅分類の A 型・C 型青銅短剣を含まない（靳・岡内訳 1983）。遼寧式銅剣は、韓式銅剣よりも研ぎ減りによる形態変化が著しいことから、平面的な形態と機能的に重要な立体的形態を重視した分類基準を次のようにする。a 突起の位置と抉りの形態、b 剣葉と関の形状、c 茎の長短、厚さを含む形状、d 各部分の横断面形、e 研ぎ減りの程度、などが主要な項目となる。この分類基準では、従来の分類のような研ぎ減りによる形態変化を型式分類しないことから大分類を下記の 3 分類とする。

① AⅠ型式

　遼寧地域の最古型式で、宮本の I 式と同じく突起から鋒端までが基部より短いもの。立体的には、脊に厚みがあるばかりでなく、剣葉・関部の横断面形態において、脊側が厚く、刃に向かって薄く作られるところが AⅡ・AⅢ型式と区別できる特徴である。この型式は、関部の形態から遼寧地域でも細分できるが、朝鮮半島の最古型式である金谷洞例（黄 1974）（図 9-1）が共伴関係に乏しいことから、時期幅をみなければならない。関部が丸く時期的に古式を AⅠa 式、関部に角のある新式を AⅠb 式とする（図 6-1）。

　代表例として、AⅠa 式は、寧城南山根 M101 石槨墓（遼寧省・中国科学院考古学研究所東北工作隊 1973、中国科学院考古学研究所内蒙古工作隊 1975）・遼陽二道河子（遼陽市文物管理所 1977）・旅順楼上 3 号墓（旅順博物館 1960）・黄海南道金谷洞などがある。AⅠb 式は、朝陽十二台営子（朱 1960）・旅順崗上遺跡（朝・中合同考古学発掘隊・東北アジア考古学研究会訳 1986）[1]・江原道芳良里遺跡（国立中央博物館・国立光州博物館 1992）などがあるが、朝鮮半島では本格的に普及することがない。

2　中国式銅剣

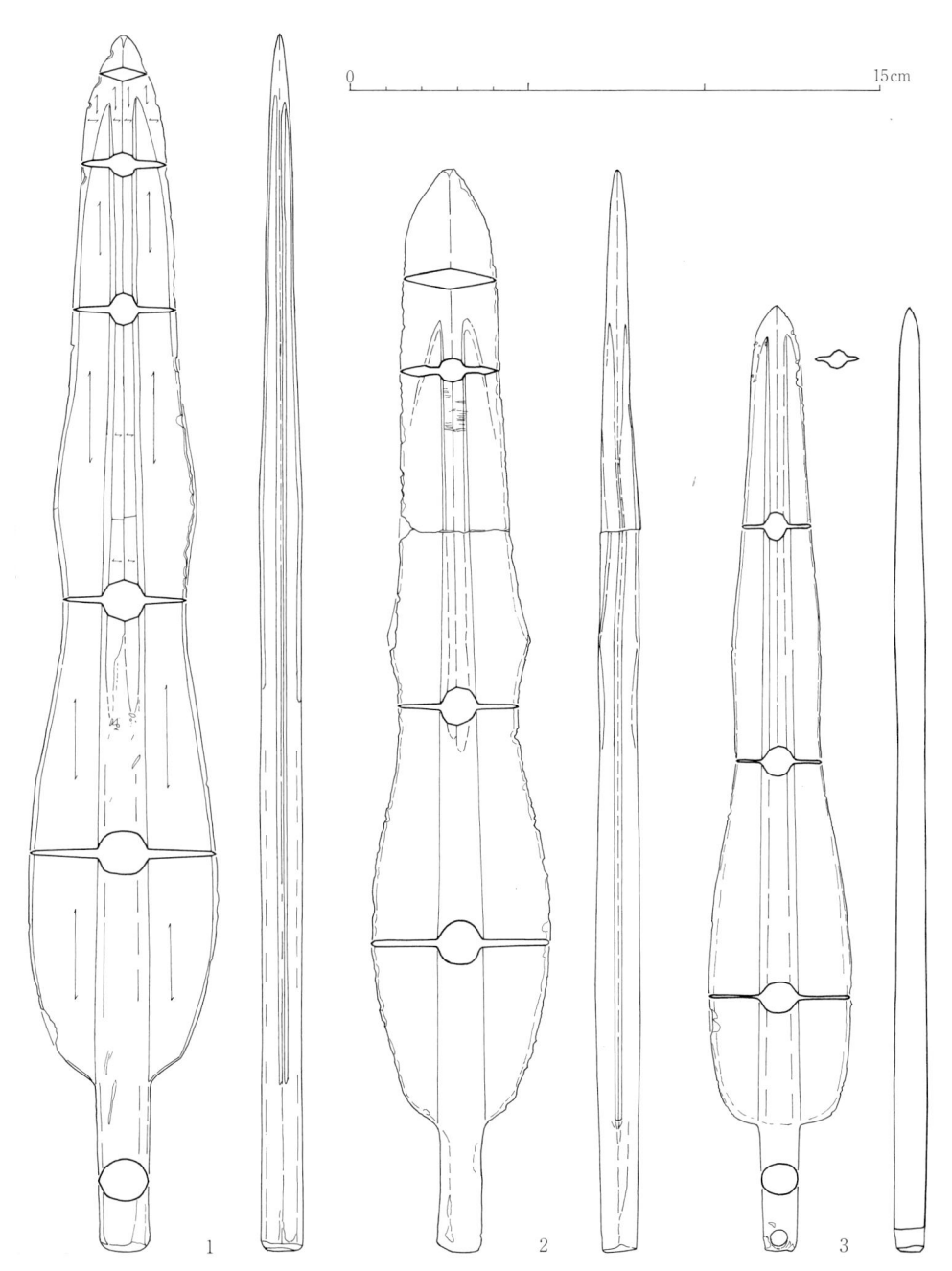

図6　遼寧式銅剣型式分類（1/2）　1：AIb式　2：AIIb式　3：AIIIb式
（1・2：東京大学考古学研究室蔵　3：松竹里4号支石墓）

共伴遺物から想定できる時期は、AIa式が西周後期から戦国前期、AIb式が春秋前期から戦国後期とすることができる（靳・岡内訳1983）。

② AII型式

　AII型式は、AI型式より多少大型化し、突起の位置が全長の中間付近にあるもので、横断面

37

第 3 章　中国式銅剣

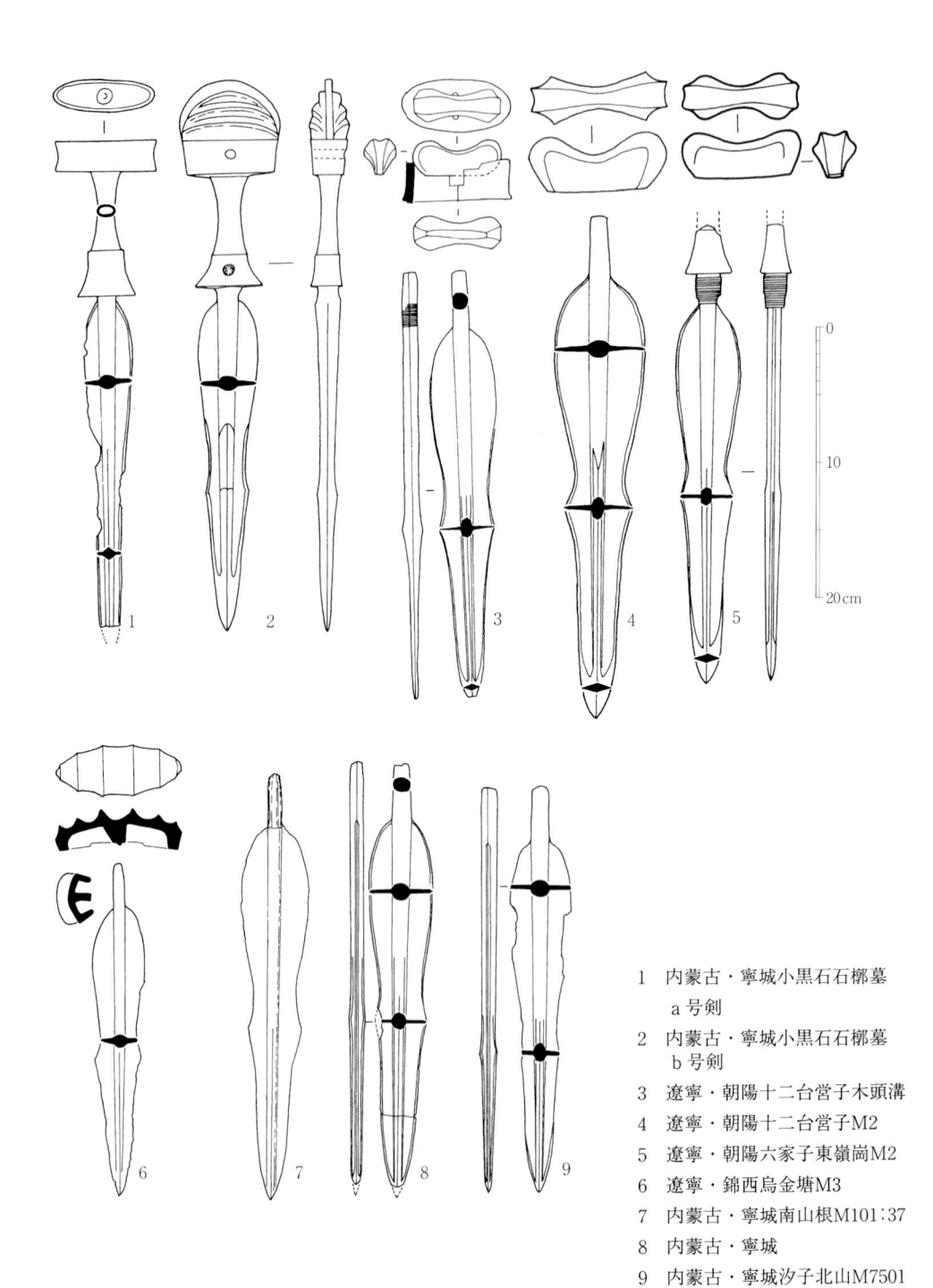

1　内蒙古・寧城小黒石石槨墓
　　 a 号剣
2　内蒙古・寧城小黒石石槨墓
　　 b 号剣
3　遼寧・朝陽十二台営子木頭溝
4　遼寧・朝陽十二台営子M2
5　遼寧・朝陽六家子東嶺崗M2
6　遼寧・錦西烏金塘M3
7　内蒙古・寧城南山根M101：37
8　内蒙古・寧城
9　内蒙古・寧城汐子北山M7501

図 7　遼寧式銅剣ＡⅠ式・町田の東胡の曲刃短茎銅剣ＡⅠa式（1/5）（町田 2006）

2　中国式銅剣

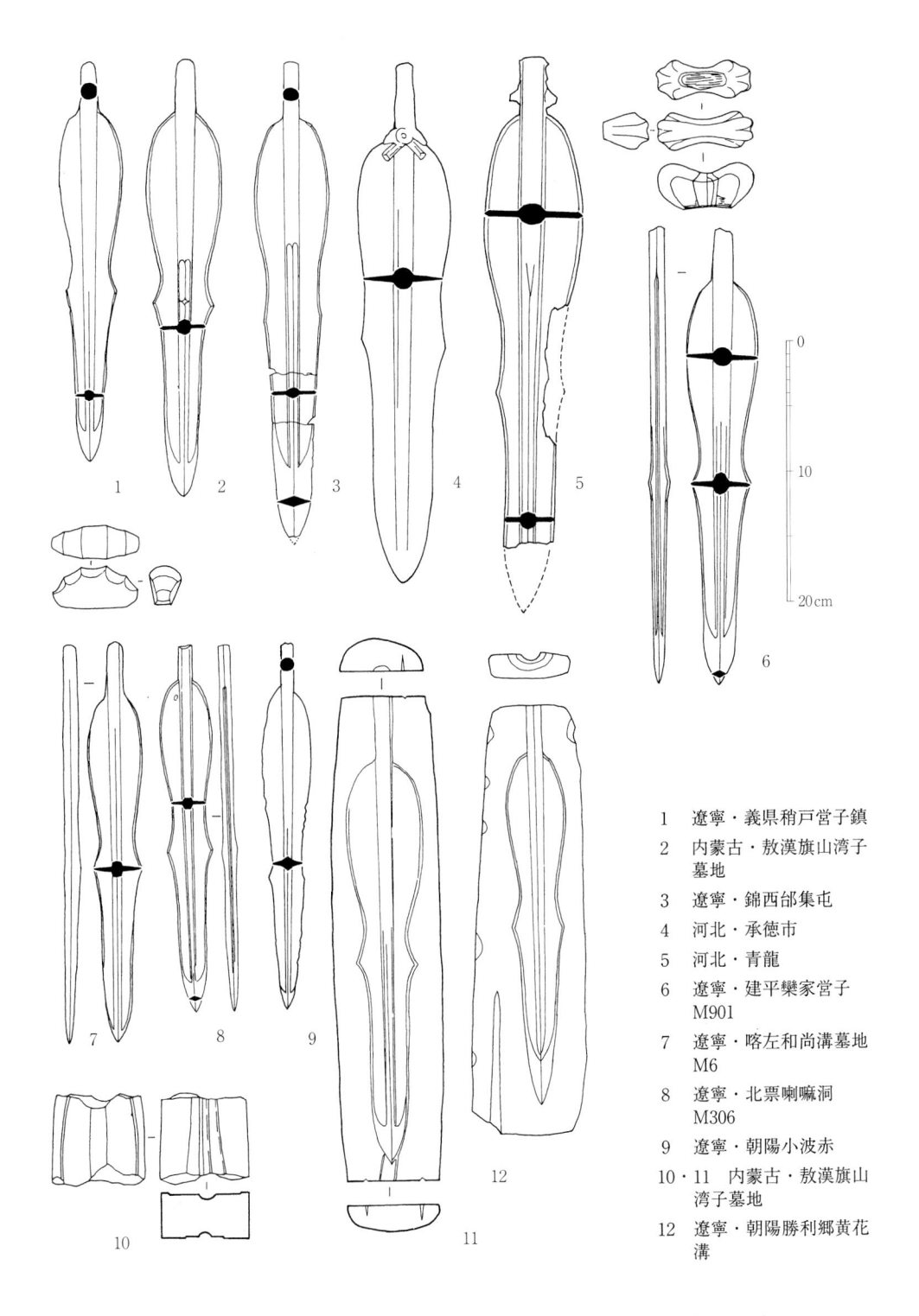

1	遼寧・義県稍戸営子鎮
2	内蒙古・敖漢旗山湾子墓地
3	遼寧・錦西邰集屯
4	河北・承徳市
5	河北・青龍
6	遼寧・建平欒家営子 M901
7	遼寧・喀左和尚溝墓地 M6
8	遼寧・北票喇嘛洞 M306
9	遼寧・朝陽小波赤
10・11	内蒙古・敖漢旗山湾子墓地
12	遼寧・朝陽勝利郷黄花溝

図8　遼寧式銅剣ＡⅡ式・町田の東湖の曲刃短茎銅剣ＡⅠb式 (1/5)（町田2006）

第 3 章　中国式銅剣

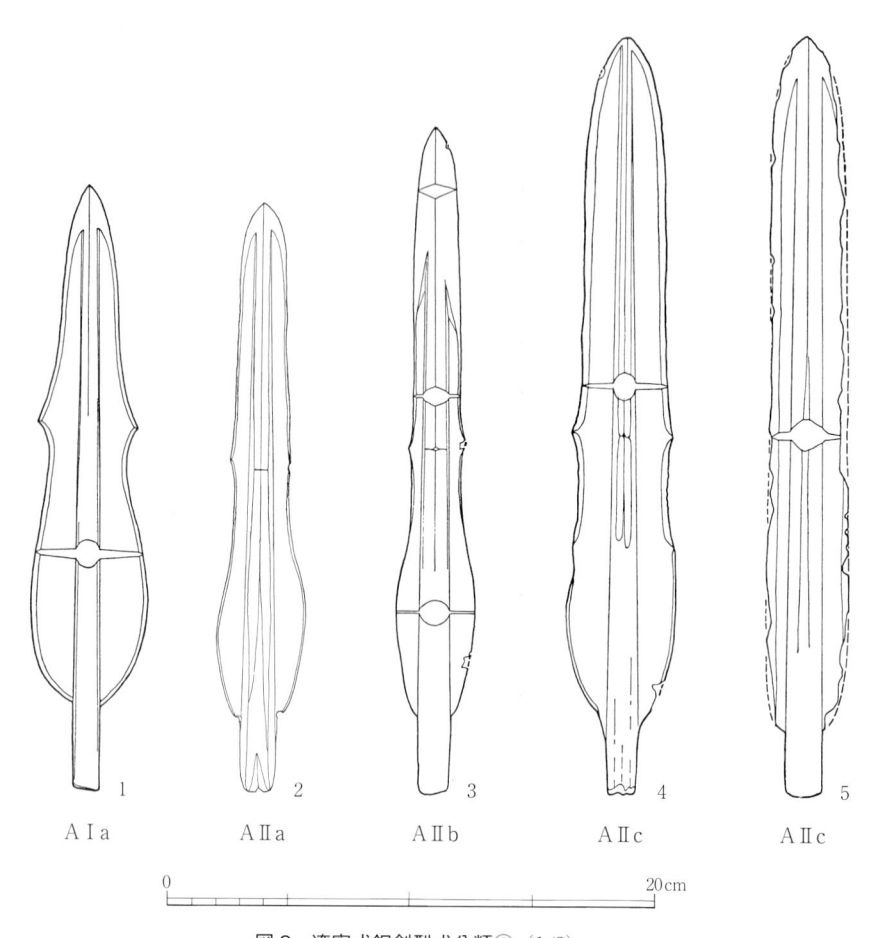

図 9　遼寧式銅剣型式分類②　(1/3)
1：金谷洞　2：伝平壌　3：龍興里　4：伝平壌　5：弧山里

形で樋先端付近が匕面樋となり、AⅠa 式と明確に区別できる（図 6-2）。剣葉・関部は平坦となる。内蒙古敖漢旗山湾子墓地と遼寧省朝陽勝利郷黄花溝から完形の鋳型が出土しており、脊鎬が陰刻されている（図 8-11・12）。突起の位置など AⅠ 型式に近い宮本の AⅢ 式を AⅡa 式、AⅡ 式を AⅡb 式、AⅣ 式に近いものを AⅡc とする[2]。AⅡb 式は、韓式銅剣の祖形となり、一部が扁平化する。韓式銅剣出現後の AⅡc 式では、関まで研ぎ下ろすことから突起が明瞭ではなくなる。

　代表例として、AⅡa 式は、寧城小黒石溝 M8501 石槨墓（赤峰市博物館・寧城県文物管理所 1995）・北票三宝何家溝（靳 1983）・瀋陽鄭家窪子（沈陽市故宮博物館・沈陽市文物管理弁公室 1975）・韓国中央博物館蔵 11377・11943 など。AⅡb 式は、西浦洞（黄 1974）・伝平壌（図 9-2）・伝成川（国立中央博物館・国立光州博物館 1992）・龍興里（韓 1968）（図 9-3）など。AⅡc 式は、海城大屯（孫・徐 1964）・尹家村 M12（中国社会科学院考古学研究所 1996）・旅順口区鉄山鎮伊家（許 1993）・長海県哈仙島徐家溝（許 1993）・昌図県長発郷家（李 1993、裴 1993）・載寧孤山里（黄 1974）（図 9-5）などがある。AⅡc 型式は、半島北部に遅くまで残ることから、この地域の韓式

2 中国式銅剣

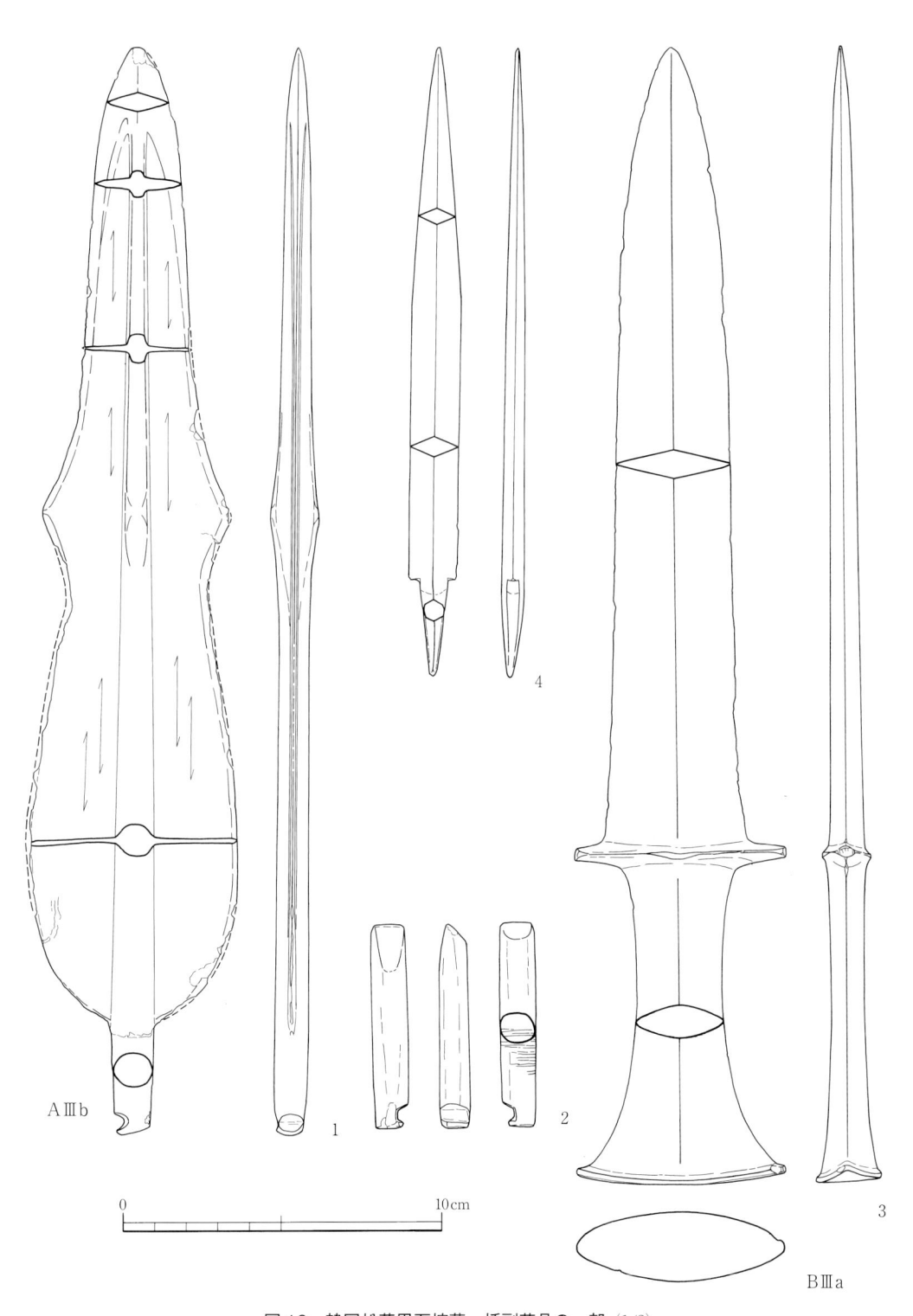

図10 韓国松菊里石棺墓一括副葬品の一部 (1/2)

第 3 章　中国式銅剣

AⅢa　　1　　　　　AⅢb　　2

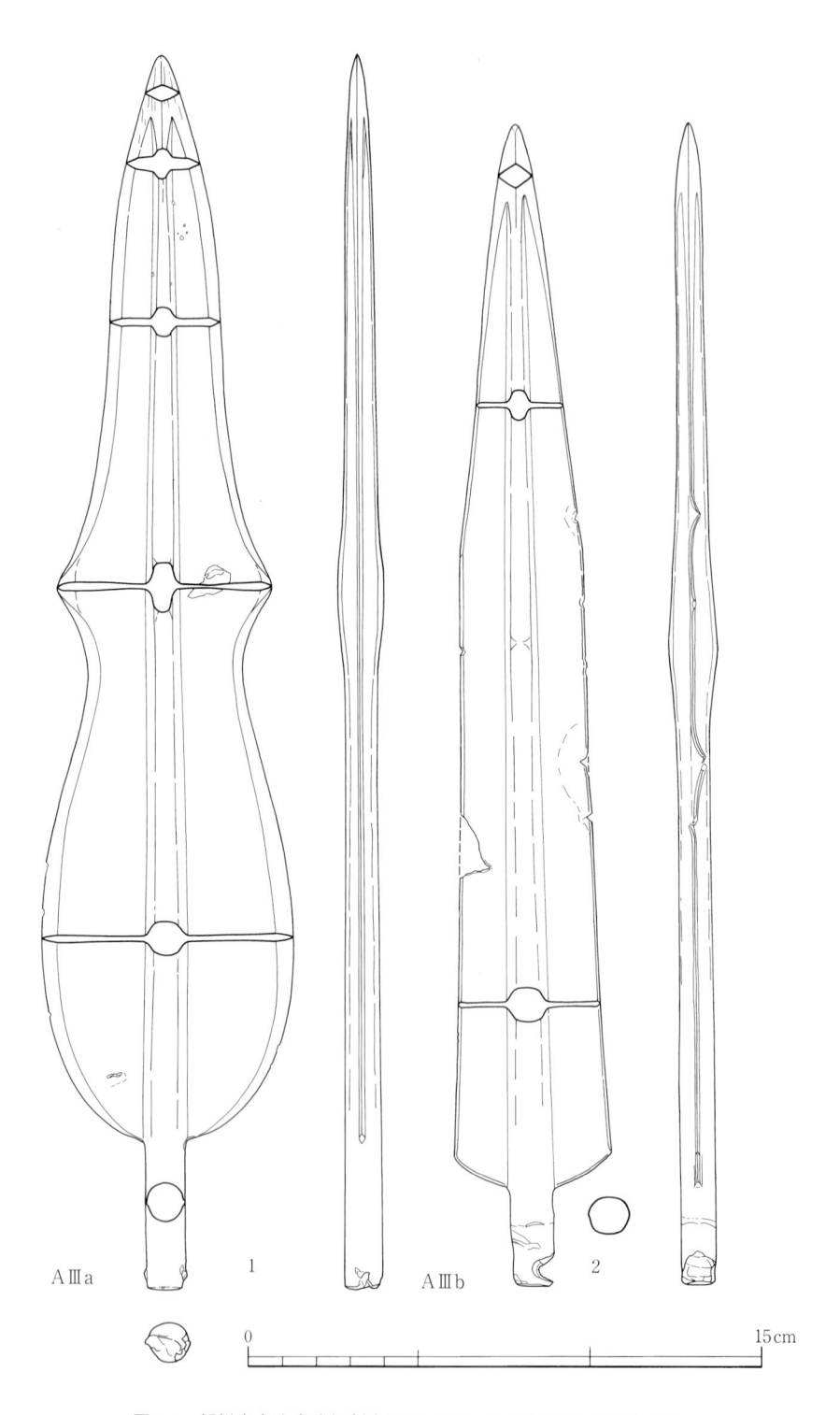

0　　　　　　　　15cm

図 11　朝鮮半島遼寧式銅剣実測図（1/2）　1：禮田洞　2：鎮東里

銅剣の出現を遅れさせている。

　共伴遺物からの時期は、AⅡa式が春秋前期から戦国前期、AⅡc式が戦国後期から前漢初期とすることができるが、AⅡb式が共伴関係に乏しいことと、扁平な形式が存在することから、春秋後期から戦国後期の時期を与えておきたい。

③　AⅢ型式

　平面的な形態では、AⅠ式に小分類すべきかもしれないが、脊に研磨が及ぶことが少なく全体に大型・扁平化し、分布が朝鮮半島南部に限定されることから大分類とした。また、茎端に抉り込みをもつことから、研ぎ減りして、形態変化していても容易に識別可能である。しかし、大型化し、太さが変わらない棒状茎をもつ禮田洞例2本（金1987）（図11-1）は、AⅢa式としてAⅢ型式に分類する。

　代表例としては、AⅢa式が禮田洞2本、AⅢb式が松菊里石棺墓（国立中央博物館1979）（図10-1）・積良洞支石墓（鄭1993）・牛山里支石墓（宋1988）・鎮東里（沈・藤口訳1981）（図11-2）などがある。茎に穿孔されている松竹里4号支石墓例（図6-3）もAⅢb式に含めておく。

　AⅢ型式は、遼寧地方にない異常に発達した遼寧式銅矛が半島南部に存在する（宮本2002a）ことから、これと共に半島南部で製作された仿製品である。したがって、時期も遼寧地方と一線を画する必要がある。

　遼東地域の楼上墳丘墓では、共伴関係に出土後の混乱があることを承知した上で、石積の墳丘内の埋葬順は墳丘の中央にあり最大規模の1墓が最初で、次に2号墓であり、中央からはずれた3号墓が最初の埋葬ではないことが墳丘内複数埋葬では通例である。もし戦国期の明刀銭が墳丘内の比較的新しい1号墓からの出土であったとしても、1基の墳丘内に数百年にわたって同一系列の埋葬が継続しているとは考えられないことから、少なくともAⅠb式が戦国時代と併行することが明らかであり、平面的形態を模倣したAⅢ型式が戦国期に併行することを証明している。

3　日本・朝鮮半島出土の中国式銅剣と鋳型

(1)　日本出土の中国式銅剣

①　福岡県今川遺跡

　今川遺跡は、玄界灘に面する津屋崎浜の砂丘上に位置する集落遺跡。銅鏃は、夜臼式を含む板付Ⅰ式の包含層（下層）から出土している。採集された銅鑿も、同一の包含層出土と考えられている（酒井編1981）。銅鏃（図12-1）は、翼部を欠損した両翼鏃であるが、現状で茎にされている部分は茎を磨上げたものではなく脊部本体を再加工されていることと、脊部分と翼部の横断面形から遼寧式銅剣AⅢ型式の鋒に近い部分を再利用したものであることがわかる。全長5.55cm、現存幅1.23cm、脊最大厚さ0.93cm、重さ12.5gの大きさである。銅鑿（図12-2）は、現存全長4.15cm、最大幅1.35cm、最大厚さ0.69cm、重さ10.6gの大きさ。刃部は、片面にわずかながらも二段階の傾斜がみられる。胴部が割合偏平な楕円形を呈することから、遼寧式銅剣の再加工品であれば突起部より先端側の脊部の可能性がある。

第3章　中国式銅剣

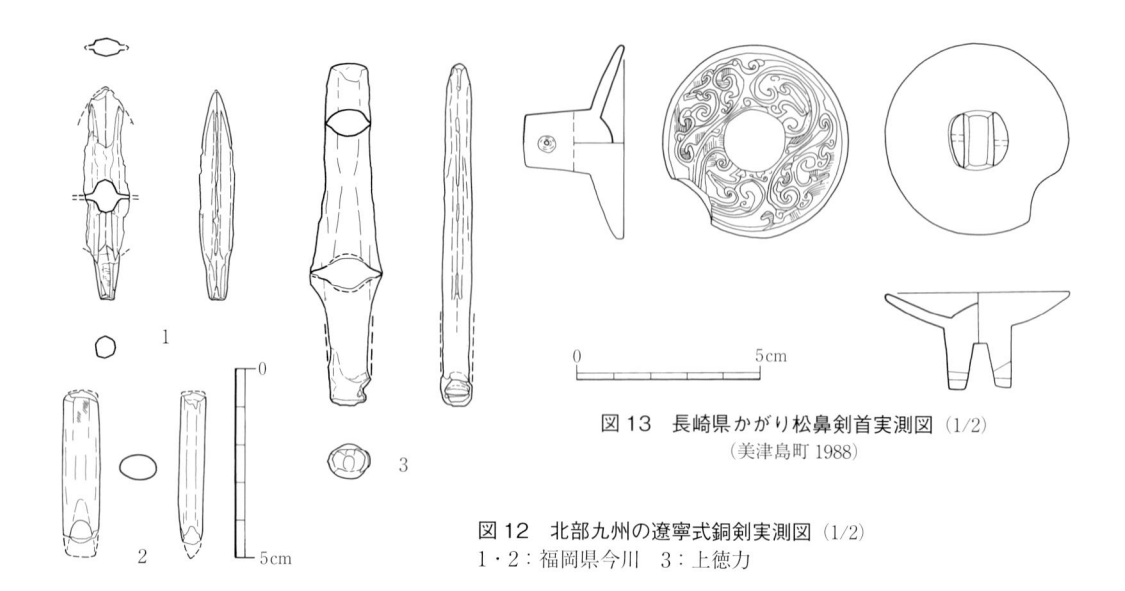

図13　長崎県かがり松鼻剣首実測図（1/2）
（美津島町 1988）

図12　北部九州の遼寧式銅剣実測図（1/2）
1・2：福岡県今川　3：上徳力

② 福岡県上徳力遺跡

　遺跡は、小倉南区の紫川右岸の低丘陵上に位置する弥生終末を主体としている。銅剣片（図12-3）は、弥生後期の包含層から出土したと報告されている（梅崎編1989）。銅剣は、茎部分とわずかに関部の痕跡を残しているが、茎先端部に抉りをもつところから、朝鮮半島南部特有のAⅢ型式遼寧式銅剣の特徴を備えている。現存全長9.1cm、現存関部最大幅2.05cm、茎基部最大厚さ8.4cmの大きさ。原形を残すのは茎端部のみで、他の部分は表面が剥離している。

③ 長崎県かがり松鼻遺跡

　遺跡は、久須保浦に突き出た岬に位置する箱式石棺墓。青銅製剣首（図13）は、皿部径5cm、全長2.65cm、重さ50gの大きさ。柄との接続のためのソケット状の2脚があり、一方から径2～4mmの円孔が穿たれている。皿状中央部はふくらみをもち、周囲に流雲形唐草文を浮彫で施し、洛陽焼溝1017墓例と同型式。共伴した深樋式銅剣は、剣身基部を破損したために、磨上で二次的に成形した茎に円形の目釘孔を穿っている。ガラス小玉は、紺色を主体とするが、青・緑色が若干混入し、16個の水晶小玉もある（美津島町1988）。

　時期は水晶小玉などから後期後半である。

④ 長崎県原の辻遺跡18号甕棺墓

　銅剣（図14-1）は、原の辻遺跡環濠集落の東南側に隣接する石田大原地区の18号甕棺墓から出土している。18号甕棺墓は、中期前半の合口式で、戦国式銅剣の鋒部が出土している。報告書が刊行されたが、詳細は不明である（長崎県教育委員会2005）。以下の理由から人体に突き刺さっていたものではなさそうだ。銅剣は、現存全長12.8cm、現存最大幅3.6cm、脊最大厚さ5.15mmの大きさで、どの時点であるか不明ながら著しく刃こぼれしている。銅剣は、中国式銅剣特有の脊から刃部の間が若干抉れる両従と刃部の鍔から形成されており、戦国式銅剣と呼ばれているものである。この銅剣の特徴は、鋳造の際に鋳型が左右に著しくずれていたことから、横

3 日本・朝鮮半島出土の中国式銅剣と鋳型

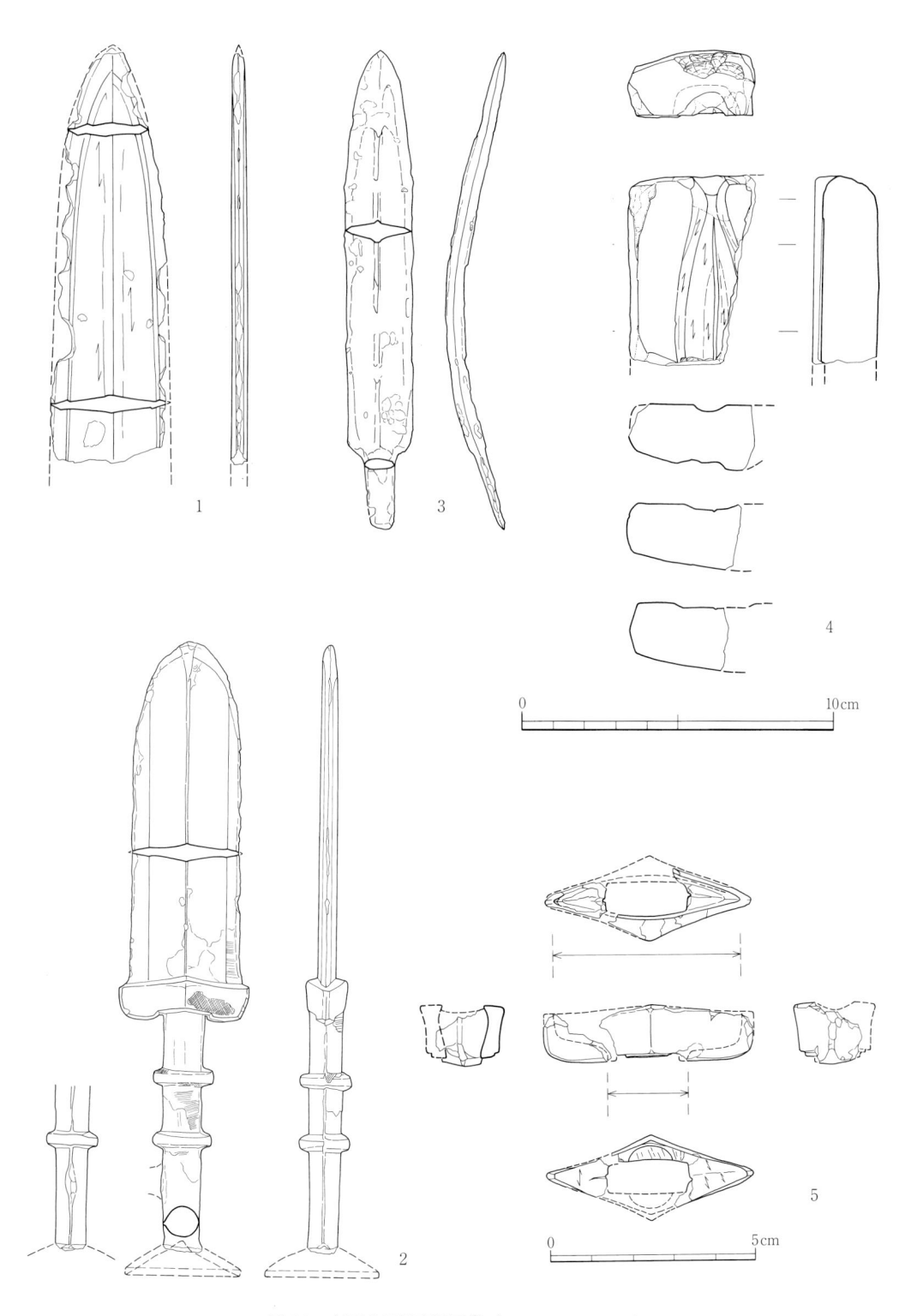

図14 中国式銅剣実測図①（1〜4：1/2 5：2/3）
1：長崎県原の辻18号甕棺墓 2：福岡県中寒水 3：井牟田1号 4：須玖坂本6次 5：平若C

45

第3章 中国式銅剣

断面図で明らかなように両面の鍔が著しくずれていることと、そのために刃部の研磨が実施されていないことである。すなわち、武器として実戦向きではない戦国式銅剣と考え、韓国上林里出土26本や朝倉市中寒水出土戦国式銅剣などのような有節柄式銅剣Ⅱb式の鋒である。

⑤ 長崎県景華園甕棺墓

遺跡は、島原半島の東側で島原湾に面する島原市三会の丘陵上にある。以前に石蓋甕棺墓の棺外に銅矛2本（柳田2003c）（ⅡB・ⅢB式）、棺内から勾玉・管玉・布片が出土したものが報告されている（島田1931）。中国式銅剣は、その後の土取り工事で3基の甕棺墓が発見され、1・2号甕棺から各1本の鉄剣形銅剣と碧玉管玉が出土したと報告されている（小田1959）。

1号棺の銅剣（図15-1）は、現存全長26.5cm、現存身長24.2cm、関幅4.35cm、関部厚さ0.92cm、現存茎長2.4cm、茎径1.39cm、現状重さ293.5gの大きさ。茎表面には、撚り紐が入念に巻かれているので、木柄などを着装するための糸巻きではなく、中国式銅剣特有の紐巻きと考える。報告では、「茎尻は中凹みを呈する全く鋳放しのまま」とされているが、筆者は柄が折れたものと判断する。なぜなら、紐巻き柄であるだけでなく、柄の横断面形が円形の鉄剣形銅剣が他に存在しないからである。また、剣口には細い鐔の名残がわずかに観察できることから、剣身の研磨で両従・鍔・板状鐔まで無くしたものと

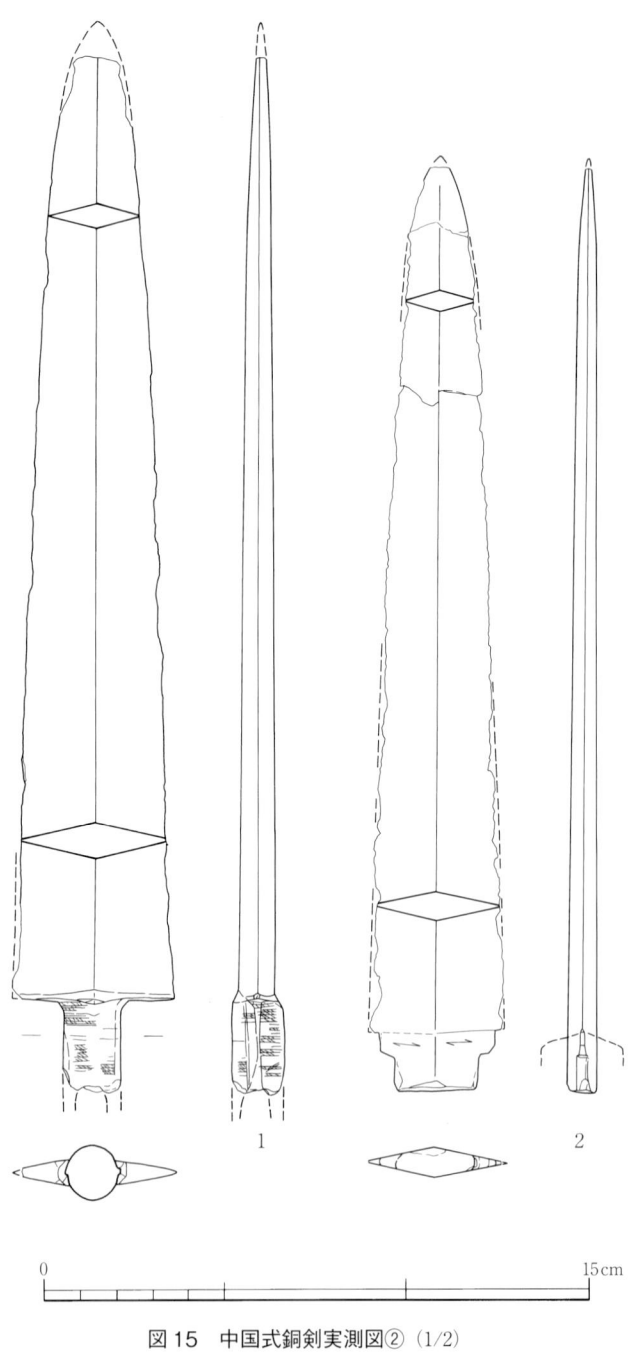

図15 中国式銅剣実測図②（1/2）
1：長崎県景華園1号　2：景華園2号

考える。この場合は、有節柄式銅剣であれば鐔が大きいので、剣身部研磨で鐔まで研磨することは困難であるから、柄基部が中実の筒状柄式の筒部分以下が破損したものと考えるのが妥当である。報告の「茎尻は中凹み」がこれを如実に表現している。

2号棺の銅剣（図15-2）は、現存全長24.5cm、剣身長23.6cm、関幅3.7cm、関厚さ0.8cm、重さ195gの大きさ。側面図で明らかなように、現状の茎は、剣身を磨上げて2段の茎としている。

2本の銅剣全体を覆う錆は、中国式銅剣や漢式鏡に特有の錆で、朝鮮半島製青銅武器にはみられない材質であることが明らかである。剣身の断面形は、本来鍔をもつが両従をもたない型式であろう。

なお、遺跡では、その他に「細形銅剣」鋒・硬玉勾玉・ゴホウラ貝輪・扁平片刃石斧・扁平な鉄製鋤先が採集されている。

⑥　佐賀県鶴崎遺跡

文献として『唐津市史』に宇木鶴崎から出土したことが記載されているが、遺構・時期など不明（松岡1962）。

銅剣（図16-2）は、剣身の鋒側の半分以上、刃部の全部を欠損している。さらに、剣口の鐔と柄の縁辺のほとんどを欠いている。しかし、特徴的な植木鉢形剣首を残していることから、原形を復原することができる。剣身の脊は、現状では鎬をもつ脊の形態を示すが、柱脊式に近い両従形式の脊を再研磨したものである。剣身の横断面形が両従の特徴的な内湾する形態であることから、刃部は鍔を形成するものと考える。剣口は、細い板状鐔であるが両側先端を欠損している。柄は、全体的に扁平な作りであり、中央部の両側に一段薄い突起を形成するが、前後の柄の両側にそれがないことから明らかである。剣首が植木鉢形をすることと、柄中央部に扁平な突起を備える有柄式銅剣は、長江下流域に分布する翼付柄式銅剣（叶1986、肖1988・1991、夏1989）以外に存在しない。現存全長19.1cm、現存身幅2.7cm、剣身剣口側厚さ0.85cm、現存鐔幅3.2cm、鐔厚さ0.87cm、柄全長8.15cm、柄剣口側幅1.5cm、柄中央部現状幅1.6cm、柄剣首側幅1.4cmの大きさである。剣首は、植木鉢形の直径が現状で2.65cm、復原直径で2.75cmの大きさになる。

銅剣全体の復原形は、図16-1の江蘇省鎮江出土品を参考にすることができる（楊・肖編2008）。この古式の型式は柄の中央部の翼がさらに突出して方形を呈する。当該地では、古式のものが西周晩期からあり、戦国期まで継続している（叶1986、肖1988・1991、夏1989）。

⑦　福岡県深江井牟田遺跡

遺跡は、二丈町深江の当時としては深い入江の旧砂丘上に位置し、時期が弥生中期末から後期全般と古墳前期にわたり、Ⅰ区土器溜り上層（弥生後期後半）とⅢ区上層から楽浪系漢式土器も出土している。中国式銅剣は、Ⅲ区第2地点の土坑内から土器細片と共伴して計2本が出土している。

1号土坑の1号銅剣（図14-3）は、長径50cm、短径49.2cm、深さ12.3cmの楕円形土坑の上層から出土し、時期不明の土器細片が共伴している。1号銅剣は、全長15.2cm、剣身長13.0cm、身最大幅2.15cm、関幅1.97cm、身最大厚さ0.62cm、茎基部幅1.07cm、茎厚さ0.42cmの大きさの短剣である。剣身が湾曲し、鋳造・保存も悪いが、鋒から4.1cmが前殺で、両従・鍔も備えている。

第 3 章　中国式銅剣

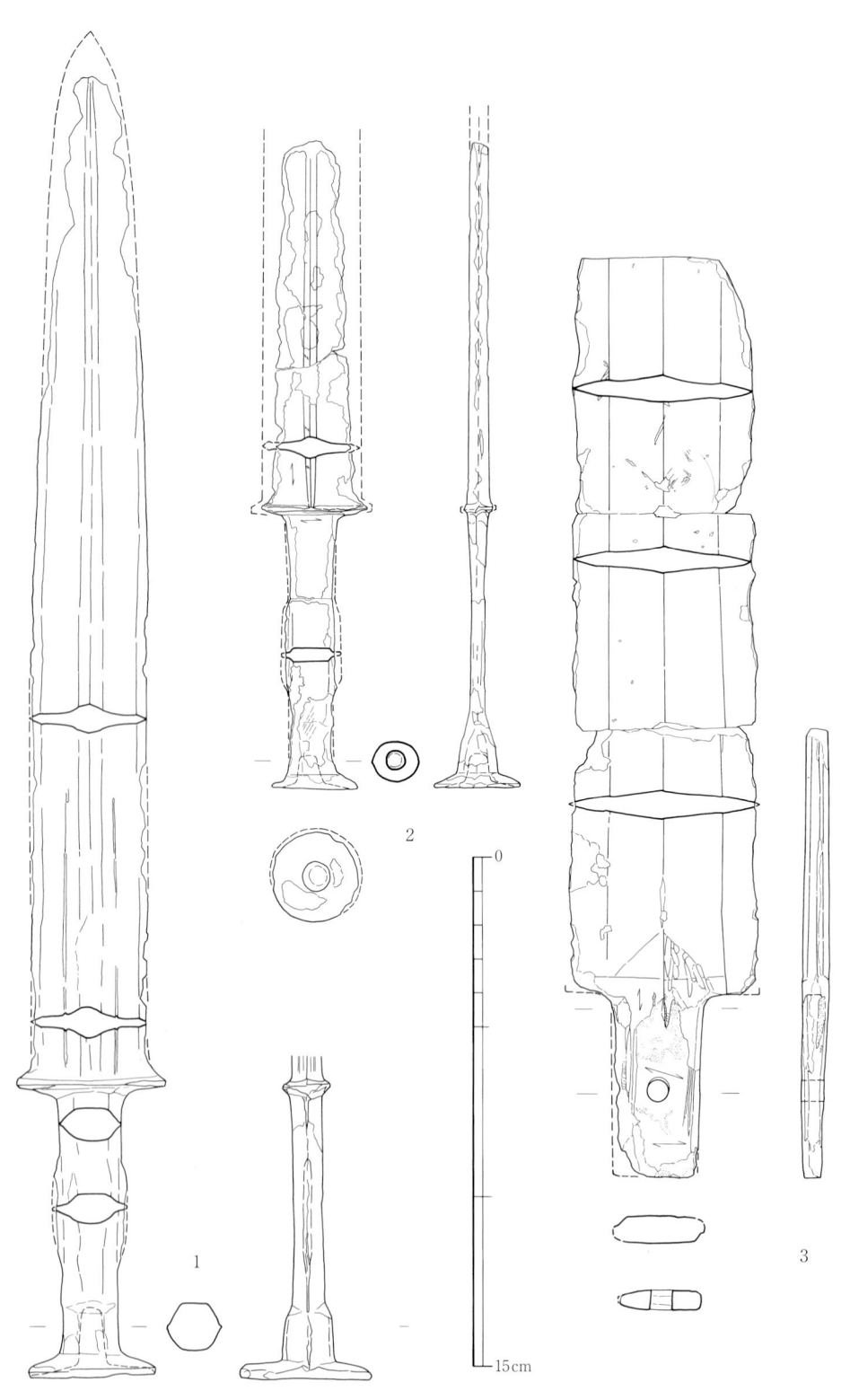

図16　中国式銅剣実測図③（1/2）　1：中国鎮江　2：佐賀県鶴崎　3：福岡県立石3号大柱遺構

2号土坑の2号銅剣は、長径49.6cm、短径39.6cm、深さ16.0cmの楕円形土坑の上層から出土し、土器細片が共伴している。2号銅剣は、全長14.0cm、剣身長12.0cm、茎長2.0cm、茎幅2.0cmの大きさ。1号銅剣よりさらに保存状態が悪いが、両従・鍔を備えている。弥生後期初頭の袋状口縁壺細片と後期中頃の器台細片と共伴している（古川1994）[3]。

　両従・鍔を備えていることから中国式銅剣ではあるが、大きな「巣」（鬆）があるなど鋳造技術が粗悪であることから、中国広東省（西江1987、広州市文物管理委員会1981）などでみられる匕首の模倣品と考える。

⑧　伝福岡県三雲遺跡

　銅剣は、現在糸島市立伊都国歴史博物館に保管されているが、その前は志摩町馬場に所在する六所神社に奉納されていたものである[4]。

　銅剣（図18-1）は、鋒を欠損するが、ほぼ完形の典型的な戦国式銅剣の有節柄式銅剣Ⅱa式である（柳田1982a・1984・1990・1991b）。銅剣の有節柄は、横断面形が縦長の厚みのある楕円形を呈し、湯口もⅡb式と違って跡形を残さないように除去されている。剣身の両従は内湾度が少ないが、鍔と前殺が明瞭に表現されている。鐔もシャープさがあり、Ⅱb式とは明瞭な差がある。剣身は錆びているが、中国式銅剣や前漢鏡と同じ錆び方で、白銅質の硬質部分もみえており、Ⅱb式銅剣との違いが明瞭である。銅剣は、現存全長45.0cm、剣身剣口幅4.36cm、前殺基部幅4.1cm、剣身剣口厚さ0.93cm、鐔最大幅4.72cm、鐔最大厚さ1.92cm、柄長さ8.63cm、柄最大幅1.35cm、柄最大厚さ1.62cm、節径2.51cm×2.72cm、剣首径3.6cm×3.3cm、現在重量643gの計測値を示す。欠損鋒を復原すると、全長47.2cmの大きさとなる。

⑨　福岡県須玖坂本遺跡

　遺跡は、須玖岡本王墓の北側に隣接する春日市岡本町1丁目にあり、須玖永田・須玖五反田遺跡などの青銅器・ガラス工房と一連のものである。1990年以降6次にわたって計1,700㎡が調査され、大規模な青銅器工房跡が存在したことが判明している。1999年の6次調査では、北西側谷状地形の遺物包含層のうちCトレンチから6点の鋳型がまとまって出土した。今回紹介する銅剣鋳型には、連鋳式銅鏃鋳型・筒形銅製品鋳型・「中広形銅矛」鋳型（ⅢA式、柳田2003c）などが共伴している。共伴している土器は、後期前半を主体としているが、接合できる「中広形銅矛」鋳型の存在から後期初頭に特定できるのではないだろうか（春日市1999・2012）。

　銅剣鋳型（図14-4）は、石英・長石斑岩製で、現存全長5.85cm、幅4.1cm、厚さ2.05cmの大きさで、片面に銅剣らしい陰刻がある。鋒に湯口があり、鋳造される銅剣は、剣身の復原最大幅が25mm、最大厚さ5mmの小型品となる。銅剣の横断面形は、脊が突線となるが、刃部に明瞭な鍔を備える。湯口が黒色に変化していることから、鋳造経験があり、鋳造されたのは深江井牟田例のような小型銅剣と考える。

⑩　福岡県平若C遺跡

　遺跡は、須玖岡本王墓の南東側600mで春日市弥生3丁目の丘陵部にある。共同住宅建設のために1991年に調査され、弥生から古墳時代の集落跡が発見された。弥生集落は、中期中頃から後期まで継続し、中期末の工房と考えられる異形の2号竪穴式住居跡から青銅器鋳型や鉄器など

第3章　中国式銅剣

が出土している。中国式鉄剣の銅鐔は、遺構検出時に発見されたものであり、出土時に注目されていなかったことから所属遺構と時期が不明である（丸山1995）。

銅鐔（図14-5）は、有茎式の鉄剣に付属する帯形である。茎側からみると、有節柄式銅剣Ⅱa式のように、厚みのある長楕円形の柄と同じ半円形の浮彫があるにもかかわらず、横断面形が長方形の茎となる貫通孔がある。発見時に数片の破片となっていることから、正確な寸法は出せないが、復原最大幅5.05cm、長さ1.25cm、最大厚さ0.2cm、内法剣身幅4.45cm、茎幅1.9cm、茎厚さ0.65cmの計測値を示す。コウバリの丁寧な研磨や各所の作りにシャープさがあるところから舶載品と考える。

⑪　福岡県立石遺跡

遺跡は、須玖岡本遺跡群の東南隅に位置する航空自衛隊春日基地内の北西側にある。旧地名は「大ヘラ」というが、1934（昭和9）年と戦後の開発で細線式獣帯鏡・銅鋤先・「中細形銅剣」が出土し、この報告で立石遺跡（柳田1980・2002b）や春日原米軍キャンプ地遺跡とされてきた。中国式銅剣は、1999年度に自衛隊官舎建設に伴い発掘調査されて、弥生墓地群に伴う大柱遺構から発見された。銅剣が出土した3号大柱遺構は、長さ4.2m、最大幅1.1m、最大深さ2.3mの大規模な土坑で、西側から東側へ傾斜して深くなり、東端が一段深くなって大柱を立てる遺構である。立てられた大柱は、根元直径1m前後の杉の大木が使用されており、3片に破砕された銅剣が最深部から1m付近の柱脇に散乱していた。

銅剣（図16-3）は、3片に破砕されて出土し、剣身の鋒側の約半分を欠損している。現存全長27.1cm、現存関幅5.7cm、剣身最大厚さ（関）0.91cm、茎長さ5.45cm、茎基部幅2.8cm、茎最大厚さ0.84cm、現在重量460gの計測値をもつ。茎のほぼ中央部にドリル穿孔された円孔は、径6.5mmの大きさである。剣身は全体的に摩滅しているが、関部と茎にはケズリ痕が明瞭に残っている。その関部には、ケズリ痕が三角形状に残っていることから、これを柄の痕跡とすれば、長い柄をもつ銅鈹の可能性もあるが、戦国期のものとは関部形態が違っている。

銅剣は、剣身に両従・鍔を備えているものの、横断面図で明らかなように、両面や各部分で不揃いであるし、異常な剣身の太さに対して茎が短いこと、銅質の違いなどから中国製とは考えられない。鉛同位体比分析では、弥生後期青銅器が集中するa領域に位置することから（境編2002）、北部九州で製作されたものであろう。

⑫　福岡県御陵遺跡鋳型

弥生時代後期前半から中頃の1号住居跡から銅矛鋳型を再利用した銅剣鋳型が出土している。鋳型は、全長31.35cm、最大幅10.2cm、最大厚6.1cm、重さ3.15kgの石英長石斑岩製である。報告書では最後の鋳型面をA面としているが、本来はC面とする初鋳造面がA面であろう。初鋳造のC面は銅矛の鋒部左半分が残り、樋は確認できないが黒変していることから鋳造経験がある。銅矛の型式は古式「広形銅矛」で、E面小口に連結のための溝が彫り込まれている。

A面の銅剣は鋒部を欠損するが、全長28.9cm以上、幅4.5cm、厚さ0.7cm程度と考えられている。復原できる銅剣は、剣身長33cm前後、身幅4.6cm、最大厚0.7cm、茎幅1.1cm前後の戦国式系、多樋式銅剣に後出する型式と考えられている（図17）（井上2010）。多樋式銅剣は本書の

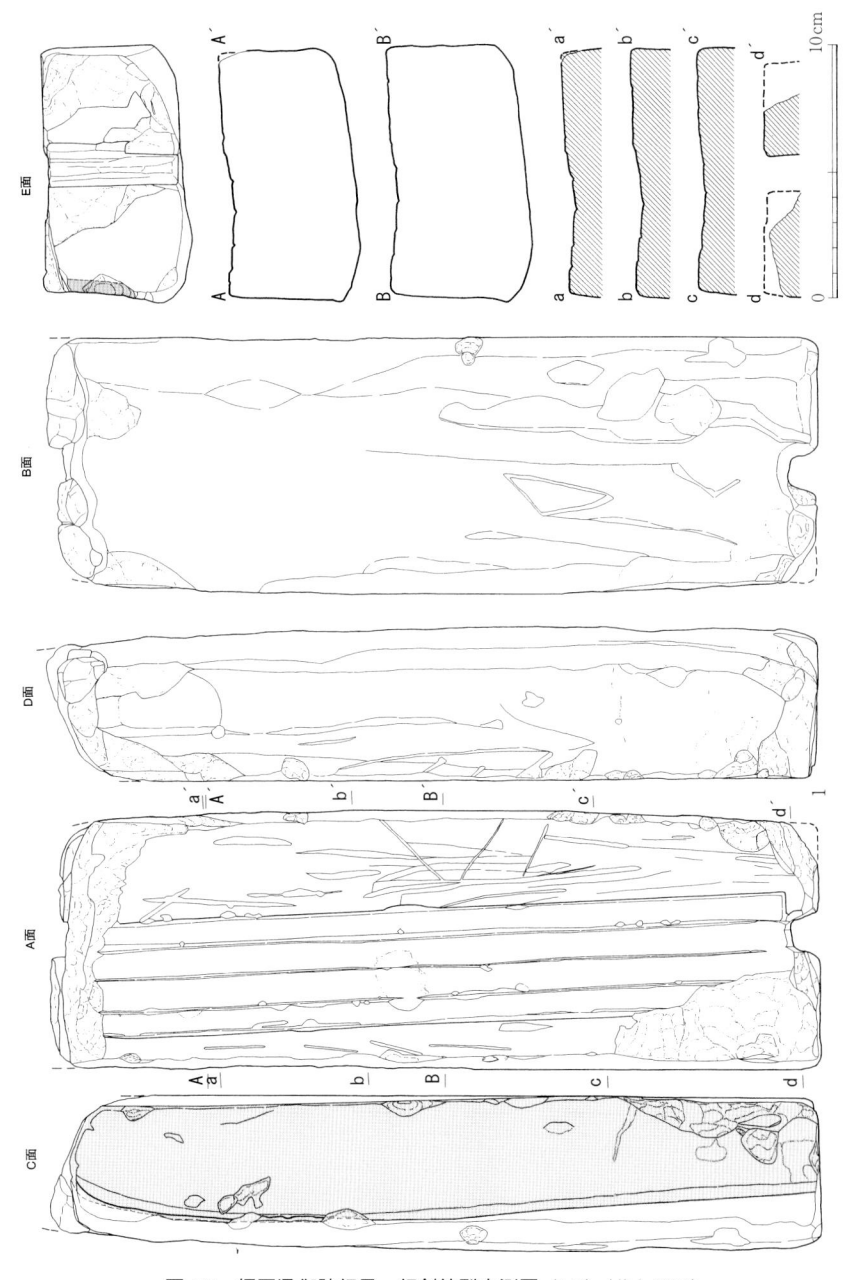

図17　福岡県御陵銅矛・銅剣鋳型実測図（1/3）（井上 2010）

第5章ではBⅡb式銅剣としており、中国式銅剣に系譜が辿れるものと考えるが、本例は曲がりなりにも鎬が3条であることから、時期は下降するものの前記の立石銅剣の存在からも中国式銅剣の直系にあたる型式と考える。

⑬　福岡県中寒水屋敷遺跡

　遺跡は、平塚遺跡群と神蔵古墳の中間地点にあたる朝倉市中寒水字屋敷にあり、段丘の西側縁

第 3 章　中国式銅剣

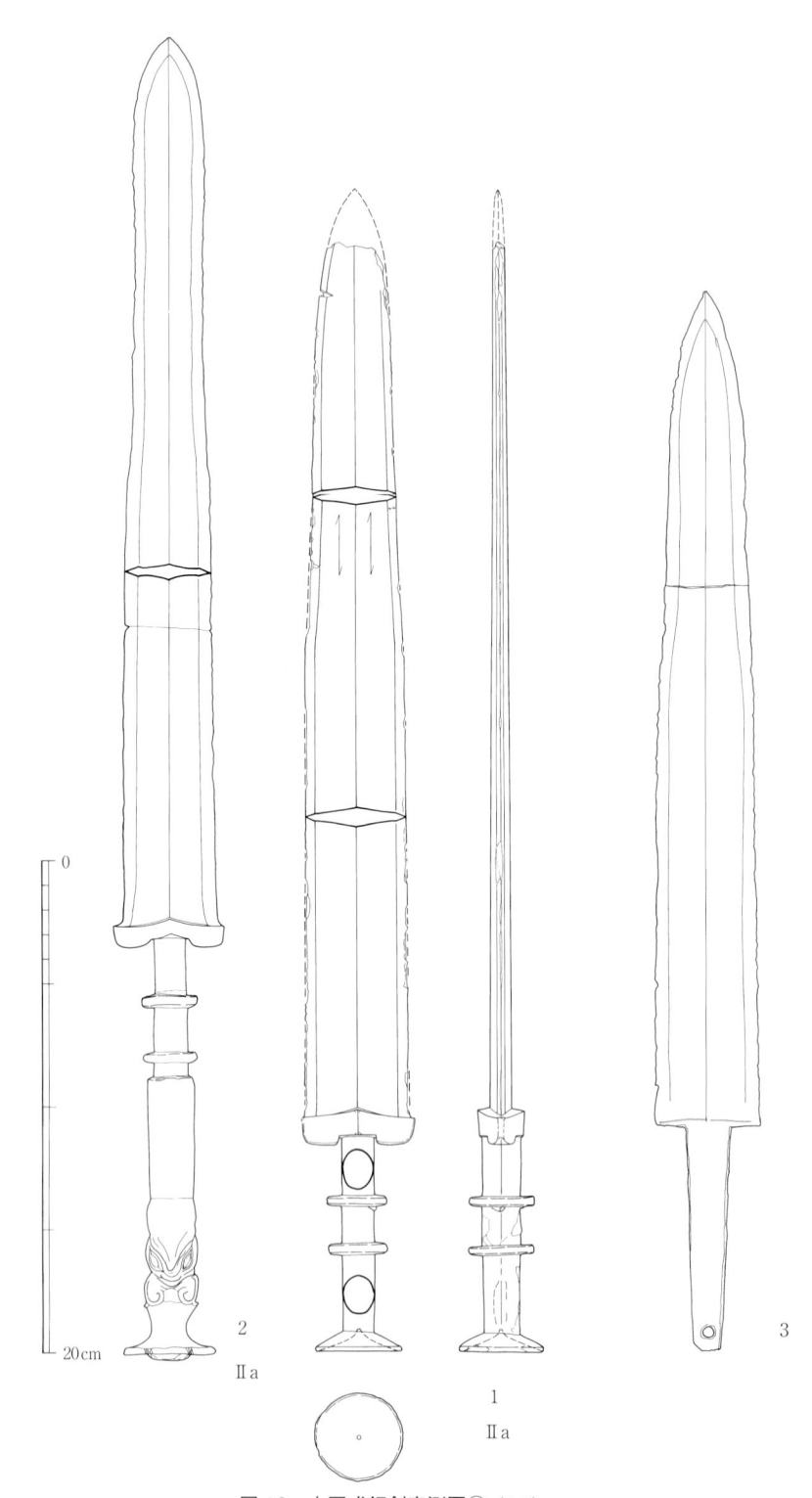

図 18　中国式銅剣実測図⑤（1/3）
1：伝福岡県三雲　2：北朝鮮石巌里（梅原・藤田編 1974）　3：大同江面（梶本 1980）

辺に位置する。国指定史跡の平塚川添遺跡は、平塚遺跡群の西側段丘下段にあたり、中寒水遺跡の段丘下段まで遺跡が連続しているものと考えている。銅剣は、畑にゴミ穴掘削時に出土したものであるが、確認調査では出土位置が特定できなかったので、時期や遺構が不明である。

銅剣（図14-2）は、剣首を発見時に欠損し、剣身の大半が欠損したものを埋没前に研ぎ直している。剣身は、両従・鍔を形成し、剣口には帯状の鐔が柄と共に同鋳されている。鐔は、脊にあたる中央部が剣身と同じく両従状を呈する。柄は、中実の棒状をなし、環状の節が2個つき、皿状剣首と共に同鋳されている。現存全長19.0cm、再加工剣身長さ10.3cm、剣身剣口幅3.7cm、剣身剣口脊厚さ5.65mm、鋒側脊厚さ4.95mm、鐔横幅4.16cm、最大厚さ1.31cm、重さ164.5gの計測値を示す。

鐔と柄の側面には、コウバリを残し、若干ながら鋳型の合わせ方がずれていたことがわかる。また、剣首側の一方に湯口らしき痕跡が明瞭に観察できる。なお、柄には撚紐が巻かれた痕跡があり、鐔にも布目が付着していることから、副葬品である可能性が強い。

以上の銅剣の形態的特徴から、有節柄式銅剣Ⅱb式であることがわかる（柳田 1982a・1984・1990・1991b）。

⑭ 伝福岡県飯塚市

唐津湾周辺遺跡調査委員会編『末盧國』の集成図（岡崎編 1982）に掲載されているが、出土遺構・時期など不明であり、原物の所在も確認できなかった。図面によると、全長22.1cm、剣身長17.3cm、現存剣口剣身幅2.6cm、剣身最大厚さ1.0cm、茎幅1.5cmの大きさの有茎柱脊式短剣である。刃部のほとんどを欠損しているので、鍔の形状が不明であるが、柱脊が茎まで通り、その先端に目釘孔が1個存在する。

(2) 朝鮮半島出土の中国式銅剣

① 伝平安南道平壌石巌里遺跡

銅剣は、秦始皇「廿五季」銘銅戈・中国式銅矛（全長17cm）と共伴して発見されたという（梅原・藤田編 1974）。銅戈には、内の片面に「廿五季上郡守廟　造高奴工師竃　丞申工鬼薪詘」銘があり、「二十五年に上郡の郡主である廟という者が、高奴という所で造らせた。工師は竃という者で、丞は申という名で、工は鬼薪の詘という者である」と読まれている（岡内 1982）。秦始皇の時には年次のみを示すことが通例であることから、前222年に鋳造されたことの明らかな史料である。

銅剣（図18-2）は、良質の白銅質で、表面が黒色を呈し、巧緻な作りと報告されている。現存全長53.85cm、身長36.3cm、刃幅3.9cm、鐔幅4.74cmの大きさ。柄は有節柄式であるが、剣首が欠損したためであろうか、戦国後期といわれる金銅製蓋弓帽が挿入されている。剣身には両従・鍔・前殺を備えているが、前殺が剣身の半分の長さをもっているところが特徴となる。柄の横断面形が示された図面を知らないが、蓋弓帽に挿入されていることからすれば円形であることになり、有節柄式銅剣Ⅱa式の下限が戦国末にあることを示す重要資料となる。

第3章　中国式銅剣

② 平安南道出土

「古跡調査報告大正十一年度第二冊」(『朝鮮考古学資料集成』17)には、平安南道出土で鮎貝房之進氏蔵銅剣の写真と図面が掲載されている。この銅剣は、全長45.8cmで、前殺・両従・鍔を備えた有節柄式銅剣Ⅱa式である。

③ 平安南道大同江面遺跡

榧本杜人著『朝鮮の考古学』に掲載されている図面(図18-3)によると、全長43.0cm、刃幅4.2cm、茎長9.2cm、茎最大幅1.9cmの大きさの有茎式銅剣である(榧本1980)。断面図が示されていないが、両従・鍔・前殺・茎孔が明確である。

④ 平安南道順安遺跡

採集された銅剣は、現存全長60.6cm、身長51cm、身幅4.2cm、鐔幅4.6cm、柄長8.9cm、剣首径2.8cmの大きさで、脊が大きく、前殺が明瞭、柄の節が小さい特徴をもつ有節柄式銅剣Ⅱa式である(榧本1980)。

⑤ 黄海南道孤山里遺跡

銅剣は、2本が地表下50～60cmで遼寧式銅剣AⅡc式(図9-5)・T字形剣把・銅斧と共伴して出土したことから、土坑墓と考えられている(黄1974)。

銅剣2本は、掲載された図からは詳細は不明であるが、柄に2個の節があり、軸の幅より厚さが少ないこと、湯口の突起が残されていることから、有節柄式銅剣Ⅱb式であることがわかる。

⑥ 全羅北道上林里遺跡

1975年、完州郡伊西面上林里三区の低丘陵で、束ねたように整然と東西にほぼ水平に置かれた26本の銅剣が地表下約60cmから発見された。これ以外に、なんらの遺構や遺物片も発見されなかったという。

出土した26本の銅剣各部分の計測値とその平均値は、全榮來の計測一覧表に詳しいが(全1976・1991a)、最長がNo.2の全長47.2cm、最短がNo.7の全長44.4cmで、平均値が45.9cmとなる。重量は、No.14の498gを最高として、最低がNo.7の274g、平均値が363gである。

そこでこれらを大まかに分類し、1987年には分散保管されていたが、実測許可されたものの中から図19-1・2・3のような3本の代表を選出した。1は重量最高値のNo.14で、全長では2番目に長い47.1cm。2はNo.3で、全長45.3cm、重量330g。3はNo.5で、全長46.2cm、重量386gである。これらの大きな違いは剣身にあり、1の重量と横断面形が示すように全体的に厚みがあり、両従・鍔の形態が戦国式銅剣そのものである。2は、脊の厚みはあるが、鍔の一部に突線化がみられる。3は、鍔と両従の段差があるものの、鍔の一部と脊の全部が突線となり、前殺部分が極端な薄作りとなっているが、剣身に鋳型の傷がある。

1のように重量が400gを越している実用可能なものは、No.2・11・14・25の4本がある。一方で、3のように330g以下の軽量で扁平なものがNo.3・6・7・13・19の5本存在することで、全榮來が重量で検討しているように、はなはだしく軽量であることから、全体的に有節柄式銅剣Ⅱb式の特徴をもつことが明らかである。とくに、No.7・13は、草浦里例のように柄の軸だけでなく、節までも扁平な作りである。

3　日本・朝鮮半島出土の中国式銅剣と鋳型

　26本の銅剣は、No.2のように剣身のコウバリでさえ除去されていないものや鍔の突線が残っていることが刃部研磨をしていないことの証明となる一方で、図19-1のように剣身に研磨痕跡が存在するものもある。しかし、柄部はどれも湯口の湯道が粗く切除されているものの、コウバ

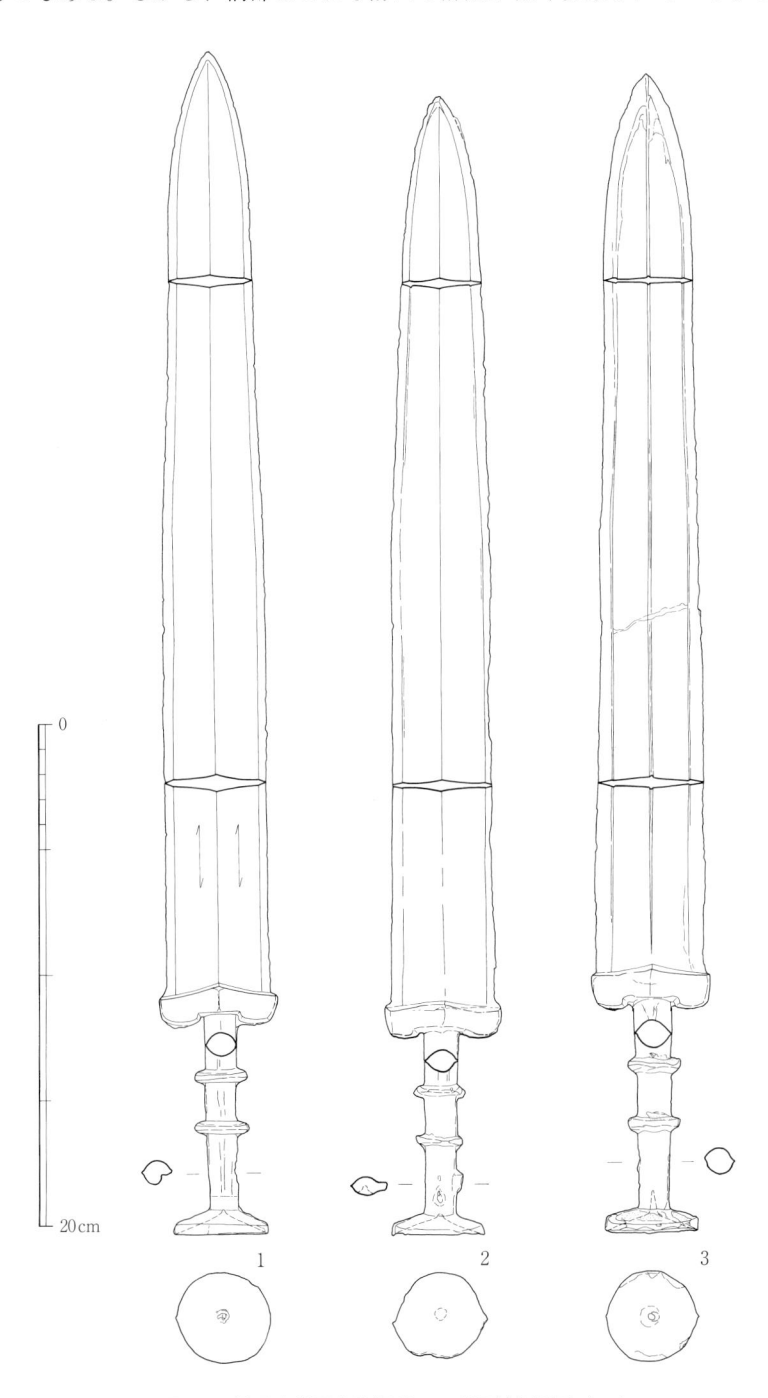

図19　韓国上林里有節柄式Ⅱb式銅剣実測図（1/3）

55

第3章 中国式銅剣

リ処理がほとんど実施されていない。

⑦ 全羅南道草浦里遺跡

遺跡は、羅山面の海保川と早死川の合流点に面する水田に突出した低丘陵の尾根上に位置し、採土作業時に発見し、申告された。遺構は、墓坑内縁辺に小ぶりの石が散乱することから、木棺の周囲に石詰めしたもので、木棺墓であることがわかる。調査では、棺内に曲玉2・多鈕細文鏡3・「細形銅剣」2・ⅠA式銅矛が、棺外に銅鈴類が原位置で発掘された。

有節柄式銅剣は、作業中に出土したもので、著しく破損し、破片が不足している。銅剣は、全体的に扁平な作りで、剣身脊が突線化、とくに柄の軸と節の扁平化が著しいⅡb式（李・徐1988）。

⑧ 伝慶州

金良善は、慶州出土として有節柄式と筒状柄式各1本の中国式銅剣の写真と略図を紹介している（金1962）。略図では、詳細を知ることができないが、写真によると有節柄式銅剣Ⅱb式（全長約46.2cm）と典型的な筒状柄式銅剣（全長約50cm）である。これが確実であれば、筒状柄式銅剣は、朝鮮半島での唯一例となる。有節柄式銅剣Ⅱb式は、朝鮮半島南部での出土例が加算されたことになる。

⑨ 梨花女子大学校博物館所蔵品

梨花女子大学校博物館には、剣首を欠損した有節柄式銅剣Ⅱb式が1本展示されている。銅剣は、全長約45cmで、剣身に両従・鍔・前殺を備えているが全体的に扁平な作りで、鐔表面が研磨されず、鐔から柄のコウバリが残るなど、Ⅱb式の条件を備えていることから、韓国内出土と考える。

表1　日本・朝鮮半島・遼寧省出土中国式銅剣一覧

番号	遺跡名	遺構名	所在地		銅剣型式	伴出品	時期	備考	文献
1	かがり松鼻	箱式石棺墓	長崎県	美津島町久須保	剣首	深樋式銅剣・ガラス小玉約1200個	弥生後期後半	土器片	美津島町教委1988
2	原の辻	18号甕棺墓		芦辺町原の辻	有節柄式Ⅱb	合口甕棺	弥生中期前半	切先	長崎県教委2005
3	景華園	1号甕棺墓		島原市三会	筒状柄式	碧玉管玉	弥生中期後半		小田1959
		2号甕棺墓			筒状柄式？	碧玉管玉	弥生中期後半		
4	鶴崎	不明	佐賀県	唐津市宇木	翼付柄式		不明		松岡1962
5	深江井牟田	1号銅剣土坑	福岡県	二丈町深江井牟田	小形有茎式	土器片	弥生後期初頭～弥生後期後半	匕首	古川1994
		2号銅剣土坑			小形有茎式	土器片		匕首	
6	伝三雲	不明		前原市三雲	有節柄式Ⅱa		不明		柳田1982a
7	須玖坂本	遺物包含層		春日市岡本町1丁目	小形有茎式	連鋳式銅鏃鋳型・筒形銅器鋳型・中広形銅矛鋳型（ⅢA式）・土器	弥生後期前半	鋒部鋳型片	吉田・井上編2012 柳田2004a
8	平若C地点	表土直下		春日市弥生3丁目	鐔		不明		柳田2004a
9	立石	3号大柱遺構		春日市原町3丁目1	有茎式	土器片	弥生後期初頭	茎に目釘孔	境編2002
10	中寒水	土坑墓？		甘木市中寒水屋敷	有節柄式Ⅱb		不明		柳田1982a・1984・2004a
11	伝飯塚市			飯塚市	有茎式		不明		岡崎編1982
12	平壌石巌里	古墳	北朝鮮	平安南道大同郡	有節柄式Ⅱa	秦「廿五季」銘銅戈・中国式銅矛	秦（前222年）	剣首は金銅蓋弓帽	榧本1980
13	平壌			平安南道大同郡	有節柄式Ⅱa				梅原1983
14	大同江面			平安南道大同郡	有茎式			茎に目釘孔	榧本1980
15	順安			平安南道	有節柄式Ⅱa				榧本1980
16	孤山里	土坑墓		黄海南道載寧郡	有節柄式Ⅱb	遼寧式銅剣AⅡc式・T字把頭飾	戦国末・漢初	2本	黄1974

番号	遺跡名	遺構名	所在地		銅剣型式	伴出品	時期	備考	文献
17	上林里		韓国	全羅北道完州郡	有節柄式Ⅱb		戦国末・漢初	26本	全1976・1991a
18	益山中学校			全羅北道益山郡	有節柄式				金1976
19	草浦里	木棺墓		全羅南道咸平郡	有節柄式b	細形銅剣（BⅠ）4・把頭飾2・銅戈3・銅矛（ⅠA）・銅斧・銅鉇・曲玉2・多鈕細文鏡3・銅鑿2・砥石2・竿頭鈴2・双頭鈴・柄付銅鈴	原三国時代（前2世紀前半）		李・徐1988
20	慶州			慶尚北道慶州市	筒形柄式		戦国？		金1962
21	慶州			慶尚北道慶州市	有節柄式Ⅱb		戦国末・漢初		金1962
22	海美			忠清南道	有節柄式Ⅱb		戦国末・漢初		李・徐1988
23	不明				有節柄式Ⅱb		戦国末・漢初	梨花女子大学所蔵	柳田2004a
参考									
1	鉄山鎮伊家	土坑墓？		遼寧省旅順口区	筒形柄式	遼寧式銅剣AⅡc式	戦国末・漢初		許1993
2	徐家溝	石墓		遼寧省長海県哈仙島	有節柄式Ⅱb	遼寧式銅剣AⅡc式T字剣柄・鞘・銅斧・銅鑿	戦国末・漢初		許1993
3	長発郷家	石槨？		遼寧省昌図県長発郷家	有節柄式Ⅱa 有茎式	遼寧式銅剣AⅡc式T字剣柄・三翼銅鏃・三角銅鏃・鉄斧・石製把頭飾	戦国末・漢初	円形柄	李1993、裴1989
4	王溝玉嶺	石棺墓		遼寧省本渓市	筒形柄式		戦国？	柱背式、剣身有文	梁2003
5	葫芦島	石棺墓		遼寧省綏中県葫芦島市	有節柄式Ⅱa	紅陶片	戦国	円形柄	王2002
6	郷虎掌溝屯			遼寧省阜新県	有節柄式Ⅱa		戦国	円形柄	趙・紀1994
7	五道河子	M1		遼寧省凌源県五道河子	有茎式 有柄柱脊式	銅鐸・銅戈2・銅飾・車馬具・金牛牌飾・金璜形飾・銅環2・銅釦・銅錐・銅斧・銅鑿	戦国晩期		遼寧省文物考古研究所1989
8	五道河子	M2			有茎柱脊式		戦国中・晩期		
9	五道河子	M4			筒形柄式		戦国中・晩期	2本	
10	五道河子	M8			有茎式	銅戈・銅素環頭刀子・銅鏃	戦国中期		
					有茎柱脊式	銅環・銅鑿・銅錐・銅鳩牌飾			
					有柄柱脊式	銅鐸・装身具・銅馬牌飾		植木鉢形剣首	
11	五道河子	M9			有柄柱脊式	銅素環頭刀子・銅鏃 装身具・銅釦・銅帯鉤 銅馬牌飾・銅三角形垂飾	戦国中・晩期	植木鉢形剣首	

4　朝鮮半島との併行関係

(1) 朝鮮半島の墳墓副葬品の諸段階

　韓国では、原三国時代の墳墓から出土した一括の副葬品が報告されている。これらの副葬品は、武器を中心としたもので、それらの型式学的研究も進展している。ここでは、個別の型式分類に加えて、共伴関係に重点を置き、集落出土一括品も加えて、副葬品からみた墳墓の諸段階を整理してみると次のようになる。

① Ⅰ-1段階

　この段階では、有樋有段柄式磨製石剣・有樋有茎式磨製石剣・無茎式磨製石鏃A式・有茎式磨製石鏃A式、丹塗磨研壺・口唇刻目文土器・孔列文土器が共伴するが、同時期と考えられる遼寧式銅剣AⅠa式が磨製石剣と共伴しないところに重要性がある。これは、基本的に遼寧式銅剣が流入していないことを証明している。

　遺跡の代表的なものに、平安南道大坪里4・8号墳・新岱洞（ソン1997）・業成洞2号住居跡（李・李2000）・顔子洞9号（国立全州博物館2001）などがある。

② Ⅰ-2段階

　この段階でも、有樋有段柄式磨製石剣・有節柄式磨製石剣、無茎式磨製石鏃Ａ式・有茎式磨製石鏃Ａ・Ｂ式、孔列文土器・丹塗磨研壺が共伴するが、遼寧式銅剣ＡⅠb・ＡⅡ式と磨製石剣とは共伴しない。ここに至ると、半島北部に遼寧式銅剣と銅鏃Ａ式が流入しているが、稀有な存在で、普及していないことを証明している。

　なお、欣岩里12号住居跡出土有段柄式磨製石剣の段の中に2つの節が出現し（ソウル大学校博物館1978）、玉石里住居跡出土有節柄式磨製石剣は有樋式（金・尹1967）であることから、有樋式・有段柄式磨製石剣に有節柄式磨製石剣の萌芽をみることができ、遼寧式銅剣の流入による有柄式磨製石剣の転換期がみてとれる。

　代表的な遺跡として欣岩里12号住居跡・玉石里住居跡・芳良里・龍興里・松竹里四号支石墓・大雅里石棺墓などがある。

③ Ⅱ-1段階

　この段階になると、半島南部でも遼寧式銅剣ＡⅠb式・遼寧式銅矛Ａ式・銅鏃Ｂ式、銅鑿、有節柄式磨製石剣・無段柄式磨製石剣・有茎式磨製石鏃Ｂ・Ｃ・Ｄ式、曲玉・太型管玉、丹塗磨研壺が共伴し、遼寧式銅剣が普及し始めていることがわかる。磨製石剣では有節柄式に無段柄式磨製石剣が加わる段階になり、磨製石鏃でも新しい型式の有茎式のＣ式とＤ式の古い短身型式が共伴する。

　代表的な遺跡としては、徳峙里15号支石墓（尹1988）・如意谷30号支石墓・時至洞Ⅰ-3号支石墓・上紫浦里四号支石墓などがある。

④ Ⅱ-2段階

　この段階では、遼寧式銅剣ＡⅢa・ＡⅢb式・遼寧式銅矛Ｃ式・銅鏃Ｂ式、銅鑿、無段柄式磨製石剣・有茎式磨製石鏃Ｃ・Ｄ式、曲玉・太型管玉、丹塗磨研壺が共伴するが、有節柄式磨製石剣と古式磨製石鏃が消滅し、有茎式磨製石鏃のＤ式が長身化しているところに特徴がある。

　代表的な遺跡は、松菊里石棺墓・鎮東里遺跡・茂渓里遺跡（金1963）・積良洞支石墓・牛山里支石墓・鳳陵里支石墓（徐・成1984）・知禮洞支石墓（安東大学校博物館・啓明大学校博物館・安東郡1989）・五林洞支石墓（李榮文1990）などがある。

⑤ Ⅲ段階

　この段階は、半島南部で韓式銅剣ＢⅠa式が出現し、無茎式磨製石鏃Ｂ式、多鈕粗文鏡、小銅鐸、防牌形銅器・剣把形銅器・喇叭形銅器・銅泡、銅鑿・銅斧、曲玉・細形管玉・小玉、黒色磨研長頸壺・円形粘土帯土器などと共伴するが、半島北部では遼寧式銅剣ＡⅡc式が存続しているものと考えている。

　代表例として、槐亭洞遺跡（李1969）・東西里遺跡（池1978）・南城里遺跡（韓・李1977）・蓮花里遺跡（金・尹1964）などがある。

⑥ Ⅳ-1段階

　この段階は、韓式銅剣ＢⅠa式・ⅠＡ式銅矛・ⅠＡ式銅戈、多鈕粗文鏡・多鈕細文鏡、銅鉇・銅鑿・銅斧、黒色磨研長頸壺などが共伴するが、朝鮮半島特有の銅矛と銅戈の出現に大きな転機

がある。
　さらに、Ⅳ段階のなかでⅣ-1期を独立させた大きな根拠は、多鈕細文鏡の萌芽と、半島北部でも韓式銅剣の出現の可能性があるからである。
　代表として、九鳳里遺跡（李康承1987）がある。
⑦　Ⅳ-2段階
　この段階では、有節柄式銅剣b式・韓式銅剣BⅠa式・ⅠA式銅矛・ⅠA式銅戈、多鈕細文鏡・八珠鈴・双頭鈴・竿頭鈴・曲玉・銅鉇・銅斧・銅鑿などが共伴する。この段階の特徴は、半島南部で有節柄式銅剣Ⅱb式が共伴することで、遼寧地域との併行関係が明確になる。
　代表的な遺跡として、大谷里遺跡（趙1984）・論山遺跡（金1973a）・徳山遺跡（李健茂1991a）・草浦里遺跡（李・徐1988）・上林里遺跡（全1976）などがある。
⑧　Ⅳ-3段階
　この段階になると、韓式銅剣BⅠa式・ⅠA式銅矛・ⅠA式銅戈、多鈕細文鏡・小銅鐸・大型ガラス管玉、鉄斧・鉄鑿などが共伴して、鉄製工具の副葬が明確になる。大型ガラス管玉の共伴は、北部九州との併行関係に重要な史料となる。
　代表的遺跡として、南陽里遺跡（国立中央博物館・国立光州博物館1992）・合松里遺跡（李1990）・素素里遺跡（李健茂1991b）・鳳安里遺跡（安1978）・黄海道鳳山松山里遺跡（李1959）などがある。
⑨　Ⅴ-1段階
　この段階では、韓式銅剣BⅠaと多樋式銅剣のBⅡa・BⅡb式、銅矛ⅠB式・ⅠC式有文銅矛（多樋式銅矛を含む）・ⅠBa・ⅠBb・ⅢB式有文銅戈・鉄剣・鉄矛、前漢鏡、小銅鐸、車馬具などが共伴するなど、半島北部では楽浪郡などの影響と考えられる器種が増加し、南部では多様な武器が発達する新しい展開がある。
　代表的遺跡として、平壌貞柏洞1号（夫租薉君墓）（白1962、李1964）・貞柏里遺跡・平壌府東大院里・平壌上里遺跡・黄州黒橋里（榧本1980）・益山平章里遺跡（全1991a）・大邱八達洞90号墓（嶺南文化財研究院2000）・慶州竹東里遺跡（韓1987）・慶州入室里遺跡（朝鮮総督府1925）・慶州九政洞遺跡（金1952）などがある。
⑩　Ⅴ-2段階
　この段階になると、韓式銅剣BⅠa式・銅剣鞘金具・「中細形銅矛」（ⅡA～ⅡD式）・中国式鉄矛・鉄戈、前漢鏡が共伴して、半島南部にも楽浪郡の影響が強くなる一方で、北部九州との交流も強くなる。
　代表的な遺跡には、昌原茶戸里1号墳（李他1989）・大邱市新川洞遺跡（国立中央博物館・国立光州博物館1992）・伝大邱池山洞遺跡（国立慶州博物館1987）・永川市龍田里遺跡（国立慶州博物館2007）などがある。
⑪　Ⅵ-1段階
　この段階になると、坪里洞のような小型韓式銅剣BⅡa式に加え、將泉里出土銅剣鋳型・洛東里銅剣のような関部突起式の韓式銅剣BⅢ式および「中広形銅矛」（ⅢA・ⅢB式）・小型銅戈（Ⅰ

C型式)・「中広形銅戈」・鉄戈、前漢末鏡・小形仿製鏡、有鉤銅器・有孔十字形銅器・角形銅器、車馬具などが共伴する。

　代表的な遺跡として、貞柏洞2号墳（高常賢墓）（社会科学院考古学研究所1983）・尚州洛東里（尹1980）・永川漁隠洞（梅原・藤田・小泉1925）・大邱坪里洞（尹1981）・昌原茶戸里19号墳（李他1991）・晩村洞（金・尹1966）・伝慶州安渓里遺跡（国立慶州博物館1987）などがある。

⑫　Ⅵ-2段階

　この段階は、伝統的な「細形銅剣」が姿を消し、「深樋式銅剣」といわれているBⅣ式銅剣・「深樋式銅矛」・鉄剣・鉄矛・素環頭大刀、車馬具などが共伴する。

　代表的な遺跡は、金海良洞里427号土坑木棺墓（林2000）・伝金海良洞里遺跡（尹1971）などがある。

(2) 北部九州と朝鮮半島の併行関係

　ここでは、北部九州の土器編年による分期が朝鮮半島の墳墓副葬品からみた諸段階とどのように対応しているかを考えてみたい。

① 弥生早期前半

　北部九州の弥生早期では、現在のところ青銅器が発見されていない。弥生早期は、福岡県曲り田遺跡の曲り田式を夜臼式の前に分類された（橋口編1985）。その曲り田（古・新）式をここでは弥生早期前半とする。墳墓では、中間市垣生で有節柄式磨製石剣・有茎式磨製石鏃C・D式が一括して出土している（柳田2003b）が、集落では今のところ報告されていない。長崎県対馬では、上対馬町泉・上県町金幕で有節柄式磨製石剣が出土していることから、この時期が半島のⅡ-1段階に併行するものと考える。佐賀県宇木汲田貝塚E～H—3～5区黒褐色土層出土の有茎式磨製石鏃B式（賀川1982）もこの時期に対応するものと想定する。

② 弥生早期後半

　この時期では、糸島市長野宮ノ前12号号墓（前原市教育委員会1986）・三雲加賀石支石墓（柳田編1980）・井田用会箱式石棺墓（柳田1983a）・志登8号支石墓（文化財保護委員会1956）・志摩町新町24号支石墓（橋口編1987）・粕屋町江辻第5地点20号土壙・36号土壙（新宅編2002）・宗像市田久松ヶ浦218号土坑墓（原編1999）などで無段柄式磨製石剣や有茎式磨製石鏃C・D式が出土しているように、半島のⅡ-2段階に併行する。

③ 弥生前期前半

　板付Ⅰ式土器の前期前半の時期では、春日市伯玄社24号木棺墓（柳田編2003）・宗像市久原Ⅱ-8土坑墓・田久松ヶ浦201号土坑墓・206号土坑墓などから、無段柄式磨製石剣・有茎式磨製石鏃D式が出土し、津屋崎町今川遺跡から遼寧式銅剣AⅢb式を再加工した両翼式銅鏃・銅鑿が出土していることから、半島のⅢ段階に併行するものと考える。曲り田遺跡黒色包含層では、板付Ⅰ式の新しい土器に円形粘土帯土器片が伴っている（橋口編1983）。

④ 弥生前期後半

　板付Ⅱ式土器の時期では、墳墓において朝鮮半島に対応する副葬品に乏しいが、集落において

板付Ⅱa式土器と無段柄式磨製石剣・有茎式磨製石鏃D式や松菊里型土器が、板付Ⅱ式全般と円形粘土帯土器が共伴することから、青銅武器は流入していないが、半島のⅣ-1段階に併行するものと考える。

⑤　弥生中期初頭

　城ノ越式土器を供献する金海式甕棺には、佐賀県宇木汲田18号甕棺墓（岡崎他1982）・福岡市吉武高木3号木棺墓（福岡市教育委員会1996c）・古賀市馬渡束ヶ浦E地点甕棺墓（井2003）などで、多鈕細文鏡・韓式銅剣BⅠa式・ⅠB式銅矛・ⅠA・ⅡA・ⅢAb式銅戈や玉類が副葬されている。これらの青銅武器が揃うのは、前後の段階も勘案して、半島のⅣ-2段階に併行するとみてよい。金海会峴里遺跡の金海式甕棺は、この時期から中期前半の型式である（榧本1958）。

⑥　弥生中期前半～中頃

　北部九州の中期前半から中頃は、甕棺の形がより埋葬用大型合口甕棺に適合した形態に変化するものの、副葬品として中期初頭の多鈕細文鏡と青銅武器に大型ガラス管玉・銅鉇・銅斧などが加わるにすぎない。しかし、宇木汲田41号甕棺墓・吉野ヶ里墳丘墓SJ1002号甕棺墓（佐賀県教育委員会1992）などに大型ガラス管玉が存在することで、半島のⅣ-3段階に併行することがわかる。なお、竹東里出土有文銅戈（国立慶州博物館1987）は、福岡県鎌田原8・9号甕棺出土銅戈（福島1997）と同型式であり、北部九州製と考える。また、北部九州の集落から出土する鋳造鉄斧などの鉄器類は、半島のこの段階のものである。中期中頃の墳墓には、全体的に副葬品が少ないことから中期前半に含めた。

⑦　弥生中期後半

　中期初頭から始まった青銅武器の国産化は、中期後半にはいっそう北部九州特有の形式化したものとなる。半島でも多樋式銅剣・銅矛など多彩な形式が出現するのがⅤ-1段階である。北部九州では、楽浪郡に直接影響された副葬品はみられないものの、中期末に副葬される前漢中頃の前漢鏡などは遅くともこの時期に輸入されたものと考えられる。

⑧　弥生中期末

　中期末の大きな特徴は、「イト国」に三雲南小路王墓（柳田編1985）と「ナ国」に須玖岡本王墓（島田・梅原1930）のような副葬品が突出した王墓が出現することである。王墓の副葬品では、直径20cm以上の大型鏡を含む多量の前漢鏡・複数の青銅武器・多量の玉類だけではなく、葬具と考えられる金銅製四葉座飾金具やガラス璧をもつことである。これらの内、大型・中型前漢鏡、ガラス璧などは、楽浪郡ではみられないものであり、同笵鏡が存在することを考えると、前漢王朝から直接下賜されたものとするしかない。これは、前漢王朝の外臣として処遇されていることになり、冊封体制に組み込まれていることを意味する（柳田2003d・e）。半島東南部では、Ⅴ-2段階で複数の小型前漢鏡が副葬される。この小型前漢鏡の複数副葬は、半島南部では前後の段階でも大型鏡が存在せず、中型鏡も稀有な存在であることから、北部九州の影響下にあるものと考える。

⑨　弥生後期初頭

　北部九州では、この時期の王墓が未発見であるが、前漢末鏡や古式小形仿製鏡を副葬した首長

第3章　中国式銅剣

墓があり、半島のⅥ-1段階の古式小形仿製鏡にも関連するものと考える。また、後期初頭に北部九州で製作される「中広形銅矛」や「中広形銅戈」は、中期末の「中細形銅矛」と同じように半島との併行関係を証明する（柳田2003c）。また、対馬サカドウ（対馬遺跡調査会1963）・唐崎遺跡（九州大学編1969）の角形銅器・有鈎銅器・有孔十字形銅器が、半島の伝洛東里出土異形銅器と共通する。

⑩　弥生後期前半

北部九州では、後期初頭と後期前半の違いは小形仿製鏡の型式変化や対馬シゲノダン（九州大

表2　朝鮮半島墳墓副葬品諸段階と北部九州の併行関係

段階	共　伴　品	代表遺跡	北部九州の時期
Ⅰ-1	有樋有段柄式磨製石剣・有樋有茎式磨製石剣 無茎式磨製石鏃A式・有茎式磨製石鏃A式 丹塗磨研壺・口唇刻目文土器・孔列文土器	大坪里4・8号墳 新岱洞・顔子洞9号 業成洞2号住居	
Ⅰ-2	有樋有段柄式磨製石剣・有節柄式磨製石剣 無茎式磨製石鏃・有茎式磨製石鏃A・B式 丹塗磨研壺・孔列文土器 （北部）遼寧式銅剣・銅鏃A式	欣岩里12号住居 玉石里住居 芳良里・龍興里 大雅里石棺墓	縄文晩期末
Ⅱ-1	遼寧式銅剣AⅠb式・遼寧式銅矛A式 銅鏃B式・銅鑿 有節柄式磨製石剣・無段柄式磨製石剣 有茎式磨製石鏃B・C・D式 曲玉・太型管玉・丹塗磨研壺	徳峙里15号支石墓 如意谷30号支石墓 時至洞Ⅰ-3号支石墓 上紫浦里4号支石墓	弥生早期前半 曲り田・菜畑 垣生有節柄式磨製石剣 対馬金豚・泉磨製石剣
Ⅱ-2	遼寧式銅剣AⅢa・AⅢb式・遼寧式銅矛C式 銅鏃B式・銅鑿 無段柄式磨製石剣・有茎式磨製石鏃C・D式 曲玉・太型管玉・丹塗磨研壺	松菊里石棺墓 鎮東里・茂溪里 積良洞支石墓 牛山里支石墓	弥生早期後半 石ヶ崎支石墓 江辻20号土壙 田久松ヶ浦218号
Ⅲ	韓式銅剣BⅠa式・無茎式磨製石鏃B式 多鈕粗文鏡・小銅鐸・防牌形銅器・喇叭形銅器 銅泡・銅鑿・銅斧・曲玉・細形管玉・小玉 黒色磨研長頸壺・円形粘土帯土器 （北部）遼寧式銅剣AⅡc式	槐亭洞・東西里 南城里・蓮花里	弥生前期前半 久原Ⅱ-8土坑墓 田久松ヶ浦201号・ 206号土坑墓 今川
Ⅳ-1	韓式銅剣BⅠa式・銅矛ⅠA式・銅戈ⅠA式 多鈕粗文鏡・多鈕細文鏡・銅鉇・銅斧・銅鑿 黒色磨研長頸壺	九鳳里	弥生前期後半 板付Ⅱ式
Ⅳ-2	有節柄式銅剣b式・韓式銅剣BⅠa式 銅矛ⅠA式・銅戈ⅠA式・多鈕細文鏡・八珠鈴 双頭鈴・竿頭鈴・銅鉇・銅斧・銅鑿・曲玉	大谷里・論山・徳山 草浦里・上林里	弥生中期初頭 吉武高木3号木棺墓 馬渡束ヶ浦E甕棺墓
Ⅳ-3	韓式銅剣BⅠa式・銅矛ⅠA式・銅戈ⅠA式 多鈕細文鏡・小銅鐸・大型ガラス管玉 鉄斧・鉄鑿	南陽里・合松里 素素里・鳳安里 鳳山松山里	弥生中期前半 宇木汲田41号甕棺墓
Ⅴ-1	韓式銅剣BⅠa・BⅡa・BⅡb式 銅矛ⅠB・ⅠC式・銅戈ⅠBa・ⅠBb・ⅢB式 鉄剣・鉄矛 前漢鏡・小銅鐸・車馬具	貞柏洞1号・貞柏里 東大院里・上里 黒橋里・平章里 八達洞9号墓・竹東里 入室洞・九政洞	弥生中期中頃 吉野ヶ里1002号甕棺墓 袖比本村1114号甕棺墓
Ⅴ-2	韓式銅剣BⅠa式・銅剣鞘金具 銅矛ⅡA～ⅡD式・中国式鉄矛・鉄戈・前漢鏡	茶戸里1号墳・新川洞 伝池山洞・龍田里	弥生中期後半 三雲南小路王墓 須玖岡本王墓
Ⅵ-1	韓式銅剣BⅡa・BⅢ式・銅剣ⅢA・ⅢB式 銅戈ⅠC・Ⅴ式・鉄戈・前漢末鏡 小形仿製鏡・有鈎銅器・有孔十字形銅器 角形銅器・車馬具	貞柏洞2号墳・洛東里 漁隠洞・坪里洞 茶戸里19号墳・晩村洞 伝安溪里	弥生後期初頭 対馬サカドウ・唐崎
Ⅵ-2	韓式銅剣BⅣ式・銅矛ⅠD式・鉄剣・鉄矛 素環頭大刀・車馬具・ガラス細管玉・小玉	良洞里427号木棺墓 伝良洞里	弥生後期前半 対馬シゲノダン

学編 1969)・かがり松鼻・東の浜遺跡（高倉 1974）のような「深樋式銅剣」（BⅣ型式）が伴うところにあり、半島のⅥ-2段階との併行関係が明らかである。しかも、シゲノダンの貨泉は、この時期の上限年代を明確にしていると同時に、後期初頭との時間差を明瞭にしている。

5　中国との併行関係と実年代論

(1) 磨製石剣の祖型
①　研究史と分布論

　磨製石剣の研究史は、1988年の田村晃一、1996年の金邱軍の研究に詳しいので詳記をしないが、田村が指摘するように祖型論に先行して、型式論から始め、年代論・分布論を検討しなければならない。ところが、それまでの祖型論・分布論は、表面的な形態による相似論であり、分布論に至っては筆者とその理念において相違がある。型式論においては、基本的な型式組成が1959年に有光教一によって整理されていながら（有光1959）、結果的に祖型論で覆されたのは、分布論の理念である。これまでの分布論は、有光・甲元真之（1972a・b）を典型として、その型式が分布する同じ地域に祖型を求めたものである。筆者は、1982年に有光の型式論を念頭に置きながらも、有柄式石剣の祖型を中国式銅剣に求めた（柳田 1982a・1984・1990・1991b）が、この時点では形態的にそれ以外に考えられなかったからである。今回ここに提唱する分布論は、銅剣に限らず武器には、その階層的所有関係、とくに敵対地には先進的武器は後進武器となるまで国外流失を厳重に規制されるものであることから、隣接地に分布するか、一部流入すれば模倣可能であると考えている。すなわち、銅剣が流入普及すれば、実用武器として石剣で模倣する必要がないと考える。

　現に、北部九州では、「細形銅剣」を模倣した有樋式磨製石剣が製作されることがなく、本格的に流入しない近畿地方が「中細形銅剣」を模倣するにすぎない。

　したがって、1982年に有柄式磨製石剣の祖型を中国式銅剣（有節柄式）に求めた基本的な考えを踏襲することから、1988年の田村の2グループ設定と別個の祖型論に以下で論述するように大筋で賛同する。あくまでも、朝鮮半島の墳墓副葬品の諸段階を設定したように、共伴関係を重視した分析による型式論・年代論・分布論・祖型論である。

②　磨製石剣の型式分類

　有茎式磨製石剣の分類は、金良善（1962）・武末純一（1981）・全榮來（1991a）・田村晃一のように樋の有無と茎の形態の違いを考慮すべきであるが、石製武器の共伴関係を重視すると諸氏とは新古関係に重要な配列順序に違いがある。有柄式を含めた型式配列は、有光の有樋式→無樋式、2段柄式→有節柄式→1段柄式（無段柄式）を基本的に踏襲する。

　ここでは図示しないが、とくに磨製石鏃との共伴関係を重視すると、型式分類は表3のようになる。

　この型式分類は、結果的に武末・金邱軍に近い型式分類となるが、注視されれば明らかなように祖型論に至るとその違いが重要になってくる。共伴関係を重視すると、有茎式は有樋式で関が直角のものが古く、斜めのものが新しい。なお、この時期鉄剣は出現していないので、鉄剣型の

第 3 章　中国式銅剣

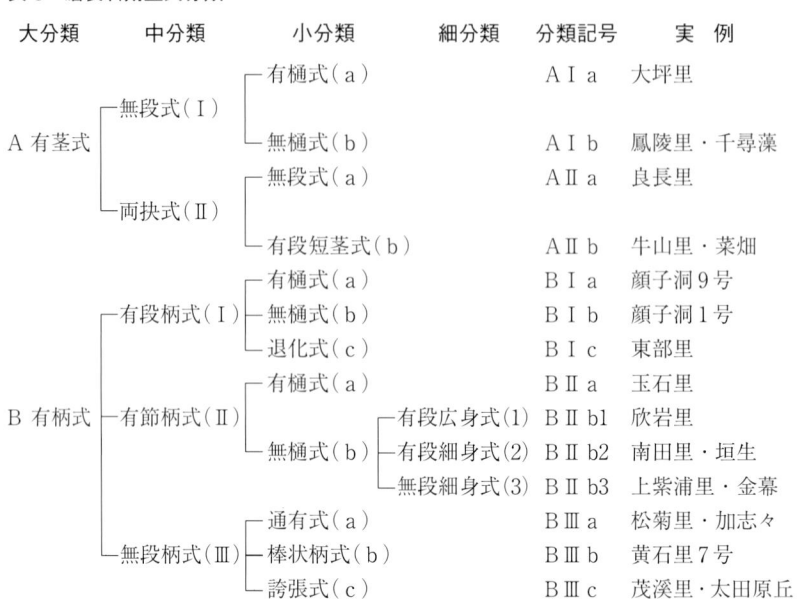

表 3　磨製石剣型式分類

大分類	中分類	小分類	細分類	分類記号	実　例
A 有茎式	無段式（Ⅰ）	有樋式（a）		AⅠa	大坪里
		無樋式（b）		AⅠb	鳳陵里・千尋藻
	両抉式（Ⅱ）	無段式（a）		AⅡa	良長里
		有段短茎式（b）		AⅡb	牛山里・菜畑
B 有柄式	有段柄式（Ⅰ）	有樋式（a）		BⅠa	顔子洞 9 号
		無樋式（b）		BⅠb	顔子洞 1 号
		退化式（c）		BⅠc	東部里
	有節柄式（Ⅱ）	有樋式（a）		BⅡa	玉石里
		無樋式（b）	有段広身式（1）	BⅡb1	欣岩里
			有段細身式（2）	BⅡb2	南田里・垣生
			無段細身式（3）	BⅡb3	上紫浦里・金幕
	無段柄式（Ⅲ）	通有式（a）		BⅢa	松菊里・加志々
		棒状柄式（b）		BⅢb	黄石里 7 号
		誇張式（c）		BⅢc	茂渓里・太田原丘

名称はふさわしくない。

　また、実年代を考える場合に重要な有節柄式の最古式は、欣岩里 12 号住居跡・玉石里住居跡で、有段柄式と共伴または折衷式が存在することで、両者が無縁ではないことを示唆している。

　この考えから、有節柄式磨製石剣には、有段柄式磨製石剣の流れを組む全羅北道如意谷 30 号支石墓（全北大学校博物館 2001）のように段の両側に節を表現した細い突帯をもつ有段細身式があり、これが進展すると中間市垣生一括出土品のように剣首部分が誇張されるようになる。

③　磨製石剣の祖型

　朝鮮半島の墳墓副葬品からみた諸段階で明らかなように、遼寧式銅剣と有樋式磨製石剣は共伴することがない。遼寧式銅剣と共伴するのは、無段柄式磨製石剣に限定されている。しかし、芳良里のように有茎式磨製石鏃 B 式と共伴している遼寧式銅剣 AⅠb 式が存在することから、遼寧式銅剣と有節柄式磨製石剣が共伴する可能性を徳川里 16 号槨墓（李 1994）のように残しているが、有樋式磨製石剣や有段柄式磨製石剣が遼寧式銅剣と共伴する可能性はないに等しい。

　全榮來（1991a）・近藤喬一（2000）のいうように、有樋有段柄式磨製石剣が遼寧式銅剣を模倣したものであれば、遼東地域に遼寧式銅剣が出現して間もなく半島で磨製石剣として模倣され、遼寧式銅剣が普及するまで有樋式磨製石剣と有段柄式磨製石剣が存続する。そうであれば、少なくとも有樋式磨製石剣が存続している期間には遼寧式銅剣が普及していないことになり、朝鮮半島への遼寧式銅剣の流入がかなり遅れることを証明することになる。

　筆者もこれまでに論述してきた共伴論から、有樋有茎式磨製石剣と有樋有柄式磨製石剣は、遼寧式銅剣を模倣したとする説を検証したうえで、肯定する。さらに踏み込んで、全羅南道牛山里 9・31・45・47・48 号支石墓出土例のような半島南部と北部九州に稀有な有茎両抉式磨製石剣

は、遼寧式銅剣 AⅢ 型式が普及する前の中層階級での模倣品である可能性を考えている。それは、有樋有茎式磨製石剣と有段柄式磨製石剣と同じように、幅広短身であることに加え、茎に抉りをもつところが酷似しているからである。有茎両抉式磨製石剣は、遼寧式銅剣と共伴しないだけでなく、古式の有茎式磨製石鏃 B 式が主体的に共伴して、新式の有茎式磨製石鏃 C・D 式が遼寧式銅剣 AⅢ 式と共伴することで証明できるように、分布論とも矛盾しない。

ただし、有節柄式磨製石剣は、先に述べた欣岩里 12 号住居跡・玉石里住居跡例を最古式とし、有段柄式磨製石剣との折衷式とすることから、西周晩期以後に華南地域で出現する柱脊式銅剣の柄の中央部が扁平な型式（叶 1986、肖 1988、夏 1989）などが有樋有段柄式磨製石剣の祖型になりうる可能性も捨てきれない。

有節柄式磨製石剣は、欣岩里・玉石里例のような幅広剣身から有段細身と細身式に分かれ、それぞれの剣首部分が発達誇張されるものまであり、磨製石鏃などとの共伴関係からも相当な時間経過が考えられる。

有節柄式磨製石剣は、慶尚南道杜谷里出土例（文化公報部・文化財管理局 1989b）のように有茎式磨製石鏃 D 式と共伴する有節柄式の鐔と剣首を誇張した型式（BⅡb2 式）でありながら、長身の剣身に前殺を忠実に模倣しているなど、祖型が有節柄式銅剣であることを確実にしている。その他、有節柄式磨製石剣の剣身が均等な幅を保つ長身であり、鋒近くで直線的に尖る例も、前殺を模倣しているものと考えている。

有節柄式磨製石剣・無段柄式磨製石剣は、無茎式磨製石鏃 A 式・有茎式磨製石鏃 A 式と共伴するのは欣岩里・玉石里など稀有な存在で、新しい有茎式磨製石鏃 B〜D 式と共伴するのが常であることから、両者がほぼ同時に出現していることになる。しかし、厳密には、無段柄式磨製石剣は、有茎式磨製石鏃 A 式を伴うことがなく、D 式と共伴することが多いことから、有節柄式磨製石剣よりわずかに遅れて出現し、有節柄式より後まで継続使用されていることになる。これも両者の祖型の出現に若干の差があることに関連するものと考えている。

無段柄式磨製石剣は、全羅南道石村里例（文化公報部・文化財管理局 1989a）のように、剣身に前殺を備え、柄の基部が細く円形に近い例（BⅢa 式）が存在することから、形態的にも筒状柄式銅剣を模倣していることが明らかである。したがって、無段柄式磨製石剣は、柄部の基部が剣首側より細いほど古式であることになる。

いずれにしても、朝鮮半島の磨製石剣の祖型が遼寧式銅剣と有節柄式銅剣・筒状柄式銅剣であることは、その磨製石剣が先に盛行し、後に確実にその銅剣が流入して、一部が普及していることで検証できる。

(2) 磨製石鏃の祖型

① 磨製石鏃の型式

a 　無茎式磨製石鏃は、鋒部が厚く、身の中央部が縦長にくぼむ型式を A 式、身全体が扁平な型式を B 式とする 2 型式に分類する。

A 式は、遼寧式銅剣と有段柄式磨製石剣に個別に共伴して、一部有節柄式磨製石剣・無段柄式

第3章 中国式銅剣

磨製石剣とも共伴することがある。

B式は、磨製石剣全般と共伴することがなく、韓式銅剣出現後にこれらと共伴する。

b　有茎式磨製石鏃は、A～D型式に4分類する。

有茎式磨製石鏃A式は、欣岩里12号住居跡・大雅里石棺墓（李1983）のように、菱形断面の鏃身、六角形断面の関部に円形断面の茎をもつ型式とする。A式は、業成洞2号住居跡例（李・李2000）のように鏃身に樋をもつものがあり、これをAa式、無樋をAb式に細分する。

有茎式磨製石鏃B式は、上紫浦里4号支石墓例（秦・崔1974）・時至洞Ⅰ-3号支石墓（嶺南大学校博物館1999）・芳良里例のように菱形断面の鏃身、六角形断面の関部に段または斜めに削がれた扁平な茎をもつ型式とする。B式は、慶尚北道書中里で古式の有節柄式磨製石剣（BⅡb1式）と共伴している有樋式があり（李白圭1991a）、これをBa式として細分する。

代表的遺跡として、梅湖洞Ⅲ-5号石棺墓（嶺南大学校博物館1999）、大鳳洞2区ⅩⅠ号石槨（有光1959）などがある。

有茎式磨製石鏃C式は、鋒部が関部より広く厚みのある菱形断面形鏃身にB式と同じ茎をもつものと、六角形断面形茎をもつ型式とする。茎の形態で細分し、鏃身と関の区別がなくB式と同じ茎の古いCa式、D式と同じ六角形茎の新しいCb式とする。

代表的遺跡として、Ca式に江原道月鶴里（文化公報部・文化財管理局1989a）・京畿道龍沼里遺跡（文化公報部・文化財管理局1989a）、Cb式に中間市垣生遺跡一括例（柳田2003b）・徳峙里15号支石墓（尹1988）などがある。

有茎式磨製石鏃D式は、菱形断面の鏃身に六角形断面の茎をもつ型式とする。徳峙里15号支石墓のように比較的短身のものが、遼寧式銅剣AⅠb式・遼寧式銅鏃・無段柄式磨製石剣と同一遺跡で共存することから、古くなるものと考える[5]。

代表的な遺跡は、松菊里石棺墓・新村里Ⅰ区三号石棺（崔・安1983）など多数の遺跡から出土している。

② 磨製石鏃と磨製石剣の共伴関係

磨製石鏃は、磨製石剣ほど複雑な型式に分類しなくてすむことから、両者の共伴関係を分析すると、磨製石鏃が磨製石剣の型式的配列を明確にしてくれる。それが、墳墓副葬品を段階別に整理し易くもしている。

遼寧式銅剣AⅠb式は、半島北部の大雅里・仙岩里（鄭1983）、中部の芳良里のように無茎式磨製石鏃A式・有茎式磨製石鏃A・B式と共伴して、半島の各地域において最古式であることを証明している。

無茎式磨製石鏃A式は、顔子洞九号支石墓で有樋有段柄式磨製石剣と、新岱洞石棺墓で有樋有段柄式磨製石剣・有茎式磨製石鏃B式と共伴している。

有茎式磨製石鏃A式は、有樋有段柄式磨製石剣・無樋有段柄式磨製石剣と共伴するが、有樋有茎式磨製石剣と共伴する大坪里4・8号墳（チョン1974）と大雅里以外では玉石里のように少数の有茎式磨製石鏃B式とも共伴することが多い。

有茎式磨製石鏃B式は、仙岩里・芳良里で遼寧式銅剣AⅠb式と、猿岩里（チョン1958）で有

樋有段柄式磨製石剣と、多くの遺跡で有節柄式磨製石剣・無段柄式磨製石剣と共伴している。

有茎式磨製石鏃C式は、Ca式が江原道松隈里（金1996）で有節柄式磨製石剣と、月鶴里・龍沼里で無段柄式磨製石剣と、Cb式が全羅南道中洞里（文化公報部・文化財管理局1989b）で有茎式磨製石剣AⅡb式・有茎式磨製石鏃D式と慶尚北道松西洞（有光1959）・中間市垣生で有節柄式磨製石剣と共伴している。

有茎式磨製石鏃D式は、代表的遺跡の松菊里石棺墓などで、遼寧式銅剣AⅢ式・無段柄式磨製石剣BⅢa・AⅢc式・遼寧式銅鏃B式・銅鑿などと共伴している。

③ 磨製石鏃の祖型

磨製石鏃は、型式分類と共伴関係から、それぞれのA式が最古型式であることが確認できた。

黄海南道大雅里石棺墓では、遼寧式銅剣・無茎式磨製石鏃A式・有茎式磨製石鏃A式に銅鏃も共伴している。この銅鏃（図20-1）は、有樋有茎式で、関部と茎が明瞭に区別できることから、形態的に有茎式磨製石鏃Aa式に酷似する。

遼寧省では、西豊県誠信村石棺墓で遼寧式銅剣AⅡa式・遼寧式銅矛・銅斧鋳型・銅鏃鋳型・無茎式磨製石鏃A式・土器などと共伴して銅鏃3本が出土している（遼寧省西豊県文物管理所1995）。この銅鏃は、方形または六角形断面の関部と円形断面茎をもち、その1本の鏃身に樋をもつ。すなわち、有茎式磨製石鏃Aa・Ab式双方に酷似する遼寧式銅鏃A式が存在するのである。

これらの銅鏃は、鏃身に樋を形成する十二台営子出土例と同系列の遼寧式銅鏃として、中原の中州路M4例（中国科学院考古研究所1983）などのように翼が平坦で、鏃身が柱脊式で関部まで通る型式とは区別すべきものと考える。

十二台営子銅鏃は、中原の銅鏃と同時期に考えて、遼寧式銅剣の時期を西周後期から春秋前期に設定されることがある（靳1983、近藤2000）が、両者の銅鏃では樋の有無と逆刺の形態で著しい相違がある。

無茎式磨製石鏃A式は、遼寧省でも同型式が存在することから、これに矢柄を装着すれば形態的には両翼鏃となり、石器で銅鏃を模倣する最も安易な方法であろう。

仙岩里例を典型とする有茎式磨製石鏃B式は、関部に段をもち断面形が平坦な方形の茎をもつところに特徴があり、これに酷似する遼寧式銅鏃B式が徳峙里15号支石墓から出土している（図20-3）。この銅鏃がB式より新しい有茎式磨製石鏃C・D式と共伴していることから、磨製石鏃も遼寧式銅剣と同じように、祖型の銅鏃に先行して、後に銅鏃B式が普及することによって磨製石鏃B式が姿を消していることがわかる。遅れの典型が半島南端の金海茂溪里で、形式化した無段柄式磨製石剣と共伴する遼寧式銅鏃B式である（小田・韓編1991）。いずれにしても、磨製石鏃B式は、この型式の銅鏃を祖型にしていること

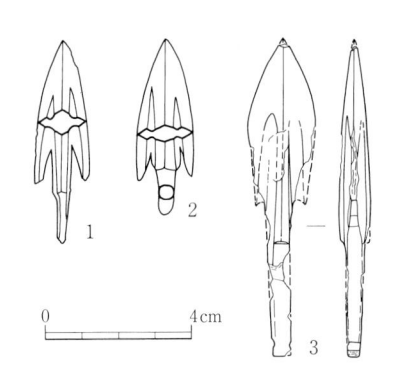

図20　朝鮮半島銅鏃実測図（1/2）
1・2：A式　3：B式
1：韓国大雅里　2：上梅里　3：徳峙里

が確実である。

　有茎式磨製石鏃 C 式は、古式の逆刺のない型式の祖型が不明ながら、新式になると徳峙里銅鏃の樋がなくなれば形態的に相似形となり、その新しい型式が共伴していることで肯定できる。

　有茎式磨製石鏃 D 式は、祖型となる直接の原型が見当たらないが、中国では戦国後期になると全体的に長身の銅鏃が普及することから、D 式が長身化することと無縁ではないと考える。

(3) 実年代論
① 遼寧式銅剣とその磨製石剣の年代

　これまでに論述してきたように、半島北部の有樋式石剣は遼寧式銅剣 A I 式の模倣、半島南部の有茎両抉式磨製石剣が遼寧式銅剣 A Ⅲ 式の模倣である可能性が強く、遼寧式銅剣が半島各地で普及するようになると、それぞれの磨製石剣が消滅して、戦国式銅剣の模倣が始まり、韓式銅剣の出現で磨製石剣が消滅する。

　有樋有茎式磨製石剣と有樋有柄式磨製石剣が遼寧式銅剣を模倣したものであり、遼東地方で遼寧式銅剣が普及した後に、まず半島北部で磨製石剣として模倣され、遼寧式銅剣が流入普及する戦国初期まで有樋式磨製石剣と有段式磨製石剣が存続する。そうであれば、筆者の分布論では、少なくとも有樋式磨製石剣が存続している期間には遼寧式銅剣が普及していないことになり、朝鮮半島北部への遼寧式銅剣の流入がかなり遅れるばかりではなく、古式の A I 式が普及していないことを証明することになる。

　さらに、A Ⅲ b 式遼寧式銅剣と共伴するのは無段柄式磨製石剣であり、有節柄式磨製石剣の存続期間をも超越して、茂溪里のように形式化した最終段階まで遼寧式銅鏃 B 式が存続していることから、A Ⅲ b 式の存続期間が長いことを示している。

　現在のところ、有節柄式磨製石剣と共伴する遼寧式銅剣は、徳川里 16 号石槨墓（李・武末訳 1994）に限定され、銅剣が A Ⅱ 式の変形と考えられる。そうであれば少なくとも遼寧式銅剣の半島南部への流入が相当遅れていることを証明することにもなる。

　銅剣に限定すれば、殷墟では銅剣がみられず、春秋前期頃に出現する中国式の柱脊式銅剣は、遼寧式銅剣の影響下にあり、遼寧式銅剣の盛行時期が春秋前期にあることを裏付けていることになる。

　なお、遼寧式銅剣の半島北部への流入は、楼上墓の年代とも関連し、その下限を示している。楼上墓の遼寧式銅剣 A I 型式が戦国期の範疇であり、半島中部に開城市海坪里（朝鮮遺跡遺物図鑑編纂委員会編 1989）のような A Ⅱ b 式に扁平な形式が存在することからも、半島南部の A Ⅲ 型式がそれ以上に溯らないことが考えられる。

　すなわち、A Ⅲ 型式は、日本の「中細形銅剣」のように、A I 型式を継承する形で模倣し、大型扁平化した威信財である。

　しかし、遼寧式銅剣 A Ⅲ 型式は、鎮東里（図 11-2）例で明らかなように、松菊里と同じく脊にふくらみをもつ型式でありながら、二次的研磨で翼の突起がなくなるほど使用している。その後にも実戦使用して著しく刃部を損傷していることから、A Ⅲ 型式の刃部や脊に研ぎが認められないことを根拠にした「武器としての機能性は初めから意図されていない」（宮本 2002a・b）とい

う説はあたらない。研ぎ減りしたAⅢb型式は、外に牛山里ネウ8号支石墓・伝晋州（国立中央博物館・国立光州博物館1992）・比來洞1号支石墓例（ソン1997）などがあり、その形態から実戦使用期間が長いこともわかる。

② 戦国式銅剣とその磨製石剣の年代

　有節柄式銅剣と筒状柄式銅剣は、「越王勾践剣」の紀年銘があるように、春秋後期後半から戦国に盛行し、前漢初期まで使用されていることから、有節柄式磨製石剣・無段柄式磨製石剣の祖型であることに支障がない。先に検討したように、有節柄式磨製石剣が欣岩里・玉石里で有段柄式磨製石剣との折衷式が存在することと共伴関係から、この時期は遼寧式銅剣が普及する以前であることも論証した。

　すなわち、有節柄式銅剣を模倣した時点では遼寧式銅剣は普及していないのであり、その時期の上限が有節柄式銅剣の出現する春秋後期後半を遡らないことを証明することになる。これは、戦国式銅剣の両者の出現順と磨製石剣の両者の出現順が関連していることから、少なくとも半島では銅剣を磨製石剣で模倣する時期が銅剣の出現時期に近接していることを意味することになり、欣岩里・玉石里の上限時期を有節柄式銅剣が出現する前500年以後に限定できたことにもなる。

　中国式銅剣を磨製石剣で模倣するのは、戦国後期に半島へ中国式銅剣が流入するまで続き、戦国末・前漢初期になると有節柄式銅剣Ⅱa式の模倣品である有節柄式銅剣Ⅱb式が出現している。

　これは、韓式銅剣の出現が背景にあり、磨製石剣で模倣する必要性がなくなったことによる。実用的な韓式銅剣が出現していながら、なおかつ中国式銅剣を模倣するところに、前説の正当性が裏付けられている。

　戦国式銅剣の流入は、秦の中国統一までの刺激によるもので、遅くとも前220年以後には朝鮮半島で模倣された有節柄式銅剣Ⅱb式が生産されているものと考えている。

　韓式銅剣の出現に関して問題になるのが、有節柄式銅剣Ⅱb式は、半島北部で遼寧式銅剣AⅡc式と南部で韓式銅剣BⅠ式と共伴するが、遼寧式銅剣AⅡc式と韓式銅剣BⅠ式が共伴しないことである。共伴関係と分布論を重視すると、AⅡc（宮本のAⅣb）式が存続する孤山里・伝平壌付近（宮本2002a・b）では韓式銅剣がこの時期出現していないことになる。

　一方、半島南部では、Ⅳ-2段階で両者が共伴することからすれば、韓式銅剣が出現して2段階の大差が生じている。その理由は、南部への有節柄式銅剣Ⅱb式の流入に時間を要したことと、韓式銅剣の出現にも地域的な差が考えられる。韓式銅剣が分布しない遼東の徐家溝では、有節柄式銅剣Ⅱb式と遼寧式銅剣AⅡc式が共伴することがそれを裏付けている（表1）。

　すなわち、韓式銅剣は、半島南部の忠清南道では前3世紀前半のⅢ段階で出現するのに対して、北部では早くてもⅣ-1段階にならないと出現しないのであり、AⅡc式が戦国末まで分布する大同江下流域細形銅剣起源説（宮本2003）はあたらない。

③ 北部九州の弥生時代の実年代

　北部九州の弥生早期は、共伴関係から朝鮮半島の墳墓副葬品のⅡ-1段階に対応・併行して、Ⅰ-2段階以前の有樋・有段式磨製石剣が流入していないことを検証してきた。現在のところ有節柄式磨製石剣の時期は確定できないが、弥生早期前半には無段柄式磨製石剣と有茎式磨製石鏃

第3章　中国式銅剣

C・D式が共伴している。

　すなわち、弥生早期には、遼寧式銅剣とそれを模倣した有段柄式磨製石剣が流入していないことがわかる。ただし、遼寧式銅剣AⅢb式を模倣した磨製石剣と考えている有茎式磨製石剣AⅡb式が、唐津市菜畑遺跡遺物包含層の弥生早期の8層下（中島他1982）で出土している。有茎式磨製石剣AⅡb式は、長崎県美津島町中道壇4号石棺墓（長崎県教育委員会1988）から、福岡市七田前遺跡では夜臼式土器と共伴して出土している（福岡市教育委員会1983）ことから、弥生早期が遼寧式銅剣AⅢb式併行期であることになる。これは、弥生早期が松菊里石棺墓一括出土品の遼寧式銅剣AⅢb式・無段柄式磨製石剣BⅢa式・有茎式磨製石鏃D式と併行することを証明

表4　北部九州の青銅器からみた土器編年と年代

中国	年代	韓国	時代	時期	北部九州編年	近畿編年
春770― 秋453― 戦国 221― 秦 202― 前漢 8―B.C. A.D. 新 25― 後漢 220― 三国 265― 281― 西晋 316― 五胡/東晋	400― 300― 200― 100― 100― 200― 300― 400―	可楽里式／欣岩里式／先松菊里／松菊里式／水石里式／勒島式（無文土器時代）／原三国時代／三国時代	縄文時代／弥生時代／古墳時代	早期／前期／中期／後期／早期／前期	黒川式／夜臼式1,2／板付Ⅰ式1,2／板付Ⅱ式1,2,3／城ノ越式／須玖Ⅰ式1,2／須玖Ⅱ式1,2／(高三瀦式)1,2,3／(下大隈式)4,5／西新式Ⅰa/Ⅰb／Ⅱa／Ⅱb／Ⅱc／Ⅲa	縄文時代／滋賀里Ⅳ式／船橋式／長原式／第Ⅰ様式1,2,3／第Ⅱ様式／第Ⅲ様式／第Ⅳ様式1,2,3／第Ⅴ様式1,2,3,4,5／庄内式1,2／布留式1,2,3

している。

　さらに、有節柄式磨製石剣の有段細身式のうちでも有茎式磨製石鏃B式と共伴する古式のものが北部九州に流入していないことなどを考慮すると、弥生早期の始まりの上限年代は、前400年を遡らないだろう。

　弥生中期初頭は、この時期に出現する青銅武器一括副葬が朝鮮半島の副葬品のⅣ-2段階に併行していることを検証してきた。その弥生中期初頭の実年代は、半島に戦国式銅剣が流入する時期と深く関わっている。

　遼寧地方では、鉄山鎮伊家・徐家溝・長発郷家（表1）などで遼寧式銅剣のAⅡc式と有節柄式・筒状柄式銅剣が共伴しており、この地方での双方の下限を示している。その時期は、伝石巌里出土の秦「廿五季」（前222年）銘銅戈との共伴などから、有節柄式銅剣Ⅱa式の下限が前220年頃、有節柄式銅剣Ⅱb式の上限が戦国末・前漢初期の前220年前後であることがわかる。

　一方、河北省易県所在の燕下都辛庄頭30号墓出土朝鮮式銅戈（河北省文物研究所1996）は、半島製青銅器が燕の中心部の河北省から出土したことで、青銅器の相互交流として、相互の実年代が検証できる。前3世紀後半の辛庄頭30号墓の銅戈は、橋口達也が指摘するような半島南部や北部九州の初期の銅戈ではなく（橋口2003）、形態的に鋒部が長いことからすると、貞柏里一括出土品の中の銅戈（梅原・藤田編1974）などと同型式となる半島北部の型式である。貞柏里一括出土品は、共伴の馬具などから前漢初期を降らないことから前説を補強している。

　有節柄式銅剣Ⅱa式は、伝三雲出土例があるものの時期が確定できないが、有節柄式銅剣Ⅱb式が原の辻18号甕棺墓では、北部九州の中期前半である。半島で前220年以後には有節柄式銅剣Ⅱb式が製作されていることから、北部九州では、これより若干下降する可能性もあり、弥生中期初頭の実年代が前200年前後となる。

　朝鮮半島で韓式銅剣が出現するのはⅢ段階、北部九州に渡来する青銅器の組合せはⅣ-2段階のものであり、その流入が遅れていることが知られている。そうであれば、それ以前においてはなおさら、半島と北部九州では遼寧式銅剣とそれを模倣した磨製石剣などの流入時期に大差があるのは当然である。

　弥生中期末の年代は、三雲南小路王墓がもつ膨大な副葬品のうち最新の前漢鏡年代などから、紀元前後頃であることを1983年以来提唱していた（柳田1983b・2000・2002a・b）が、近年では紀元直前に変更した（柳田2003b・c・d）。

6　まとめ

　本論では、北部九州と朝鮮半島で出土する遼寧式銅剣を含めた中国式銅剣とそれを祖型とする磨製石剣の型式分類の概要とその各地域それぞれでの年代論、共伴関係を重視した形式論・分布論から各地域相互の併行関係と実年代を論じてきた。

　その結果、朝鮮半島・北部九州では、銅剣のそれぞれに流入と普及に時間差があり、地域間ではさらに大きな時期差が存在することを論証した。それは、他の地域にない両地域独特の銅剣を祖型とする磨製石剣の存在がその事実を証明してくれた。精査した型式分類に基く、共伴関係を

第3章　中国式銅剣

重視した分布論は、これまでの祖型論と違っていると確信する。

それを要約すると、まず朝鮮半島に遼寧式銅剣が流入する時期は確定できないものの、それを祖型とする磨製石剣が盛行している期間には遼寧式銅剣が本格的に普及していないことから、遼東地域より相当期間遅れることがわかる。

それは、遼寧式銅鏃B式と有茎式磨製石鏃B式との関係でも同じであり、半島での双方の普及のあり方を証明している。

次に有節柄式銅剣を祖型とする有節柄式磨製石剣が出現するのが欣岩里・玉石里遺跡のⅠ-2段階であり、有節柄式銅剣出現時期に近いことから、その上限が前500年以後になることである。この時点で遼寧式銅剣を祖型とする有段柄式磨製石剣が姿を消すことから、遼寧式銅剣の流入が考えられる。しかし、古式の遼寧式銅剣AⅠ式の本格的な普及はない。

半島北部への遼寧式銅剣AⅠa式の流入を受けて、半島南部でこれを模倣した遼寧式銅剣AⅢ式が出現するが、普及する前にこれを祖型とする有茎両抉式磨製石剣が出現することから、AⅢ式にも普及までに期間がある。

さらに、AⅢ式は、日本の「中細形銅剣・銅矛」のように古式の実戦武器を模倣し、大型扁平化した威信財でありながら、実戦使用して再研磨されるものがあり（柳田2003c）、使用が長期間に及ぶものと考えている。

北部九州には、半島のⅠ-2段階以前の共伴遺物が流入していないことから、弥生早期の実年代は、Ⅰ-2段階の上限年代の前500年より相当期間遅れることになる。

今川遺跡の遼寧式銅剣は、銅鏃と銅鑿に改変されているが、北部九州の弥生前期前半に当たる。弥生前期前半は、その共伴関係を重視すると朝鮮半島のⅡ-2段階を上限として、下限がⅢ段階となる。銅鏃と銅鑿が遼寧式銅剣を著しく改変していることと、半島のⅡ-2段階の磨製石剣・磨製石鏃が北部九州では前期後半まで継続使用されていることからすれば、Ⅲ段階が相当の併行関係となる。

弥生中期初頭に韓式銅剣が流入する直前までは、有柄式磨製石剣・有茎式磨製石鏃が使用されていることが、銅剣とそれを祖型とする磨製石剣が同一地域で共存しないことを証明している。北部九州に流入した遼寧式銅剣も普及しなかったことから、それを模倣した有茎両抉式磨製石剣が存在するのである。

遼寧式銅剣以外の中国式銅剣の北部九州への流入は、楽浪郡設置以後ではなく、前漢初期が考えられる。それは、朝鮮半島には秦の中国統一前後に中国式銅剣の流入が考えられることと、北部九州では三雲南小路王墓・須玖岡本王墓の副葬品の中に楽浪郡設置以前の前漢初期の前漢鏡が含まれることからも証明できる。さらに、三雲南小路王墓の直径27.3cmの大型彩画鏡、須玖岡本王墓の直径23cmの草葉文鏡3面は、中国では王侯級の副葬品であり、ガラス璧も楽浪郡からは出土していない。両王墓が副葬する多量の異体字銘帯鏡も楽浪郡には稀有な存在であり、その同范鏡を三雲南小路王墓がもつことは、「イト国」王が楽浪郡設置前に前漢の冊封体制に組み込まれていることを証明している（柳田2000・2002b）。

その埋葬年代は、金銅製四葉座飾金具やガラス璧などの葬具の到着を待つことから、相当期間

6 まとめ

の殯を経ることになるが、それが紀元直前になると考えている[6]。

なお、長江下流域の翼付柄式銅剣や中国南部の匕首など遠隔地から文物が流入するのは、湖南省長沙を中心に分布するガラス璧を王墓が入手していることからすると可能なことである。

以上のことから、朝鮮半島のⅠ-2段階の上限が前500年以後、弥生中期の始まりが前200年頃、中期の終わりを紀元直前とする実年代をあらためて提唱する。これに半島の諸段階を割り当てると、各段階が約50年前後となり、Ⅰ-1段階の始まりが前500年を相当とする実年代となる。すなわち、北部九州の弥生早期前半と併行するⅡ-1段階の始まりの上限が前400年ということになる[7]。

註
1) 崗上墓の3本が、報告されているように剣葉の横断面形が平坦な型式であれば、AⅢ型式の祖形となる。
2) 宮本のAⅡa式〜AⅡc式およびAⅢa式〜AⅢc式は、それぞれでの研ぎ減りによる形態変化と考えている。
3) 報告書では、土坑出土の土器が一号と二号で入れ替わって報告され、しかも出土しているのは袋状口縁器台ではなく、袋状口縁壺の破片であることを確認した。
4) 追跡調査したところ、志摩町馬場の六所神社に奉納される前は、前原市三雲在住の三島家が所蔵していたものであり、1975（昭和50）年当時の当主以前から家に伝わるものであったらしい。

　箱書きには、1879（明治12）年7月に「怡土郡三雲川底」からの出土と伝えているが、箱書き自体が書き直されていることから、信じ難いところもある。しかし、箱書きが奉納された時点のもので、有りあわせの箱に収めた可能性と大字三雲の中央を貫流している瑞梅寺川の右岸では、広形銅戈鋳型の完形品や広形銅矛鋳型片が採集されていることと、この地区の南側隣接地が王墓所在地として有名な南小路や井原鑓溝であることなどから、これらの地区での出土である可能性も残されている。
5) ただし、鋒の破損などで再研磨されていないもの。
6) 半島のⅥ-1段階の代表的な貞柏洞2号墳は、蓋弓帽の永始3年（前14年）の紀年銘と前漢末のゴシック体「昭明」銘鏡が共伴して、これを前1世紀末に編年でき、これに併行する北部九州の弥生後期初頭が若干溯る可能性をもっているが、三雲南小路王墓の最新の前漢鏡がゴシック体直前であることから、これを一段階前に50年溯らせることはできない。
7) 国立歴史民俗博物館が『歴博』（120、2003）などで、弥生時代の始まりを前1000年とする発表があったが、そうだとすると遼寧式銅剣とそれを模倣した有樋式磨製石剣が朝鮮半島で共存することになり、共伴関係を重視した分布論を無視するだけでなく、有光教一の磨製石剣が細形銅剣を模倣したとする同じような過ちを繰り返すことになる。

　さらに、朝鮮半島南部の遼寧式銅剣AⅢ型式が前6世紀以上に溯るとすれば、これに伴う無段有柄式石剣や磨製石鏃は西周後期から春秋前期併行期の青銅器を模倣したことになり、この時期の北方や中国にはオルドス系銅剣と遼寧式銅剣以外に祖型とする青銅武器がないことになってしまう。

　加えて、それ以前の磨製石剣は、遼寧地方に祖型となる銅剣が存在しない。

　また、本論では、極力大陸の政治的な背景を援用しなかった。それは、これまでのような燕の動向、衛満朝鮮の成立、楽浪郡の設置などを基準とした年代観ではなく、考古学の基本的な手法から実年代に迫りたかったからである。

第3章　中国式銅剣

表5　中国式銅剣一覧

図	型　式	遺　跡	遺　構	時　期	全　長	所　蔵	文　献
3	有節柄Ⅰ	不明			21+	根津美術館	曹1999
4-1	有節柄Ⅰ	不明			60	根津美術館	柳田2009a
4-2	有節柄Ⅰ	不明	TJ5700		55.9	東京国立博物館	柳田2009a
4-3	有節柄Ⅱa	不明	TJ35640		54.7	東京国立博物館	柳田2009a
4-4	有節柄Ⅲ	不明	A-165		41.6	国立歴史民俗博物館	春成編2009
5-1	筒状柄	不明	TJ3034		43.1	東京国立博物館	柳田2009a
5-2	筒状柄	不明	TJ3035		39.2	東京国立博物館	柳田2009a
6-1	AⅠb	不明			33.6	東京大学考古学研究室	春成編2009
6-2	AⅡb	不明			29.9+	東京大学考古学研究室	
6-3	AⅡb	松竹里	4号支石墓	Ⅱ-2	26.1	啓明大学校行素博物館	
7	AⅠ	小黒石ほか					町田2006
8	AⅡ	稲戸営子鎮ほか					町田2006
9-1	AⅠa	金谷洞					黄1974
9-2	AⅡa	伝平壌			23.4		榧本1980
9-3	AⅡb	龍興里				国立中央博物館	韓1968
9-4	AⅡc	伝平壌				国立中央博物館	榧本1980
9-5	AⅡc	弧山里					黄1974
10-1	AⅢb	松菊里	石棺墓	Ⅱ-2	33.2+	国立中央博物館	国立中央博物館1979
11-1	AⅢa	禮田洞			35.1	国立慶州博物館	金1987
11-2	AⅢb	鎮東里		Ⅱ-2	33	国立金海博物館	沈1981
12-1	AⅢ再加工	今川	包含層	前期前半	5.55+	福岡県教育委員会	酒井編1981
12-2	AⅢ再加工	今川	採集	前期前半	4.15+	個人	
12-3	AⅢb	上徳力	包含層		9.1+	北九州市教育委員会	梅﨑編1989
13	剣首	かがり松鼻	石棺墓	後期後半	2.65	対馬市教育委員会	美津島町教育委員会1988
14-1	有節柄Ⅱb	原の辻	K18	中期前半	12.8+	長崎県教育委員会	長崎県教育委員会2005
14-2	有節柄Ⅱb	中寒水	採集	後期	19.0+	朝倉市教育委員会	柳田1982a
14-3	有茎式	井牟田1号	D1	後期後半	15.2	糸島市教育委員会	古川1994
14-4	有茎式	須玖坂本6次C	包含層	後期前半	5.9+	春日市教育委員会	吉田・井上編2012
14-5	鐔	平若C	包含層	—	1.3	春日市教育委員会	柳田2004a
15-1	筒状柄	景華園	K1	中期後半	26.5	島原市教育委員会	小田1959
15-2	筒状柄？	景華園	K2		24.5		
16-1	翼付柄	鎮江			38.3+	鎮江博物館	楊・肖編2008
16-2	翼付柄	鶴崎			19.1+	佐賀県立博物館	松岡1962
16-3	有茎式	立石	3号大柱	後期	27.1+	春日市教育委員会	境編2002
17	有茎式	御陵	1号住居跡	後期前半	28.9+	春日市教育委員会	井上2010
18-1	有節柄Ⅱa	伝三雲			45+	糸島市教育委員会	柳田1982a
18-2	有節柄Ⅱa	石巌里			53.85		梅原・藤田編1974
18-3	有茎式	大同江面			43		榧本1980
19-1	有節柄Ⅱb	上林里			47.1		全1976・1991a
19-2					45.3		
19-3					46.2		

第4章　銅　矛

1　はじめに

　国産青銅武器は、朝鮮半島製の青銅武器を原型として独自の発達を遂げることで知られている。とくに銅矛は、最終段階の「広形銅矛」が全長90cmに達するものがある。その型式分類で一貫しているのが、「狭鋒」・「広鋒」、「細形」・「中細形」などの型式名称でわかるように、平面的な形態分類である。1980年代後半になると研ぎ減りなどの二次的改変を考慮した論考が著され、細部にも注目されるようになるが、「科研費」などの補助金を活用しても、総ての実物を個人で実見・実測することが困難なこともあり、その観察と分類が全うされていないところがある。
　平面的な形態分類がいまだに活用されているのも、視覚的に判断が容易だからであるが、国産青銅武器の中には、最初から小型化の傾向にあることはあまり知られていない。それゆえ、「中細形銅矛」や「中広形銅矛」に分類されるべき型式が「細形銅矛」として分類されていることがある。刃物は研ぎ減りすることが知られていながら、全体的な平面形態で分類する手法が根強いために計量的な目安で分類される傾向が強い。そのために、伝世して研ぎ減りしたものが非計量的特徴では、「中広銅矛」や「中細銅矛」でありながら、計量的特徴が重視されて「細形銅矛」に分類されている。
　そもそも、我国で出土する銅矛は、朝鮮半島ではみられない型式が多いことが知られていながら、半島製として扱われている型式が多い。出現期銅矛の耳や袋下端の複数の突帯は、当該期の朝鮮半島ではみられない。さらに、最初から銅剣の脊が細いものが知られているように、銅矛にもミニュチュアほどではないが、小型の型式があることに気付かれていない。
　そこで、本書では朝鮮半島で出現したいわゆる「細形」の銅矛・銅剣・銅戈以後を研究対象とすることから、本章でも北部九州と朝鮮半島南東部を中心として出土するこれらの短身銅矛を含めて集成し、その鋳型を紹介しながら所属する型式と製作地について論じたい。

2　青銅武器の型式学的検討

　青銅武器は、弥生時代に北部九州に伝来し、まもなく国産化されたと考えられている。弥生前期前半に流入した遼寧式銅剣は、いまだに完形品が発見されないことから、普及しなかったものと考えられる。これに対して、「細形銅剣」などのような朝鮮半島系の青銅武器は、伝来当初から国産化されたものと考えている（柳田 1982a・1987a）。これまでは、朝鮮半島系青銅武器の国産化は遅れるものと考えられていた（小田 1985a）。それは、青銅武器の鋳型の発見が限られていた

第4章 銅矛

こともあるが、大きな要因はその型式分類の不備にあるものと考えられる。細形と称されるものは、舶載品と考える風潮があった（森1960、杉原1972、岩永1980a）。しかし、銅矛や銅戈の多くが朝鮮半島の当該期には存在しない突帯や扁平化したものがあることから伝来当初から国産品が存在することを主張している（柳田1982a・1987a）。このことも、これまでの平面的な形態に依拠した型式分類との間に齟齬が存在するからである。

銅矛の型式分類で指摘したように（柳田2003c）、これまでのような平面的な型式分類では、研ぎ減りが知られていながら、細身であれば躊躇することなく細形型式に含めるなど、基本的な型式認定に齟齬をきたしていた。銅矛の型式分類では、もはや「細形・中細形」などの平面的な呼称による型式分類では対応できないことを証明したつもりである。本論は、青銅武器のうち研ぎ減りが最も著しく、舶載品と国産品の区別が困難な銅矛・銅剣・銅戈を型式分類し、その基本的な基準を明確にすることを目的とする。

吉田広が述べるように、それまでは集成表形式を基本としていることから、できる限り少人数の実測による図面を集成した「弥生時代の武器形青銅器」『考古学資料集』21（2001a）の功績は大きい。だが、同縮尺での提示に拘泥されたこともあり、微細であるが基本的な型式変化を認識された型式分類となっていないことが惜しまれる。

近年「朝鮮半島の銅矛について」（宮里2009c）が著され、銅矛の基礎的研究が提示された。論考では半島における銅矛の出現から変遷、編年、地域間関係が地名表に整理された。ところが、分類では既存の実測図がコピーされた4分の1で表示されたこともあり、分類においては細分が困難である。しかも北部九州と関連する東南部の「細形d式」の出現と発展経過が曖昧であり、「細形a式が長大化・有耳化した型式」ではなく、「細形c式」に先行する型式である。ここに外国考古学の限界がある。

「細形・中細形・中広形」型式には各自に大小があり、既定の型式分類では対応できていない。鋳型の数例に「大」を製作した後に「小」を製作した実例が存在する（柳田2003c・2005a）。典型は佐賀県本行銅矛鋳型例（図12）であり、既定の型式分類では「中細形銅矛a式」の製作後「細形銅矛」を製作したことになる（吉田2001a）が、拙稿（2005a）では先刻A面鋳型が鋳出鎬の存在からⅡC式（中細形銅矛c式）、後刻B面鋳型面を「中細形」の短身銅矛のⅡD式とする。佐賀県安永田銅矛鋳型から「中細形銅矛」と「中広形銅矛」の共存を提唱した吉田広（2002）によると、本行鋳型とあわせれば、「細形銅矛」と「中広形銅矛」が共存することになってしまう（柳田2005a）。

「中細形銅矛b類」の属性である「狭義の樋を形成し始めた諸例」（吉田2001a）には熊本県今古閑2例や神庭荒神谷1号などが含まれるが、「樋を形成し始めた」を重視すると佐賀県宇木汲田1930年発見2例（図25-2・3）・同37号甕棺墓例（図25-1）などの「細形銅矛」も含まれることに気付かれていない。

これは銅矛だけではなく銅戈でも同様であり、佐賀県櫟木鋳型は同一面で大型「中細形銅戈」を製作した後に小型「中細形銅戈」を製作している。また、鋳造品の実例として小型の福岡県原町「中細形銅戈・中広形銅戈」と大型の同小倉新池「中細形銅戈・中広形銅戈」などが存在す

2 青銅武器の型式学的検討

る。したがって、岩永省三（1980a）の援長と援幅などの比率で「中細銅戈」と「中広銅戈」を区分する型式分類によると、小倉新池27号・福岡市八田5号鋳型などは明らかに大型「中細銅戈」であるにもかかわらず「中広銅戈」になってしまう。

銅剣では、佐賀県土生12次SD14川河跡出土の銅剣鋳型がA面で脊幅1.8cmの大型銅剣を鋳造して、B面で普通サイズの銅剣を鋳造している（柳田2007a）。

何よりも奇異なる型式分類が、銅戈では研磨が進行して樋先端が離れ、脊に鎬が生じる型式を「細形Ⅰ式」、研磨が進行していないために樋先端が閉じ、鎬が脊上に生じない諸例を「細形Ⅱ式」とし、銅剣では刃研ぎが刳方下端までで、脊上の研ぎもこれに対応するものを「細形Ⅰ式」、刃研ぎが進行して元部にも及び、これに対応して脊上にも研ぎが及び鎬を形成するものを「細形Ⅱ式」とする（吉田2001a）など、銅剣と銅戈で研ぎ減りする刃物の分類として同じ現象を前後逆に型式分類されていることである（柳田2008a）。

さらに、舶載品と国産品の識別が明確でない。したがって、拙稿以前の銅矛・銅剣・銅戈の型

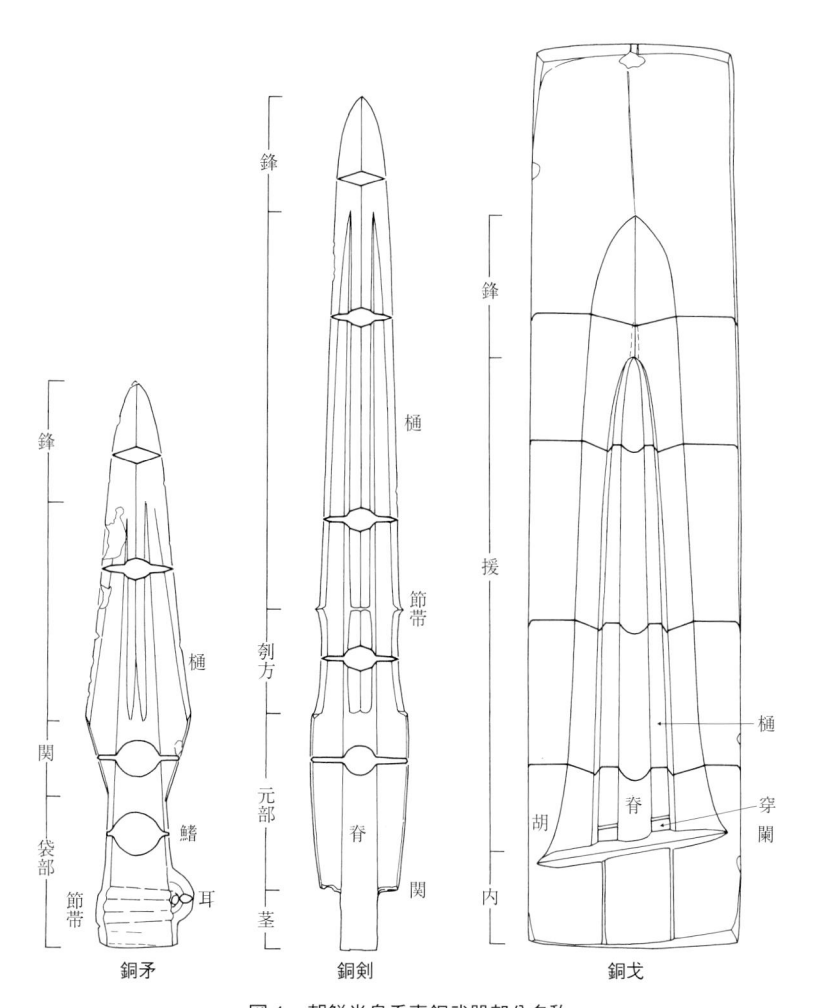

図1　朝鮮半島系青銅武器部分名称

式分類は、平面形態と研磨過程の形式分類である（柳田 2003c・2005b・2006a・2007a・2008a）。

　岩永省三（1980a）は舶載・仿製の識別基準をより明確にし、初期の仿製品を型式的に分離する作業を行うために、青銅器出土遺跡の質的変化段階をも考慮に入れて設定された「細形・中細」などの二大別する方法をとっている。分類の主目的は、明確に中細型式を設定することであり、確実に仿製品と認定でき、かつ型式的に最も古手のものを抽出して中細に含め、曖昧なものは中細に入れないという立場をとったため、細形には、純然たる舶載品・初期仿製品の可能性のあるもの・舶載仿製の判断がつかないものを含めてある。

　岩永は志賀島勝馬銅剣鋳型を当初（1980a）「中細銅剣 a 類」としていたが、後に「細形銅剣」に変更している（岩永 1986）ことから、いかに「中細」を抽出することが困難であったかが窺える。実測図の正確な岩永にして、舶載「細形銅剣」と志賀島勝馬鋳型の根本的な違いに以後の研究者と同じく気付くことがなかった（柳田 2005b・2007a）。志賀島勝馬鋳型を「中細銅剣」とした最初段階で「中細銅剣」の属性である内傾斜樋に気付くべきであった（柳田 2005b・2007a）。1990 年に拙稿で喚起していたが、これまでの青銅武器の型式分類が平面的な研ぎ減りの形式を型式と誤認していたことがわかる。

　岩永省三・佐原眞が扁平な脊と幅広い関をもつ田能鋳型を「中細銅剣 a 式」としたことなど、型式や時期の誤認が各所にあって混迷を続けていた（岩永・佐原 1982、岩永 1994）。岩永は前論考（1980a）では近畿の先進性を主張する研究者の存在を知りながら、それに同調したことになる。ちなみに、三木文雄（1995）は、田能鋳型を浜・古津路と同じく「中広形」（岩永の「中細 c 式」）とし、中期後半に位置づけている。

　岩永省三の型式分類を踏襲している後藤直（2000）の日本出土鋳型一覧には、「細形」が舶載品と区別されていないように、前述のような形式・型式誤認が各所にある（柳田 2003c・2005a・b・2009c）。なお、本書の半島系青銅武器の部分名称は図 1 のとおりとする。

3　銅矛の鋳型

　古式銅矛の鋳型は韓国で完形品 2 例と北部九州に破片が若干発見されている。

　北部九州では本論で問題にしている、短身銅矛鋳型の発見が増加している。これらの鋳型は、早くに発見されていながら型式がうやむやにされるなど、集中した議論がされていない。それどころか、佐賀県安永田鋳型については、型式序列の逆転説（藤瀬編 1985）や「中細形銅矛」と「中広形銅矛」の共存を主張する論考まで発表された（吉田 2002）。これらは、これまでと同じく平面的な視覚に頼り過ぎた結果である。

①　伝韓国霊岩鋳型

　韓国崇実大学校基督教博物館に所蔵されている霊岩出土と伝えられている一括鋳型群の一つに、滑石製銅矛鋳型がある（林 1987、韓国基督教博物館 2011）。A 面銅矛鋳型は、鎔笵全長 20.3cm、最大幅 7.5cm、最大厚さ 2.5cm の大きさで、矛本体長 17.9cm、鋬口幅 3.14cm、脊最大幅 2.51cm、関幅 4.93cm、節帯幅 1.4cm の大きさの矛が彫られている。矛には、節帯に接して関部にかかる未完成の耳が彫られているが、鋳造品には耳が付くことはないのでⅠA 型式銅矛

3 銅矛の鋳型

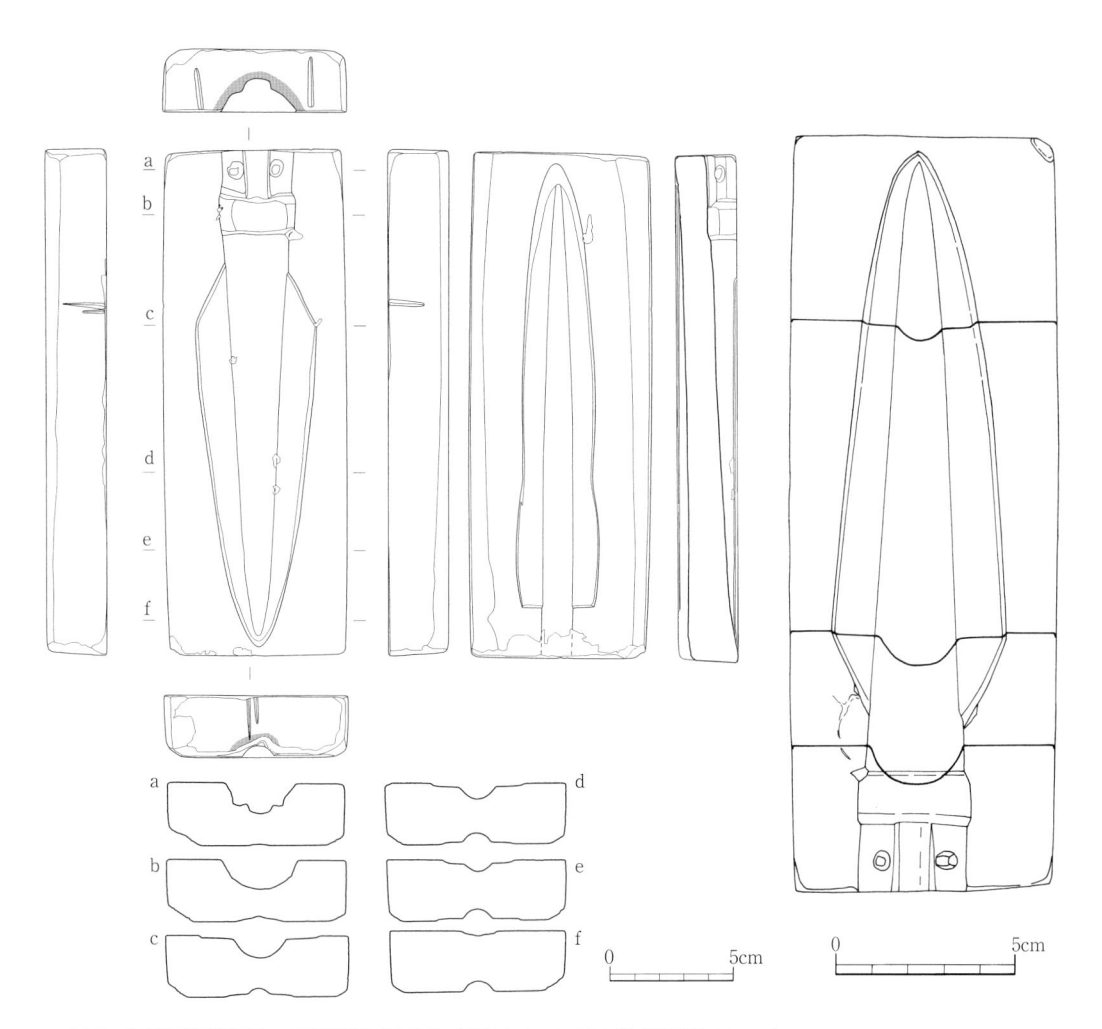

図2 伝韓国霊岩銅矛・銅剣鋳型（D05）実測図（1/3）（韓国基督教博物館 2011）　図3 伝韓国霊岩銅矛鋳型実測図（1/2）

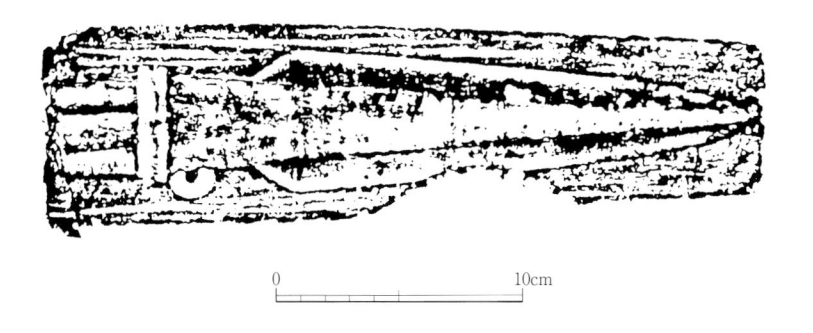

図4 伝韓国長城銅矛鋳型拓本（1/3）（全1987）

79

第4章 銅矛

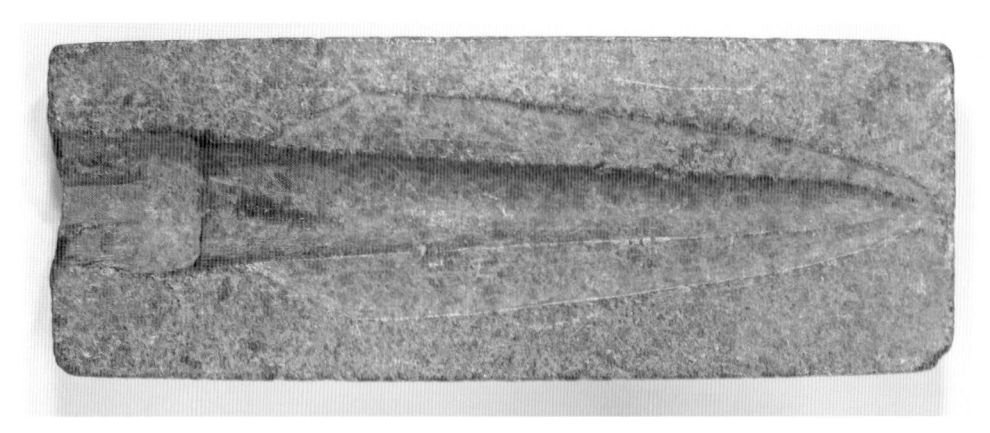

写真1 伝韓国霊岩銅矛滑石製鋳型

写真2 福岡県安徳台2号住居跡滑石製銅矛鋳型

鋳型となる。湯口にはハバキを固定するための段と2孔がある。B面には、剣長19.6cm、関幅2.95cm、脊幅1.23cmの小型BⅠb式銅剣が彫られている（図2・3、写真1）。

② 伝韓国全羅南道長城1号鋳型

1986年に全州市内の骨董商にあったというが、現在は行方不明の砂岩製鋳型で、鎔范の大き

3 銅矛の鋳型

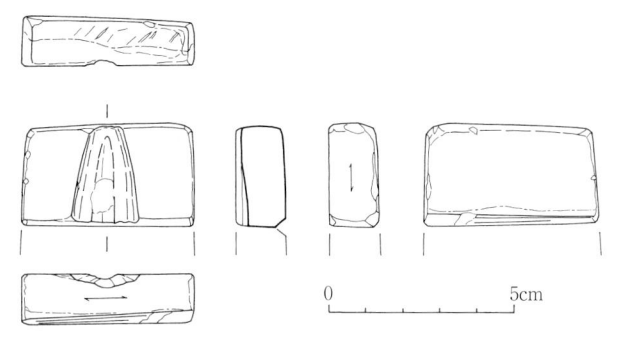

図5 福岡県安徳台2号住居跡銅矛鋳型実測図 (1/2)

さは厚さ5cm、長さ30cm、幅6.5〜8cmある。A面の矛は矛本体長25.0cm、関幅5.6cm、鋒口幅4.5cm、袋部長4.5cm、節帯幅1.3cmの大きさであるという。B面には未完成の全長17cm、茎長2cm、関幅2.3cmの小型銅剣が彫られている。矛には節帯に接して耳がある（金1991a、後藤1996・2006）ことから、ⅠB型式である（図4）。

③ 福岡県那珂川町安徳台鋳型

安徳台遺跡には、鉇鋳型と報告された滑石斑岩製鋳型がある（茂編2006）。中期中頃の2号住居跡から出土した鋒部分の再加工品で、報告されたように鉇鋳型として扱ったこともあるが（柳田2011c）、実検したところ拙稿（2011c）で指摘するような隆起帯がなく、中央のくぼみは脊であることが明らかとなった。しかも脊が鋒先端まで達していることから、朝鮮半島の銅矛・銅剣鋳型と同様である（図2・3、写真1）。そうだとすると、Ⅰ型式の銅矛・銅剣、あるいはⅡA型式の銅矛・銅剣鋳型である可能性が強いことになる。裏面では切断された小口側に黒変した銅戈の関らしき一部が小口で面取り状を呈していることから、当初は銅戈鋳型として製作されたものの、破損したことから裏面に銅矛または銅剣鋳型を彫り直したものと考える。最終的には裏面の銅戈の関部分に当たるところから鋒部分を切断にしたものであるが、切断と使用目的は不明である（図5、写真2）。

鋳型の大きさは、現在長2.58〜2.67cm、現在幅4.48〜4.68cm、現在厚1.25〜1.33cmの計測値をもつ。残された鋒の計測値は長さ2.6cm、最大幅1.85cm、鋒先端幅0.9cm、最大深さ0.37cmである。鋳型の現状から推測できることは、鋳型幅が極端に狭いことから鉇鋳型として理解されたものと考えていたが、裏面が銅戈鋳型の鋳造経験があることからすれば、現状の鋒面を製作した際に幅を狭めた可能性が強いことになる。だからといって鉇鋳型ではないことは前述のとおりであるから、小型の銅矛・銅剣を製作した可能性もある。しかも、彫られた鋒は多少鋳型の中心線から片寄ることから多少大きな耳をもつことになり、銅矛が彫られていた可能性が強いことになる。鋳型の大きさが現状のように幅が狭くても、中央部から節帯側が5cm以上あれば普通サイズの銅矛が鋳造可能である。すなわち、鋒側鋳型面も鋳造経験のあるⅡA・ⅡB型式の短鋒銅矛鋳型である蓋然性が強いことになる。

④ 佐賀県神埼市・吉野ヶ里町吉野ヶ里SK04鋳型

SK04鋳型は横断面形が長方形をなし、銅剣3面と銅矛1面が彫り込まれている。銅剣鋳型面

第4章　銅矛

で、側面の一部を失っているA・B両面が先行して、中心位置に彫り込まれたC（銅剣）・D（銅矛）両面が最後の鋳型面と考え、銅矛はⅡAb1式である（写真3、第5章図30）。

⑤　佐賀県吉野ヶ里（田手一本黒木地区7トレンチ）鋳型

　鋳型には、片面に銅矛袋部、もう片面に銅矛身部が彫り込まれている。身部側は変色していることから鋳造経験があるが、袋部側にはその痕跡がない。鋳型面の銅矛の寸法は、最大身幅が3.75cm、袋基部最大幅2.55cm、袋上端幅2.0cmであり、これまでは3本の突帯をもつ「細形銅矛」に分類されているが、脊先端が鋒先端まで伸びていないことから新しく型式分類されるべきである。図6-1は、両面が同型式の製品であることを前提に両面の鋒部と袋部を利用して復原したものである。計量的には、板付田端2例（図29-1・2）の中間的数値を示すことになる。その他の特徴は、双耳であることと、板付田端例のような鰭状突線の表現はない。時期は、中期前半の土器が共伴している。

　袋基部に3本の突帯をもつ同型式の鋳型は、吉野ヶ里（田手二本黒木地区154トレンチSK04土坑）出土四面銅剣銅矛鋳型（佐賀県1992）と佐賀市大和町惣座例（立石1986）にあり、ⅡAb型式・ⅡD型式が国産品であることが確実である。

⑥　佐賀県佐賀市惣座SK635鋳型

　SK635鋳型は銅剣の両面鋳型の横に銅矛鋳型を併せもつが、銅矛との前後関係は銅矛の袋部端であることから、銅剣が先行するものと考える。鋳型面のいずれも側面を砥石への転用で失っている（写真4、第5章図31-18）。

⑦　佐賀県小城市土生鋳型

　銅矛鋳型は、第12次調査の河川跡であるSD14から中期初頭から中期前半の土器と無文土器・銅剣鋳型・石製把頭飾・木製踏鋤など多数の木製品が共伴している。SK06土坑からは、中期前半の土器に伴って銅矛鋳型が出土している（永田編2005）。

　SD14出土銅矛鋳型は小片が2点あり、129鋳型は長さ3.45cm、幅3.1cm、厚さ3.15cm、重さ46.5gの大きさで、A面に関部と袋部の一部、B面に魚形用途不明青銅器鋳型が彫られている。130鋳型は、長さ5.4cm、幅4.05cm、厚さ3.3cm、重さ100.3gの石英長石斑岩製である。A面に関部と袋部が彫られ、関部が内傾斜することからⅡB型式であることが確実である（図7-1）。B面はA面と向きが逆であれば報告書が述べるように銅矛の可能性があるが、同一方向である可能性が強いことから、銅剣の元部と脊の鋳型である。

　SK06出土銅矛鋳型は、長さ6.55cm、幅6.4cm、厚さ3.8cm、重さ215.0gの石英長石斑岩製である。鋳型には中央に袋部が彫られ、湯口と考える小口から1.9cm離れて幅0.75cmの節帯も彫られているが、二次的な袋部内の研磨で節帯の中央部が失われている。節帯部から上が黒変していることから、鋳造経験があると同時に、小口から節帯の間に湯口とハバキを兼ねた段落が付設されていたことも推測できる。したがって、鋳造された銅矛は、黒変した耳らしき存在から、鎏口幅3.0cmのⅡA型式であるが、ⅡB型式の可能性も残している。小口面には、横方向に縄掛けと考える溝が彫られている（図7-2、写真5）。

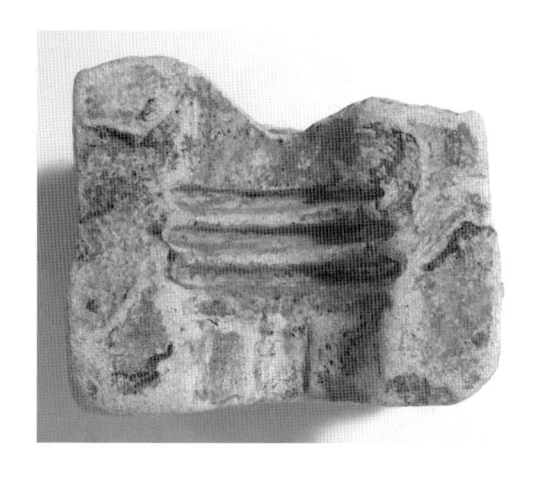

3 銅矛の鋳型

写真3 佐賀県吉野ヶ里SK04鋳型D面　　　写真4 佐賀県惣座SK635鋳型

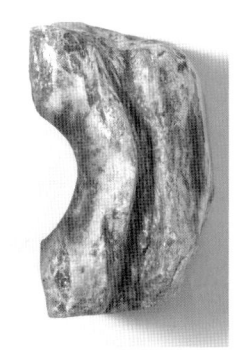

写真5 佐賀県土生SK06鋳型

⑧ 熊本県熊本市八ノ坪4次鋳型

　八ノ坪遺跡では、試掘排土から中期初頭から中期前半の土器に伴って銅矛・銅剣・銅戈・小銅鐸・銅鐸鋳型・馬形送風管が採集されている（林田2005、林田・宮崎2008）。ここで取り上げる銅矛鋳型は、残存長4.8cm、幅6.4cm、厚さ2.8cmの石英長石斑岩製の両面鋳型であるが、報告書のA面・B面は誤認されている。すなわち、鋳造痕跡のあるA面の銅戈が初鋳であり、次に裏

83

第4章　銅矛

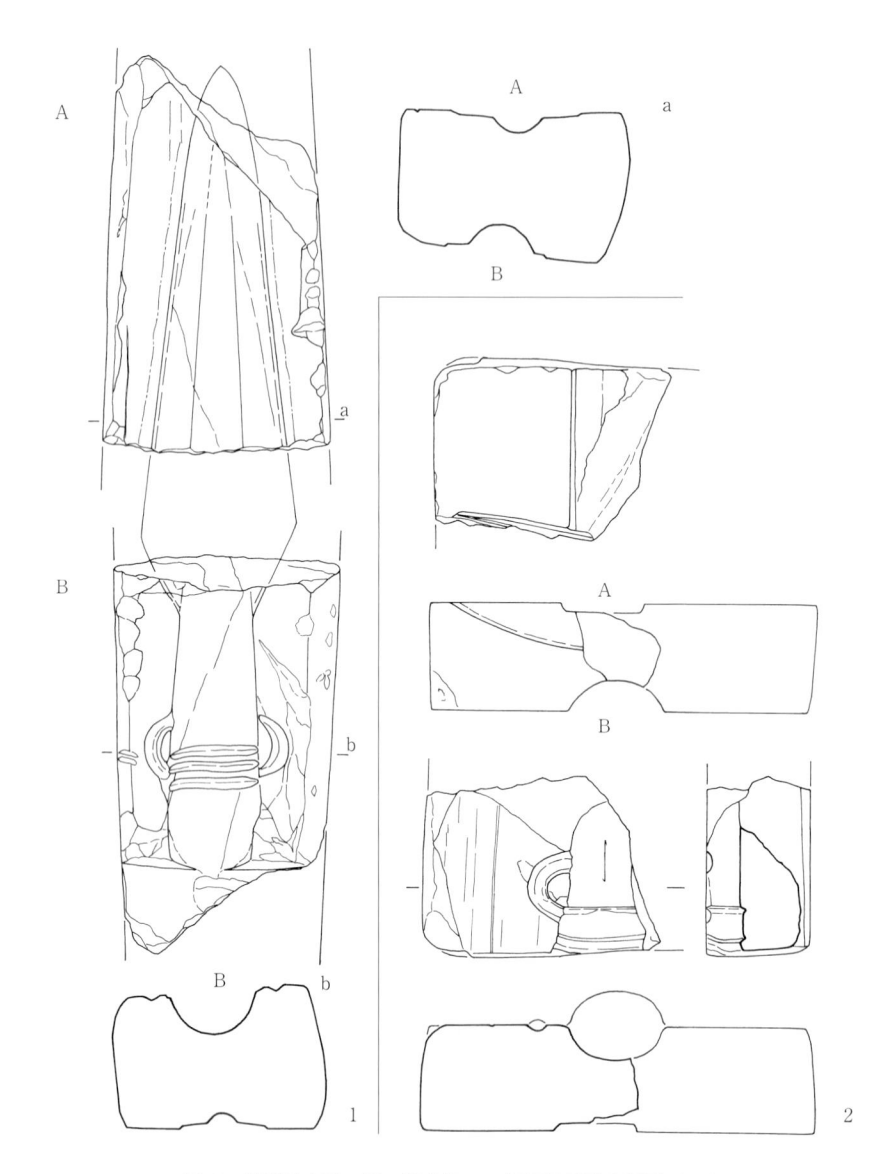

図6　佐賀県吉野ヶ里・熊本県八ノ坪銅矛鋳型実測図（1/2）

面のB面の銅矛を彫り込んでいる。A面の銅戈は型式を特定できないが、B面の銅矛は節帯幅が1.0cmであるところから、本稿のⅡDb型式銅矛であり、復元袋部がかなり扁平である。したがって、中期前半の全長30cm未満の銅戈を製作後に同じく全長30cm以下で節帯幅1.0cmの「中細形銅矛」を彫り込んだことになり、B面が短身銅矛となることが明晰である（図6-2）。

⑨　福岡県筑前町東小田峯土製鋳型

　東小田峯遺跡145号住居跡のP9から出土した土製鋳型一括は、外型と中子（中型）の破片が揃っている。外型本体は、長さ9.7cm、最大幅4.24cm、最大厚2.2cmの鋒部鋳型片である。鋳型は一方の小口が完存しており、鋳型面には不鮮明ながら長さ9cm、最大幅2.8cmの鋒部が陰

3 銅矛の鋳型

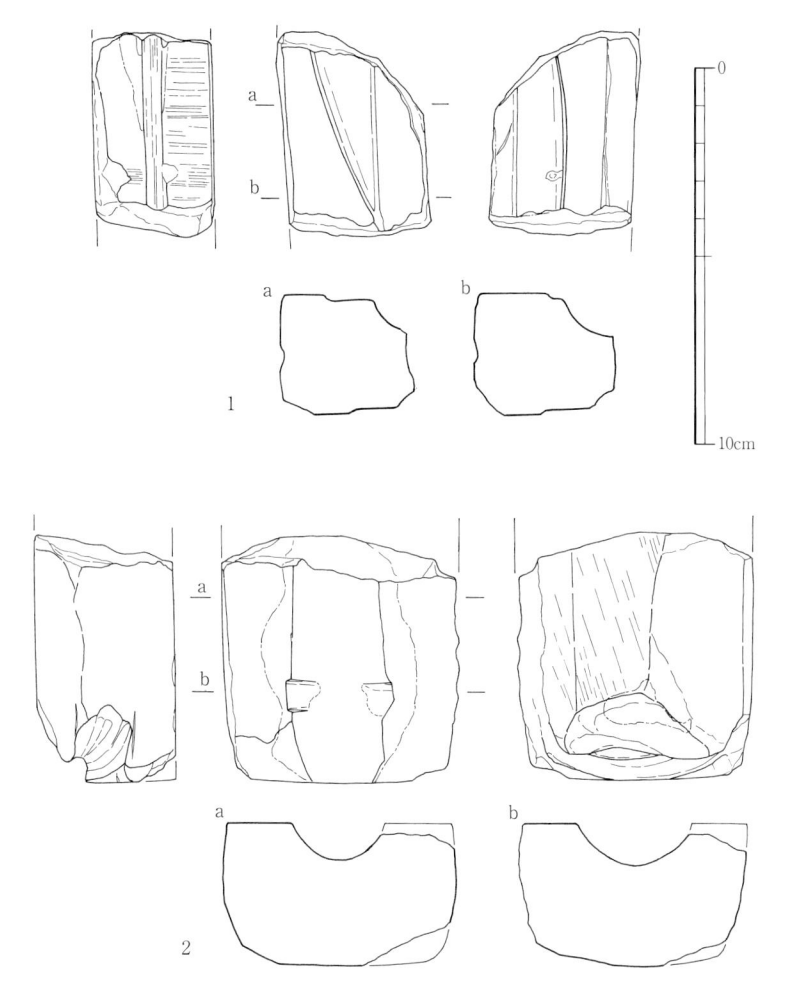

図7 佐賀県土生鋳型実測図 (1/2) 1:SD14 2:SK06

刻されている。平面的にみると不鮮明ながら、破口をみると最大幅 0.65cm の脊が長さ約 2.7〜3cm 確認できる（図8、写真6）。

なお、小口には最大復元幅約 1.5cm、最小幅 1cm の漏斗状の湯口らしきものが存在する。また、鋳型周辺に凹凸が目立つが、熟視するとそれらが二次的に張付けられた真土であることがわかる。真土は鋳型平坦面以外のほぼ全面にみられることから、合せ鋳型の目張りだけではなく、鋳造時には外型全面を被覆していたことが接合部やその剥離面から明らかである。胎土は全体的に細粒ながら、白色粒・金雲母・赤褐色粒を若干含み、被覆した真土も同質である。色調は熱を受けた部分が灰黒色、それが剥離した部分と被覆真土が黄褐色、全体的には灰褐色を呈する。

この鋳型から鋳造される武器は、長さ 7.5cm 前後、最大幅 2.6cm の鋒をもつことになる。研磨されれば、鋒の長さは増し、幅が減少することを考慮すると、いわゆる「細形」の銅剣・銅矛ではないことが明晰であろう（柳田 1986c・2007a）。そこで「中細形」から候補を探ると、鋒の長さが 8cm の銅剣であればⅡBb式となるが、鋒最大幅が若干広すぎる。そうなると銅矛に候補が

第4章 銅矛

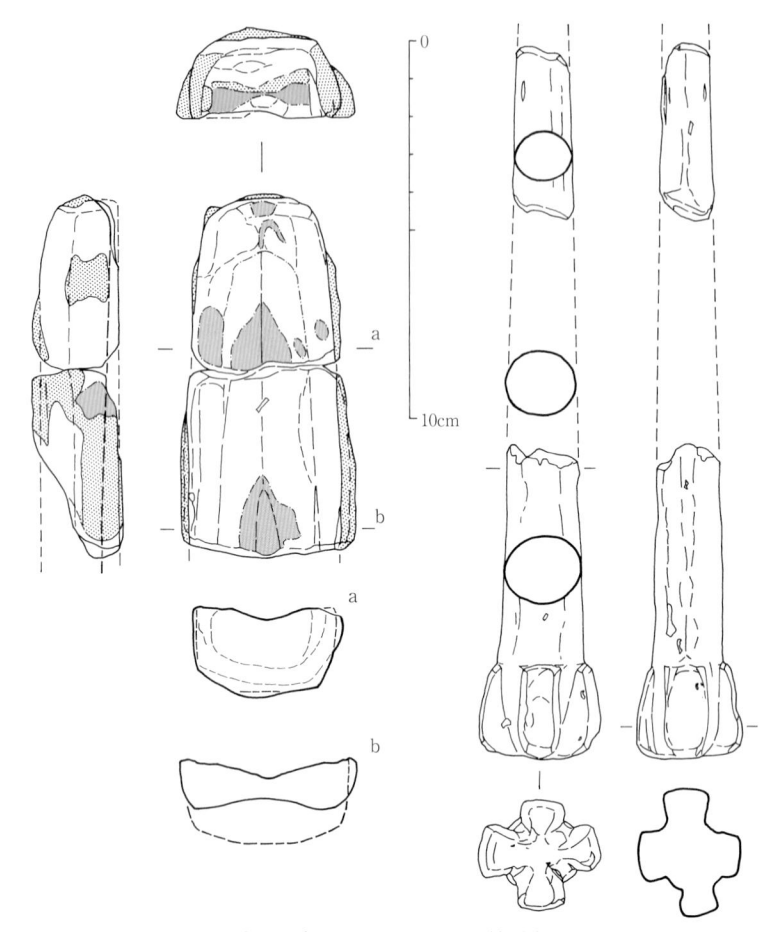

図8 福岡県東小田峯145号住居跡銅矛鋳型実測図（1/2）

絞られ全長45cmから50cmのⅡB型式銅矛（柳田2003c）が最有力候補となる（表2）。

　では、銅矛の中子であることが確実な中型はどうであろうか。中子は、長さ8.3cmでハバキを備えるものと長さ4.4cmの中間部の2片がある。ハバキ部分は、長さ2.5cm、最大幅3.35×2.8cmの十字形を呈する。銅矛袋部にあたる芯部は、最大径2.35×1.9cmの楕円形を呈する。中子中間部の破片は、最大径1.6×1.38であるから、ハバキのある中子から6cm前後の間隔をもつ位置にあることがわかる（図8）。

　以上の事実から復原できる中子全長は40〜45cmであり、銅矛の全長が前記のように絞られてくる。中子先端がどれだけまで細く製作されるのか、鋳造直後の銅矛の全長と中子の全長の差が明らかでない現状ではこれ以上絞れない（柳田・平島2009、柳田2009c）。

⑩　福岡県春日市大谷鋳型

　銅矛鋳型は片麻岩製で、B地点10号住居跡柱穴から出土している。10号住居跡からは銅鐸鋳型も別の柱穴から出土しており、銅鐸の鋳型は近接する8号住居跡から同一個体の破片が出土している。円形の10号住居跡は柱穴が無数に重複することから数回の建て替えが行われている（佐土原1979）。さらに、銅矛と銅鐸鋳型は、概要報告以後に接続する破片が別に採集されていたこ

3 銅矛の鋳型

写真6　福岡県東小田峯145号住居跡土製銅矛鋳型

とが判明している（図9）。

　銅矛鋳型は、接続する破片が存在することが判明する以前に所属する型式について見解が紹介されており、小田富士雄（1985a）と拙稿（1986a）が同じく「中細形銅矛a類」としている。しかも、小田は実測図で、拙稿では実物同士で福岡県立岩10号甕棺墓銅矛と一致することを述べている（写真7）。ただし、正報告書がいまだにない現状で、実測図が掲載された研究論文は管見による限り小田（1985a）と小田富士雄・韓炳三編『日韓交渉の考古学』（1991）のみである。1986年の小田論文には平面図のみで断面図がないが、『日韓交渉の考古学』に存在する断面図では元部が外傾斜ぎみである。

　その後、立岩10号甕棺墓銅矛と大谷遺跡銅矛鋳型を実測したところ、双方の関部のみわずかに内傾斜することが判明した。その実測図が本稿に掲載したものであり、「中細形銅矛b類」に近い形態を示していることになる。ちなみに、立岩遺跡の報告書（岡崎編1977）には関部の断面図は付加されていない。

　採集された接続する破片は袋部で、鋳型の小口面がほぼ完存している。ところが、袋部面と節帯部の一部がわずかに残り、袋部長と節帯幅が判明するにすぎない。その袋部長が10.15cm、節帯幅が0.7cmに復元できる。接続した鋳型片を含めた大谷鋳型は、立岩10号甕棺墓銅矛の袋部長が12cm、節帯幅が1cmであるから、双方が一致しないことになる。しかし、実際は実物同士で一致したのであるから（写真7）、部分的な一致ではなく鋳型の二次的な改変が実施されたものと考える。大型の形式の青銅器を鋳造した後に小型の形式を鋳造した鋳型存在することは本書でも数例を紹介している（柳田2003c・2009c）。すなわち、湯口であることから損傷しやすい節帯部を磨り上げて袋部を短く改変したものと考える。

87

第4章 銅矛

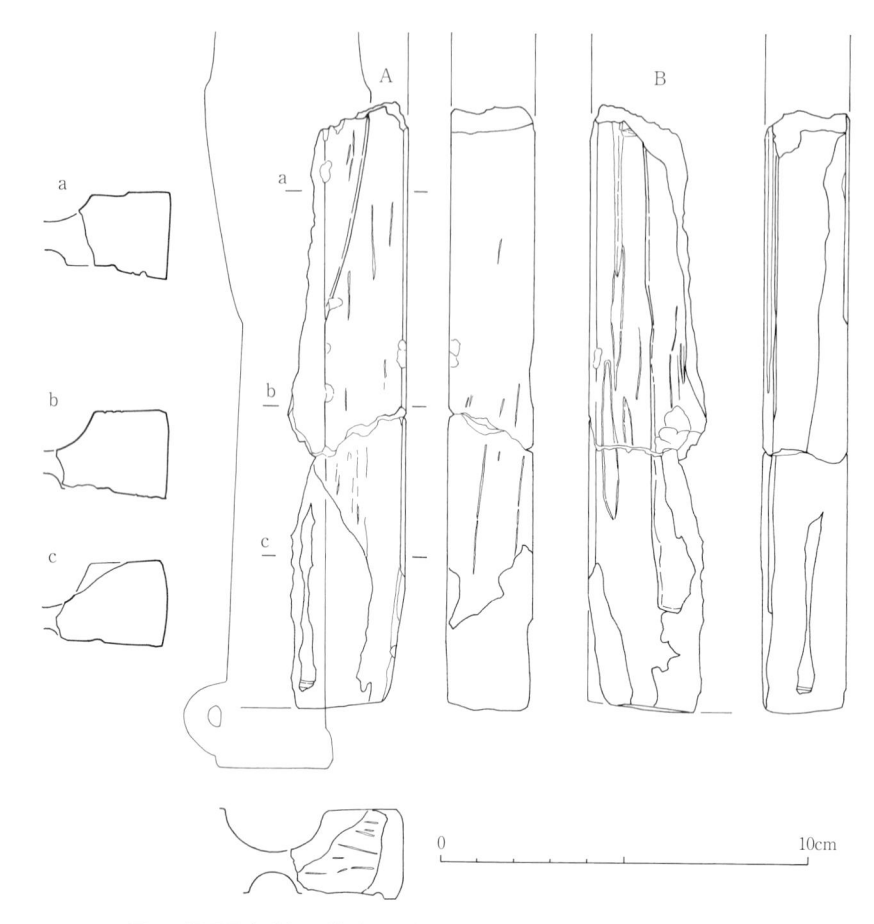

図9 福岡県大谷銅矛鋳型・立岩堀田10号甕棺墓銅矛実測図（1/2）

写真7 福岡県大谷鋳型と立岩堀田10号甕棺墓銅矛の一致（柳田1986a）

⑪ 佐賀県唐津市中原鋳型

 1号鋳型　1号鋳型は、13区と14区で発見されたものが接合できた（戸塚2010、柳田2011a）。14区出土鋒側破片は側面中央部の四角を意図的に欠いて錘にした転用品であるが、側面には原形が残存した部分も多いので容易にA・B面が判断できる。A面の身幅は、鋳型上端が2.77cm（脊幅1cm）、下端が3.7cm（脊幅1.3cm）で、その間隔が約14cmある。B面は、鋳型上端身幅2.78cm、下端3.9cm（脊幅1.2cm）、残存鋒長9.5cm、鋒部最大幅3.5cmの計測値をもつ（図10）。

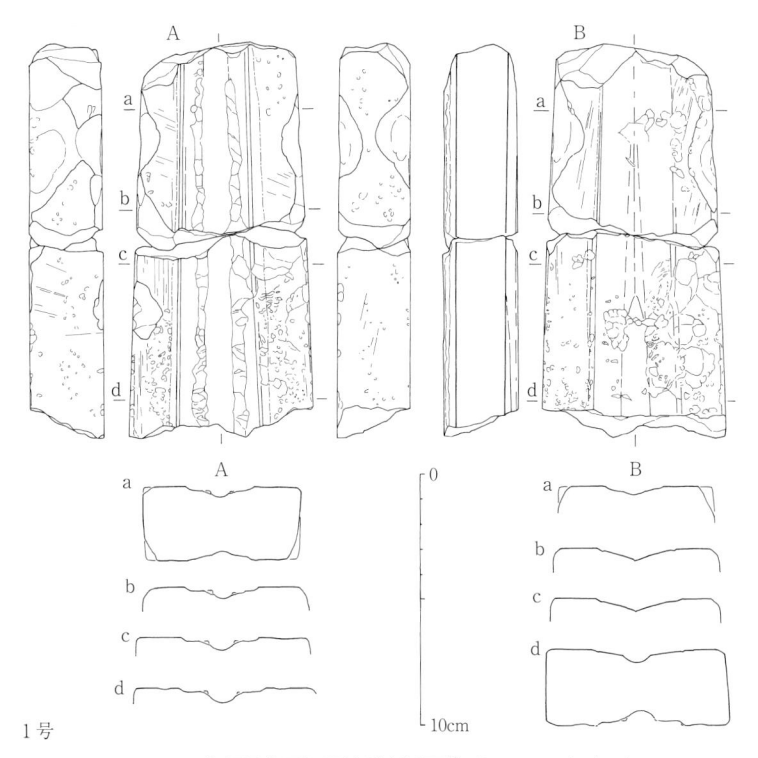

図10　佐賀県中原銅矛鋳型実測図①（柳田2011a）（1/3）

　両面共に一見しただけでは青銅器の形式は断定できないが、A面は図10のd断面が内傾斜樋の傾向にあることからⅡB型式銅矛（中細形銅矛b類）、あるいはⅡB型式銅剣（中細形銅剣）。B面は、鋒が長い福岡県須玖岡本王墓銅剣や兵庫県古津路1号・10号銅剣タイプのⅡBc式の先行型式である（柳田2003b・2007a）。

　最初に発見された鋒側の破片では、B面に脊がないことと、本稿図10のa〜c横断面図で明らかなように中国式銅剣の横断面形に近似しており、戸塚洋輔（2010）図にはその表現がなく、精確さに欠ける。

　2号鋳型　2号鋳型は、保存のよい方の1号鋳型に近接して発見され、今回の鋳型破片中では最も原形を保っていることからすれば、原位置に近いものと考える。鋳型は上下と縦中央部から片側を欠損するが、両面と片側側面が完存していることから、戸塚図は鋳型横断面形からすればA・B面が逆に実測図を配置されている。

　A面の銅矛は、関部が内傾斜していることから、拙稿（2003b）のⅡB型式あるいは単身銅矛のⅡD型式であり、従来の「中細形銅矛b〜c類」である。B面も著しい内傾斜樋のⅡBc式銅剣であり、従来の「中細形銅剣a類」に含まれる。B面銅剣の突起と刃部は、黒変がなく一段深く彫られていることから追刻であり、その形態は「平形銅剣」に近い型式である（図11）（柳田2005a・2007a）。

　鋳型面細部の計測値は、A面関部復元最大幅約4.5cm、同位置の脊幅1.7cm、袋部復元最小幅

第4章　銅矛

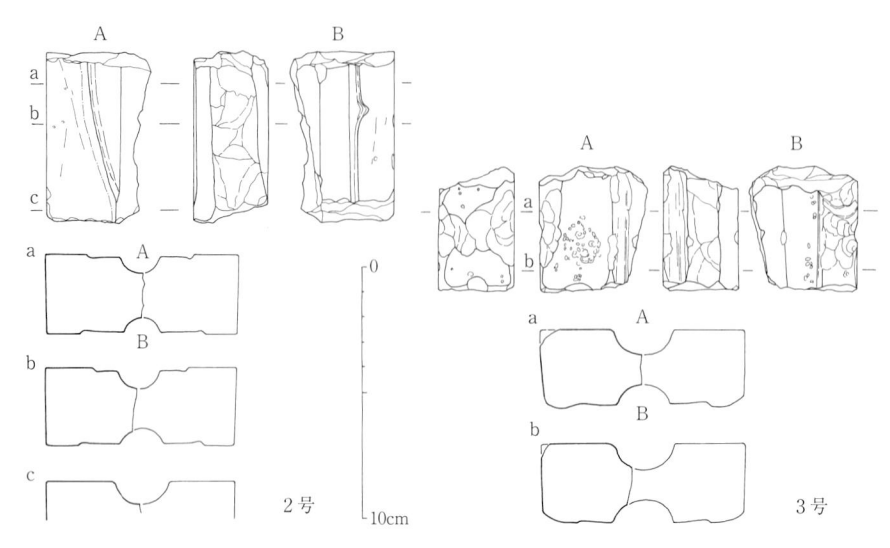

図11　佐賀県中原鋳型実測図②（柳田2011a）（1/3）

約2.3cm、B面が脊復元幅約1.5cm、身復元幅約5.2cmである。

3号鋳型　これも側面中央部四角を意図的に欠いて錘にした転用品であり、縦に中央部から片方が欠損している。しかし、側面部に原形が残存していることから、戸塚図のA・B面が逆であることがわかる。

A面中央部に彫り込まれた縦方向の脊のくぼみは、復元幅が2.4cmであることから銅矛の袋部であることが容易に判断できるが、B面が現状では脊部復元幅が2.1～2.4cmであることと、その脊部側面が図11で明らかなように鋳型外形に平行していないし、黒変が濃い部分が矛の関部の形状をしている。脊部の復元から両面が銅矛であることから、2号鋳型A面のやや下部で重なる位置であり、B面の内傾斜する剣身状彫り込みは二次的なものとなる可能性がある。しかも、図11のb横断面図では丸みのある鋳型角が原形を保っていることからB面はA面と平行していない可能性が強くなる。

したがって、3号鋳型は明らかに1・2号鋳型とは別個体であることになる（柳田2011a）。

⑫　**佐賀県鳥栖市本行鋳型**

1号鋳型　鋳型は、遺跡南端に当たる丘陵南端の土器溜りから出土した石英長石斑岩製（図12）。報告書（向田編1997）では、共伴した土器を「弥生中期前半から中頃にかけての土器が多く出土する」とされているが、土器溜り出土遺物実測図の第219～222図には中期後半の袋状口縁壺（20）だけでなく、中期末・後期初頭の甕（32・35・56）、後期後半以後の長頸壺（11・12）、弥生終末の支脚（26・27・41）なども含まれている。したがって、土器から時期を特定できないことになると同時に、遺跡の住居跡の時期も弥生中期中頃以後であることから、鋳型の時期もこの範疇で考えるべきである。

鋳型は両端が欠損しているが、A面に銅矛身部、B面に銅矛関部が彫り込まれている。鋳型横断面形をみると、経験的に幅の広いA面が先行し、B面が二次的であることが判明している。

鋳型は、現状の長さ10.7cm、幅6.3cm、厚さ2.2〜2.4cmの大きさで、A面には最大幅4.14cm、最小幅3.58cmの翼部、最大幅1.56cm、最小幅1.37cmの脊部が残っている。また、平面的には残存部の下端から1.5cm付近にわずかに内湾する曲線をもつことから、銅矛刃部下端の特徴と一致し、計量的な形態的特徴も合わせると本稿のⅡA型式銅矛となる。しかも、脊下端部には、微妙ながら鎬が表現されている（図12、写真8）。

報告書では「中細形銅剣」としているが、吉田広が「弥生時代の武器形青銅器」の集成図に「中細形a類銅矛」として掲載している（吉田2001a）ことから本稿のⅡA型式銅矛と一致する。しかし、本稿では、長崎県景華園・佐賀県柏崎などをⅡB型式として区別する。すなわち、本行1号鋳型A面の銅矛翼部は、横断面形の脊側と刃側の厚さにおいて脊側がわずかに厚いか均等であることからⅡA型式銅矛であり、刃側が厚くなるⅡB型式と区別している。

B面は、報告書と吉田が「細形銅矛」としている。報告書では、「中細形銅剣」を製作した後に30cm前後の「細形銅矛」を製作したと考えている（向田編1997）。いずれにしても、全長38cm以上長い武器を鋳造した後に、全長30cm未満の銅矛を製作したとする考えは同じである。

そこで、B面を詳細に観察すると、両者の実測図には表現されていない数箇所があり、その一つが脊部と翼部の関部に対応するわずかな段差とこの部分に塗布された離型剤がよく残っていること。二つ目は、関部と翼部における脊側と両側の厚さが明確に違っていることである。実物

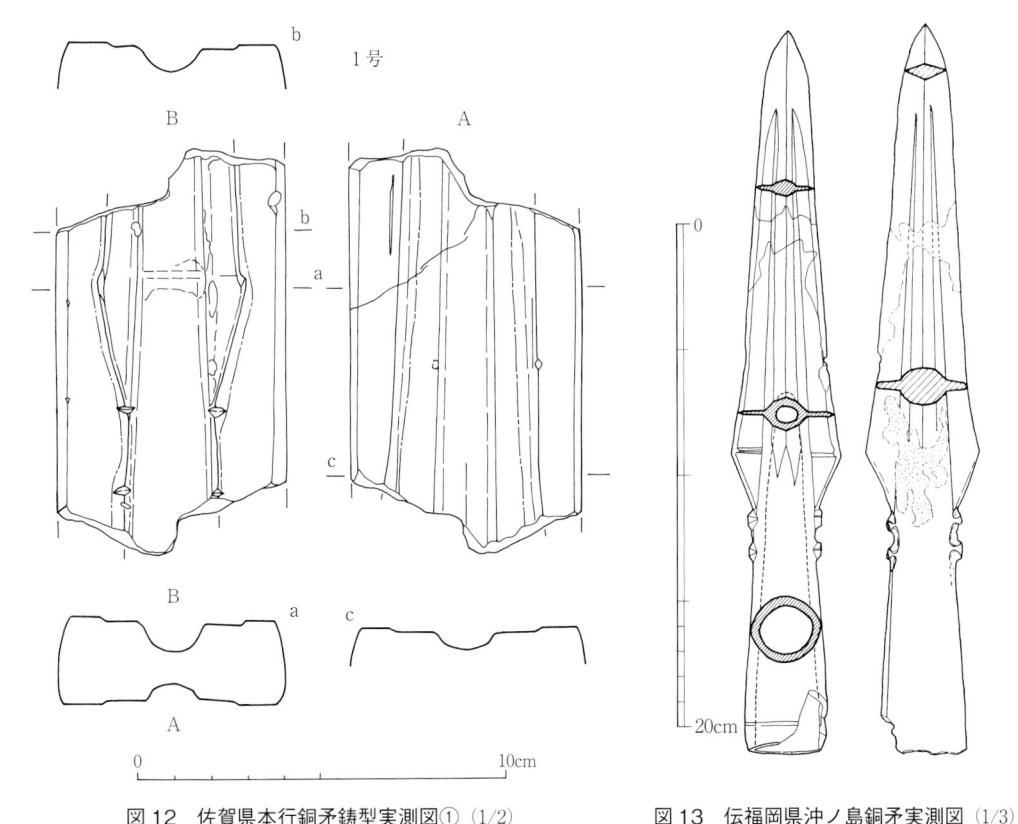

図12　佐賀県本行銅矛鋳型実測図①（1/2）　　図13　伝福岡県沖ノ島銅矛実測図（1/3）
（阿久井・佐田1976、岡崎編1982、柳田2011d）

第4章　銅矛

は、関部と刃部両方が脊側より両側が深く彫り込まれている。

　両者の実測図が3分の1と4分の1に縮小されていることもあるが、意識して実測されていれば「細形銅矛」にされることはないことから、これまでの型式分類は全長や身平面形を強く意識した型式分類であったことになる。

　すなわち、B面の銅矛は、拙稿の短身銅矛であり、ⅡD式の新例として追加することができる。長身の銅矛を製作した後に短身銅矛を製作する手法は、安永田銅矛鋳型と同じであり、この新例を確認できたことにより、安永田鋳型を追認できたことになる（柳田2003c）。

　違いの三つ目は、両者の実測図には表現されているが、文字で明記されていない銅矛の特徴として、袋部両側の二対の突起である。袋部に突起をもつ銅矛は、韓国入室里・竹東里（国立中央博物館・国立光州博物館1992）の「多樋式銅矛」（ICb式銅矛）と伝福岡県沖ノ島（図13）（阿久井・佐田1979、柳田2011d）から出土している。本行1号B面短身銅矛と沖の島出土銅矛例は同型式で、短身銅矛のⅡD型式であり、伝沖ノ島出土銅矛も北部九州で製作されたことになる。この短身銅矛は、袋部に突起をもつことから、新しくⅡDd式として分類しておく。

　なお、銅矛鋳型における鎬の出現に関しては、本稿のⅡD型式である福岡市八田5号鋳型（常松1998）に存在するが、この本行1号鋳型A面にもその兆候があり、B面関部の脊の段差も脊の研磨を意識していることになる（柳田2005a）。

2号鋳型　鋳型は丘陵西側の近代の溝から出土した、現在長10.3cm、最大幅4.8cm、厚さ3.1cmの計測値をもつ石英長石斑岩製両面鋳型である。現状での鋳型には、A面に銅矛袋部とピン状の用途不明製品が、B面には中央に半円形銅剣の脊状溝が彫られ、さらに並行してV字状溝も彫られている（図14）。報告書ではB面の銅剣鋳型が先行して鋳造されたとしているが、銅剣とすれば脊幅が最大1.2cmに復元できることから「細形銅剣」の小型銅剣あるいは「中細形銅剣」となる。現状では銅剣の翼部が存在しないことから、裏面鋳型を製作時に銅剣翼部を削り取ったことになる。確かに、鋳造した痕跡の黒変が脊部から大きくはみ出していることから、報告書では銅剣と認識されたと思われる。しかし、脊復元幅から考えられる銅剣の長さと裏面の銅矛の長さの整合性が取れるのだろうか。

　鋳型横断面形からすれば銅矛側が先行鋳造されたA面であり、銅矛の袋部にはハバキ固定部分と幅0.9cmの節帯が彫られている。銅矛の節帯幅が1cm未満ではあるが、時期的にみれば全長45cm以上に復元できることからB面が銅剣ではないことになる。報告書では全長40〜50cmの「中細形銅剣」を想定されているが、時期的にも整合しない。

　A面の銅矛は、節帯幅から復原全長約44cmの須玖岡本王墓銅矛（図22-4）と復元全長47.1cmの佐賀県久里大牟田銅矛（図23-1）が製品の候補になり、いずれもⅡA型式である。

　A面の不明青銅器は、幅約0.4cmの溝に湯口に1個と中途に2個の径0.7〜0.8cmの円形くぼみが溝より深く彫られている。これにも銅矛と同じ側に浅い漏斗状の湯口が設けられている。銅矛と同時鋳造したらしく黒変している（写真9）。なお、鋳型の小口面から側面にかけて切り込まれたV字溝は縄掛け状を呈している。

7号鋳型　鋳型は丘陵頂部西側の時期不明の溝から出土した石英長石斑岩製銅矛鋳型である。

3 銅矛の鋳型

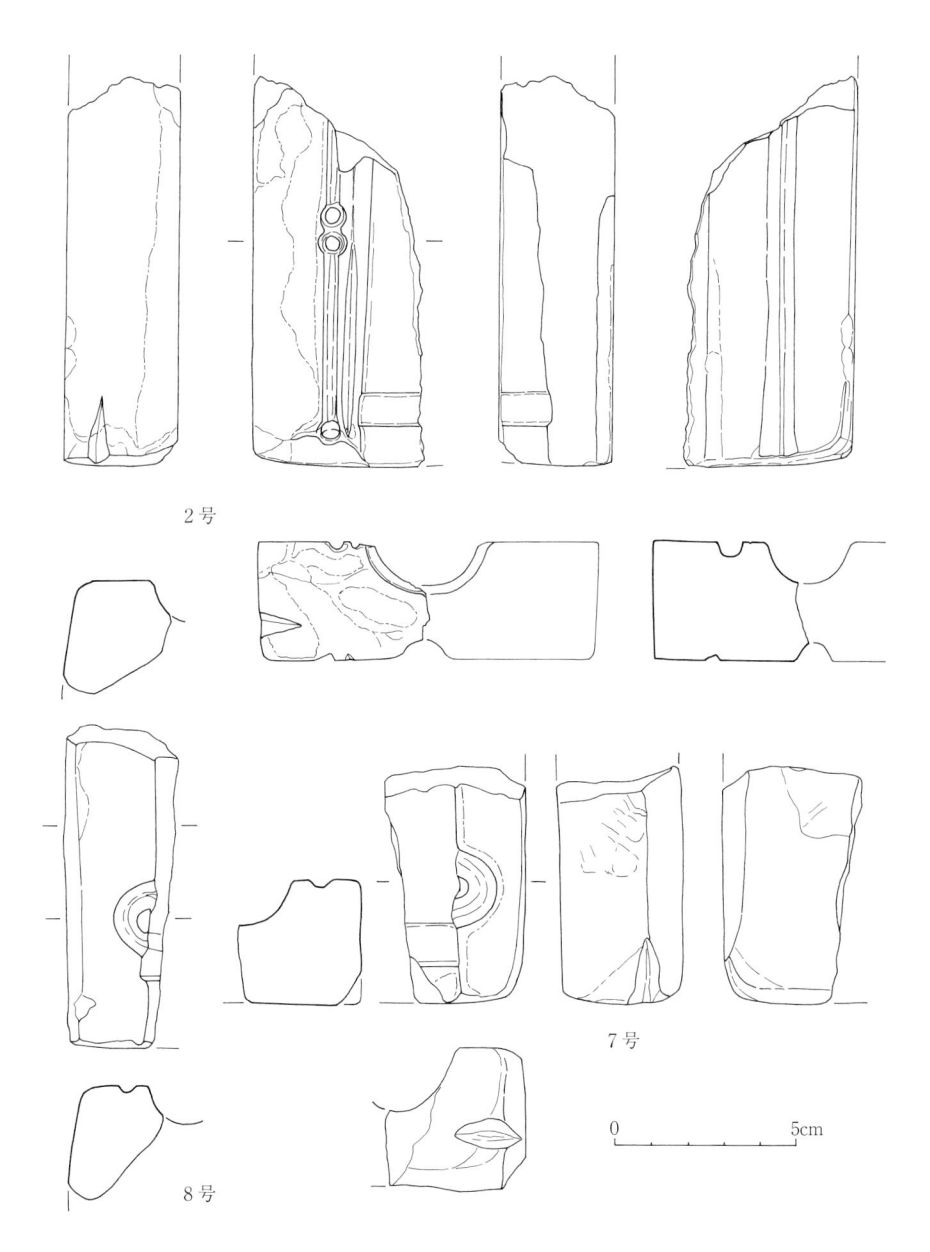

2号

7号

8号

図14 佐賀県本行銅矛鋳型実測図② (1/2)

鋳型は縦にほぼ中央部から割れ、わずかに鋳型面に袋部と節帯・耳を残している。鋳型面・裏面・小口・側面には原形が残されている。報告書では耳が節帯にかかっていないことから、全長35〜45cmの「細形銅矛」を想定しているが、節帯幅が1.2cmであることと、耳が節帯から完全に遊離する本項のⅠB型式ではないことから、全長45cm以上のⅡA・ⅡB型式であろう。類似するものにⅡA型式の久里大牟田例（図23-1）、ⅡB型式の韓国安渓里例（図33-1）・福岡県野間例（図26-2）がある。なお、7号鋳型にも小口から側面にかけて縄掛け状のV字溝が彫り込まれ

第4章　銅矛

写真8　佐賀県本行1号鋳型

写真9　佐賀県本行2号鋳型

ている（図14）。

　8号鋳型　鋳型は、弥生後期の1号溝の中央部やや西側上層から出土した滑石（アクチノ閃石）製銅矛鋳型である。鋳型には銅矛袋部がわずかに残り、ハバキ固定部・節帯の一部と耳が完全に残されている。節帯幅が1.2cmであることから全長55cm以上のⅡA・ⅡB型式の製品が想定できる（図14）。

⑬　**福岡県筑紫野市隈・西小田鋳型**

　鋳型は、現存全長28.3cm、最大幅8.9cm、最大厚さ3.5cmの大きさで、横断面形が蒲鉾形をしている。この鋳型は、銅矛の鋳造後に鋒を欠損したことから、砥石に転用されている。平坦面には、銅矛の袋部から身部の樋の一部を残すが、鋒は欠損している。しかし、袋基部には節帯が明瞭に残り、樋も先端近くまで残っていることから、この鋳型で鋳造された銅矛の型式が判定できる。すなわち、袋基部から樋先端までの長さが約28.3cm、節帯幅1.5cmの短身銅矛であることを明確に示している。これまでは、袋基部から樋先端までの長さが28cmに該当する銅矛といえば、全長33cmほどの「細形銅矛」となるが、節帯の特徴から幅が2倍で広すぎる（図15）。

　したがって、この鋳型から製作された銅矛は、ⅡD型式であり、ⅡB型式に対応する全長35cm前後の小型類銅矛（ⅡDb型式）である。

　時期は、隈・西小田第6地点12号住居跡で中期後半の土器が共伴している（草場編1993）。

⑭　**福岡県福岡市東区八田5号鋳型**

　八田遺跡出土とされる鋳型は、これまでに5点が公表されている（常松1998）。その内訳は、「中細形銅戈」（1号）・「中広形銅剣」（2号）・「中細形銅戈」（3号）・「中細形銅戈」（4号）・「中細

3 銅矛の鋳型

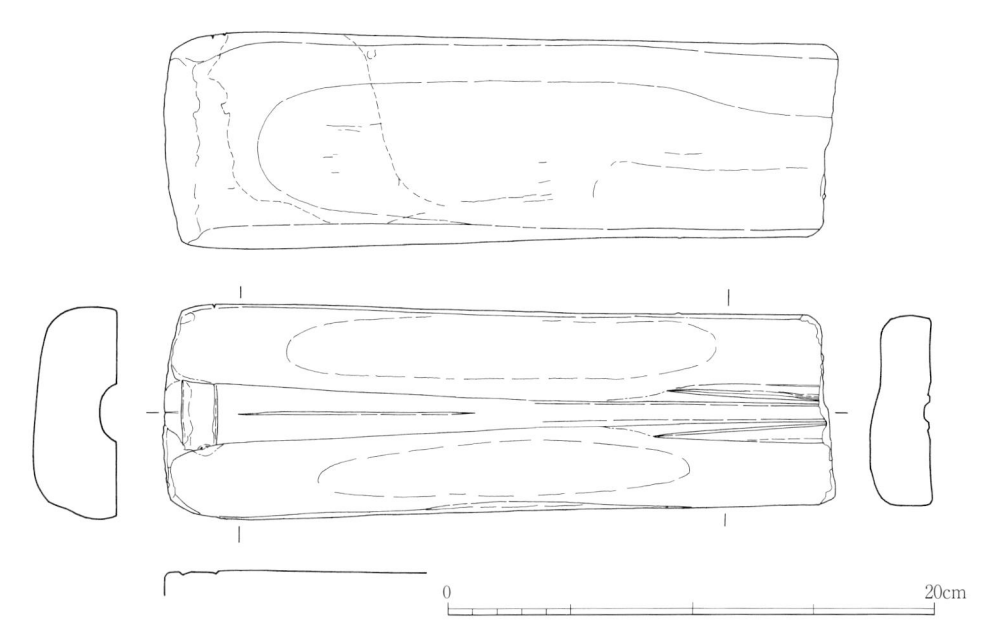

図15　福岡県隈・西小田6地点12号住居跡銅矛鋳型実測図（1/3）

形銅戈」と銅矛の両面鋳型（5号）であり、3号を明治大学考古学博物館が、他を福岡市博物館が所蔵している。

　八田5号鋳型は、先に銅矛、後に銅戈が鋳造された両面笵である。したがって、後に彫り込まれた銅戈はほぼ原形を留めているが、銅矛側が後に削られて残りが良くない。しかし、銅矛の節帯、樋先端の位置と脊の鎬の範囲が明瞭に残されている。その寸法は、節帯幅1.5cm、袋基部から18.2cmのところから鋒に向かって鎬がのびる。樋先端は、袋基部から32.4cmの位置にある。この寸法に匹敵する製品は現在のところ知らないが、復原される銅矛は、全長38cmから40cmのものとなる。これまでは、全長40cmといえば「細形銅矛」に分類されるが、裏面の全長36.5cmの「中細形銅戈C類」と同時期の「細形銅矛」では不合理であろう（図16）。

　したがって、この銅矛が「中細形銅矛」に所属することが明らかであり、その寸法からすれば、この鋳型から鋳造された銅矛はⅡD型式であり、ⅡB型式に対応する小型類（ⅡDb型式）である。

⑮　佐賀県鳥栖市安永田銅矛鋳型

　次に問題の安永田銅矛鋳型（図17）を再検討する。鋳型は、全長49.3cm、最大幅6.cm、最大厚3.9cmの大きさで、横断面形が蒲鉾形を呈し、側面に「中広形銅矛」が彫り込まれ、平坦面に「中細形銅矛」の袋部から脊部が彫り込まれていると理解されている。この実情から「中広形銅矛」の鋳型を転用して「中細形銅矛」の鋳型を製作途中で破棄されたものとして処理された（藤瀬編1985）。

　これを整理すると、Ⅲ型式銅矛鋳型を転用して再度銅矛鋳型を製作しようとした未製品であることは衆目の一致するところであろう。先行するⅢ型式鋳型面から確認すると、この鋳型に合致する製品で最も近いのは、大分県大山町老松神社蔵例と高知市三里池長崎例（吉田2001a）であ

第4章　銅　矛

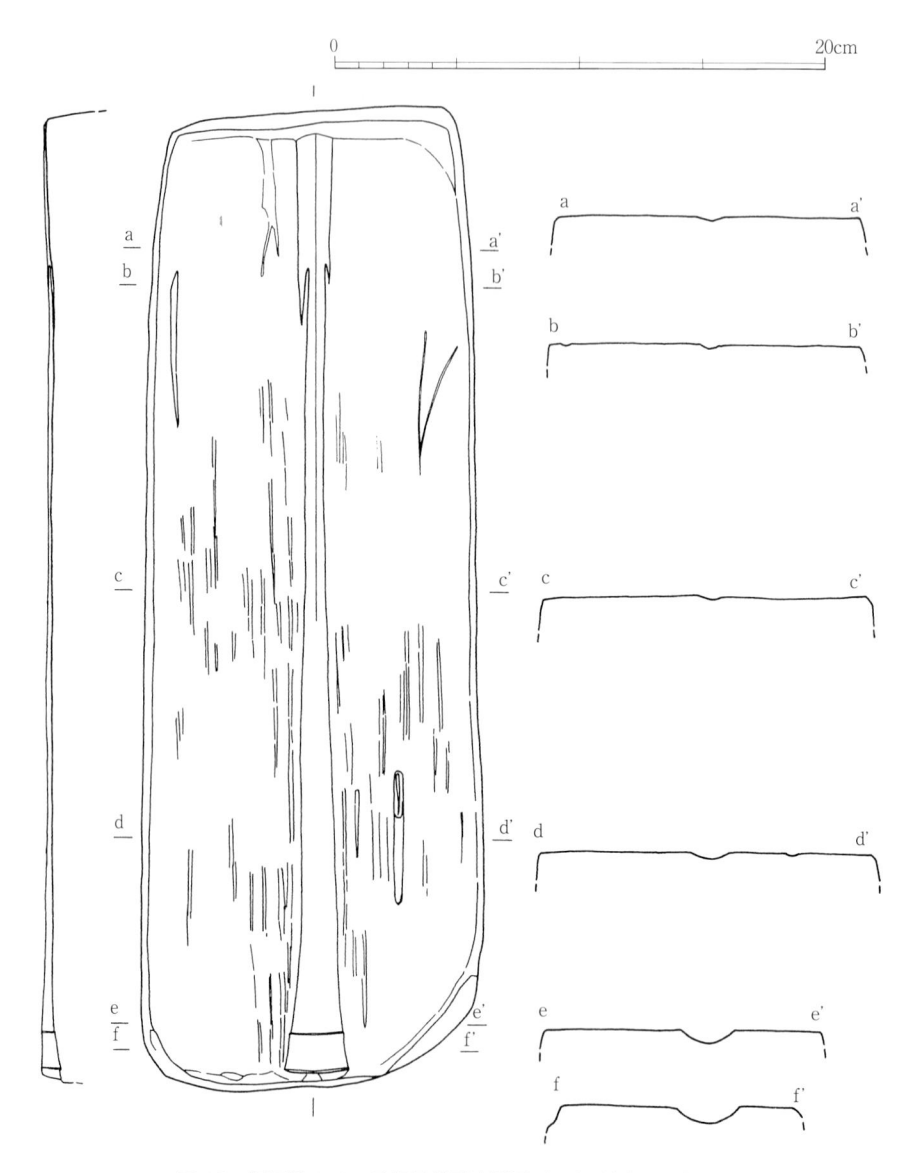

図16　福岡県八田5号銅矛鋳型実測図（1/3）（常松 1998）

り、これらは吉田の「中細形b類」を含み、耳に孔があることから、Ⅲ型式の中でもⅡ型式に近いⅢAa式である。

　次に、その未製品である銅矛の型式を検討しよう。きれいに整形された鋳型の全長が49.3cmであるから、これ以内の全長の銅矛製作を目的としていたことは疑う余地がない。この寸法からでは、これまでのように計量的・平面的に判断すると「中細形銅矛a類」の最短のものしか該当する製品がない。そこで、鋳型面に彫り込まれた袋部を立体的に観察すると、最大幅3.1cm、最大深さ0.8cmであり、これから鋳造される製品は扁平な楕円形の袋部と脊をもつことになる。

3 銅矛の鋳型

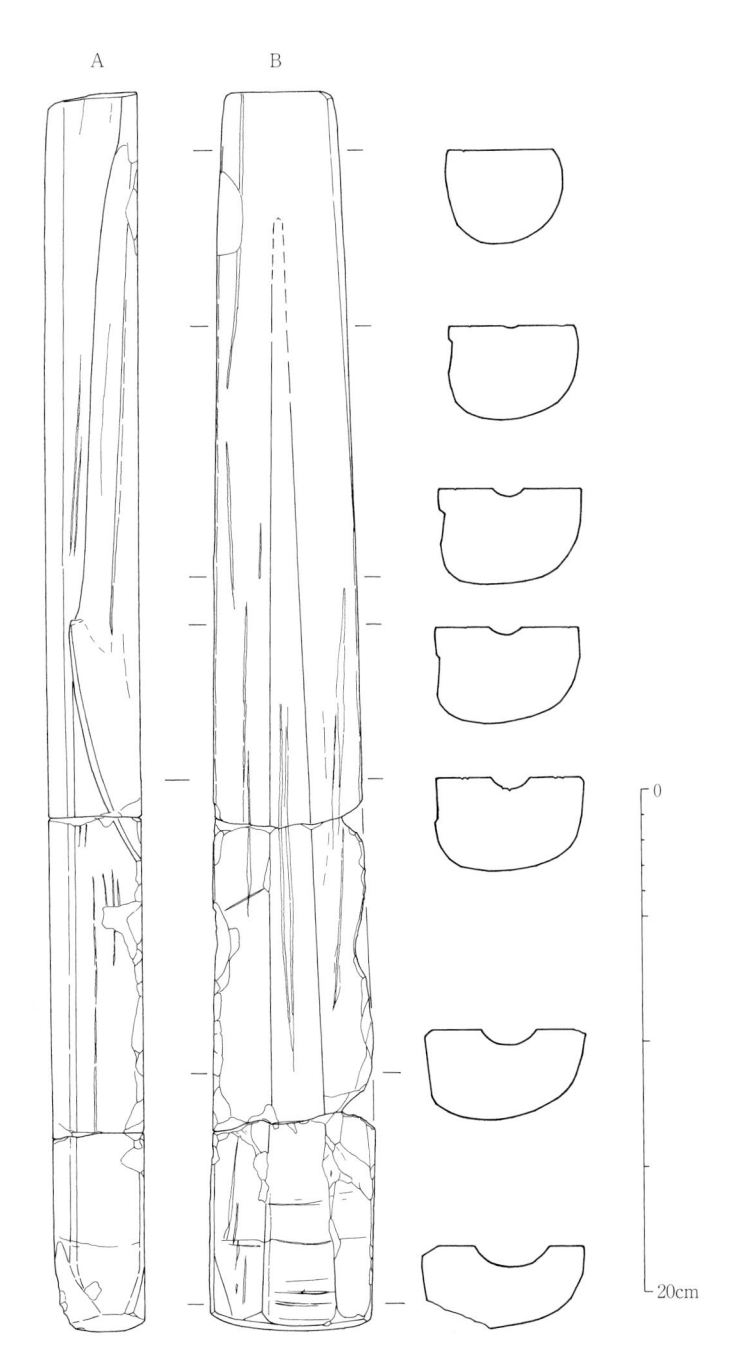

図17 佐賀県安永田遺跡銅矛鋳型実測図 (1/3)

未製品であるから、これから多少深く彫り込まれるとしても、最大幅3cmの袋部をもち、全長49.3cm以内の銅矛製作を意図していたことに変わりない。

したがって、「中細形銅矛」ではなく、これをⅢB型式銅矛の鋳型として、これまでの「中広形銅矛」に対応する短身銅矛としたい。鋳型が破棄された時期は、弥生中期末と報告されている

97

第 4 章 銅矛

が（山田編 1982）、共伴している土器は、拙稿では後期初頭となる（柳田 1987b）。

「中細形銅矛」との非共存についての検討は、銅矛の伝世と関ることから後に譲る。

以上のように、これまでの分類では規格はずれの鋳型 5 例が含まれている。共通しているのは時期的・型式的に新しい要素を備えているにもかかわらず、全長が短いことである。これが、ただちに「中細形銅矛」と「中広形銅矛」が共存していると短絡視できないことを論及してきたが、さらに次項以降で検証していく。

表 1 　銅矛鋳型一覧

図	遺 跡	所 在 地	型式	現状（裏面）	材 質	出土遺構	時 期	文 献
	唐山雹神廟 4 号	河北省唐山市		完形	片麻岩	黄土層		安志敏 1954
	5 号			完形				
	檀山里	北朝鮮平安北道博川郡				鉄器時代層		後藤 2006
	伝平壤	北朝鮮						小野 1937
	永興邑 3 号	北朝鮮咸鏡南道金野郡	琵琶形	完形（飾金具）	滑石			徐国泰 1965
2・3	伝霊岩	韓国全羅南道	ⅠA	完形、両面揃い、（剣）	滑石	不明		林炳泰 1987
4	伝長城	全羅南道	ⅠB	完形、裏剣	砂岩	不明	不明	全榮来 1987
	石崎	福岡県糸島市曲り田	Ⅳ	身中間部	石英長石斑岩	Ⅳa 地点谷包含層	弥生〜平安	橋口編 1994
	石崎		Ⅳ	鋒部				
	三雲	福岡県糸島市三雲	Ⅳ		石英長石斑岩	不明	不明	高橋 1925
	三雲川端		Ⅳ	湯口・袋部	石英長石斑岩	不明	不明	
	元岡	福岡市西区元岡	ⅣA	鋒・身中央部、連結式	石	不明	不明	田中編 1994
	飯倉 D1 次	城南区飯倉	Ⅳ	湯口・袋下部（鏡）	石英長石斑岩	246-3 住居跡	後・後〜庄内	中村・池田編 1995
	有田 81 次	早良区有田	Ｖ？	裏矛鋒	石英長石斑岩	1 区 SD07E 区上層	古墳〜奈良	浜石編 1986
	有田 179 次	有田	ⅡC？	湯口〜袋部	石	谷頭包含層	中期後半	榎本編 1997
	吉武 1 次	早良区吉武	Ⅱ/Ⅲ	樋先端部	石英長石斑岩	中期集落	中期	二宮・大場編 1997
	原	早良区原	Ⅲ	矛（矛）		柱穴 14		藏富士編 2001
	月隈	博多区月隈	―	鏡・銅利器 4 口と発見				高橋 1925
	板付 6 次 01	博多区板付	ⅣB	関上部、連結式	石英長石斑岩	G26 トレ包含層	中・後〜後期	後藤・沢編 1975
	板付 6 次 02		不明	脊部	石			
	比恵 42 次	博多区比恵	ⅣB	樋上部・鋒部、連結式	石	SC324 住居床面	古墳後期	田中編 1994
	比恵 50 次 02		ⅢB	湯口・袋端部	石英長石斑岩	溝 SD055	6c 後〜7c	下村編 1996
	比恵 57 次		ⅢB	湯口・袋・耳	石英長石斑岩	SC004 住・SK53 土坑	中期後半	長屋編 1997
	高宮八幡　2 号	南区高宮	ⅣB	関部上下、連結式	石英長石斑岩	不明	不明	青柳種信
	3 号	高宮八幡宮	ⅣB	関部の上・樋先端部、連結式	石英長石斑岩			力武・後藤 1990
	4 号		ⅣB	鋒部・身中央部	石英長石斑岩			
	5 号		ⅣB	鋒部・身中央部	石英長石斑岩			
	五十川	五十川	Ⅳ	湯口袋・上部	石英長石斑岩	不明	不明	東亜考古学会 1953
	井尻熊野権現	井尻	Ⅳ	完形 2 面一組	石	不明		高橋 1925
	井尻 B11 次		ⅢB	脊・身下部	石	B13 グリッド上層	中期〜古代	田上編 2000
5	安徳台 B 地点	那珂川町安徳	ⅡA/ⅡB	鋒（報告は鉇）（銅戈）	滑石斑岩	2 号住居跡	中期中頃	茂編 2006
	御陵	春日市須玖北	Ⅲ	鋒部（鏃）	石英長石斑岩	2 号住居跡		坂田編 2004
	御陵		Ⅲ	鋒部	石英長石斑岩	溝 3 ベルト		
	御陵		Ⅲ	脊部（鏃）	石英長石斑岩	溝 3 ベルト		
	御陵 2 次		Ⅳ	翼部（多樋式剣）	石英長石斑岩	1 号住居跡	後期前半	井上 2010
	須玖永田 1 次	日ノ出町	Ⅱ	袋部	石英長石斑岩	溝 8	後・後〜末	春日市 1987
	須玖永田 4 次		Ⅳ		石英長石斑岩	包含層	後期後半	
	エイダ		Ⅳ？	連結式	石	不明	不明	高橋 1925
	楠町	日ノ出町	Ⅳ	袋・鰭	石	南部包含層	後〜古墳初？	春日市 2000
	須玖唐梨	須玖	不明	身下部	石英長石斑岩	1 号井戸	後期末	平田・中村編 1988
	須玖尾花町	大和町	Ⅲ	関・脊	石英長石斑岩	1 号住	中・末〜後・初	吉田佳 1993b
	須玖尾花町		Ⅲ	脊・樋・摩滅	石	溝 8	後・前〜後・末	
	須玖坂本 3 次	岡本	不明	袋部	石英長石斑岩	溝 3Ⅰ区		平田編 2011
	須玖坂本 4 次		Ⅳ	連結式鋒部、完形	石英長石斑岩	2 号竪穴状遺構	後期末	平田編 2011
			Ⅲ	脊部	石英長石斑岩	1 号竪穴状遺構	後期初頭	

3 銅矛の鋳型

図	遺 跡	所 在 地	型式	現状(裏面)	材 質	出土遺構	時 期	文 献
	須玖坂本6次3・4号		Ⅲb3	関～樋先端近く	石英長石斑岩	Cトレンチ6層	後期初頭	吉田・井上編2012
	須玖岡本L地点	岡本	Ⅱ	両面矛	石英長石斑岩	B区包含層	中・中・後・中	平田編1995
	吉村百太郎宅	岡本	ⅢB	袋-関部	石	今久保山興三郎宅	不明	島田・梅原1930
	吉村良吉宅		ⅡB	袋部	石	不明	不明	島田・梅原1930
	熊野神社下		Ⅲ/Ⅳ	身部	石	包含層	不明	中山1927b
	岡本某地点				石	不明	不明	島田・梅原1930
	岡本源次郎宅		不明	原形留めず、広形				高橋1925
	岡本皇后峰1	岡本	ⅣA	鋒完形、連結式	石英長石斑岩	不明		八木1908
	岡本皇后峰2			身・袋部完形、連結式				後藤1983
	熊野神社後方	岡本	Ⅲ?	鋒端部、側縁に溝	石			島田・梅原1930
	熊野神社後方		Ⅲ	湯口・袋部	石			中山1929
	バンジャク	岡本	Ⅳ?	袋部、耳少し	石			森本1932
	須玖盤石1	岡本	ⅣAa	節帯部(戈)	石英長石斑岩	4号竪穴状遺構	中・中・後・初	平田2001
	須玖盤石2		Ⅲ	袋部	石英長石斑岩	3号竪穴状遺構	中・中・中・初	
	須玖盤石4		Ⅲ	袋部	石英長石斑岩	1号竪穴状遺構	後期初頭	
	赤井手02	赤井手	Ⅲ	脊・樋の一部	石英長石斑岩	A6区土坑4		丸山編1980a
	駿河A地点1	駿河	不明	袋部	石英長石斑岩	Ⅰ区北部包含層	中・後～後・末	未報告
	2		Ⅲ	袋部、耳	石英長石斑岩	Ⅱ区16号住		
	4		Ⅳ	樋上部	石英長石斑岩	P13		
9	大谷1	小倉	ⅡA	関部・袋部	片麻岩	B10号住居跡	中期後半	柳田1986a
	大谷2		Ⅲ	脊部		B区包含層	中期後半	未報告
	仲島	大野城市仲畑	Ⅱ?	袋部	石	包含層	中～後	舟山編1983
	森園B地点		Ⅲ?	矛?背・身	石	Ⅳ区SB16	中・中・中・後	向編1988
	瓦田御笠川底		Ⅳb	完形、身中央、連結式	石英長石斑岩	工事中出土	不明	徳本1999
	太宰府村	太宰府市	不明	「比々良木ノ葉ノ形ヲ彫リタル矛ノ範」		不明	不明	矢野1858
	国分尼寺7次		Ⅲ?	樋～刃	石英長石斑岩?	溝SD1010	8～9c	狭川編1991
16	八田5号	福岡市東区	ⅡDb	鋒欠損(戈)	石英長石斑岩	採集	中・末・後・初	常松1998
15	隈・西小田	筑紫野市	ⅡDb	湯口、身中央	石英長石斑岩	第6地点12号住	中・末・後・初	柳田2003c
8	東小田峯	筑前町東小田	ⅡB	鋒部・中子湯口・中央部	土製	145住P9	中期中頃古	柳田・平島2009
	津古東台	小郡市津古	Ⅳ	下半部、連結式	石英長石斑岩	谷堆積土上層	古墳早期	片岡1993b
	松本	北九州市八幡西区	不明	矛か鐸	砂質凝灰岩	20号土坑	中期初頭	佐藤編1998
	下ノ方	飯塚市		脊に鎬	石	採集		岡崎1977
	大深田	佐賀県唐津市柏崎	Ⅳ	鋒	石	B11区遺構面上		堀川1980
10	中原13・14区1号	唐津市原	ⅡB	身中央、(剣)	石英長石斑岩	包含層	中・中・後・前	戸塚2010
11	2号		ⅡB	関(剣)				柳田2011a
11	3号		ⅡB	袋部(袋部)				
17	安永田A面	鳥栖市柚比町安永田	ⅢAa	袋・身	石英長石斑岩	2号祭祀土坑	後期初頭	藤瀬編1985
	B面		ⅢB	脊の製作途中				柳田2003c
	安永田		ⅢA	鋒部	石英長石斑岩	456区包含層	(後期初頭)	藤瀬編1985
	荻野公民館	柚比町	ⅢA	身中央部	石英長石斑岩	1号土坑	不明	
12	本行1号A面	宿町	ⅡA	身中央部	石英長石斑岩	A地区土器溜り	中期後半	向編1993
12	本行1号B面		ⅡDa	袋・関・身下半部				柳田2005a
	本行2号A		ⅡA	湯口・節帯・袋、(剣?)	石英長石斑岩	A地区近代溝状		
	本行6号		ⅡA	袋、7と接合	石英長石斑岩	包含層	不明	
14	本行7号		ⅡA/ⅡB	湯口・耳・袋		溝	不明	
14	本行8号		ⅡA/ⅡB	湯口・耳・袋	アクノ閃ノ片岩	C地区環壕西側上層	後・後	
5章30	吉野ヶ里	吉野ヶ里町田手一本黒木	ⅡAb1	ハバキ・節帯・耳・袋	石英長石斑岩	SK04土坑	中期前半	佐賀県1992
6・1	吉野ヶ里A面		ⅡAb1	鋒	石英長石斑岩	7トレ北側落込埋土	中期前半?	柳田2003c
	吉野ヶ里B面		ⅡAb1	湯口・節帯・耳				柳田2007a
5章31	惣座	佐賀市大和町	ⅡAb1	節帯(剣)	石英長石斑岩	SK635土坑	中期?	大和町1986
	土生12次	小城市三日月町久米	ⅡB	関(B魚形)	石英長石斑岩	SD14河川跡	中・初～中・前	永田編2005
7・1	土生12次A・B面		ⅡB	関(剣)	石英長石斑岩	SD14河川跡	中・初～中・前	
7・2	土生12次		ⅡA	節帯・ハバキ	石英長石斑岩	SK06土坑	中期	
	仁俣2次	小城市三日月町	Ⅱ	関、B・D不明	石英長石斑岩	SK028土坑	中期前半	永田編1999
	久蘇10区	小城市久蘇	ⅡAb	3条節帯	石英長石斑岩	包含層	中期	太田編2007
5章	白藤	熊本県熊本市	ⅡB	鋒、剣か矛	石英長石斑岩	ピット	中期	林田・原田1998
6・2	八ノ坪	熊本市	ⅡDb	節帯、裏に銅戈	石英長石斑岩		中期	林田・宮崎2008

4　銅矛の型式分類

(1)　型式分類の基準

　分類の方針は、細部に至るまで細心の注意を払われた岩永省三（1986）に従うところが多いが、銅矛では銅剣と違って研ぎ減りで改変を受けにくい部分が多いにもかかわらず、実際の分類で研究者が例示した図をみれば明らかなように、身の平面形に重点が置かれている。銅矛の「非計量的項目分類表」では、「身平面形」のA1～A3が強く意識され、「耳の周囲の処理」以下が軽視されているものがある。すなわち、研ぎ減りする可能性が強い「先すぼまり」ではなく、身の平面的分類で有効なのは、研ぎ減りしていないと見極められた資料の身長と鋒長との比率である。鋒長の比率は、「細形銅矛」鋳型の0から研磨後の25％前後、身長が伸びるにしたがって「中広形銅矛」では40％に達するものがあるが、それ以上に長いものは研ぎ減りの有無を考えなければならない。

　吉田広（2001a）の分類では、岩永の分類をベースにしながら、独自の分類を提示されたが、本論で検討しようとしていることに気付かれているものの、実際上の型式分類に生かされていない。

　すなわち、研ぎ減りして形態変化する身部の平面形よりも、原型に近い袋部と関部の立体的形態変化に分類の重点をおく基準としたい。

　さらに、全長を分類の基準にすると、最初から小型製品を意図して製作された短身銅矛が存在することから、袋部の分類基準で「中細形銅矛」に分類されるべきものが「細形銅矛」に分類されてしまう。ここでも、袋部の長さ・幅・横断面形態、節帯の幅・平面形、耳の形態と周囲の処理などを重点的に分類し、身部の鋒と樋の長さの比率や立体的形態にも配慮する。

　したがって、朝鮮半島製をⅠ型式、従来の「細形」・「中細形」をⅡ型式、「中広形」をⅢ型式、「広形」をⅣ型式にする大分類とする。

(2)　Ⅰ型式

　いわゆる遼寧式銅矛の存在が明らかになったことから（宮本2003、宮里2009c）、「遼寧式銅矛」に銅剣のようにAを、「細形銅矛」にBを必要であれば冠するが、実見できないものは使用しない。

　朝鮮半島製のⅠ型式の中での細分は、これまでのように全長に重点を置く分類はせずに、銅矛下半分の袋部の形態的諸特徴などから、以下のように分類する。

　A：耳がない目釘式で、短身のものをA類（図18-1・2）。
　B：節帯から外れて耳があり、幅が細い1cm未満の比較的厚みのある節帯をもつものをB類（図18-5、19、20-1）。
　C：多樋式で、全体に装飾性豊かなものをC類（図18-3・4）。
　D：深樋式をD類（図20-2～4）。
　この順番は、純朝鮮半島製品の中で相対的時期を考慮した分類である。
　ⅠA型式は外傾斜樋で、目釘式はD類まで継続している。

4 銅矛の型式分類

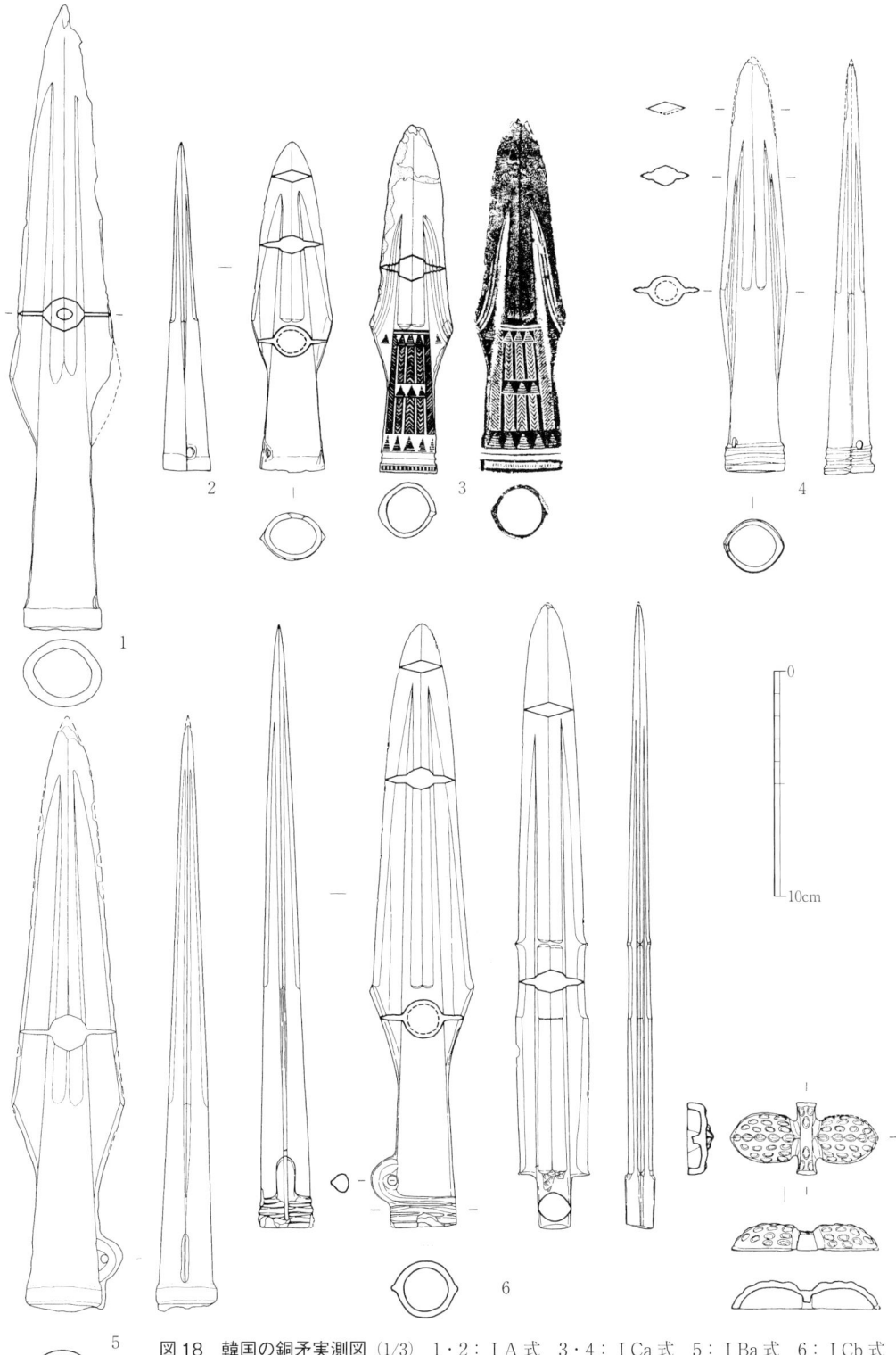

図18 韓国の銅矛実測図（1/3） 1・2：ⅠA式　3・4：ⅠCa式　5：ⅠBa式　6：ⅠCb式
1：草浦里（李・徐1988）　2・6：八達洞100号　3：伝安渓里（国立慶州博物館1987）
4：八達洞90号（嶺南文化財研究院2000）　5：葛洞8号木棺墓（湖南文化財研究院2009）

101

第4章　銅　矛

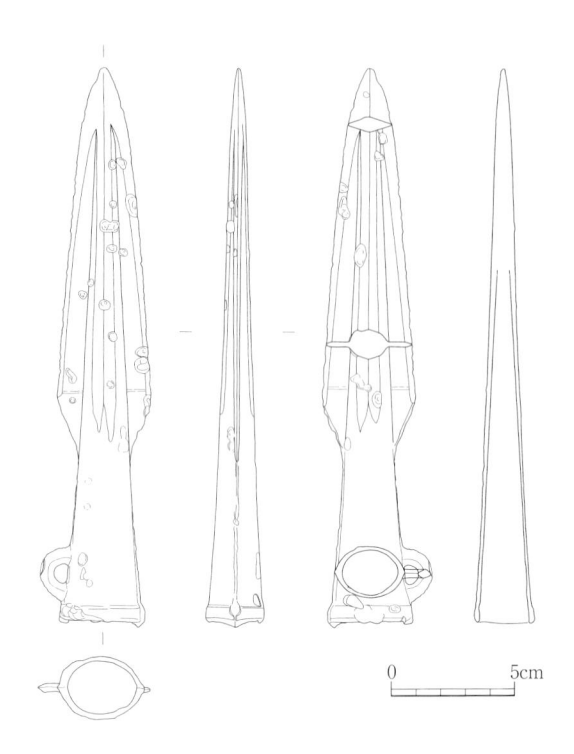

図19　伝韓国公州ⅠBa式銅矛実測図（1/3）
（韓国基督教博物館2011）

写真10　ⅠBb式銅矛の耳
佐賀県宇木汲田41号甕棺墓

　ⅠB型式は短身と長身の差があり、短身をⅠBa式（図18-5、19）、長身をⅠBb式とする（図20-1、写真10）が、長身で翼部が内傾斜しないものは韓国に少ないので北部九州製の可能性が強い。
　ⅠC型式は多樋式であることで共通しているが、袋部の装飾や節帯部で多様性があり、現在のところ全てにおいて共通する例が存在しないが、目釘式をⅠCa式（図18-3・4）、有耳式をⅠCb式（図24-3）とする。
　ⅠD型式は目釘式と双耳式があり、目釘式をⅠDa式（図20-2・3）、双耳式をⅠDb式（図20-4）とする。

(3)　Ⅱ型式

　Ⅱ型式銅矛は、「細形・中細形銅矛」のように身全体の平面形が先すぼまりであることを前提にすると、平面形では計量的差以外に特徴的な差異がみられないものの、立体的には内傾斜樋が形成される点で大きな変化をとげる。この特徴を重視すると、内傾斜樋をもたない型式は、ⅠB型式と比較すると計量的差しか見出せない。「細形」と「中細形」の型式差に耳の位置が問題視されたことがあり（近藤1969）、卓見であった。これまでは節帯に耳がかからない例が存在していたものの、短身類の出土地が不明であった。近年、確かに耳が節帯にかからないⅠBa式が全羅北道完州郡葛洞遺跡で出土している。これらのことを勘案すると、「細形・中細形」の分類自体が研究者によって計量的な差が生じているように問題を含んでいる。さりとて、内傾斜樋の形

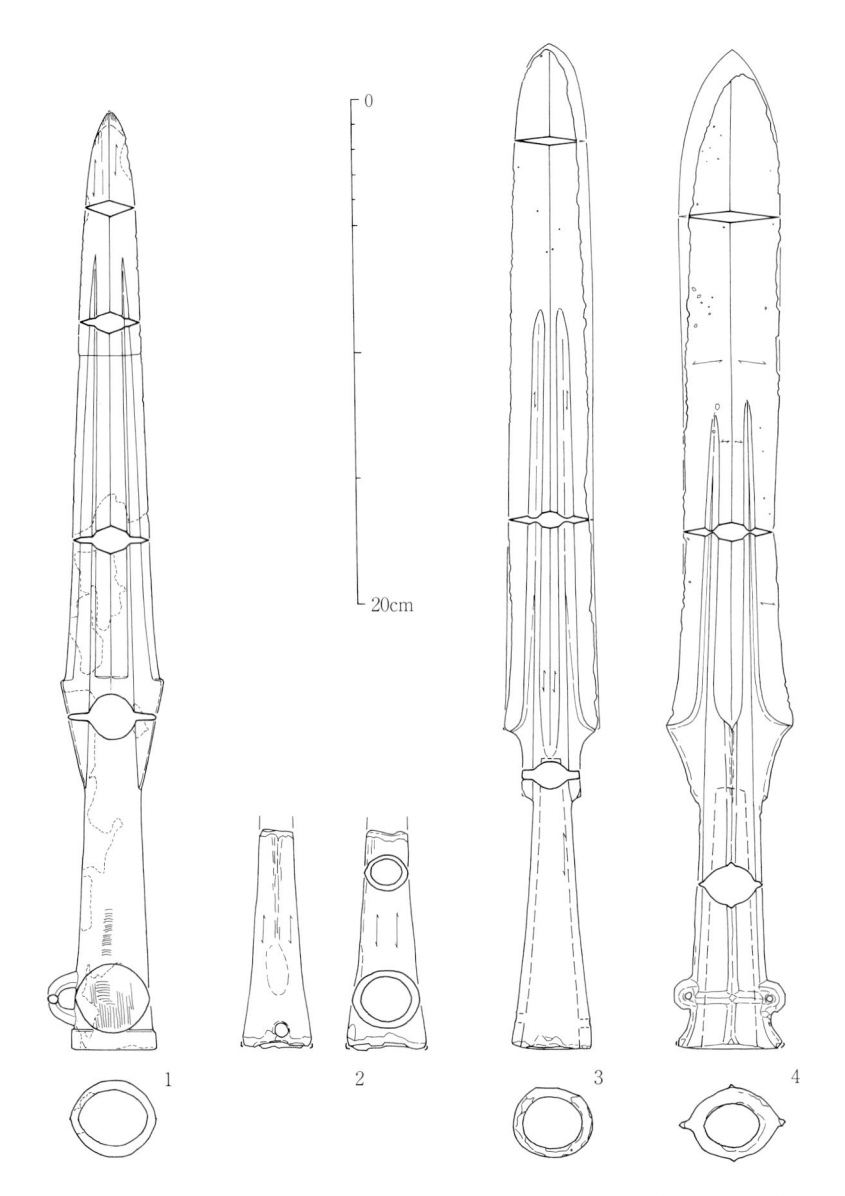

図20 ⅠB・ⅠD式銅矛実測図（1/3） 1：ⅠBb式　2・3：ⅠDa式　4：ⅠDb式
1：佐賀県宇木汲田41号甕棺墓　2：長崎県原の辻原ノ久保9号土坑　3・4：伝韓国金海

成で区分すると、全長70cm前後のものまで「細形」に含まれることになりかねないので、近藤のように耳が節帯にかからないものをⅠ型式、かかるものをⅡ型式とする。

　Ⅱ型式になると、小型類を除いてそのほとんどが実戦武器として使用されなくなることから、これまでのような身部の平面形での分類が可能となり、全長45cmから72cmの諸例が含まれる。しかし、全長などの計量的数値だけで判断すると、Ⅲ・Ⅳ型式にも小型類が存在することから、これらがⅡ型式に混入しないように「非計量的項目分類」に配慮する。

　以下、翼・節帯の形態、内傾斜樋の形成具合からA〜Dの4類に分類する。

第4章 銅矛

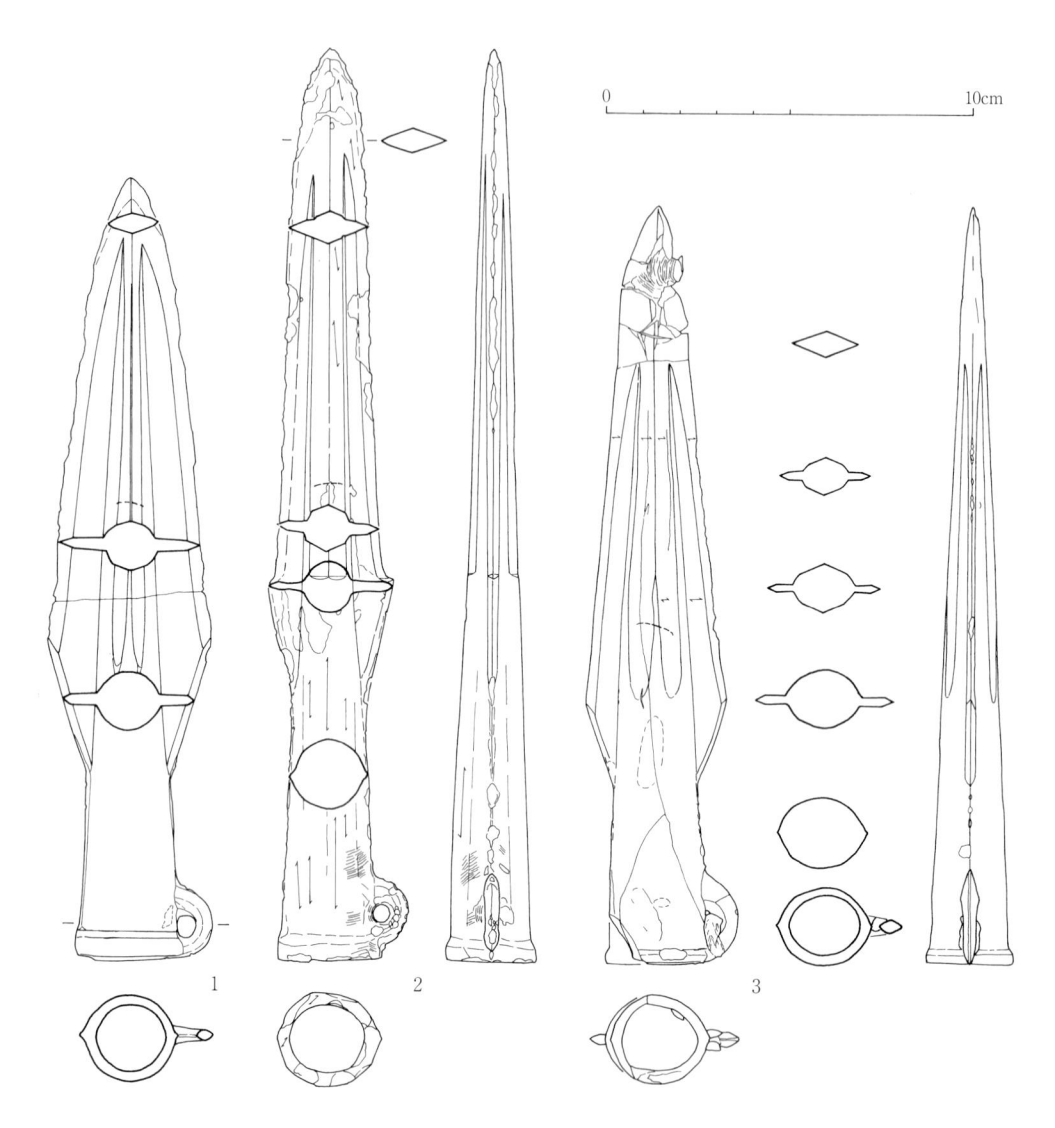

図21 ⅡA・ⅡB型式銅矛実測図（1/2） 1・2：ⅡAa1式 3：ⅡB1式
1：福岡県吉武高木3号木棺墓 2：佐賀県中原SJ11247 3：福岡県馬渡束ヶ浦

　なお、B・C類の中には、ここで問題にする小型銅矛が出現しているので、袋部上端幅が2.1cm以上をB・C類、2cm以下と袋部が扁平なものをD類として区別し、各々をDb・Dc型式とする。

　小型類の実例を提示すると、D類では宗像市久原Ⅳ-1号土坑墓出土例（図29-5）（柳田2003c）、A類では板付田端墳丘墓の2本（図29-1・2）（中山1917a）と佐賀県吉野ヶ里（田手一本黒木7トレンチ）鋳型（図6-1）（佐賀県1992）があり、共に袋部上端の幅が2cm未満であり、全長だけの比較では区別できないが、各部分の幅を各類と比較すれば明らかなように、全体的に小型である。この小型類は両側に耳をもつが、この双耳をもつ型式が小型類に限定されているのも大きな特徴である。

また、A類の板付田端の2例（図29-1・2）のように、全長が23cm以下のものに袋部が比較的扁平で両側に鰭をもつものがあり、これも小型類に限定されている。
　脊と刃部下端の研ぎ方は、銅剣と同じく最初の研ぎ方で原形に近いものを1類（吉田のyタイプ）、鋳型にも表現されるものがあるが再研磨後の形態を2類（吉田のxタイプ）に分類。1類研ぎ方は、銅剣と違ってⅡ型式以後にはみられない。これは、鳥栖市本行遺跡出土鋳型（向田編1997）で明らかなように、Ⅰ型式銅矛のある段階で、おそらくB・D類に脊の鎬と2類研ぎ方が鋳型に彫り込まれるものが出現し、以後は鋳型に鎬と2類研ぎ方を彫り込むものが増加していくものと考える。

① ⅡA型式
　身全体の平面形が先すぼまりであることが前提になるが、翼が同一厚さで水平となり、身に内傾斜樋を形成しないもの。節帯の形態はⅠB型式と同じであるが、幅においてわずかに1cmを越すものがある。
　これまでの「中細形銅矛a類」では、全長および袋部の長さで二分できる。袋部で比較すると、吉田の集成図で明らかなように、長さ13cm未満と13cm以上で明瞭な差異が見て取れる。後に論及するように、この計量的差異が時期差であれば小型から大型への変遷で済むが、短絡視できない要素を含んでいる。

a：節帯幅5mm後までで耳が節帯にかかる全長40cm未満をⅡAa1式、節帯幅1cm以上で全長45cmから70cm前後のものをⅡAa2式。
b：3条の節帯をもつものをⅡAb式とし、長身をⅡAb1式、短身をⅡAb2式に細分する。

② ⅡB型式
　ⅡB型式の大きな特徴が内傾斜樋の形成段階にあり、節帯は形態的に前型式と変化がないものの、幅が1.3cmのものまである。先に提示した袋部長が13cm以上から14cm未満をここに分類する。翼の形態も、外側にわずかにふくらみをもつことから、ⅡA型式の水平なものと区別できる。
　朝鮮半島南部の「細形銅矛」とされている九政洞銅矛（図24-1・2）（小田・韓編1991）や安渓里銅矛（図26-1）なども内傾斜樋を形成することからここに属する。

③ ⅡC型式
　明瞭な内傾斜樋がいわゆる匙面樋を形成し、節帯の幅が広がりわずかに裾広がりの兆候がみられるようになる。袋部両側に突線が出現するものもある。袋部の長さは、14cm以上16cm未満をここに分類するが、全長で比較するとB類が60cm前後、C類が70cm前後であることから明瞭に区別できる。ただし、久里大牟田鉛矛・神庭荒神谷1・2号銅矛は、関部が内傾斜せずに樋先端がわずかに匙面樋を形成するにすぎない（図28）。

④ ⅡD型式
　Ⅱ型式にも小型類が存在することからここに分類する。これまでは「細形」に分類されていたもので、節帯幅が1cm以上で袋部長がⅡA型式と比較して極端に短く9cm未満のもの。例示すると、福岡県元松原例（小田・韓編1991）と板付田端例がある。これらは、節帯が広く裾広がり

第4章 銅 矛

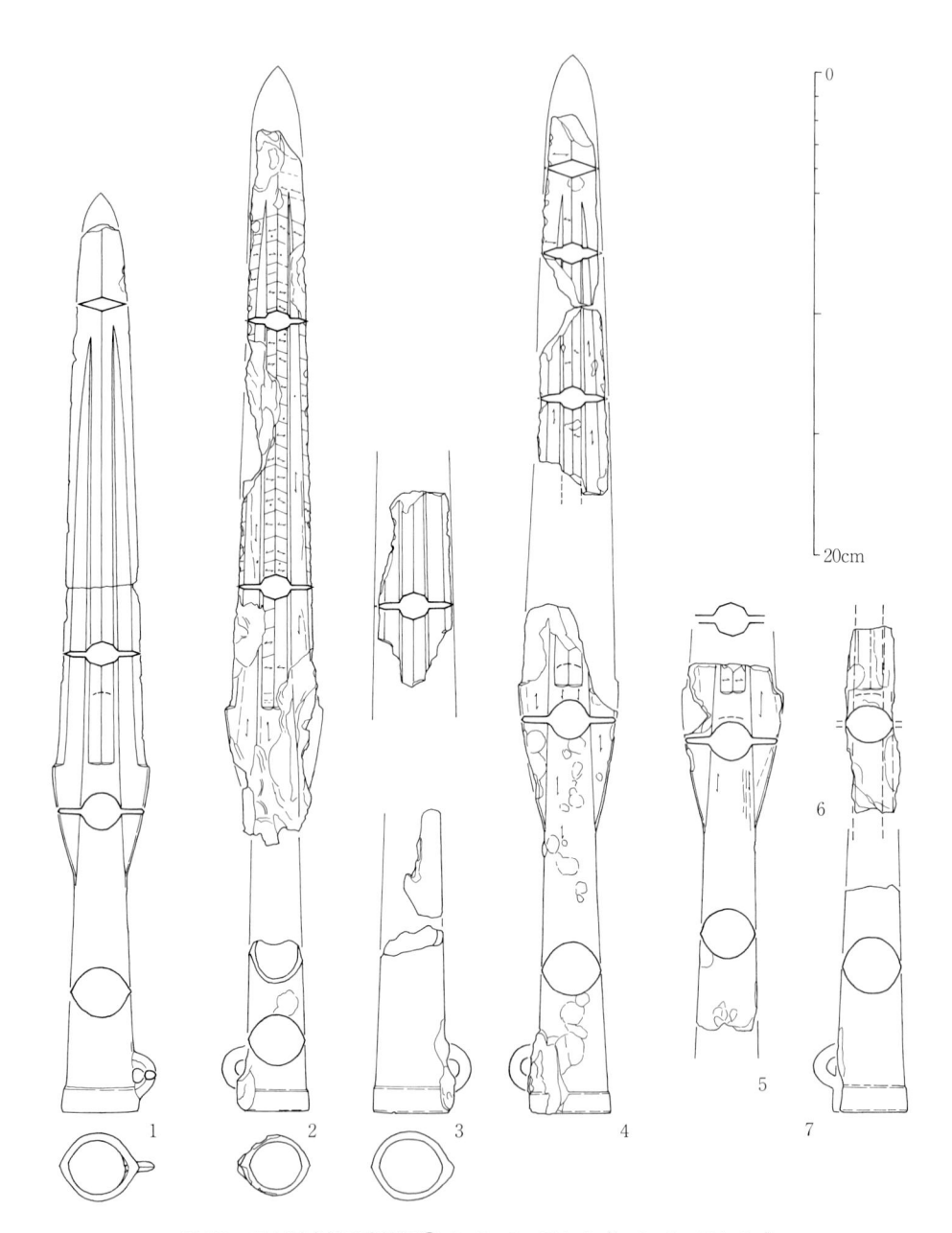

図22 ⅡA型式銅矛実測図①（1/3） 1：ⅡAa2式　2〜7：ⅡAa3式
1：福岡県吉井　2〜7：須玖岡本王墓

であり、元松原例（図29-4）は身部が極端な再研磨で短鋒化し、袋部両側に突線が形成されている。板付田端例（図29-3）は、袋部断面が扁平であることと、耳が異常に大きい。これらの特徴は、ⅡC型式にみられるものであり、「細形」とは明確に区別されるべきものである。
　また、これまで「中細形銅矛c類」に分類されている全長55cm前後のものがあるが、これらはc類の樋などの新しい諸特徴を備えているにもかかわらず、全長に比例して袋部も短

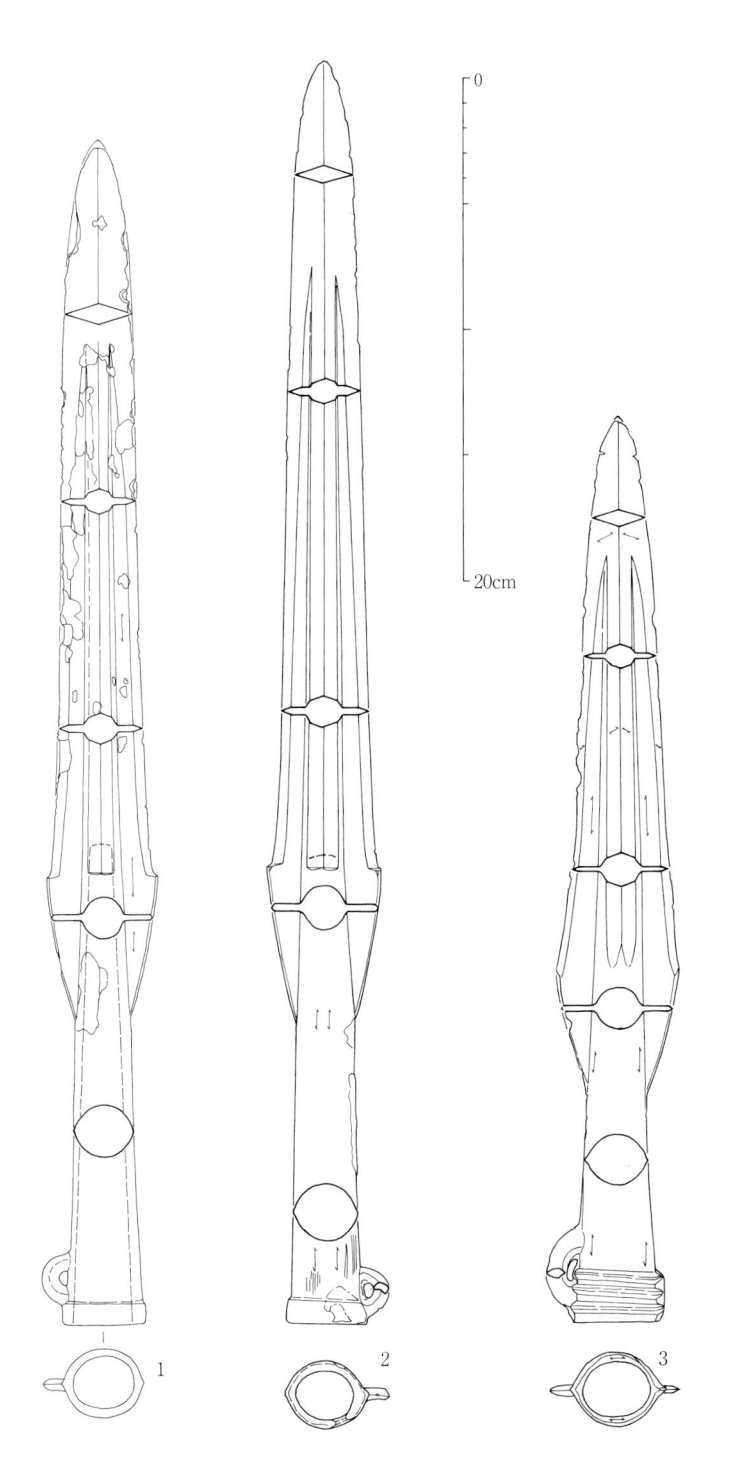

図23　ⅡA型式銅矛実測図②（1/3）　1・2：ⅡAa3式　3：ⅡAb1式
1：佐賀県久里大牟田　2：福岡県立岩10号甕棺墓　3：吉武大石45号甕棺墓

第4章 銅矛

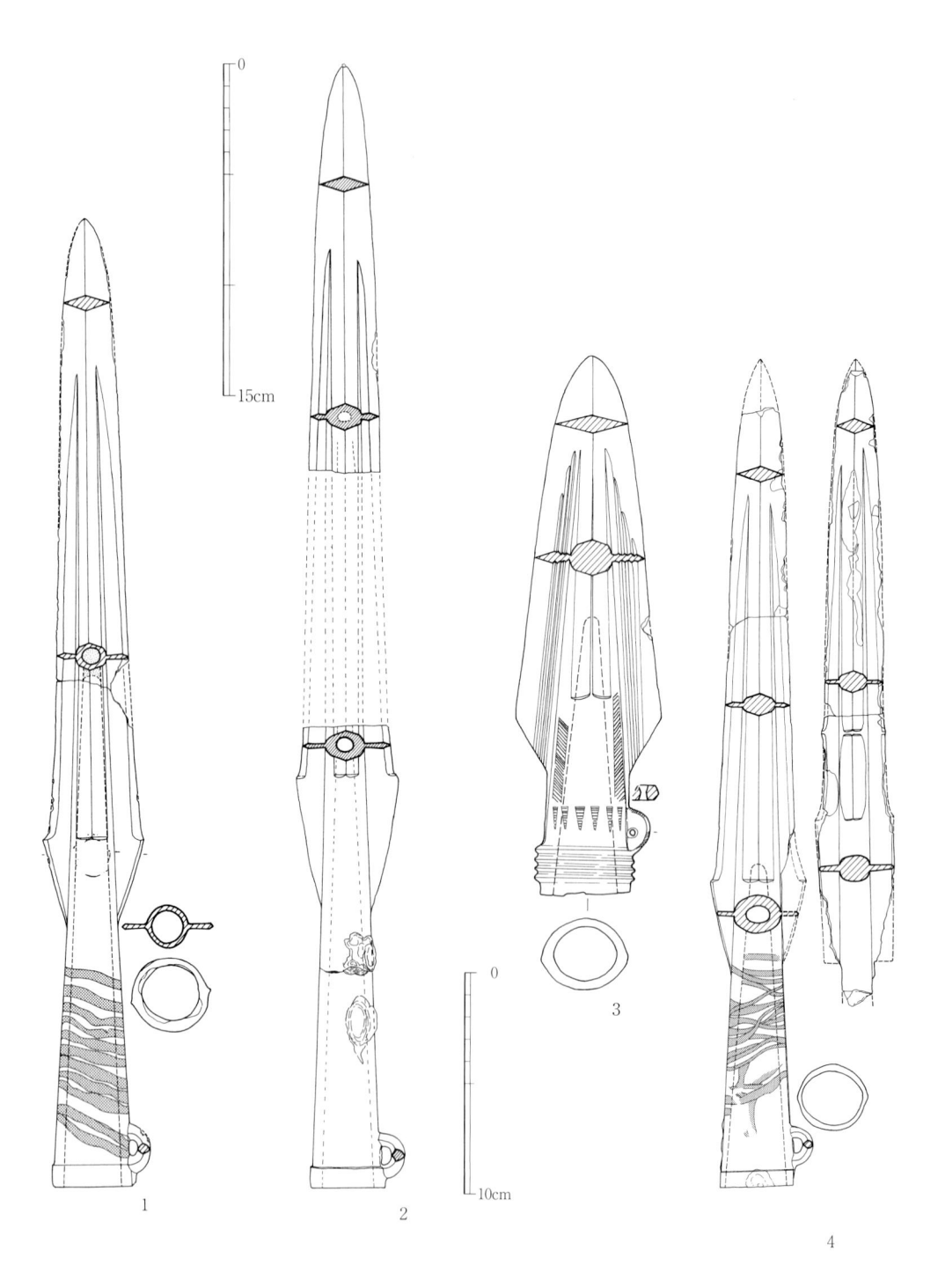

図24 韓国九政洞遺跡銅矛・銅剣実測図（1/3）（小田・韓編1991）
1：ⅡB2式　2：ⅡB3式　3：ⅠCb式　4：ⅠBb式

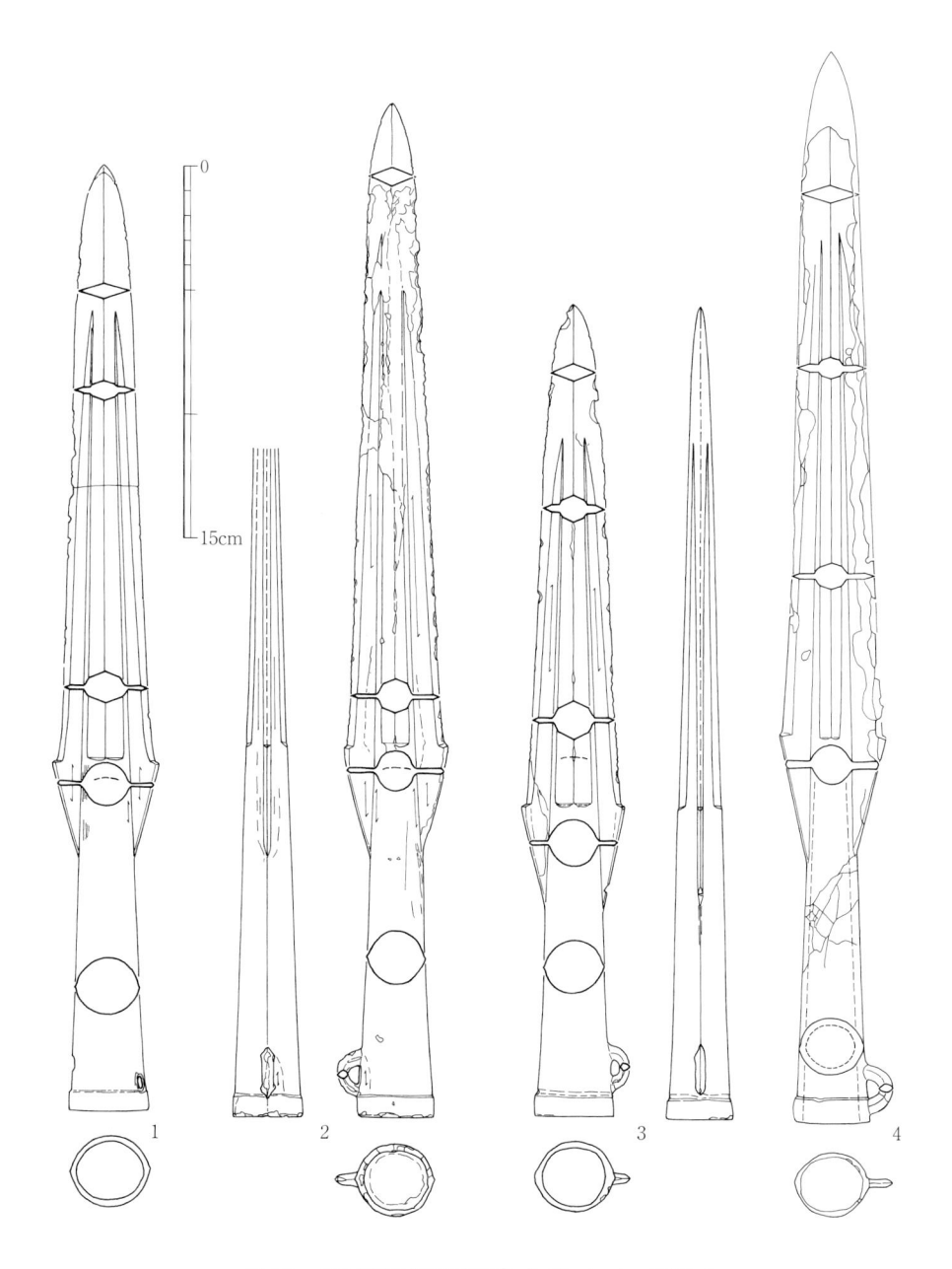

図25 ⅡB型式銅矛実測図①（1/3） 1〜4：ⅡB2式
1：佐賀県宇木汲田37号甕棺墓　2・3：同（1930年）　4：福岡県田熊石畑4号墓

小すぎる。例示すると、香川県瓦谷例（図30-1）（高橋1925）・福岡市住吉神社の2本（岡崎編1982）などがあり、全長70cm前後のc類の中では極端な小型に属することが明らかであることから、これらも小型類（ⅡDc型式）として扱う。この類は、朝鮮半島南部にも3例あるので、後に論及する。

　ここで分類をためらうのが、熊本県今古閑4例（岡崎編1982）中最短の全長54cmのものであ

第4章 銅矛

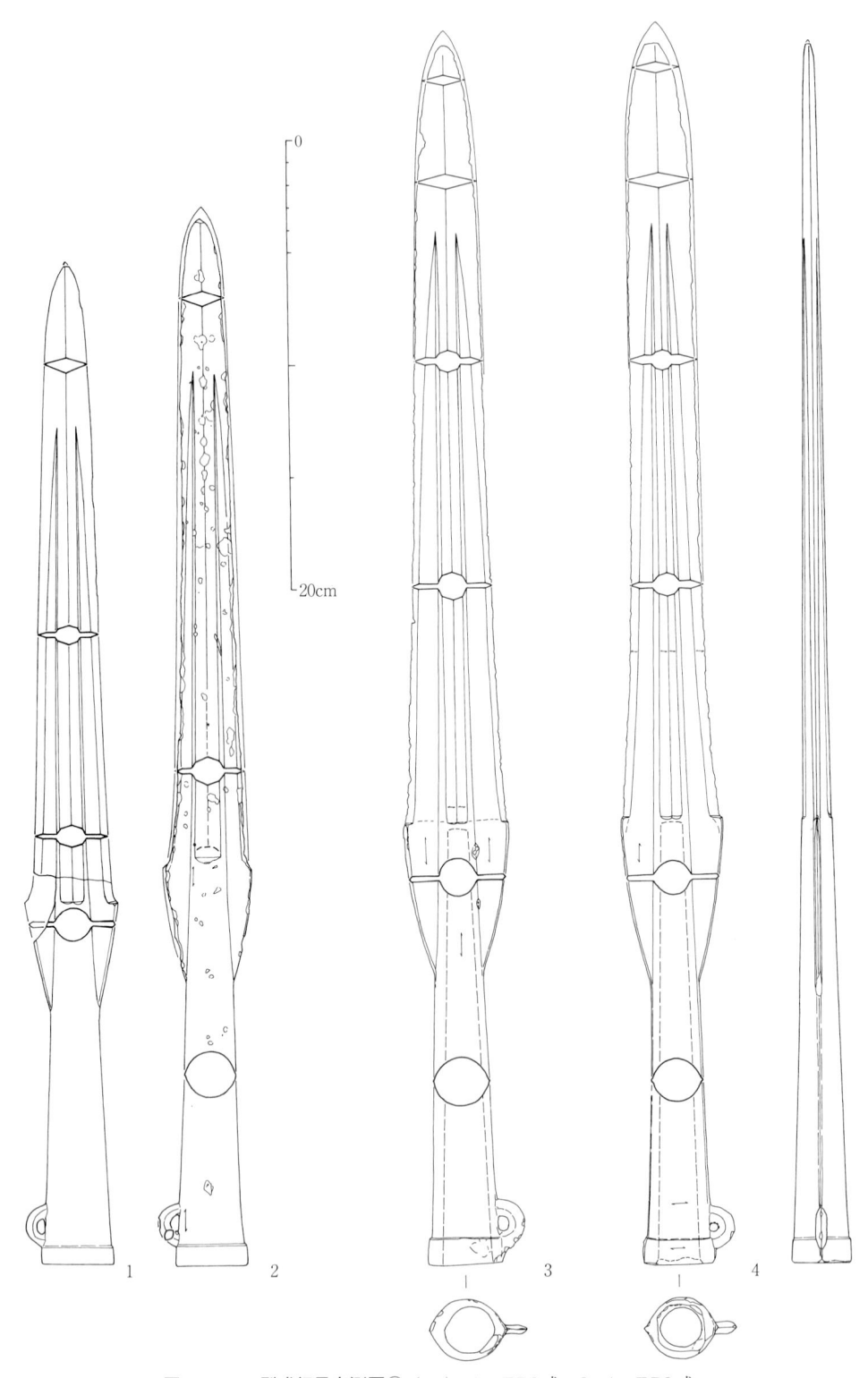

図26 ⅡB型式銅矛実測図②（1/3） 1：ⅡB2式　2〜4：ⅡB3式
1：韓国安渓里　2：福岡県野間門ノ浦　3：熊本県今古閑　4：長崎県景華園

4　銅矛の型式分類

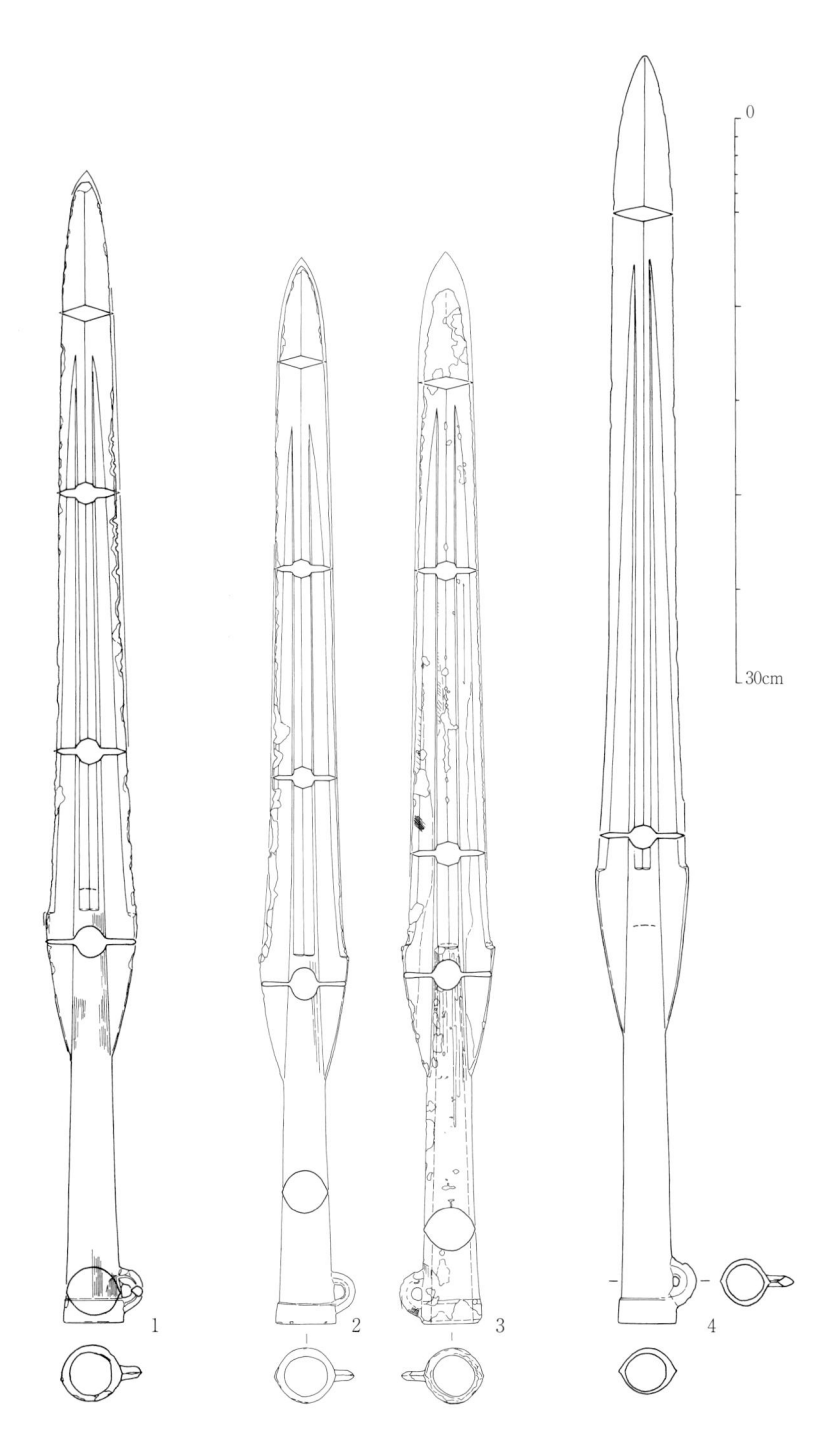

図27　ⅡA・ⅡB型式銅矛実測図（1/4）　1：ⅡA3　2〜4：ⅡB3
1・2：熊本県今古閑　3：福岡県岡垣町　4：韓国飛山洞（湖巌美術館原図）

第 4 章　銅　矛

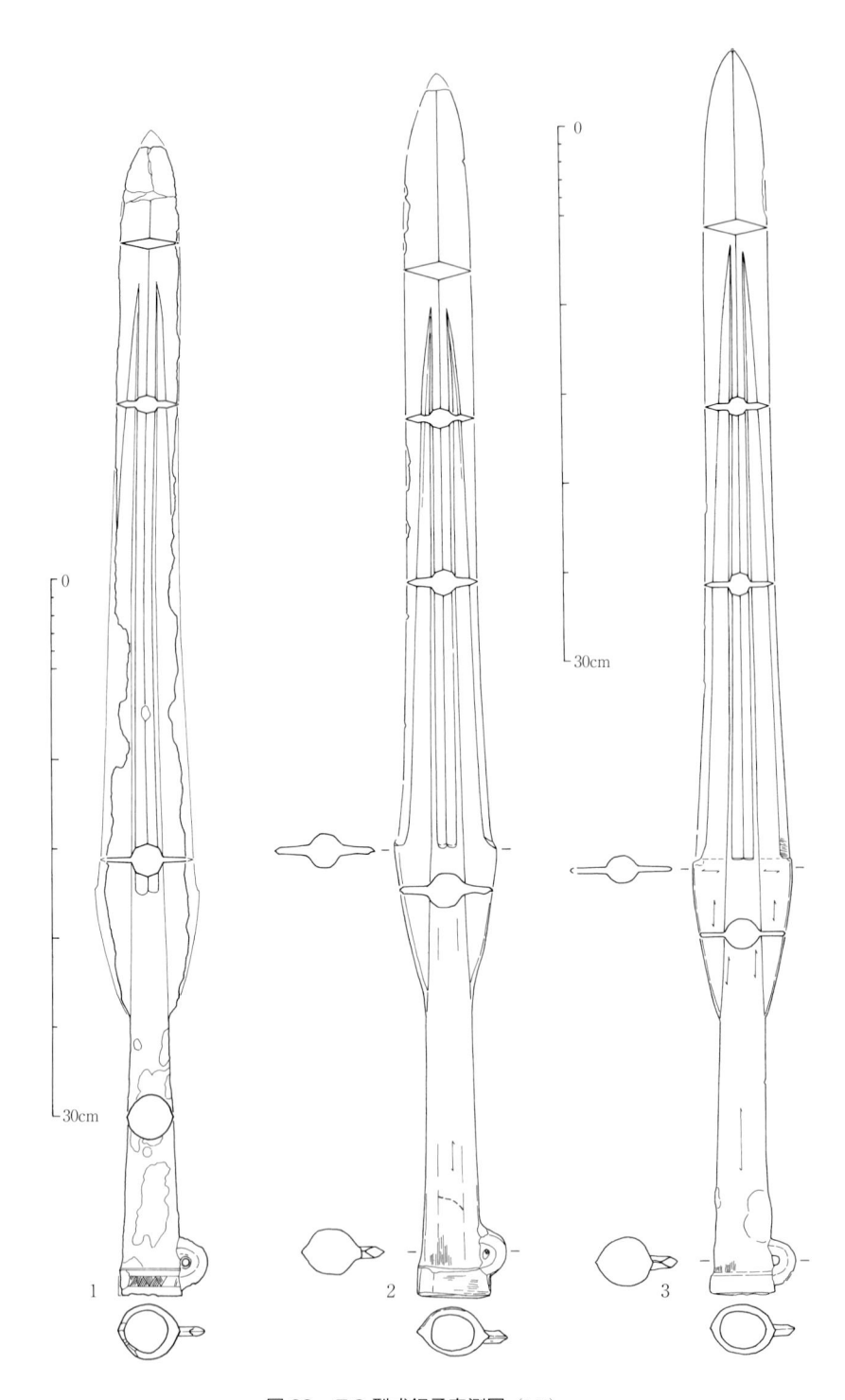

図 28　ⅡC 型式銅矛実測図（1/4）
1：佐賀県久里大牟田　2：島根県神庭荒神谷 1 号　3：同 2 号

4 銅矛の型式分類

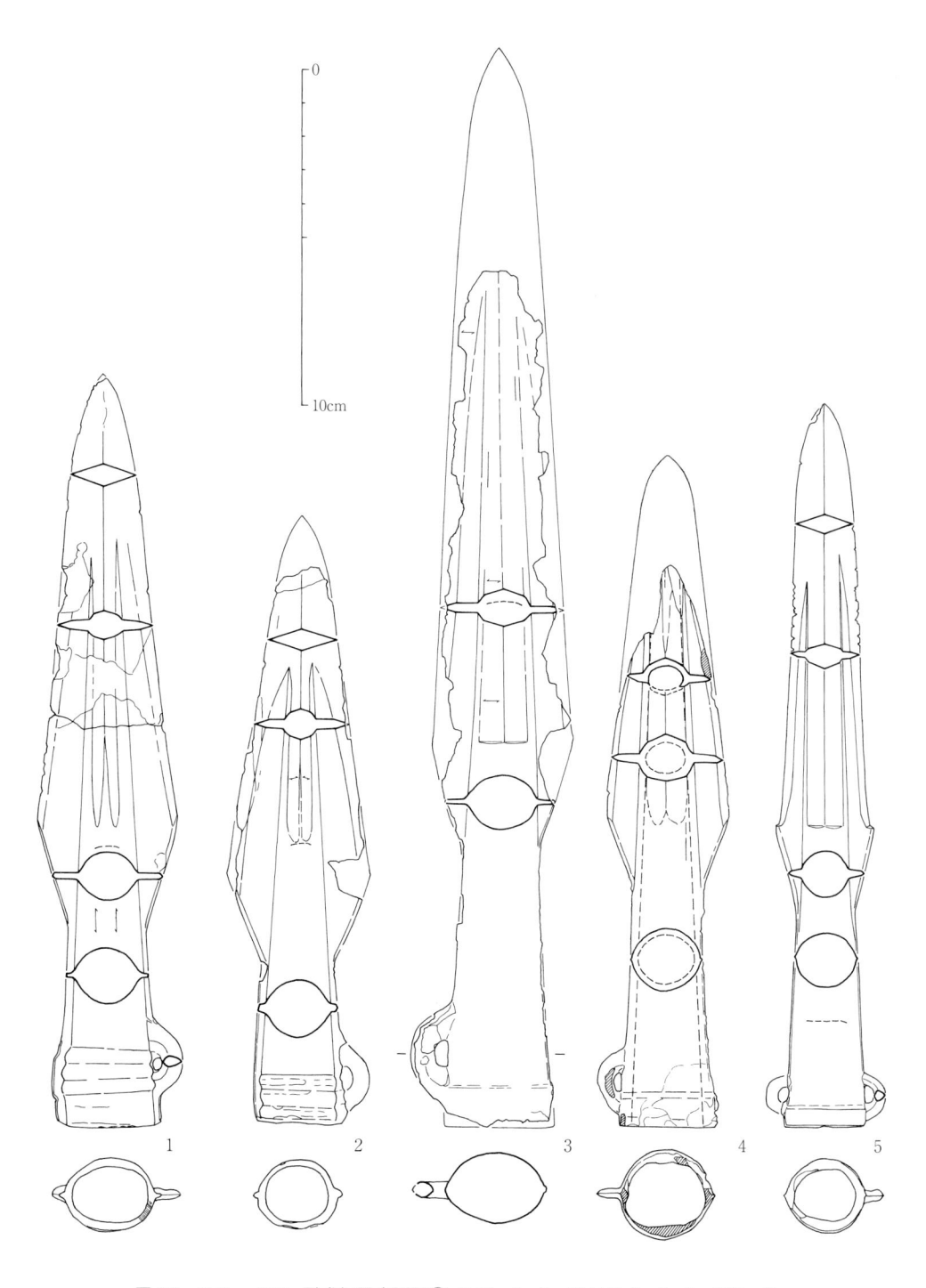

図29 ⅡAb・ⅡDa型式銅矛実測図①（1/2） 1・2：ⅡAb2式 3〜5：ⅡDa式
1〜3：福岡県板付田端 4：元松原 5：久原

113

第4章 銅　矛

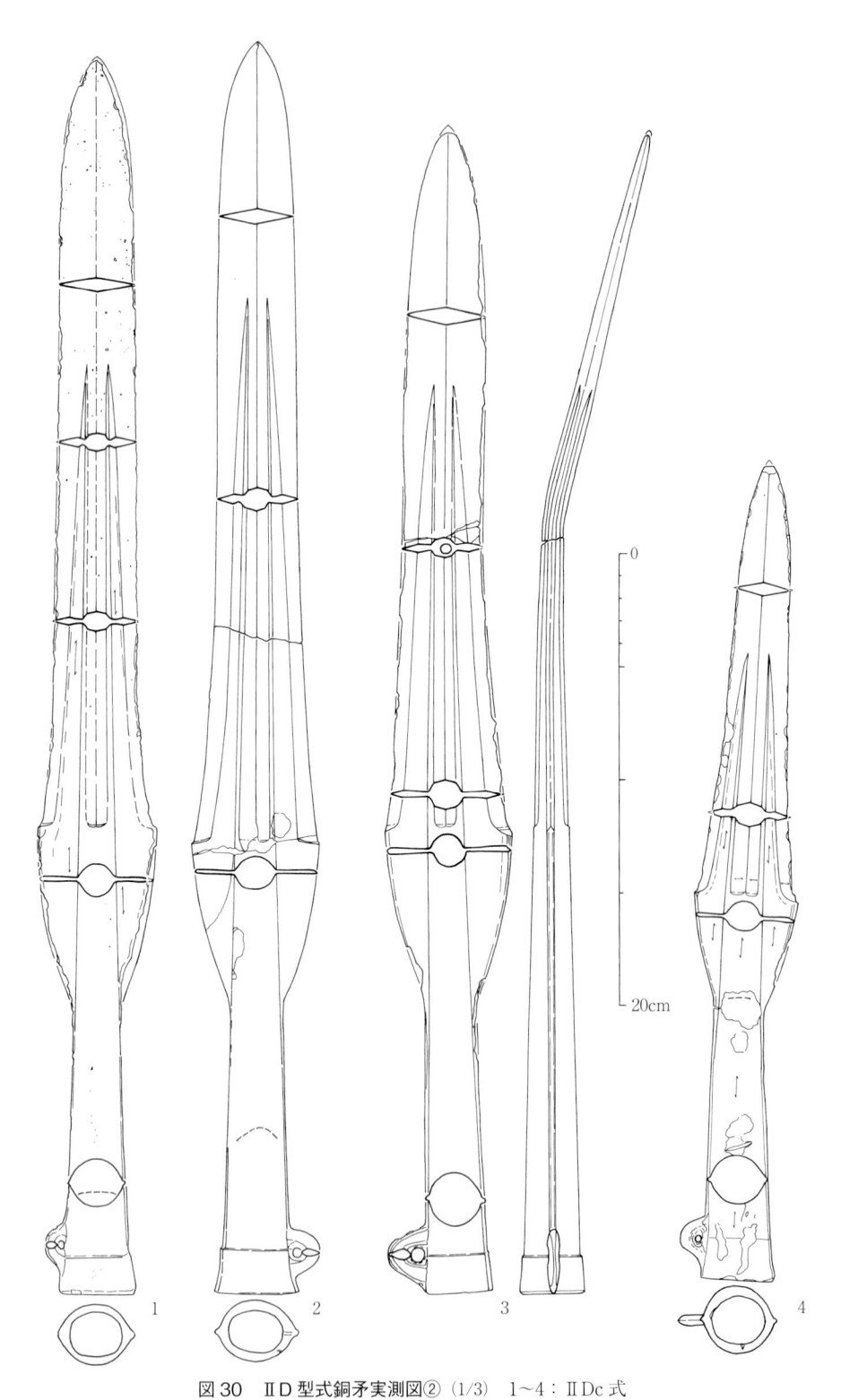

図30　ⅡD型式銅矛実測図②（1/3）　1～4：ⅡDc式
1：香川県瓦谷　2：韓国茶戸里1号墓（井上洋一原図）　3：龍田里　4：伝槐亭洞

る。本例は内傾斜樋が明瞭に形成されていながら、内傾斜樋をもたない全長 55.5cm のものより短い。しかし、計量的には、瓦谷例などと比較すると、節帯の幅が狭いことからⅡDc 型式には分類できない。

なお、以上のようにこれらの小型類にも計量的に二者があることから、前者の元松原・板付田端例がⅡA 型式に、後者の瓦谷例などがⅡC 型式に対応する小型類（ⅡDa・ⅡDc 型式）とすることができる。ⅡB 型式に対応する小型類（ⅡDb 型式）は、製品はないが鋳型が出土しており、先に紹介した隈・西小田鋳型例と八田 5 号鋳型例である。

⑤ 銅矛切先からみた I 型式とⅡ型式の区別

次に銅矛の「切先」（橋口 1992・2007）例は、吉田広の集成で「細形」が 5 例ある（吉田 2001a）ので、Ⅰ型式（「細形銅矛」）とⅡ型式（「中細形銅矛」）の区別及びⅡA 式とⅡB 式の細分を検証してみたい。銅矛切先は外見では銅剣との区別が困難であるが、折損した断面をみると中子砂が詰まり、中空部を意図して製作されていることがわかる。吉田が例示する切先の中空部は全て円形であるが、拙稿（2012a）で指摘したように、奈良県唐古・鍵例は報告書（田原本町 1989）ほどではないが楕円形で樋が内傾斜している（図 31-12、写真 22）。唐古・鍵例は切先が再加工されて鑿になっていることから、再加工されていない A 面（図 31-12 左、写真 22 左）から原型を復元しなければならない。再加工されているのは、鑿刃と中空部がみえる B 面（写真 22 右）の翼部である。B 面で原型を留めているのは湾曲する中空部の 4 分の 1 と、翼部が脊際の樋の一部である。A 面の翼部と脊部の微妙な角度と B 面の脊際の樋の一部を重視して翼部を復元すると、樋先端でありながら内傾斜樋を形成することが明らかである。したがって、他の 4 例の「細形銅矛」切先とは区別されるべきである。ここで切先の現状を確認すると、表 2 のように中子が確実に円形を呈する例として天神免（図 31-2、写真 12）・年の神（図 31-3、写真 13）・石丸（図 31-4、写真 14）・馬場山（図 31-5、写真 15）があり、東小田峯（図 8、写真 6）・南大橋（図 31-6、写真 20）・隈・西小田（図 31-7、写真 16）・柚比本村（図 31-8、写真 17）・船石南（図 31-9、写真 18）・朝町竹重（図 31-10、写真 19）・栗田（図 31-11、写真 21）例は楕円形である。

さらに、新例と吉田が「中細形 a 類」とする銅矛破片を含めて検証を進めると、「中細形銅矛」

表 2　銅矛片中空部観察表

図 31	遺跡名	地域	当該地時期	鋒長	鋒幅	脊先端幅	吉田型式	柳田型式	鋒中空径	円形率	文献
1	吉武大石 K1	福岡県福岡市	中期初頭				細形	（ⅡA）		(100) ～	福岡 1996c
2	天神免 D27	熊本県山鹿市	中期	「1.8」	1.5	―	（細形）	（ⅡA）	0.26×0.26	100 ～	高木 1979
3	年の神	熊本県玉名市	（中期前半）	「4.5」	2.2	0.89	（細形）	（ⅡA）	0.4～0.54	100 ～	岡崎 1982
4	石丸 K67	福岡県久留米市	中期前半古段階	6.1	2.5	0.96	（細形）	（ⅡA）	0.66	100 ～	桜井 1994
5	馬場山 D27	福岡県北九州市	中期前半～中頃	4.65	2.32	0.87	細形	（ⅡA）	0.56	100 ～	栗山編 1980
6	南大橋県営住宅	福岡県福岡市	不明				中細形 a	（ⅡB）	4	100～93	岡崎編 1982
7	隈・西小田 K279	福岡県筑紫野市	中期中頃	3.2	2.3	0.84	（細形）	（ⅡB）	0.36×0.35	～97	草場編 1993
8	柚比本村 SJ4392	佐賀県鳥栖市	中期前半古段階	4.6	2.09	0.78	ⅡB	ⅡB	0.67×0.7	～96	佐賀県 2002
図 8	東小田峯 145 住	福岡県筑前町	中期中頃古段階	7.5	2.6		（細形 2）	（ⅡB）	1.48～1.33	～90	柳田 2009b
9	船石南 SJ1104	佐賀県上峰町	中期前半古段階	「3.2」	1.9	0.84	（細形）	（ⅡB）	0.6×0.51	～85	原田 2002
10	朝町竹重 M28	福岡県宗像市	中期前半	5.2	2.25	0.97	（細形 2）	ⅡB	1.16×1.005	～87	安部 1997
11	栗田	福岡県筑前町	（中期後半）	「4.8」	1.8	0.9	中細形 a	ⅡB	0.25×0.31	81～83	柳田編 1984
12	唐古・鍵	奈良県田原本町	大和第Ⅱ様式				細形	ⅡB	0.5×0.6	(83) ～	藤田 1989
参考	田熊石畑 2 号墓 2	福岡県宗像市	中期前半	5.8	2.6		不明	ⅡB	不明	不明	本書

＊番号は図 31 と同じ。「　」は復原数値、（　）内が推定、円形率は左側が鋒側で、右側が中間を示す。

第4章 銅矛

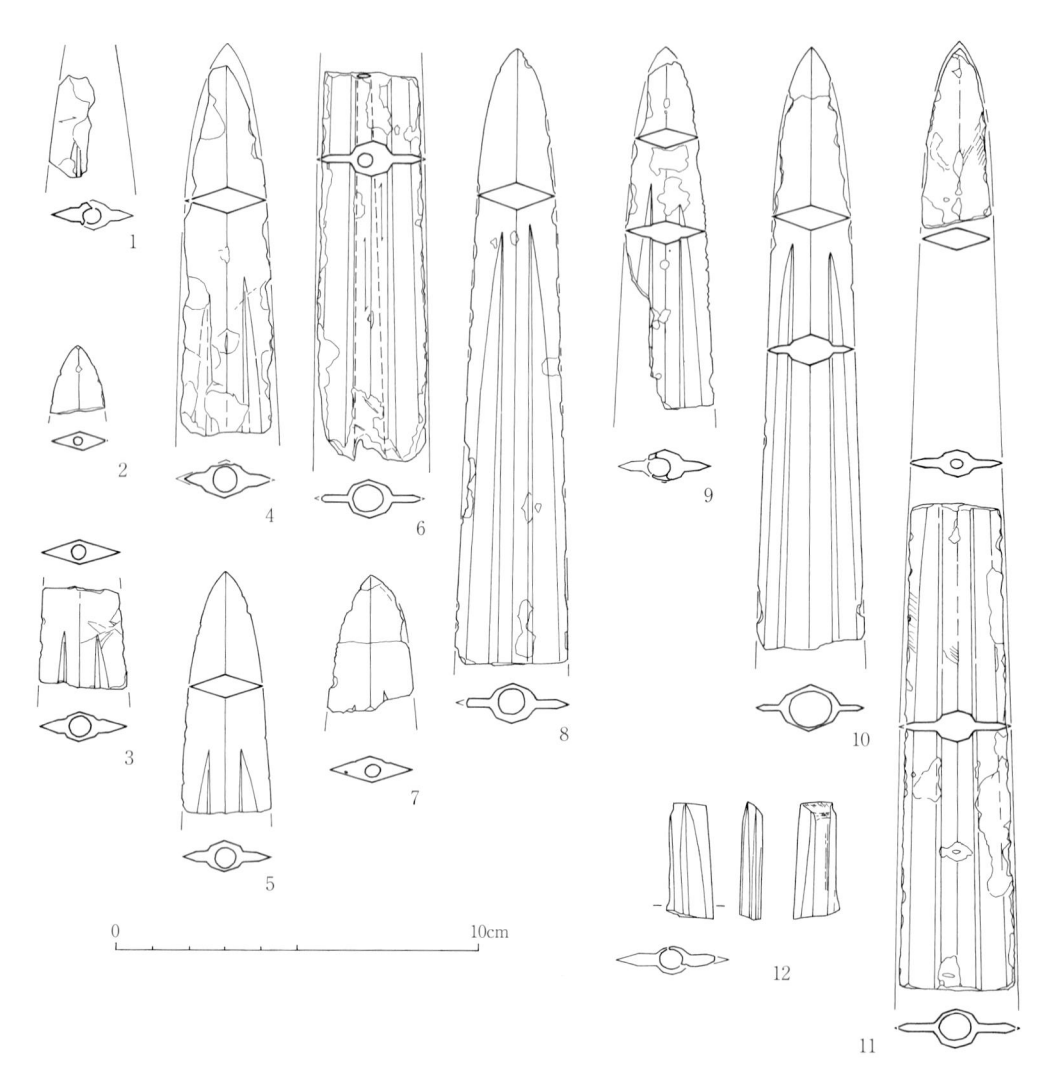

図31 銅矛切先実測図 (1/2)
1：福岡県吉武大石1号甕棺墓　2：熊本県天神免27号土坑墓　3：年の神
4：福岡県石丸69号甕棺墓　5：馬場山27号土坑墓　6：南大橋県営住宅　7：隈・西小田279号甕棺墓
8：佐賀県柚比本村SJ4392　9：船石南SJ1104　10：福岡県朝町竹重28号木棺墓　11：栗田　12：奈良県唐古・鍵

の中空部は福岡県福岡市南大橋県営住宅例（図31-6、写真20）が矛身中間では楕円形を呈し、先端近くでは円形になる。南大橋県営住宅例は、少なくとも矛身先端側では内傾斜樋を形成しないことから、唐古・鍵例よりは先行型式である。福岡県宗像市朝町竹重28号墓銅矛切先供献例（図31-10、写真19）は、矛身中間部で内傾斜樋を形成して、中空部が楕円形を呈する。この銅矛を復元すると佐賀県宇木汲田37号甕棺墓例（図25-1）と同型式のⅡB型式であるが（柳田2011d）、吉田（2001a）は「細形2式」とされている。栗田例を含めて3例は、内傾斜樋の形成と中空部が楕円形であることから、「中細形a類」とされる南大橋県営住宅例よりは後出型式であり、同時に本稿の型式分類が検証できたことになる。

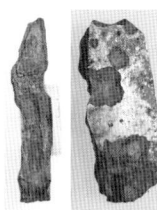

4 銅矛の型式分類

写真11　福岡県吉武大石銅矛切先
写真12　熊本県天神免銅矛切先 
写真13　熊本県年の神銅矛切先 
写真14　福岡県石丸69号甕棺墓銅矛切先 
写真15　福岡県馬場山27号土坑墓銅矛切先 
写真16　福岡県隈・西小田279号甕棺墓銅矛切先 
写真17　佐賀県柚比本村4区SJ4392銅矛切先 
写真18　佐賀県船石南SJ1104銅矛切先

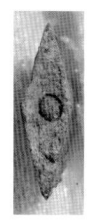

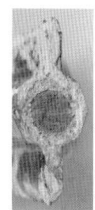

第4章 銅矛

写真19　福岡県朝町竹重28号墓銅矛切先

写真20　福岡県南大橋県営住宅銅矛片

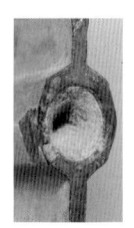

写真21　福岡県栗田銅矛片

写真22　奈良県唐古・鍵銅矛片再加工鑿

写真23　福岡県元松原銅矛

では、唐古・鍵遺跡銅矛片のように中空部先端側が楕円形で内傾斜樋を形成する時期は何時であろうか。例示した切先中最古例は中期初頭の吉武大石1号甕棺墓例であるが、切先片では写真11のように円形・楕円形のどちらとも判断できない。現状で鋒中空部が楕円形を呈するのは、福岡県元松原銅矛（図29-4）・佐賀県宇木汲田112号甕棺墓付近例・栗田・長崎県木坂6号石棺墓例（図33-3）である。この内樋先端が内傾斜するのは木坂6号石棺墓例のみである。本例は、岩永省三（1980a）が「細形銅矛Ⅱ式c類」、吉田広（2001a）が「細形銅矛c類」とするが、拙稿（2003c）では幅が広く末広がりの節帯と袋部両側の突線、とくに耳周囲の削り出しと突帯の形成からⅢB型式とする。これは後期初頭以後の「中広形銅矛」の属性を有することから、唐古・鍵例もその属性をもつことになる。ところが、銅矛片が出土したSD-120で共伴する土器は第Ⅰ様式と第Ⅱ様式であるから、時期幅が大きすぎて地域差による齟齬では済まされない。したがって、中期前半から中頃に属する銅矛の中で捜索すると、拙稿のⅡB型式の中で樋先端まで内傾斜する例が福岡県田熊石畑2号墓2号銅矛・長崎県景華園銅矛（図26-4）・熊本県今古閑銅矛（図26-3）例にある。この内最初例が中期前半で、後者2例は中期後半遺構から出土するが、拙稿では中期中頃以前に製作されて伝世される型式としている（柳田2003c）。これら3例の鋒部分の中空部が楕円形である確証はないが、唐古・鍵銅矛片の属性に通じることは確実である。したがって、唐古・鍵銅矛片の所属する時期は、北部九州の中期前半から中頃に併行することになる。

　実物を確認していないが、韓国九政洞一括青銅武器のうち矛身中央部が欠損する例は「中細形銅矛」とされ、樋先端近くが内傾斜樋を形成し、中空部が楕円形を呈することから本稿のⅡB式である（図24-1・2）（小田・韓編1991）。時期は、ⅠCb式の多樋式銅矛が共伴することから朝鮮半島墳墓副葬品のⅤ-1段階に属して北部九州の中期中頃に併行する。

　ちなみに、北部九州では破片が再利用されているのは前期前半の遼寧式銅剣Ⅲ型式であり、完形品は現在のところ発見されていないことからすると、破片再利用製品が発見される中国・四国以東では当該期に当該型式の青銅武器の完形品は将来されていないことになる（柳田2004～）。以後完形品が将来されるとしても、相当な時間を要することになるが、いまだにいわゆる「細形」の完形品は発見されていない。

(4) Ⅲ型式

　身部の平面形では、幅が平行線を描くものから鋒部に最大幅をもつものを含むことから、従来の「中細形銅矛c類」（吉田2001a）の一部を含む。Ⅲ型式の特徴は、幅が広く弧を描く裾広がりの節帯と袋両側の突線、とくに耳周囲の削り出し突帯の形成にある。耳は、基本的に孔が開かなくなるが、Ⅱ型式に近い平面形をもつものの中に孔が開くことがある。刃部の刃の有無からⅡ型式とⅢ型式を区分する方法があるが、Ⅲ型式は基本的に刃つぶしされている。

　また、これまでは「中広形銅矛」が細分されたことは少ないが、Ⅲ型式のこれらの特徴を備える小型が存在することから、全長70cm以上をA類、50cm以下をB類に細分する。

　B類を例示すると、岩永が「細形銅矛Ⅱc型式」とした長崎県木坂6号石棺墓出土例（図33-3）（坂田1976）、同じくⅡd型式の佐賀県千々賀庚申山例（図33-2）（岡崎編1982）、韓国安渓

第4章 銅矛

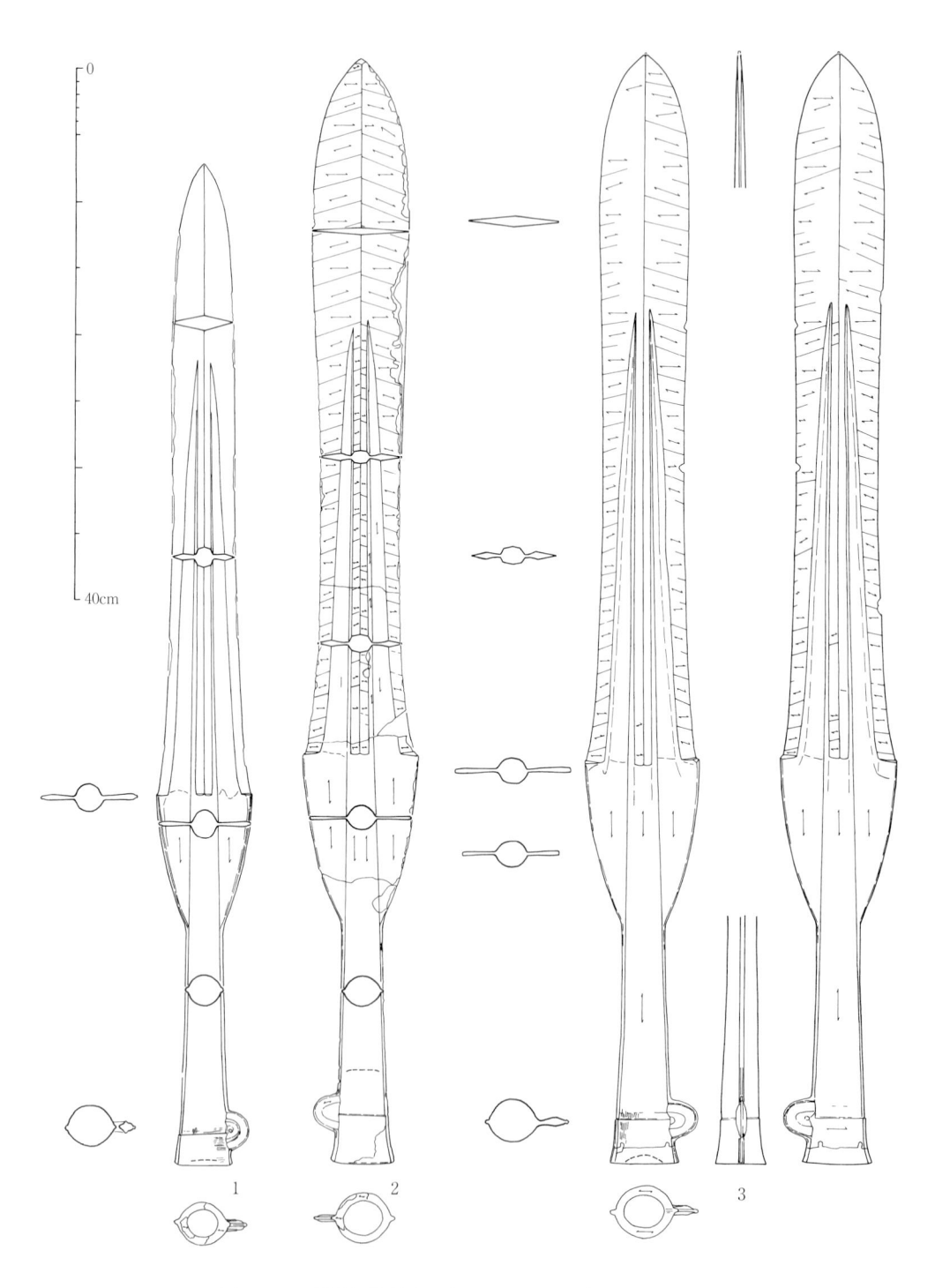

図32 ⅢA型式銅矛実測図（1/5） 1：ⅢAa式 2・3：ⅢAb式
1：島根県神庭荒神谷3号 2：福岡県下淵 3：神庭荒神谷10号

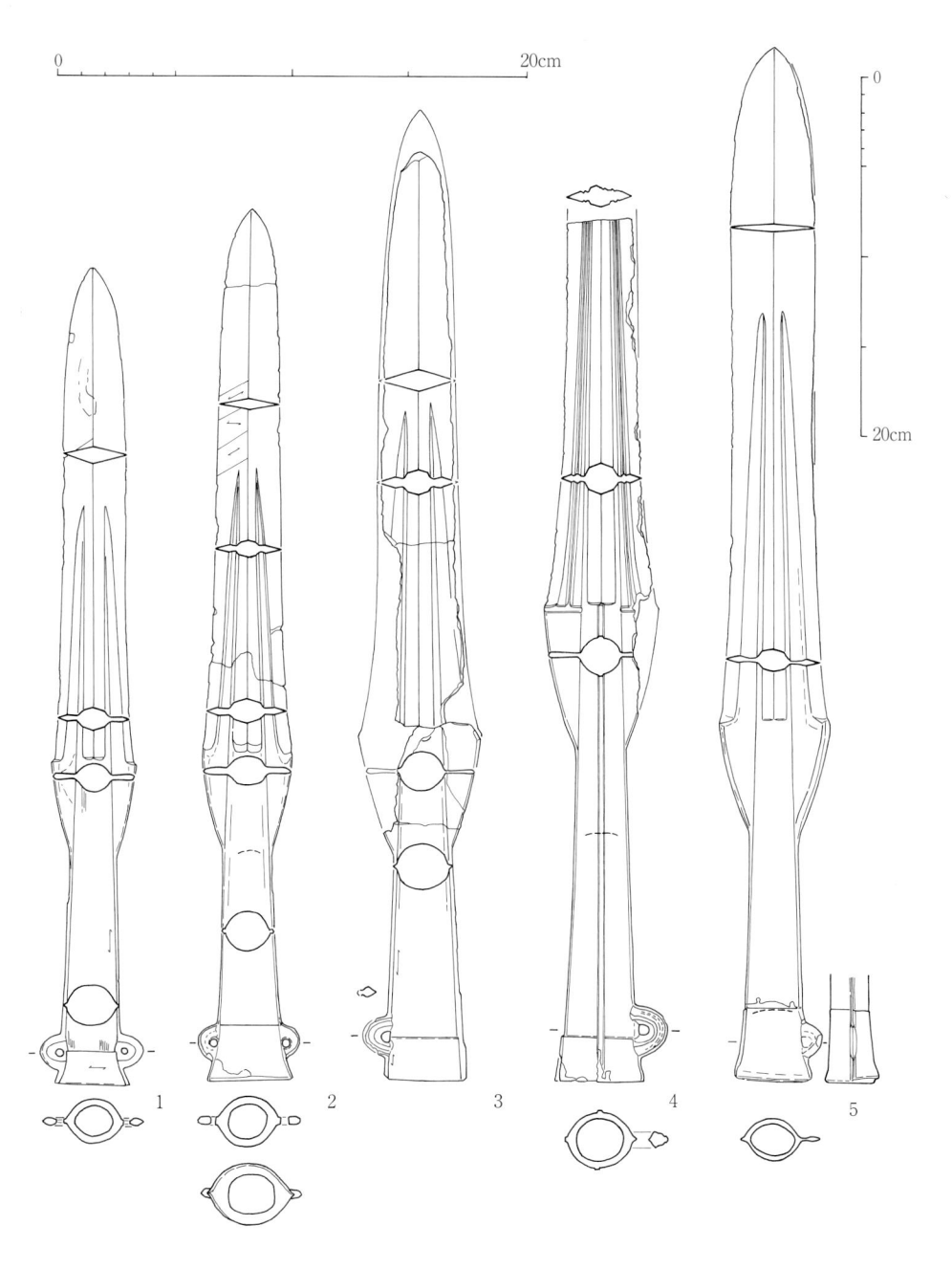

図33 ⅢB型式銅矛実測図（1/3・1/4） 1・2：ⅢBa式　3：ⅢBb式　4：ⅢBc式　5：ⅢBd式
1：韓国安渓里　2：佐賀県千々賀庚申山　3：長崎県木坂6号石棺墓　4：景華園（岩永1980a）　5：韓国飛山洞

第 4 章　銅　矛

里（図 33-1）、「中細形銅矛 c 類」の長崎県景華園例（図 33-4）（島田 1931）などが挙げられる。これらは、これまでの「中広形銅矛」の諸特徴総てを備えているが、計量的・平面的分類が優先していたために、「細形」や「中細形銅矛」に分類されていた。

(5) Ⅳ型式

　全長 80cm 以上になり、鋳造後に刃部などの研磨をせずに周囲のコウバリ処理ですませることを基本にし、身部の鋒突線の有無、脊の鎬の有無、節帯の表現の有無で A 類と B 類に細分する。

　福岡県那珂川町安徳原田「広形銅戈」7 本を詳細に分析した常松幹雄は、「脊の研出し」の有無によってⅠ・Ⅱに大別し、さらにⅠ式を「節帯・脊の線刻」の有無によってA・Bに分け、Ⅱ式を「樋先端部の輪郭線」の明瞭の土合と「関部〜袋部のライン」の直線傾向によってA・Bに細分し、計 4 類型に分類している（常松 2010）。現状ではこの分類の評価はできないが、常松分類に従うと安徳原田「広形銅矛」が弥生後期前半から後半の半世紀以上の期間に製作された製品が伝世して一括埋納されていたことになることが懸念される。

① ⅣA 型式

　身部の脊から鋒に鋳出し鎬をもち、袋部の鰭が狭く目立たないもの。

② ⅣB 型式

　身部の脊の断面形が扁平な楕円形で鎬をもたず、鋒には鋳出し突線、袋部両側に広い鰭をもつもの。

5　各型式の時期

　最初に、これまでの銅矛の型式分類と多少区分を異にしていることから、各型式に分類される出土品を例示しておきたい。

① ⅠA 型式

　韓国九鳳里例（李康承 1987）・草浦里 2 本例（李・徐 1988）・白雲里例（沈 1980）・霊岩鋳型例（林 1987）・南陽里例（国立中央博物館他 1992）・八達洞 100 号木棺墓例（嶺南文化財研究院 2000）など。

② ⅠB 型式

　葛洞 8 号木棺墓例（湖南文化財研究院 2009）・九政洞例（37.4cm）（小田・韓編 1991）・佐賀県宇木汲田 41 号甕棺墓例（37.0cm）（岡崎編 1982）。

③ ⅠC 型式

　韓国入室里例・竹東里例・九政洞例（小田・韓編 1991）。

④ ⅠDa 型式（目釘式）

　伝韓国良洞里 2 本例（現長 39.5cm）（柳田 2003c）・長崎県原の辻例。

⑤ ⅠDb 型式（双耳式）

　伝韓国金海良洞里 2 本例（現長 38.6cm、39.5cm）（尹 1972a、柳田 2003c）。

⑥ ⅡAa1 型式

　福岡県吉武高木 3 号木棺墓例（福岡市 1996c）・佐賀県中原 SJ11247 例（佐賀県 2010）・伝福岡県筑紫郡例。

⑦　ⅡAa2 型式

　福岡県吉井例（柳田 1983a・2002b）。

⑧　ⅡAa3 型式

　福岡県須玖岡本王墓 6 本例（岩永 1982）、立岩堀田 10 号甕棺墓例（立岩遺跡調査委員会編 1977）、佐賀県久里大牟田 1 号甕棺墓付近で単独出土例（現長 46.8cm）（中島編 1980）、熊本県今古閑 3 号例（現長 59.2cm）。

⑨　ⅡAb1 型式

　福岡県吉武大石 45 号甕棺墓例（福岡市 1996c）、佐賀県吉野ヶ里四面鋳型例（佐賀県 1992）、徳須恵例（岡崎編 1982）、惣座鋳型例（立石 1986）。

⑩　ⅡAb2 型式（小型）

　福岡県板付田端 2 本例、佐賀県吉野ヶ里鋳型例（佐賀県 1992、柳田 2003c）。

⑪　ⅡB1 型式

　福岡県馬渡束ヶ浦例（井 2006）。

⑫　ⅡB2 型式

　佐賀県宇木汲田 37 号甕棺墓例、宇木汲田（1930 年出土）2 本例（全長 32.7cm・40.9cm）、福岡県田熊石畑 2 号墓 2 号例（全長 41cm）、同 4 号墓例（全長 43.3cm）（柳田 2011d）、韓国安渓里例（44.5cm）（国立慶州博物館 1987）。

⑬　ⅡB3 型式

　福岡県岡垣町例（柳田 2011a）、野間例、長崎県景華園例（現長 54.3cm）、熊本県今古閑 2 本例（現長 54cm・55cm）。

⑭　ⅡC 型式

　福岡県住吉神社 3 本例（現長 55cm、62.4cm、63cm）（岡崎編 1982）、佐賀県柏崎石蔵例（現長 64cm）（岡崎編 1982）、熊本県今古閑例（現長 67.1cm）、佐賀県久里大牟田 2 号甕棺墓（鉛矛）例、島根県神庭荒神谷 1 号・2 号例（島根県 1996）。

⑮　ⅡDa 型式（小型）

　板付田端例（現長 25.3cm）、元松原例、福岡県久原Ⅳ-1 号土坑墓例。

⑯　ⅡDb 型式

　福岡県隈・西小田 6 地点 12 号住居跡鋳型例、八田 5 号鋳型例。

⑰　ⅡDc 型式

　福岡県住吉神社 2 本例（現長 53.4cm、55cm）、香川県瓦谷例（柳田 2003c）、韓国茶戸里 1 号墳例（李・李他 1989、柳田 2003c）、永川龍田里例（国立慶州博物館 2007）、伝槐亭洞例（沈 1987、柳田 2003c）。

⑱　ⅢA 型式

　福岡県下淵 2 本例（柳田編 1984）、佐賀県検見谷 12 本例（七田編 1986）、島根県神庭荒神谷 3 号～16 号例。

第 4 章　銅　矛

⑲　ⅢB 型式

　佐賀県千々賀庚申山例、安永田鋳型例、長崎県木坂 6 号石棺墓例（柳田 2003c）、景華園例（現長 36cm）、韓国安渓里例（全長 33.7cm）（小田・韓編 1991）、韓国飛山洞例（図 33-5）（柳田 2003c）。

⑳　ⅣA 型式

　福岡県日永例（緒方 1994、佐々木 1997）、長崎県ハロウ A 地点 5 号例（高倉編 1980）、塔ノ首 3 号石棺墓 1 号例（塔ノ首遺跡調査団 1974）、和多都美神子神社例（岩永 1985）。

㉑　ⅣB 型式

　福岡県岡本皇后峯鋳型例（後藤 1983）、重留遺跡 2 地点 1 号住居跡例（谷口編 1999）、長崎県塔ノ首 3 号石棺墓 2 号例。

　以上の諸例の時期は、下記のとおりである。

　ⅠB 型式が吉武高木 3 号木棺墓で中期初頭の城ノ越式土器の供献小壺が伴い、古賀市馬渡東ヶ浦 E 地点甕棺（井 2006）も同じであることから、この時期に最初に出現する。以後、宇木汲田 37 号甕棺墓などで中期中頃まで副葬される。

　ⅠC 型式は、吉武大石 45 号甕棺墓がいわゆる金海式甕棺であることから、中期初頭であることを主張している（柳田 1981・1982a・1983a・b・1987a・1989・1990・1995・2000・2002b・c・2003b・c・2004～）。吉野ヶ里四面鋳型に中期前半の土器が伴っていることから、この時期までは存続していることになる。

　ⅠD 型式は、ⅠDb 型式の久原例が中期後半、ⅠDc 型式の吉野ヶ里鋳型に中期前半の土器が伴っている。板付田端の 3 例は、中期初頭から中期中頃の時期幅がある（柳田 2003c）。したがって、板付田端や吉野ヶ里鋳型のⅠDc 型式がⅠC 型式より古式である確証がなく、むしろⅠC 型式が中期初頭、ⅠDc 型式が中期前半である事実が証明されている。

　ⅡA 型式は、時期が判明するのが甕棺墓に副葬品された中期初頭から中期末である。ⅡAa1 式が中期初頭から中期前半、ⅡAa3 式が中期中頃古段階、ⅡAb1 式が中期初頭から中期前半、ⅡAb2 式が中期初頭から中期中頃である。

　ⅡB 型式は、同じくⅡB1 式が中期初頭、ⅡB2 式が中期前半、ⅡB3 式が中期後半である。

　ⅡC 型式は、久里大牟田 2 号甕棺墓が中期後半古段階である。

　ⅡD 型式は、ⅡDa 型式の板付田端例が中期初頭から中期中頃のいずれか、ⅡDb 型式の隈・西小田 6 地点 12 号住居跡が中期後半、八田 5 号鋳型が裏面の「中細形（ⅡC 型式）銅戈」の三雲南小路王墓や須玖岡本王墓から中期末になり（柳田 1985・2000・2002b）、時期幅があるが、板付田端例に鰭があることから古くても中期中頃であろう。

　ⅡDc 型式は、我国では時期が不明であるが、韓国茶戸里 1 号墳の前漢鏡などの共伴副葬品から、北部九州の中期末に相当することがわかる。

　ⅢA 型式は、総て埋納銅矛であるが、安永田鋳型から後期初頭以後であることがわかる。

　ⅢB 型式は、安永田鋳型が後期初頭であるが、木坂例が研ぎ減りで時期不明である。

　なお、伝金海出土品は、さらなる型式分類が必要となる。

　ⅣA 型式・ⅣB 型式は、塔ノ首 3 号石棺墓が後期中頃、重留 2 地点 1 号住居跡が後期中頃、福

岡県津古東台上器溜（片岡 1993b）が古墳早期であり、時期幅があるが、ⅣB 型式が後期中頃には出現し、須玖遺跡群では西新式土器が共伴し、庄内式併行期まで製作されていることになる（柳田 1982a・b・1983b・1995・2000・2002a・b・c）。

6 青銅武器の年代と伝世

(1) 共伴関係

　型式別の時期確認で明らかになったことは、これまで「細形銅矛Ⅰ型式」とされていた短身のもの（ⅠD 型式）が、むしろ長身のⅠC 型式より新しいこと、ⅠDb 型式の久原遺跡例が中期後半である事実である。

　すなわち、これまでの型式分類では、前期末から後期まで使用されている新しい型式の銅矛を細形に含めているが、この不合理さを是正できるものと確信している。

　弥生中期後半では、ⅡA 型式が三雲南小路王墓と須玖岡本王墓で「中細形銅剣・中細形銅戈」の新しい型式と共伴している。さらに、吉田広は「中広形銅矛」が安永田遺跡で中期末であることから、「中細形銅矛」と「中広形銅矛」の共存を提唱している。しかし、先に鋳型の事実確認で検討したように従来の「中細形銅矛」ではないことが明らかであることから、ⅡA 型式あるいはⅡB 型式がⅢA 型式と共伴する事実はない。「中細形銅矛」と「中広形銅矛」が唯一共伴するのが、神庭荒神谷であるが、これとてⅡC 型式とⅢA 型式であり、北部九州中枢部の埋納青銅武器形祭器では異型式を含まないことを確認している（柳田 1986a・b）。

　同じく、長崎県景華園甕棺墓棺外では、ⅡB 型式と新しく設定したⅢB 型式が共伴しているが、これもⅡB 型式が若干伝世したものと考えている。

　したがって、ⅡA 型式は、なおさらⅢA 型式と共伴する事実はないが、もし時間的に近接していることがあれば、別の事象を考えなければならない。

　なお、今古閑例の 4 本をⅡ型式の細分とはいえ 3 類に分類したが、中間の長さのもの 2 本に内傾斜樋がないことからⅡA 型式、最長の全長 68cm 以上のものをⅡC 型式としている。最短のものをⅡB 型式としたのは、吉田広の図ほどではないが、内傾斜樋が形成されていること、実物は刃こぼれが著しく、鋒幅が多少広くなる事実からである。

(2) 年　代

　弥生時代の年代については、「イト国」の三雲南小路王墓の前漢鏡などから弥生中期末が紀元前後であることを提唱し（柳田 1983b）、北部九州では割合早く賛同を得ている。「ナ国」では、甕棺編年を通して、須玖岡本王墓の時期がほぼ同時期であることを検証した（柳田 2003b）。銅矛では、「イト国」・「ナ国」の王墓に副葬されているⅡA 型式がその年代に該当する。さらに、韓国茶戸里 1 号墳例を加えると、ⅡDc 型式がこの時期に接近している。

　安永田では、鋳型の共有でⅢA 型式とⅢB 型式が共伴したことになり、後期初頭であることも判明していることから、これらが近接して継続していることが、ここでの型式分類の正当性を証明している。

第 4 章　銅　矛

　一方、弥生終末は、「イト国」の西新式土器直前の型式が 3 世紀前半であることを提唱したが（柳田 1982b）、福岡県平原王墓などを勘案すると若干溯り、200 年前後を想定するようになった。すなわち、北部九州では、「倭国大乱」後まで武器形青銅祭器・小形仿製鏡・小銅鐸などを製作していることになる（柳田 2002a・b・c）。

(3) 青銅武器の伝世

　青銅武器の伝世については、立岩堀田 10 号甕棺墓出土銅矛と久里大牟田 2 号甕棺墓出土銅矛の関係から、立岩堀田銅矛が伝世していることを述べたことがある（柳田 1986a・b・2002b）。にもかかわらず、吉田広は、「中広形銅矛と中細形 A˙ 類銅剣の型式学的親縁性、中広形銅矛と中細形 A˙ 類銅剣、そして中細形 a 類銅矛における幅広の研ぎ分け技法の共有、さらには上月隈遺跡と須玖岡本遺跡 D 地点の示す時期、以上から、中細形 A˙ 類銅剣・中細形 a 類銅矛・中広形銅矛の三者が、中期末という時期に共存していたことが導かれる」（吉田 2002）とした。そこで、以下に関連する銅剣・銅矛の実際を紹介しながらそれらが伝世していることと、共存の意義が違っていることを検証したい。

①　福岡市上月隈 3 次 7 号甕棺墓Ⅱ Bb 式銅剣

　先ず、上月隈 3 次 7 号甕棺墓（榎本編 2000）は中期末（柳田 2003b）であり、「中細形銅剣」のうちでも長大な（全長約 49cm）ものをもつ。銅剣は、中期前半に「中細形銅剣 A 類」が出現しているように、早くから長大化が始まることで知られているが、中期前半の「中細形銅剣 A 類」と中期後半・中期末の「中細形銅剣 C 類」とでは型式差が明瞭である。

　さらに、上月隈ⅡBb2 式銅剣（第 5 章図 43-1）は、長大化と鋒部の広がりが計量的に吉田の「中細形 B～C 類銅剣」に一致する。この場合に立体的に全体の厚さにおいて若干の差が生じているが、北部九州では中期末までにこの型式を生産していると理解しており、島根県出雲で出土するこの類はその模倣品である（柳田 1986a・b・2002b）。すなわち、吉田分類の「中細形銅剣 A・B 類」のなかで、a・b 以上の細分が可能であり（柳田 2002c）、上月隈例はこれらの重要な類例となる。

　また、上月隈例は、研ぎ方が 2 類（吉田の x タイプ）であるところが「中細形銅剣 C 類」と違っているが、2 類のほとんどが再研磨であり、上月隈例の異常な形態（「長大なプロポーションが異彩を放ち」）がそのことを如実に物語っており、刃つぶし研磨は「中広形銅矛」と同じ手法である。幅広の研ぎ分けは、指摘されているように須玖岡本王墓のⅡA 型式の銅矛にあることから中期末に例が加算されたことになる。

②　須玖岡本王墓と立岩堀田 10 号甕棺墓ⅡA 型式銅矛

　そこで、須玖岡本王墓 6 本と立岩堀田 10 号甕棺墓のⅡA 型式銅矛（図 23-2）の解説をしなければならない。立岩例については、岡崎敬（1977）の分類では「中細形銅矛 b 類」、岩永省三分類（1980a・b）以後では「中細形銅矛 a 類」とし、須玖岡本王墓では岩永が「細形銅矛Ⅱ式 b 類」（岩永 1982）、吉田が「中細形銅矛 a 類」として逆行している。須玖岡本王墓の銅矛・銅剣は、その両方が混同されて復原されていたが、鉛同位体比分析を提案し、所属個体が検討されたことから、銅剣が 2 本・銅矛 6 本が存在するという結果が報告された（井上他 2002）。

6 青銅武器の年代と伝世

写真24 佐賀県宇木汲田41号甕棺墓銅矛 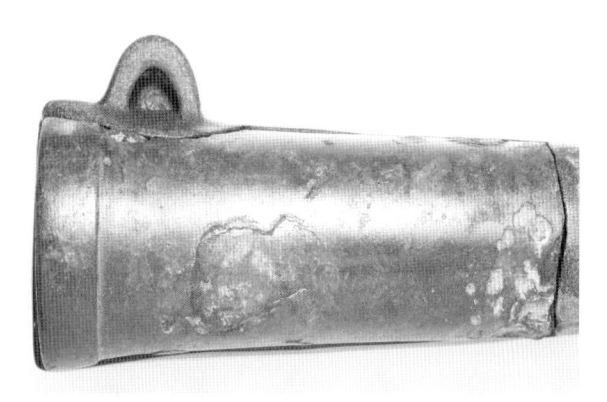　　写真25 福岡県須玖岡本王墓銅矛のマメツのタテケズリ（左側）

写真26 福岡県立岩堀田10号甕棺墓銅矛のタテケズリ（右側）とマメツ（左側）

写真27 福岡県岡垣遺跡銅矛のタテケズリ（中央）とマメツ（左側）

　須玖岡本王墓は、銅矛の全長の破片が完全に揃うものはないが、復原すると全長46cm前後が想定される。確実なのは、袋部長が12cmであることから、ⅠB型式とは区別できることになるので、ⅡA型式としている。

第 4 章　銅　矛

　今度は、その銅矛の表面を観察すると、鋳造後に実施する研磨痕跡がほとんどみられない。そこで、ⅣA・ⅣB 型式銅矛以外の銅矛では観察できる鋳造後の研磨痕跡がみられない理由を追究しなければならない。

　青銅器は、鋳造後にコウバリなどの最低限度の処理だけではなく、器種によって研磨部位と研磨程度が違っている。Ⅰ型式銅矛は、宇木汲田 41 号甕棺墓例（写真 24）のように袋部をタテに研磨しているし、福岡県西方例のようにⅢ型式までは同様な研磨が継続されている。ところが、須玖岡本王墓と立岩遺跡の銅矛には、その研磨痕跡がほとんどなく、手などが触れにくい耳や翼付近にわずかに残されている程度である。この現象は、伝世鏡問題で論及したように（柳田 2002a）、伝世による「マメツ」以外に考えられない。

　一方、熊本県今古閑でⅡA・ⅡB・ⅡC 型式が共伴している事実があり、これとの合理的な説明が必要となる。北部九州の中枢部から離れた遠隔地では、神庭荒神谷のようにⅡC 型式とⅢA 型式が共伴することで、この時期には同時に伝世と埋納が開始されていることがわかる。立岩遺跡などで明らかなように、この中期末の首長墓では鉄製武器の副葬が普及している。それにもかかわらず王墓と大首長墓（柳田 2002b）は青銅武器を副葬する理由が存在するはずである。

　両王墓が副葬しているのはⅠB・ⅡA 型式であり、三雲南小路王墓の全長 43.3cm の銅矛をⅡA 型式に含めるとしても、ⅢA 型式と共伴する事実がない以上は、王墓がなんらかの必然性があって伝世して保有しているのである。中型前漢鏡を 6 面保有する立岩堀田 10 号甕棺墓は、地域の大首長であり、鉄製武器をも共伴している。同じくⅡ型式銅矛を保有する甕棺墓は、中期後半の地域の首長墓であり、佐賀平野では副葬銅矛がみられないように、もともと銅矛を副葬する首長墓は限定されている。しかも、久里大牟田 2 号甕棺墓は複数の青銅武器を保有し、その矛は長大な鉛矛である（井上・松浦 1993）。

　このように考えてくると、中期中頃あるいは中期後半の早い時期にⅡA 型式銅矛が祭器化し、その一部が王墓と地域の大首長に占有されるのも理解できる。これは、王と大首長が政治的権力と祭祀権の両方を把握している証しであり、その後も祭政一致の原則が継続される。ところが、祭祀形態にも変化があり、権威の象徴が青銅武器から銅鏡へと変化するなかで、前漢鏡が多量に保有できるようになると、大型前漢鏡が最高の権威の象徴となり、Ⅲ型式以後の銅矛祭祀は中枢部では下位階層の、地域では小首長および一般共同体の祭器となる。これは、近畿地方を中心とした地域共同体の農耕祭祀に銅鐸が使用されたように、北部九州では戦いの祭祀に武器形青銅器が使用され、埋納されたのである。

　ここに、王権が誕生したことによって、首長霊継承の儀式が銅矛から銅鏡へ交替する過渡期を迎えたことを知ることができる。王墓直前の久里大牟田 2 号甕棺墓は、銅鏡をもたずに現長 64.1cm の鉛矛（ⅡC 型式）・「中細形銅戈 C 類」と管玉をもつところが、そのことを如実に証明している。

　すなわち、王墓より古式の甕棺が同時期の銅戈と新しい型式の銅矛をもつ事実が存在することと、伝世「マメツ」した王墓のⅡA 型式銅矛を総合すると、中期末に「中細形銅矛」と「中広形銅矛」が共存する事実はなく、周辺地域で別次元で共存することがあっても、その意義がまっ

たく異なっている。
　王墓や首長墓では、「中細形銅剣・中細形銅戈」・鉄戈を棺外に副葬することがあり、副葬形態においても祭器化がいち早く始まっているが、それでもⅡA型式銅矛が棺内に納まり、その重要な役割が存在することを証明している。

（4）短身銅矛
①　香川県瓦谷銅矛と韓国茶戸里1号墓銅矛
　茶戸里1号墓銅矛（図30-2）は、全長55.3cm、袋部長12.8cm、節帯幅2cmの計量的数値をもつが、平面的な型式分類では「中細形銅矛」である。これと同型式の香川県瓦谷銅矛（図30-1）は、現全長55cm、袋部長12.7cm、節帯幅1.7cmで、計量的数値も近似する。瓦谷銅矛は、岩永・吉田双方が「中細形銅矛c類」に分類するが、同型式の中では短身に属する。両氏の分類では、各型式に長身と短身が含まれており、長大化だけではないこととして理解されている。しかし、同型式としては計量的差がありすぎる。茶戸里例は、節帯が幅広いのに加えて弧を描いた裾広がりであり、耳こそⅢA・ⅢB型式のように削り出し突帯ではないが、「中広形銅矛」に近い型式であり、やはり短身銅矛として型式分類すべきである。

②　韓国龍田里木棺墓銅矛（第2章参照）
　龍田里銅矛（図30-3）は、全長51.3cm、身長38.8cm、袋部長12.5cm、鋒長11.0cm、鋒幅3.3cm、関幅5.8cm、鎏部径2.8cm、節帯長1.7cm、節帯幅2.8〜3.2cmの計測値をもつ。平面形態は前記の茶戸里銅矛・瓦谷銅矛に類似するが、耳周囲と袋部両側の削り出し突帯は「中広形銅矛」と同一であることから前記二者よりは新しい型式である。

③　伝韓国槐亭洞銅矛
　伝槐亭洞遺跡銅矛は、現存全長35.7cm、袋部長12cm、袋基部最大幅3.4cm、節帯幅1.8cm、翼最大幅4.8cmの計量的数値を示す。形態的特徴は、身部が鋒に向かって直線的にすぼまるところと、袋部両側の突線、節帯幅の広さである（図30-4）。
　茶戸里銅矛と伝槐亭洞銅矛を比較すると、形態的に著しく異なるのは研ぎ減りする身部だけである。このことから伝槐亭洞遺跡銅矛は、袋部・翼・樋には縦方向の研磨痕跡が観察できるが、刃部は再研磨によって著しく研ぎ減りしたものと考える。
　型式的には、瓦谷→茶戸里→伝槐亭洞→龍田里銅矛の順番を考えている。

④　伝韓国安渓里銅矛
　千々賀庚申山銅矛と同型式の安渓里銅矛は、全長33.7cm、鋒長9.8cm、鋒幅2.6cm、関幅3.47cm、袋部長9.6cm、節帯部最大幅3.06cm、同最大厚2.2cm、節帯幅1.4cmの計測値をもち、双耳で両孔が穿孔されている。節帯部は末広がりで、元部と樋は内傾斜が著しい（図33-1）。他にⅠCa型式銅矛、ⅡB型式銅矛などが共伴している。

⑤　佐賀県唐津市千々賀庚申山銅矛
　さらに、ⅢB型式に属する銅矛が数例存在する。吉田が「細形銅矛d類」とする千々賀庚申山と韓国安渓里銅矛は、双耳と幅広く裾広がりの節帯が特徴的である。千々賀庚申山例（図33-2）

第4章　銅　矛

は、全長36.3cmの短身で鋒部が身長の47％を占めるところにも特徴があるが、この型式は全体的な形態を安渓里例と総合して、研ぎ減りは考慮しないほうがよさそうだ。刃部の一部に広い研ぎ分けが観察できる。

⑥　木坂6号石棺墓銅矛

「中広形銅矛」に属するⅢB型式短身銅矛を紹介する。岩永が「細形銅矛Ⅱc型式」に分類している木坂6号石棺墓出土銅矛は、現存全長38.4cm、袋部長9.7cm、袋部最大幅3.52cm、最大厚さ2.7cm、袋上端幅2.46cm、厚さ1.86cmの計量的数値をもつⅢB型式銅矛である（図33-3）。これまで「細形銅矛」に分類されてきた理由は、前述のように非計量的項目のうち平面的な形態が重視されたためであろうが、研ぎ減りしない袋部の特徴がⅢ型式の特徴と一致する。袋部は、両側に鰭状の突線、幅広く裾広がりの節帯、耳周囲の削り出し突帯という特徴を備えている。いわゆる「中広形銅矛」のⅢA型式と多少違うのは、耳の孔が鋳造当初から存在することであるが、裾部の両側の鰭状突線がより発達していることからⅢ型式短身銅矛のⅢB型式とした。

⑦　長崎県島原市景華園銅矛

岩永が「中細銅矛c類」、吉田が「中細形銅矛c類」とする景華園銅矛を検討したい。この銅矛は、甕棺の棺外にⅡB型式銅矛と共伴して副葬されていたもので、樋と袋部に突線を多用する異形の銅矛であるが、基本形が「中広形銅矛」に近いことからⅢB型式とした（図33-4）。袋部に4本の突線、幅広く裾広がりの節帯、耳周囲の削り出し突帯は、従来の中広形銅矛であるが、異なる短身であるがゆえに「中細形銅矛」に分類されたものと推察する。袋部長が13.7cmであるから、復原全長は40〜45cmとなり、袋長が長い割には全長が短くなる。

共伴している銅矛は、現全長54.2cmで、樋が形成されていることからⅡB型式とした。前者をⅢB型式としたことから、短身「中広形銅矛」と「中細形銅矛」が共伴することになるが、後者は刃部と「マメツ」しにくい袋基部、翼の一部だけに研磨痕跡がみられることから、若干伝世したものと考える。

⑧　韓国飛山洞銅矛

図33-5の銅矛は、韓国湖巌美術館が所蔵する旧金東鉉氏蔵品である。全長57.4cmの銅矛の全体的な特徴は、ぽってりした全形と幅広く裾広がりの節帯にある。平面的な形態ではⅡ型式とⅢ型式の中間的型式であるが、耳には孔がないことからⅢB型式とした。この銅矛の鋳造技術面で興味あるのは、鋳型が前後左右にかなりずれていること、身部上半分に鬆が多いことのほかに節帯が削り出された部分に湯継ぎがみられることである。この部分は、提供された原図コピーにガラス越しの観察ではあるが、袋部本体の片面に2個を穿孔して湯継ぎしていることから加筆した。この技術は、春日市西方ⅢA型式銅矛の2本や銅鐸にみられる鋳掛と同じである。

⑨　長崎県原の辻原ノ久保銅矛

銅矛は矛身を失った袋部のみで、原ノ久保A9号土坑から「長宜子孫」銘内行花文鏡・ガラス勾玉などと出土した。この土坑は、開墾などで破壊された石棺墓の出土品を廃棄するために掘られたものであることから、銅矛も副葬品であった可能性が高い。銅矛の残存長8.6cm、基部幅3.2cm、同厚さ2.8cm、袋部上部幅1.65cm、同厚さ1.4cmの計測値をもち、基部側面に径

0.55cmの円孔を穿っている。側面の一部に鋳型の合せ目の痕跡もある。銅矛の型式はⅠDa式である（図20-2）。

⑩　伝韓国金海銅矛

韓国慶尚南道金海出土と伝える4本のⅠD式銅矛のうち釜山直轄市立博物館所蔵品2本を図示したが、他に同型式が2本ある（尹1972a）。

図20-3銅矛の特徴は、身部が「深樋式銅剣」（BⅣb式）と同じであること、著しくえぐれた関部は翼を形成しないこと、筒状袋部には耳ではなく、両側に鋳造後のドリル状穿孔があることでⅠDa式である。なお、中空部のない身上半部の破片では、BⅣb式銅剣との区別が困難である。

図20-4銅矛の特徴は、身部の平面形で鋒が広いこと、翼が内湾すること、袋部の突帯の多用、耳の鋳造後のドリル状穿孔などであろう。刃部は、ⅢA型式と同じ方向に研磨され刃をもつが、先端ほど鬆が多い。

これらの銅矛は、ⅢB型式の系統には属するが、関部が次第にえぐれて段を形成する型式が朝鮮半島南部の鉄矛に受継がれることから、半島独自の型式として分類されるべきものである。時期は、BⅣb式銅剣と類似する型式であり、北部九州では後期前半であることから、ⅢB型式に近い型式である。

以上のように、短身銅矛は実戦武器として実用されたものがある。ⅢDa式の久原遺跡例は、第8章写真4のように刃部に金属刃同士で打ち付けた刃こぼれがある。さらに身部を観察すると、両側の樋の長さが揃わないことと、鋒が身長の46％前後であることから刃こぼれ以前にも研ぎ減りしていることがわかる。

ⅡDa型式の元松原例、ⅡD式の伝槐亭洞例、ⅢB型式の木坂遺跡例もⅠ型式同様に実戦に実用されている。石剣・銅剣の実用における研ぎ減りについては橋口達也の研究（橋口1992）があり知られているが、武器形祭器と考えられた中細形以後の型式では注意されていない。

武器形祭器で研ぎ減りがみられるのは、前述したように短身銅矛に限定されていることから、短身であるがゆえに刃部を研ぎ出して実戦に使用できたものと考える。

7　まとめ

銅矛の新しい型式分類を提示して、朝鮮半島東南部に分布するこれまで「細形銅矛」とされてきた一群を北部九州製としてⅡ型式に分類することで、舶載品と国産品が明確にできたものと確信する。

さらに、長大化をとげる武器形祭器がある一方で、各型式に短身銅矛が存在することを検証してきた。これらは、短身と研ぎ減りで細身であるがゆえに、「細形銅矛」や「中細形銅矛」に分類されてきたことから、その型式の使用期間が長期間にわたっていた。これまでの型式分類では研ぎ減りすることが知られていながら、その実際が理解されずに計量的・平面的分類が優先したために異型式が含まれていた。これらを各型式の短身銅矛として型式分類することで、時期相応の型式分類ができたものと確信する。

短身銅矛は、各型式内でも時期的に新しいことから、長大化をたどる武器形祭器のなかで型式

第4章 銅矛

的存在を明確に示していることが検証できた。

また、短身銅矛は、短身であるがゆえに実戦武器あるいは祭祀における模擬戦用としても転用・活用された。鉄製武器が首長層には普及しているにもかかわらず、祭器化した銅矛が転用・活用されたことは意味があるかもしれない。ところが、ⅢB型式は、北部九州の中枢部である「イト国」・「ナ国」では出土例がないことが、鉄製武器の普及と関連するが、朝鮮半島での短身銅矛は別の解釈が必要となる。

すなわち、鉄器が普及している朝鮮半島で、紀元後にも銅矛を活用しているのは、北部九州の小首長や一般共同体と同じ祭祀行為を実施している地域が存在するからであり、北部九州倭人との交渉が活発であることを意味する（柳田1989・1991a・1992）。

短身銅矛は朝鮮半島でも出土し、北部九州と同様な価値観を共有するが、各型式の鋳型が北部九州に存在することから、当然北部九州で製作されている。しかし、ⅢB型式以後になると朝鮮半島独自の型式が存在することから、現地での製作がありうる。

註
1)「列島には朝鮮半島青銅器文化Ⅲ期中葉、つまり銅矛が儀器化を始めるころに伝わり、その性格を継承した」とする（下條2000）。しかし、下條も銅戈の有文化が半島より早いことを認めているように、銅矛の耳や多重接帯、大型銅剣などは列島の方が早く出現することから、これも青銅武器の型式分類が未整備な段階での性急な見解である。

表3 銅矛一覧

図	型式	名称	出土地	遺構	時期	伴出品	全長	備考	文献
	Ⅰ	九鳳里	韓国忠清南道	石囲木棺	Ⅳ-1	多鈕粗文鏡2・銅剣11・銅戈2 銅斧・銅鑿・銅鉇・土器2 石斧・砥石	17.7		李康承1987
18-1	ⅠA	草浦里	韓国全羅南道	石囲木棺	Ⅳ-2	中国式銅剣・銅剣4・銅戈3 多鈕細文鏡3・銅鈴類5	27.9		李・徐1988
	ⅠA					銅鉇・銅鑿2・銅斧・銅鑿・銅斧 銅把頭飾・曲玉2・砥石2	26.1+		
	ⅠA	炭坊洞	韓国大田			銅剣・銅鑿			国立中央博物館・国立光州博物館1992
	ⅠA	白雲里	韓国慶尚南道			銅剣4・銅鉇			沈1980
2	ⅠA	伝霊岩	韓国全羅南道		Ⅳ-2	鋳型一括	20.2	鋳型	林1987
3	ⅠA					剣・戈・多鈕鏡・斧・鑿・鉇	矛形18	鋳型	
	ⅠA	南陽里	韓国全羅北道		Ⅳ-2	銅剣・銅把頭飾b・多鈕細文鏡 鉄鑿・鉄斧・磨製石鏃B・石刀			国立中央博物館・国立光州博物館1992
	ⅠA	黒橋里	北朝鮮黄海道			銅剣・銅把頭飾・蓋弓帽 五銖銭2・乙字形銅器2・銅匙 笠形銅器3			国立中央博物館・国立光州博物館1992
4	ⅠB	伝長城1号	韓国全羅南道			裏面にBⅠb式銅剣鋳型	矛形25	鋳型	全1991a
	ⅡA	平章里	韓国全羅北道		Ⅴ-1	銅剣2・銅戈・前漢鏡			全1987
5	ⅡA/ⅡB	安徳台	福岡県那珂川町	2号住	中期中頃	土器、裏面に銅戈鋳型	2.7+	鋳型	茂2006
5章30	ⅡAb1	吉野ヶ里	佐賀県神埼市	SK04	中期前半	土器		鋳型	佐賀1992・1997 柳田2003c
6-1	ⅡAb1			7トレ	中期前半		10.5+	鋳型	
5章31	ⅡAb1	惣座	佐賀県佐賀市	SK635				鋳型	立石1986
6-2	ⅡDb	八ノ坪	熊本県熊本市	採集	中期前半	土器、送風管、銅剣・銅戈鋳型	4.8+	鋳型	林田・宮崎2008
7-1	ⅡB	土生	佐賀県小城市		中期前半	銅剣・鉇鋳型	5.4+	鋳型	永田2005
7-2	ⅡA						6.55+		
8	ⅡB	東小田峯	福岡県筑前町	145号住	中期中頃古	土製鋳型、中型、土器	9.7+	鋳型	柳田2009b
9	ⅡA	大谷（立石堀田）	福岡県春日市	B10号住	中期後半		15.9+	鋳型	佐土原1979
10	ⅡB	中原1号A面	佐賀県唐津市	包含層	中期後半	土器	15.7+	鋳型	戸塚2010
11	ⅡB	中原2号A面					6.7+	鋳型	柳田2011a
11	ⅡB	中原3号A・B面					4.9+	鋳型	

7 まとめ

図	型式	名称	出土地	遺構	時期	伴出品	全長	備考	文献
12	ⅡA	本行1号A	佐賀県鳥栖市	土器溜り	中期後半	土器	10.7+	鋳型	向田編1997
	ⅡDa	本行1号B							柳田2005a
13	ⅡD	伝沖ノ島	伝福岡県宗像市	採集	不明	不明	28.7		阿久井・佐田1979
									柳田2011d
14	ⅡA	本行2号	佐賀県鳥栖市	溝	不明		10.3+	鋳型	向田編1997
14	ⅡA/ⅡB	本行7号		溝	不明		6.3+	鋳型	柳田2005a
14	ⅡA/ⅡB	本行8号		1号溝	後期		8.7+	鋳型	
15	ⅡDb	隈・西小田	福岡県筑紫野市	6-12住	中期後半	土器	28.3+	鋳型	柳田2003c
16	ⅡDb	八田5号	福岡県福岡市	採集		鋳型類	36.9+	鋳型	柳田2003c
17	ⅢAa	安永田A面	佐賀県鳥栖市	2号土坑	後期初頭	土器	49.3+	鋳型	藤瀬編1985
	ⅢB	B面					49.3		柳田2003c
18-2	ⅠA	八達洞	韓国大邱	M100	V-2		14.5		嶺南文化財研究院2000
18-3	ⅠCa	伝安渓里	韓国慶州		V-1	銅鏃・笠形銅器5	15.5+		国立慶州博物館1987
26-1	ⅡB2				V-1		44.5		
18-4	ⅠCa	八達洞	韓国大邱	M90	V-1		18.2+		嶺南文化財研究院2000
18-5	ⅠBa	葛洞	韓国全羅北道	M8	Ⅳ-2		25.9+		湖南文化財研究院2009
18-6	ⅠCb	八達洞	韓国大邱	M100	Ⅳ-2		26.6		嶺南文化財研究院2000
19	ⅠBa	伝公州	伝韓国公州		不明		22.2		韓国基督教博物館2011
20-1	ⅠBb	宇木汲田	佐賀県唐津市	K41	中期中頃古		37		岡崎1982
20-2	ⅠDa	原の辻原ノ久保	長崎県壱岐市	9号土坑	後期前半	後漢鏡・ガラス勾玉・ガラス丸玉	8.7+		長崎県教育委員会2005
20-3	ⅠDa	伝金海	韓国慶尚南道				39.5+		尹1972a
20-4	ⅠDb	伝金海	韓国慶尚南道				38.6+		柳田2003c
	ⅠB	入室里	韓国慶州		V-1	銅剣4・銅戈	33.6		大正報告
	ⅠB					銅鈴2・小銅鐸3	32		榧本1980
	ⅠC						20.6		
	ⅡAa						39.1		
	ⅠC	竹東里	韓国慶尚北道		V-1	銅剣・銅把頭飾2・ⅢB式銅戈	29.5		韓1987
						銅泡25・馬鐸・銅鏃			
21-1	ⅡAa1	吉武高木	福岡県福岡市	M3	中期初頭	多鈕細文鏡	20.7		力武・横山編1996
						銅剣2・ⅡAa式銅戈			
						硬玉勾玉			
						碧玉管玉			
8章4-2	ⅡAa1	吉武大石	福岡県福岡市	K67	中期初頭		18.4+		
21-2	ⅡAa1	中原X-42区画	佐賀県唐津市	SJ11247	中期前半古	成人男性人骨	24.3		佐賀県2010
21-3	ⅡB1	馬渡束ヶ浦	福岡県古賀市	K2	中期初頭	銅剣2・ⅠAb型式銅戈	20.2		井2006
	ⅡAa	宇木汲田	佐賀県唐津市	G-1地区			38.9		岡崎1982
	ⅡAa1	伝筑紫郡	旧福岡県	不明	中期	不明	28.8		
22-1	ⅡAa2	吉井	糸島市二丈町				36.8+		柳田1983a
22-2	ⅡAa3	須玖岡本81-1	福岡県春日市	王墓	中期後半	前漢鏡約30・銅剣3	復44.3		東京国立博物館2005
22-3	ⅡAa3	81-2		墳丘墓		ⅣBc式銅戈	復47.9		岩永1982
22-4	ⅡAa3	81-3		甕棺		ガラス璧片	復45.7		井上他2002
22-5	ⅡAa3	81-4				ガラス勾玉	復45.5		
22-6	ⅡAa3	81-5				ガラス管玉	復45.2		
22-7	ⅡAa3	81-6					復38.4		
23-1	ⅡAa3	久里大牟田	佐賀県唐津市				46.8+		中島1980
23-2	ⅡAa3	立岩堀田	福岡県飯塚市	K10		前漢鏡6・鉄剣	50.3		立岩遺跡調査委員会編1977
						鉄鏃・砥石			
23-3	ⅡAb1	吉武大石	福岡県福岡市	K45	中期初頭	ⅠBa3式銅剣	35.7		力武・横山編1996
	ⅠA	九政洞	韓国慶州		V-1	銅剣4			金1952
24-4	ⅠBb					銅戈3	35.2+		小田・韓編1991
24-3	ⅠCb					鉄剣・素環頭大刀	24.3		
24-1	ⅡB2					鉄製環頭柄・鉄斧・？	43.7		
24-2	ⅡB3						34.2+		
	ⅡA	新川洞	韓国		V-2	銅戈・小銅鐸・馬鐸			国立中央博物館・国立光州博物館1992
	ⅡA					笠形銅器2			
	ⅡB	伝飛山洞	韓国大邱		V-2	銅剣・触角式把頭飾	40		湖巌美術館1997
27-4	ⅡB3				〜	ⅠCa式銅戈・V型式銅戈	67.2		
33-5	ⅢBd				Ⅵ-1	蓋弓帽・角形銅器3・虎形帯鉤	57		
	ⅡA	伝洛東里	韓国尚州		Ⅵ-1	銅剣・銅把頭飾・有鉤銅器2			小田・韓編1991
	ⅡB					有孔十字形銅器・角形銅器			
	ⅡAa3	三雲南小路	福岡県糸島市	王墓	中期後半	前漢鏡35・ⅣBc式銅戈	43.3		青柳1822
						有柄式銅剣			柳田編1985
						金銅製四葉座飾金具8			
	ⅡB?			墳丘墓		ガラス璧8・ガラス勾玉3	47.9		
				1号棺		ガラス管玉多数・水銀			
	ⅡAa3	今古閑	熊本県植木町						岡崎1982

第4章　銅　矛

図	型式	名　称	出土地	遺構	時期	伴出品	全長	備考	文献
	ⅡAb1	德須恵	佐賀県唐津市	支石墓			30.3		岡崎編1982
5章30	ⅡAb	吉野ヶ里	佐賀県神埼市	SK04			―	鋳型	佐賀県1992
5章31	ⅡAb	惣座	佐賀県佐賀市				―	鋳型	立石1986
25-1	ⅡB2	宇木汲田	佐賀県唐津市	K37	中期中頃新		38.2		岡崎編1982
25-2	ⅡB2			1930年			40.9		森本1930c
25-3	ⅡB2			1930年			32.7		岡崎編1982
	ⅡDa	田熊石畑	福岡県宗像市	2号墓1号	中期前半	銅矛・BⅠa・ⅡBa・ⅡBb銅剣2 ⅡAa銅戈・玉類	25.7+		柳田2011d
	ⅡB2			2号墓2号			41		白木2009
25-4	ⅡB2			4号墓	中期前半		40.3+		
26-2	ⅡB3	野間門ノ浦	福岡県福岡市				46.5+		近藤1969
26-3	ⅡB3	今古閑	熊本県植木町	埋納	中期末	銅矛4	54.2+		岡崎編1982
26-4	ⅡB3	景華園	長崎県島原市			ⅢB式銅矛	54.3+		島田1931
	ⅡB3	柏崎石蔵	佐賀県唐津市		中期末	触角式銅剣	64		森本1930c
	ⅡC						60.6		岡崎1982a
27-1	ⅡA3	今古閑	熊本県植木町	埋納	中期末	銅矛4	60.3+		岡崎編1982
27-2	ⅡB3						56+		
27-3	ⅡB3	岡垣町	福岡県岡垣町				55+		柳田2011d
28-1	ⅡC	久里大牟田	佐賀県唐津市	K2	後期後半古	銅戈・管玉	64.3+	鉛矛	中島1980
28-2	ⅡC	神庭荒神谷1号	島根県出雲市	埋納	(中期末)	ⅢA銅矛12	67.5+		松本・足立編1996
28-3	ⅡC	神庭荒神谷2号				菱環鈕式銅鐸・外縁鈕式銅鐸5	69.6		
29-1	ⅡAb2	板付田端	福岡県福岡市		中期初頭 ～ 中期中頃	銅矛4	22.3+		中山1917a
29-2	ⅡAb2					墳丘墓の6基中3基の甕棺墓に副葬	16.6+		東京国立博物館2005
29-3	ⅡDa						22.5+		小田1985a、柳田2003c
29-4	ⅡDa	元松原	福岡県岡垣町				16.8+		柳田2003c
29-5	ⅡDa	久原	福岡県宗像市	iv-1D	中期後半	銅剣	21.5		安部1993、柳田2003c
	ⅡDc	住吉神社	福岡県福岡市	埋納	中期末	銅矛3	53.8		岡崎編1982
	ⅡDc				中期末	銅戈6	55.1		
30-1	ⅡDc	瓦谷	香川県善通寺市	埋納	中期末	平形銅剣2	54.8+		高橋1925
30-2	ⅡDc	茶戸里	韓国慶尚南道	1号墓	中期末	星雲文鏡・中国式鉄矛4 銅把頭飾付銅剣2・筆・鉄器他	55.2		李・李・尹・申1989
30-3	ⅡDc	永川龍田里	韓国慶州市			銅矛2・馬鐸2・五鉄銭 鉄矛9・鉄戈2・把頭飾 鋳造鉄斧・板状鉄斧多数 馬具・金銅製弩機など	51.3		国立慶州博物館2007
30-4	ⅡDc	伝槐亭洞	韓国忠清南道				36+		沈1987、柳田2003c
31-1	(ⅡA)	吉武大石	福岡県福岡市	K1	中期初頭		2.7+	切先	力武・横山編1996
31-2	(ⅡA)	天神免	熊本県山鹿市	D27	中期		1.8+	切先	高木1979
31-3	(ⅡA)	年の先	熊本県玉名市		(中期前半)		2.65+	切先	岡崎編1982
31-4	(ⅡA)	石丸	福岡県久留米市	K67	中期前半古		9.8+	切先	桜井1994
31-5	(ⅡA)	馬場山	福岡県北九州市	D27	中期前～中		6.39+	切先	栗山1980
31-6	(ⅡB)	南大橋県営住宅	福岡県福岡市	採集	不明		10.3+	切先	岡崎1982
31-7	(ⅡB)	隈・西小田	福岡県筑紫野市	K279	中期中頃		3.62+	切先	草場1993
31-8	ⅡB	柚比本村	佐賀県鳥栖市	SJ4392	中期前半古		16.3+	切先	佐賀県2002
31-9	(ⅡB)	船石南	佐賀県上峰町	SJ1104			9.17+	切先	原田2002
31-10	ⅡB	朝町竹重	福岡県宗像市	M28	中期前半		16	切先	安部1997
31-11	ⅡB	栗田	福岡県筑前町	採集	(中期後半)		17.67+	切先	柳田1984
31-12	ⅡB	唐古・鍵	奈良県田原本町	SD-120	大和Ⅱ様式		3+	切先	藤田1989
	ⅢAb	檢見谷	佐賀県みやき町	埋納	後期初頭	ⅢA銅矛12			七田1986
32-1	ⅢAa	神庭荒神谷3号	島根県出雲市	埋納	後期初頭	ⅡC銅矛2・ⅢA銅矛14・銅鐸6	74.9		松本・足立編1996
32-2	ⅢAb	下淵	福岡県朝倉市	埋納	後期初頭	ⅢA銅矛	82.8		柳田1984
32-3	ⅢAb	神庭荒神谷10号	島根県出雲市	埋納	後期初頭	ⅡC銅矛2・ⅢA銅矛14・銅鐸6	83.1		松本・足立編1996
33-1	ⅢBa	安渓里	韓国慶尚南道	V-2		銅矛2・銅鏃・笠形銅器5	33.7		柳田2003c
33-2	ⅢBa	千々賀庚申山	佐賀県唐津市				36.1		岡崎1982
33-3	ⅢBb	木坂	長崎県対馬市	S6		銅剣	38.5+		柳田2003c
33-4	ⅢBc	景華園	長崎県島原市	甕棺墓	中期後半	ⅡB3銅矛	36		島田1931、柳田2003c
33-5	ⅢBd	飛山洞	韓国	Ⅵ-1			57		柳田2003c
	ⅣA	日永	福岡県浮羽市	埋納	後期初頭	Ⅵ銅戈	89		佐々木1997
	ⅣA	ハロウ	長崎県対馬市	A地点5号	弥生終末	土器	86.95		高倉編1980
	ⅣA	和多都美神子神社	長崎県対馬市						岩永1985
	ⅣA	塔ノ首1号	長崎県対馬市	S3	後期中頃	銅釧7・ガラス小玉多数	89.14		塔ノ首遺跡調査団1974
	ⅣB	塔ノ首2号				土器	83.8		
	ⅣB	重留	福岡県北九州市	2地点1住	後期中頃	土器・石包丁・砥石	83.5	埋納	谷口編1999
	ⅣB	皇后峯鋳型	福岡県春日市					鋳型	後藤1983

第5章　銅　剣

1　はじめに

　本章で扱う銅剣とは、朝鮮半島と日本に分布する「細形銅剣」とその倣製品である。「細形銅剣」は、朝鮮半島南部の忠清南道で紀元前3世紀初頭に出現することから、これを拙稿では韓式銅剣とした（柳田 2005b・2007a）。朝鮮半島系青銅武器は、前200年前後の弥生中期初頭には北部九州に流入・普及する。このうち銅矛は朝鮮半島と異なり耳（鈕）と節帯のあり方が違うことから、北部九州特有の型式を創出している。この時期の銅戈にも朝鮮半島にない扁平な形式が存在することから、流入当初から国産品が存在することを提唱している（柳田 1982a・1987a）。これまでの青銅武器の型式分類は平面的な形態を重視した分類であることから、研ぎ減りにより細形化した銅矛などの型式分類に研究者間で齟齬が生じていた（岩永 1980a、吉田 2001a）。

　そこで、銅矛と銅剣について、「非計量的項目分類」（岩永 1986）と立体的形態を重視した型式分類を提示した（柳田 2003c・2004a・b・2005b・2007a）。これでは、青銅武器が実戦武器として使用され、研ぎ減りが証明されることから、これまでの銅剣の型式分類が同一型式内での形態変化（型式内変異）を分類していたにすぎないことを論証した。

　また、朝鮮半島の韓式銅剣鋳型と日本出土の大半の鋳型においては基本的な型式差が存在することから、これを型式分類の基準にすることができた。

　一方、鋳型と製品の対照については、1985年の小田富士雄の再検討以来久しい（小田 1985a）。その後も新出鋳型を青銅器型式分類に合わせる方法で分類されてきたが、平面的な型式分類で終始していた。そこで、ここでも「非計量的項目分類」と立体的形態を重視した型式分類から、鋳型と製品の対照を試みる。

2　銅剣の型式分類

(1) 型式分類の基準

　研ぎ減りする刃物の型式分類は、それが鋳造品であれば、最初に鋳型から認定できる型式分類には何があるかが基本であろう。これが認定できれば、これまでのような銅剣や銅戈の脊の研ぎ減り形態による分類が型式分類ではなく、表面的な形態変化を例示していたにすぎないことがわかる。

　銅剣の部分名称と分類の手法においては、岩永省三の「非計量的項目分類表」（岩永 1986）に準じるところが多いが、本稿の分類基準は「樋の有無」・「鎬」の主要な分類項目に微妙に抵触する。その一つ目が樋の認定、二つ目が脊の鎬が鋳型に彫り込まれているものが確認できない以上

第5章 銅剣

は、鋳出し鎬は翼周縁部に限定でき、最初から存在することである。岩永が精緻な分類をしたにもかかわらず、以下に述べるようにいまだに基本的な型式分類が定まらないのはそのためと考える。

吉田広の「弥生時代の武器形青銅器」(吉田2001a)は、先学の実績を踏まえ、多量の自前原図を加えた労作の集成図であり、北部九州以外で実見・実測していないものも集録されていることから、今回はこれをおおいに活用させていただいた。吉田の型式分類で明らかなように、銅剣と銅戈の型式分類では、鋳型から想定される鋳造当初の原形を古くするのではなく、研ぎ減りした形式を前面に出されている。出土する鋳型を一見すれば明らかなように、銅剣・銅戈の鋳型に脊の鎬が彫り込まれているものはないはずである。銅剣においても、「細形Ⅰ式」のxタイプよりyタイプが鋳型から鋳造される原形により近い形式である。

研磨の進行は、剣身に対する鋒部の長さの比率を比較することによっても判断できる。鋳型の鋒の長さはないに等しく、yタイプが短く、それより長いxタイプは再研磨されたものであり、宮井善朗設定のA鎬・B鎬が順当である(宮井1987)。「中細形銅剣」は、扁平・大型化するにしたがって実戦に使用できなくなり、再研磨することが次第に減少していくことから、yタイプが多くなるのもそのためである。ところが、使用頻度による研ぎ減りを説いた橋口達也(1992)をも否定している(吉田1993)。

型式分類においては、従来のように遼寧式銅剣にA、「細形銅剣」にはBを頭に冠するが、朝鮮半島の「細形銅剣」を新しい基準でBⅠ式・BⅡ式・BⅢ式・BⅣ式に細分する。

すなわち、銅矛の型式分類で示したように、これまでの「細形」をⅠ型式、「中細形」をⅡ型式、「中広形」をⅢ型式、「平形」をⅣ型式とするが、銅剣がとくに顕著なように銅矛などの型式分類相互とはⅠ型式とⅡ型式が様式を構成するが、以後の大分類と細分類では様式を構成しない(岩永1980a)。

銅剣は、研ぎ減りによる形態変化がとくに著しいことから、全長など平面的な形態で型式分類できず、研ぎ減りが比較的少ない元の立体的形態によって型式分類が可能となる。これまで確実に「中細形銅剣」と認定されていた大分県浜遺跡例(賀川1961)や兵庫県古津路遺跡例(吉田2001a)の銅剣群の形態的特徴は、身長だけではなく、元の平面的形態や横断面形にある。この諸特徴を「中細形銅剣」の属性として捉え、韓式銅剣と区別する。銅剣の刃部および元の横断面形は、刃先より脊側が厚いものから、ほぼ均等な厚さのもの、逆に刃側が厚くなり明確な樋を形成する形式に変化する。ここで全長や元の平面的形態なども勘案して元の両側が厚くなる形式からⅡ型式とする。

岩永の分類と本稿分類の違いの一つ目である樋の認定は、樋の形成の形態と部位および進展過程にある。翼の脊側より両側周縁部が厚くなる段階を内傾斜樋の出現とみなすことから、岩永のA4の次に前述のようにA7が置かれるべきで、A5の「樋が鋒近くに部分的にあるもの」はほとんどなく、内傾斜樋の出現は元および突出部両側が最初であり、樋先端に内傾斜樋が形成されるのはこれまでの「中細形銅剣」でも最終段階で、型式的にも限定できる。

これまでの「細形銅剣」で最長が36cm前後の佐賀県高志神社遺跡SJ018号甕棺墓例(堤編2000)・福岡県須玖岡本1次15号甕棺墓出土例(平田編1995)であるが、福岡県立石遺跡例は

37cmで意見が分かれている（岩永1986、吉田2001a）。しかし、元の横断面の形態と突出部両側の内傾斜樋の形成から、立石・高志神社・須玖岡本15号がⅡ型式となる。志賀島勝馬遺跡銅剣鋳型（森・乙益・渡辺1960）・佐賀県姉遺跡SK7101銅剣鋳型（堤編1985）は、元だけでなく刃部まで脊側より両側を深く彫る明確な内傾斜樋を形成することから、当然Ⅱ型式である。

銅剣には、銅矛の型式分類で指摘したような小型品が存在する。小型品の実例としては、韓国霊岩鋳型（小田・韓編1991）や佐賀県吉野ヶ里SJ1005・SJ1009（佐賀県教育委員会1992・1997）・山口県梶栗浜例（小田・韓編1991）が知られていながら、「細形銅剣Ⅰ・Ⅱ式」の中に分類されている。これは、これまでのように、「中細形銅剣」の中に小型品が認定されていない段階であれば、さほど不合理さは感じられないかもしれないが、前述したような立体的観察によると、「細形銅剣」の中に「中細形銅剣」が含まれている可能性が出てきたことから、これも分類しておく必要がある[1]。

研ぎ減りのない脊幅には、1.0～1.3cmの小型品、1.4～1.5cmの普通サイズ、1.6～1.8cmの大型品の3類が存在し、研ぎ減りして使用できない全長や身幅を補完してくれることから、細分類に活用できる。

(2) 銅剣の型式分類
① Ⅰ型式

銅剣の型式分類においては、従来のように遼寧式銅剣にＡ、韓式銅剣にはＢを頭に冠するが、朝鮮半島の韓式銅剣を新しい基準でＢⅠ式・ＢⅡ式・ＢⅢ式・ＢⅣ式に細分する（柳田2004a・2005b・2007a）。

ＢⅠ式　韓式銅剣の研磨は、韓国金海会峴里遺跡銅剣（梶本1958・1980）・伝尚州銅剣（小田1976）・江原道釘岩里遺跡銅剣（小田・韓編1991、宮井2003）のような未研磨や研磨初期段階から、図1のように福岡県吉武高木遺跡K117→赤崎遺跡→吉武大石遺跡K51→比恵遺跡SK28→吉武高木遺跡M2→佐賀県宇木汲田遺跡K6、そして吉野ヶ里墳丘墓SJ1007などのように茎までの研磨、あるいは韓国東西里遺跡などのように脊だけの細身になる。

すなわち、これらは鋳造された段階では同一型式であり、研ぎ減りによって形態変化するにすぎないことから、型式分類する必然性がない。

しかし、朝鮮半島のように同一墳墓から複数の銅剣が出土する場合など、これまでは研磨が進行した形式を新しく型式分類していたことから、使用年代の逆転が発生していた。研磨が進行したものほど、長期間保有されていた可能性が限りなく強いにもかかわらず新しく型式分類されていたのである。そこで、個別の銅剣の研磨段階を表示する必要があり、

a：金海会峴里遺跡や伝尚州銅剣のように鋳造後研磨されていないものを0段階[2]。
b：刳方部の脊に研ぎが及ぶ最初段階である吉武高木遺跡M1・M3・K117・赤崎遺跡タイプの研磨を1段階。
c：刳方部の脊を角張って研ぐ段階の吉武大石遺跡K51・宇木汲田遺跡K61タイプを2段階。
d：元に刃部が出現するも、研ぎが脊に及ばない比恵SK28タイプを3段階。

第5章 銅　剣

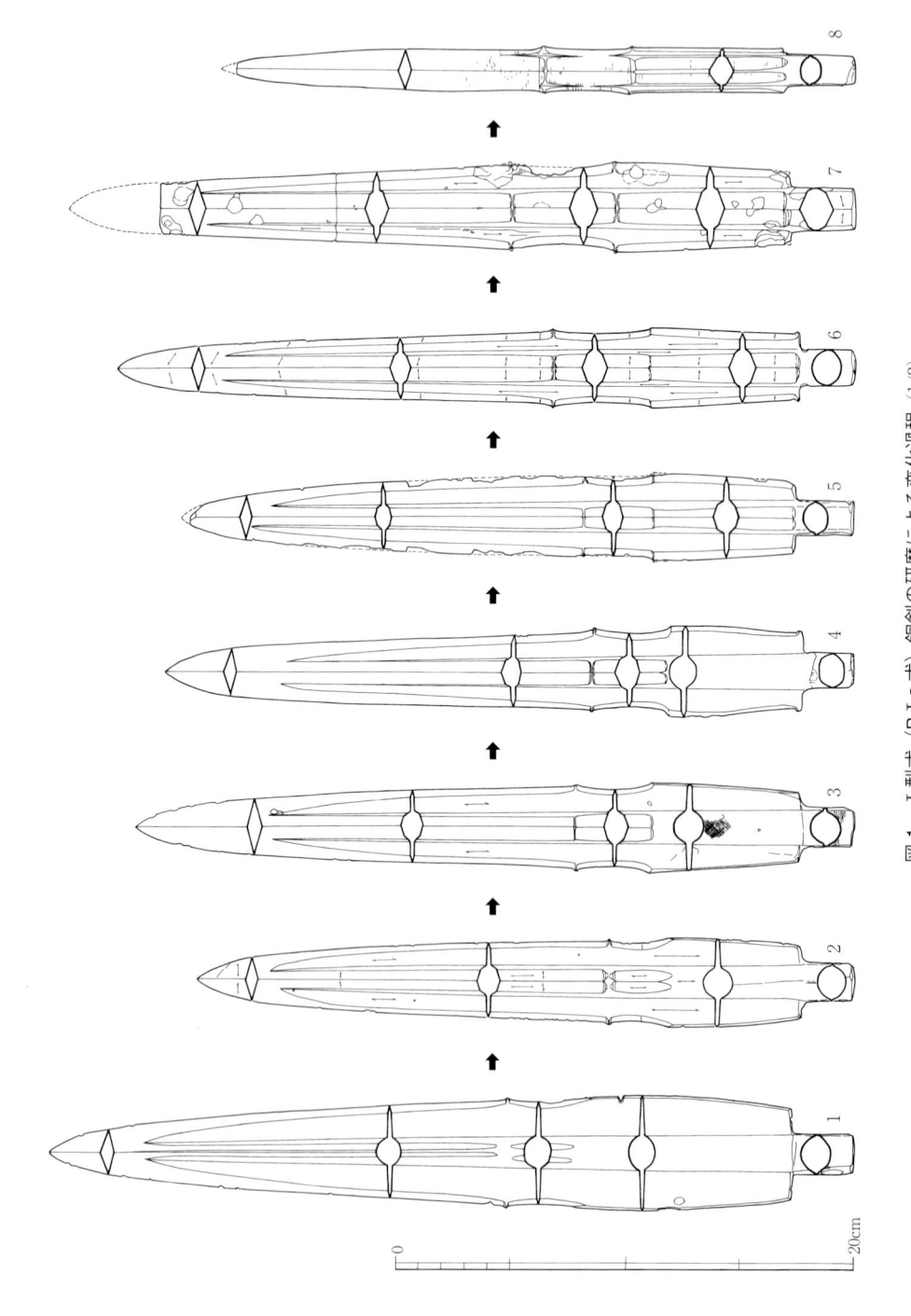

図1　Ⅰ型式（BⅠa式）銅剣の研磨による変化過程（1/3）
1・2：1段階（BⅠa1式）　3：2段階（BⅠa2式）　4：3段階（BⅠa3式）　5・6：4段階（BⅠa4式）　7・8：5段階（BⅠa5式）
1：福岡県吉武高木117号甕棺墓　2：井原赤崎　3：吉武大石51号甕棺墓　4：比恵28号甕棺墓
5：吉武高木2号木棺墓　6：佐賀県宇木汲田6号甕棺墓　7：吉野ヶ里SJ1007　8：韓国東西里

138

2 銅剣の型式分類

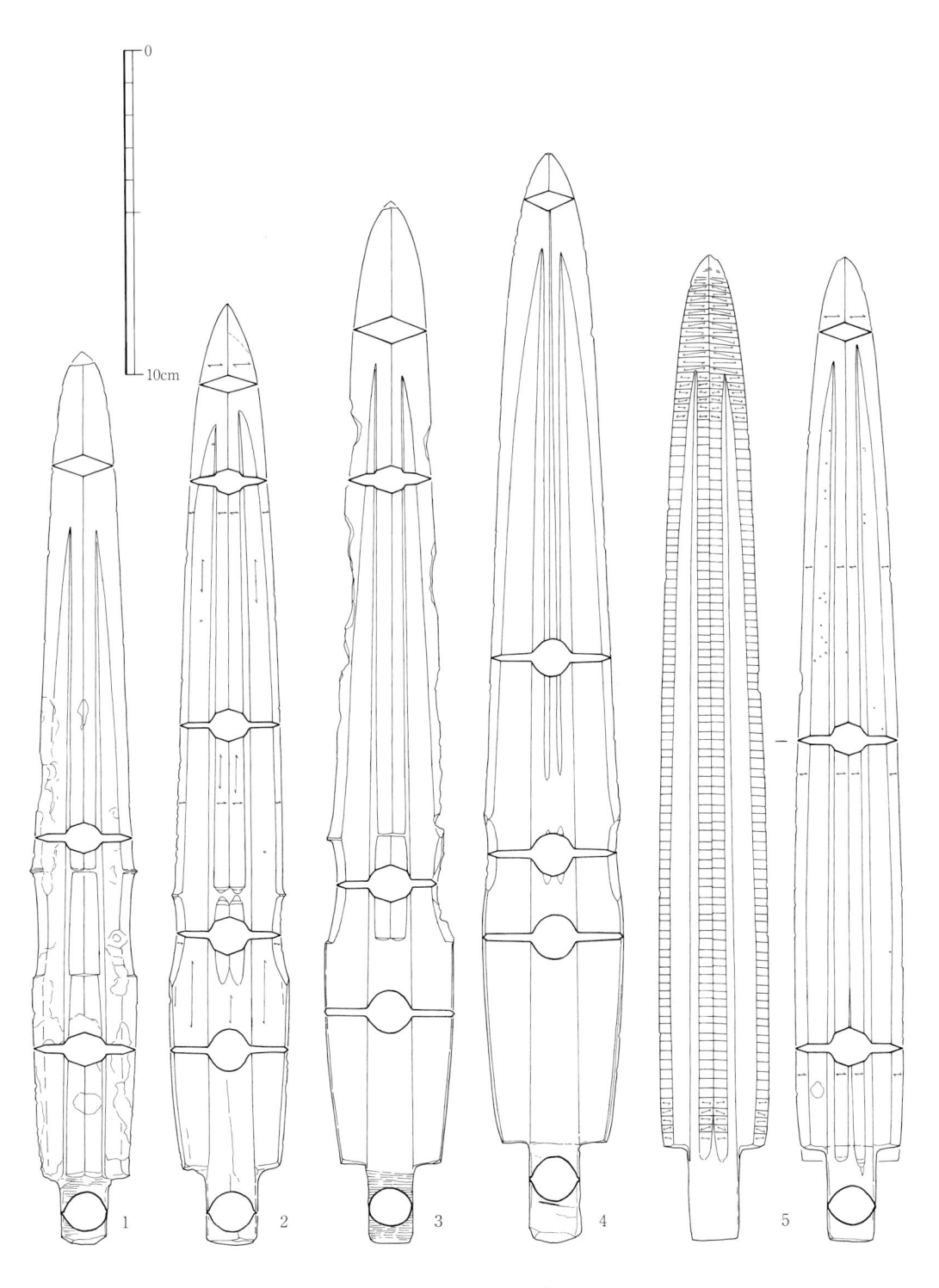

図2 BⅠa式銅剣実測図① (1/2)
1:福岡県吉井 2:井原赤崎 3:久米 4・5:吉武高木3号木棺墓

139

第5章 銅 剣

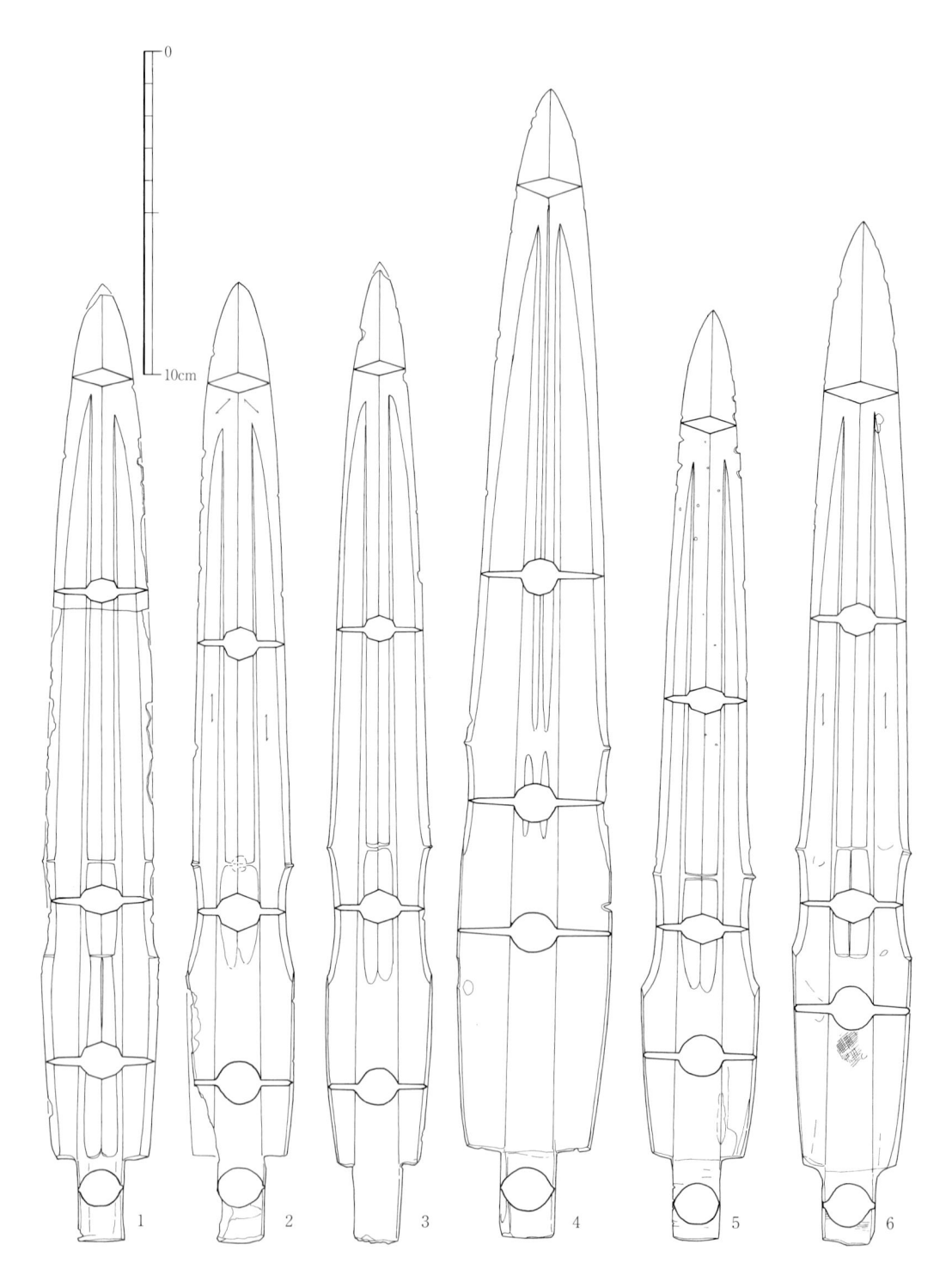

図3 ＢⅠa式銅剣実測図②（1/2）
1：福岡県吉武高木2号木棺墓　2：同100号甕棺墓　3：同115号甕棺墓
4：同117号甕棺墓　　5：吉武大石45号甕棺墓　6：同51号甕棺墓

2 銅剣の型式分類

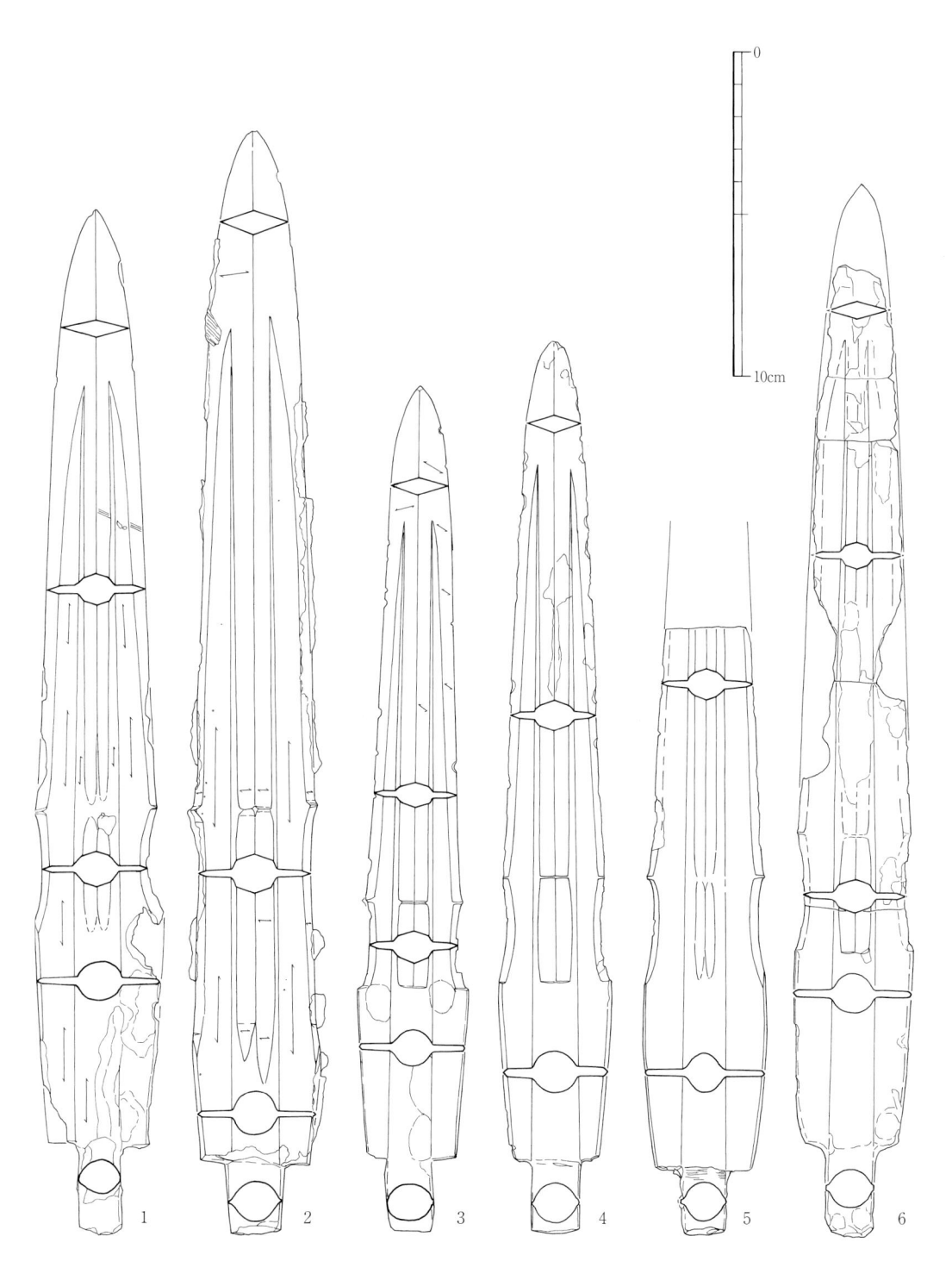

図4 BⅠa式銅剣実測図③ (1/2)
1：福岡県吉武大石140号甕棺墓　2：樋渡77号甕棺墓　3：野方久保25号甕棺墓　4・5・6：板付田端

第5章 銅 剣

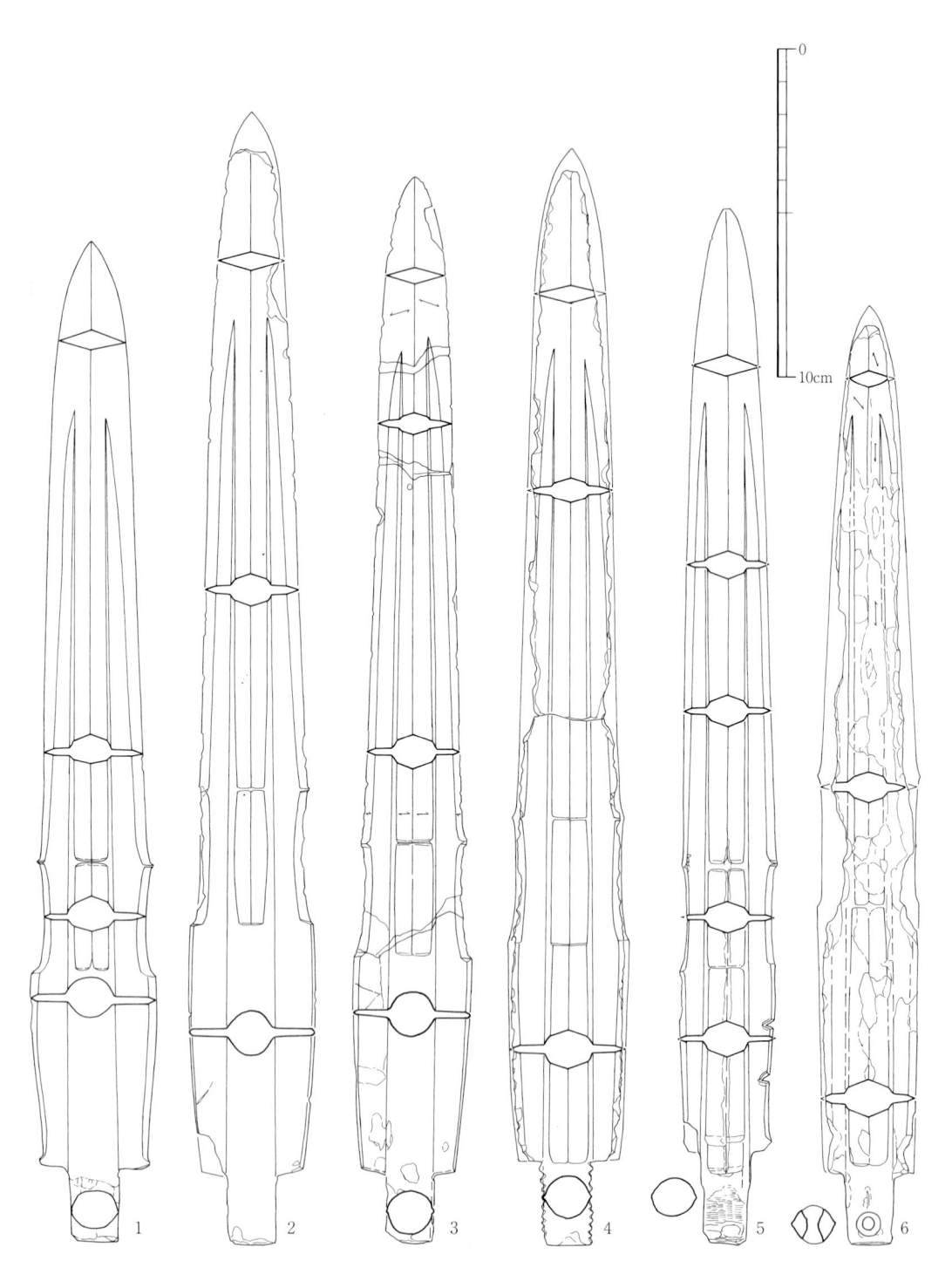

図5 BⅠa式銅剣実測図④ (1/2)
1：福岡県比恵SK28甕棺墓　2：須玖岡本　3：須玖岡本15号甕棺墓
4：須玖岡本B地点1号甕棺墓　5：大分県仲平　6：福岡県高三潴塚崎

2 銅剣の型式分類

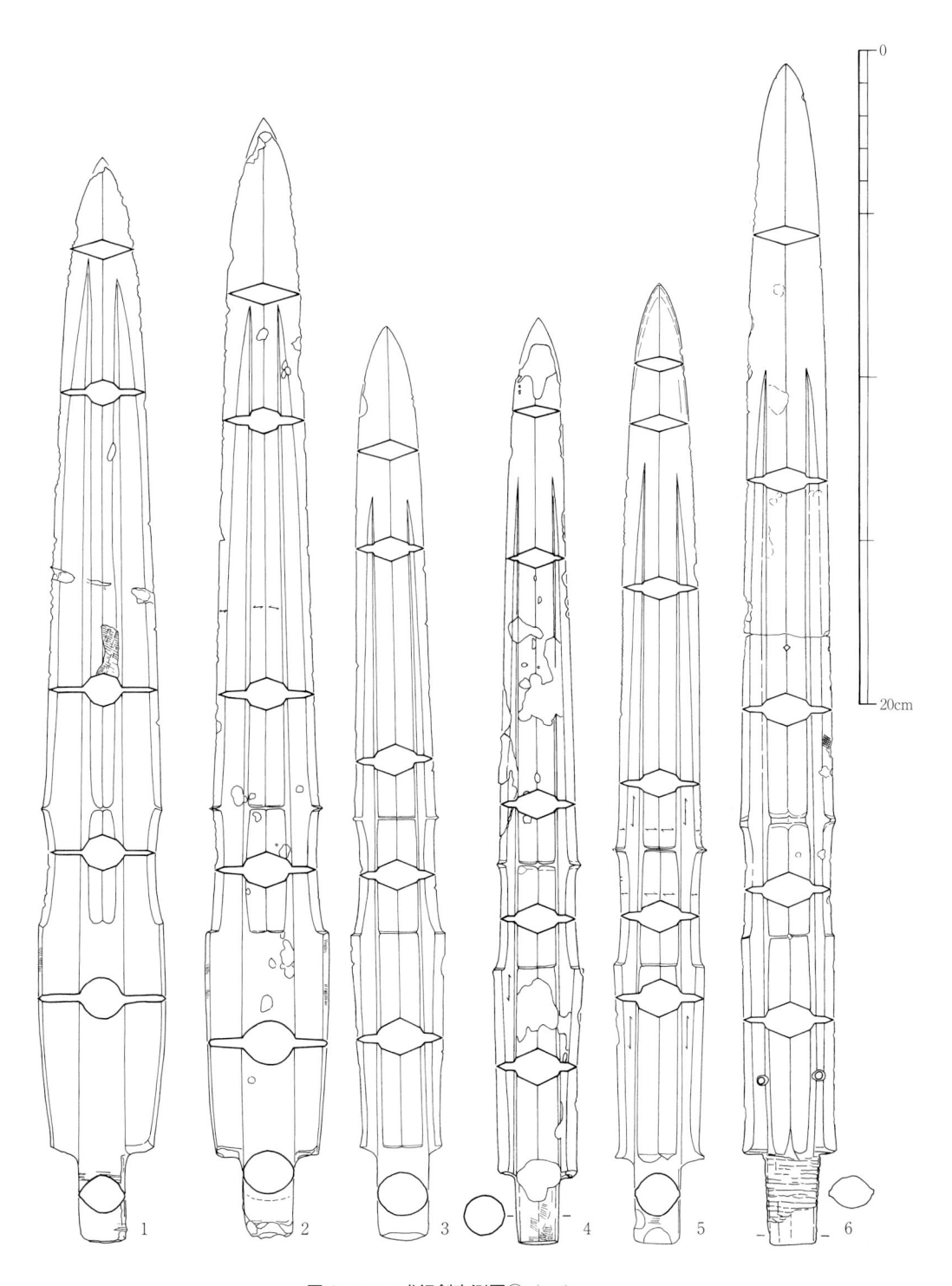

図6 BⅠa式銅剣実測図⑤ (1/2)
1:福岡県馬渡束ヶ浦E地区甕棺墓　2:馬渡束ヶ浦B地区甕棺墓　3:久原
4:田熊石畑3号墓　5:同7号墓　6:小倉城家老屋敷

第5章 銅剣

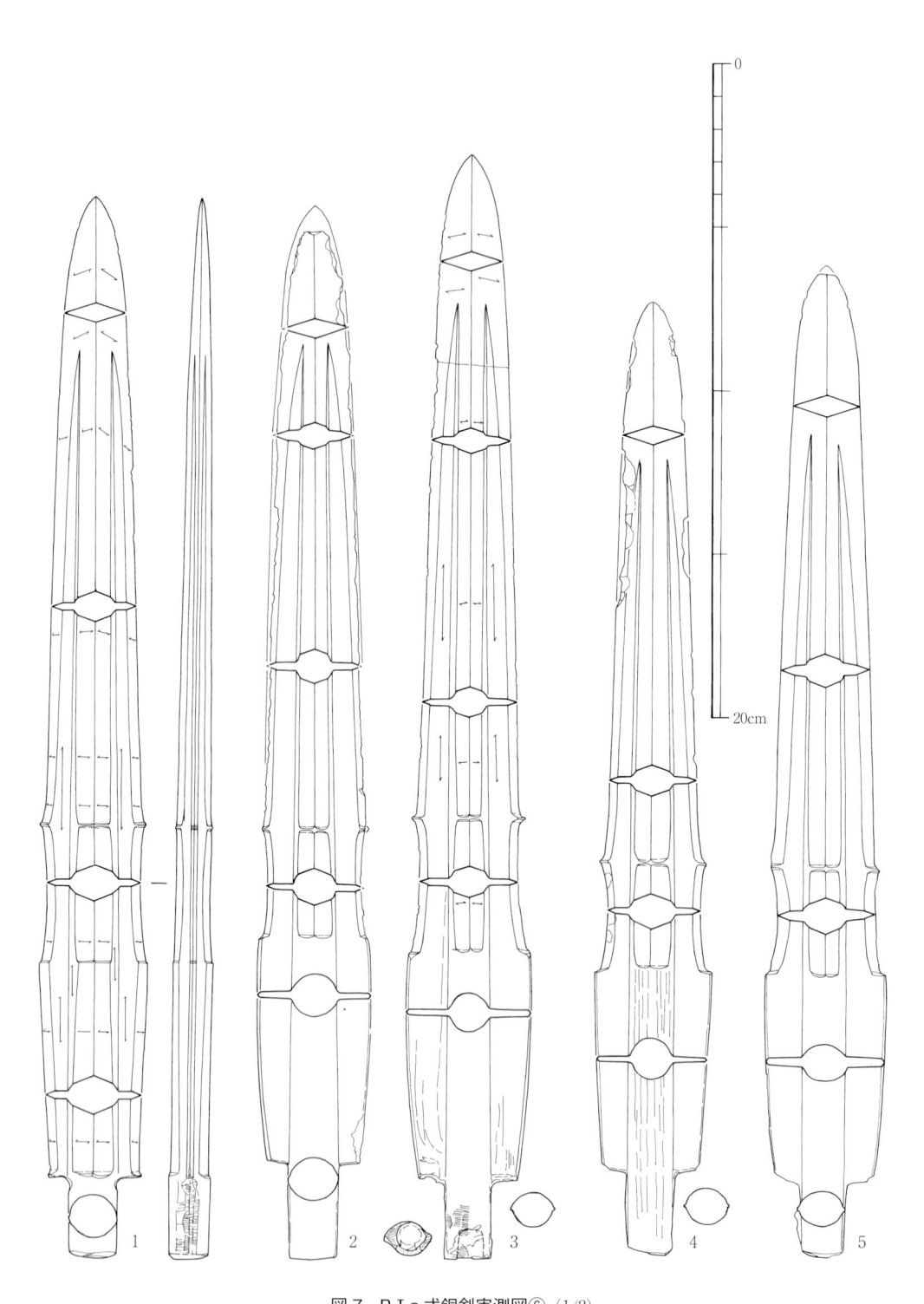

図7 BⅠa式銅剣実測図⑥（1/2）
1：佐賀県宇木汲田6号甕棺墓　2：同11号甕棺墓　3：同61号甕棺墓
4：吉野ヶ里SJ1054甕棺墓　5：同SJ1056甕棺墓

図8　ＢⅠa式銅剣実測図⑦ (1/2)
1：佐賀県柚比本村SP1100　2：大分県吹上1号木棺墓　3：岡山県山本ノ辻
4：愛媛県西番掛1号　5：高知県八田岩滝

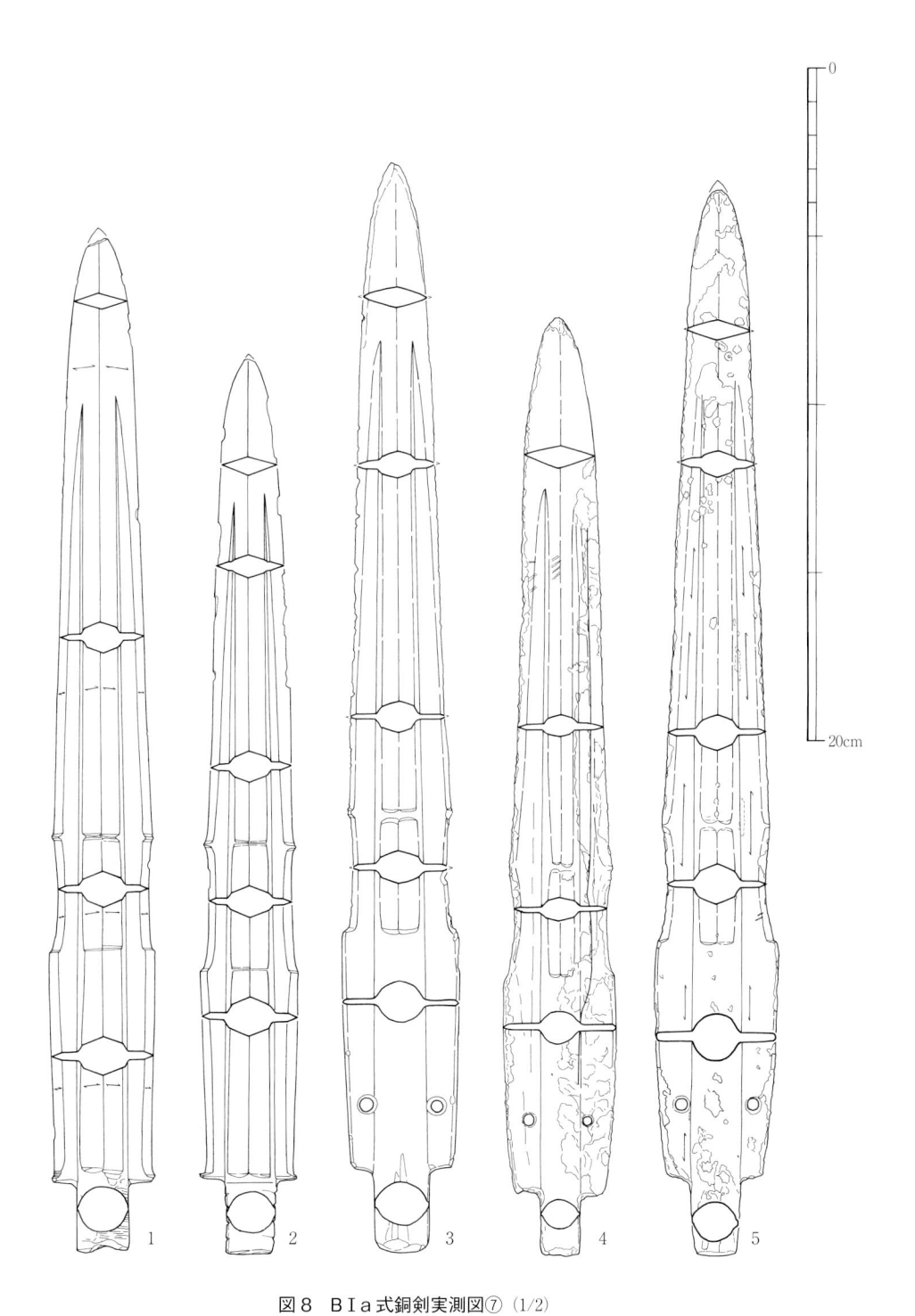

第5章 銅剣

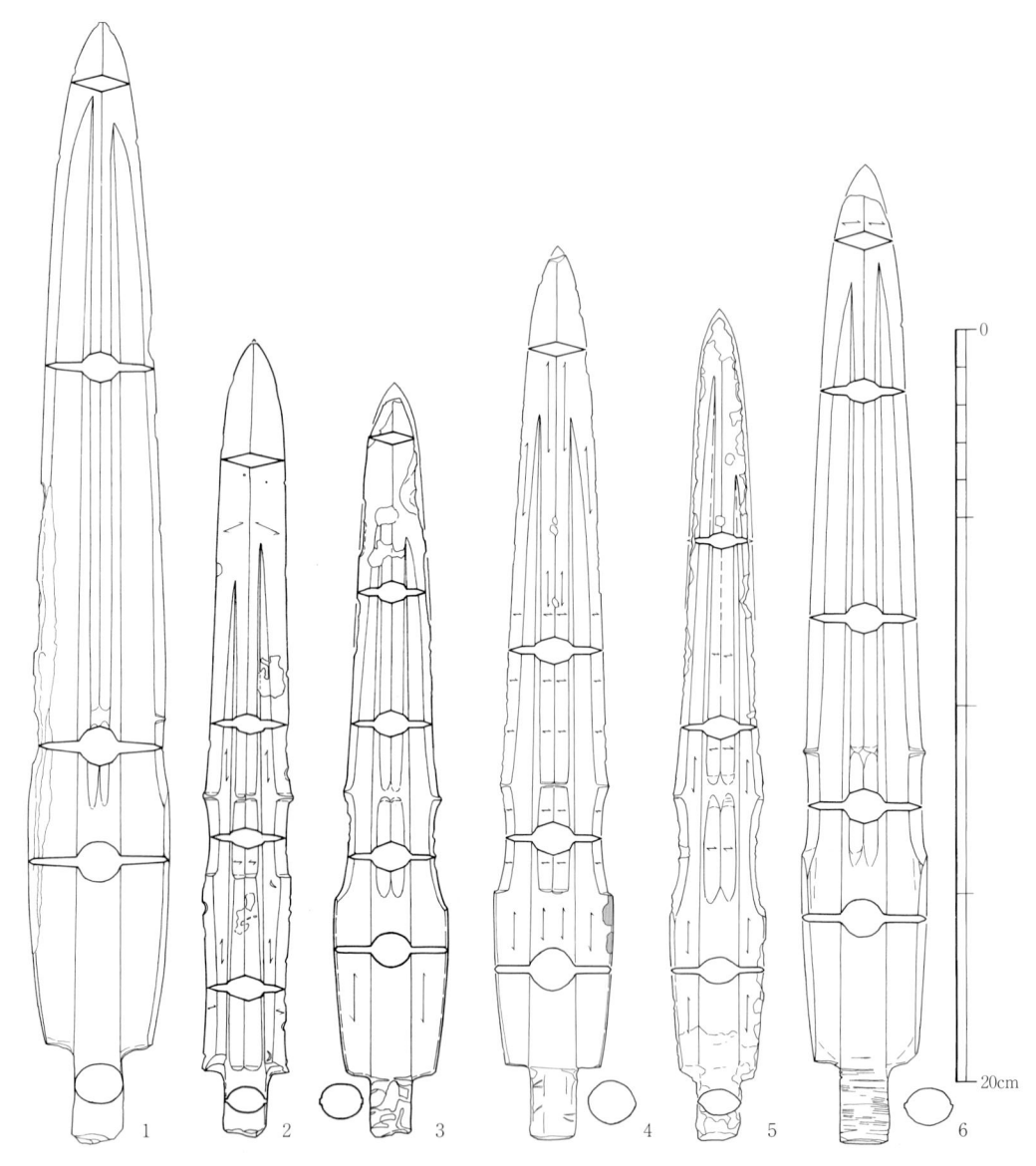

図9 BⅠb式・ⅡAb式銅剣実測図 (1/2) 1～5：BⅠb式　6：ⅡAb式
1：福岡県吉武高木1号木棺墓　2：佐賀県吉野ヶ里SJ1005　3：同SJ1009
4：切通4号甕棺墓　5：山口県梶栗浜　6：福岡県吉武高木116号甕棺墓

e：元の脊にも研ぎが及ぶ宇木汲田遺跡K6・吉武高木遺跡M2・樋渡遺跡K75タイプ（従来の細形Ⅱ式）を4段階。

f：茎が欠損して関を磨上げたことなどから、結果的に茎にも研ぎが及んでいるものや脊だけの細身になるもの、または韓式銅剣の規制をはずれて刳方を無視した研ぎをしているタイプを5段階研磨過程に細分しておく。

これが同一型式内での形態変化（型式内変異）である証明として、韓国蓮花里遺跡・東西里遺

跡・南城里遺跡・大谷里遺跡・九鳳里遺跡・金海会峴里遺跡などの銅剣複数出土例がある（表1）。これらの墳墓では、1段階から5段階までの銅剣が出土しており、4・5段階まで研磨された銅剣が1段階研磨銅剣より実用的に多用されたことを意味していることから、古く入手した可能性が限りなく強いことになる（柳田1990）。

表1　韓式銅剣複数副葬墳墓一覧

番号	遺跡名	所在地	銅剣型式	研磨段階	墳墓形式	時期	共伴品	備考	文献
1	イズヴェストフ	沿海州イズヴェストフ丘	BⅠa	1段階2本	石棺墓	Ⅳ-1段階	多鈕粗文鏡 把頭飾・ⅠA式銅矛・銅鉇・銅鑿・石斧		尹1991
2	蓮花里	忠清南道扶餘郡蓮花里	BⅠa	合計4本 1段階1本 4段階3本	石棺墓	Ⅲ	多鈕粗文鏡 曲玉		金1964
3	東西里	忠清南道禮山邑東西里	BⅠa	合計9本 1段階3本 2段階2本 3段階1本 4段階1本 5段階1本 不明1本	石棺墓	Ⅲ	多鈕粗文鏡3 多鈕細文鏡 多鈕無文鏡 同心円文鏡 円蓋形銅器 剣把形銅器3 喇叭形銅器2 管玉・小玉 無茎磨製石鏃7 黒陶長頸壺		池1978
4	南城里	忠清南道牙山郡新昌面	BⅠa	合計9本 1段階7本 5段階1本 不明1本	石囲い木棺墓	Ⅲ	多鈕粗文鏡2 防牌形銅器 剣把形銅器3 防牌形銅器 銅斧・銅鑿 曲玉・管玉 長頸壺・粘土帯土器3		韓・李1977
5	九鳳里	忠清南道扶餘郡九龍面	BⅠa	合計11本 1段階5本 2段階2本 4段階4本	石囲い木棺墓	Ⅳ-1	ⅠA式銅矛・ ⅠAa・ⅠAb式銅戈 多鈕粗文鏡・多鈕細文鏡 銅斧2・銅鑿・銅鉇 石斧・砥石・黒陶長頸壺2		李康承1987・1991a
6	大谷里	全羅南道和順郡道谷面	BⅠa	遼寧式 2段階 4段階	石囲い木棺墓	Ⅳ-2	多鈕細文鏡2 八珠鈴2・雙頭鈴2 銅斧・銅鉇		趙1984
7	草浦里	全羅南道咸平郡羅山面	BⅠa	合計4本 1段階2本 2段階1本 4段階1本	石囲い木棺墓	Ⅳ-2	有節柄式銅剣Ⅱb式 ⅠA式銅矛2・ⅠAa・ⅠAb式銅戈3 銅剣把頭飾2 多鈕細文鏡3 竿頭鈴2・雙頭鈴 組立式雙頭鈴・鈴 銅斧・銅鑿2・銅鉇 曲玉2・砥石2		李・徐1988
8	栢峴里	黄海道延安郡	BⅠa	1段階 2段階		Ⅳ-2	ⅠA式銅矛		李浩官1991
9	白雲里	慶尚南道山清郡丹城面	BⅠa BⅠb	4段階3本 2段階	石棺墓？	Ⅳ-2	ⅠA式銅矛・銅鉇		沈1980
10	会峴里	金海市会峴里	BⅠa	0段階 4段階	合口甕棺墓 (棺外副葬)	Ⅳ-2	銅鉇8、碧玉管玉3	金海式甕棺	榧本1980
11	美林里	平安南道大同郡秋乙美面	BⅠa	1段階 2段階 4段階	不明		剣把頭飾・鐔・銅環4 銅飾金具2		榧本1980
12	合松里	忠清南道扶餘郡	BⅠa	2段階2本		Ⅳ-3	ⅠAa式銅戈・多鈕細文鏡 円蓋形銅器 異形銅器・小銅鐸2 鉄斧2・鉄鑿 ガラス管玉8		李建茂1990
13	講林里	江原道横城郡安興面	BⅠa	2段階 4段階		Ⅳ-3	多鈕細文鏡		李1977
14	梨花洞	咸鏡南道咸興市	BⅠa	2段階 4段階		Ⅳ-3	把頭飾・多鈕細文鏡 ⅠA式銅矛・ⅠAa式銅戈 鋳造鉄斧		尹1991

第5章 銅剣

番号	遺跡名	所在地	銅剣型式	研磨段階	墳墓形式	時期	共伴品	備考	文献
15	東大院里	平壌市	BⅠa BⅡa	4段階 4段階	不明	V-1	中国式銅矛・鞘金具 銅鍑・筒形銅器 蓋弓帽・車馬具		梶本 1980
16	平章里	全羅北道益山郡	BⅠa	1段階 2段階		V-1	ⅠB式銅矛・ⅠAb式銅戈 前漢鏡		全 1987
17	入室里	慶州市	BⅠa	合計4本 1段階 2段階 4段階2本		V-1	ⅠA・ⅠB式銅矛 ⅠCb式銅矛2 有文銅戈2・小銅鐸3 鈴付錨形金具・鈴		梅原 1925
18	九政洞	慶州市	BⅠa	合計4本 1段階 2段階 4段階2本		V-1	把頭飾2・ⅠCb式銅矛 ⅠA式銅矛・ⅠB式銅矛3 ⅠBb式銅戈2 ⅢB式銅戈・鉄剣 素環頭大刀・鉄斧2		金 1952
19	伝慶尚道		BⅠa	2段階 4段階		V-2	連弧文「日光」銘鏡		李 1984
20	飛山洞	大邱市	BⅠa BⅡa	合計5本 2段階 4段階2本 4段階2本	石室墓？	V-2	鞘金具・触角式把頭飾 ⅠCa式銅戈・蓋弓帽2 帯鈎 ⅠB・ⅡB式銅矛		金 1972
21	晩村洞	大邱市晩村洞	BⅠa	4段階2本		Ⅵ-1	中広形銅戈 把頭飾・鞘金具		金・尹 1966
22	坪里洞	大邱市	BⅡa	3本		Ⅵ-1	剣把頭飾・剣鞘金具 ⅠCb式銅戈・戈鞘金具 前漢鏡（虺龍文鏡） 小形仿製鏡4・仿製鏡 小銅鐸4・銅環・馬具等		尹 1981
23	吉武高木	福岡県福岡市西区吉武	BⅠa	1段階 5段階	3号木棺墓	中期 初頭	ⅡAa式銅矛 ⅡAa式銅矛 多鈕細文鏡・勾玉・管玉 土器	組合箱形 木棺	福岡市 1996c
24	馬渡束ヶ浦	古賀市青柳町	BⅠa ⅡAa	1段階 2段階	合口甕棺墓	中期 初頭	ⅡB1式銅矛・ⅠAb式銅戈	金海式 甕棺	井 2003
25	田熊石畑	宗像市田熊	BⅠa ⅡBa ⅡBb	合計4本 4段階 1段階 1段階2本	1号墓 剝抜式木棺墓	中期 前半 ～中頃	ⅡAa式銅戈		白木 2009 柳田 2011d ・2014a

　したがって、「細形Ⅰ式」の研ぎ直しがモデルになって、「細形Ⅱ式」の出現（型式確立）につながったという図式は当たらない（宮井 1987）。

　なお、この研磨段階はⅠ型式だけではなく、研磨が段階的に進行するⅡA式・ⅡB式にも適用できる。

　以上の型式とは別に、韓国草芙里遺跡・霊岩遺跡鋳型や吉野ヶ里遺跡SJ1005・SJ1009・山口県梶栗浜遺跡のように脊幅が1.0～1.3cmと細く、全長20cm前後の小型品が存在することから、これを**BⅠb式**とする（図9）[3]。

　また、大邱坪里洞遺跡銅剣3本（図10-2）のように、小型で剣身全体がほぼ均等な幅をもつ銅剣をBⅠc式として区別する。しかし、本例は5段階研磨であることから、BⅠa式の研ぎ減りである可能性を残していることと、もし内傾斜樋を形成するとⅡA型式に属することになる。

　BⅡ式　従来の研ぎ減りした「細形BⅡ式」ではなく、平壌東大院遺跡・黄州黒橋里遺跡（図10-1）・大邱晩村洞遺跡・長崎県厳原八幡宮神社・平壌貞柏里遺跡・伝坪里洞遺跡・須玖岡本王墓例のような多樋式銅剣をBⅡ式とする。形態的に横断面形で脊が2段になる晩村洞遺跡・厳原八幡宮神社銅剣をBⅡa式（吉田 2001a）、脊をもたない多樋式の貞柏里遺跡・坪里洞（図10-3）・須玖岡本王墓銅剣（図10-4）をBⅡb式に細分する。

BⅢ式　韓国將泉里遺跡鋳型や洛東里遺跡銅剣のように関に突起をもつものをこの型式に充てるが、將泉里遺跡鋳型のように鋒部が長く、刳方のない製品は発見されておらず、洛東里遺跡銅剣の突起が研ぎ出しによるものであればBⅠ式の3段階研磨となるが、洛東里遺跡例は元部が刃部化していないことから、この型式を設定した。前者をBⅢa式、後者をBⅢb式に分ける。

　なお、伝尚州銅剣が刳方をもたない形式であることが確認できれば、將泉里遺跡鋳型と共に独立した型式を設定しなければならない[4]。ただし、吉武高木K117・M3銅剣のように刳方の小さい研磨初期段階の銅剣をみると、鋳型に刳方が設けられなくても、研磨で刳方が作り出せることがわかる。

　BⅣ式　「深樋式銅剣」と称されている型式をBⅣ式とする。この型式は、剣身の均等な幅、深い樋、長い鋒、そして扁平な茎に特徴がある（図11）。

② 触角式銅剣

　いわゆる、触角式「一鋳式銅剣」（小田1997）は3例が存在する。管見によれば、佐賀県唐津市柏崎遺跡の「触角式柄頭」銅剣を紹介したのは高橋健自（1925）が最初である。次に、梅原末治（1927）はユーモルフォプゥロ蒐集品の触角形「有柄細形銅剣」を紹介している。現在慶応義塾大学所蔵品を紹介したのも梅原末治（1933a）である。

　小田富士雄は「「一鋳式銅剣」覚書」において、佐賀県吉野ヶ里遺跡墳丘墓SJ1002有柄式銅剣を考察するに際し、近似した山口県向津具有柄式銅剣と福岡県三雲遺跡有柄式銅剣の自分の先行研究を紹介している。この際に、先の触角式銅剣3例と北朝鮮で実見された楽浪遺物の一鋳式の触角式銅剣を根拠に「半島に発見例がないことを理由に主張された国産説は崩れ去ることになった」と結論された（小田1997）。

　さらに、近藤喬一（2000）は向津具有柄式銅剣の出自を検討するために、中国東北部から朝鮮半島と日本の把頭飾とその銅剣を集成している。これに対して拙稿では、吉野ヶ里有柄式銅剣に関して、朝鮮半島に出土例がないことと剣身と把頭飾が北部九州製であることを根拠に国産説を採る論考を提示している（柳田2010c）。

　そこで、ここでは、触角式銅剣を検討する。

慶応義塾大学所蔵品

　現品は、剣身の鋒側を欠損する全長30.2cm、剣身残存長15.85cm、元部最大幅4.65cm、刳方幅3.55cm、脊最大幅1.53cm、同最大厚1.28cm、柄部全長14.4cm、把頭飾長4.8cm、同最大幅8.7cm、同最大厚1.78cm、鐔幅5.13cm、同最大厚2.33cm、柄部鐔側最大幅2.67cm、同最大厚1.7cm、同中央部幅1.99cm、同厚1.36cm、柄部把頭飾側最大幅2.39cm、同厚1.32cmの計測値をもつ。

　剣身は平面的には元部がふくらみ、脊横断面形が隅丸方形を呈することから遼寧式銅剣であり、刃部が内傾斜せずに扁平であることからAⅡ式に属することが明らかである。本例を遼寧式銅剣とした秋山進午（1969b）は卓見であったが、これを受けた小田（1997）は遼寧式銅剣を踏襲するものの、提示された実測図は脊横断面図が扁平楕円形を呈する。

　柄部は鐔・柄・把頭飾で構成され、鐔には両側に半環状耳をもつ。柄部断面形は鐔側が楕円

第 5 章　銅　剣

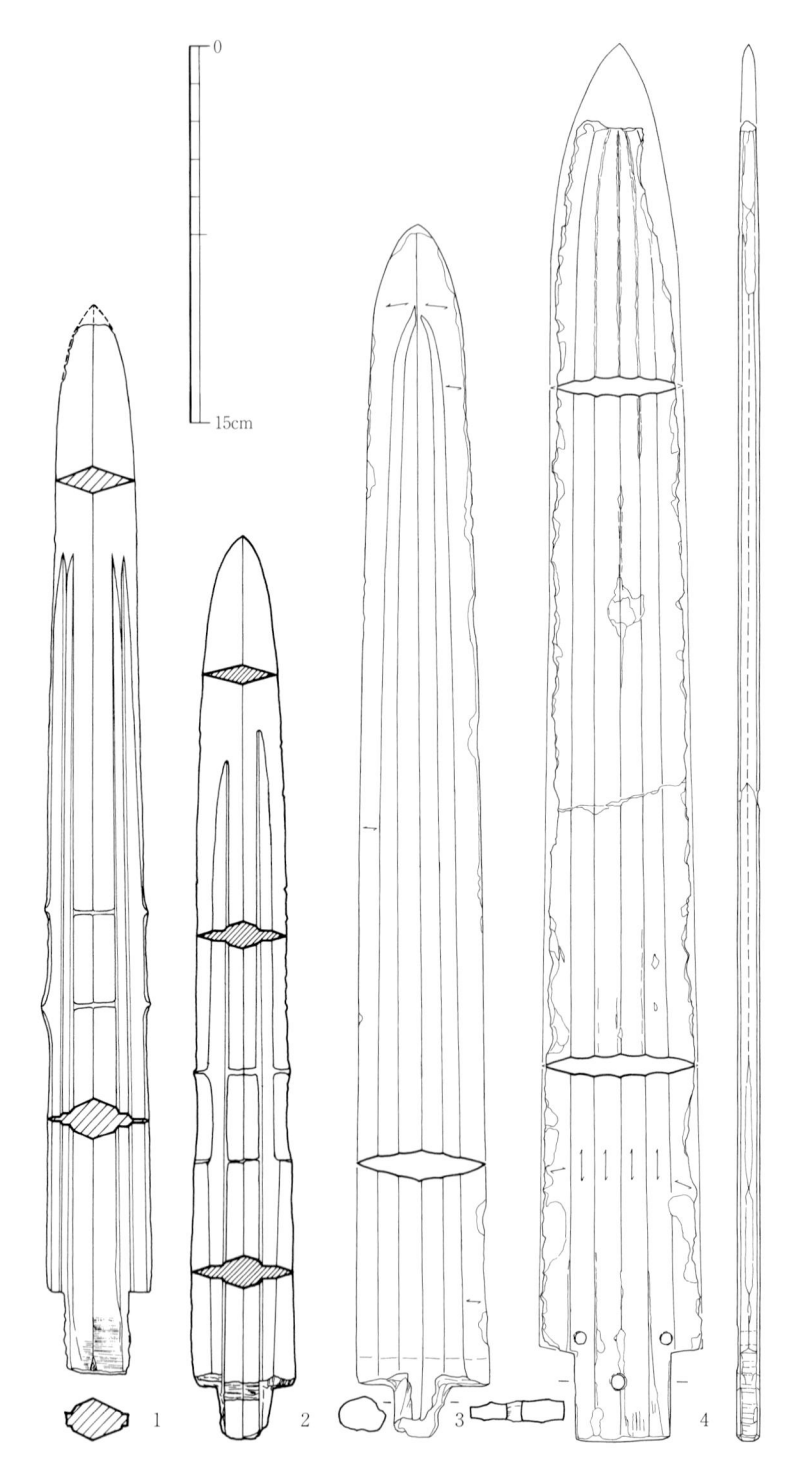

図 10　BⅠc式・BⅡ式銅剣実測図（1/2）
1：BⅠc式　2：BⅡa式　3・4：BⅡb式
1：北朝鮮黒橋里　2：坪里洞（小田・韓編1991）　3：坪里洞　4：福岡県須玖岡本王墓

2　銅剣の型式分類

図11　BⅣ式銅剣実測図（1/2）
1：伝韓国金海（小田・韓編 1991）　2：良洞里 427 号　3：長崎県シゲノダン　4：福岡県高三潴塚崎

第5章　銅剣

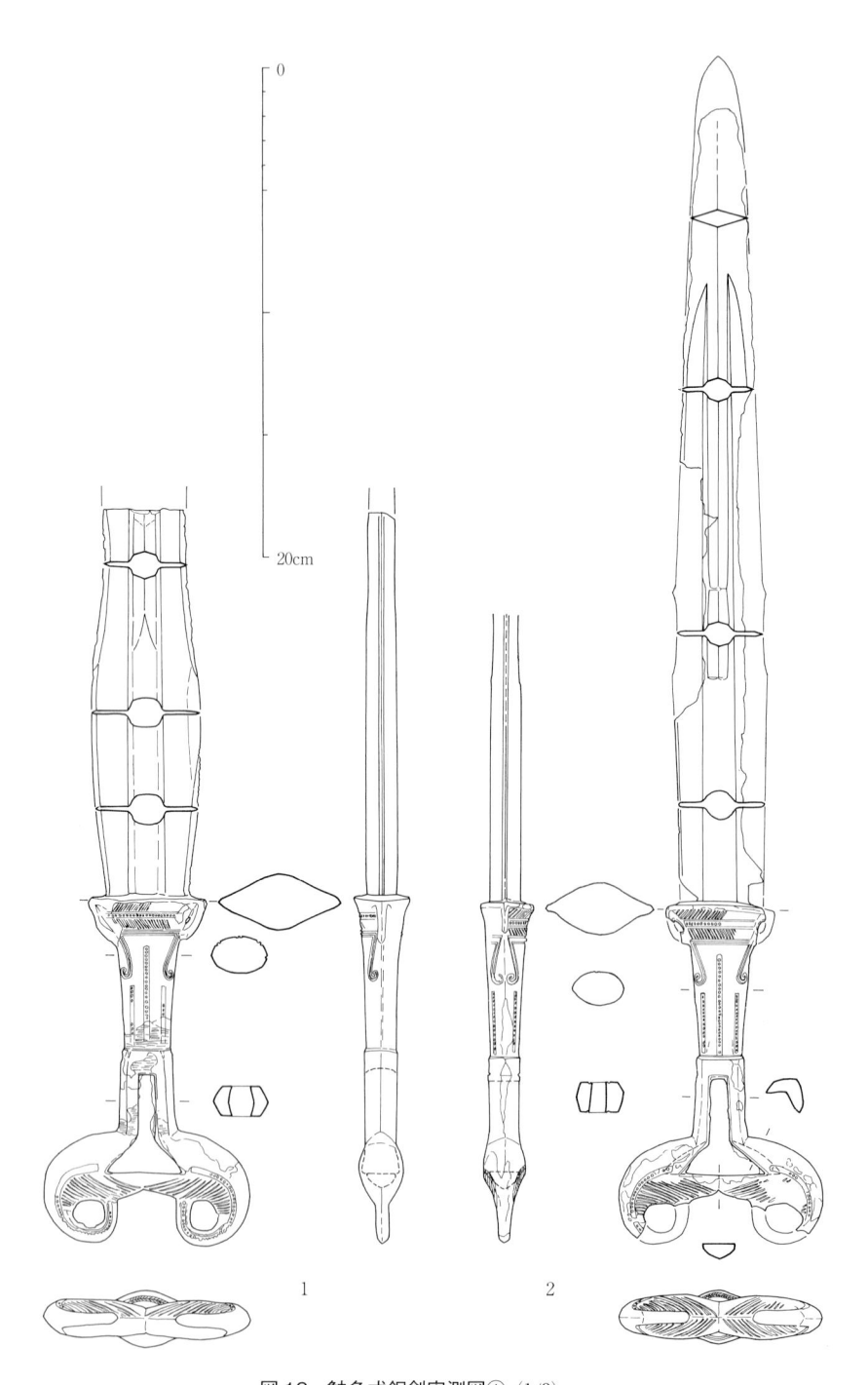

図12　触角式銅剣実測図①（1/3）
1：慶応義塾大学蔵　2：佐賀県柏崎遺跡銅剣

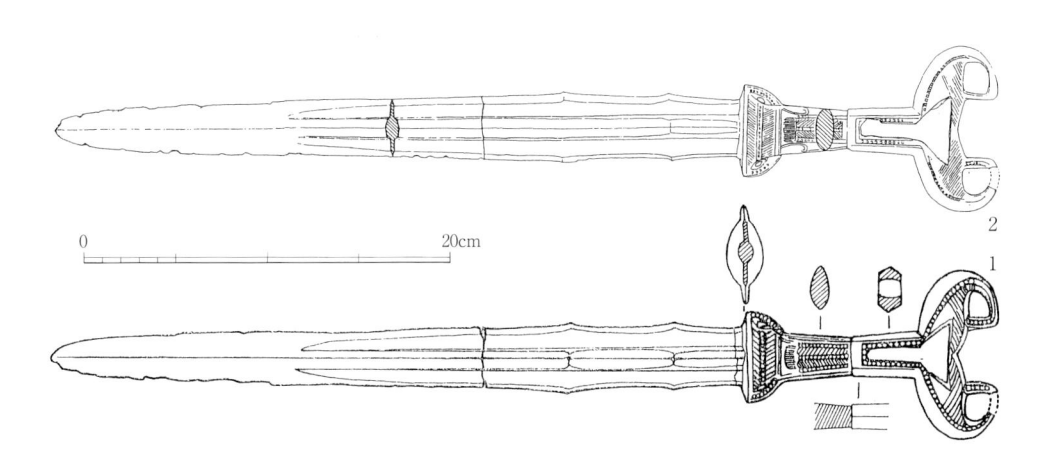

図 13　大英博物館蔵触角式銅剣実測図（1/4）
1：金元龍図（金 1970）　2：小田富士雄図（小田 1997）

表 2　触角式銅剣計測表　　　　　　　　　　　　　　　　　　　　　　　　　　　　　　単位 cm

図	全長	柄全長	把頭飾長	同幅	同厚	鐔幅	同厚	柄鐔側幅	同厚	同中央幅	同厚	把頭側幅	同厚
12-1	30.2	14.4	4.8	8.7	1.78	5.13	2.3	2.67	1.7	1.99	1.4	2.39	1.32
12-2	48.7	14	4.35	8.6	1.75	4.6	2.2	2.64	1.7	1.8	1.2	2.27	1.3
13	51.5	14.3	4.5	9		4.9		2.6		2		2.5	

形、把頭飾側が六角形を呈する。鐔両面には中央の珠文帯の両側に綾杉文、柄には縦方向に 3 列の珠文帯と両側に蕨手状文、柄部から把頭飾にかけて Y 字形透文、把頭飾が触角式で湾曲した鳥の頸部の環状部に珠文帯、背中にあたる部分が陰文の斜行線で満たされている。

柄部の横断面図で楕円形部分を見ると、上下の鋳型がわずかにくい違うことと、その部分にバリが認められることから、土製の合せ鋳型で鋳造されていることがわかる。湯口は鋳引けと型崩れが著しい触角部と考えられるが、下記のように端部のマメツが著しい。

本品の柄部は全体にマメツしており、把頭飾の環状部外側のマメツが著しく、珠文帯の半分近くが鋳引けとマメツで失われている。裏面もマメツが著しいが、極細布目の付着が著しく、極細布目は図面側にも及んでいる（カラー図版 7、図 12-1）。類品は、吉林省永吉烏拉街（近藤 2000）と平壌市土城洞 486 号（ユングアンス 1994、高久 2013）にあるが、2 者は剣身・柄共に型式的に後出する。

佐賀県柏崎遺跡出土品

唐津市柏崎の触角式銅剣は、森本六爾によれば「細形銅剣一口・有袋銅鉾二口・勾玉二個が合口甕棺内部より発見された」（森本 1930c）という。共伴した銅矛は、本書のⅡB 型式とⅡC 型式である。したがって、北部九州での時期は、中期末である。

触角式銅剣は、鋒・剣身と柄部の鍔両側耳、触角の両側環状部が欠損していたが、現在東京国立博物館が所蔵する現品は樹脂で復原してある（東京国立博物館 2005）。小田富士雄は全長 46.5cm とするが、現品は全長 48.7cm に復原してあることから、剣身は復原値を記すと剣身長 35.0cm、元部最大幅約 4.0cm、関部幅 3.6cm、鋒長約 9.0cm、鋒最大幅 2.65cm、同厚 0.82cm、

第5章 銅　剣

写真1　佐賀県柏崎触角式銅剣

脊最大幅1.4cm、同厚1.2cmの計測値をもつＢⅠa2式銅剣である（図12-2）。
　復原柄部長14.0cm、把頭飾復原長4.35cm、同最大幅8.58cm、同最大厚1.75cm、復原鐔部幅4.6cm、同最大厚2.2cm、柄部鐔側最大幅2.64cm、同最大厚1.65cm、同中央部幅1.8cm、同厚1.2cm、柄部把頭飾側最大幅2.27cm、同厚1.3cmの計測値をもつ。柄部の施文構成は慶応義塾大学所蔵品と同一であることから、秋山は両者を同范と思ったようだが計測値が違っていることからも同范ではなく、同一工人、あるいは同一工房での製作である。全体に出土時やその後の欠損や剥離が著しい。
　本例も柄部の楕円形部分に上下鋳型のずれがあることから、土製合范で鋳造されているが、湯口は触角の環部が欠損していることから不明である。

大英博物館所蔵品
　本品を詳しく紹介した金元龍によると、全長51.5cm、剣身長38.5cmの「細形銅剣」で、剣方があり、元部の脊に鎬が生じ、刃も形成されている。「同鋳した」柄部は前2例と同一形態であるが、文様構成が若干異なる。異なる部分は、珠文帯の多用であり、鍔両側の珠文帯が明瞭であることに加え、Ｙ字形透孔の周囲にも及んでいる。蕨手状文は、金元龍図（1970）（図13-1）にはないが、掲載された写真では存在する。
　掲載された実測図から各部分を計測すると、柄部全長14.3cm、鐔部幅4.9cm、柄部鐔側最大幅2.6cm、同中央部最小幅2.0cm、同把頭飾側最大幅2.5cm、把頭飾長4.5cm、同最大幅9.0cmの計測値をもつ。
　本例の剣身は、拙稿（2005b・2007a）のＢⅠa式4段階研磨銅剣であるが、紹介された順番に記すと、梅原（1927）が「細形銅剣」、金元龍（1970）が尹武炳の「細形銅剣Ⅲ型式」、小田富士雄（1997）が「中細形古式」に型式分類している（図13-2）。金元龍は朝鮮半島通有の「細形銅剣」と理解したとしても、梅原は「其の身は如何にも細長くて日本の細形剣に通有な特徴を示

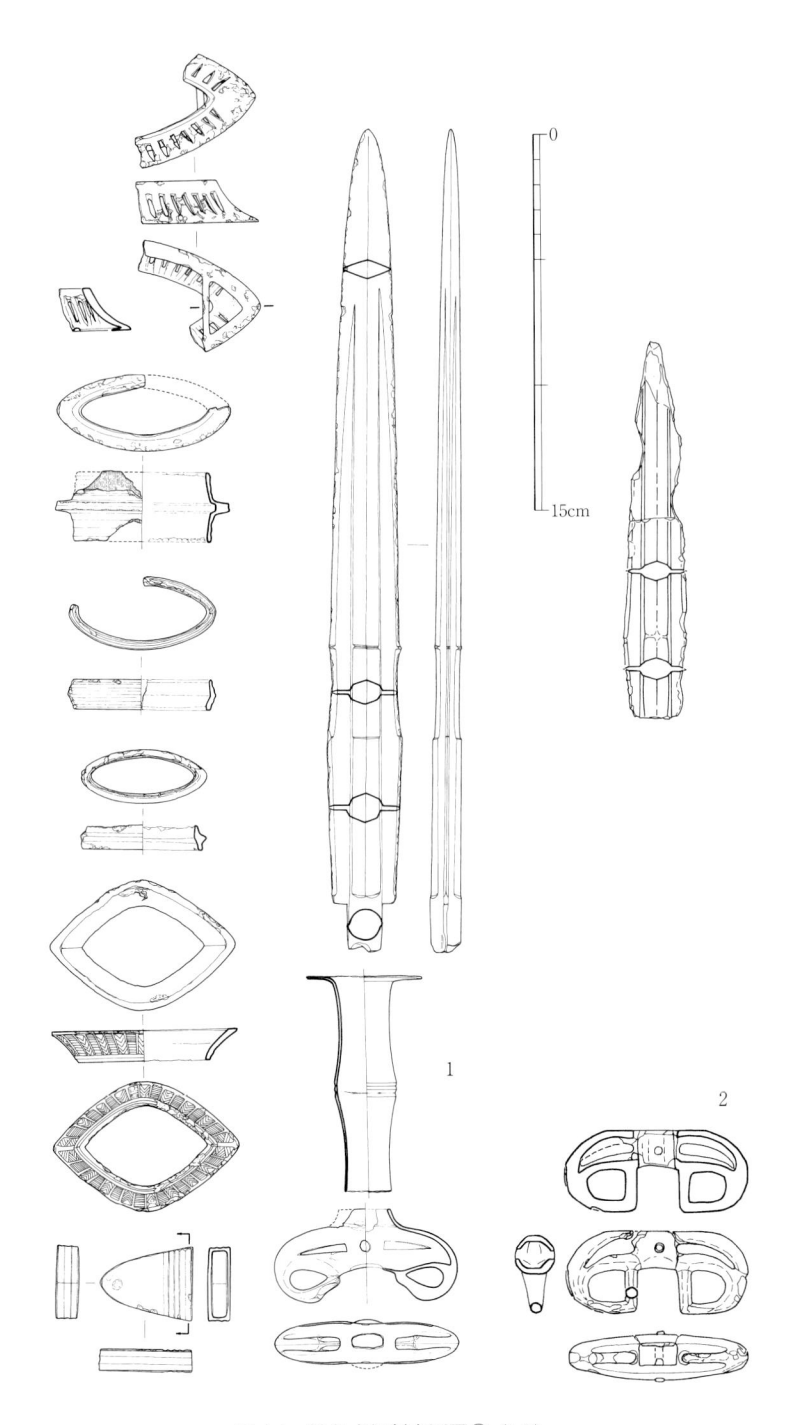

図14　触角式銅剣実測図②（1/3）
1：伝韓国飛山洞（湖巖美術館提供）　2：長崎県サカドウ

し、下半部に近く刃の両側に剝りがある処、銅色と共に如何にも日本出土品に似た趣がある」としている。

小田富士雄は本例を「中細形古式」とした根拠を説明していないが、梅原の説明と三雲南小路王墓例の4段階研磨剣身から想定したものと思われる。しかし、金元龍図の元部横断面図と小田富士雄図の樋先端部横断面図をみる限りでは内傾斜樋が形成されていないことから、三雲南小路王墓有柄式銅剣のような「有柄中細銅剣」（柳田編1985）ではないことが確実である。

以上3例の触角式銅剣は、剣身は別にして柄部と把頭飾が同鋳であることから、型式からみて同一工房で短期間に製作されたことが明らかである。ではなぜ剣身が三者三様であるのかを解明しなければならない。佐賀県吉野ヶ里有柄式銅剣で検証したように、剣身と柄部の中心軸が若干ずれることから、剣身を先鋳して柄と把頭飾部を蝋型法で製作された土製鋳型を組合せる技法が採用されたことが考えられる（柳田2010c）。この観点から触角式銅剣を検討すると、柏崎例は中心軸にずれがないが、他の2例にはかなりのずれが生じていることが明らかである。だとすれば、柏崎例のような韓式銅剣が出現してから、朝鮮半島北部に遼寧式銅剣AⅡ式が残存している時期に製作されたことが想定できるようになる（近藤2000）。しかも、少なくとも、慶應義塾大学例と大英博物館例は一鋳式ではないことになる。慶應義塾大学例と柏崎例が同笵に近い意匠であるにもかかわらず、剣身の型式が異なる事実こそ、剣身と柄部が組合鋳造であることを証明している。小田が実見した楽浪遺物の一鋳式銅剣の新例は、「柏崎例と同じく細形銅剣古式に属する」（小田1997）ことから、朝鮮半島北部に韓式銅剣が普及した後の製作となることが明らかで、先の3例に後出する型式となる。秋山進午が紹介している遼寧省西豊西岔溝遺跡出土触角式把頭付鉄剣は、さらに後出する型式である。「この鉄剣はもともとあった触角式銅剣の剣柄と剣把頭を残し、その柄部に新たに鉄製の剣身をとりつけたものであると報告されている」（秋山1969b）が、柄部と把頭飾の型式が新しいことからすると、鉄剣に青銅製の柄部を鋳造で組み合わせた可能性を残している。

以上のことと3例の把頭飾の文様の製作技術は、拙稿の朝鮮半島墳墓副葬品諸段階のⅢ段階に共伴する青銅儀器と同一技術であることになり、その分布と製作地が韓式銅剣が出現する半島南部の忠清南道と一致することになるのは偶然ではない（柳田2004a・b）。したがって、3例の触角式銅剣の製作地は、BⅠa式銅剣が出現するⅢ～Ⅳ-2段階の範疇で、近藤の第3期樺甸西荒山屯類型前半（近藤2000）の時期の忠清南道であることになる。

これらを宮本一夫（2002a）は触角式Ⅲ型とするが、Ⅱ型の剣身と柄部は不鮮明な図ながらもⅢ型より明らかに新しく、Ⅲ型→Ⅱ型の型式変遷がたどれる。半島製のⅢ型がなくして、宮本のⅡ型は出現しないことから韓式銅剣と共に中国東北部に波及したものと考える。

伝韓国飛山洞出土品

韓国の湖巌美術館で所蔵する金東鉉蒐集文化財の中に伝大邱飛山洞青銅器一括があり、その中に触角式把頭飾・柄・鍔・「細形銅剣」のセットが存在する（湖巌美術館1997）。共伴したとする青銅器は、触角式把頭飾付銅剣の鞘金具セットの他に、ⅡB型式銅矛・ⅡC型式銅矛・ⅢB型式銅矛・「細形銅剣」4本・銅剣鞘金具・青銅製枕形把頭飾2個・ⅠCa式銅戈・「中広形銅戈」・

蓋弓帽2個・虎形帯鉤・角形銅器2個などがある（湖巌美術館1997）。

かつて飛山洞一括品の実測を申し込んだが、国宝であるとの理由から実現せず、実測図のトレス図を提供された（図14-1）。したがって、ここではそのトレス図をもとに記述する。銅剣は、全長33.2cm、関幅2.6cm、元部最大幅3.1cm、脊幅1.35cmのBⅠa式の4段階研磨である。刃部のほとんどが出土後に失われているが、金属質の保存状態は完璧なものである。鋳造の際に鋳型が少し左右にずれている。

青銅製鐔金具は、長径7.7cm、短径5.25cm、厚さ1.25cmで、外斜面に山形文と平行線文が交互に施されている。

青銅製柄部金具は、全長8.75cm、鐔側端部最大幅4.8cm、端部幅1.95cm、中央部幅2.6cmの計測値をもち、肉厚1mm強で中空に作られている。

青銅製盤部金具は、片方しかなく、長3.85cm、最大幅3.0cm、厚さ0.95cmで、平坦面と側面に平行する凹線文を施している。内部は、木製盤を挿入するために中空である。

青銅製把頭飾は、長さ3.75cm、最大幅7.62cm、最大厚1.75cmの大きさで、胴部に目釘孔と長三角形透かしをもち、長首の水鳥がくちばしを向かい合せてた写実的な表現の把頭飾であり、一連の把頭飾の原形だろうか。同一型式は、伝北朝鮮平壤府内例（榧本1936）と韓国永川龍田里遺跡補強土上部出土破片例（国立慶州博物館2007）がある。龍田里遺跡では、北部九州製の茶戸里1号墓出土ⅡD型式銅矛と同型式銅矛（第4章）とⅣAb式銅戈（第6章）2本も共伴している。したがって、飛山洞出土一括遺物は北部九州の中期末から後期初頭に併行していることになる。

長崎県サカドウ出土品

長崎県対馬市峰町三根サカドウの組合式石棺から出土した青銅器一括品に触角式把頭飾がある。荒らされた組合式石棺からは、「中広形銅矛」（本書のⅢB型式銅矛）・把頭飾・「細形銅剣」・平環・有孔十字形金具・角形金具・笠頭形銅器・双頭管状銅器・筒形金具が採集されている（対馬遺跡調査会1963）。

「細形銅剣」は、残存全長15.15cmの破片で、破片再利用の可能性がある。現状では鋒と元部以下を欠損しており、刃部の大半も失われている。現状での剣身最大幅2.6cm、脊最大幅1.27cm、同厚さ0.86cmであり、BⅠb式銅剣である可能性が高い（図14-2）。

把頭飾は、長さ3.35cm、最大幅7.6cm、最大厚1.9cmの大きさで、体部に角形透孔と目釘孔に目釘が貫通している。柄部両側には1.6×0.9cmの長方形孔が貫通しており、柄部からの柄が挿入できる形態を整えている。触角にあたる環状部は、外側が丸く内側が直角に屈曲している。

時期は、ⅢB型式銅矛と各種金具の共伴から後期初頭である。

③　Ⅱ型式

ⅡA式　銅剣は全長や平面的形態なども勘案して、元の外側が丸みをもって厚くなる型式からⅡ型式とすることから、これまで「細形」とされている銅剣の一部だけでなく、北部九州出土の1例を除く全ての鋳型がⅡ型式に含まれることになる。翼部で脊側より外側が厚くなるのは、元部→刳方→剣身下部→樋先端へと順次進行するが、ⅡA式では樋先端に及ぶことは稀である。

もし、朝鮮半島のBⅠc式と深樋式銅剣（BⅣ式）を含まない韓式銅剣にⅡ型式の特徴をもつも

第5章　銅　剣

のがないとすれば、初期Ⅱ型式の探求は重要度が増幅する（岩永1994）。

また、ⅡA式にもBⅠ式と同じように脊幅1.1cm前後で、全長が20cm前後の小型品が存在する可能性をもっている。製品では唯一の韓国密陽校洞13号木棺墓例があり、大谷遺跡銅剣鋳型と本行遺跡3号鋳型から復原できる製品がこの計測値をもつことから、BⅠ式と同様に脊幅1.4cm以上の普通サイズをⅡAa式（図35～38）、小型品をⅡAb式（図39）として区別しておく。

　ⅡB式　ⅡBa式以後は、元の平面的形態が誇張されはじめるところに特徴がある。ⅡBa式は祭器化された初源となり、埋納されるものがある。

　ⅡBa式は高知県波介遺跡例を典型とし、全長38cm前後、元部長さ8cm前後、関幅3～3.7cmの計量的数値をもつ（図40）。

　ⅡBb式は、扁平化をはじめた柚比本村遺跡・吉野ヶ里遺跡・浜遺跡・古津路遺跡例などは研磨が1段階で終わっているが、時期が下降する厚みのある堅牢な銅剣は2～4段階まで進行している。計量的には、全長40～46cm、元長さ8.5～10cm、関幅4cm前後の数値をもつ（図41・42）。

　ⅡBc式の特徴は、元が幅広で短いことと、刃部に明確な匙面状樋を形成するうえに鋒部が長い。扁平化が進行する一方で、三雲南小路王墓有柄式銅剣・須玖岡本王墓銅剣元部片などのように、脊に厚みのある堅牢なものも存在する。時期的に新しい堅牢な形式では樋先端にも内傾斜樋が到達することから、そうでない扁平化する形式との間に差が生じている。兵庫県田能遺跡鋳型は脊や元が扁平で、関幅が43.75mmであることから、この型式に該当する。計測値的にはとくに全長において北部九州例より東瀬戸内例が大型化していることから、北部九州型（ⅡBc1式）と東瀬戸内型（ⅡBc2式）に分けることもできる。

　ⅡC式　神庭荒神谷遺跡例のように扁平大型化して、全長53cmに達する。この型式になると1段階研磨から進行しない。神庭荒神谷遺跡B62銅剣は未研磨であり、鋒には鎬が存在するが脊には鎬がない。同笵とされる研磨された他の3本と比較すれば明らかなように（松本・足立編1996）、脊の鎬はこの型式まで研磨されてできるものである。なお、脊の厚さにおいて、1.1～1.3cmの香川県瓦谷遺跡3本のⅡC1式と1cm未満の扁平な神庭荒神谷遺跡例のⅡC2式とは区別できる。

④　Ⅲ型式

　Ⅲ型式は、岩永省三が「中細形銅剣」から分離した「中広形銅剣」（福岡市八田2号鋳型）のように、細部で中細形の形態から脱し、刳方の研ぎが行われなくなる型式とする（岩永1980a）が、脊の鎬は鋳出し鎬であり、匙面状樋は本稿のⅡBc式から出現しており、この系譜にある。

3　銅剣鋳型

(1) 朝鮮半島

① 　將泉里鋳型（図15）

　道路工事で「地下二三尺の位置に灰の間に型を合せたままの状態に遺存し」、鐔金具鋳型と共伴して発見された銅剣鋳型である（梅原・藤田1974）。朝鮮半島北部出土の銅剣鋳型であり、朝鮮半島南部で出現する「細形銅剣」との対比で重要度が高い。

3 銅剣鋳型

0　　　　　　　　10cm

図 15　北朝鮮將泉里遺跡鋳型実測図（1/2）
　　　　（梅原・藤田 1974）

159

第 5 章　銅　剣

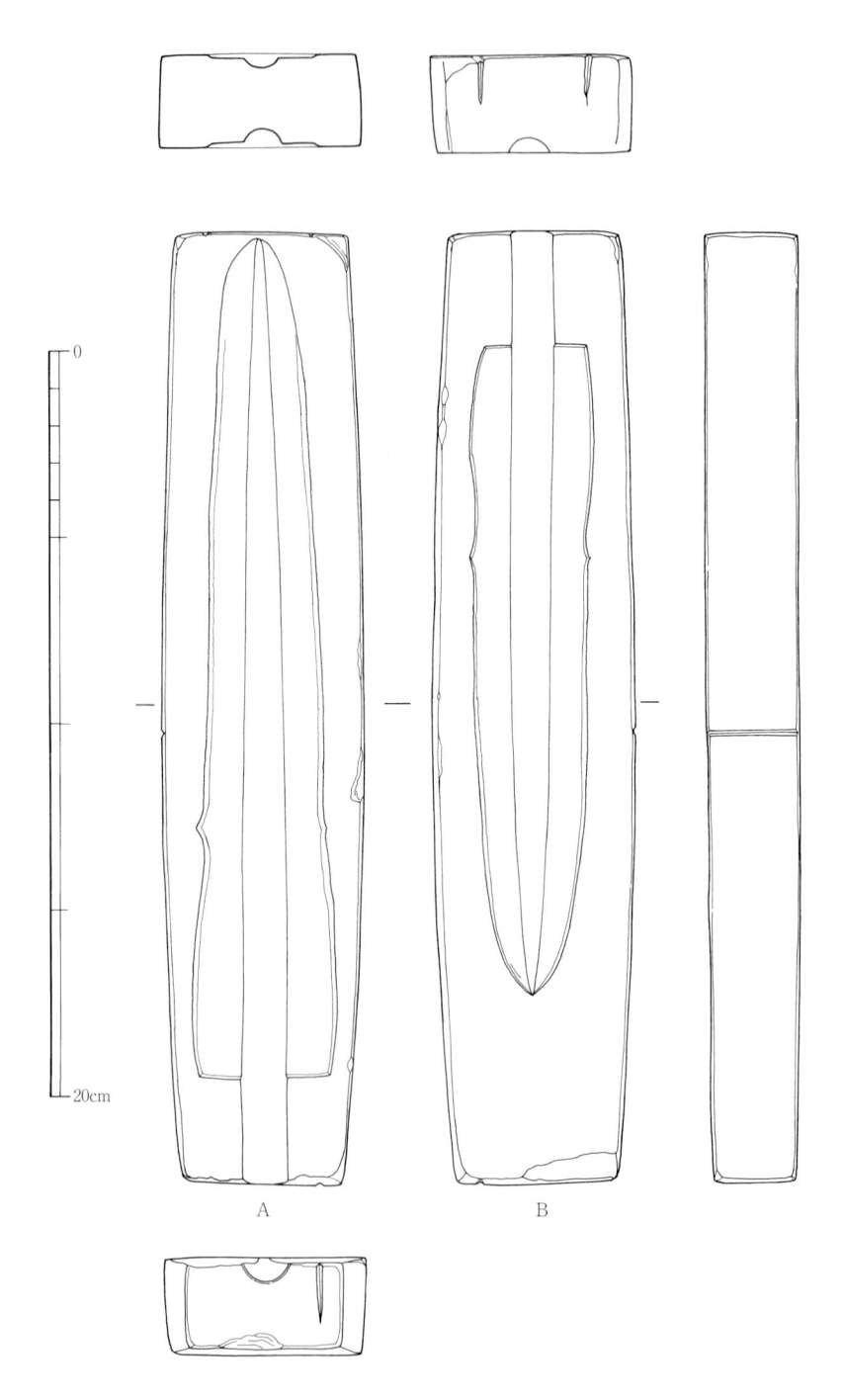

A　　　　　　　B

図16　韓国草芙里遺跡銅剣鋳型実測図①（1/2）

3 銅剣鋳型

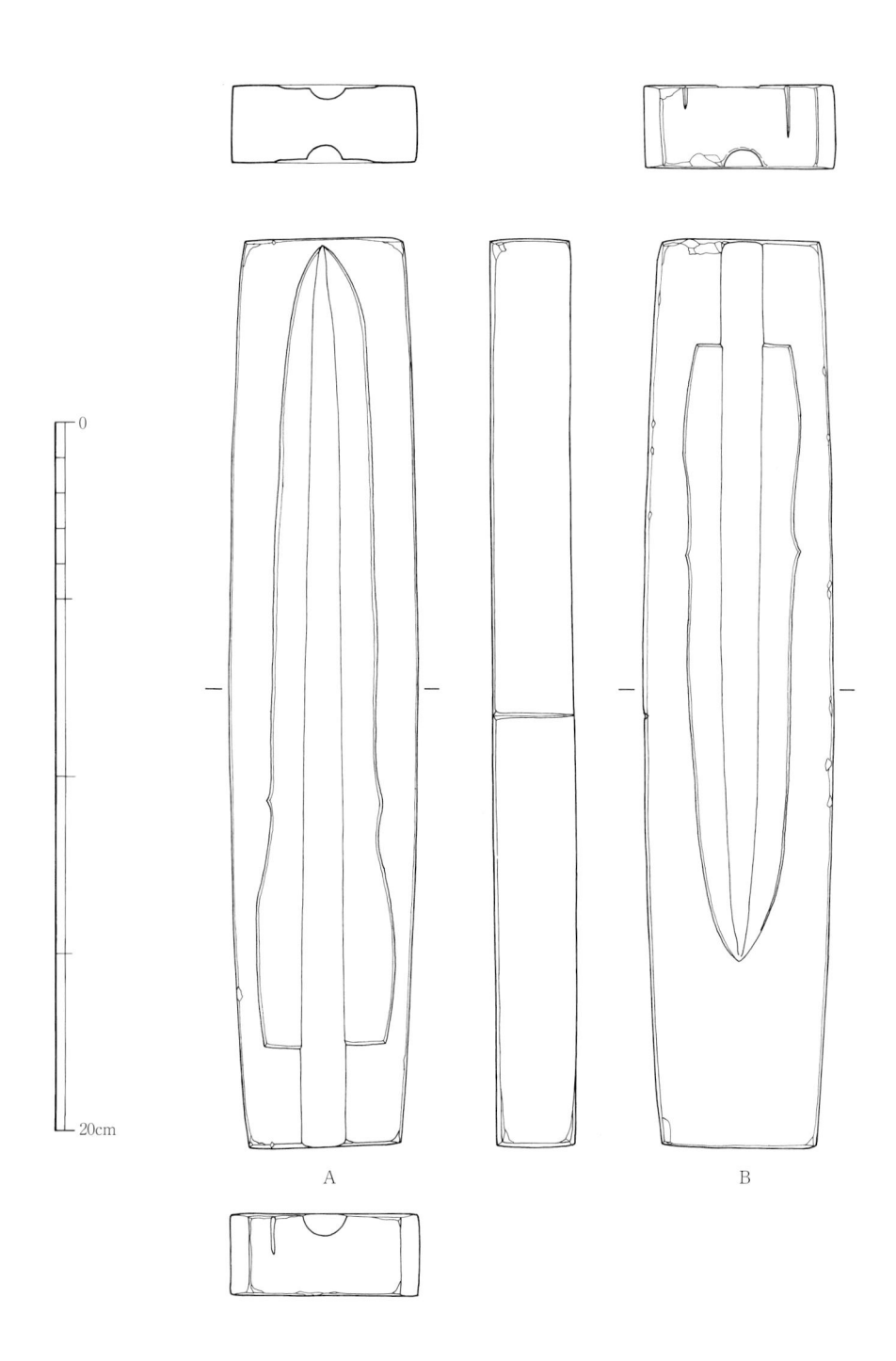

A   B

図17 韓国草芙里遺跡銅剣鋳型実測図② (1/2)

第5章 銅剣

鋳型面の銅剣は、脊が鋒先端にとどかないこと、刳方が存在しないこと、湯口の構造が「細形銅剣」と異なる特徴をもつ。関部に鐔状の突起と厚みをもつ新しい型式であることから、拙稿では韓式銅剣BⅢa式としている（柳田2005b）。

② 韓国草芙里遺跡鋳型（図16〜18、表4）

遺跡の実体は不明であるが、銅剣3個の組合せ鋳型が存在することで知られている。鋳型は、銅剣二組の両面合せ鋳型2個と銅剣片面鋳型1個の合計3個である。表4の計測値で明らかなように、1号と2号はそれぞれA面とB面どうしが一対の鋳型として組み合わせることができる。

両面鋳型には逆方向の銅剣が彫り込まれていることから両面同時鋳造を意図したものではない。そうであれば剣身の長いA面が先行して次にB面が彫り込まれたことが考えられる。鋳型の横断面形でA面が多少広い台形を示すことでも裏付けられる。

銅剣の横断面形では、1号・2号の脊側が明確に深く彫り込まれ、3号がほぼ均等な深さに彫り込まれていることから、1・2号のA面と3号はBⅠa式、B面は小型のBⅠb式である。銅剣は、割合長い茎と脊が鋒先端までのび、刳方より突起が目立つ古式を呈する。

③ 伝韓国霊岩鋳型（図19〜23、表4）

韓国崇實大学校博物館は全羅南道霊岩出土の多数の鋳型を所蔵していることで知られている。鋳型は、銅矛・銅剣・銅戈・銅斧・銅鑿・銅釣針・銅鉇・多鈕鏡などで構成されている（林1987、韓国基督教博物館2011）。このうち銅剣は3組の合せ鋳型と破片1個が存在する。合せ鋳型では片面鋳型の1組（D01・D02）と裏面に銅矛（D05）・銅戈（D03・D04）のそれぞれをもつ2組、銅鉇を裏面にもつ破片1個（D06）からなる。銅剣の裏面に銅矛または銅戈を彫り込まれた場合は、やはり全長が長い銅剣が先行することが考えられるが、銅矛を裏面にもつ鋳型は横断面形からみると銅矛が先行して小型銅剣が後に彫り込まれている。

銅剣の型式は全長が33.4cm、32.3cm、19.7cmであり、横断面形では翼の脊側が両側より深く彫り込まれていることからBⅠa式2本とBⅠb式1本である。やはり、銅剣の脊は鋒先端までのびているが突起より刳方が目立つ新式である。

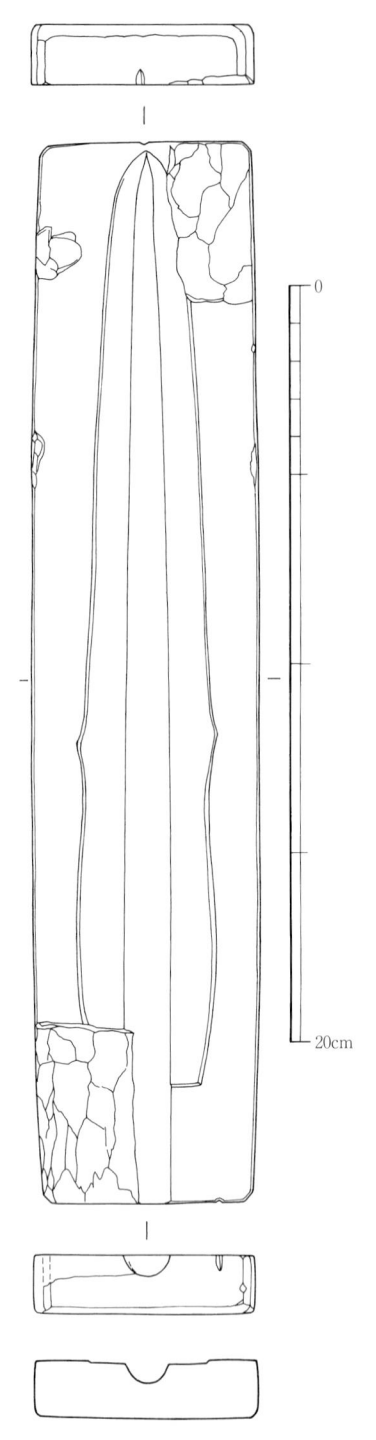

図18 韓国草芙里遺跡銅剣鋳型実測図③（1/2）

表3 銅剣鋳型一覧

番号	遺 跡	所 在 地	型式	現状（裏面）	材 質	出土遺構	時 期	文献
Ⅰ	將泉里	平安南道大同郡栗里面	柱脊式	二面一具	滑石	灰の中	不明	梅原1974
Ⅱ	草美里	韓国京畿道竜仁郡	BⅠa	両面一具		丘陵斜面	不明	西谷1970
			BⅠb	両面一具				
			BⅠa					
Ⅲ-1	伝霊岩	全羅南道霊岩郡	BⅠa	二面一具	滑石	不明	Ⅳ-1段階	林1987
Ⅲ-2			BⅠa	二面一具	滑石			韓国基督教博物館2011
Ⅲ-3			BⅠa	(戈)	滑石			
			BⅠb	(矛)				
1	勝 馬	福岡県福岡市東区志賀町	ⅡAa	片面、元・刳方・身	石英長石斑岩	包含層	中期前半	森他1960
2	八 田	八田	Ⅲ	2号片面、鋒欠損		工事中採集	中期末?	後藤1982
			Ⅲ	2号片面、鋒部	石英長石斑岩			
3	雀居9次	博多区雀居	ⅡAa	元部(不明銅器)	石英長石斑岩	Ⅱ区SK59	古墳	松村他2000
4	大橋E	南区大橋	?			包含層	不明	
5	西新町	早良区西新町	ⅡAa	A面矛、B面剣身	石英長石斑岩	D地区8号住居	古墳前期	池崎他1982
6-1	大 谷	春日市小倉大谷	ⅡAb	A面、身	片麻岩	D地点7号住居	不明	佐土原1979
			ⅡAb	B面、鋒				
6-2			ⅡAb	A面、元・茎	片麻岩	B地点表土	中期末	
			ⅡAb	B面、元部				
7	須玖岡本5次(L地点)	岡本7丁目	ⅡAa	A面、元部	石英長石斑岩	包含層	不明	平田1995
			ⅡAa	B面、元部				
8	須玖五反田1次	須玖五反田		鋒湯口部、剣か戈	石英長石斑岩	1号住居	後期中頃	吉田1994
9-1	須玖坂本5次	須玖坂本	ⅡBd	A面、鋒	石英長石斑岩	P264		吉田1993a
			ⅡBd	B面、身				
9-2			ⅡBd	A面、茎・元	石英長石斑岩	1号土坑	後期初・前半	
			ⅡBd	B面、鋒・身				
10	須玖坂本(試掘)		中国式	鋒	石英長石斑岩	谷状包含層	後期前半	柳田2004a
11	須玖尾花町	須玖尾花町	ⅡBd	樋	石英長石斑岩	1号住居	中末・後初	吉田1993b
12	岡本の上4次	岡本6丁目	?	元部？	石	包含層	中期以後	境靖紀氏教示
13	石 勺	大野城市石勺	ⅡAa	A面、身	石英長石斑岩	A地点包含層	中期	向1998
				B面、身				
14	中 原	佐賀県唐津市原中原	ⅡBd	裏面ⅡB式矛	石英長石斑岩	包含層	中期末	戸塚2010 柳田2011a
15-1	本 行	鳥栖市江島町本行	?	2号A面剣脊?	石英長石斑岩	近代溝	不明	向1997
15-2			ⅡAb	3号A面、茎・元		ピット	不明	柳田2005a
			ⅡAb	3号B面、鋒				
15-3			ⅡBc	4号A面、元・刳方	石英長石斑岩	近代溝	不明	
			ⅡBc	4号B面、身				
15-4				5号	石英長石斑岩	ピット	不明	
15-5			ⅡAa	10号A面、身、砥石	滑石	65号土坑	中期末	
16-1	姉	神埼市千代田町姉	ⅡCa	鋒部	石英長石斑岩	Ⅳ区SK4004土坑	中期中頃?	堤編1985
16-2			ⅡBa	茎・元部・身	石英長石斑岩	Ⅶ区SK7土坑	中期前半	
17-1	吉野ヶ里	吉野ヶ里町田手三本杉	ⅡAa	刳方部	石英長石斑岩	SJ0937甕棺墓	中期	佐賀県1992・1997
17-2		田手四本杉	Ⅱ	脊部、側面ピン状		SK0541土坑	中期	
17-3		田手一本黒木	ⅡAa	A面、茎・元、(矛)	石英長石斑岩	SK04土坑	中期前半	
			ⅡAa	B面、茎・元				
			ⅡAa	C面、茎・元				
17-4		田手一本黒木	ⅡAa	脊部	石英長石斑岩	包含層	不明	
18	惣 座	佐賀市大和町久池四本杉	ⅡAa	A面、剣身	石英長石斑岩	SK635土坑	中期?	立石1986
			ⅡAa	B面、刳方・矛節帯				

第5章 銅 剣

番号	遺跡	所在地	型式	現状(裏面)	材質	出土遺構	時期	文献
19-1	土生11次	小城市三日月町久米	ⅡBb	A面、鋒	石英長石斑岩	SD01(河川跡)	中期前半～	永田編 2005
			ⅡBb	B面、元			中期後半	
19-2	土生12次		BⅠa	A面、茎・元	石英長石斑岩	SD14(河川跡)上層	中期初頭～	
			BⅠa	B面、茎・元			中期後半	
20	白藤	熊本県熊本市白藤町	ⅡAa	鋒部	石英長石斑岩		中期後半	林田・原田 1998
A	原山	島根県出雲市大社町原山	ⅡB	身	土製	採集		松本岩雄氏教示
B	田益田中	岡山県岡山市田益	―	脊状？	石製	溝64	中期以後	柳瀬編 1999
C	田能	兵庫県尼崎市田能	ⅡBc	茎・元部	砂岩	土坑	中期中頃	尼崎市 1982

表4 草芙里銅剣鋳型計測値　　　　　　　　　　　　　　　単位 cm

		鋳型			銅剣							
		全長	最大幅	厚さ	全長	茎長	茎幅	関幅	背最大幅	元最大幅	刳方幅	突起部幅
1号	A面	25.45	5.6	2.6	25.3	2.8	1.3	3.7	1.25	4.05	3.45	3.6
	B面				20.4	3	1.2	2.9	1.15	3.45	3.15	3.3
2号	A面	25.45	5.55	2.35	25.25	2.8	1.35	3.55	1.25	4.05	3.2	3.4
	B面				20.2	2.8	1.2	2.75	1.15	3.4	3.1	3.35
3号		28.05	6.3	1.55	27.75	3.05	1.35	約3	1.3	3.9	3.5	3.9

注：西谷正原図による。

表5 伝霊岩銅剣鋳型計測値　　　　　　　　　　　　　　　単位 cm

	鋳型				銅剣							
NO.	全長	最大幅	厚さ	重さ	全長	茎長	茎幅	関幅	背最大幅	元最大幅	刳方幅	突起部幅
D01	34.7	7.25	4	2,590	33.5	2.5	1.6	3.2	1.6	4.55	3.95	4.3
D02	34.7	7.2	3.9	2,438	33.4	2.5	1.6	3.3	1.6	4.5	4	4.3
D03	35.6	8.75	4	3,042	32.3	2.5	1.64	3.48	1.63	4.33	3.97	4.3
D04	35.8	8.6	4.1	2,808	32.2	2.4	1.61	3.73	1.62	4.44	4.11	4.28
D05	20.2	7.4	2.5	891	19.8	1.8	1.27	2.95	1.23	3.47	3.1	3.14

BⅠa式は脊最大幅1.5cm前後、BⅠb式は脊最大幅1.3cmである。

(2) 北部九州

① 福岡県福岡市勝馬遺跡鋳型(図24)

　鋳型は全長18.3cm、幅5.6～6.0cm、厚さ2.865～2.915cmの破片で、鋳型面には元部と剣身が残されている。鋳型の横断面形は角張った蒲鉾形を呈するが、側面の片方だけに浅い帯状のくぼみがある。鋳型面には、剣身最大幅3.885cm、元部復原最大幅4.1cmの刳方が目立つ銅剣が彫り込まれている。脊は丸みのある幅1.03～1.405cmで、翼は元部・刳方・身全体が脊側より刃側が深く彫り込まれている。しかし、鋒側ほど彫り込みの深さが均等に近くなる。

② 福岡県福岡市八田遺跡鋳型(図25)

　八田遺跡2号銅剣鋳型は4個の破片となっている。それぞれの破片を鋒側からA・B・C・Dとすると、AとB、CとDは接合できるが、BとCは接合できない。BとCは鋳型の厚さが異なることから、別個体の鋳型である。すなわち、鋒側のA・Bの個体と元側のC・Dは同一個体ではなく、後述するように二面一具の合わせ鋳型の双方である可能性をもっている。鋳型全体の平面形態は、鋳型面の剣身平面形に即して元部が広く、鋒部が狭く整形されている。横断面形は元部が均整のとれた蒲鉾形であるが、鋒に向かうにしたがって歪んでいる。

3 銅剣鋳型

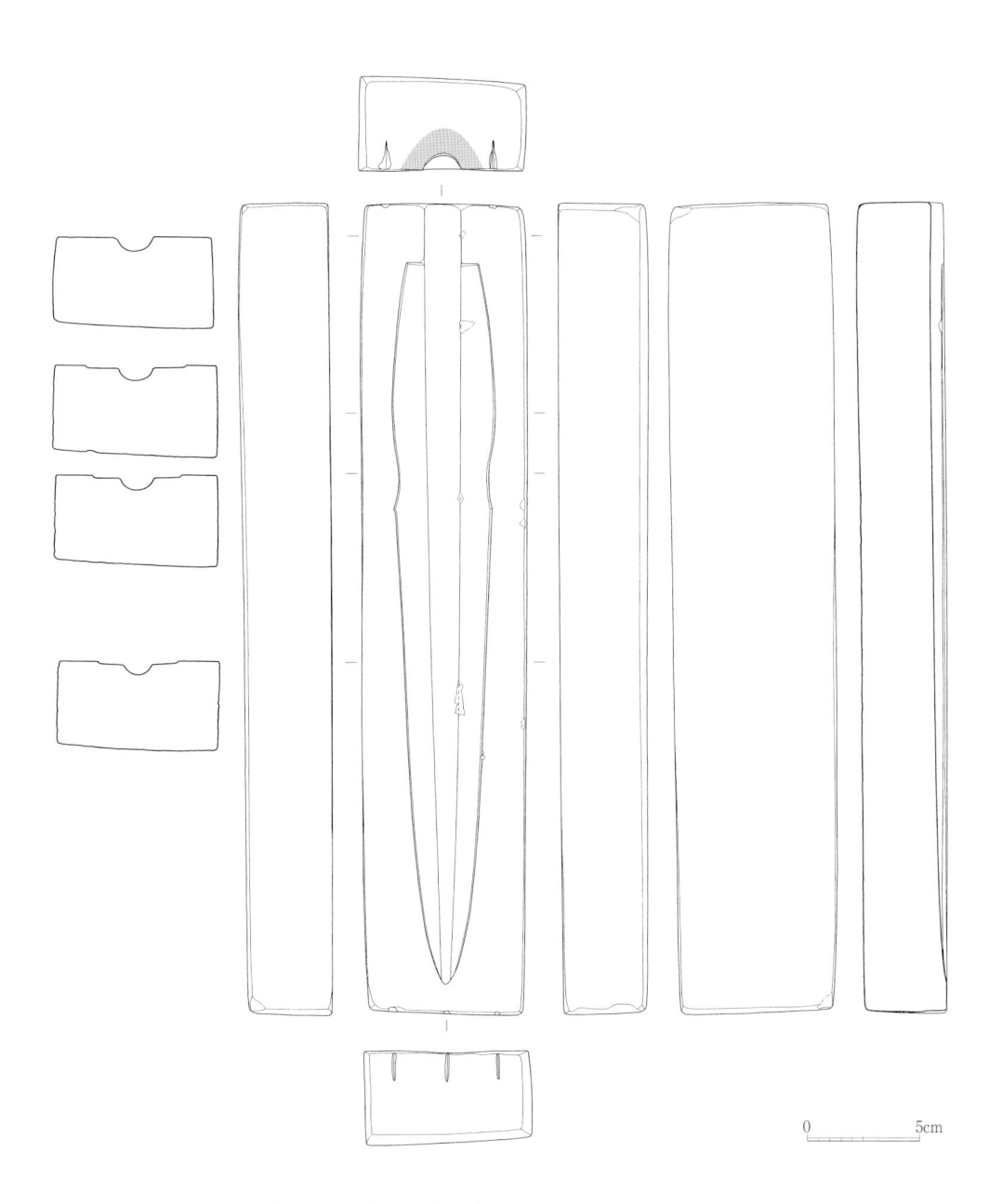

図19 伝韓国霊岩銅剣鋳型（D01）実測図①（1/3）（韓国基督教博物館 2011）

第 5 章　銅　剣

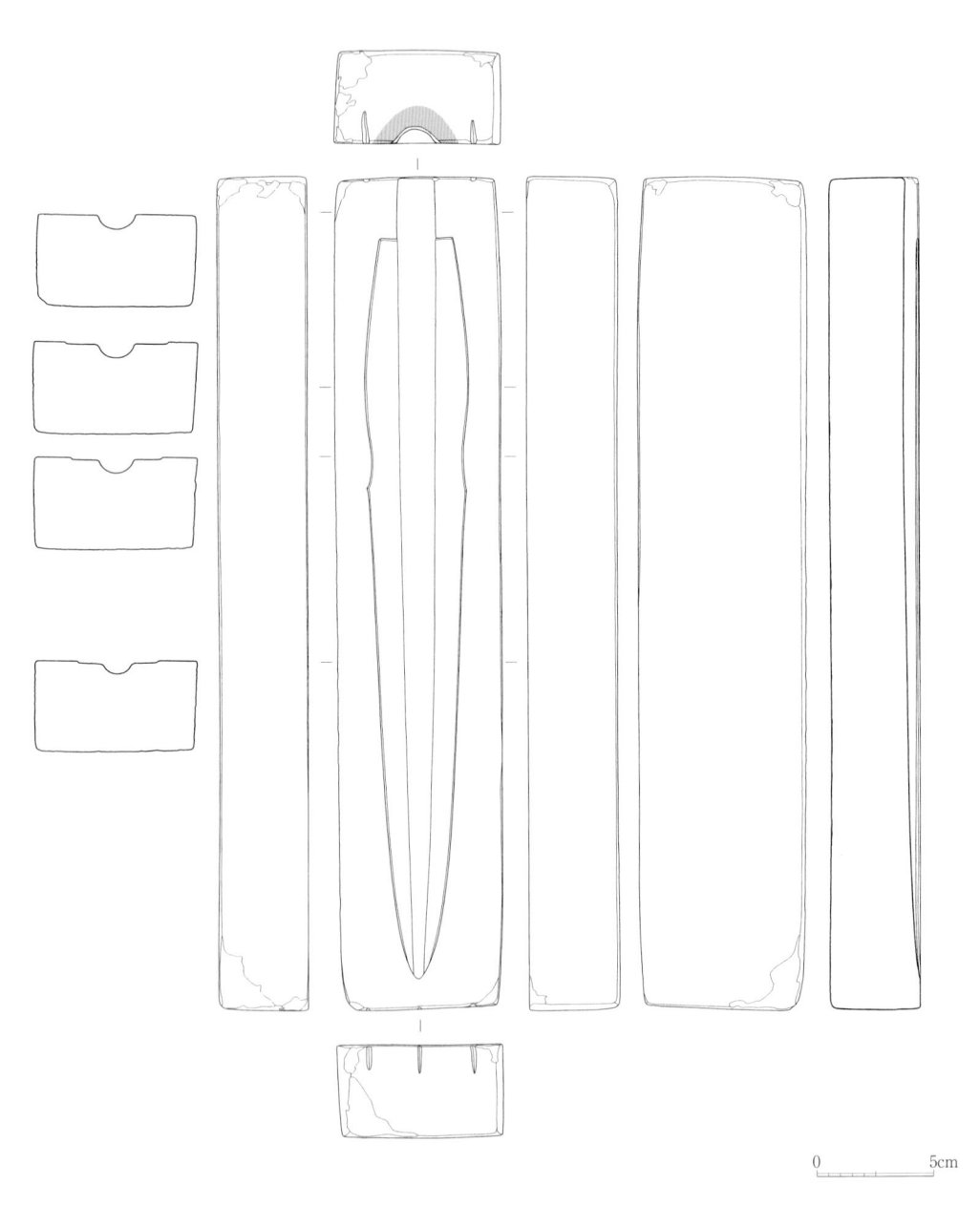

図 20　伝韓国霊岩銅剣鋳型（D02）実測図②（1/3）（韓国基督教博物館 2011）

3 銅剣鋳型

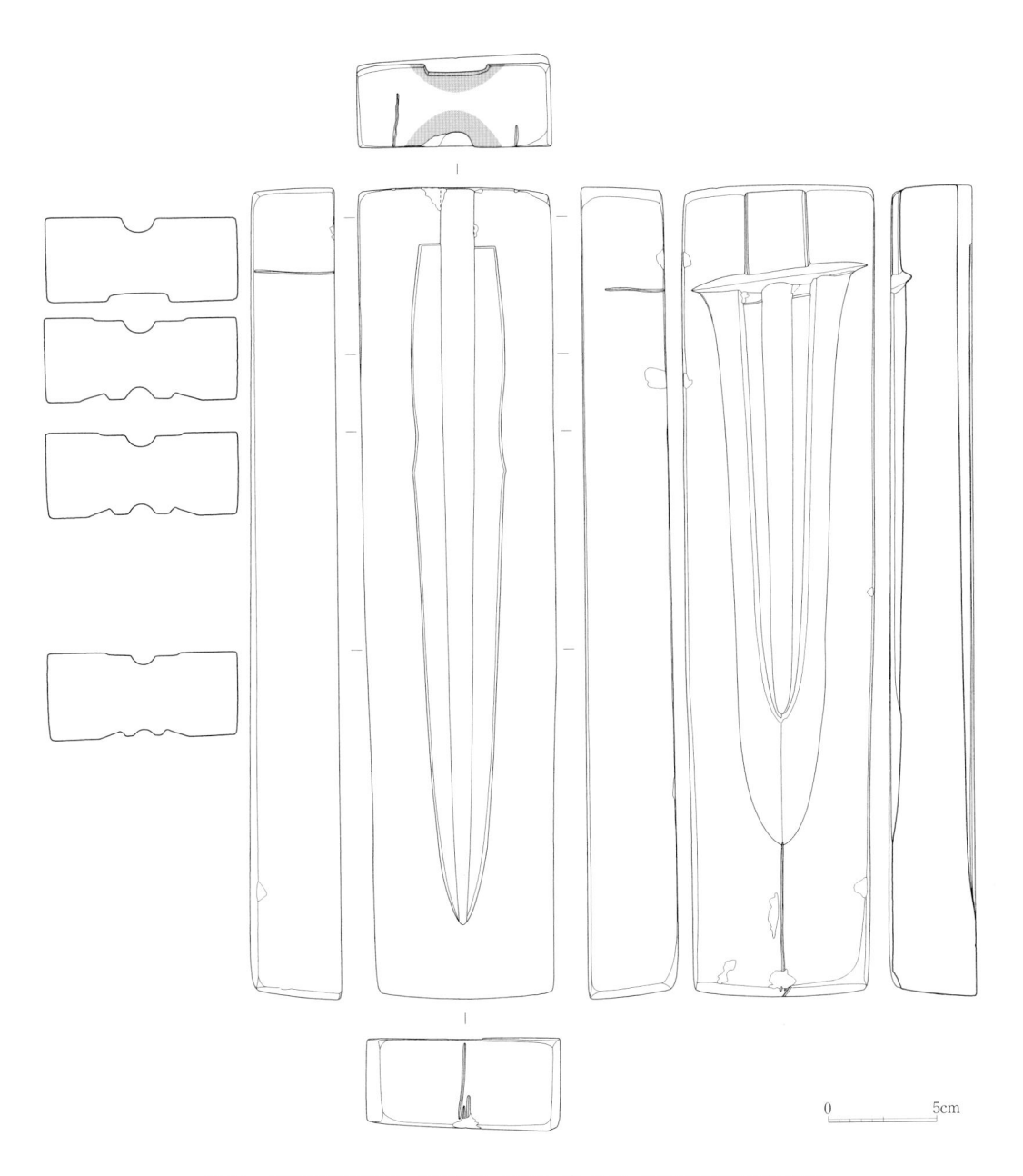

図 21 伝韓国霊岩銅剣・銅戈鋳型 (D03) ① (1/3)(韓国基督教博物館 2011)

第 5 章　銅　剣

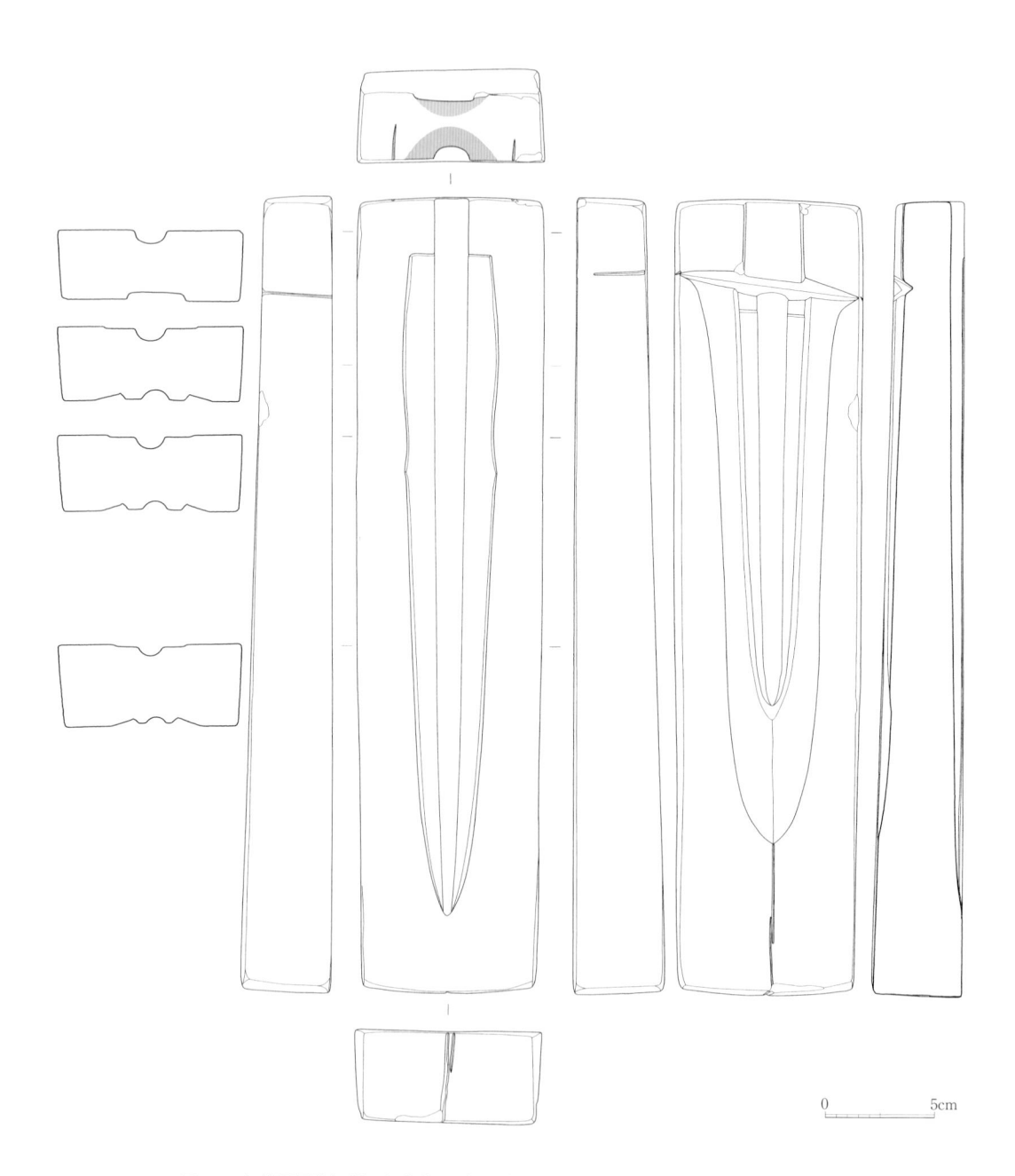

図 22　伝韓国霊岩銅剣・銅戈鋳型（D04）実測図②（1/3）（韓国基督教博物館 2011）

3 銅剣鋳型

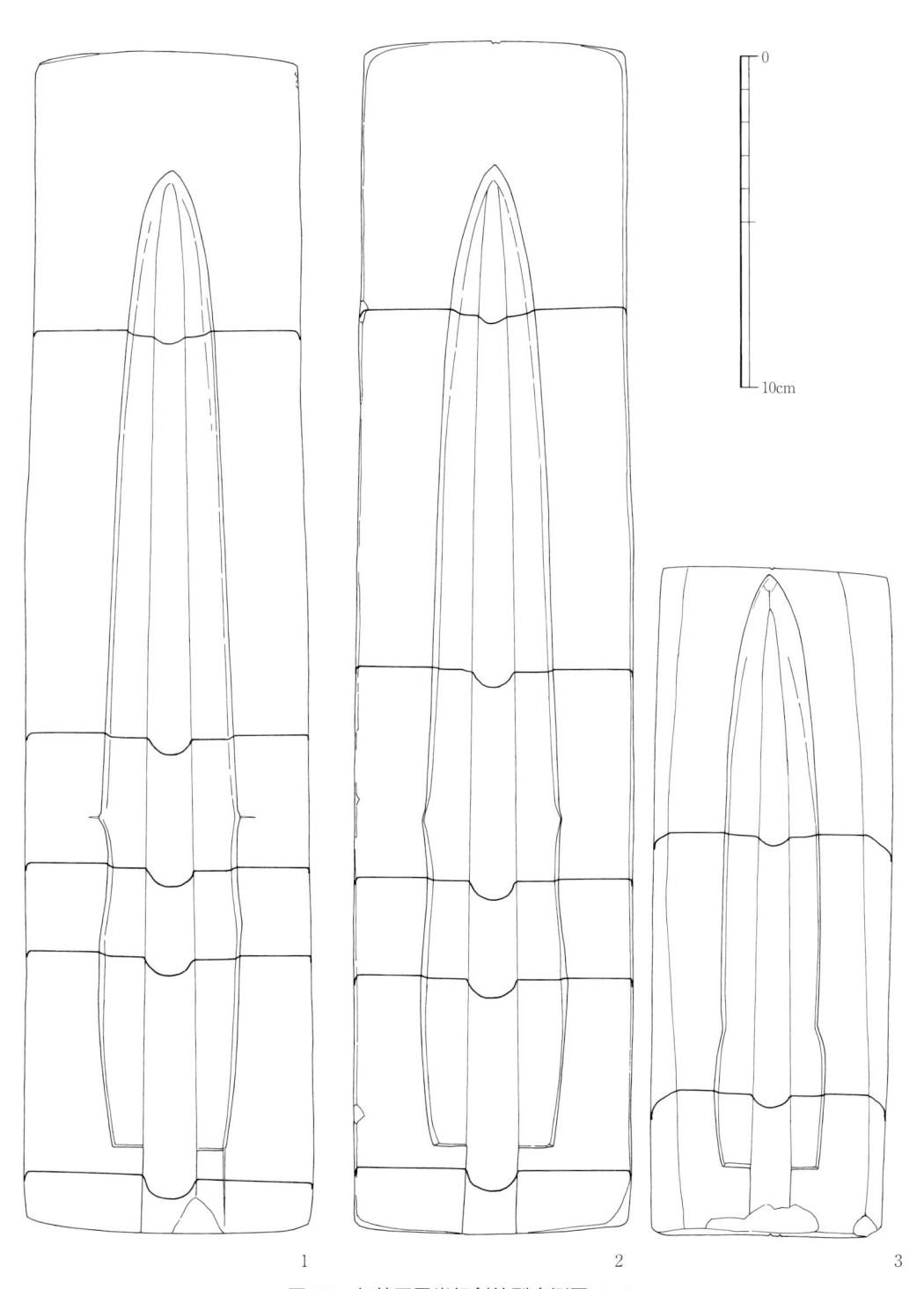

図23 伝韓国霊岩銅剣鋳型実測図 (1/2)
1：D03　2：D04　3：D05

第5章 銅剣

　A・Bの鋒側の鋳型面には、剣身長17.6cm、身最大幅4.715cmの剣身が彫り込まれている。剣身の脊中央には鎬があり、匙面状樋が長さ4.5cmと4.8cmに彫り込まれている。横断面形は、鋒部が刃部を強調していることと、鎬両側がわずかに内湾することから中国式銅剣横断面形に似ている（b断面）。鋒に湯口が設定されていることから、鋒最小幅が2.25cmとなり、湯口幅が2.95cmに設定されている。したがって、鋳造された鋒先端は「中広形銅戈」のように厚みをもつことになる。

　C・Dの鋳型面には、茎から身中央部まで銅剣が彫り込まれている。彫り込まれた銅剣は、茎幅1.935cm、関幅6.04cm、元部最大幅7.6cm、元上端幅6.66cm、突起幅9.09cm、剣身最小幅4.64cmの平面形をもつ。剣身中央には楕円形となる脊があり、突起から上の剣身の脊には鎬がすでに表現されている。脊は元部下端幅が1.7cmで、剣身に向かって次第に細くなった上端幅が1.15cmとなる。剣身には樋が彫り込まれているが、樋先端の匙面状から突起側では次第に内傾斜樋に近く変化している。元部の輪郭線には沈線があり、脊側より外側が深く彫り込まれている。元の関から1.6cmのところに脊に直行する沈線が掘り込まれている。突起部にも同様に沈線が存在することから、これらは鋳造された製品には突線として表現されることになる。

　この鋳型を検討した後藤直は、A・BとC・Dは別個体の可能性が強まるが、重ねあう一組の鋳型両面になる可能性は低いとする（後藤1982）。そこでそれぞれの破断面の剣身幅と樋幅を検

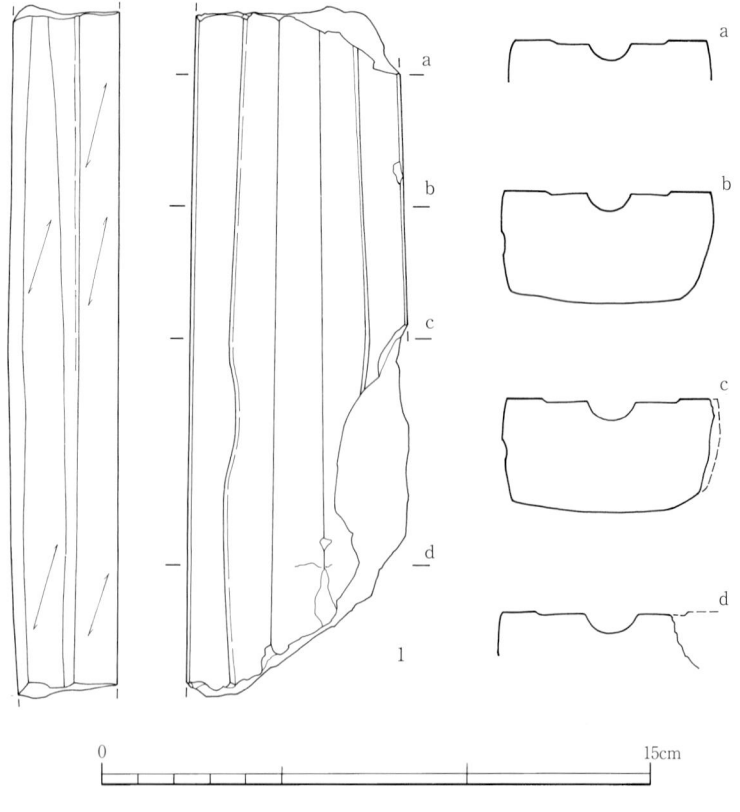

図24　福岡県勝馬遺跡銅剣鋳型実測図（1/2）

図25 福岡県八田遺跡銅剣鋳型実測図 (1/3)

第5章　銅　剣

討すると、Bの剣身幅が4.715cm、樋幅が2.04cm、Cの剣身幅が4.64cm、樋幅が2.3cmとなる。剣身幅だけで判断すると両破片が重なる位置にあるが、樋幅が逆の位置になる。製品の両面の樋が多少異なることは「中広形」の銅矛や銅戈にみられることと、両者の外面加工が同一個体でもおかしくないほど近似していることから一組の鋳型とするのが最適と考える。この場合の剣身全長は、後藤が推定した62～63cmではなく、両鋳型が多少重なる位置にあることから60～61cmと考える。

③　福岡県福岡市雀居遺跡9次鋳型（図26-3）

　鋳型はA面には銅剣元部と脊の縦半分、B面には不明青銅器が彫り込まれている。図面はB面の平坦面を基準に実測されているので、元部の厚さの外側が著しく厚くなるように表現されているが、脊側より外側が深く彫り込まれていることに変わりない。

④　福岡県福岡市西新町遺跡鋳型（図26-5）

　これまで「細形銅剣」鋳型とされてきたものであるが、詳細に検討した文献がない。まず、鋳型横断面形による先行するA面を確認すると、A面はこれまで問題にされなかった後藤直（2000）のB面であることが明らかである。後藤はこの面を「中細形銅剣」とするが、現存最大幅1.75cm、最小幅1.45cmであり、復原翼幅が4.75cmの計測値が対照できるのはⅡB式銅矛（「中細形銅矛b式」）の関に近い身部である。脊幅が1.8cmの大型「細形銅剣」もあるが、「中細形銅剣」の脊幅は特例を除き1.5cm以下である。

　B面は銅剣鋳型面には幅3.805cm、脊幅1.2～1.28cmの剣身が彫り込まれており、翼部は脊側より外側が深いⅡA式である。鋳型の本来の時期は中期後半であろう。

⑤　福岡県春日市大谷遺跡鋳型（図26-6）

　大谷遺跡では銅剣・銅矛・銅鐸の鋳型が出土して、銅剣鋳型は2個ある。B地点出土鋳型はA面に元部、B面にも銅剣らしきものが彫り込まれている。A面の翼部は脊側より外側がわずかながら深く彫り込まれている。元部の復原最大幅が3.2cm、脊幅1.1cm前後であることから、細身の小型銅剣（ⅡAb式）である。

　D地点7号住居跡鋳型は、A面に剣身、B面に鋒部が彫り込まれている。A面の脊が扁平であることから鋒に近い部分であるにもかかわらず、翼部は脊側より外側が深く彫り込まれている。B面は脊が存在しないことから、銅矛の鋒部または別型式の鋒部の長い銅剣を考えなければならない。

⑥　福岡県春日市須玖岡本遺跡5次鋳型（図26-7）

　鋳型両側には銅剣が彫り込まれているが、復原幅が4cm前後であることから、元部の可能性が強い。翼部は脊側より外側がわずかながら深く彫り込まれている。

⑦　福岡県春日市須玖坂本遺跡5次鋳型（図27-9）

　遺跡からは1号土坑とP264の双方から銅剣の両面鋳型が出土している。報告書が刊行されていない段階で図を公表した吉田広は深樋式銅剣鋳型とする（吉田2001a）。しかし、茎の横断面形が円形であること、関部形態、樋先端の形態などから深樋式銅剣と異なり、新型式であることを述べている（柳田2005b）。また、吉田は両遺構出土鋳型を同一個体として図示しているが、後述

3 銅剣鋳型

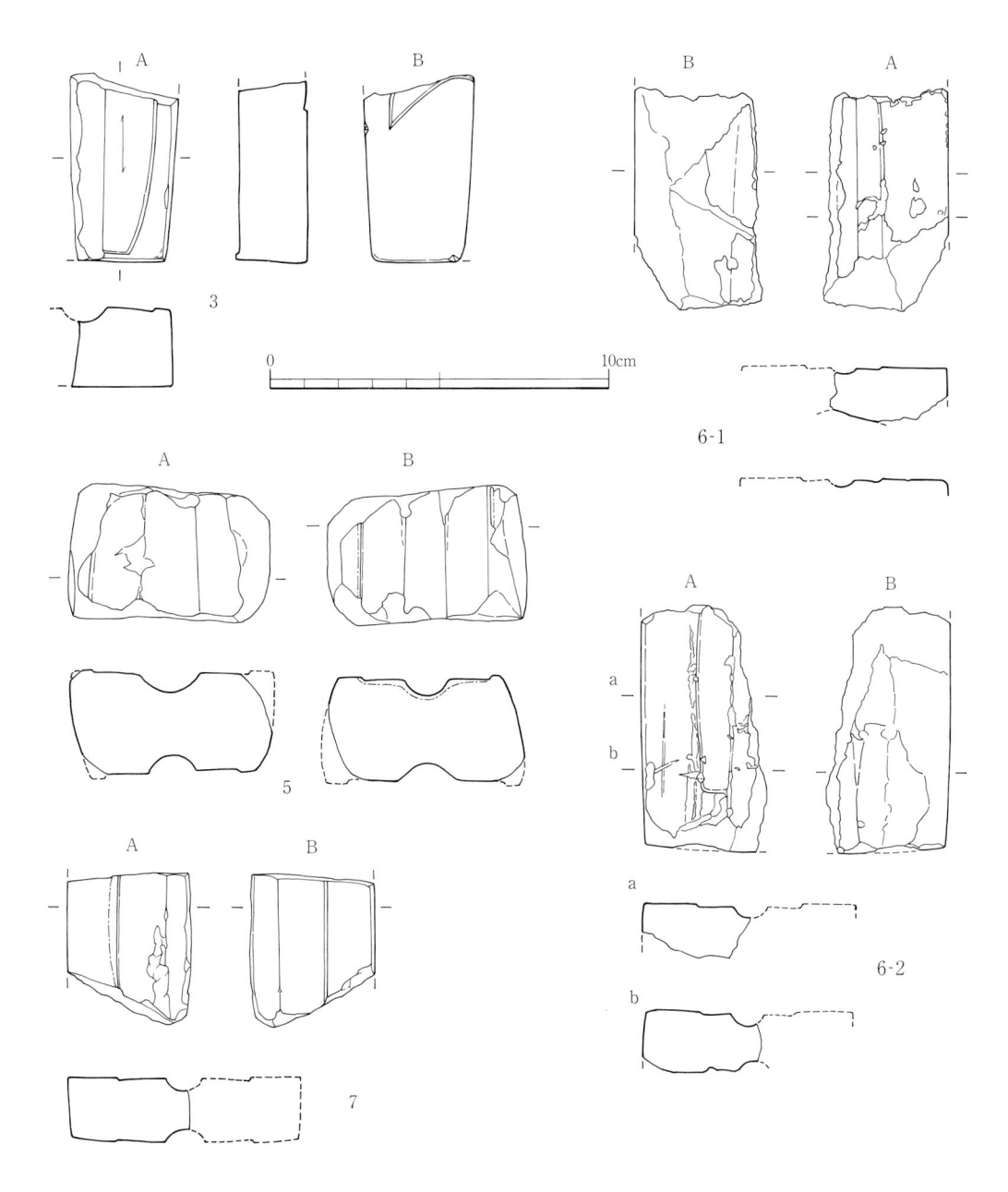

図26 福岡県雀居9次・西新町・大谷・須玖岡本5次銅剣鋳型実測図（1/2）
3：雀居9次　5：西新町　6：大谷　7：須玖岡本5次

する理由から別個体である。報告書（平田編2011）では同一個体と考え、対となる可能性も考慮している。

1号土坑鋳型は、A面が茎・関部・剣身下半分の3個の破片が接合されるが、縦半分を失っている。鋳型は横断面形において左右の厚さが異なることから、A面・B面が平行しない。茎の横断面形は半円形で、剣身には匙面状樋が通る。関部は下端まで樋が通り、脊横断面形は茎と同

173

じく半円形であるが、剣身の脊横断面形は鋒に近いほど扁平になる。また、茎周辺とその小口面の黒変範囲から小口側が湯口であることがわかる。B面は剣身の鋒側約半分の縦半分が残っている。剣身には扁平な脊と細い樋先端が観察できるが、深樋式銅剣の樋の形態ではない。鋒部の横断面形は中程にわずかな稜線をもつ扁平な菱形である。A面は茎幅1.35cm、関幅3.2cm、剣身最大幅3.8cm、B面は剣身最大幅3.2cmに復原できる。

P264鋳型は1号土坑鋳型と違って、両鋳型面が平行している。A面には1号土坑鋳型A面と同じような匙面状樋と半円形脊をもつ剣身が彫り込まれている。B面は中央に鎬をもつことから、鋒部の鋳型である。A面は剣身幅3.6cm、B面は鋒幅3cmに復原できる。1号土坑鋳型とP264鋳型は同一個体ではないが、近似した樋を形成することから、合わせ鋳型の一対になる可能性が強い。

⑧　福岡県春日市須玖五反田1次鋳型（図27-8）

遺跡は須玖岡本王墓の北側に隣接する大規模な青銅器工房群で、1990年の調査では甕棺墓や住居跡などが確認された（吉田1994）。鋳型は、弥生後期中頃でガラス工房の1号住居跡から出土した石英長石斑岩製で、青銅利器の鋒部に湯口を備えている。鋒部は厚みがあり、鎬には沈線が彫られている。

⑨　福岡県筑紫野市石勺遺跡鋳型

鋳型は破損後に砥石に転用されているために、かろうじて両面鋳型である旧態を保つ。したがって、両面ともに銅剣の脊と翼部の角が失われ、脊と刃部の一部が観察できるに過ぎない。

⑩　佐賀県鳥栖市本行遺跡鋳型（図28）

本行遺跡は福岡県の東側に隣接して、銅鐸を含む多数の鋳型が出土したことで知られている。ところが、報告書と研究者の青銅器集成で器種認定に齟齬が生じていることから、拙稿で再考した（柳田2005a）。ここでは、銅剣鋳型と考える3号・4号・10号鋳型を取り上げる。3号鋳型はA面に銅剣茎・元部、B面に銅剣鋒部が彫り込まれた破片である。鋳型から復原できる銅剣は、茎幅1.1cm、関幅3.2cmの計量値をもち、翼部は脊側より外側が厚くなるⅡAb式である。B面は鋒部であり、鎬両側に微妙な稜線をもつが、研磨すればなくなることから、鋒破片には脊が表現されていないことになる。鋒先端には湯口状の復原幅0.7cmの溝がのびるが、茎より細く浅いことから湯口ではない。

4号鋳型は、A面に銅剣突起部・元部、B面に剣身部を彫り込んでいる。A面の突起部には2個の突起があることから類例がなく、横断面形も脊側から次第に外側が深くなるだけではなく、端から内側に約5mmのところから、さらに傾斜が変化して深く彫り込まれている。B面は明瞭な段をもつ匙面状樋を形成すること、刃部が脊や鋳型側面に平行すること、刃部の傾斜角が銅戈と異なることから拙稿ではⅡBc式銅剣とする。しかし、突起部の脊幅が1cm未満であることから、ⅡAa式と同様な元部幅で脊が細い形式が復原できる。

10号鋳型は砥石に転用されていることから、片面にかろうじて銅剣の脊と刃部端が残っている。刃部幅約3.4cmに復原できるⅡA式銅剣である。

3 銅剣鋳型

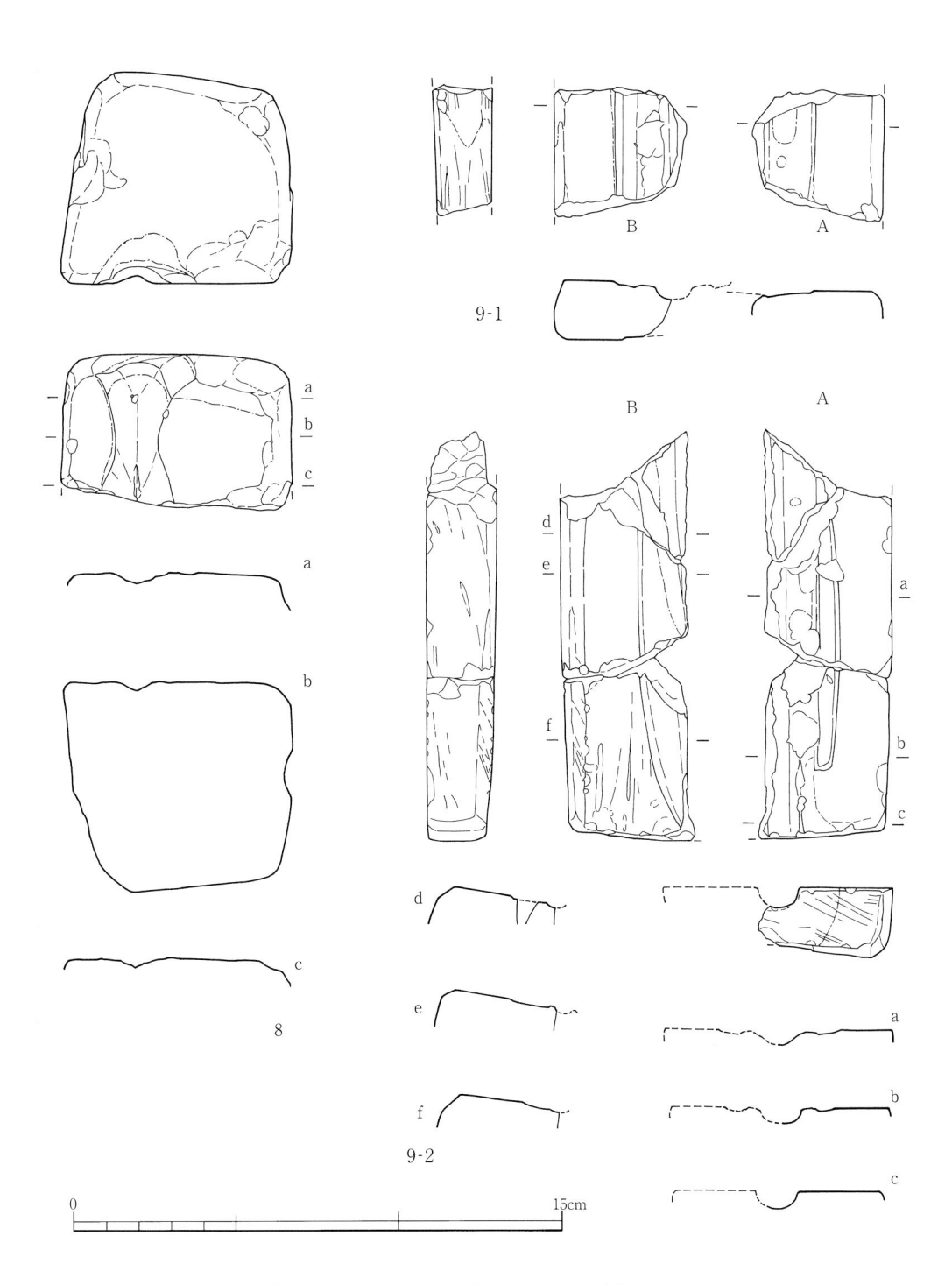

図 27 福岡県須玖五反田 1 次・須玖坂本 5 次銅剣鋳型実測図 (1/2)
8：五反田 1 次　9：須玖坂本 5 次

第5章　銅　剣

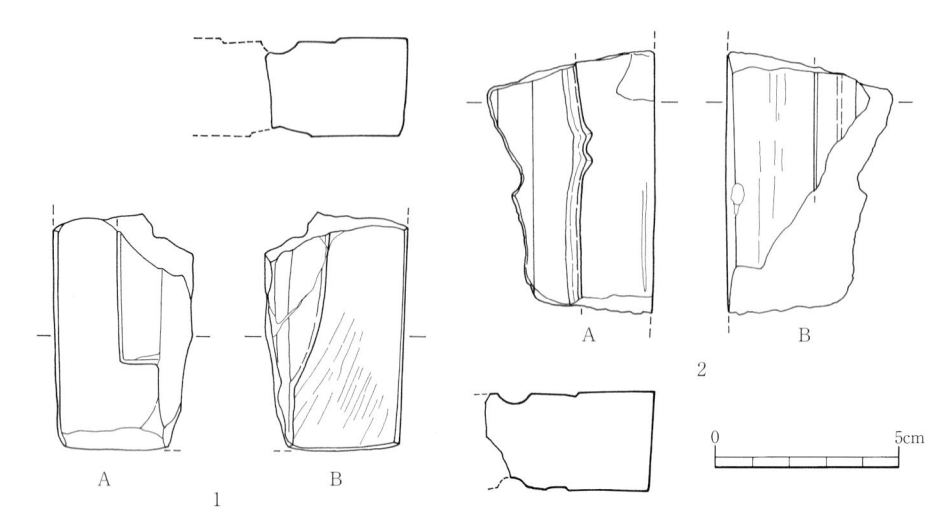

図28　佐賀県本行遺跡鋳型実測図（1/2）　1：3号鋳型　2：4号鋳型

⑪　佐賀県姉遺跡鋳型（図29）

Ⅳ区SK4004土坑鋳型は、報告書と小田富士雄が銅矛鋳型とされた（堤編1985、小田1985a）。しかし、身が扁平であることなどから拙稿では「中細形銅剣」鋳型としている（柳田1986a・2003c・2005b)[5]。

この鋳型は蒲鉾形横断面形を呈し、鋳型面には鋒部が彫り込まれている。彫り込まれている鋒部は、現状の身長12.6cm、身最大幅4.14cm、脊最大幅1.205cm、脊長約3cmである。鋳型の脊の長さから明らかなように、鋒長が10cm前後の青銅利器は「中細形銅剣C類」か「中細形銅矛」のいずれかである。小田も検討しているように、平面形において「中細形銅矛」ではないことが明らかであり、拙稿のⅡBb式からⅡCa式銅剣鋳型である（柳田2005b）。この鋳型は鋒先端から約12cmの部分で身幅4cm以内、脊厚0.9cm以内、しかも鋒長が10cm前後の青銅利器を鋳造したことになる。ちなみに、未研磨のⅡCb式神庭荒神谷B62銅剣の鋒長は約12cmである。

Ⅶ区SK7土坑鋳型は、剣身の鋒側約半分を欠損した銅剣鋳型である。SK4004土坑鋳型と異なり、横断面形が長方形に近い。鋳型面には、茎幅1.43cm、関幅3.7cm、元部最大幅5.36cm、刳方最小幅4.35cm、身最大幅4.47cmの銅剣が彫り込まれている。彫り込まれた銅剣鋳型の横断面形は、茎が半円形、元部が半円形の脊に翼部が脊側より外側が次第に深く彫り込まれている。同じく刳方部、剣身部も翼部は脊側より外側が深く彫り込まれていることと、平面的計測値からⅡBa式となる。茎側の小口をみると黒変部分が広いことから、茎側が湯口である（柳田2005c）。

⑫　佐賀県吉野ヶ里遺跡鋳型（図30）

SJ0937甕棺墓坑鋳型は刳方部の脊部縦半分の破片である。鋳型横断面形は角張った蒲鉾形の一面鋳型である。鋳型面の刳方輪郭線には割合深い断面三角形の沈線を掘り込んでいる。鋳型面の銅剣外側にも縦の直線的な沈線がはしる。

SK0541土坑鋳型はA面に銅剣の脊と翼部、B面に2個の球状突起をもつ箸状銅器が彫り込ま

176

3 銅剣鋳型

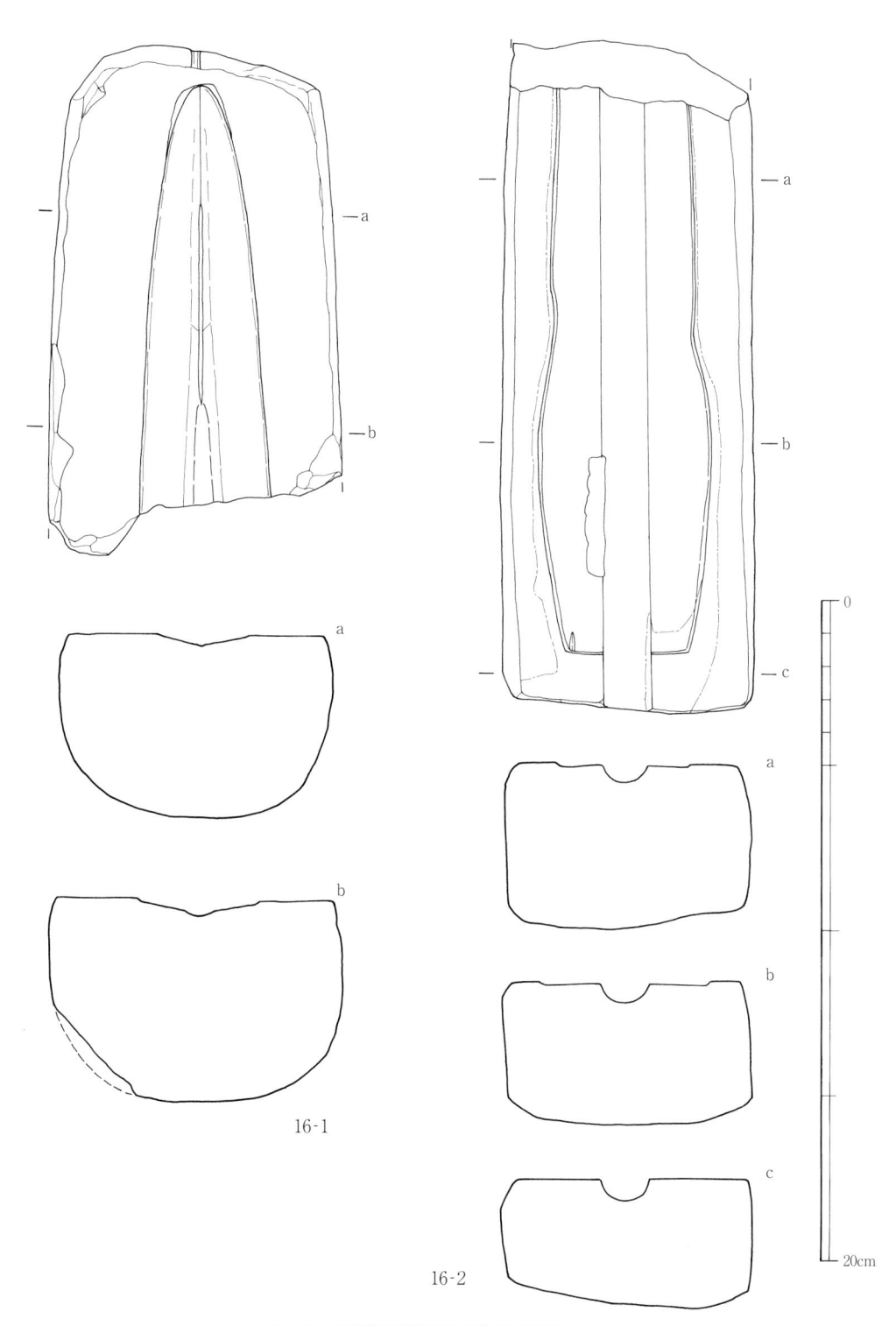

図29 佐賀県姉遺跡銅剣鋳型実測図（1/2）
16-1：Ⅵ区 SK4004　16-2：Ⅶ区 SK7

177

第5章 銅 剣

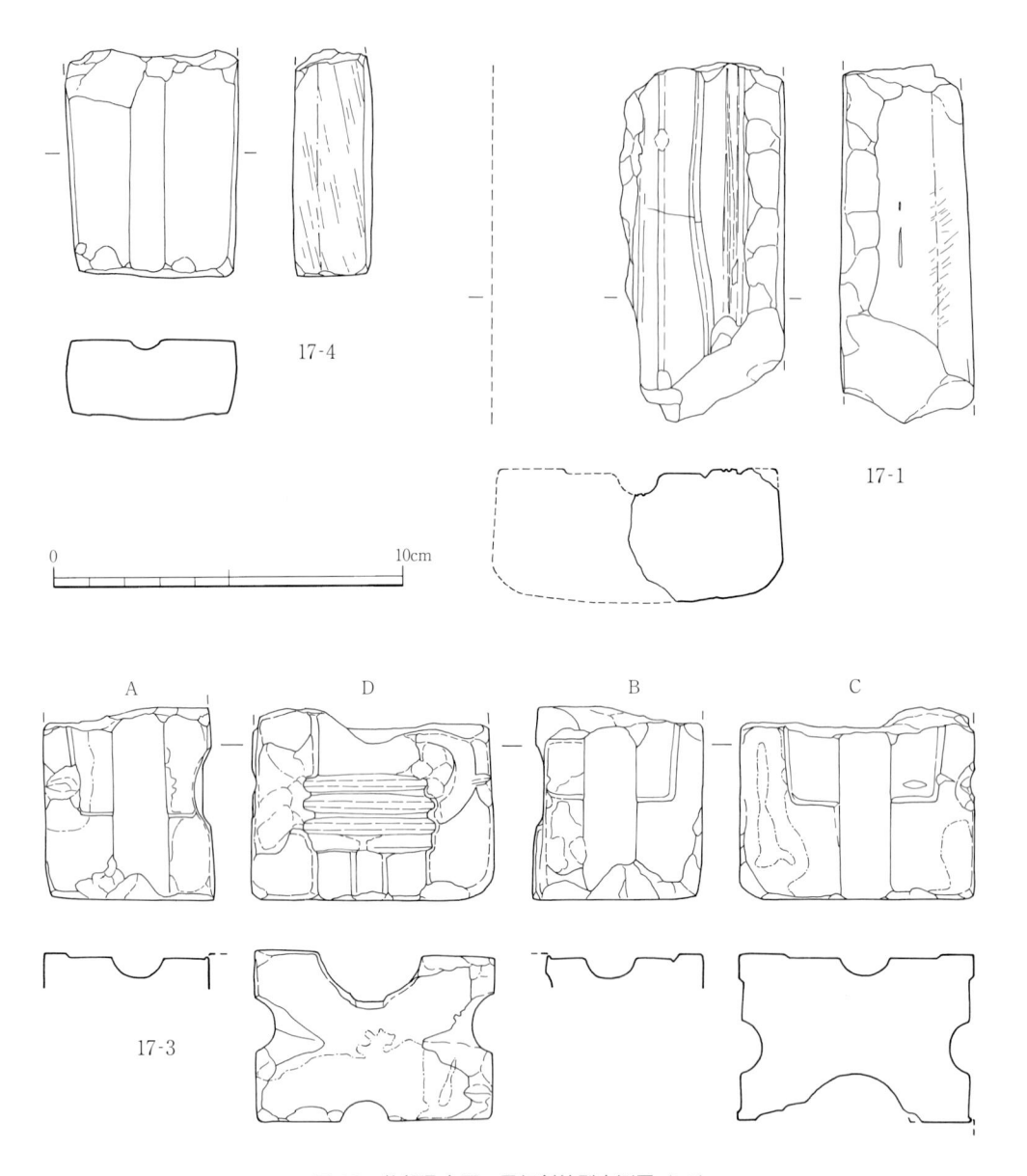

図30 佐賀県吉野ヶ里銅剣鋳型実測図 (1/2)
17-1：SJ0937　17-3：SK04　17-4：包含層

れている。全体が砥石に転用されていることから、銅剣は脊の一部が確認できるが、刃部は失われている。

　SK04鋳型は横断面形が長方形をなし、銅剣3面と銅矛1面が彫り込まれている。銅剣鋳型面で、側面の一部を失っているA・B両面が先行して、中心位置に彫り込まれたC・D両面が最後の鋳型面と考える。A面の銅剣は茎長約2.3cm、茎幅1.6cm、脊幅1.465cm、元幅約4.1cmの計測値をもち、元部翼は脊側より外側がわずかに深く彫り込まれている。B面の銅剣は茎長約2.8cm、茎幅1.53cm、脊幅1.47cm、関幅約3.7cm、元部幅約3.85cmの計測値をもち、元部翼

も外側がわずかに深く彫り込まれている。C面の銅剣は茎長2.6cm、茎幅1.355〜1.44cm、脊幅1.36cm、関幅4.065cm、元部幅4.45cmの計測値をもつ。元部の翼はほぼ均等な深さに彫り込まれている。A〜C面銅剣はⅡAa式で、D面は袋基部に三条突帯をもつⅡAb1式銅矛鋳型である（柳田2003c）。

⑬ **佐賀県佐賀市惣座遺跡鋳型**（図31-18）

SK635鋳型は銅剣の両面鋳型の横に銅矛鋳型を併せもつが、銅矛との前後関係は銅矛の袋部端であることから、銅剣が先行するものと考える。鋳型面のいずれも側面を砥石への転用で失っている。A面は脊幅1.15cm、剣身復原幅約3.8cmである。銅剣翼部はいずれも脊側より外側がわずかに深く彫り込まれている。脊幅が細いことから、突起部より鋒側部分であればⅡAa式、元部であればⅡAb式破片となる。B面の銅矛横には刳方らしい翼部をもつ銅剣の彫り込みがあり、脊幅約1.2cmで翼部が細いⅡAa式となる。

⑭ **佐賀県土生遺跡鋳型**（図31-19）

11次調査SD01の河川跡出土鋳型にはA面に剣身、B面に銅剣元部が彫り込まれている。鋳型は縦半分に割れたうえに、上下が人為的に切断されている。A面の剣身は鋒に近い部分で、上ほど脊が細まっている。剣身復原幅は最大約3cm、最小約2.8cmの計測値をもつ。横断面形は、脊側より刃部が浅く彫り込まれている。B面の元部は復原翼最大幅約7.4cm、最小幅約7cm、脊幅約2cmの計測値が特徴である。横断面形は、脊側より外側が丸みをもって深く彫り込まれている。A面とB面の鋒方向は逆方向に彫り込まれていることになる。これまで元部幅が7cmを越える例はⅢ型式に存在するが、脊の幅と厚さでは本例と比較できるものは存在しない。A面の鋒に近い剣身はⅡBb式、B面の元部はⅢ型式に対応することになるが、両面が同一型式であるとするとB面はⅡBb式の大型品ということになる。脊部が堅牢であることから、扁平なⅡC式の最大例の兵庫県正法寺遺跡例（吉田2001a）とは比較にならない。

12次調査SD14の河川跡出土鋳型には両面に銅剣茎と元部が彫り込まれている。やはり鋳型が縦半分に割れたうえに、刳方側を人為的に切断している。A面の復原形数値は、茎幅約1.8cm、関幅約4.4cm、元部最大幅約5.6cmであり、大型で堅牢なものとなる。翼部の上部にあたるa・b横断面形は脊側より外側がわずかに浅くなることから、待望のBⅠa型式鋳型が出土したことになる。しかし、関部にあたるc横断面形においては、脊側より外側が丸みをもって厚くなることから、日本鋳型の特徴をもつ。B面は茎幅約1.6cm、関幅約4cm、元部最大幅約5.3cmの復原数値となる。やはり横断面形は上部が脊側より外側が浅く関部はその逆に彫り込むBⅠa型式である。

鋳型が出土したSD14河川跡からは、無文土器を含む中期前半の土器を主体として、若干の中期末の土器片も出土している。鋳型は上層から出土していることから、中期後半の可能性も含まれている。共伴する鋳型にⅡA式銅矛鋳型が含まれることから、中期後半の鋳型が存在するのも確実である。

⑮ **熊本県白藤遺跡鋳型**（図32-20）

鋳型は鋒部の破片で、最初の報告では（林田・原田1998）器種を特定していないが、実見以

第5章 銅 剣

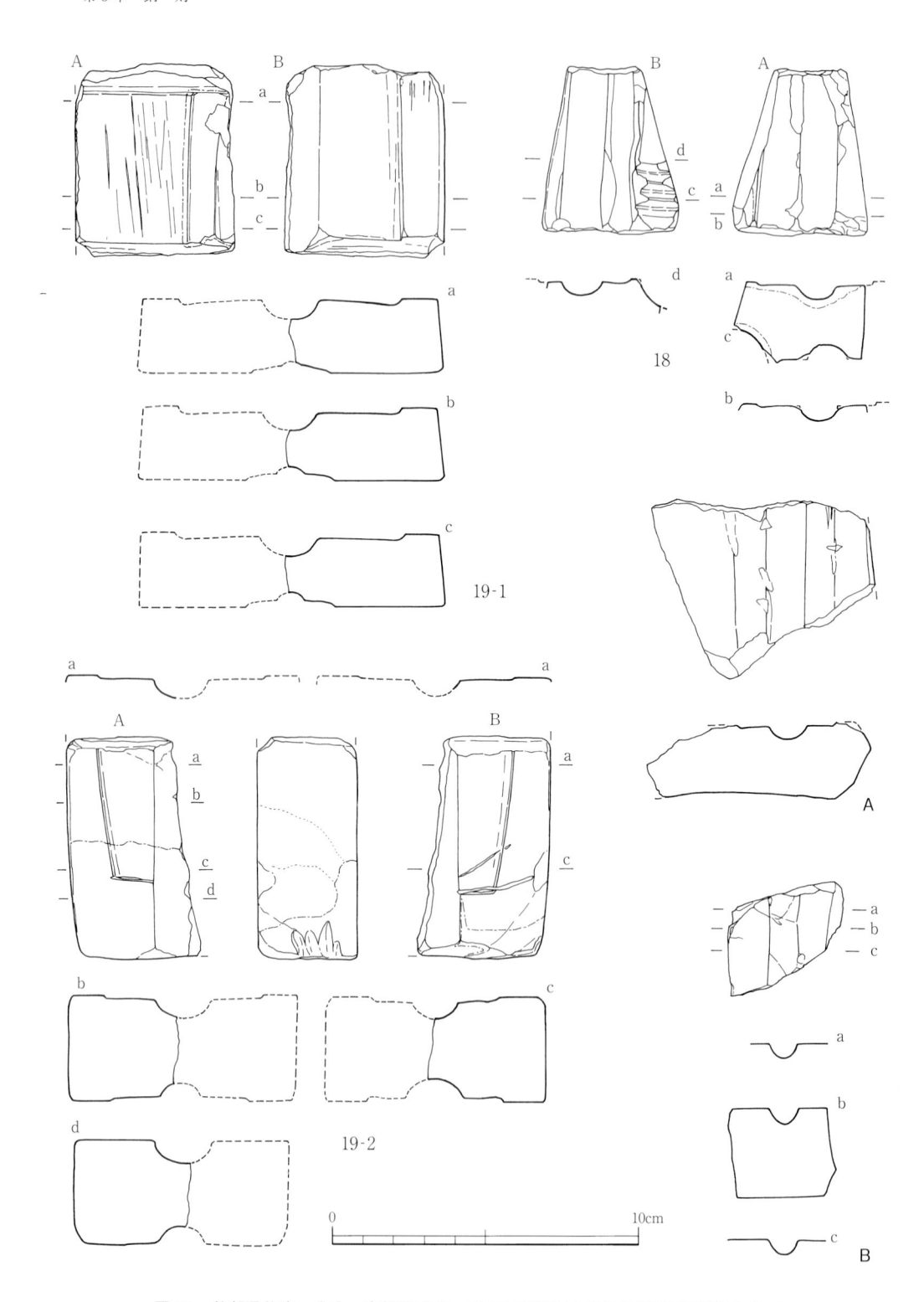

図31 佐賀県惣座・土生・島根県原山・岡山県田益田中遺跡銅剣鋳型実測図 (1/2)
18：惣座　19-1・19-2：土生　A：原山　B：田益田中

3　銅剣鋳型

前は吉田広図（吉田2001a）をみて銅矛鋳型の可能性が強いが銅剣であればⅡA式銅剣以後であることを指摘していた（柳田2005b）。実見した結果、鋳型A面には、長さ6.3cm、最大幅2.635cm、脊長さ2.1cm、脊最大幅0.75cmの鋒部が彫り込まれている。計測的数値と脊が鋒先端に達していないことからⅡA式銅剣である[6]。

　九州ではこれ以外に福岡市大橋E遺跡・春日市須玖五反田（1次）・須玖尾花町遺跡・岡本の上（4次）遺跡・佐賀県唐津市中原遺跡・本行遺跡（2号鋳型）で銅剣の可能性のある鋳型の細片が出土している。

(3) 九州以外
① **島根県原山遺跡鋳型**（図31-A）

　出雲市原山遺跡で採集されたものが、銅剣鋳型の可能性があるので紹介しておく。鋳型らしきものは石英粒を多く含む黄白色の土製品で、片側側面と裏面はナデ調整、銅剣らしき剣身部分が他面より滑らかな破片であり、中央に直線的な脊と翼部がとおる。脊幅1.3cm、翼幅3～3.2cmの計測値をもつ。銅剣部分の横断面形は半円形の脊と脊側より両側が深い翼部であり、計測値も考慮すると神庭荒神谷遺跡のようなⅡC型式銅剣ではなく、ⅡB式銅剣となる。

② **岡山県田益田中遺跡鋳型様石製品**（図31-B）

　溝64から出土した「銅剣鋳型様石製品」は、長さ4cm、幅3.5cmの破片で、A面には中央部に幅0.9cm、深さ0.4cmの横断面半円形状の溝が彫られている。この溝を銅剣の茎または脊と考えられないこともないが、計測値によると幅に対して深く尖り気味であることと微妙ながらヨコ方向に稜線が走り溝が脊のように直線をなさないことから、どの形式の青銅武器にも該当するものがない。砥石などへ転用されて翼部が失われているのであれば、なおさら脊部が深すぎる。材質は石英長石斑岩に似ている。

③ **兵庫県田能遺跡鋳型**（図32-C）

　銅剣鋳型は、第4調査区中央南端の土坑から出土している。鋳型には茎と元部が残されており、茎長2.55cm、茎・脊幅1.69cm、関幅4.375cm、元部最大幅4.8cm、脊の深さ0.44cm、翼部脊側深さ0.08cm、翼部外側深さ0.095cmの計測値をもつ銅剣が彫り込まれている。銅剣は扁平な横断面形と関幅からⅡBc式である。

④ **大阪府鬼虎川遺跡銅剣鋳型**（図33）

　東大阪市鬼虎川遺跡62次調査で中期末頃の整地層から銅剣鋳型が出土している。鋳型は残存長8.8cm、幅7.9～8.2cm、厚さ5.8cm、重さ690gの細粒砂岩製である（東大阪市教育委員会編2008）。銅剣が彫り込まれているA面は、二次的に砥石として利用されていることから脊部の彫り込みが残るだけだが、銅剣の輪郭線に沿って石材が黒変している。しかし、脊部は黒色の光沢が残るが、翼部にはないことと、翼部の黒変の輪郭が左右対称ではないことから、黒変輪郭より銅剣輪郭が狭いことが判明しているに過ぎない。確実なのは、脊幅が1.1cmから1.2cmの計測値をもつことと、幅1.2cmの方が脊の彫り込みがわずかであるが深いことから深くて幅広の方が茎側である。その中央に位置する最大幅6.3cmの黒変する突起が銅剣の突起であれば簡単だ

第5章 銅剣

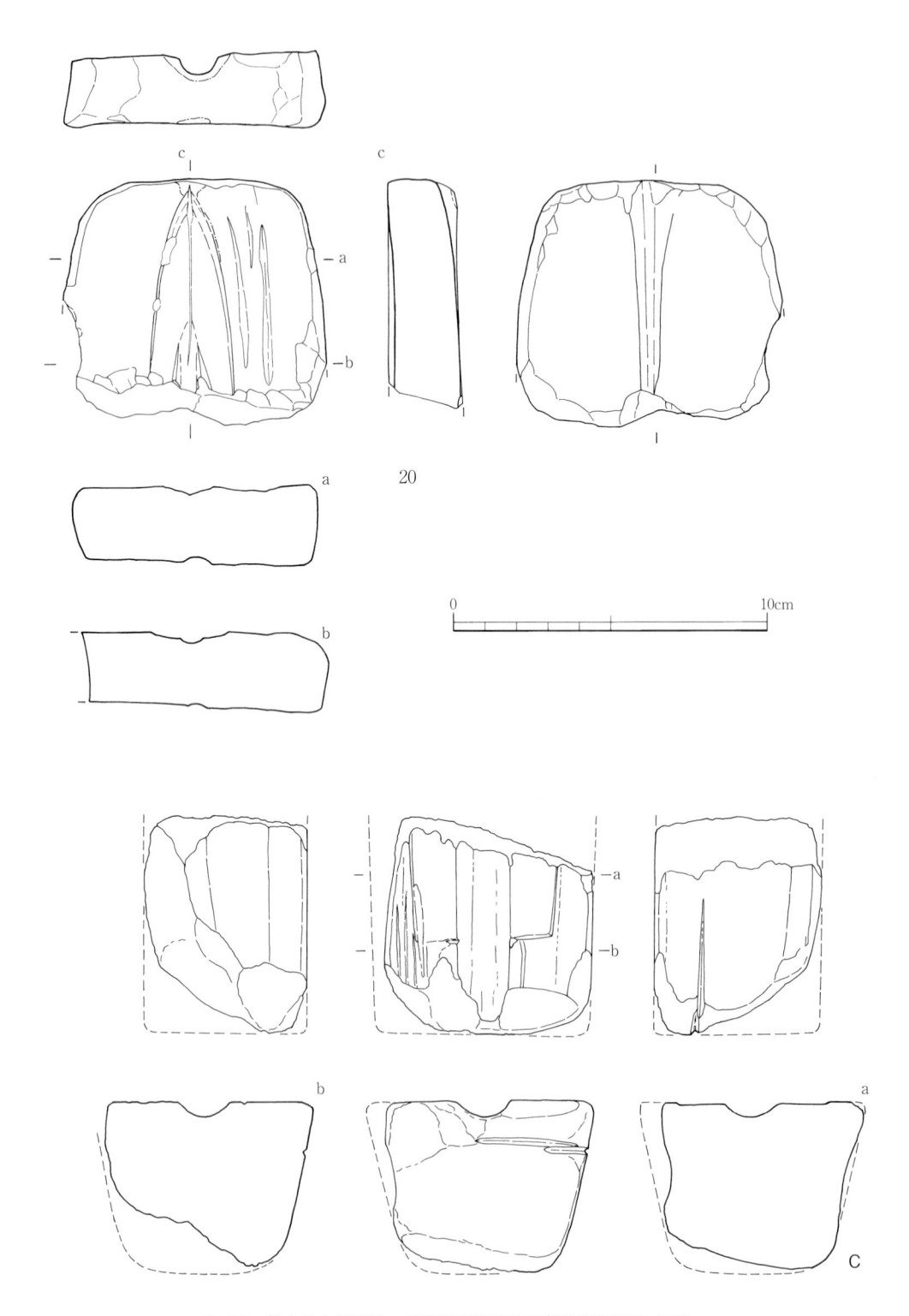

図32 熊本県白藤遺跡・兵庫県田能遺跡銅剣鋳型実測図 (1/2)
20：白藤　C：田能

が、黒変の輪郭からすれば突起の上が刳方とすることもできる。報告書図面の黒変の内側に輪郭線より狭く濃くなる輪郭線がみえるが、この濃い輪郭線はむしろ刳方下端の形態を示す。ちなみに、破断面の黒変部は、A面平坦部鋒側の黒変より幅広であるから、刳方としても幅広であるし、突起も目立たないものとなる。銅剣の型式は、輪郭線がいわゆる「中細形銅剣C類」に近いが、同位置の脊幅が「中細形銅剣C類」の1.4cm前後よりかなり狭いことから、報告書が提示する「鬼虎川型銅剣」もありうる。しかし、脊幅が狭くて薄いものに滋賀県下之郷遺跡銅剣や「平形銅剣」が存在することから、即断は禁物である。

4 日本出土鋳型の特徴

(1) 材　質

　朝鮮半島の鋳型は表3で示したように滑石系材質で占められているが、北部九州では滑石系と石英長石斑岩系に分かれていることで知られている[7]。後藤直はこれらを「朝鮮半島や中国東北地方の石材と同一または類似の石材を探したか（石材を持ち込んだ？）」（後藤2000）としている。そうであれば、後藤が指摘するように弥生社会で青銅器製作が始まった当初には滑石系鋳型が使用されていなければならない。日本の青銅器は初期のものに朝鮮系鉛が検出されるように（馬淵・平尾1990）、北部九州の初期青銅器に滑石系鋳型が使用されるのであればよいが、短絡視できない側面をもっている。

　すなわち、北部九州で滑石系鋳型が使用されている銅矛・銅剣・銅鉇・小銅鐸・銅鐸は初期青

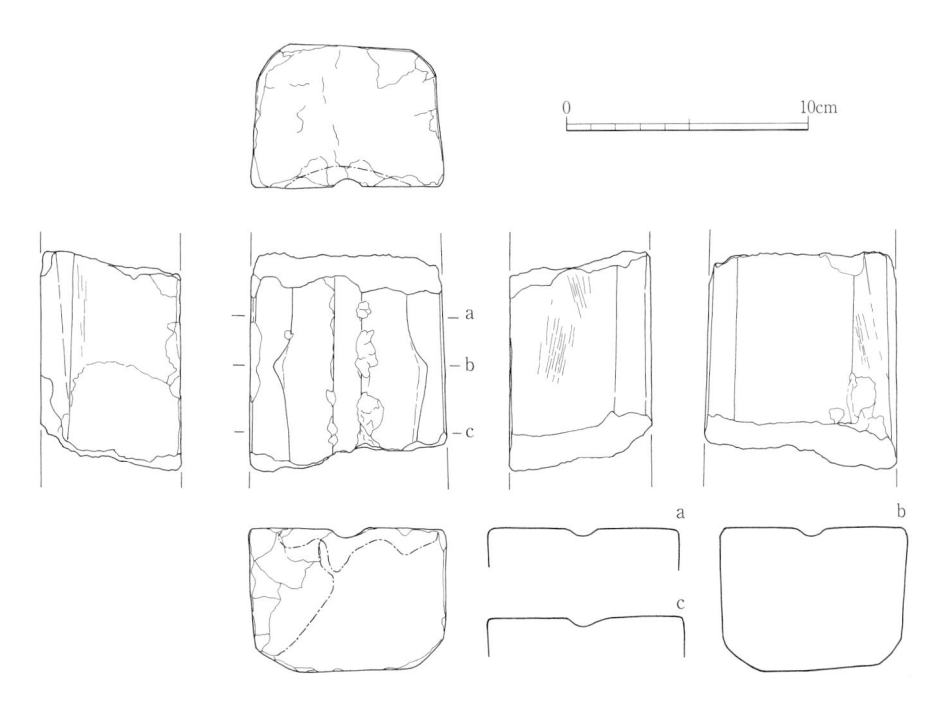

図33　大阪府鬼虎川遺跡銅剣鋳型実測図（1/3）

第5章 銅 剣

銅器ばかりとは限られていない。中期前半の土生遺跡鉈鋳型（永田編 2005）はいいが、岡本遺跡の小銅鐸は中期中頃（丸山編 1980b）、大谷遺跡の銅矛・銅剣・銅鐸は中期後半〜中期末（佐土原 1979）であるから、むしろ銅剣など実用武器としては最期の鋳型であり、武器形青銅祭器としては初期鋳型となる。銅矛・銅剣の型式としても古式ではなく、銅剣は確実にⅡAb型式に所属し、大谷遺跡銅矛鋳型は中期末の福岡県立岩堀田10号甕棺墓副葬銅矛（ⅡA式）の鋳型である（柳田 1986a）。初期鋳型は型式だけではなく、材質にも現地調達による改変がみられることが確実である。

(2) 製作技術と形態
① 湯 口

　銅剣鋳型の湯口の位置は茎側から鋒側に換わる。朝鮮半島や日本の初期銅剣鋳型は茎側に湯口があり、その小口面に掛堰を設けるものと考える（柳田 2005c）。日本の初期青銅武器の場合は銅剣に限らず、銅矛・銅戈でも同じく茎や袋部側に湯口が設けられている。ところが、銅戈においては後に詳述するように中期末には湯口が鋒側に移動する。湯口らしきものが鋒側に設けられた現在のところ古い確実な例は、熊本市八ノ坪遺跡1次「細形銅戈」鋳型（林田 2005）があり、「細形銅戈」でも鋳型ではないが、内に湯口がある須玖岡本遺跡E地点13号甕棺墓銅戈（柳田 2005c）もあり一定していない。「細形銅戈」のうち全体が扁平な形式（有田2号甕棺銅戈など）や茎が小さく扁平な形式（水城銅戈）などは鋒側に湯口が設けられているものと考えている。すなわち、関幅の4分の1以下の小さく扁平な内を湯口にすると湯の通りが悪いと考えるからである。

　銅剣の場合は、Ⅲ型式の八田遺跡2号銅剣鋳型には確実に鋒側に湯口が設けられている。その他に本稿では須玖坂本遺跡（試掘）鋳型や須玖五反田遺跡（1次）鋳型を銅剣鋳型の可能性を考えていることから、これらには鋒に湯口が存在する。八田遺跡鋳型は共伴したと考えられる一連の「中細形銅戈C類」鋳型（吉田 2001a）が中期末あるいは後期初頭と考えられることから、この時期以後の須玖坂本・須玖五反田遺跡鋳型では当然かもしれない。やはり、銅戈と異なり銅剣は茎の扁平化が湯口の移動を必要としたのである。ちなみに、鋒部の姉遺跡鋳型は湯口が存在しないことから、少なくともⅡC式銅剣の厚みのある形式では湯口が茎側に存在することになり、時期的にも符合する。扁平な神庭荒神谷遺跡銅剣においても、研磨されていないB62銅剣をみると、鋒に湯口の痕跡がなく（松本・足立編 1996）、香川県瓦谷遺跡の同型式銅剣茎には湯継ぎがあり（図45-1）、湯口が茎側にあることを裏付けている。

② 型式差による違い

　中国は両面同時鋳造もあるが、朝鮮半島では両面鋳型であっても、大半の湯口が逆方向であることから両面同時鋳造ではない（後藤 1996）。北部九州も朝鮮半島と同様で、両面同時鋳造の可能性は低い。そして朝鮮半島の鋳型の外形各面は長方形を基本としているが、最初に使用したA面を基準とすることから、横断面形はA面が多少広い台形またはB面両側角に面取りがみられるものも存在する。

　以上の基本的な鋳型外形を基準にすると、鋳型の横断面形は境靖紀のイ・ロ（ハ）（境 1998）、後藤直のⅠ・Ⅱ類（後藤 2000）が先行することになる。そこでこれを検証するために、鋳型一覧

表から時期的に先行するものを選択すると、勝馬・姉SK7土坑・吉野ヶ里田手一本黒木・惣座・土生遺跡11次鋳型がある。これらは共伴土器や青銅器型式から少なくとも中期中頃以前に所属することが明らかな鋳型であり、横断面形が長方形の基本を踏襲している。今度は中期前半から中頃に所属するといわれている姉遺跡SK4004土坑鋳型を検証すると、横断面形は極端な蒲鉾形であり、境のホ（ニを含む）、後藤のⅣ類となる。

　鋳型横断面形の分類における境と後藤の共通点は、分類を優先して後に時期が付随したこととも考えられる。片面鋳造を基本とした鋳型外形が基準となる限り、後藤のⅠ類は二次的に両面鋳型となったものを含むことから、新しい時期または新しい型式を含んでいる[8]。ここでも、青銅武器の基本的型式分類が未完成の段階での鋳型の分類は、その成果に期待がもてないことがわかる（柳田2005b）。後藤の分類は形態分類であるものの、境はⅠ～Ⅴ式を鋳型の型式分類として設定しており、図をみる限りではこれも形態分類でしかない。青銅武器と同じように二次的な形態変化を型式分類とすべきではなく、境の少なくともⅠ式は認定できるが、Ⅱ～Ⅴ式は規格的形態ではなく原石の形や個人差などを考えれば同一形態の範疇である[9]。

　横断面形が蒲鉾形を呈する鋳型は、銅剣に限らず銅矛・銅戈においても最終型式またはその直前型式に限られている。銅矛では「中広形」の高宮八幡例、広形の皇后峯遺跡例、銅剣においてはⅢ型式の八田遺跡鋳型例、銅戈では「中広形」の東小田中原前遺跡例、「広形」の三雲イノカワ遺跡例などが知られていることから、姉遺跡SK4004土坑鋳型はⅡC1式銅剣である（柳田1986a）。

　いずれにしろ、鋳型横断面形は、「中細形」の初期に扁平な長方形となり、大型となる「中広形」になると厚みが増加され、最終型式に近づくと蒲鉾形に変遷することは認められる。

　蒲鉾形は、銅剣Ⅲ式鋳型と一連の「中細形銅戈」が中期末・後期初頭であることから、この時期の出現となり、姉SK4004鋳型をこの時期に位置付ける。

5　鋳型と製品の対照

(1)　Ⅰ型式
①　BⅠa式

　BⅠa式の確実な鋳型はこれまでに日本では確認できていなかったが、前記したように佐賀県土生遺跡出土鋳型において直接確認できた。それは土生遺跡12次調査のSD14とされる河川跡出土鋳型であり、A面銅剣は大型の堅牢な銅剣を鋳造することができる。製品としては、福岡市野方久保遺跡2次調査5号甕棺墓銅剣（図34-2）（常松編2005）と吉野ヶ里墳丘墓SJ1007甕棺銅剣が該当する（図34-3）。この2例は前者が4段階研磨、後者が5段階研磨であることから関幅は比較できないが、脊最大幅が1.8cmと太いものは他にない。重さで比較すると、吉野ヶ里遺跡SJ1007銅剣は5段階研磨で、しかも鋒が欠損していながら403gであり、脊幅が1.5cm以下の普通サイズ銅剣の1.5倍以上の重量である。ちなみに、岩永省三が「長い細形銅剣」（岩永2002）としている1段階研磨の吉武高木遺跡3号木棺墓銅剣などは脊幅1.5～1.6cmのものであることから、土生遺跡12次SD14銅剣鋳型こそ本来は長くて堅牢な銅剣であろう。朝鮮半島の

第5章　銅　剣

ＢⅠa式銅剣でこれまでに公表されている実測図で計測する限りでは、脊幅が1.8cmに達する例は確認できないことから、待望のＢⅠa式銅剣鋳型ではあったが、関部の外側が厚くなることも含めてすでに倭人によって改良されていたことになる。

　Ｂ面もＢⅠa式銅剣で、こちらも脊幅が1.6cmの大型サイズであるが、日本の鋳型では現在唯一例である。こちらの製品は、日本出土ＢⅠa式大型銅剣がその候補となりうる。

　兵庫県古津路14号銅剣は、復原全長37.9cm、茎幅1.7～1.9cm、元部最大幅4.07cm、脊最大幅1.8cmで、双孔をもち、全体がマメツしている（図34-4）。韓国勒島Ｂ地区カ-245号住居跡銅剣は、全長37.6cm、茎幅1.73～1.94cm、元部最大幅4.09cm、脊最大幅1.65cmで（柳田2010c）、本稿の大型銅剣となる（図34-5）。

② ＢⅠb式

　ＢⅠb式の鋳型は朝鮮半島南部にあり、半島での製品が唯一白雲里遺跡（沈1980）にあるものの鋳型と違って脊が扁平である。日本では鋳型は確認できないものの、製品は吉武高木1号木棺墓・同4号木棺墓・吉野ヶ里遺跡SJ1005・SJ1009（図9-2・3）、梶栗浜遺跡（柳田2006a）の6例が確認でき、宇木汲田遺跡1930年出土銅剣の1本も可能性がある[10]。ちなみに、吉野ヶ里遺跡SJ1009銅剣は110g、SJ1005銅剣が82gであり、普通サイズ銅剣の2分の1以下の重量である。

③ ＢⅣ式

　ＢⅣ式は深樋式銅剣と称されている型式であるが、従来の深樋式銅剣鋳型は未確認である。ところが、吉田広（2001a）が深樋式銅剣の鋳型としている須玖坂本遺跡5次（報告書では4次）調査鋳型は前記のように拙稿でこれを否定したが、須玖坂本遺跡鋳型は製品が未発見であるものの、新型式であることから型式分類に編入しなければならない。須玖坂本遺跡4次鋳型の特徴は従来の深樋式銅剣とは異なるものの、刳方を備えない直刃であることと、匙面状樋が関まで通ることから**ＢⅣa式**として分類して、従来の茎が扁平な深樋式銅剣を**ＢⅣb式**とする。

　この型式をⅠ型式の中に含めている理由は、同形態の樋をもつことから同一工人集団が製作したと考える深樋式銅矛が金海地域に限定して分布するからであるが、ＢⅣb式鋳型が日本で出土すればⅡ型式の中に編入しなければならない。

(2) Ⅱ型式

① ⅡＡ式

　日本出土の鋳型の大半がⅡ型式であることから、これを表3のように分類した。ⅡAa式に該当する鋳型は、勝馬・雀居・西新町・須玖岡本5次・石勺・本行10号・吉野ヶ里・惣座各遺跡である。さらに、ⅡAb式鋳型では大谷遺跡Ｂ区銅剣鋳型と本行遺跡3号鋳型があるが、製品は韓国密陽校洞13号木棺墓にある（図39）[11]。

　ⅡAa式の製品は、馬渡束ヶ浦遺跡Ｅ地区K2（図35-1）（井2006）・須玖岡本遺跡1次K15（図35-5）・立石（図35-6）・田川市櫛上の原箱式石棺墓銅剣（花村1954）・伝福岡県（図35-2）[12]・佐賀市鍋島本村南遺跡SP002土坑墓（図36-1）（佐賀市1991）・宇木汲田遺跡K12（図35-4）・宇木汲田遺跡K18（図36-2）（柳田2005b）・釈迦寺遺跡SJ279（図36-3）・吉野ヶ里遺跡SJ1006（図

35-3)・柚比本村遺跡 SJ1148（図 36-4）（柳田 2005b）・高志神社遺跡 SJ018（図 36-5）・吉野ヶ里 SJ1002 などがある。

　九州以外では、山口県梶栗浜銅剣（図 38-1）・愛媛県西番掛遺跡 2 号銅剣（図 38-4）（吉田 2001a）・伝松江市銅剣（図 38-2）（近藤 1966）・伝島根県銅剣（図 38-3）（三宅・松本 1985）がⅡAa 式であることが確認できた（柳田 2006a）が、現在確認することのできない香川県藤の谷遺跡銅剣 3 本（吉田 1995）もⅡAa 式である可能性が強い[13]。

　ⅡAb 式の大谷鋳型・本行 3 号鋳型から鋳造できる製品は、吉武高木遺跡 K116・韓国密陽校洞 13 号木棺墓例（図 39）である。密陽校洞銅剣は剣身が欠損しているが、復原全長約 24.5cm、元部最大幅 3.3cm、鋒最大幅 2.4cm、脊最大幅 1.35cm、脊最小幅 0.9cm、脊最大厚 1.0cm、脊最小厚 0.7cm の計測値をもつことから、ⅡAa 式とⅡAb 式の中間的計測的数値をもつことになる。校洞遺跡では 3 号木棺墓から小型星雲鏡、7 号木棺墓から小型異体字銘帯鏡が出土しており、北部九州との関連が想定できる。13 号木棺墓では小型銅剣ながら、青銅製の把頭飾と盤部が伴っている（密陽大学校博物館 2004）。

② ⅡB 式

　ⅡBa 式　この型式の鋳型では姉遺跡Ⅶ区 SK7101 土坑鋳型があり、製品としては福岡県高田町舞鶴遺跡銅剣・同田熊石畑 6 号墓（図 40-4）・愛媛県扇田遺跡銅剣（図 40-1）（西田 1986、吉田 2005）・高知県波介遺跡銅剣（図 40-2・3）（三木・岡本 1961、吉田 2001a）などを充てる。

　ⅡBb 式　この型式の鋳型の確実な例は現在未発見である。脊が厚く丸みのある上月隈 3 次 7 号甕棺墓（図 43-1）（榎本編 2000）・柚比本村遺跡 SJ1114（図 41-3）[14]と扁平化しはじめた製品としては柚比本村 SJ1124・SJ1135・SJ1140、吉野ヶ里遺跡 SJ1057、浜遺跡 4 本（図 41-6）、古津路遺跡 11 本（図 42）、岡山県別所勝負田遺跡（柳田 2006a）と、元部長 8.5cm、関幅 4cm に復原できる兎田八幡宮例（図 43-2）（吉田 1994）などがある。

　ⅡBc 式　この東瀬戸内型（ⅡBc2 式）の鋳型の確実な例は兵庫県田能遺跡鋳型であり、北部九州型（ⅡBc1 式）に本行遺跡 4 号鋳型が関幅が狭いがこの型式に含まれる。北部九州型の製品は福岡県二日市峯遺跡銅剣の可能性がある本山彦一資料（常松 2002）や玄海町上八中羅尾石棺墓（花田 1995、柳田 2011a）、東瀬戸内型の古津路遺跡有文銅剣（図 44-5）などがある。

③ ⅡC 式

　この型式の鋳型は確実なものとして姉遺跡Ⅳ区 SK4004 土坑鋳型があり、製品として香川県瓦谷遺跡・伝横田八幡宮（図 45-3）・島根県志谷奥遺跡銅剣がⅡCa 式、神庭荒神谷遺跡銅剣群がⅡCb 式である。なお、姉遺跡鋳型は神庭荒神谷遺跡銅剣と比較すると全体的にわずかながら厚みがあることから、瓦谷遺跡一括品の内 3 本のⅡCa 式との中間的な志谷奥遺跡例が姉遺跡 SK4004 鋳型（図 29-16-1）と対照できる最有力候補である（柳田 1986a）。

　したがって、山陰の扁平な銅剣群のモデルは北部九州で製作されていることになる。

(3) Ⅲ型式

　この型式の鋳型は八田遺跡銅剣鋳型（図 25）である。その製品として最も近いのが福岡県岡垣

第5章 銅 剣

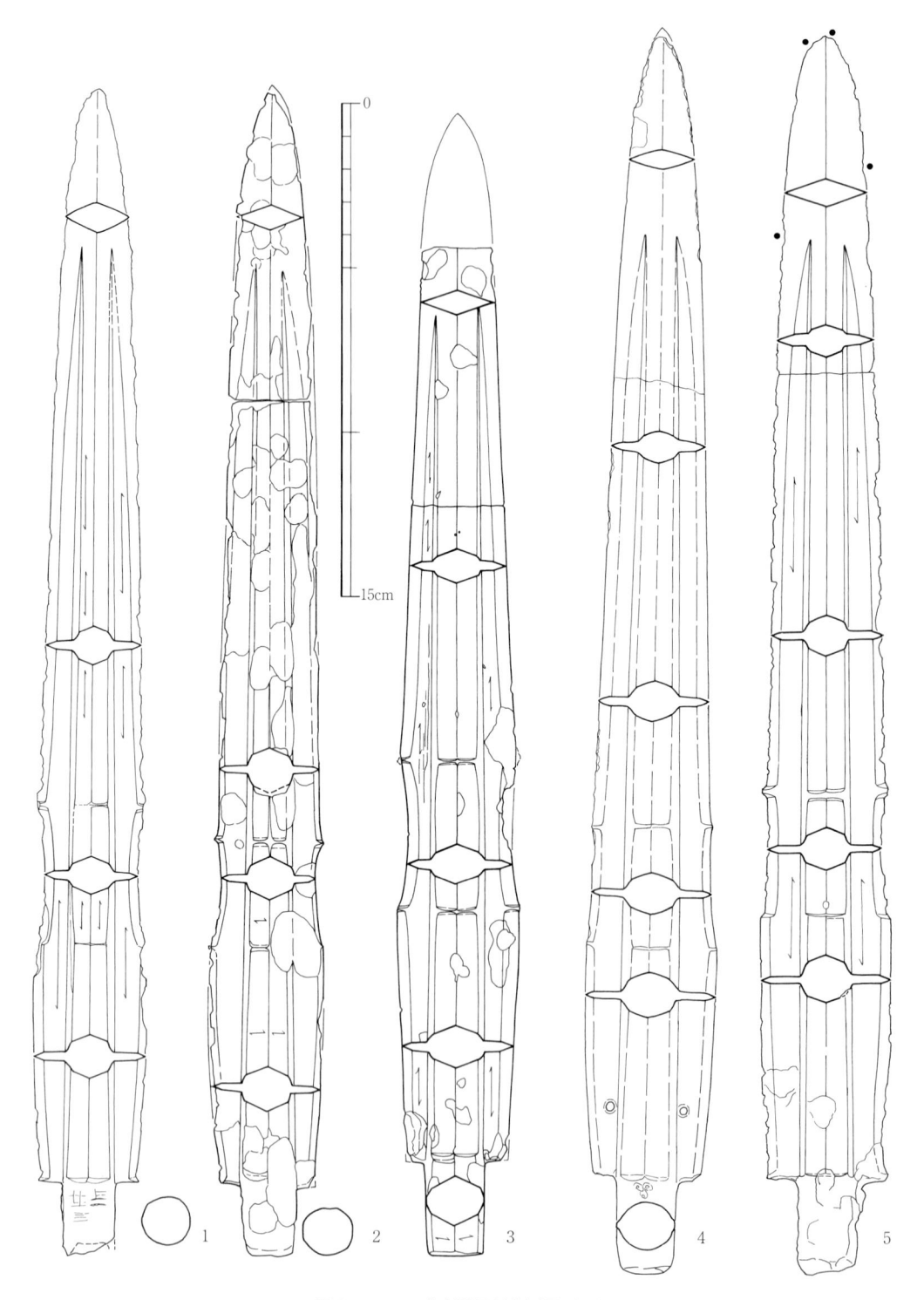

図34 ＢＩa式大型銅剣実測図 (1/2)
1：福岡県樋渡75号甕棺墓　2：野方久保2次5号甕棺墓　3：佐賀県吉野ヶ里SJ1007
4：兵庫県古津路14号　5：韓国勒島Ｂ地区カ-24号住居跡

5 鋳型と製品の対照

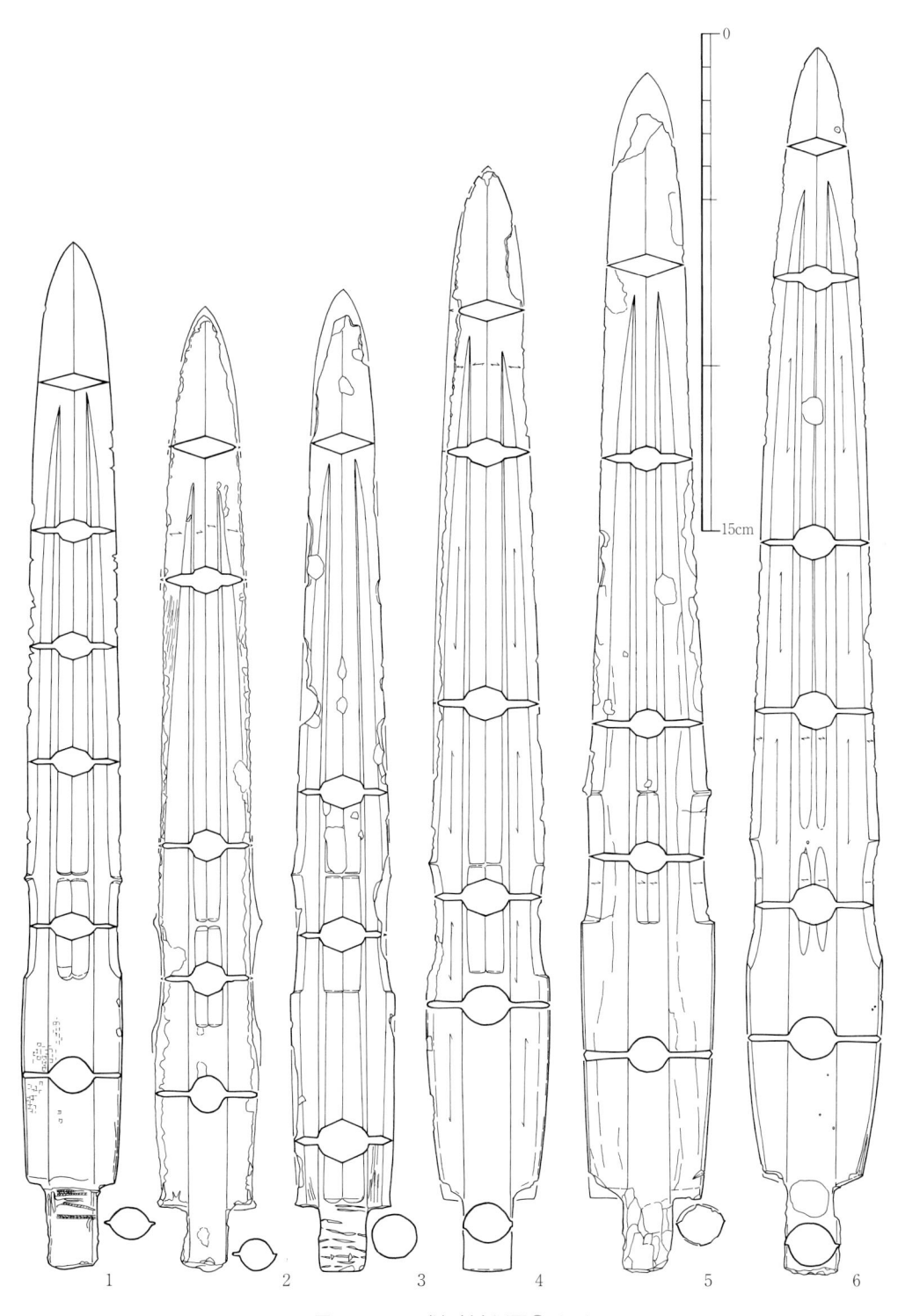

図35 ⅡAa式銅剣実測図①（1/2）
1：福岡県馬渡束ヶ浦E地区2号甕棺墓　2：伝福岡県　3：佐賀県吉野ヶ里SJ1006
4：宇木汲田12号甕棺墓　5：福岡県須玖岡本1次15号甕棺墓　6：立石

189

第 5 章　銅　剣

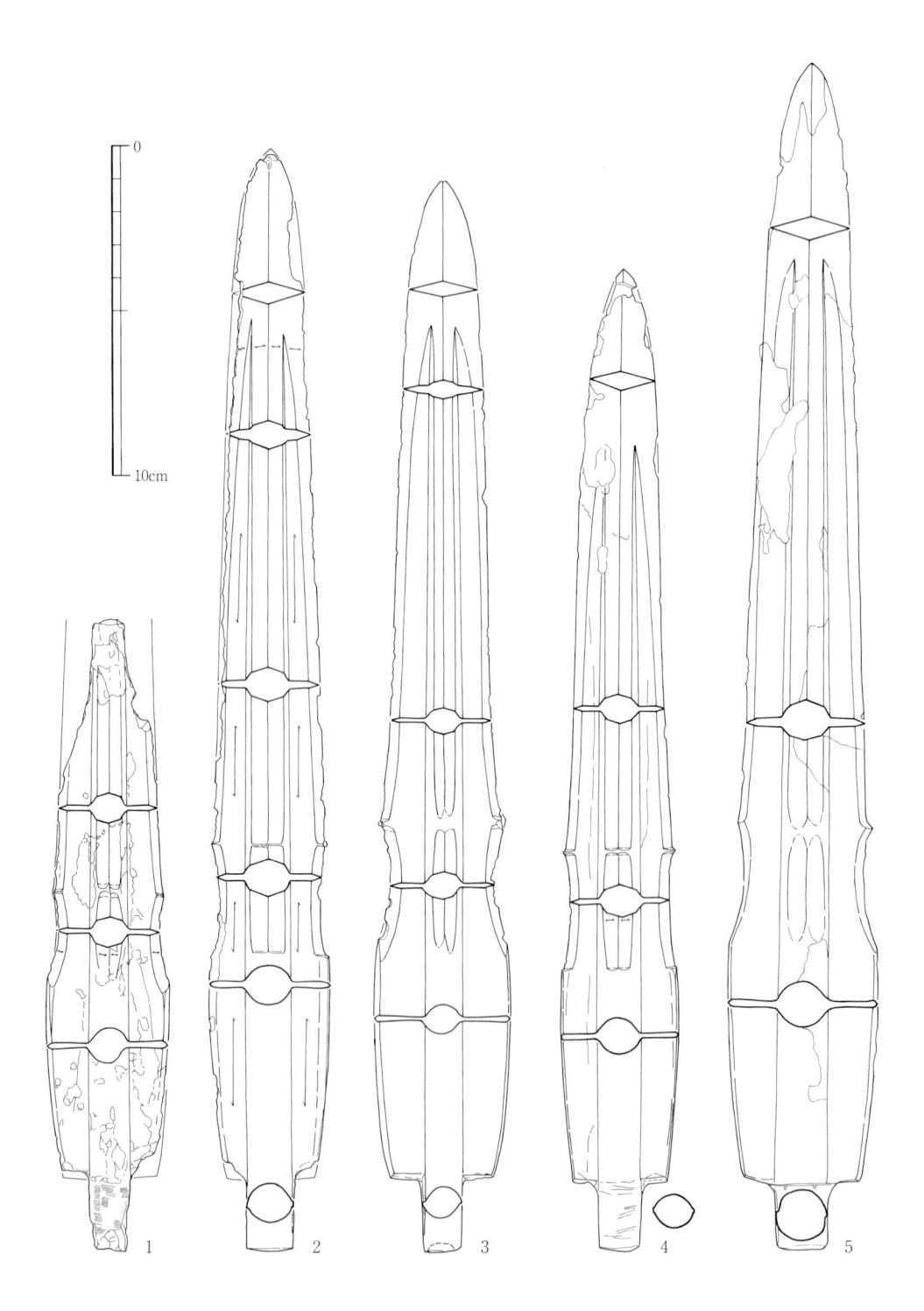

図36　ⅡAa式銅剣実測図②（1/2）
1：佐賀県鍋島本村南SP002　2：宇木汲田12号甕棺墓　3：釈迦寺SJ279　4：柚比本村SJ1148　5：高志神社SJ018

5 鋳型と製品の対照

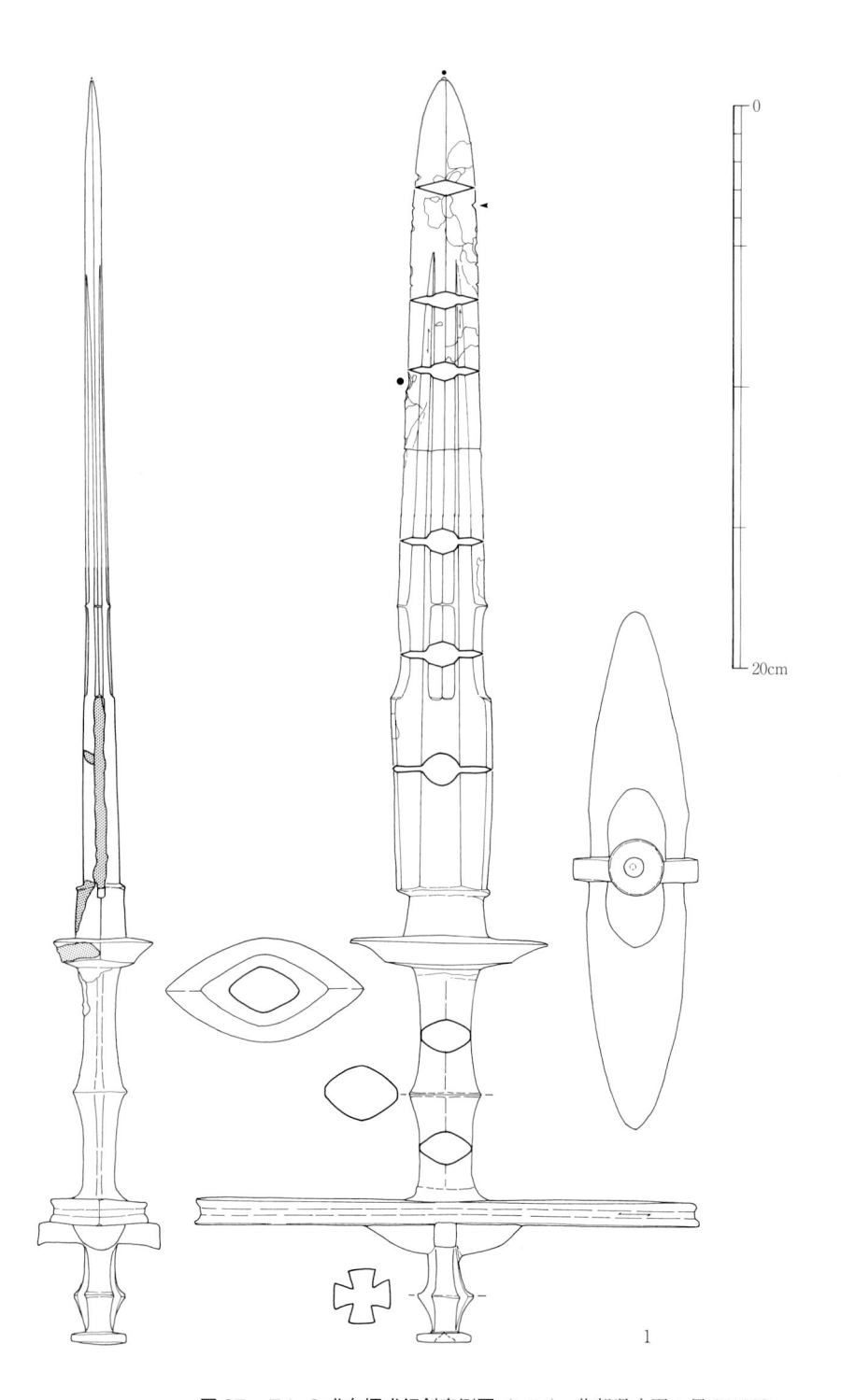

図 37　ⅡAa2 式有柄式銅剣実測図（1/2.5）　佐賀県吉野ヶ里 SJ1002

第5章 銅　剣

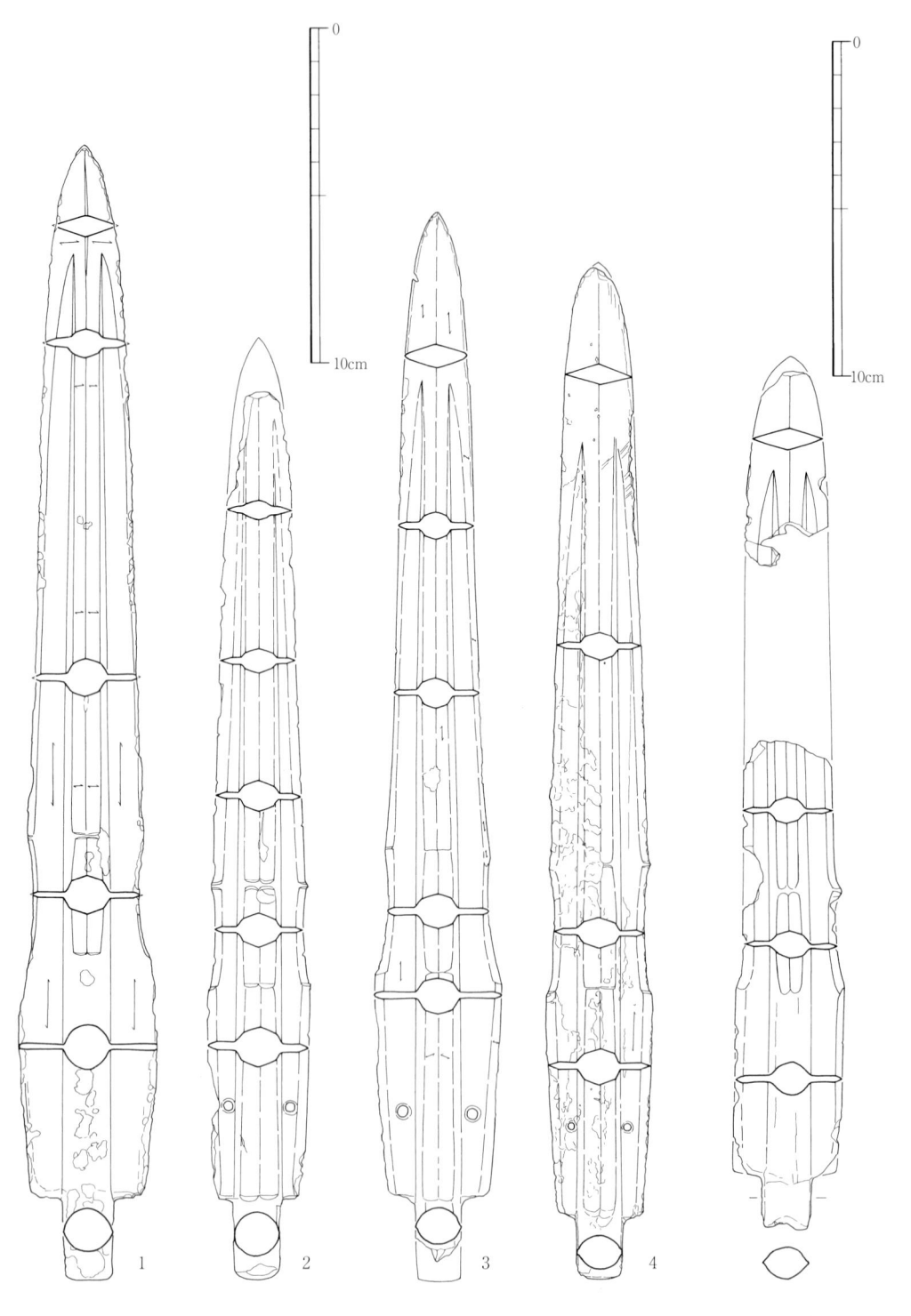

図38　ⅡAa式銅剣実測図③（1/2）
1：山口県梶栗浜　2：伝島根県松江市　3：伝島根県　4：愛媛県西番掛2号

図39　韓国密陽校洞
13号木棺墓ⅡAb1式
銅剣実測図（1/2）

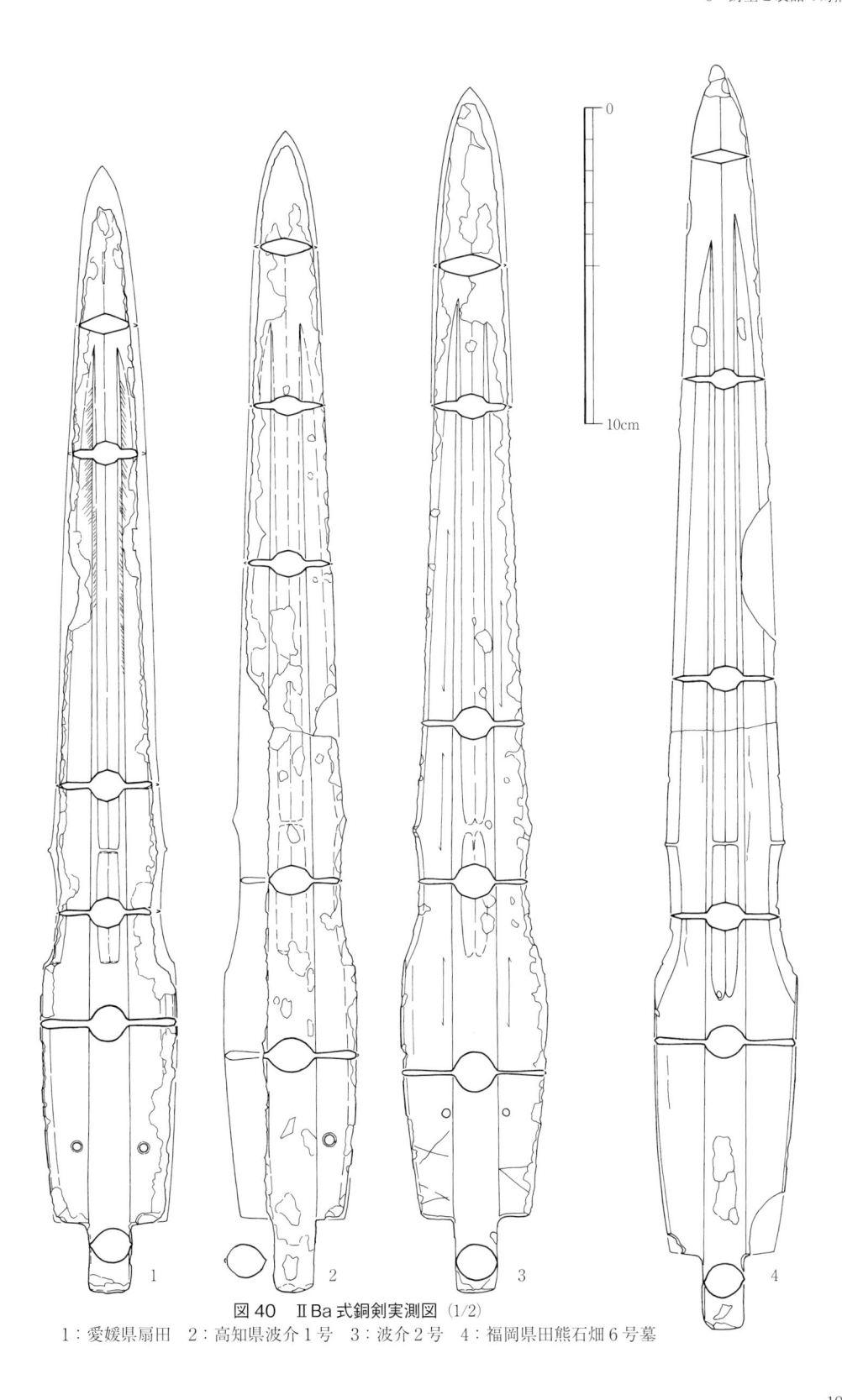

図 40　ⅡBa 式銅剣実測図（1/2）
1：愛媛県扇田　2：高知県波介1号　3：波介2号　4：福岡県田熊石畑6号墓

第5章 銅剣

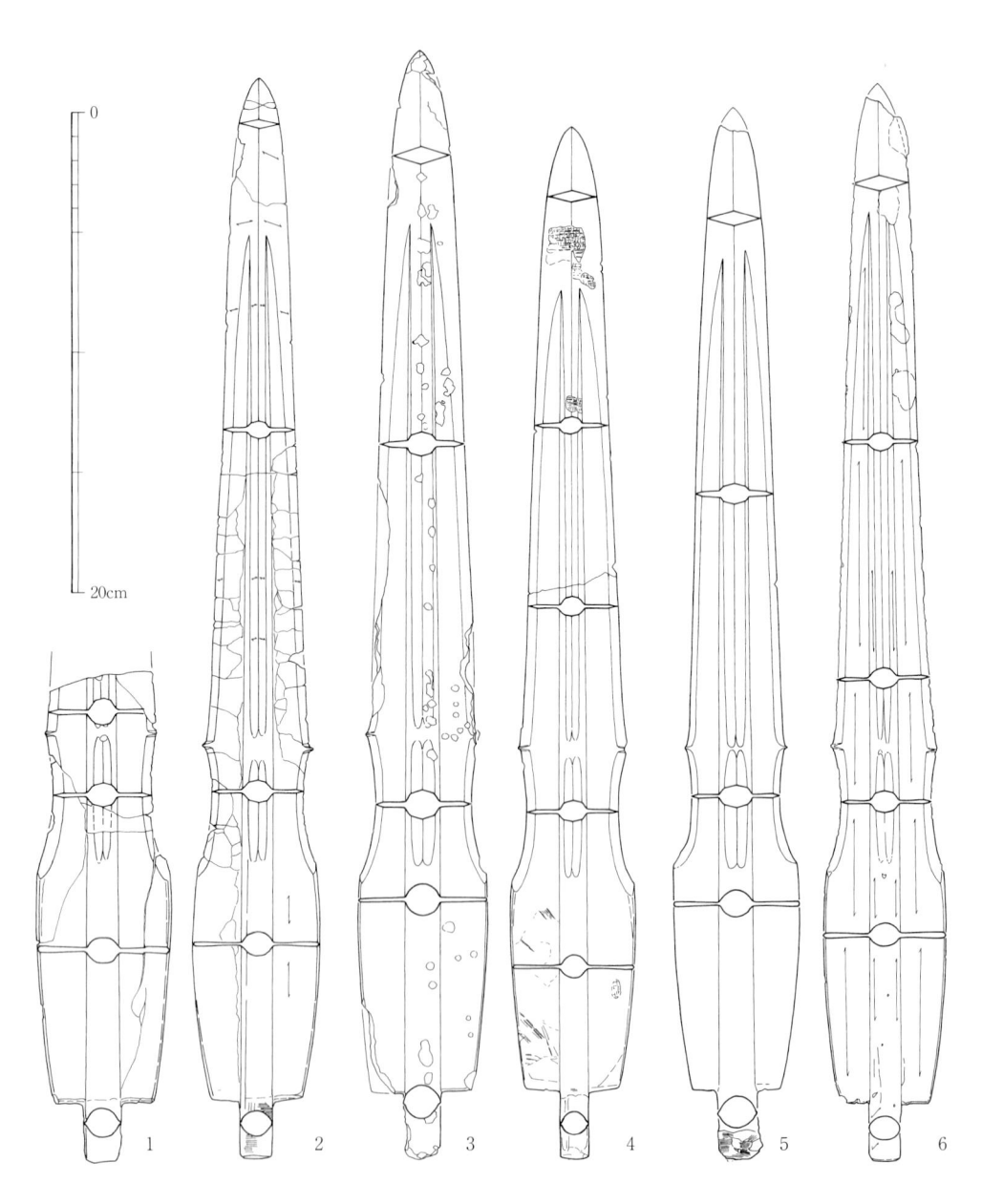

図 41 ⅡBb1式銅剣実測図①（1/3）
1：佐賀県柚比本村 SJ1124　2：柚比本村 SJ1140　3：柚比本村 SJ1114
4：柚比本村 SJ1135　5：吉野ヶ里 SJ1057　6：大分県浜4号

5　鋳型と製品の対照

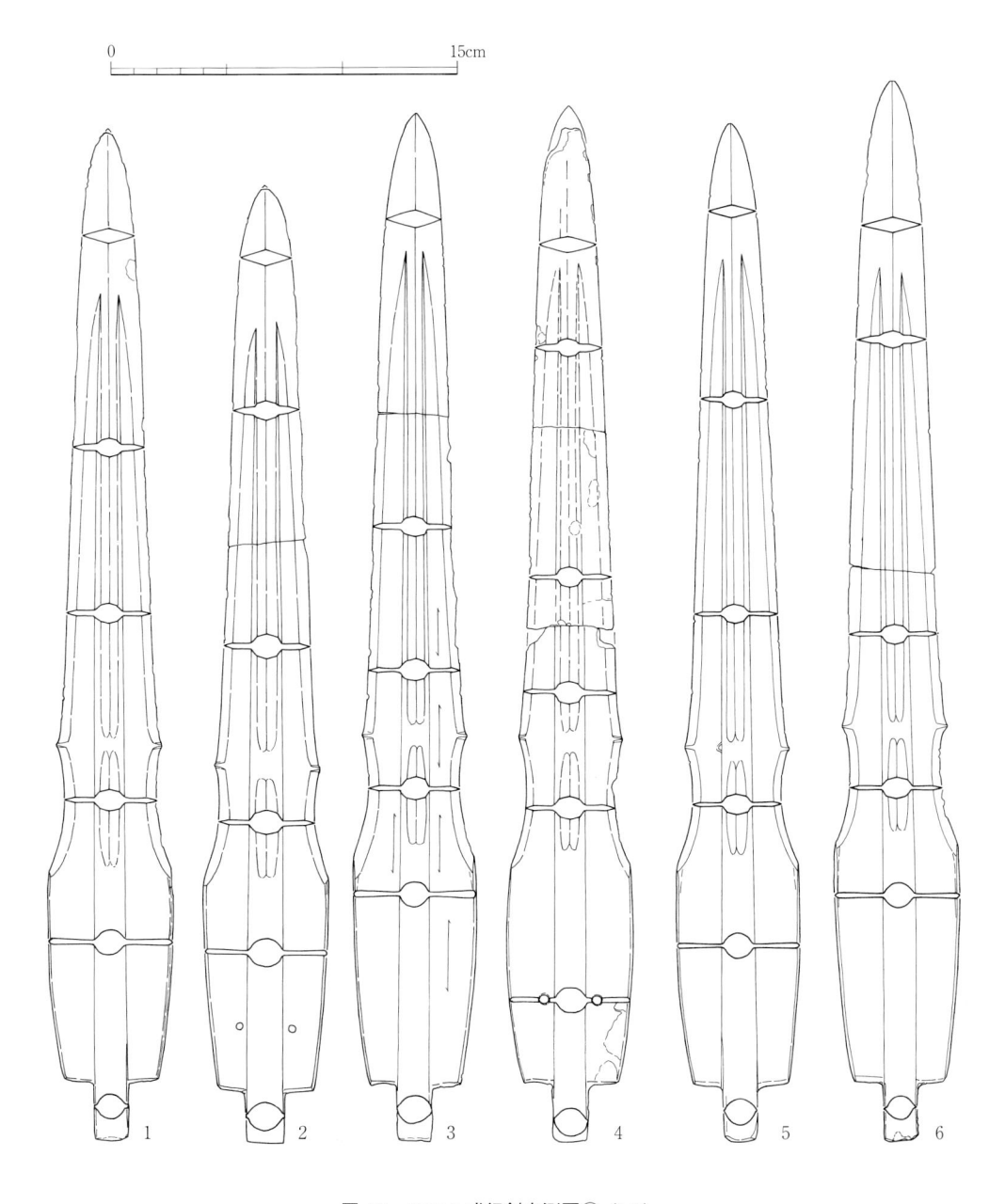

図 42　ⅡBb1 式銅剣実測図②（1/3）
1：兵庫県古津路 2 号　2：古津路 3 号　3：古津路 7 号　4：古津路 11 号　5：古津路 4 号　6：古津路 8 号

第 5 章　銅　剣

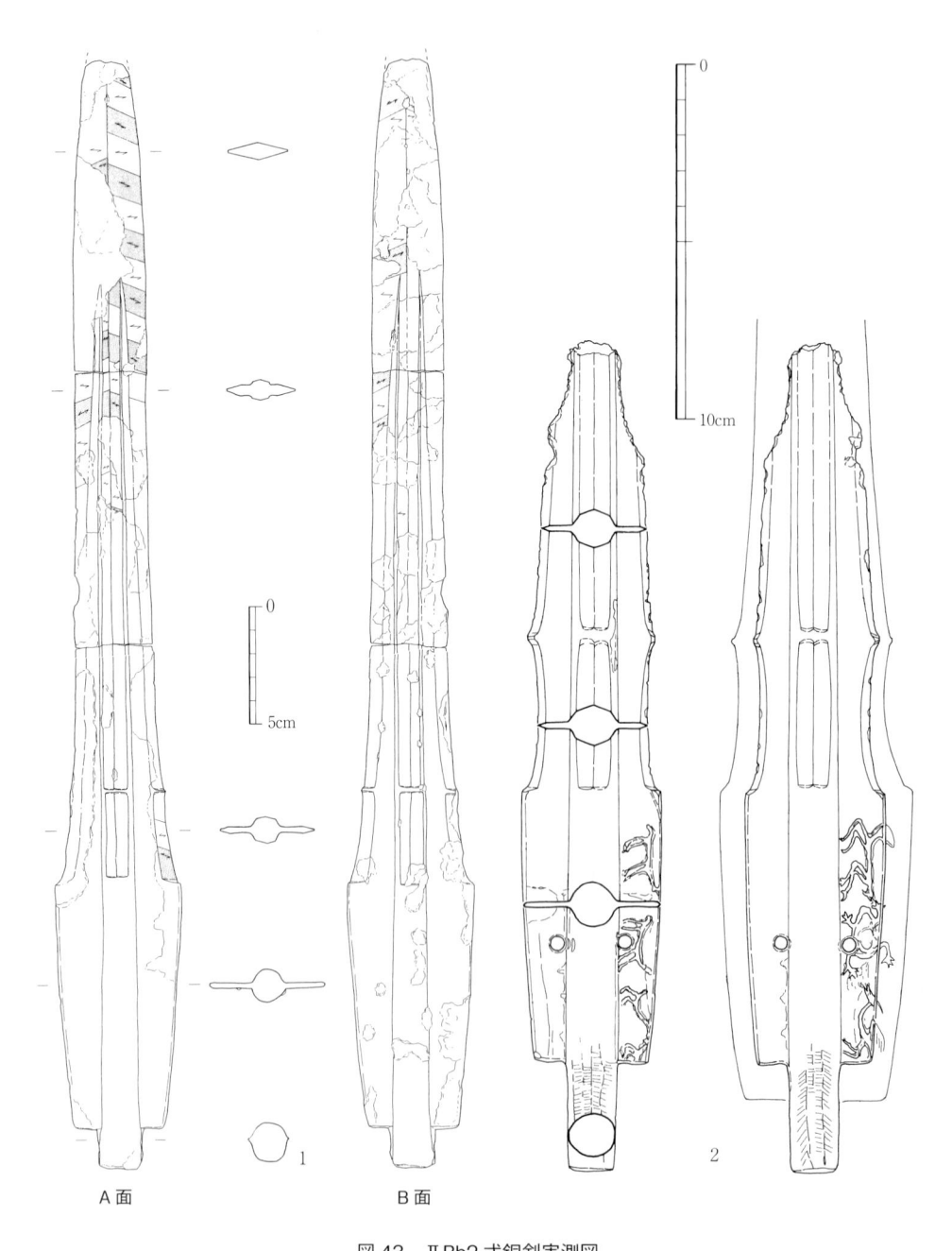

A 面　　　　B 面

図 43　ⅡBb2 式銅剣実測図
1：福岡県上月隈（1/3）（榎本編 2000）　2：高知県兎田八幡宮（両面）の復原（1/2）

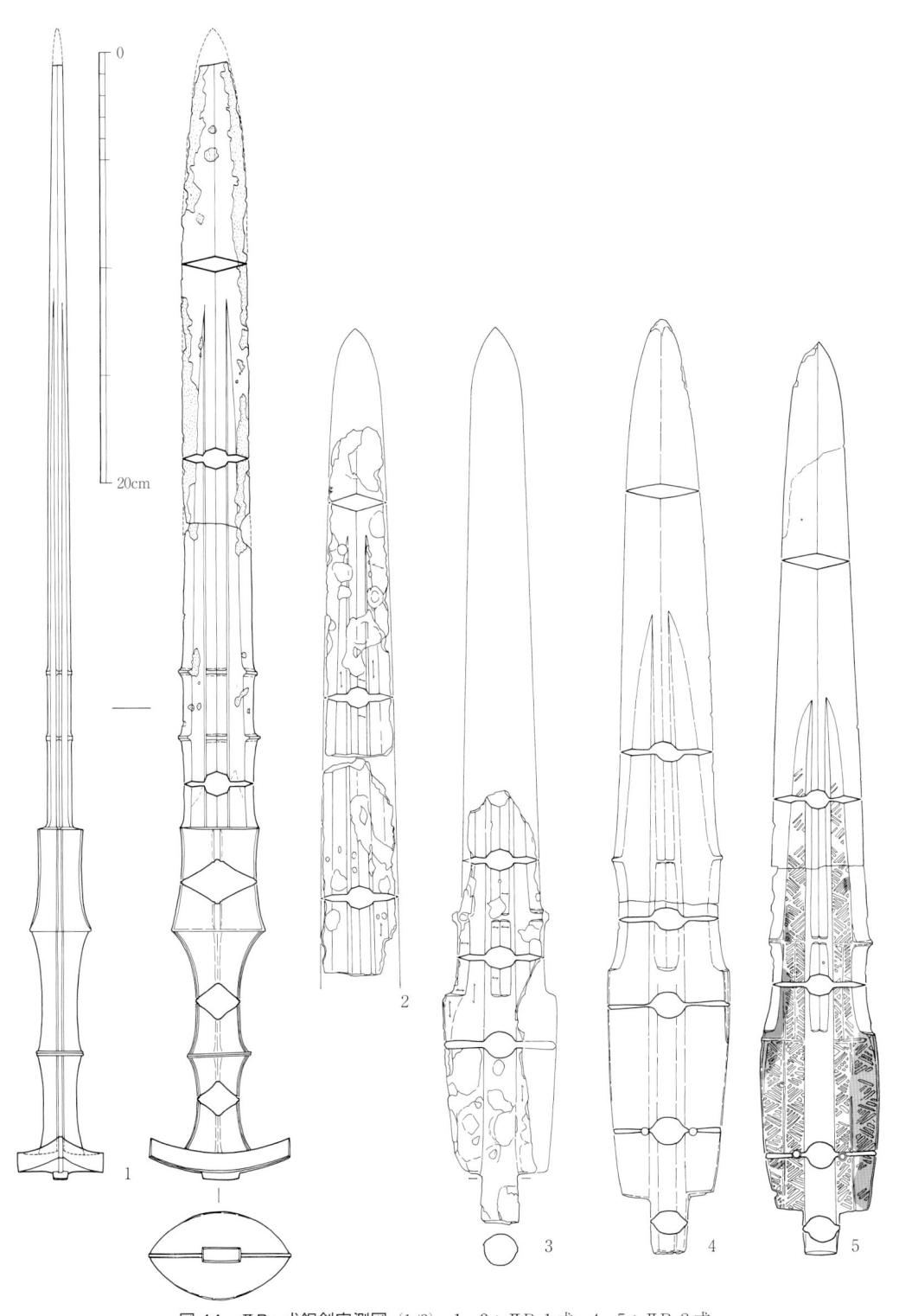

図44 ⅡBc式銅剣実測図（1/3） 1〜3：ⅡBc1式　4・5：ⅡBc2式
1：福岡県三雲南小路王墓（柳田編1985）　2・3：須玖岡本王墓　4：兵庫県古津路10号　5：古津路1号

第5章 銅　剣

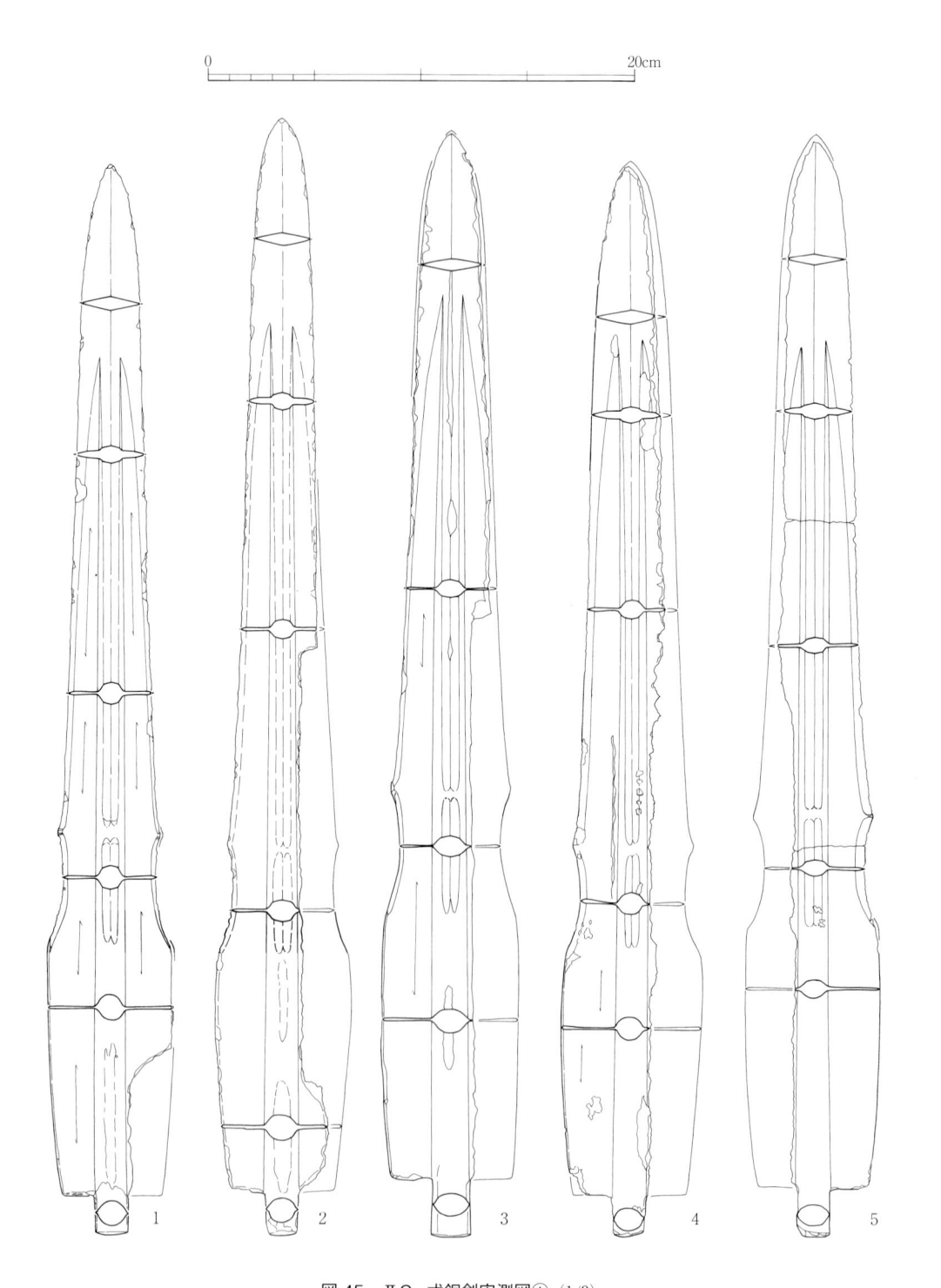

図45　ⅡCa式銅剣実測図①（1/3）
1：香川県瓦谷3号　2：同6号　3：伝島根県横田八幡宮　4：島根県志谷奥6号　5：同5号

5 鋳型と製品の対照

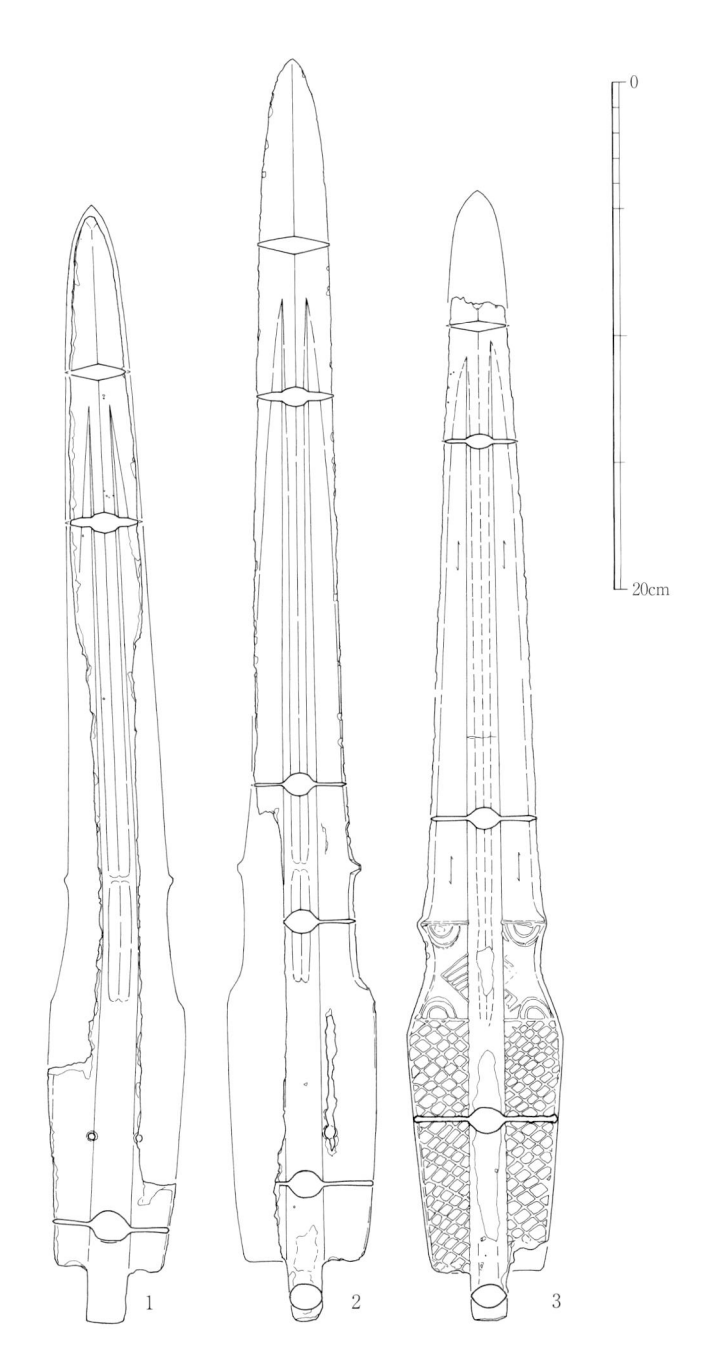

図46　ⅡCa式・Ⅲ型式銅剣実測図②（1/3）　1・2：ⅡCa式　3：Ⅲ型式
1：香川県瓦谷8号　2：瓦谷7号　3：瓦谷2号

199

第5章　銅剣

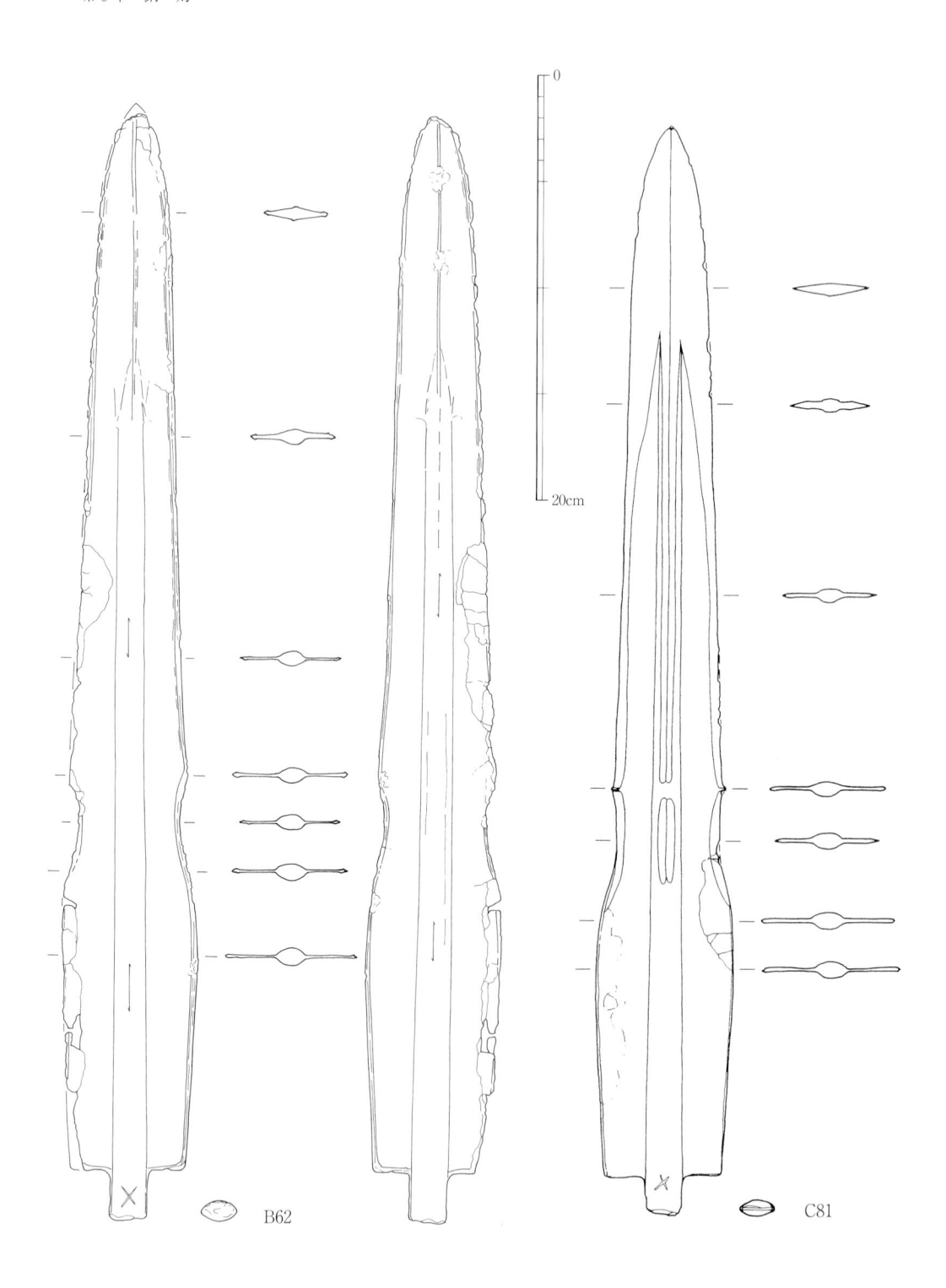

図47　ⅡCb式銅剣実測図（1/3）
B62：島根県神庭荒神谷（未研磨）　C81：神庭荒神谷（島根県1996）

町遺跡銅剣である（原田1961a、宮井1987）。脊の鋳出し鎬は、このⅢ型式の鋳型から彫り込まれることになる。

6 各型式の時期と年代

(1) 時 期

遼寧式銅剣と韓式銅剣の時期と年代は、「日本・朝鮮半島の中国式銅剣と実年代論」（柳田2004）で提示した。

① ＢⅠa式

韓式銅剣のＢⅠ式は、拙稿で朝鮮半島墳墓副葬品の諸段階のⅢ段階にあたる前3世紀前半に朝鮮半島南部の忠清南道で出現していることを述べている。北部九州では、朝鮮半島のⅣ-2段階に併行する弥生中期初頭の金海式甕棺墓や木棺墓に副葬されるのが初見である（第3章表2）。

この型式の1段階研磨、すなわちＢⅠa1式の大半である吉武高木・吉武大石遺跡銅剣などが中期初頭の金海式甕棺や木棺墓から出土している。

ＢⅠa2式は、吉武高木K100・K115・吉武大石遺跡K51・福岡県古賀市馬渡束ヶ浦遺跡（井2003）銅剣が金海式甕棺、その他が中期前半から中期中頃に集中している。

ＢⅠa3・4式は、中期前半の比恵遺跡・宇木汲田遺跡K6銅剣以外が中期中頃に集中する。ＢⅠa4式は、韓国Ⅳ-1段階の晩村洞遺跡例でＢⅠ式の終焉を迎える。北部九州では、それより早い樋渡墳丘墓K75の中期後半古段階が最終的な例であるが、伝松江市や土居町遺跡2号銅剣（吉田2001a）は、下降する可能性もある。

ＢⅠa5式は、朝鮮半島Ⅲ段階の東西里遺跡・南城里遺跡（国立中央博物館・国立光州博物館1992）からあり、北部九州では吉野ヶ里遺跡SJ1007の中期中頃古段階が確認できることから北部九州が先行している。

ＢⅠb式の時期は、韓国では中期後半併行、吉野ヶ里遺跡で中期中頃新段階が確認できることから北部九州が先行している。この型式でも1段階と4段階研磨のものが同時期である。SJ1005銅剣は、とくに研磨が進行し、鋒部が長く、樋の長さも左右が食い違っている。同じように1段階研磨ではあるが、扁平で左右の樋が著しく食い違う梶栗浜遺跡銅剣は、中期中頃以前に遡らせることはできない（柳田2006a）。

ＢⅠc式は、日本では今のところ確認できないが、韓国のⅥ-1段階であることから、北部九州の後期初頭に併行する。

② ＢⅡ式

ＢⅡa式は、韓国では墳墓副葬品のⅤ-1段階に出現し、Ⅵ-1段階まで存在するが、対馬には伝来するも九州本土では未発見である。

ＢⅡb式は、同じくⅤ-1段階以後に朝鮮半島の南北双方に各1例存在する。北部九州での時期は、須玖岡本王墓の多量の副葬品に含まれていることから、弥生中期後半新段階である。

③ ＢⅢ式

ＢⅢa式は時期が不明であるが、ＢⅢb式の時期は、伝洛東里の共伴品からⅥ-1段階で、北部

第5章　銅　剣

九州の弥生後期初頭に相当する。

④　BⅣ式

BⅣ式の時期は、朝鮮半島のⅥ-2段階に限定され、出土数としては多い北部九州で後期前半である。吉田がこの型式の鋳型とする須玖坂本遺跡5次（報告書では4次）鋳型は、片面に関部と剣身下部、裏面に剣身の上半部を彫り込んでいるが、関部側には確かに段をもつ樋が存在するものの、剣身上半部の樋はⅡA型式のもので鋒先端近くに達する。さらに、茎・脊が楕円形であるばかりではなく、下半部最大幅約4cm、上半部剣身幅約3cmであり、「深樋式銅剣」のように均等な剣身幅ではないことから、製品は未発見であるが関まで樋が通る新型式である。時期は、後期初頭といわれている（平田ほか2011）。

⑤　ⅡA式

ⅡA式は、吉武高木遺跡K116・宇木汲田遺跡K18銅剣が中期初頭の金海式（Ⅲ-1式）甕棺墓、吉武高木遺跡K116で城ノ越式小壺が共伴している。さらに、「ナ国」の甕棺編年に併行させると釈迦寺がⅢ-2式、須玖岡本遺跡1次15号がⅢ-3式、宇木汲田遺跡K12・吉野ヶ里遺跡SJ1006・高志神社遺跡・柚比本村遺跡SJ1148がⅢ-4a式であり、中期前半から中期中頃古段階に所属する（柳田2003b）。

⑥　ⅡB式

ⅡBa式は、姉遺跡Ⅶ区SK7101鋳型が中期前半であるが、製品が埋納された時期は不明。

ⅡBb式は、柚比本村遺跡SJ1124・SJ1140がⅢ-4a式甕棺、吉野ヶ里遺跡SJ1057・柚比本村遺跡SJ1114・SJ1135がⅢ-4b式甕棺であるから、中期中頃である。高志神社遺跡SJ018甕棺墓の人骨に嵌入していた鋒は、わずかに内傾斜樋を形成することから、この型式の中期中頃古段階であり、実戦武器として使われている。

ⅡBc式は、本行遺跡4号鋳型が中期後半頃、古津路遺跡有文銅剣にⅡBb式が共伴することと、須玖岡本王墓に類似することなどから中期中頃から中期後半が想定できる。田能遺跡鋳型から近畿地方のⅢ様式古段階は、北部九州の中期後半古段階に併行する。

⑦　ⅡC式

ⅡC式は、北部九州で出土しないことから時期を特定できないが、ⅡBb式がさらに扁平・大型化した型式であることから、中期後半以後が想定できる。

⑧　Ⅲ型式

この型式の製品は時期を特定できないが、瓦谷遺跡で中期後半の「中細形銅矛」（ⅡD型式）（柳田2003c）が共伴することから、この時期に共伴する平形銅剣の出現も想定できる。

(2)　年　代

「日本・朝鮮半島の中国式銅剣と実年代論」では、朝鮮半島での年代と北部九州での出現年代を提示している。ここでは、朝鮮半島墳墓副葬品Ⅲ段階で出現する「細形銅剣」BⅠa式の上限を前300年とする前3世紀前半としている。北部九州に伝来するのは、Ⅳ-2段階の銅矛・銅剣・銅戈・多鈕細文鏡のセットであるから、2段階遅れの弥生中期初頭が前200年頃となる（柳田

2004a・b）。

　Ｂ Ｉ a 式は、破損して変形した形式を別にして中期後半まで存続している。この間、200年間足らず同一型式が製作され、研ぎ減りしながらも使用されたことになる。

　もし、弥生中期初頭の年代が前400年だとすると、北部九州では前400年に製作した銅剣が中期後半まで約400年間製作・使用されていたことになる。朝鮮半島では、それより少なくとも100年前後は早く、さらに「細形銅剣」の出現を前5世紀とする説に従うと、約550年間「細形銅剣」が型式を変えずに製作・使用されたことになり不合理であろう（春成・今村編2004）。

　Ｂ Ｉ 型式の後半期の年代は、Ｂ Ｉ a 4 式が平壌貞柏洞1号墓（夫租薉君墓）から銅矛・小銅鐸・鉄剣・漢式銅鏃・車馬具・土器などと共伴している。夫租薉君墓は、「夫租薉君」銀印から命名されたものであることから、前75年を遡るものではない（岡崎1968）。共伴している銅矛は、大邱八達洞90号墓からも出土している多樋式である。拙稿では、この年代を朝鮮半島のＶ-1段階で上限を前100年、下限を前50年としている。北部九州では、中期後半古段階に併行する。

　Ｂ Ｉ a 型式の終焉は、朝鮮半島の晩村洞遺跡でＢⅡa式・「中広形銅戈」とＢ Ｉ a 4 式が2本共伴している。晩村洞遺跡は、Ⅵ-1段階に位置付けていることから、北部九州の後期初頭となる。

　北部九州では、三雲南小路王墓などから中期後半新段階の年代が紀元直前であると考えている。この年代は、王墓に副葬されている最新の異体字銘帯鏡がゴシック体になる直前の型式であることを根拠としている（柳田1983b・2002b）。三雲南小路王墓は、朝鮮半島のＶ-2段階の「中細形銅矛」（ⅡD型式）や前漢鏡を副葬する昌原茶戸里1号墳などと併行する。

　ⅡA型式は、数は少ないが吉武高木遺跡K116・宇木汲田遺跡K18が中期初頭であるから、伝来当初から製作されていたことになり、Ｂ Ｉ 型式と同じ前200年頃となる。ⅡA型式は、中期前半の釈迦寺、中期中頃古段階の柚比本村遺跡SJ1148・高志神社遺跡・須玖岡本遺跡1次K15があることから、継続して製作されていることになる。

　Ｂ Ｉ 型式は、北部九州の方が朝鮮半島より早く使用しなくなり、Ⅱ型式に順次転換していったものと考えられる。

7　分布と製作地

(1) 分　布

　Ｂ Ｉ a 式は、玄界灘沿岸の対馬・壱岐・唐津・糸島・早良・福岡・宗像と佐賀平野にほぼ限定できる。再度吉田広の集成図を活用すると、「細形銅剣Ⅰ式・Ⅱ式」（吉田2001a）とされているもので、上記以外の出土例に果たしてＢ Ｉ a 式が存在するのであろうか。たとえば、図1の元部に双孔をもつ5・10・15・18・25は四国出土例であるが、Ⅱ型式の特徴をもつものがないのであろうか。元部に双孔をもつということは、元部の下半に柄を着装することになり、柄の着装が少なくとも朝鮮半島の韓式銅剣とは違っていることになる。北部九州でのＢ Ｉ a 式の柄の着装は、必ずしも明らかではないが、吉野ヶ里遺跡や山口県向津具遺跡の有柄式銅剣が存在することから、朝鮮半島と同様と考える。図3に掲載された時期の新しい14・26・28は北部九州の周辺部であっても茎に穿孔して伝統的着装法に固執している。

第5章 銅剣

　一方、もう一例の三雲南小路王墓の有柄式銅剣は、その形態から元部の半分を柄で覆う着装法である。三雲南小路王墓有柄式銅剣は、最初は朝鮮半島に存在しないこと、剣身の長さ、銅質などから「中細」としたが（柳田1985）、現在では明瞭な内傾斜が樋先端にも存在することから「中細形」に定着している。さらに、図3の中にも吉野ヶ里遺跡SJ1006のようにⅡ型式が含まれており、双孔をもつ8・11・17・20が九州以外の出土例であることからも再度確認する必要がある。図3の11・17は、厚みがあり4段階研磨まで進行していることからBⅠa式であろうが、使用時期と年代は着装法から北部九州の中期後半新段階の紀元直前以後になるものと考える。中国・四国に青銅武器が出現するのは、北部九州に王墓が出現する前後からの北部九州系青銅器の東漸と軌を一にするものと考えている（柳田2003d）。

　北部九州では、中期後半新段階になると首長層に鉄剣が普及することから、旧式武器となった銅剣が周辺部にも伝わることになる。

　BⅠ型式の完形品は、北部九州の中枢部の周辺地域である筑紫平野南部と筑豊地域にたとえ存在しても、稀有な存在であることに変わりない。まして、それより遠隔地である四国などでは、なおさら再確認の必要を感じるのである。

　さらに、厳密に突詰めると、佐賀平野の中期初頭では、青銅武器が発見されていない。佐賀平野では、いわゆる「金海式くずれ」と呼ばれている中期前半古段階の内に含まれる型式から多鈕細文鏡・銅斧・鉇などの青銅器が副葬されるが、銅剣は唯一吉野ヶ里遺跡のこの型式の甕棺墓からBⅠa2式が出土しているにすぎない（佐賀県1992）。

　BⅠb式は、対馬・唐津・佐賀平野・下関で発見されている。このうち時期が確定できるのは、吉野ヶ里遺跡SJ1005・1009の2本が中期中頃新段階であり、この時期になって北部九州の中枢部に近隣した地域に分布することがわかる。

　BⅠc式・BⅠⅢ式は、現在のところ北部九州での出土が確認できていないが、BⅠc式に形態的に似ているものが対馬の椎ノ浦1号石棺墓（小田・韓編1991）から出土している。

　BⅡ式は、前述したように、BⅡa式が対馬、BⅡb式が須玖岡本王墓で出土している。

　BⅣ式は、韓国金海地域で3本、対馬5本、筑後2本と佐賀平野・広島・奈良・愛知から各1本出土している。やはり、北部九州の中枢部ではなく、対馬と周辺部だけでもなく、遠隔地までも運ばれている。BⅣ式は、後期前半に出現することから、時期的にも符合する。

　ⅡA式は、唐津・福岡・佐賀平野で主に出土するが、稀に周辺部の田川市糒上の原石棺墓から出土していることから、四国の双孔をもつ「細形銅剣」とされる大半がこの型式ではなかろうか。

　ⅡBa式は、佐賀県姉遺跡に鋳型が存在するが、製品は宗像・筑後・高知・愛媛で出土している。

　ⅡBb式は、脊に厚みがある堅牢なⅡBb1式が首長墓と高知（図43-2）で出土し、扁平化をはじめたⅡBb2式が宗像・佐賀平野・大分・兵庫（図41・42）に分布するのが特徴的である。

　ⅡBc式は、ⅡBc1式が福岡に、ⅡBc2式が兵庫に限定して分布する（図44）。

　ⅡC式は、Ⅱca式が山陰と東瀬戸内、Ⅱcb式が山陰に限定して分布する。

　Ⅲ型式は、福岡に限定できるが、Ⅲ型式に近い本行遺跡4号鋳型が佐賀県東端にあるのと、唐津市中原遺跡から出土した「中細形銅矛」鋳型の裏面も本行遺跡4号鋳型と同型式である可能性

が強い（柳田 2011a）。

(2) 製作地

　北部九州で現在発見されている銅剣鋳型は、ＢⅠ型式ではなく、すべてⅡＡ型式以後であることを確認できたが、全形を知ることのできる鋳型が少ないことから、鋳型の型式細分は困難なところもある。少なくとも、「細形銅剣」といわれるＢⅠ・ＢⅡ型式の鋳型は、北部九州には存在しなかった。

　したがって、本稿型式のⅠ型式（ＢⅠ・ＢⅡ・ＢⅢ・ＢⅣ型式）を北部九州で製作したという確証は得られなかった。

　ⅡＡ式は、雀居・志賀島・西新町・須玖岡本・大谷・吉野ヶ里・惣座・本行各遺跡の鋳型があることから、福岡と佐賀平野で中期前半から中期後半まで製作されているのは確実である。熊本市白藤遺跡鋳型は、脊が先端に達していないことから、銅矛の可能性が強いが、銅剣であれば本行遺跡3号鋳型の裏面鋒部のようにⅡＡ型式以後であろう。

　ⅡBa式の姉遺跡鋳型は別として、製品は北部九州の周辺部と四国に分布する。この型式は、北部九州中枢部の近隣で中期前半に製作されはじめるが、四国のものは時期が確認できない。

　ⅡBb式は、佐賀平野の首長王墓に副葬されるように北部九州周辺部と四国南部に限定され、扁平化しはじめたⅡBb2式が中枢部近隣と瀬戸内に分布する。やはり、北部九州で中期前半から中期後半に製作されるものと考える。

　ⅡBc式は、ⅡBc1式が中枢部と宗像、ⅡBc2式が東瀬戸内に分布する。北部九州では中期後半新段階に限定できるが、田能鋳型は北部九州の中期中頃以後に併行する。この型式の製作地は、北部九州と東瀬戸内に限定できることになる。この型式は、Ⅳ型式（平形銅剣）の祖型となることから、中期末・後期初頭に北部九州で製作される銅戈・銅鐸・巴形銅器・有鈎銅釧などが中国・四国以東に東漸するのと軌を一にするものと考える。

　Ⅲ型式は、玄界灘沿岸で鋳型と唯一の製品が出土していることから、北部九州に限定される。

　なお、現在時期が確定できる初期鋳型は佐賀平野に多いが、佐賀平野での青銅武器の墓への副葬が中期初頭に遡り得ない現状では、玄界灘沿岸より青銅武器の組織的な生産体制が先んじていたとは断言できない（柳田 2007a・2008a・c・2010b・2011c・d・2012）。

8　まとめ

　朝鮮半島と日本の銅剣の時期と年代は、拙稿（柳田 2004a・b・2005b）と本書第3章で提示している。

　北部九州では時期が確定できる青銅器鋳型において、佐賀平野が最も早く青銅器生産を始めていると考えられている（片岡 1996b、後藤 2000）。しかし、佐賀平野での青銅武器の墓への副葬が中期初頭に遡り得ない現状では、玄界灘沿岸より青銅武器の組織的な生産体制が先んじていたとは断言できないと考えている。

　今回の鋳型調査で土生遺跡鋳型においてⅠ型式が確認できたことによりなおいっそう佐賀平野

第5章　銅剣

が有利になるが、福岡地域の勝馬・雀居遺跡のⅡA式鋳型は中期初頭に遡る可能性をもっている。そうでなければ、中期初頭では玄界灘沿岸が圧倒的多数の青銅器を保有していることを説明できない。「イト国」・「ナ国」地域の王墓出現以後であれば規制されて玄界灘に面する両地域に武器が集中する所以は説明できるが、それ以前に遡って考えていいのであろうか。中期初頭は両地域が佐賀平野で青銅器を製作させながら、武器の保有は規制されていたのであろうか。

佐賀平野・熊本市・遠賀川以東などの中枢部周辺地域の中期初頭は、玄界灘沿岸の中枢部より一時期下がり、中期前半と考えれば説明できる。

中期前半に扁平なⅡB式銅剣を製作・副葬を始めるのは北部九州中枢部の「イト国」・「ナ国」ではなく、その近隣の宗像地域であり、遠隔地では祭器として埋納される。北部九州中枢部では、その後もⅡAb式小型銅剣を製作するが副葬せず、ⅡBb式の堅牢な銅剣を製作・副葬することから、規制は続行されている。

非実用武器のⅡBc2式になって初めて東瀬戸内でも製作が始まる。同時にⅡBc1式を中枢部で副葬するが、中枢部の東側近隣にも集中がみられる。この型式の北部九州型（ⅡBc1式）は時期が下がる可能性をもつことから、ⅡBb式の堅牢なタイプの系譜にある。

青銅武器の埋納時期の初源を中期末と考えることから（柳田2006a）、ⅡC式の中でも厚みのある古式の姉遺跡SK4004土坑鋳型が中期前半を大きく下らないとしても、同じくより古式の瓦谷・波介例のⅡC1式が伝世「マメツ」した後に埋納されていることで説明がつく。

先に朝鮮半島と日本に分布する銅剣を「非計量的項目分類」と立体的形態を重視した型式分類を拙稿で提示した。本稿はこの型式分類に基づいて熟視した銅剣鋳型実測図を集成して、鋳造技術の一端と製品の対照を試みた。その結果、出土品を熟視した基本的青銅武器型式分類が未完成の段階でのこれまでの鋳型の分類がいかに不具合かを指摘した。

銅剣の横断面形は、古い型式ほど脊側が肉厚で刃側が薄い。そして新しい型式ほど脊側より刃側が厚くなり内傾斜樋から匙面状樋を形成することが知られていながら、実測図では曖昧な表現がなされてきた。日本出土銅剣鋳型の大半が内傾斜樋をもち、これを「中細形銅剣」の属性としてとらえ、朝鮮半島製銅剣と区別することで型式分類できる。研究史的には「中細形銅剣」は日本製とした時期から、「細形銅剣」にも舶来品と国産品が存在することを考える時期になったものの、これまではその区別ができなかった。

鋳造後の翼部平坦面の研磨を表示した実測図は拙稿以外に見当たらないが、平坦面を研磨した例も存在することから、ⅡA式がBⅠ式に形態変化する可能性を考えなければならない。しかし、吉武高木3号木棺墓・K117号甕棺墓銅剣などのように未研磨に近い1段階研磨の銅剣の翼部平坦面が研磨されないものが確実に存在することから、大勢に影響はないと考える。鋳造後の研磨に関しては、鋳型に刳方がなくとも研磨で刳方が作り出せることも考えられる。

鋳型や製品の出土地をみる限り、扁平大型化する「中細形銅剣」の製作地は政権中枢ではなく、その周辺部や瀬戸内東部であることも確認できた。

鋳型での脊の鎬作り出しはⅡC式までにはなく、中期末以後のⅢ型式は確実であるが、匙面樋をもつⅡBc式にも存在する可能性が考えられる。

註

1) 小田富士雄は志賀島鋳型などを「細形銅剣」として、「細形銅剣」の「Ⅰ式剣にa類＝舶来品、b類＝国産品の類別をしておくのがよいであろう」としていた（小田1985a）。しかし、これまでに発見されていた日本の鋳型の大半はⅡ型式であることから、元部などの横断面形の形態で分類する方法がより明確な分類（「類別」）であるものと考える。

2) 金海会峴里銅剣や伝尚州銅剣が未研磨銅剣であることを確認していないが、Ⅱ型式の範疇ながら神庭荒神谷B62銅剣が未研磨であることを確認できたことから、新しく0段階研磨を設定した。

3) 梶栗浜の小型銅剣に注目した小田富士雄は、細形の「Ⅰ・Ⅱ式銅剣を通じて」、「大・小二種の形態はすでに前期末から存在した」としているが、半島の鋳型は梶栗浜のように脊が扁平ではないし、前期末とは考えられない（柳田2006a）。

4) 小田富士雄は「2口とも鋳放しのままで、中央に断面楕円形の脊が鋒先まで通り、身も鋭利さに欠けて著しく扁平である」（小田1976、傍点筆者）と述べることから、刳方をもつ韓式銅剣ではない可能性をもっており、ここで型式分類に編入することを躊躇するが、同時に刳方は研磨によって作り出す例がある可能性を示唆している。

5) 報告書と小田が銅矛鋳型と決めた根拠は示されていないが、報告書と小田の実測図には明瞭な違いがある。すなわち、報告書の横断面図は現物に即した表現がなされているが、「細形銅矛」鋳型とした小田図は刃部と脊が誇張されている。さらに、平面図においては、両者の図と本稿図を比較すれば明らかなように、脊の長さの認定に大差がでている。小田論文のモデリングでも明らかなように、鋳型本来の脊の彫り込み表現は長さ3cm前後であるにもかかわらず、研磨すれば失われる微妙な稜線を脊が長いものと誤認している。鋳型に鎬が明確に彫り込まれている部分は脊ではなく、鋒なのである。鋳造後で最も研磨が著しい鋒部を鋳型と対照すること自体が慎重でなければならない。

6) 公表されている実測図のうち、平面図では林田図が銅戈、吉田図が銅矛または銅剣にみえる。両者の図の大きな違いは脊と樋の表現にあり、林田図は樋先端が表現され、吉田図は脊先端として表現している。断面図では、両者共に脊の表現となっている。実見した結果、鋳型の実測図としては銅剣であれば脊が鋒先端に達していないことから「中細形銅剣」である。実物は横断面を正確に実測すれば、銅戈のように明確に彫り込まれた樋ではなく、脊の断面となることから、「細形銅矛」またはⅡA式銅剣鋳型である。もし、時期的に「細形銅矛」の可能性がなければ、ⅡA式銅剣が有力となる。

7) 後藤直によると九州の材質にはこのほかに「火山岩系（姉1、2号）、細粒酸性火山岩（板付3号〈中広？戈？〉、西新町〈細形／中細形剣〉）、白雲母アプライト（安永田1号〈銅鐸〉）、砂質凝灰岩（松本〈矛／小銅鐸〉）がある」という（後藤2000）。

8) 後藤がⅠ1類としている本行鋳型と大谷鋳型は「中細形銅矛」（ⅡA式）とⅡAb式銅剣鋳型であり、時期が古くても中期後半以後である（柳田2005a）。

9) 境の鋳型横断面形において、イ〜ホの形態変遷模式図は鋳型の実体を把握しているが、姉SK4004土坑鋳型が古い型式であるという先入観から、Ⅰ〜Ⅴ式の型式変遷図は成功していない。姉SK4004鋳型をⅠ式とするのであれば、Ⅰ〜Ⅴ式の型式分類は無意味である。

10) 先の3例は茎や脊が比較的扁平であることと、鋳造後に翼部平坦面を研磨していることから、ⅡAb式鋳型で鋳造されたものがⅠAa式に変化した可能性が強い。

11) 小型の大谷銅剣鋳型に対して小田富士雄は対照できる候補品として2例をあげているが、脊幅が少なくとも1.3cm以上のⅠBa式を図示していることから、対照が成功していない（小田1985a）。大谷銅剣鋳型は小型のⅡAb式である。橋口達也（1992）は大谷銅剣鋳型と吉野ヶ里SJ1005・宇木汲田1930年出土小型銅剣の対比を試みているが、翼部の厚さは確認されていない。

第5章　銅　剣

12) 明治大学博物館蔵品で、石川日出志の研究がある（石川1986）。石川は「細形銅剣Ｉａ式」として多数の計測値を提示し、脊の細さ、茎・関の甲張り未処理、元部の刃部状研ぎ（3段階研磨）には注目されているが、正確さに欠けるのと翼部横断面形に注意されていない。元部から剣身中ほどまでが内傾斜樋を形成し、最大脊幅が1.17cmであることから拙稿のⅡAb式に該当するが、元部などの身幅や身長では舶載品とは違うⅡAa式となる。
13) 観音寺市教育委員会によると台風の高潮に遭い、現在密封されていて直接確認できないという。しかし、吉田広氏から提供された実大実測図コピーから判断した。
14) 本例は唯一横断面形が脊側より両側が薄くなっている。

表6　銅剣一覧表

図	型式	遺跡	出土遺構	甕棺型式	時期	全長	備考	文献
1-1	BⅠa1	吉武高木	K117	Ⅲ-1	中期初頭	35.3	城ノ越式壺	柳田2005b
1-2	BⅠa1	井原赤崎	—	-	—	29		
1-3	BⅠa2	吉武大石	K51	Ⅲ-1	中期初頭	31.6	碧玉管玉11	
1-4	BⅠa3	比恵6次	SK28	Ⅲ-3	中期前半（新）	30.35		
1-5	BⅠa4	吉武高木	M2		中期初頭	29.1	城ノ越式壺	
1-6	BⅠa4	宇木汲田	K6	Ⅲ-3	中期前半（新）	32.6		
1-7	BⅠa5	吉野ヶ里	SJ1007	Ⅲ-4a	中期中頃（古）	30.6+		
1-8	BⅠa5	東西里	石棺墓		Ⅲ段階	27.5	多鈕粗文鏡	
2-1	BⅠa4	吉井	—		—	27.2+		柳田1983a
2-2	BⅠa1	井原赤崎	—	-	—	29		
2-3	BⅠa2	久米	K6	Ⅲ-2	中期前半（古）	31.9+		河合編1999
2-4	BⅠa1	吉武高木	M3		中期初頭	33.5	城ノ越式壺	力武・横山編
2-5	BⅠa5					30.3	多鈕鏡など	1996
3-1	BⅠa4	吉武高木	M2		中期初頭	29.1	城ノ越式壺	
3-2	BⅠa2	吉武高木	K100	Ⅲ-1	中期初頭	29.5		
3-3	BⅠa2	吉武高木	K115	Ⅲ-1	中期初頭	29.9+		
3-4	BⅠa1	吉武高木	K117	Ⅲ-1	中期初頭	35.3	城ノ越式壺	
3-5	BⅠa2	吉武大石	K45	Ⅲ-1	中期初頭	28.8	ⅡAb式銅矛	
3-6	BⅠa2	吉武大石	K51	Ⅲ-1	中期初頭	31.6	碧玉管玉11	
4-1	BⅠa1	吉武大石	K140	Ⅲ-1	中期初頭	31.3		
4-2	BⅠa2	樋渡	K77	Ⅲ-5	中期中頃（新）	33.9	鍔	
4-3	BⅠa2	野方久保	K25	Ⅲ-2	中期前半（古）	26		常松編2005
4-4	BⅠa1	板付田端1号	墳丘墓	Ⅲ-1	中期初頭	27.4	銅矛3	中山1917a
4-5	BⅠa1	板付田端2号	甕棺墓	～	中期前半	18.5+		
4-6	BⅠa2	板付田端3号		Ⅲ-4	中期中頃	29.9+		
5-1	BⅠa3	比恵6次	SK28	Ⅲ-3	中期前半（新）	30.35		横山編1983
5-2	BⅠa2	須玖岡本				33.4+	ⅣAa式銅戈	東京国立博物館2005
5-3	BⅠa2	須玖岡本	K15	Ⅲ-3	中期前半（新）	32.5		岡崎編1982
5-4	BⅠa4	須玖岡本B地点	K1	Ⅲ-4a	中期中頃（古）	32.7+		島田・梅原1930
5-5	BⅠa5	仲平	採集			31.7+		岩永1980a
5-6	BⅠa4	高三瀦塚崎東畑	石棺墓			28.1+		片岡1996b
6-1	BⅠa2	馬渡束ヶ浦E地区	甕棺墓	Ⅲ-1	中期初頭	33+		井2006
6-2	BⅠa2	馬渡束ヶ浦B地区	甕棺墓	Ⅲ-2	中期前半	34+		柳田2011d
6-3	BⅠa2	久原4区	D1			27.9		安部1993
6-4	BⅠa4	田熊石畑	3号墓		中期前半	27.6		白木2009
6-5	BⅠa4	田熊石畑	7号墓		中期前半	29.3		
6-6	BⅠa4	小倉城家老屋敷	S2		中期前半	36.1	半折	高山編2012
7-1	BⅠa4	宇木汲田	K6	Ⅲ-3	中期前半（新）	32.4		岡崎編1982
7-2	BⅠa2	宇木汲田	K11	Ⅲ-4a	中期中頃（古）	31.3+		
7-3	BⅠa2	宇木汲田	K61			33.8		
7-4	BⅠa2	吉野ヶ里	SJ1054	Ⅲ-4b	中期中頃（新）	29.2		佐賀県1992・1997
7-5	BⅠa2	吉野ヶ里	SJ1056	Ⅲ-4b	中期中頃（新）	30.1+		
8-1	BⅠa2	柚比本村	SP1100		中期前半（古）	30.28+		佐賀県2003
8-2	BⅠa4	吹上6次	M1		中期中頃	26.7	Mc式把頭飾	渡邊2006
8-3	BⅠa2	飽浦山本ノ辻	埋納			32.4		柳田2006a
8-4	BⅠa2	西番掛1号	埋納			27.9		吉田2001a
8-5	BⅠa2	八田岩滝	埋納			31.7+		石川1986
9-1	BⅠb1	吉武高木	M1		中期初頭	29.8	城ノ越式壺	力武・横山編1996

8 まとめ

図	型式	遺跡	出土遺構	甕棺型式	時期	全長	備考	文献
9-2	BⅠb4	吉野ヶ里	SJ1005	Ⅲ-4b	中期中頃（新）	21.1+		佐賀県1992・1997
9-3	BⅠb1	吉野ヶ里	SJ1009	Ⅲ-4b	中期中頃（新）	19.7+		
9-4	BⅠb2	切通	K4	Ⅲ-2	中期前半（古）	23.6+	貝輪10	金関他1961
9-5	BⅠb1	梶栗浜	石棺墓		中期後半	21.9		柳田2006a
9-6	BⅠb2	吉武高木	K116	Ⅲ-1	中期初頭	25.2+	城ノ越式壺	力武・横山編1996
10-1	BⅠc	黒橋里				23+		
10-2	BⅡa	坪里洞				24.1		
10-3	BⅡb	坪里洞				32.1		
10-4	BⅡb	須玖岡本王墓				35+		森1968b
11-1	BⅣ	伝金海				34.9		
11-2	BⅣ	良洞里	427号墓			36+		東義大学校博物館2000
11-3	BⅣ	シゲノダン				35.1+		九州大学編1969
11-4	BⅣ	高三潴塚崎御廟塚				39.2		片岡1996b
12-1	AⅡ	慶應義塾大学蔵				30.2+	触角式	秋山1969b
12-2	BⅠa2	柏崎	甕棺墓		中期末	48.7	触角式	森本1930c
13-1	BⅠa4	大英博物館蔵				51.5	触角式	金1970
13-2								小田1997
14-1	BⅠa4	伝飛山洞				33.25	触角式	湖巖博物館1997
14-2	BⅠa4	サカドウ	石棺墓			15.2+	触角式	対馬遺跡調査会1963
15		將泉里					鋳型	梅原・藤田編1974
16	BⅠa・b	草芙里①					鋳型	西谷1970
17	BⅠa・b	草芙里②					鋳型	
18	BⅠa	草芙里③					鋳型	
19	BⅠa	伝霊岩D01					鋳型	林1987
20	BⅠa	伝霊岩D02					鋳型	韓国基督教博物館
21	BⅠa	伝霊岩D03					鋳型	2011
22	BⅠa	伝霊岩D04					鋳型	
23	BⅠa・b	伝霊岩D03～D05					鋳型	
24	ⅡAa	勝馬	包含層		中期初頭	18.3+		森他1960
25	Ⅲ	八田				44+	鋳型	後藤1982
26-3	ⅡAa	雀居9次					鋳型	松村他2000
26-5	ⅡAa	西新町					鋳型	池崎他1982
26-6-1	ⅡAb	大谷					鋳型	佐土原1979
26-6-2	ⅡAb	大谷					鋳型	
26-7	ⅡAa	須玖岡本5次					鋳型	平田編1995
27-8		須玖五反田1次					鋳型	吉田佳1994
27-9-1	ⅡBd	須玖坂本5次					鋳型	吉田佳1993a
27-9-2	ⅡBd	須玖坂本5次					鋳型	
28-1	ⅡAb	本行3号			中期後半		鋳型	向田編1997
28-2	ⅡBc	本行4号					鋳型	柳田2005a
29-16-1	ⅡCa	姉	土坑				鋳型	堤編1985
29-16-2	ⅡBa	姉	土坑				鋳型	柳田1986a
30-17-1	ⅡAa	吉野ヶ里					鋳型	佐賀県1992・1997
30-17-3	ⅡAa	吉野ヶ里					鋳型	
30-17-4	ⅡAa	吉野ヶ里					鋳型	
31-18	ⅡAa	惣座					鋳型	立石1986
31-19-1	BⅠa	土生					鋳型	永田編2005
31-19-2	ⅡBb	土生					鋳型	
31-A	ⅡB	原山	採集				鋳型	柳田2007a
31-B		田益田中					鋳型	柳瀬編1999
32-20	ⅡA/ⅡB	白藤					鋳型	林田・原田1998
32-C	ⅡBc	田能					鋳型	尼崎市1982
33	ⅡB	鬼虎川					鋳型	東大阪市2008
34-1	BⅠa4大型	樋渡	K75	Ⅲ-5	中期中頃（新）	35.4	Mc式把頭飾	
34-2	BⅠa4大型	野方久保2次	K5	Ⅲ-2	中期前半（古）	35.3+		常松編2005
34-3	BⅠa5大型	吉野ヶ里	SJ1007	Ⅲ-4a	中期中頃（古）	30.6+		佐賀県1992・1997
34-4	BⅠa4大型	古津路14号	埋納			37.6	銅剣14本中	大平・種定2009
34-5	BⅠa4大型	勒島B地区	カ-245号住			37.6		李2007
35-1	ⅡAa2	馬渡東ヶ浦E地区	K2	Ⅲ-1	中期初頭	31.2		井2003
35-2	ⅡAa2	伝福岡県				28.9+		石川1986
35-3	ⅡAa4	吉野ヶ里	SJ1006	Ⅲ-4a	中期中頃（古）	28.9+		佐賀県1992・1997
35-4	ⅡAa2	宇木汲田	K12	Ⅲ-4a	中期中頃（古）	33.1	多鈕細文鏡	岡崎編1982
35-5	ⅡAa2	須玖岡本	1次K15	Ⅲ-4a	中期中頃（古）	34.8+		平田編1995
35-6	ⅡAa1	立石	採集			37		岡崎編1982

第5章 銅剣

図	型式	遺跡	出土遺構	甕棺型式	時期	全長	備考	文献
36-1	ⅡAa1	鍋島本村南	SP002			19.2+		木島1991
36-2	ⅡAa2	宇木汲田	K12	Ⅲ-1	中期初頭	26.5		岡崎編1982
36-3	ⅡAa1	釈迦寺	SJ279	Ⅲ-2	中期前半（古）	32.2+		坂井編1990
36-4	ⅡAa2	柚比本村	SJ1148	Ⅲ-4a	中期中頃（古）	29.75		佐賀県2003
36-5	ⅡAa1	高志神社	SJ018	Ⅲ-4a	中期中頃（古）	36		堤編2000
37	ⅡAa2	吉野ヶ里	SJ1002	Ⅲ-4b	中期中頃（新）	44.9	有柄式	佐賀県1992
38-1	ⅡAa2	梶栗浜	石棺墓		中期後半	33.9		柳田2006a
38-2	ⅡAa4	伝松江市竹矢町	埋納			26.4+	採集	近藤1966
38-3	ⅡAa4	伝島根県	埋納			31.3+		三宅・松本1985
38-4	ⅡAa4	西番掛2号	埋納			30.1+		吉田2001a
39	ⅡAb1	密陽校洞	M13		V-2	20.4+	把頭飾	密陽大学校博物館2004
40-1	ⅡBa2	扇田	埋納			34.2+		吉田2005
40-2	ⅡBa2	波介1号	埋納			36+		文化財保護委員会
40-3	ⅡBa1	波介2号				37.4+		1959
40-4	ⅡBa2	田熊石畑	6号墓		中期前半	39.9	勾玉	白木2009
41-1	ⅡBb1	柚比本村	SJ1124	Ⅲ-3	中期前半（新）	20.5+		佐賀県2003
41-2	ⅡBb1	柚比本村	SJ1140	Ⅲ-3	中期前半（新）	45.2		
41-3	ⅡBb2	柚比本村	SJ1114	Ⅲ-4b	中期中頃（新）	46.2		
41-4	ⅡBb1	柚比本村	SJ1135	Ⅲ-4a	中期中頃（古）	42.9		
41-5	ⅡBb1	吉野ヶ里	SJ1057	Ⅲ-5	中期後半（古）	43.1+		佐賀県1997
41-6	ⅡBb1	浜4号	埋納			44.4+		賀川1961
42-1	ⅡBb1	古津路2号	埋納			42.8	銅剣14本中	武藤・三木1972
42-2	ⅡBb1	古津路3号				40.5		大平・種定2009
42-3	ⅡBb1	古津路7号				43.4		
42-4	ⅡBb1	古津路11号				43.9		
42-5	ⅡBb1	古津路4号				43		
42-6	ⅡBb1	古津路8号				44.9		
43-1	ⅡBb2	上月隈3次	K7	Ⅲ-6	中期後半（新）	46.5+		榎本編2000
43-2	ⅡBb2	兎田八幡宮	埋納			23.3+		吉田広1994
44-1	ⅡBc1	三雲南小路王墓	K1	Ⅲ-6	中期後半（新）	51.5+	有柄式	柳田編1985
44-2	ⅡBc1	須玖岡本王墓	大石下	Ⅲ-6	中期後半（新）	25+		岩永1982
44-3	ⅡBc1	須玖岡本王墓	大石下	Ⅲ-6	中期後半（新）	20+		柳田2011a
44-4	ⅡBc2	古津路10号	埋納			43.1		大平・種定2009
44-5	ⅡBc2	古津路1号				42		柳田2011a
45-1	ⅡCa1	瓦谷3号	埋納			49.2		高橋1925
45-2	ⅡCa1	瓦谷6号				51.4		
45-3	ⅡCa1	伝横田八幡宮	埋納			50.8+		近藤1966
45-4	ⅡCa1	志谷奥6号	埋納			49.3+		勝部1982
45-5	ⅡCa1	志谷奥5号				50.45+		
46-1	ⅡCa	瓦谷8号	埋納			43.9		高橋1925
46-2	ⅡCa	瓦谷7号				50.2		
46-3	Ⅲ	瓦谷2号				40.7+		
47-B62	ⅡCb	神庭荒神谷	埋納			52.05+		松本・足立編1996
47-C81	ⅡCb	神庭荒神谷				51.4+		

第6章　銅　戈

1　はじめに

　考古学の型式分類は、より多くの遺物を網羅して集成・観察・分析・整理分類の過程を経て完成に向かう。一方、考古学は遺跡・遺物を見極める眼力と理論構成にあるという。とすれば、遺跡・遺物を見極めたより正確で綿密な実測図と細部写真の集成、分析・整理が考古学の基本であり[1]、その応用が理論構成であろう。

　武器形青銅器の型式分類は、「現状で分類上の見解差があっても、もはや微差であって」、「重箱の隅をつついてもしょうがない」という（岩永2003）。ではこれまでの銅剣と銅戈では、研ぎ減りする刃物の分類として同じ現象を前後逆に、系譜の違いを同一系列に並べて型式分類されているがこれでいいのか。また、舶載品と国産品の識別は明確になったのか。確かに2001年以後において指摘されるような「極端な場合、1個体1型式の乱立」もあり懸念されるが、拙稿では銅矛・銅剣において考古学の原点に立脚した型式分類を提示してそれらの不合理に答えている（柳田2003a〜2012）。そこで考古学の基本である遺跡・遺物を見極めた銅戈の型式分類を提示して、これまでの型式分類との基本的な違いを明らかにし、その生産を通して地域性を考えたい。

2　初期鋳型の検討

(1)　韓　国
①　韓国全羅北道葛洞鋳型

　葛洞1号土坑墓出土の銅戈滑石鋳型は、木棺小口の棺外と考えられる位置から銅剣両面鋳型として出土している。銅戈は銅剣鋳型の一方の裏面に彫られ、銅剣のように両面が揃っていないが湯口は内側にある。銅戈鋳型全長32cm、最大幅8.1cm、最大厚さ3.2cm、重さ173gである。彫られている銅戈の計測値は、全長30.2cm、援長26.1cm、援幅4.4cm、樋長21.0cm、樋幅4.0cm、闌幅8.0cm、内幅3.3cm、内長4.0cm、内厚0.7cm（金他2005）。闌幅に対する内幅率は44％で、穿外側幅に内幅が対応している。縦断面図では、鋒と脊樋先端の段差はない（図1-1）。

②　伝韓国全羅南道霊岩鋳型

　伝霊岩一括出土の青銅器鋳型は灰褐色の滑石製で、矛・剣・戈・斧・鑿・釣針・鉇・多鈕鏡などで構成されている。銅戈は銅剣の裏に彫り込まれた合せ鋳型が揃っており、湯口は内側にある。鋳型全長35.5cm、幅8.8cm、厚さ4.1cm、銅剣全長32.2cm、銅戈全長28.8cmである（林1987、韓国基督教博物館2011）。B面（図2）を実測すると銅戈全長29.0cm、援長25.4cm、樋長

第6章　銅　戈

18.8cm、樋幅3.5cm、援幅4.5cm、闌幅7.9cm、脊幅1.4cm、内幅2.9cm、内長3.5cm、内厚0.8cm。戈の平面形は、内幅が闌幅の36.7％を占め、半島では最も狭い部類である。また、援が鋒に向かって直線的に細くなる特徴をもつ。国産鋳型と比較するときの大きな違いは、闌幅と内幅率が低くても、半島では両穿外側幅と内幅が近接していることである。これも鋒と脊樋先端の

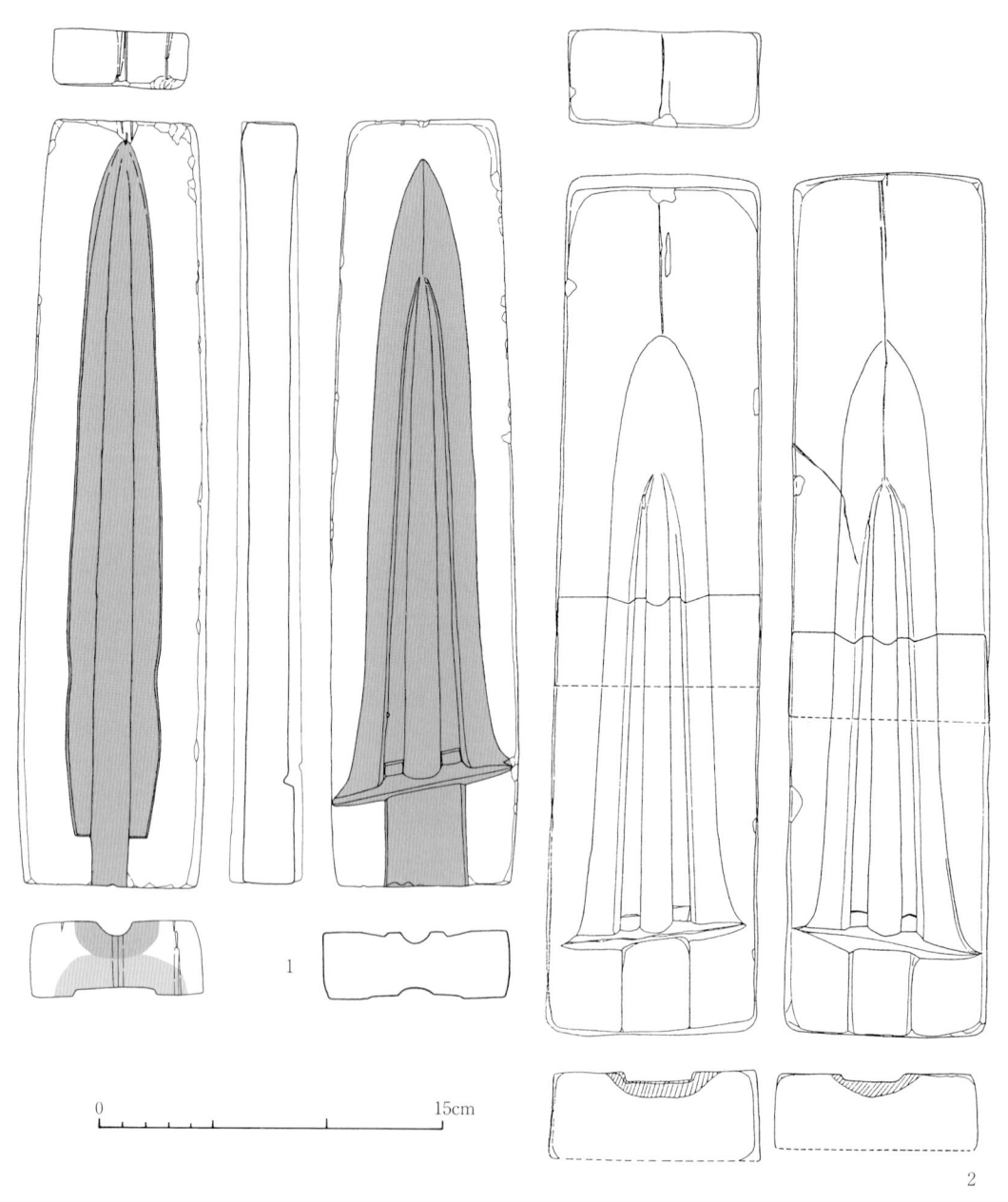

図1　韓国葛洞・伝霊岩ⅠAb式銅戈鋳型実測図 (1/3)
1：葛洞（金他2005）　2：伝霊岩（林1987）

2 初期鋳型の検討

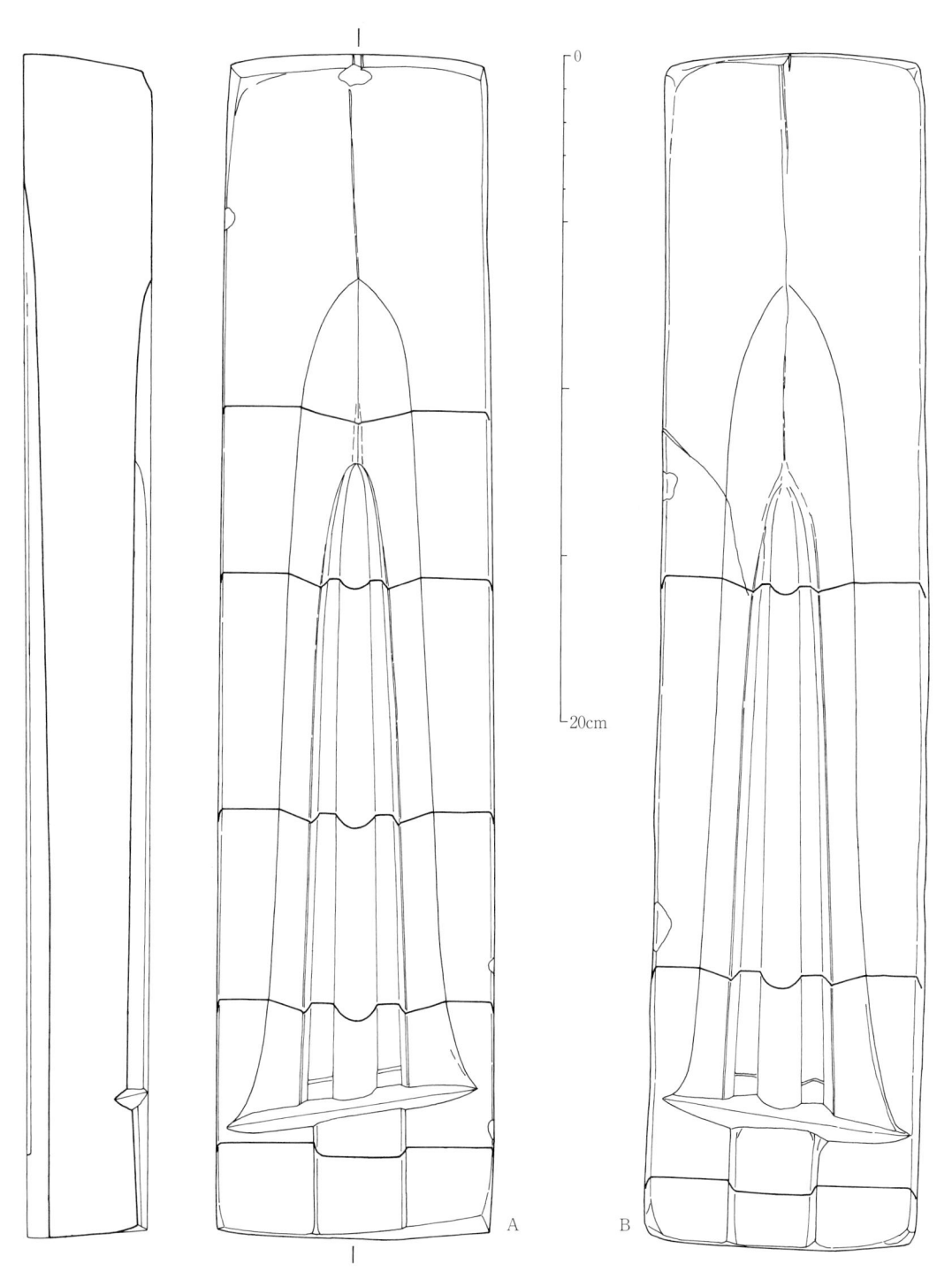

図2 伝韓国霊岩銅戈鋳型実測図 (1/2)

第6章 銅　戈

写真1　伝韓国霊岩石製銅戈鋳型

段差がないようだ（図1-2・2、第5章図21・22、写真1）。

(2) 日 本
① 熊本県熊本市八ノ坪鋳型

　八ノ坪銅戈鋳型は破片が2個あり、共に石英長石斑岩製で、一方が両面に鋒部、もう一方が矛の裏面に銅戈闌部の片面鋳型で構成されている（林田2005）。鋒部は鋒先端に湯口らしきものが存在するが、平面形は霊岩鋳型に近く、脊先端と鋒下端の段差が著しいところが、福岡市吉武大石1号木棺墓銅戈や鍋島本村南鋳型と同じ特徴をもつ。闌幅と内幅の関係を復元すると、内幅が33～36％を占める。刃部横断面形は鋒部と闌部双方が内湾する彫り込みである。半島鋳型と違うところは、製品と同様に穿のほぼ中央部に内幅が位置することである（図3-1・2）。鋳型と同時に採取された土器は中期初頭から前半である（写真2）。

② 佐賀県佐賀市鍋島本村南鋳型

　鍋島本村南2区SK345土坑出土鋳型は、援中程から脊先端近くの片面鋳型で石英長石斑岩製。援平面形はほぼ直線的に鋒に向かって細くなり、横断面形は脊が半円形、樋底面に平坦面をもち、刃部がわずかに内湾する。脊先端付近の横断面図をみると、八ノ坪遺跡鋳型のように鋒下端の高さが脊先端よりかなり高いことがわかる（図3-3）。共伴している土器の時期は中期初頭である（木島1991）。

③ 佐賀県鳥栖市柚比平原・大久保鋳型

　柚比平原遺跡と大久保両遺跡の古墳時代遺構から出土した砥石に転用されていた鋳型が接合した（白木2001、吉本ほか編2001）。A面には鋳型の原形が残るが、B面が脊をかろうじて残すまでに砥石として使用されていることからA面とB面はどちらが先行するのか不明ながら、B面には銅戈が逆方向に彫られていたようだ。A面の銅戈は脊長9.8cm、鋒長4.3cmが残っている。鋒が細く尖り、援幅が狭く、鋒と脊先端の段差が著しい。横断面図でわかるように全体に厚みがある。時期は不明。石材には一部に天草砥石状の縞が存在する。B面に脊に直行する方向に胡状の彫りこみがあるが、鋳造後の黒変面を削っていることと、彫り込みの片側が内ではなく両側に脊が続くことから、二次的なものである（図3-4）。

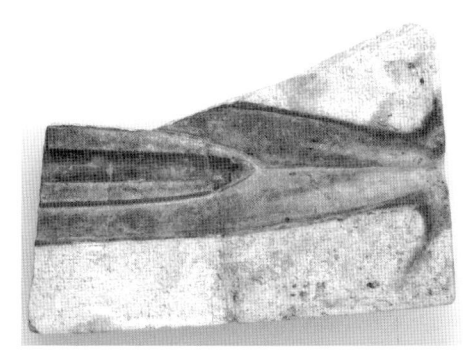

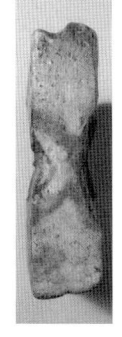

写真2　熊本県八ノ坪石製銅戈鋳型

第6章 銅　戈

図3　ⅡAa型式銅戈鋳型実測図（1/2）
1・2：熊本県八ノ坪　3：佐賀県鍋島本村南　4：柚比平原・大久保

3 銅戈の型式分類

　朝鮮半島の銅戈は、出現期に限らず幅広く分厚い堅牢な脊と内をもつ。鋳型で確認したように、半島では闌との内幅比率が低くても、穿の外側幅に内幅がほぼ対応している。樋に文様を施すようになると、内は多少狭く、薄くもなるが、北部九州製品のように扁平ではない（柳田2009c）。国内出土で前記に適合する舶載品と考えられる銅戈は、福岡県古賀市鹿部例（森1973）（図4-2）・馬渡束ヶ浦E地区2号甕棺墓例（井2006）・宗像市田熊石畑4号墓例（柳田2011d）・同東郷高塚例（梅原1988）・伝壱岐出土例（岩永1980a）に限定できる。北部九州最古の中期初頭で福岡市吉武高木3号木棺墓例（力武・横山編1996）は、脊幅が狭く、内の厚みはあるものの幅が穿中央部に対応し多少狭く、断面形に丸みがある。同時期の鋳型である熊本市八ヶ坪鋳型も同様であることから、これらが国産品であることがわかる。

　朝鮮半島銅戈は、岡内三眞（1973）の平面形態を優先して、次に研ぎ減り、3番目に文様の有無を位置づけた型式分類から、岩永省三（1980a）の脊の鎬の有無を優先して、次に平面形態を位置づけた型式分類に移行したものの、岩永の型式分類にも平面形態が最優先されている点といずれも脊の鎬の有無を基準とする点では大差ないと考える。

　銅戈は、銅矛・銅剣と同じように研ぎ減りによって形態変化するにもかかわらず、銅剣とは逆に研ぎ減りして鎬が生じた形式が古く型式設定されている。これも銅剣と同じように、少なくとも初期型式鋳型の脊に鋳出し鎬をもつものはないはずである[2]。銅剣と同じように1段階研磨の形式が後続するし、遂に銅剣と銅戈には脊に鋳出し鎬が出現しない。しかも、朝鮮半島の実測図の中には原形を推測し難いものもあることから細分は困難である[3]。地域を代表する形式が存在すれば、それを型式として認定すればいいだろう。

　銅戈のタテ断面図を添付しているのは、拙稿（2006a）と本稿以外に韓国と日本に各1例ある[4]。タテ断面図の必要性は、鋒下端と脊先端の厚さの段差と脊最薄位置を明確にすることにあり、鋒より薄い脊に鎬が生じるまで研磨するということが、刃こぼれなどによる研磨がいかに著しいかを証明することになる。近年の研究で韓国基督教博物館蔵D66銅戈の側面図で鋒下端が脊先端より著しく厚い例が示され、北部九州鋳型例が半島の系譜にあることがわかる（図5）。

　したがって、銅戈は研ぎ減りしていない鋒の長さ、脊の幅と厚さ、内の幅・厚さを含む形態、樋の形態と文様の有無により型式分類すべきであり、従来のような脊の鎬の有無、樋が先端で閉じるものと、開くもの、脊の鎬の有無という形式分類は研ぎ減りによる型式内変異を列挙しているにすぎない[5]。

　吉武高木3号木棺墓例を詳細に観察すると、刃部は鋳造後に中央部から鋒側が研磨されているが、闌側には鋳肌が残っている。にもかかわらず鋒部は再研磨されて脊先端に鎬が生じており（図9-2、写真4上）、従来の「細形銅戈Ⅰ式」と「細形銅戈Ⅱ式」の中間的形態をしている。この事実から、脊の鎬が最初段階の研磨で生じることを確認でき、脊先端両側の樋が急激に浅くなることから、鋳型では樋先端が離れていた可能性が出てきた。後述する韓国松堂里未研磨銅戈ほどではないが、脊先端が樋より突出していた可能性がある。吉武高木3号木棺墓例は、「細形Ⅱ

第6章　銅戈

a1式」（吉田2001a）や「Ⅱ①2a類」（後藤2007）に分類されるが、従来の分類では「細形Ⅰ式」になる可能性が生じたことになる。そうだとすると、北部九州製品に樋先端が離れる形式が存在することになるが、研磨が進行すればこれも区別ができなくなる。

　中間的形式を示す例がもう1例存在する。それは大分市久原松崎出土と伝える鋒側半分程の破片資料であり（小田1965）、片面には脊に鎬が存在するが、もう片面には脊に研ぎがおよばず鎬がない[6]（図9-4、写真4下）。脊部の厚さは、縦断面図で明らかなように最薄部が樋先端ではなく、4、5cm程ずれた位置にあり、初期の脊の鎬が樋先端付近に留まっている。実見していないが、その他にも大分県豊後高田市大原銅戈切先（岡崎1982b）はその可能性がつよい。

　以上の実例は、最初段階の研磨で樋先端が離れる例が実在することを検証でき、既存の型式分類の誤りを如実に現している貴重な資料である。

　型式分類は、半島の脊と内が堅牢で実戦武器と半島特有の小型扁平なものをⅠ型式、従来の「細形」のうち北部九州製と考える内が比較的堅牢で実戦も可能な型式をⅡ型式、実戦に耐えない扁平な形式をⅢ型式、「中細形」をⅣ型式、「中広形」をⅤ型式、「広形」をⅥ型式とする大分類を提示した（柳田2008a）。

　なお、北部九州の初期には、佐賀県釈迦寺例（図10-1）（坂井編1990）のように銅剣鋳型を銅戈鋳型に改造した分類しがたい内の形態を示す特例もある[7]。

① Ⅰ型式

　朝鮮半島製のⅠ型式は、樋に文様のないものをA類とし、貞柏里採土場（藤田・梅原1947）例のように鋒が割合長く、脊中心線と援中央部から鋒側が平行する比較的鋒が広いものをⅠAa型式に、葛洞鋳型のように援中央部から鋒に向かって直線的に尖るものをⅠAb型式に細分する（図1-1）。鋒が広い型式と尖る型式のどちらが先行するかは、朝鮮半島南部にあって共伴関係が確実な九鳳里と草浦里の銅戈の認定に左右される。これらは朝鮮半島における銅戈の出現期にあり、拙稿（2004a・b）のⅣ-1・2期に位置付けられる。公表されている実測図で判断する限りでは双方に分かれる（後藤2007）。しかし、両者はとくに刃こぼれが著しいことから、研ぎ減りする前の原形は鋒が広いⅠAa型式に属するものと判断する[8]。鋒が広い型式は、Ⅳ-3期の素素里例・鳳安里例、Ⅴ-1期の入室里例のような有文型式にも後続する（柳田2004a・b）。ⅠAa型式も過度に研磨されれば東京国立博物館蔵貞柏洞例（図4-1）・福岡県鹿部例（図4-2）・同馬渡束ヶ浦2号甕棺墓例（図9-1）のように鋒が狭くなる可能性もある。

　もともと鋒が狭いⅠAb式は、霊岩鋳型のように内幅が狭い例もあることから、時期が下降するものもあると同時に、Ⅱ型式の祖形ともなりうる。

　Ⅴ-1期の樋に文様を施すものをB類とし、慶州入室里例のような綾杉文とその亜形（図6）をⅠBa型式、慶州九政洞例のような交互斜線文をⅠBb型式に細分する。Ⅵ-1期の小型で鋒が広く、穿孔された円形穿をもつ例をⅠC型式に分類できる。ⅠC型式は、樋長と鋒の広がりから伝大田槐亭洞・大邱飛山洞例をⅠCa式、大邱坪里洞例をⅠCb式に細分可能である。

　鋒の形態は再研磨で変化するが、半島南部では葛洞・伝霊岩鋳型のように明らかに細く尖る型式が存在する。これとは別に半島北部では、明らかに鋒が幅広い型式のみが存在して前者は

3 銅戈の型式分類

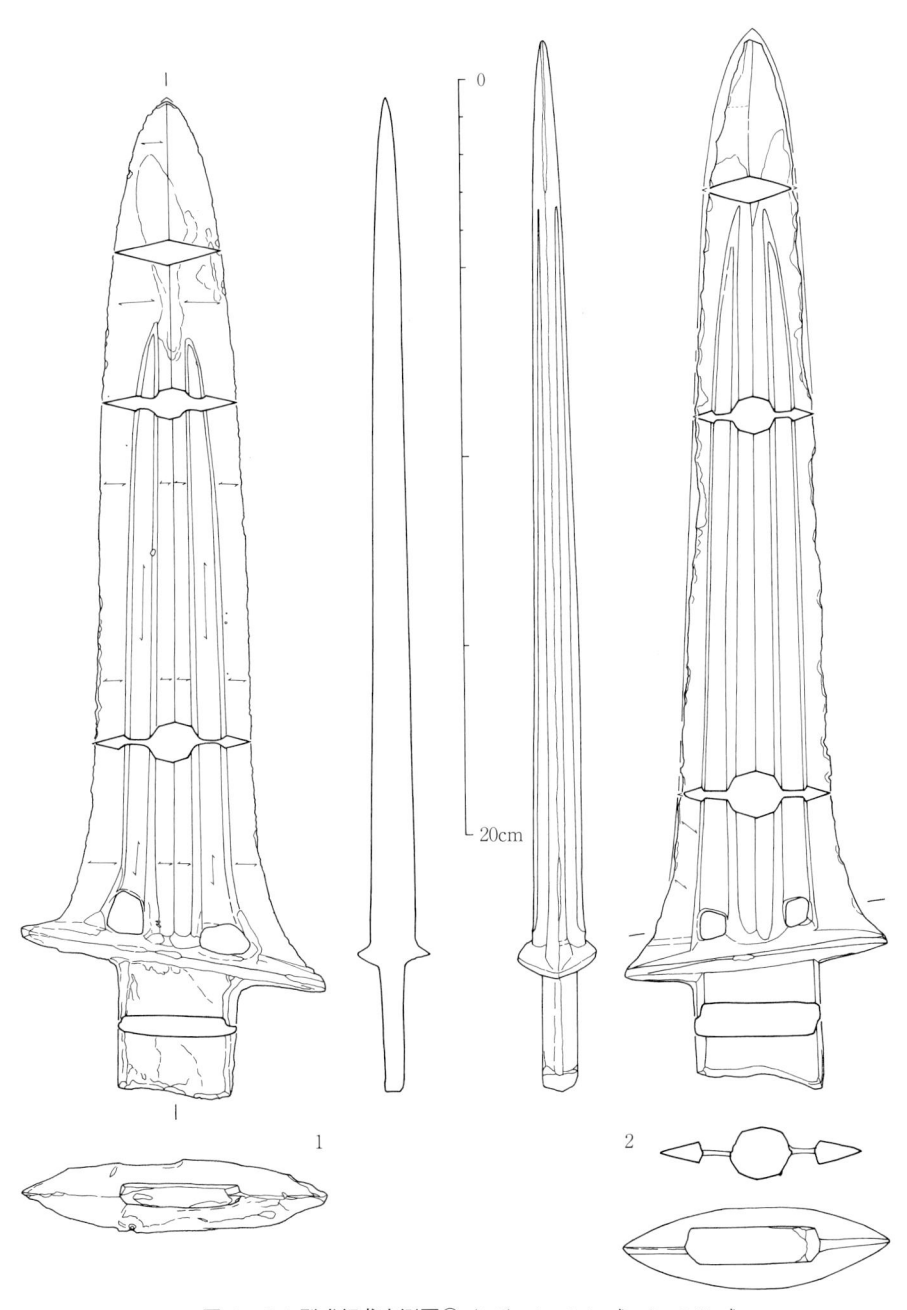

図4 ⅠA型式銅戈実測図① (1/2) 1：ⅠAa式　2：ⅠAb式
1：北朝鮮貞柏洞　2：福岡県鹿部

219

第6章　銅　戈

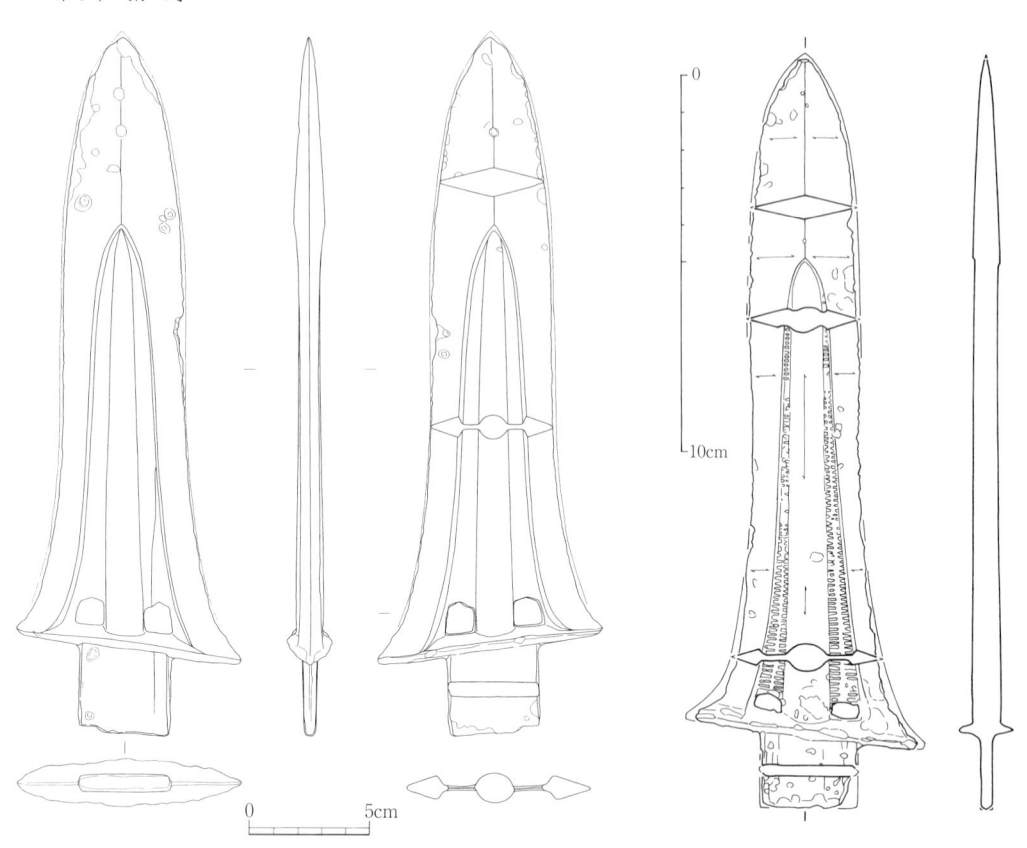

図5　ⅠAa式銅戈実測図②（1/3）
（韓国基督教博物館蔵）（D66）（2011）

図6　ⅠBa式銅戈実測図（1/2）
韓国入室里

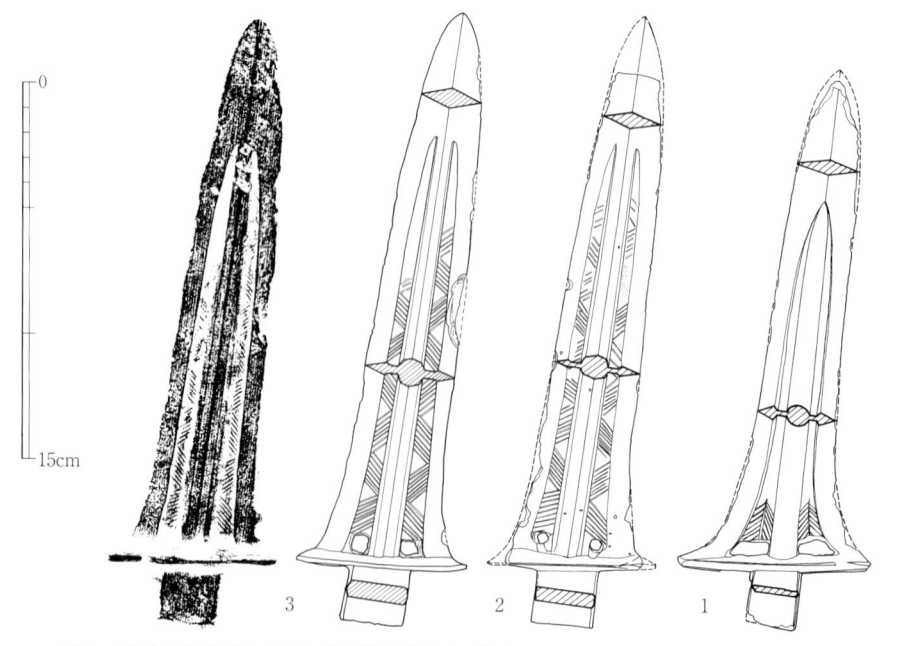

図7　韓国九政洞ⅢB・ⅠBb式銅戈実測図（1/3）（小田・韓編1991）　1：ⅢB式　2・3：ⅠBb式

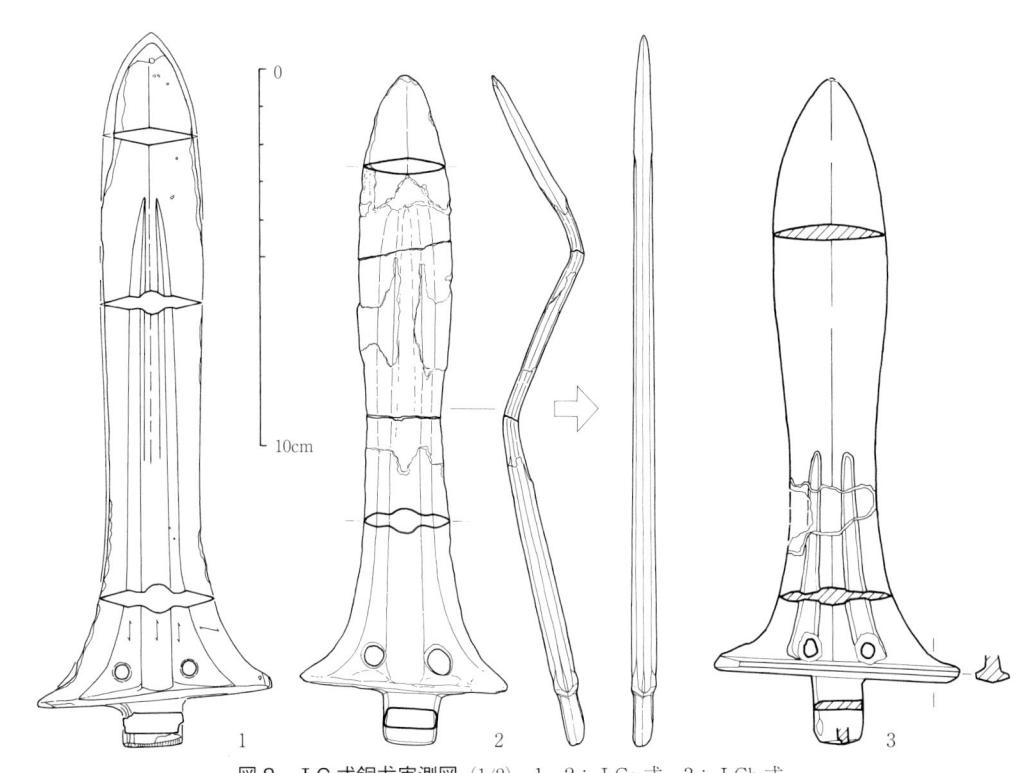

図8 ⅠC式銅戈実測図（1/2） 1・2：ⅠCa式 3：ⅠCb式
1：伝韓国槐亭洞 2：飛山洞（湖巖美術館原図） 3：坪里洞（小田・韓編1991）

存在しない。

樋元部が多少広がるものが多く、伝霊岩鋳型のように直線的なものが稀に存在するが、ⅠAb式の最後に位置付けられる。内幅が闌幅に占める割合は、ⅠAa式が38〜51％で平均44％、ⅠAb式が34〜68％で平均46.3％、ⅠBa式が34〜45％で平均38.2％、ⅠBb式が34％である[9]。ちなみに、鹿部例49％、厚さ0.87cm、馬渡東ヶ浦例47％、厚さ0.9cm（図9-1）、伝壱岐例54％、厚さ0.6cmの数値をもつ。

② Ⅱ型式

朝鮮半島南部のⅠAb式を模範とした北部九州製のⅡ型式は、福岡市吉武高木3号木棺墓（図9-2）・吉武大石1号木棺墓（図9-3）・熊本市八ノ坪鋳型例（図3-1・2）をⅡAa型式とする。ⅠAb式とⅡA式の違いは、ⅡA式が穿のほぼ中央に内幅が対応していることから、ⅠAb式よりⅡAa式が比較的内幅が狭くなる。ちなみに、鹿部例が最大脊幅1.45cm、脊厚1.42cm、馬渡東ヶ浦が脊幅1.7cm、脊厚1.17cm、に対して、吉武高木3号木棺墓例は脊幅1.47cm、脊厚0.96cm、吉武大石1号木棺墓が脊幅1.38cm、脊厚1cm前後であり、ⅡA型式の脊が若干であるが細くなっている。また、吉武高木3号木棺墓の樋長は22.3cmで、半島を含む銅戈で最大値の復原全長32cm前後、吉武大石1号木棺墓例も全長29cmで、半島より全体に大型化している（柳田2008a）。以上の実態は、図9の1と2を比較すれば明らかである。

なお、武雄市釈迦寺例などの特例をⅡAb式にしておく[10]（図10-1）。

第6章 銅　戈

写真3　韓国基督教博物館蔵銅戈鋒各種　左：松堂里　中・右：出土地不明

写真4　ⅡAa式銅戈樋先端の両面　上：福岡県吉武高木3号木棺墓　下：伝大分県久原松崎

3　銅戈の型式分類

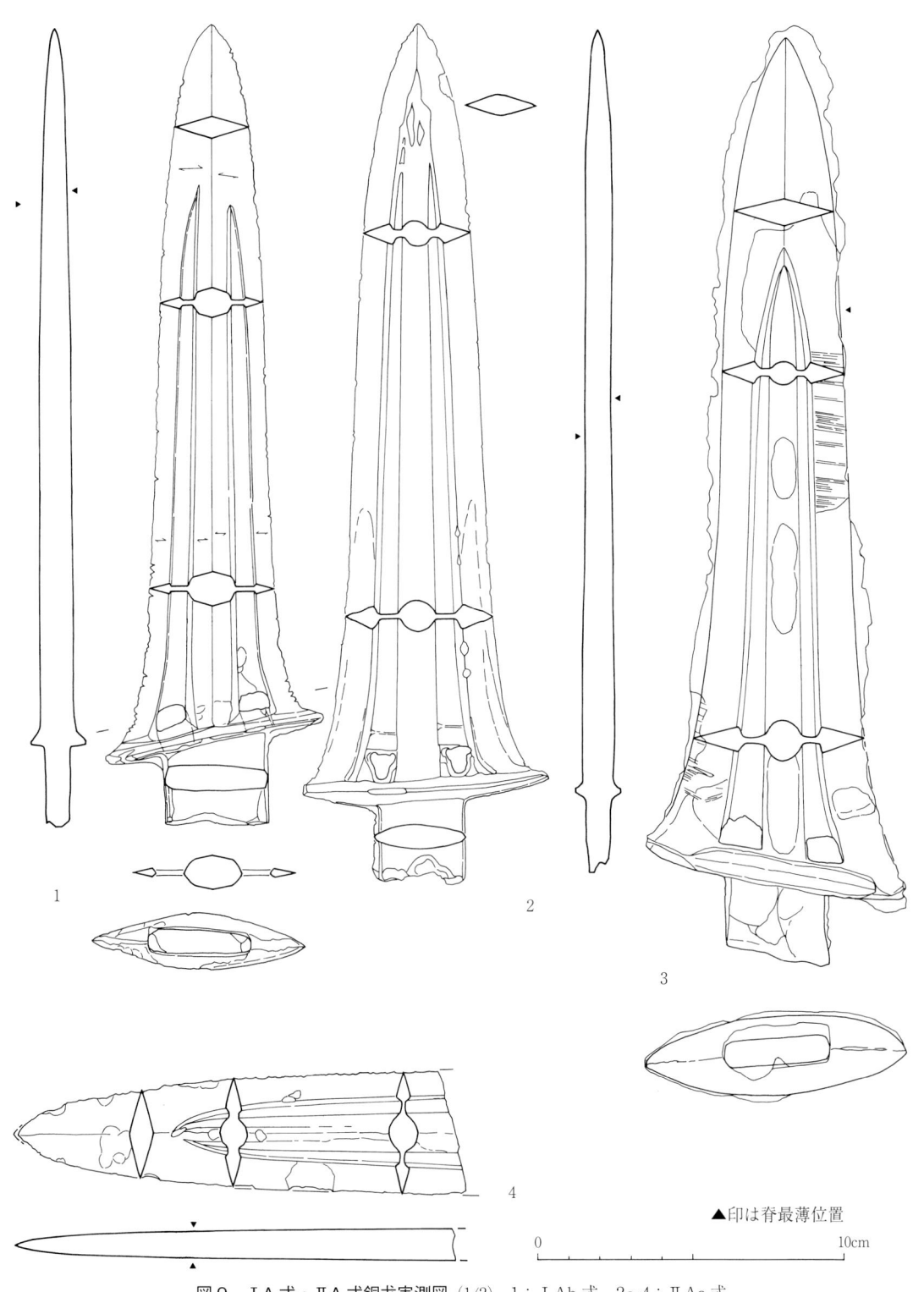

▲印は脊最薄位置
0　　　　　　10cm

図9　ⅠA式・ⅡA式銅戈実測図 (1/2)　1：ⅠAb式　2〜4：ⅡAa式
1：福岡県馬渡束ヶ浦2号甕棺墓　2：吉武高木3号木棺墓　3：吉武大石1号木棺墓　4：伝大分県久原松崎

223

第6章 銅　戈

　鋒が長くなり、脊厚と内の幅は変わらずに内の厚さのみ扁平化する佐賀県白壁（岩永 1980a）・安永田（図 10-2・3）・大分県吹上 6 次 4 号甕棺墓例（図 11）をⅡB 型式に分類する。内幅が闌幅に占める割合と内厚は、ⅡA 式の吉武高木 3 号木棺墓例 36％、厚さ 0.73cm、吉武大石 1 号木棺墓例約 40％[11]、厚さ 0.8cm、八ノ坪鋳型例 34〜36％、厚さ約 0.5cm、ⅡB 式の吹上例 34％、白壁約 35％、厚さ 0.3cm、安永田例 32％、厚さ 0.3cm である（図 10-2・3）。

③　Ⅲ型式

　全体に小型扁平で樋幅が広いⅢA 型式は、なかでも厚みのある熊本県中尾下原 59 号甕棺墓（隈 1986）・福岡県元松原（岡崎 1982b）（図 12-1・2）をⅢAa 式、扁平で樋に文様のない福岡市有田

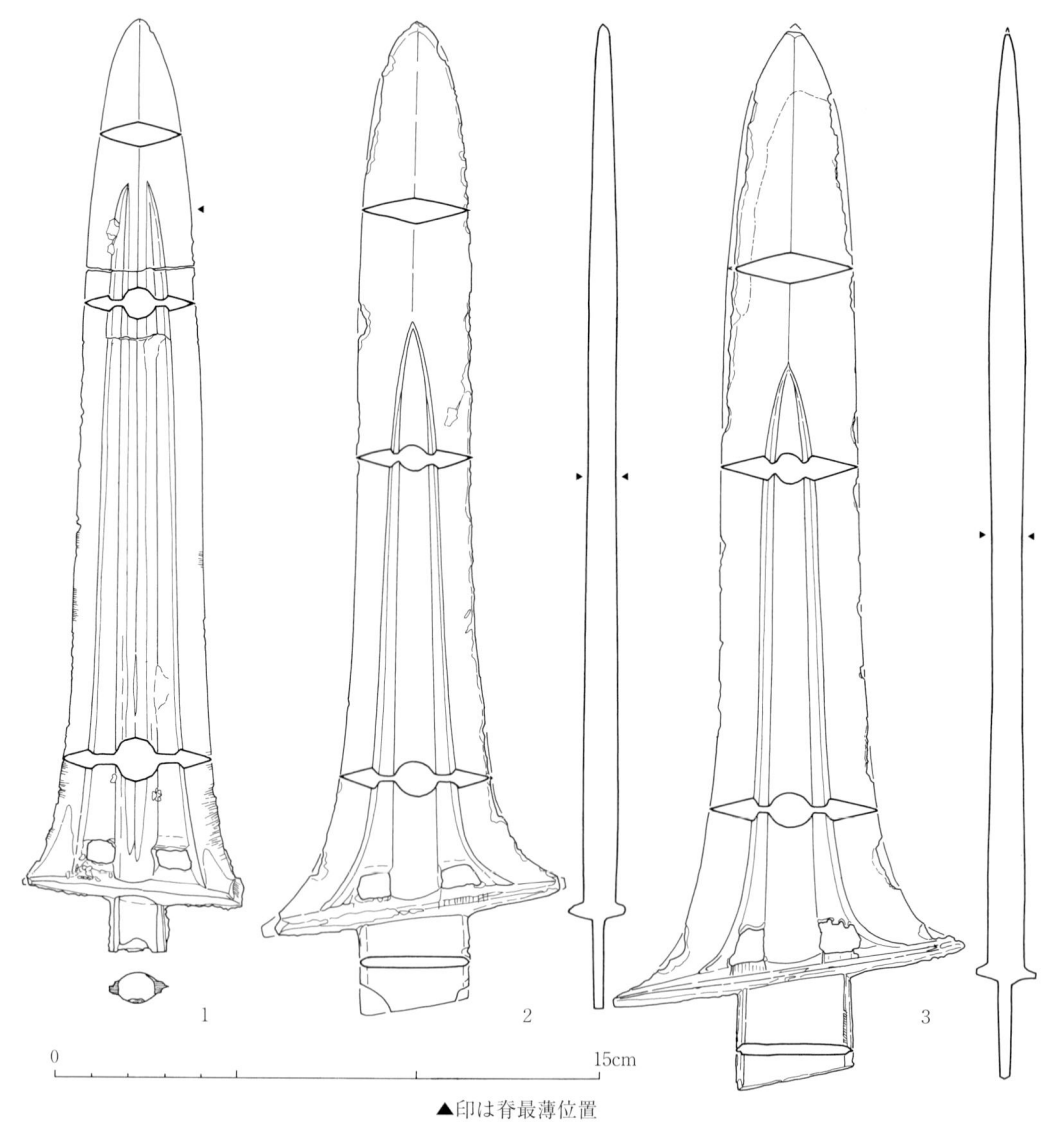

▲印は脊最薄位置

図 10　ⅡAb 式・ⅡB 式銅戈実測図（1/2）　1：ⅡAb 式　2・3：ⅡB 式
1：佐賀県釈迦寺　2：白壁　3：安永田

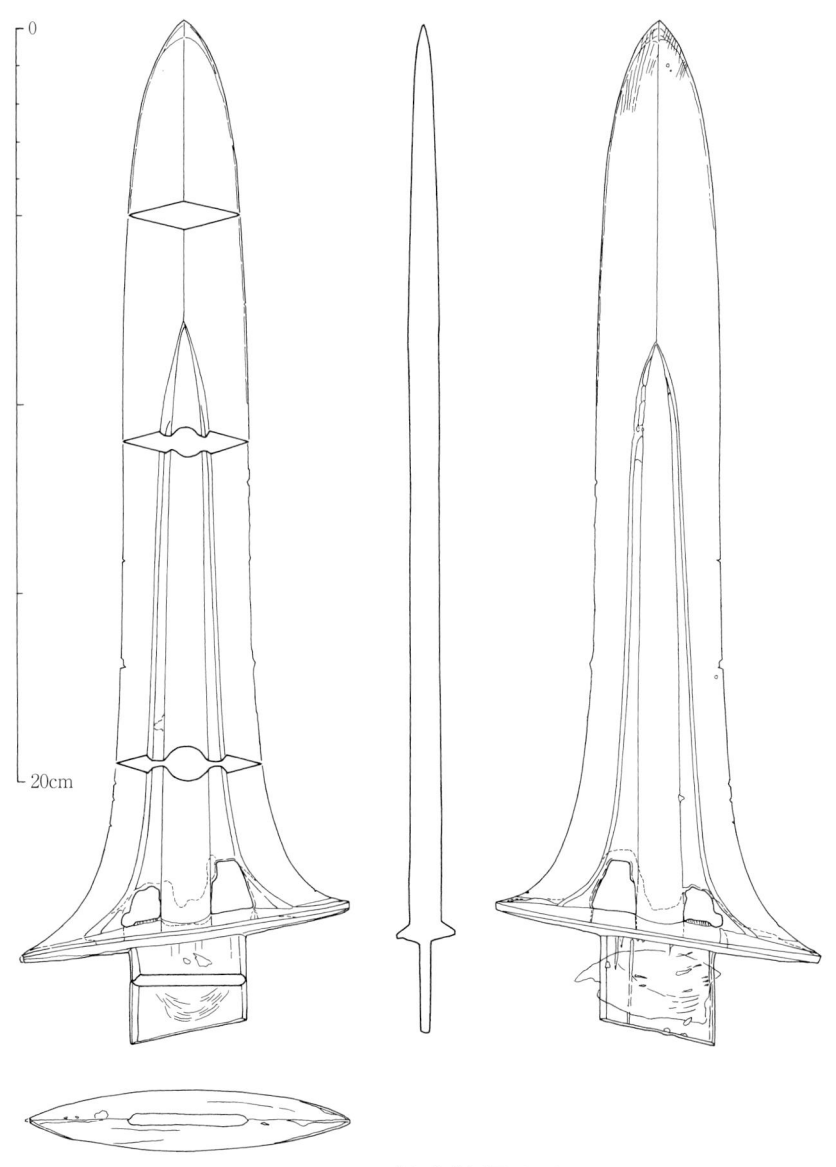

図11　ⅡB式銅戈実測図（1/2）
大分県吹上6次4号甕棺墓

（森 1968a）・志摩町久米 23 号甕棺墓（河合編 1999）（図 12-3・4）をⅢAb 式、樋元部に斜格子文を施す佐賀県宇木汲田 17 号甕棺墓例（岡崎編 1982）（図 12-5）などをⅢAc 式に細分する。ⅢAb 式以後の扁平な刃部には粗い研磨痕が著しいのも特徴の一つである（写真 5）。また、斜格子文は同時期の嘉麻市原田 15 号木棺墓小銅鐸と共通している。

　内が小さく細樋有文の福岡県須玖岡本 13 号甕棺墓・鎌田原 9 号甕棺墓例（福島 1997）をⅢB 型式に細分類できる（図 14-2・3）。Ⅲ型式におけるⅢA 式とⅢB 式は系列が違い、一度扁平化し

第 6 章　銅　戈

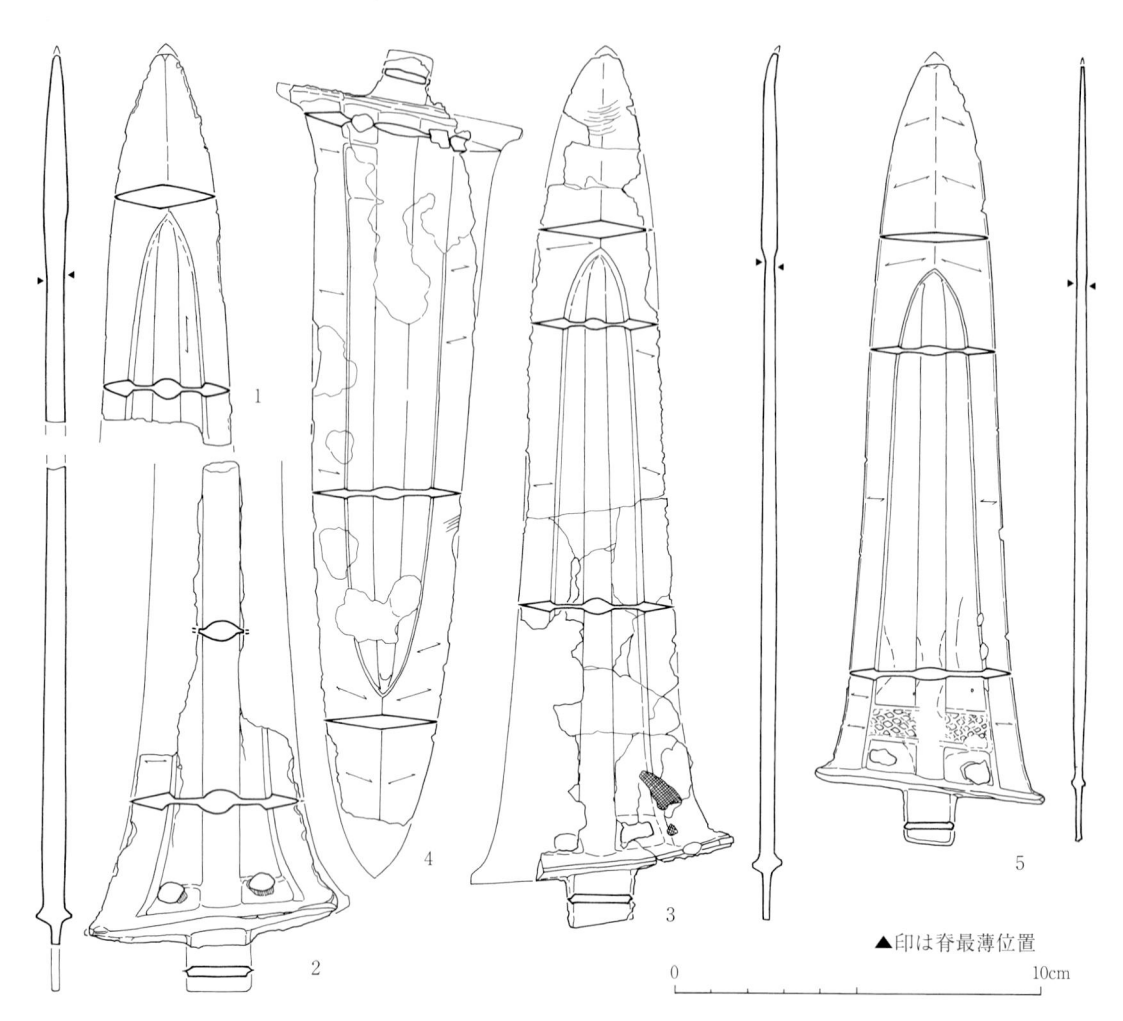

▲印は脊最薄位置

図 12　ⅢA式銅戈実測図①（1/2）　1・2：ⅢAa式　3・4：ⅢAb式　5：ⅢAc式
1：熊本県中尾下原59号甕棺墓　2：福岡県元松原　3：有田2号甕棺墓
4：久米23号甕棺墓　5：佐賀県宇木汲田17号甕棺墓

写真5　ⅢA式銅戈刃部粗研磨痕　左：福岡県久米23号甕棺墓　右：佐賀県宇木汲田17号甕棺墓

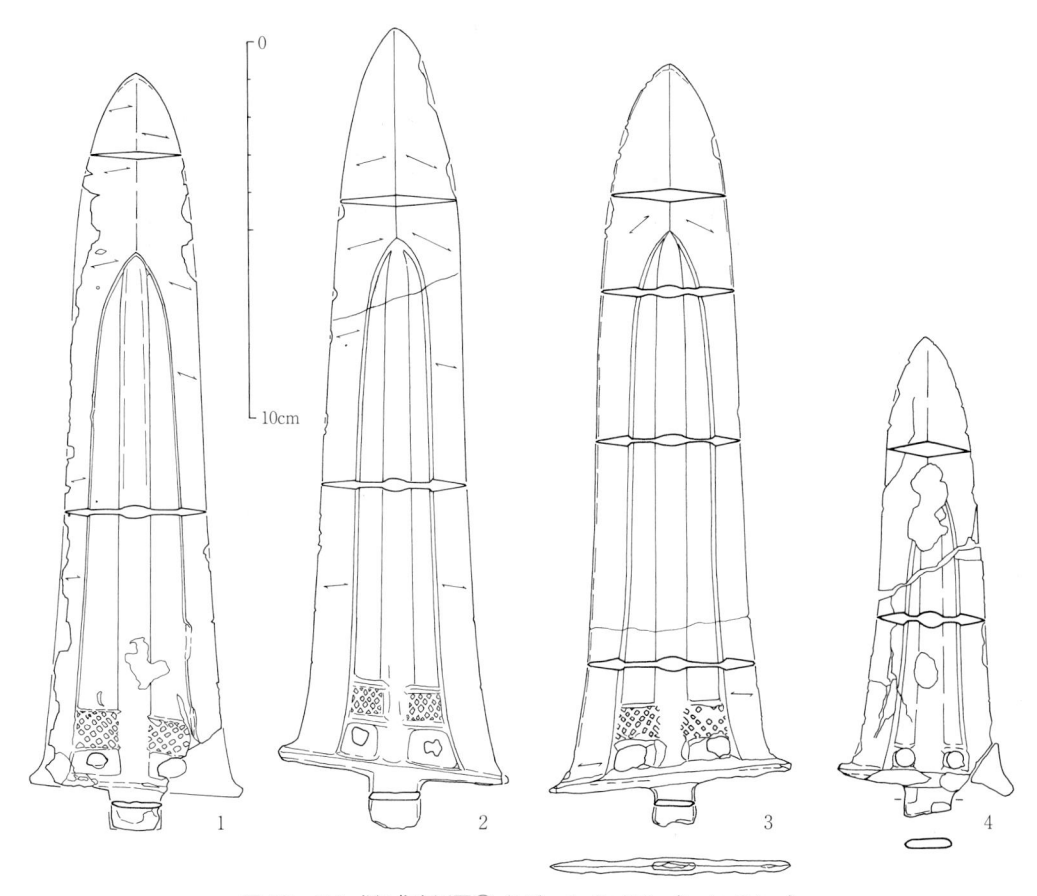

図 13　ⅢA 式銅戈実測図② (1/2)　1〜3：ⅢAc 式　4：ⅢAa 式
1：佐賀県宇木汲田 58 号　2：福岡県吉武大石 53 号　3：朝町竹重 28 号墓　4：田熊石畑 2 号墓

たものが水城銅戈（図 14-1）・須玖岡本 13 号甕棺墓銅戈（図 14-2）のように厚みをもつことはなく、ⅢA 型式は扁平化した時点で終焉をむかえる。

内の闌に対する比率と厚さは、ⅢA 式の宇木汲田 17 号甕棺墓例が 23％、厚さ 0.2cm、ⅢB 式の須玖岡本 13 号甕棺墓例が 26％、厚さ 0.29cm、鎌田原 9 号甕棺墓例が 25％、厚さ 0.3cm である。

④　Ⅳ型式

Ⅳ型式は、従来の北部九州の「中細形銅戈」をⅣA 型式、「大阪湾型」（三木 1969）・「近畿型」（吉田 2001a）とされているものをⅣB 型式、鉄戈型をⅣC 型式とし、さらに各々の細分が可能である。ⅣA 型式の細分には細部計測値が必要であるが、同型式にも大小が存在すると考えていることから、平面形や援長による分類より、脊横断面形、援長に対する鋒長比、鋒最大幅と援最小幅の比率が有効である（表 2）。ⅣAa 式は嘉麻市鎌田原 6 号木棺墓・8 号甕棺墓（図 15-1）・須玖岡本（東京国立博物館蔵）（図 15-2）、ⅣAb 式は福岡市下山門敷町 3 本（図 17-3）・那珂 23 次 SD44 鋳型（図 35-1）・小郡市大板井 4 本（図 18-1）・佐賀市櫟木鋳型（図 31）・筑前町ヒエデ 1 号（図 15-3）（伊崎 1999）・朝倉市板屋田中原（柳田 1982a）・熊本県真木例（常松 2000）（図 17-2）・韓

第 6 章　銅　戈

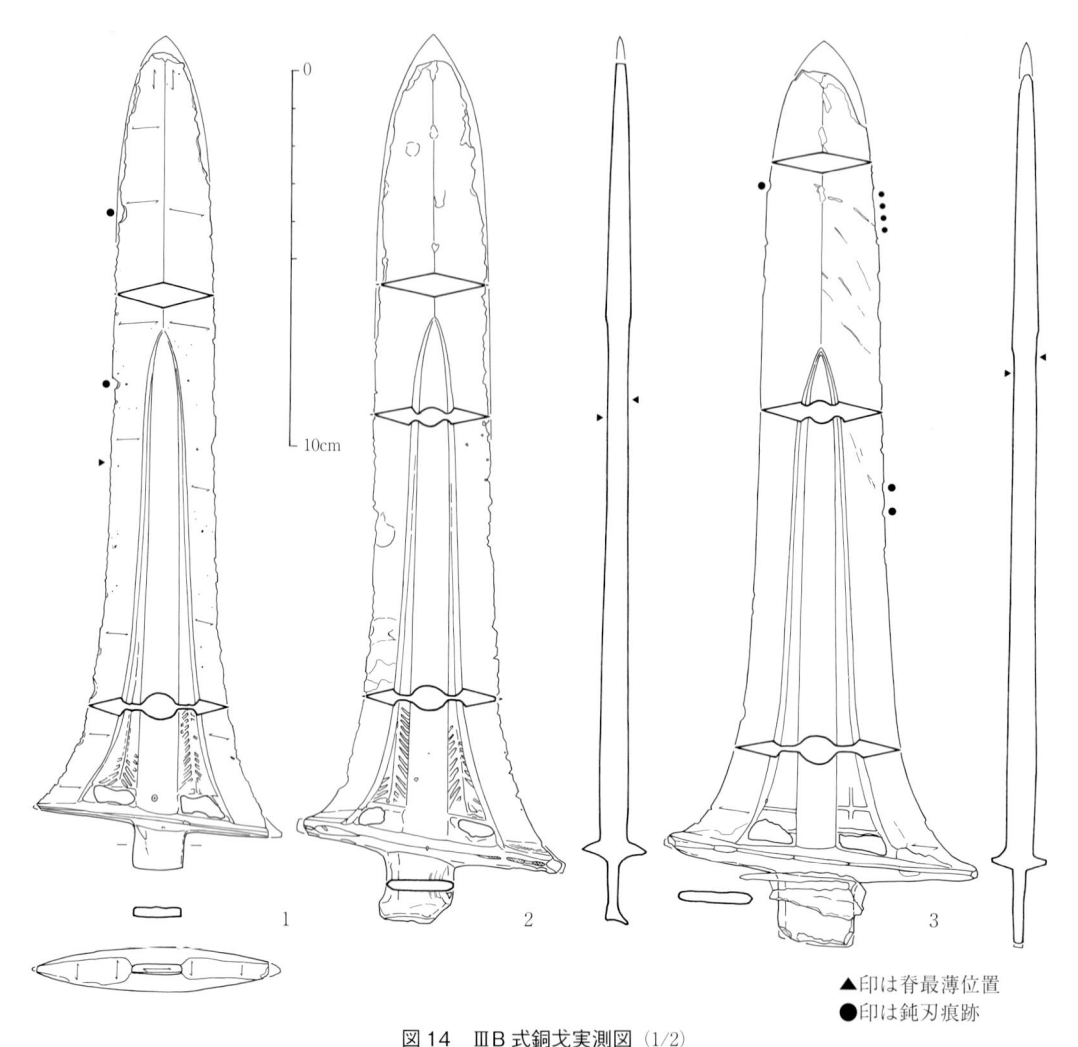

図 14　ⅢB 式銅戈実測図（1/2）
1：福岡県水城　2：須玖岡本 13 号甕棺墓　3：鎌田原 9 号甕棺墓

▲印は脊最薄位置
●印は鈍刃痕跡

国龍田里木棺墓 2 本（図 16-2・3）（国立慶州博物館 2007）など、ⅣAc 式は福岡市八田 4 号鋳型（図 33）（常松 1998）・同住吉神社（図 18-2）・ヒエデ 2・3（図 18-3）・4 号・飯塚市立岩焼ノ正鋳型[12] などがある。

　ⅣA 型式はⅢB 型式に継続することからすれば、従来の「中細形銅戈」ではＡ(a)～Ｃ(c) 類の細分が可能であったのか。鎌田原例の存在と従来のＡ(a) 式には鋒幅が完存しているものが稀であり、細分は研究者間で齟齬をきたしている（岩永 1980a、吉田 2001a）。「細形銅剣」と共伴している時期不明の須玖岡本例が「中細形ａ式」（岩永 2002）にされており、ａ式の最古例は鎌田原 8 号甕棺墓例の中期中頃古段階からある。この 2 例以外に例示されているａ・ｂ式は刃部を欠損しているために、これまでの実測図では型式を特定できない[13]。

　図 15 のように須玖岡本とヒエデ 1 号との間で平面・横断面形態において較差が存在する。Ⅳ

228

3 銅戈の型式分類

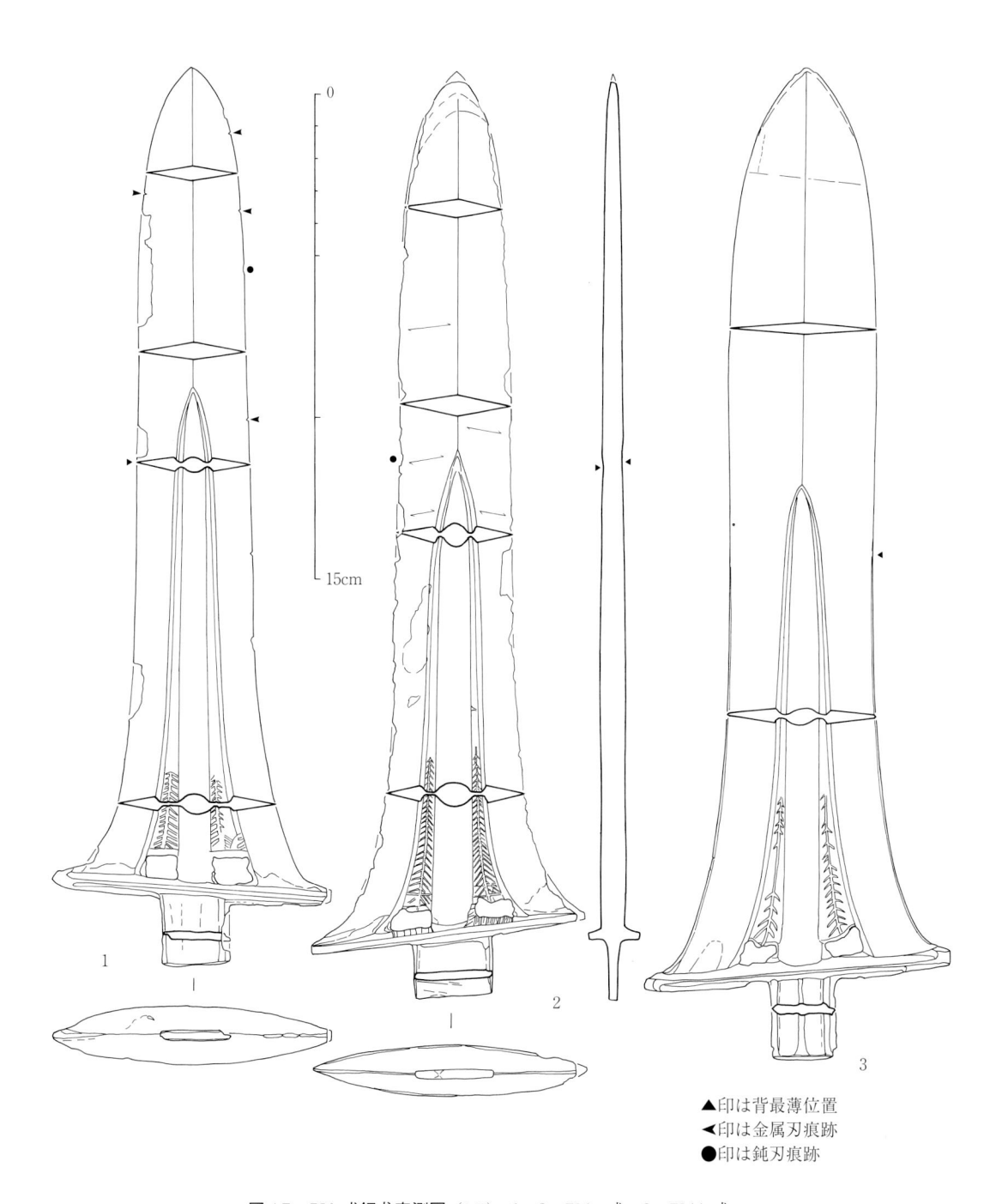

▲印は背最薄位置
◀印は金属刃痕跡
●印は鈍刃痕跡

図15 ⅣA式銅戈実測図（1/2） 1・2：ⅣAa式 3：ⅣAb式
1：福岡県鎌田原8号甕棺墓 2：須玖岡本 3：ヒエデ1号

第6章 銅　戈

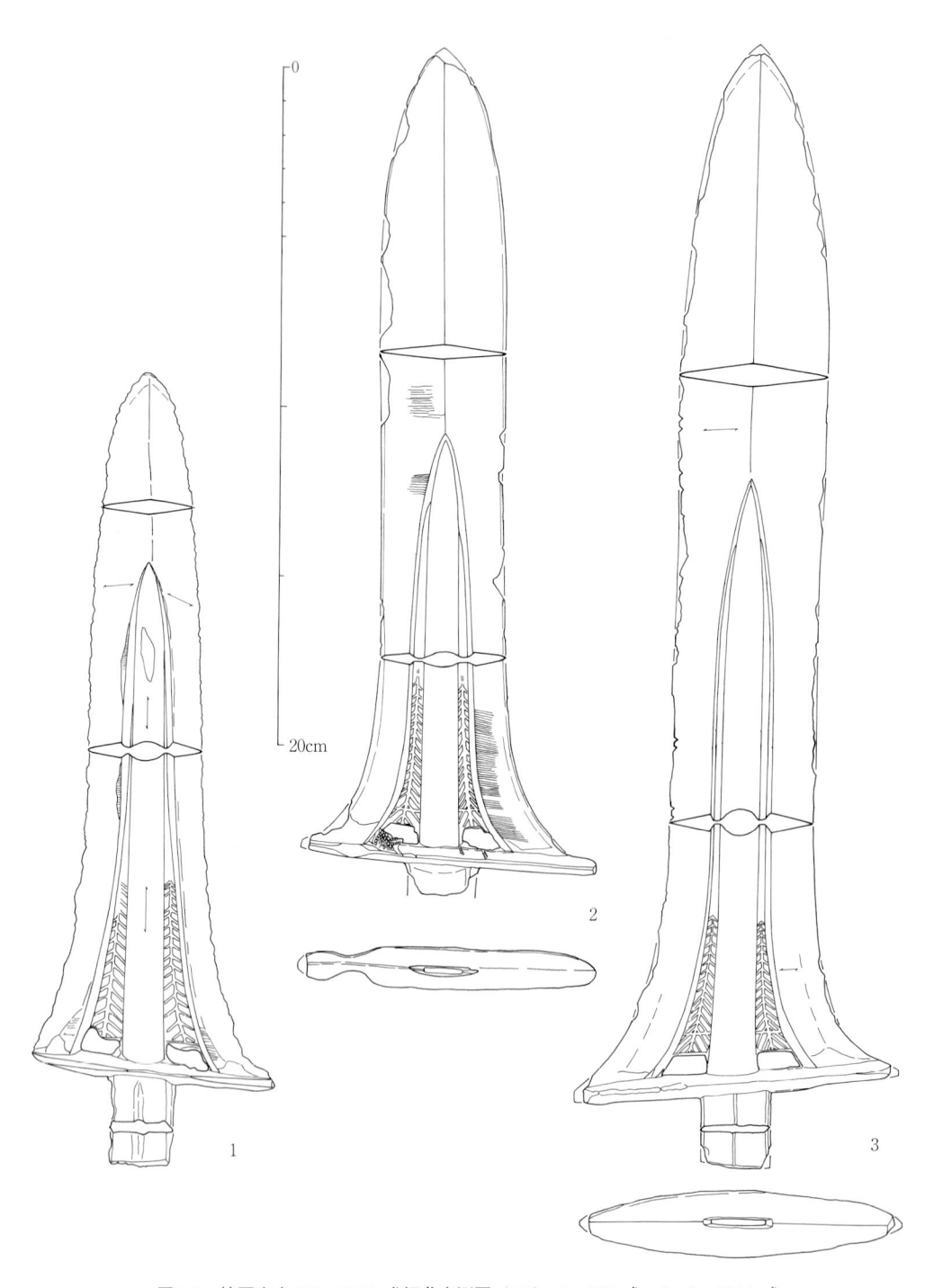

図16　韓国出土ⅢB・ⅣAb式銅戈実測図 (1/2)　1：ⅢB式　2・3：ⅣAb式
1：竹東里　2・3：龍田里

3　銅戈の型式分類

図17　ⅣAb式銅戈実測図（1/2）
1：大分県吹上2号甕棺墓　2：熊本県真木　3：福岡県下山門2号

231

第 6 章 銅　戈

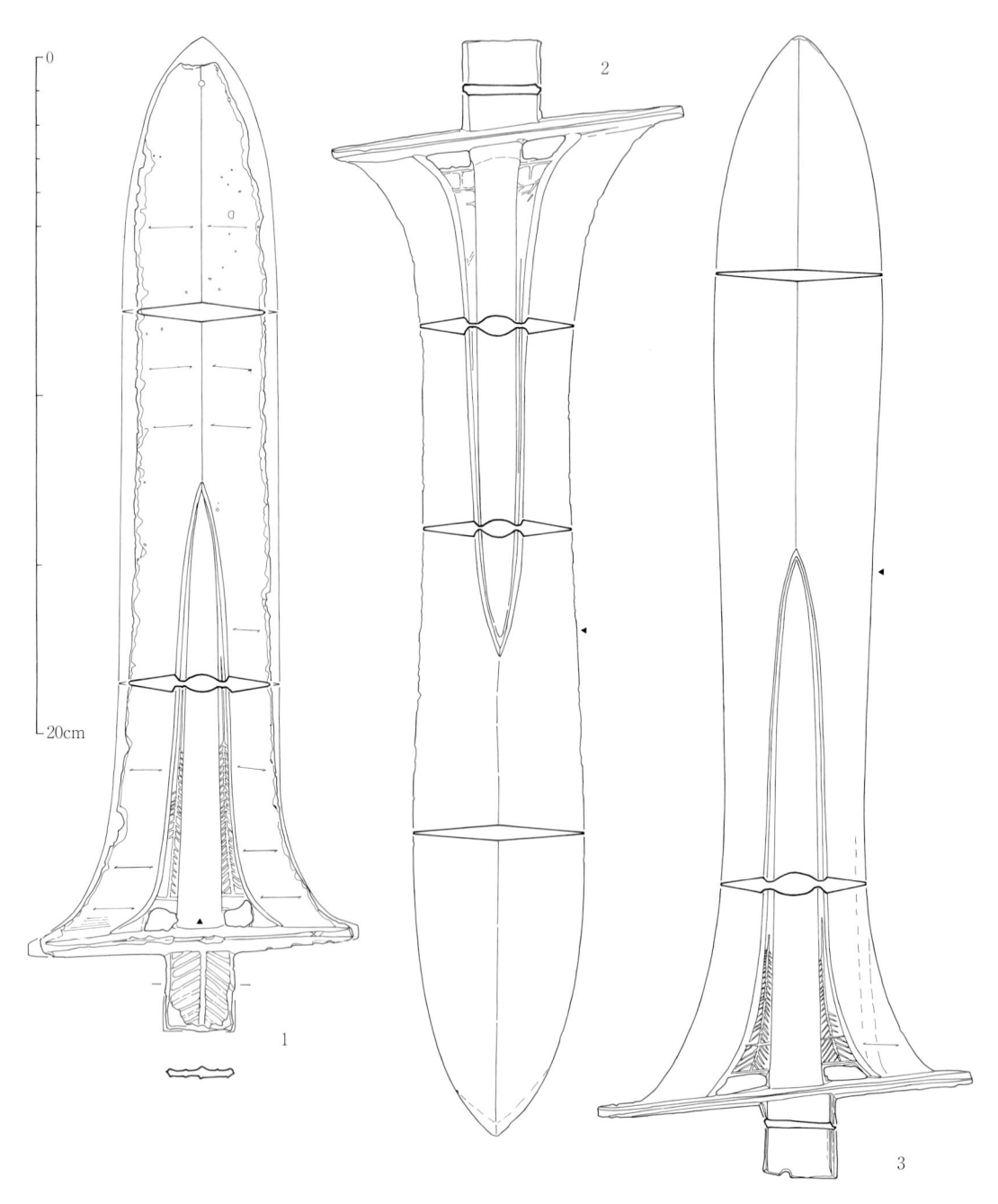

図 18　ⅣAb・ⅣAc 式銅戈実測図（1/2）　1：ⅣAb 式　2・3：ⅣAc 式
1：福岡県大板井　2：住吉神社　3：ヒエデ 3 号

Aa式とⅣAb式の差は脊と援の肉厚だけではなく、刃部においてヒエデ1号は鋒部では直刃であるが、樋両側では面取りされた二段刃を形成している。ⅣAc式の刃部は、ヒエデ2～4号（図18-3）などで明らかなように「中広形」とおなじように直角面取りで刃を形成しない。

　須玖岡本銅戈と同時期と考えられる従来の「中細形A類」（吉田2001a）の福岡市敷町1～3号・小郡市大板井1～4号は横断面形において脊が須玖岡本例より扁平である。また、「中細形b式」とされていた朝倉市田中原（柳田1982a）・島根県真名井銅戈（柳田2006a）も比較的脊に厚みがあることから、細分の難しさがある。現状での「中細形銅戈A・B式」は鎌田原6号木棺墓・8号甕棺墓・須玖岡本とその他の違いが明確に分類できるに過ぎない。「中細形C式」ではヒエデ2～4号・福岡市住吉神社5本が定着している（図18-2・3）。その特徴の一つに「中広形」と共通する刃つぶし研磨があることから、これも分類の基準になる。敷町銅戈3本を「中細形a類」とする常松幹雄（2000）は、その埋納時期も鎌田原と同じ中期中頃とするが、同時に例示される熊本県真木銅戈と敷町銅戈が扁平で刃が面取りされていることから中期後半のⅣAb式である。

　ⅣB型式は、古式が全体に大きく厚みがあり、樋元部に斜格子文を施す和歌山県山地1号銅戈と長野県柳沢2号・6号・7号銅戈（図20・21）をⅣBa式、山地2～6号銅戈と柳沢3～5号銅戈の斜格子文と複合鋸歯文を施すⅣBb式（図22～24）に、斜格子文が省略され扁平化した複合鋸歯文の長野県柳沢8号銅戈をⅣBc1式（図26）、扁平化した兵庫県桜ヶ丘例をⅣBc2式（図27・28-1）、扁平小型化した大阪府瓜生堂例をⅣBd2式に細分できる（図28-2）[14]。山地の6本のうち1本がⅣBa式で、5本がⅣBb式であるが、いずれも二次研磨によって脊に鎬があり、刃部は面取りによる二段刃と刃つぶしの双方に研磨されている。刃部処理は、北部九州のⅣAb式と共通する新しい要素である。図19-1・2のようにⅣBa式・ⅣBb式の脊の厚さが鋒部下端より薄いのはⅠ型式からの伝統であり、これに刃こぼれが生じた場合に研磨すれば、厚い鋒部下端が最も研ぎ減りすることになり、Ⅰ型式・ⅡA型式と同じように樋先端が離れる結果となる。ⅣBa2式の脊中途が薄いことと、図19のように樋先端がそろわないことが前記を証明していることにもなる。

　ⅣBb式にも2・4号にその傾向がみられるが、ⅣBc2式以後において研磨されないにもかかわ

表1　長野県柳沢遺跡銅戈一覧　　　　　　　　　　　　　　　　　　　　　　　　（単位cm、g）

号（面）	型式	全長	援長	鋒長	鋒幅	闌幅cm	脊幅	脊厚	内幅	内厚	重量
1号（A）	ⅣAc	34.2	31.9	15.2	5	11.4+	1.6	0.7	2.3	0.3	286
（B）			31.9	15			1.6				
2号（A）	ⅣBa2	23.6	22.7	8.5	4.1	8.7+	1.4	1	2.2	0.32	295.7
（B）			22.9	9			1.4				
3号（A）	ⅣBb1	25.3	23.6	11.3	4.8	11	1.5	0.9	2.1	0.36	256
（B）			23.7	10.8			1.3				
4号（A）	ⅣBb1	22.2	20.9	8	4.6	11.5+	1.4	0.9	2	0.37	241
（B）			20.7	7.6			1.6				
5号（A）	ⅣBb1	27.2	25.4	10.8	4.5	11.2	1.3	0.9	2.5	0.41	331.5
（B）			25.4	11			1.3		2		
6号（A）	ⅣBa2	32.3	30.2	15	5.8	13	1.4	0.9	3.7	0.45	502.6
（B）			30.1	14.4			1.5		3.1		
7号（A）	ⅣBa2	36.1	34.1	18.5	6.4	17.5+	1.4	0.9	3.3	0.47	713.5
（B）			34	18.2			1.3				
8号（A）	ⅣBc1	7.9+	6.5+	—	—	9.4+	1.1	0.7	2.5	0.3	84.1+
（B）			6.5+	—			1.1				

第 6 章　銅　戈

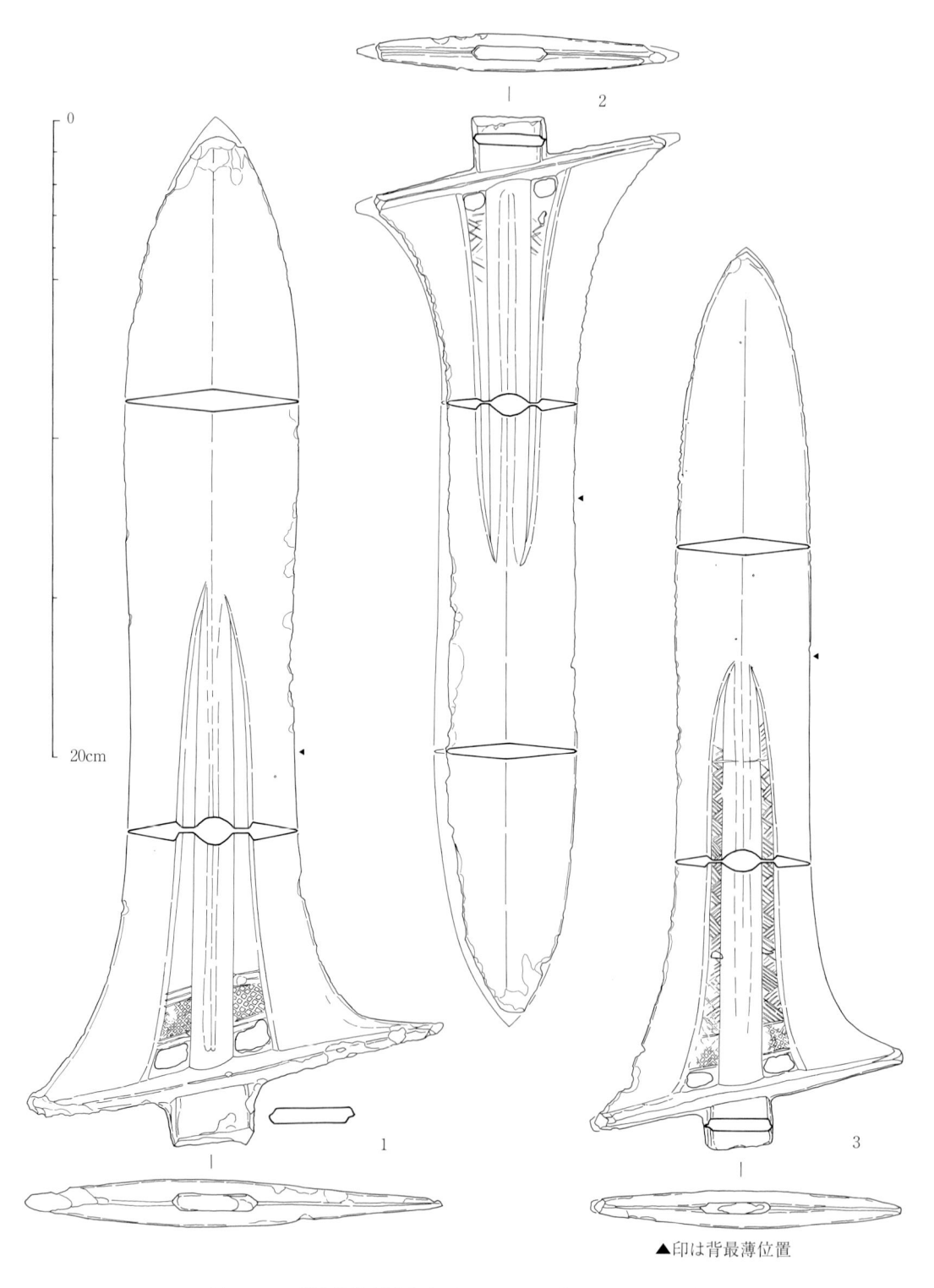

▲印は背最薄位置

図19　ⅣB型式銅戈実測図 (1/2)　1：ⅣBa式　2・3：ⅣBb式
1：和歌山県山地1号　2：山地2号　3：山地3号

3 銅戈の型式分類

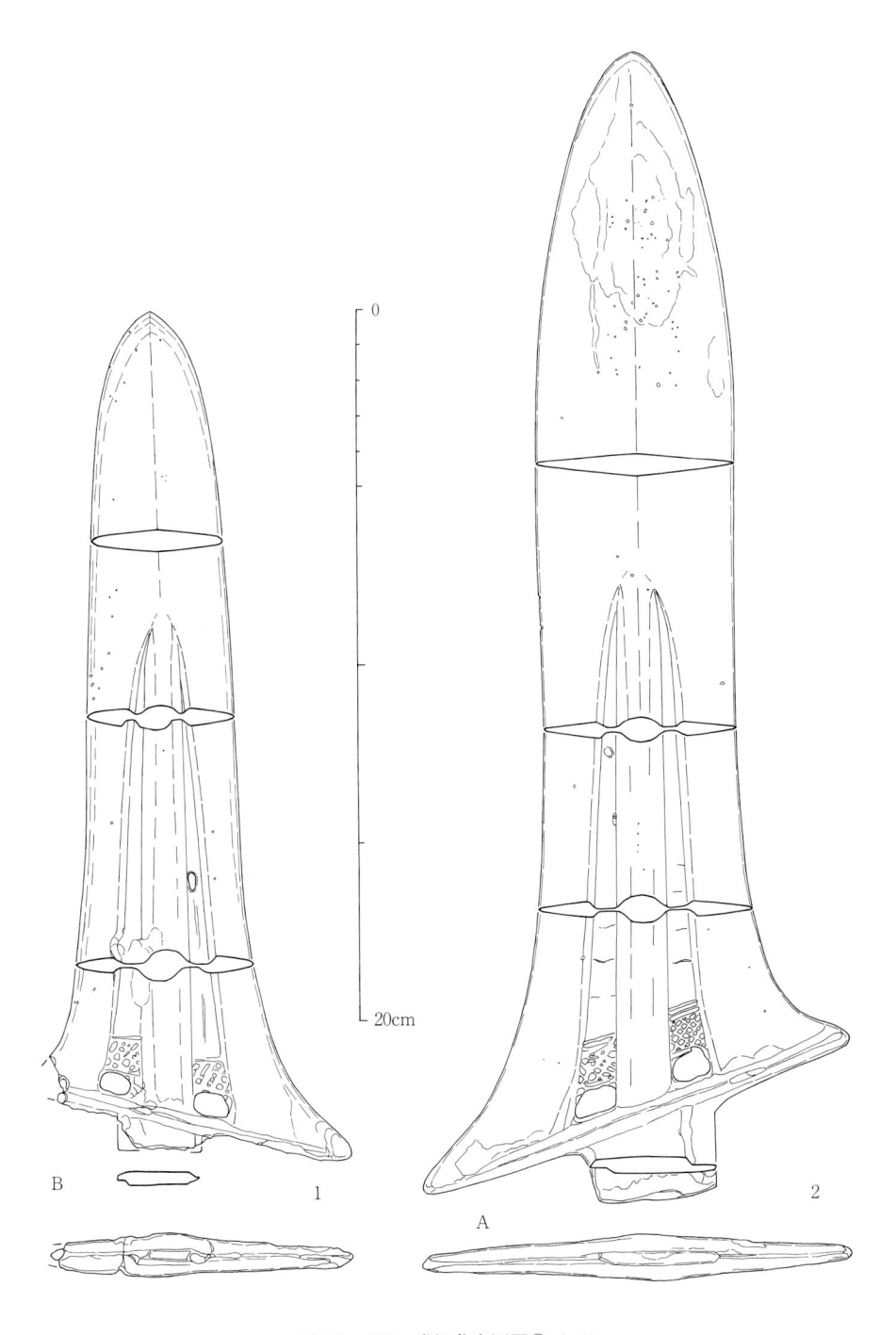

図20　ⅣBa式銅戈実測図①（1/2）
1：長野県柳沢2号　2：柳沢6号

第 6 章 銅 戈

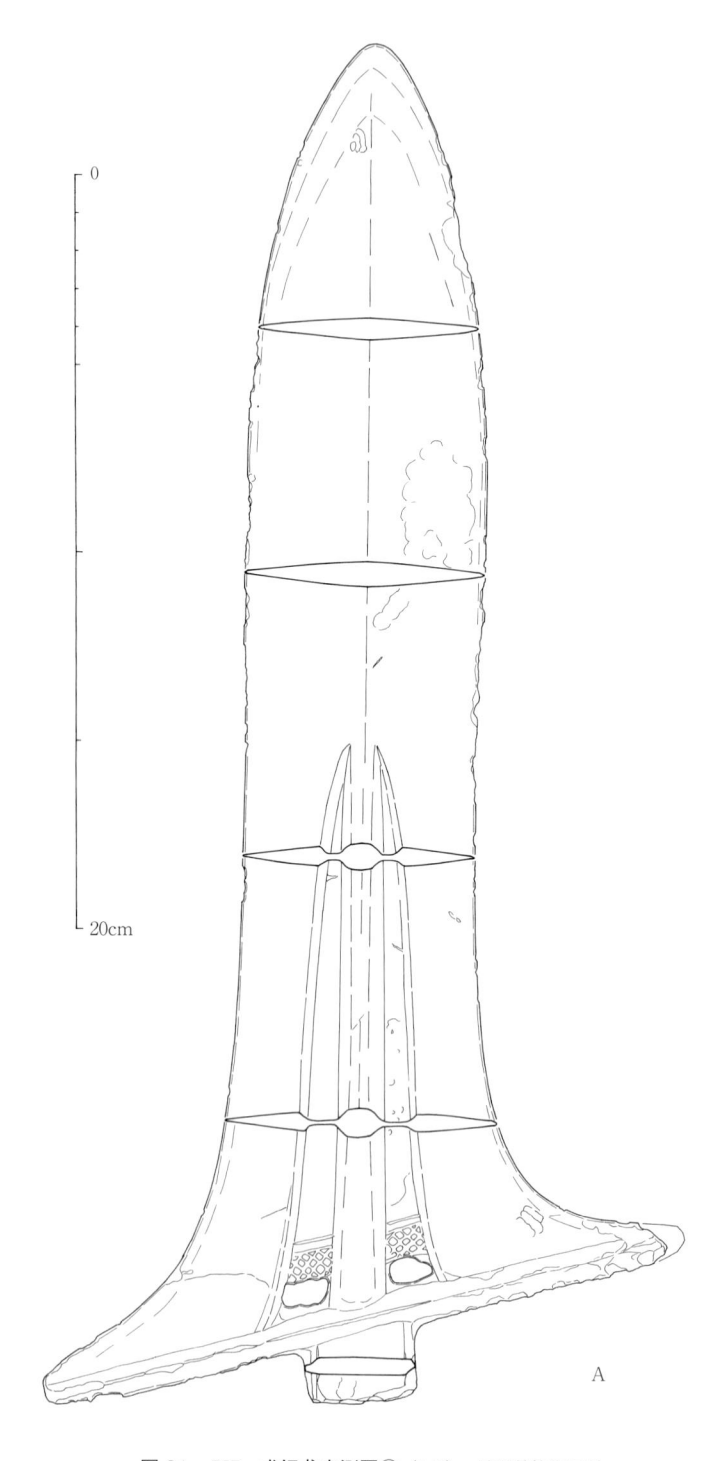

図 21　ⅣBa 式銅戈実測図②（1/2）　長野県柳沢 7 号

3 銅戈の型式分類

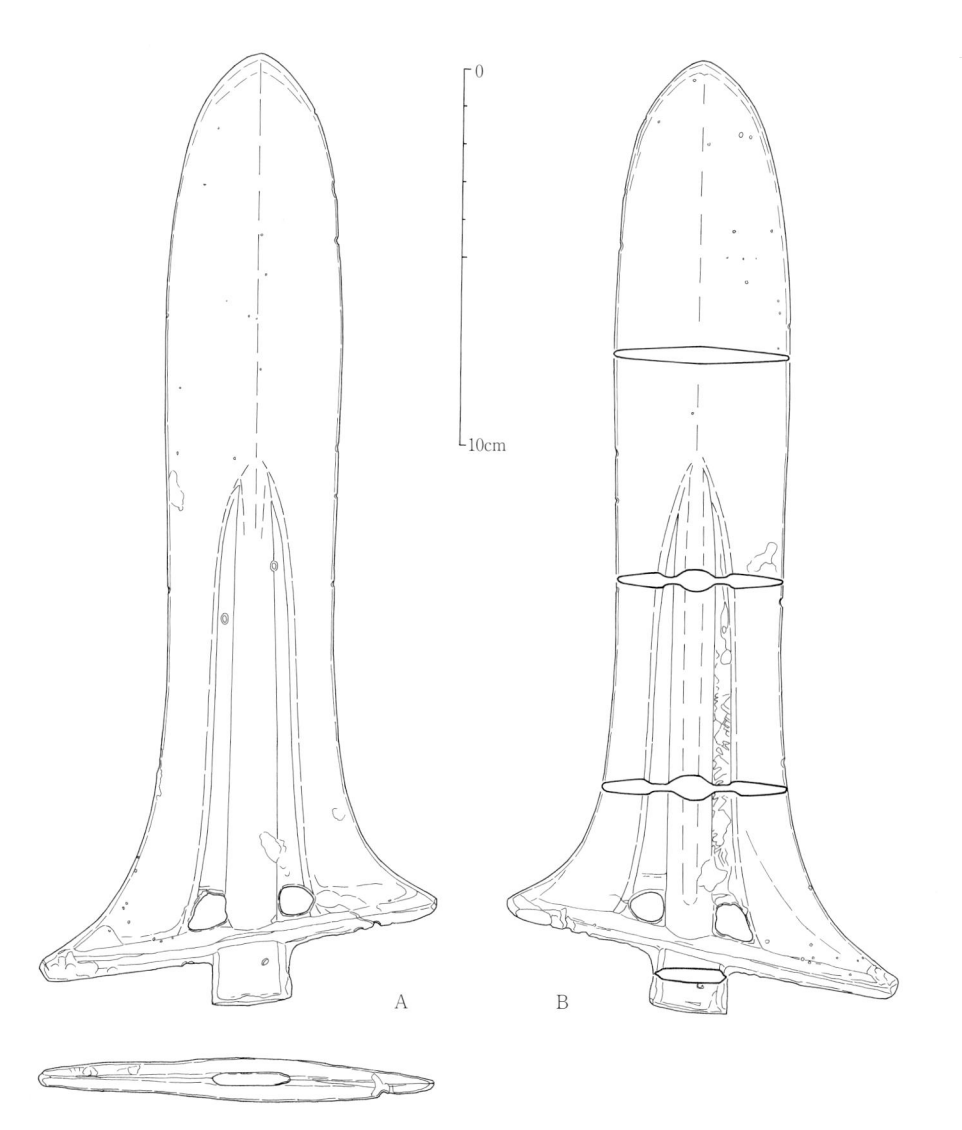

図22 ⅣBb式銅戈実測図①（1/2） 長野県柳沢3号

第6章　銅戈

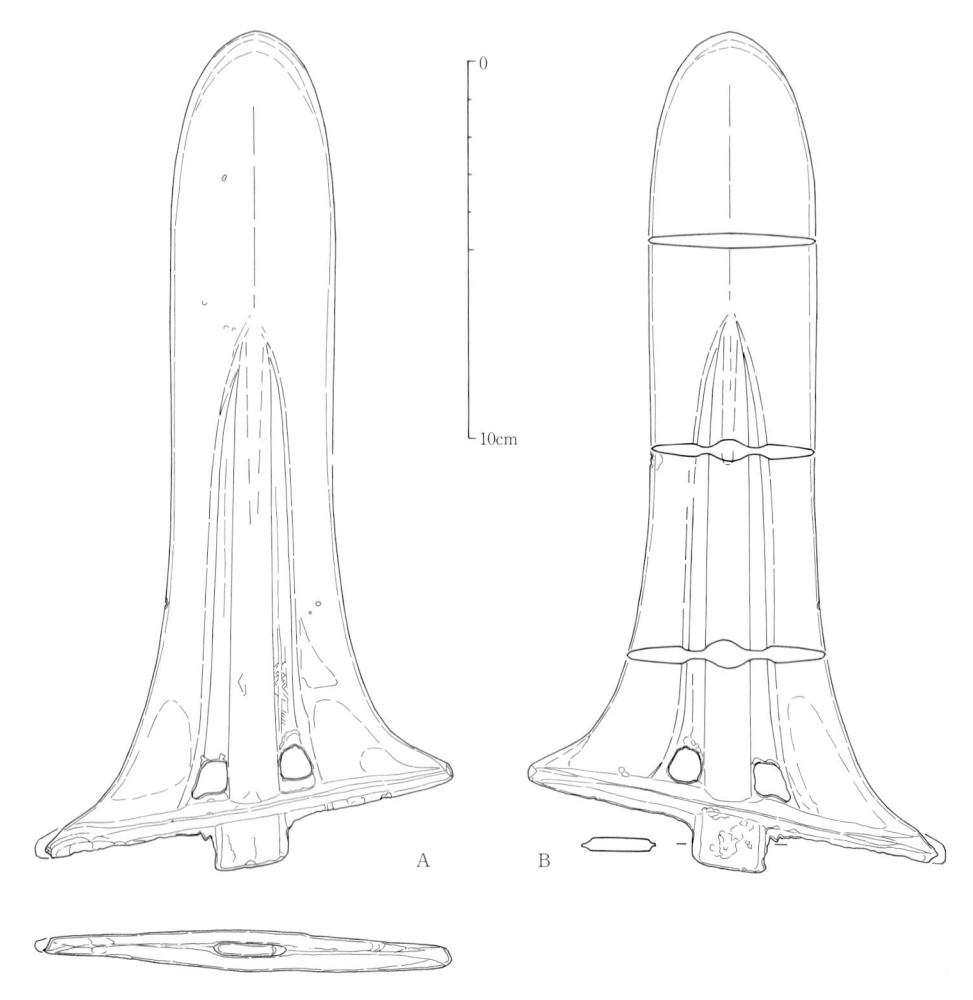

図23　ⅣBb式銅戈実測図②（1/2）　長野県柳沢4号

らず樋先端が離れるのは、脊が研磨されたⅣBb式をモデルにしたことになり、銅戈の原形が継承されなかったことになる。

　柳沢銅戈群では、樋と脊先端が研磨されず、ほとんどマメツしていない3号と4号銅戈があり、両者は同笵の可能性が強いことも明らかになった。そこで、両者の樋と脊先端を詳細に観察すると、両者の両面で微妙な差異が存在するものの、3号B面で脊が樋先端よりわずかに突出する可能性と（写真27中左）、4号B面で樋先端が閉じている可能性がでてきた（写真28・29）。したがって、韓国石製鋳型と同じく樋と脊先端の彫り込みが浅いことから、無理に両者を区別する必然性がなく、当然のこととして両者を型式分類の対象とすべきではないことも明晰となった（柳田2008a・b・2012a・b）。

　鉄戈型のⅣC型式は、岡山県笠岡市笠岡湾干拓地の有樋式をⅣCa式（図29-1）、広島県三原市八幡町宮内鉾が峯の無樋式をⅣCb式（図29-2）とする。現在のところ、山陽地方に各1例が存

238

3 銅戈の型式分類

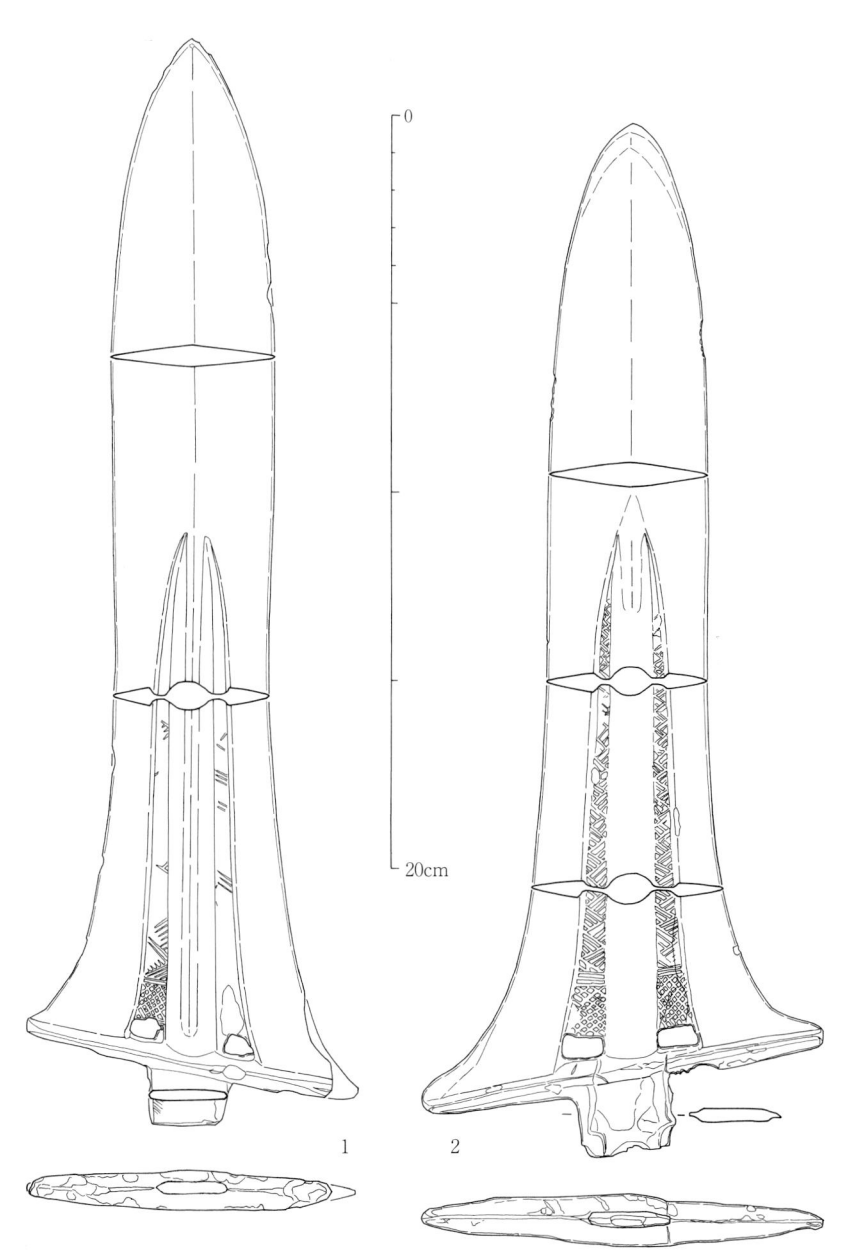

図24 ⅣBb式銅戈実測図③（1/2）　1：和歌山県山地4号　2：長野県柳沢5号

第 6 章　銅　戈

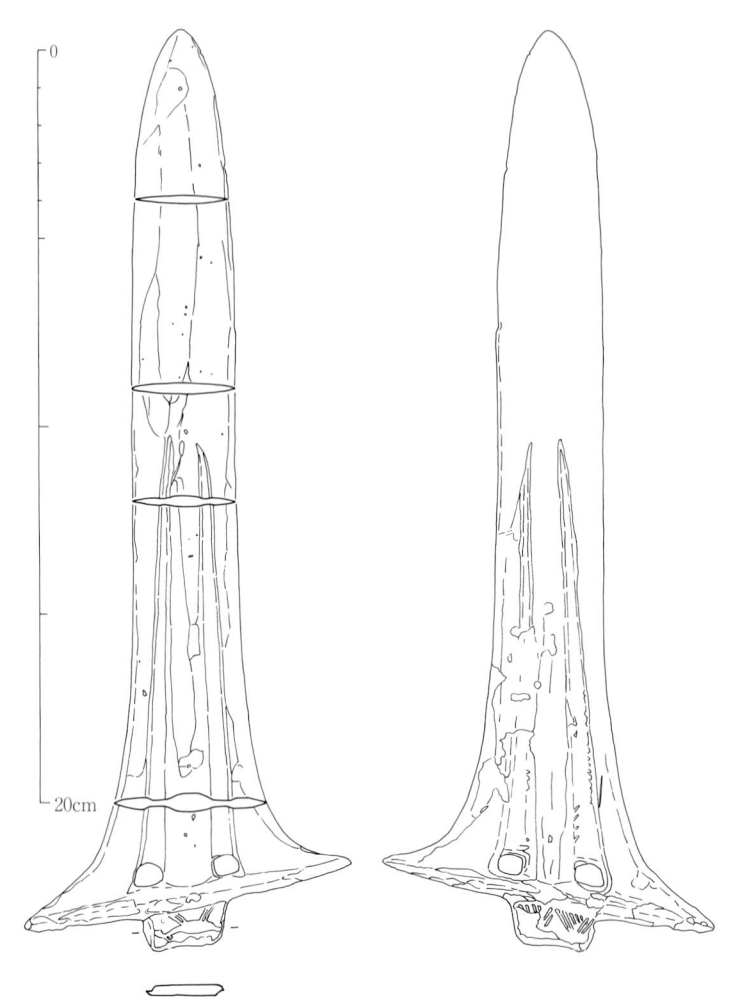

図 25　ⅣBc1 式銅戈実測図①（1/2）
長野県海ノ口（柳田 2011a）

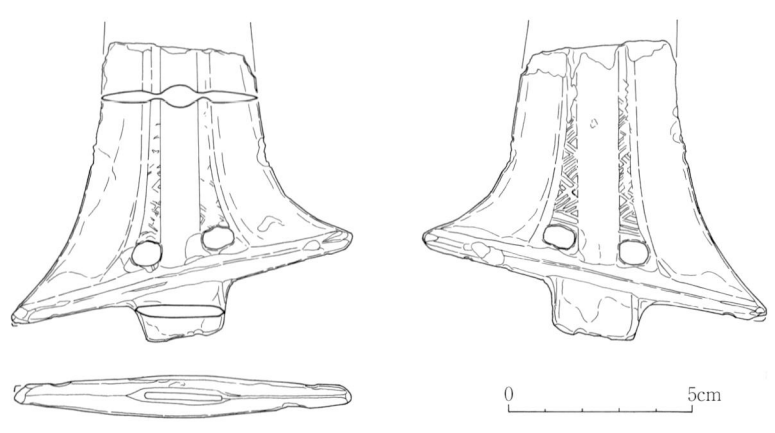

図 26　ⅣBc1 式銅戈実測図②（1/2）　長野県柳沢 8 号

240

在するだけであり、地域性が考えられるが、鉄戈と相関することからⅣBa・ⅣBb式と同じように北部九州製と考える。

韓国金海茂渓里3号木棺墓銅戈は、刃部の大半と内を欠損している有樋鉄戈型銅戈である。銅戈は、現全長26.0cm、現闌長11.8cm、樋最大幅5.2cm、鋒復原幅3.4cm、脊最大幅1.1cm、脊

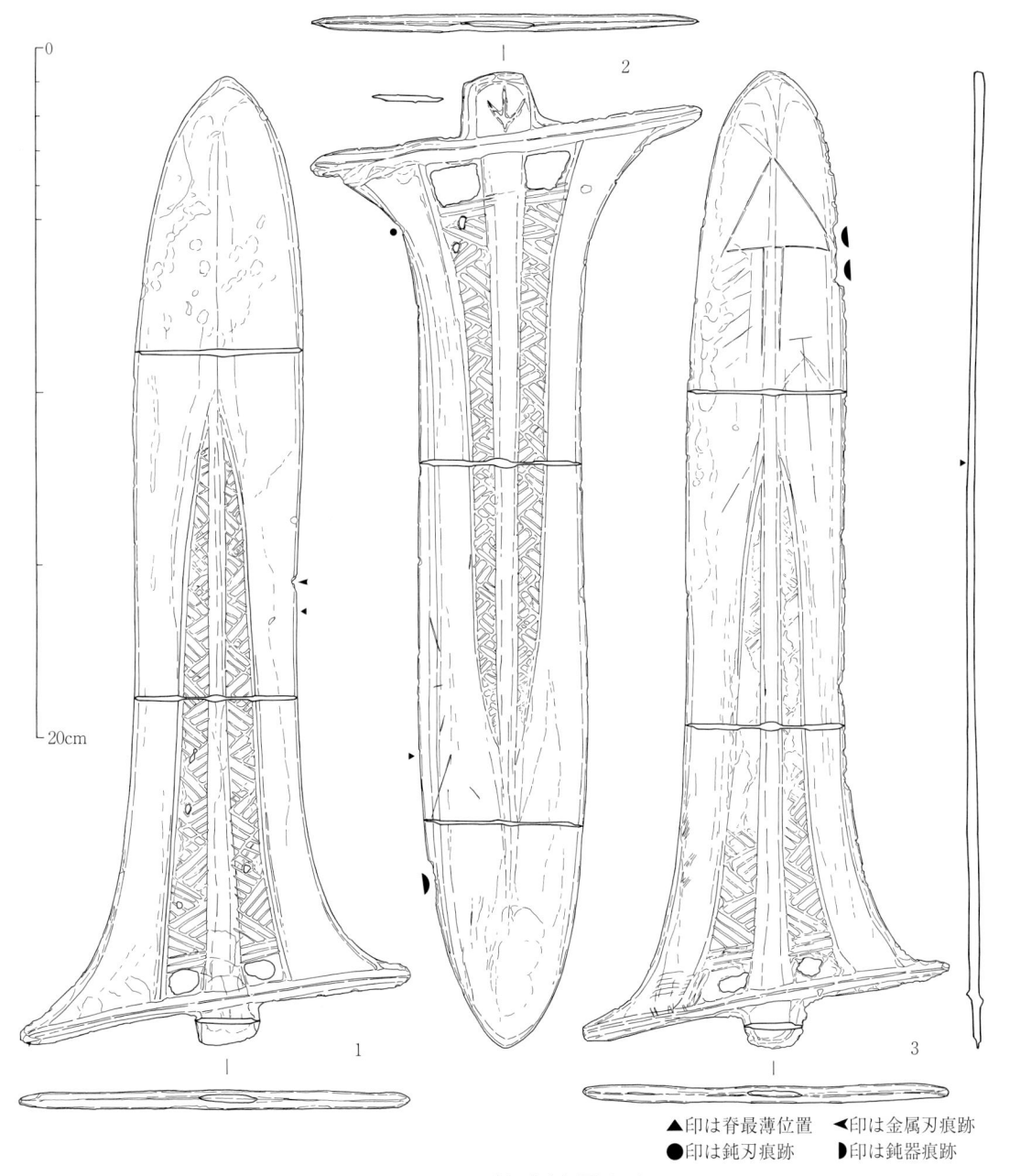

▲印は脊最薄位置　◀印は金属刃痕跡
●印は鈍刃痕跡　　▶印は鈍器痕跡

図27　ⅣBc2式銅戈実測図（1/2）
1：兵庫県桜ヶ丘3号　2：桜ヶ丘4号　3：桜ヶ丘6号

第 6 章　銅　戈

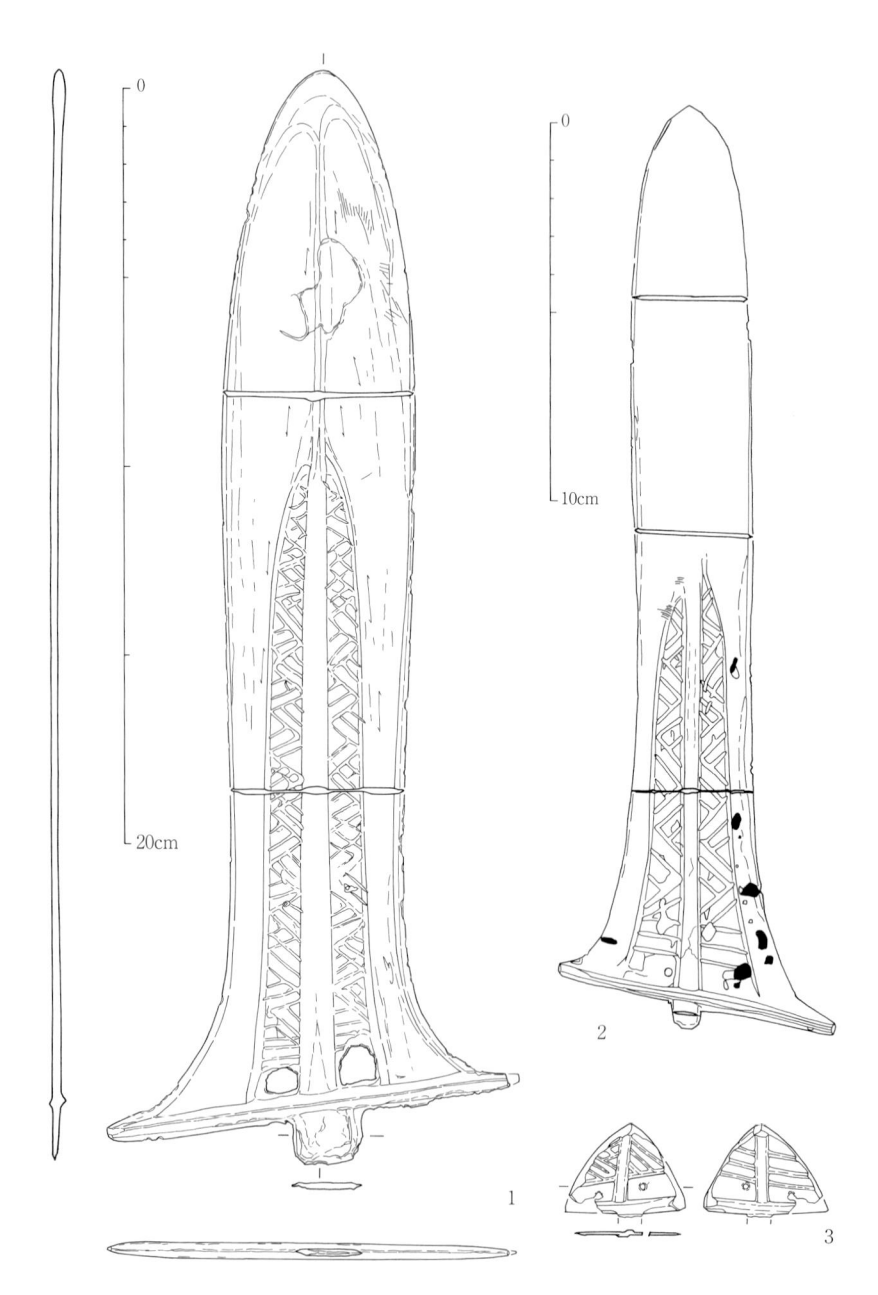

図 28　ⅣBc2・ⅣBd 式銅戈実測図（1/2）　1：ⅣBc2 式　2・3：ⅣBd 式
1：兵庫県桜ヶ丘 7 号　2：大阪府瓜生堂　3：久宝寺

3 銅戈の型式分類

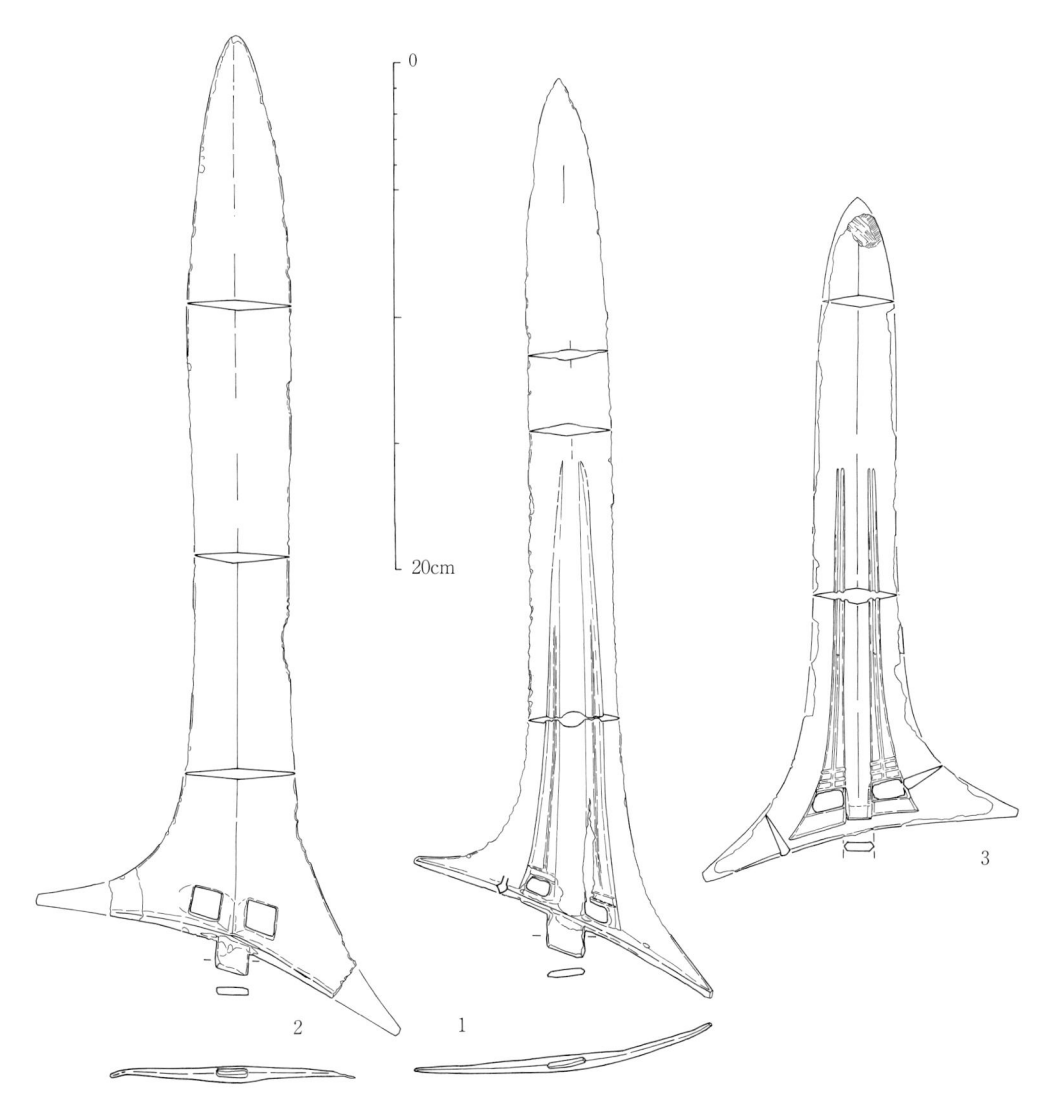

図29 鉄戈型銅戈実測図（1/3） 1・3：IVCa式　2：IVCb式
1：岡山県笠岡湾干拓地　2：広島県宮内鉾が峯　3：韓国茂溪里3号木棺墓

第 6 章 銅 戈

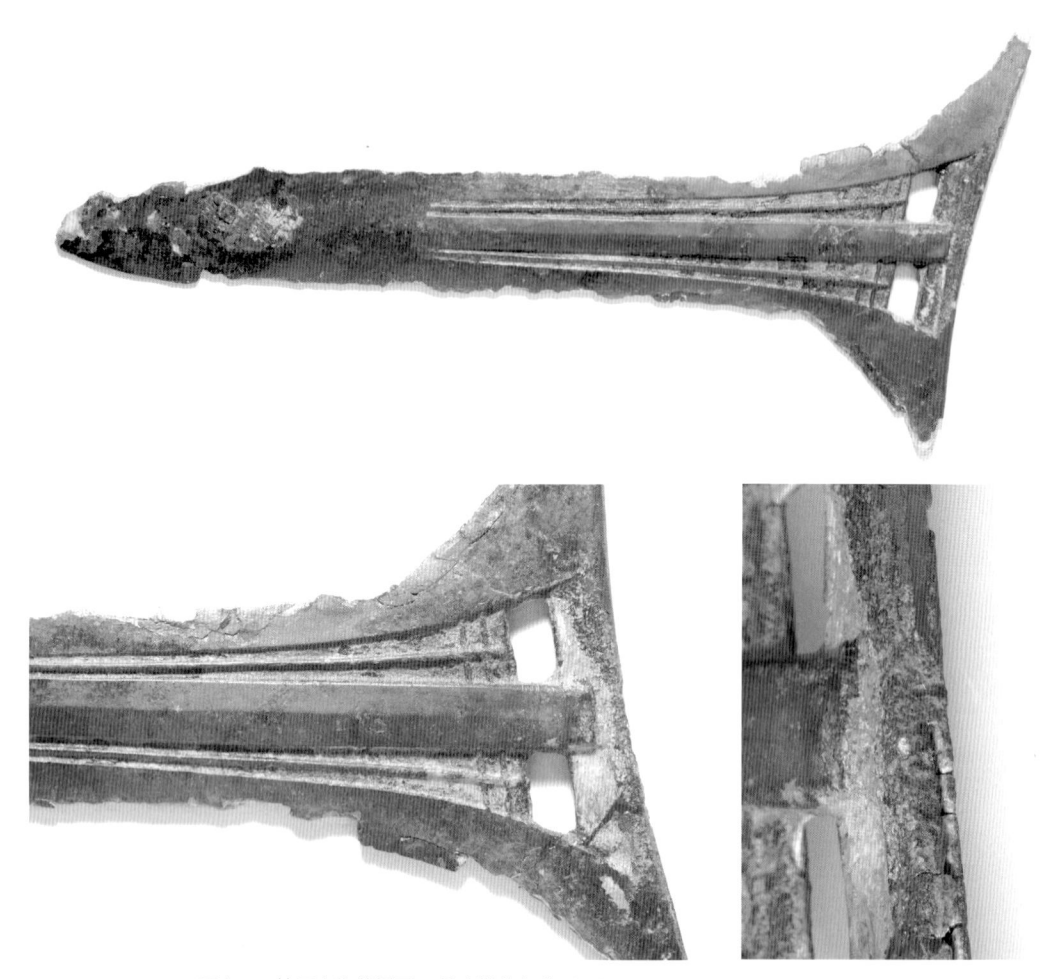

写真 6　韓国金海茂溪里 3 号木棺墓銅戈（下右は脊端、平坦な闌と内の欠損部）

先端幅 1.0 cm、内幅 1.27 cm、内厚 0.4 cm、闌厚 0.47 cm、脊最大厚 0.73 cm、脊先端厚 0.59 cm の計測値をもち、樋内には台形の穿、穿の上に 2 本の平行突線、樋中央には各 1 本の突線がある。樋内突線の下半分は先端に稜線をもつが、上半分が刃部研磨のために平坦化している。この銅戈の最大の特徴は、闌部が平坦で両側胡が細くのびるところから鉄戈型を呈している。鋒と脊の鎬はわずかにマメツして丸みをもち、鋒と刃部の横断面形もふくらみをもつ（写真 6）。

4　銅戈の鋳造技術

(1) 朝鮮半島の石製鋳型鋳造

　韓国では、伝霊岩・草芙里・葛洞などの青銅武器の石製鋳型が知られているが、松堂里銅戈が土製鋳型鋳造である可能性が強くなった（柳田 2011b）。そこで、両者の実際を検証して、石製鋳型と土製鋳型鋳造との違いを検討したい。

　伝霊岩石製銅戈鋳型の特徴は、全羅北道葛洞石製鋳型と同じく、刃部の輪郭線が銅剣・銅矛の

4 銅戈の鋳造技術

写真7　韓国松堂里銅戈鋒部と基部の鋳肌　上：A面　下：B面

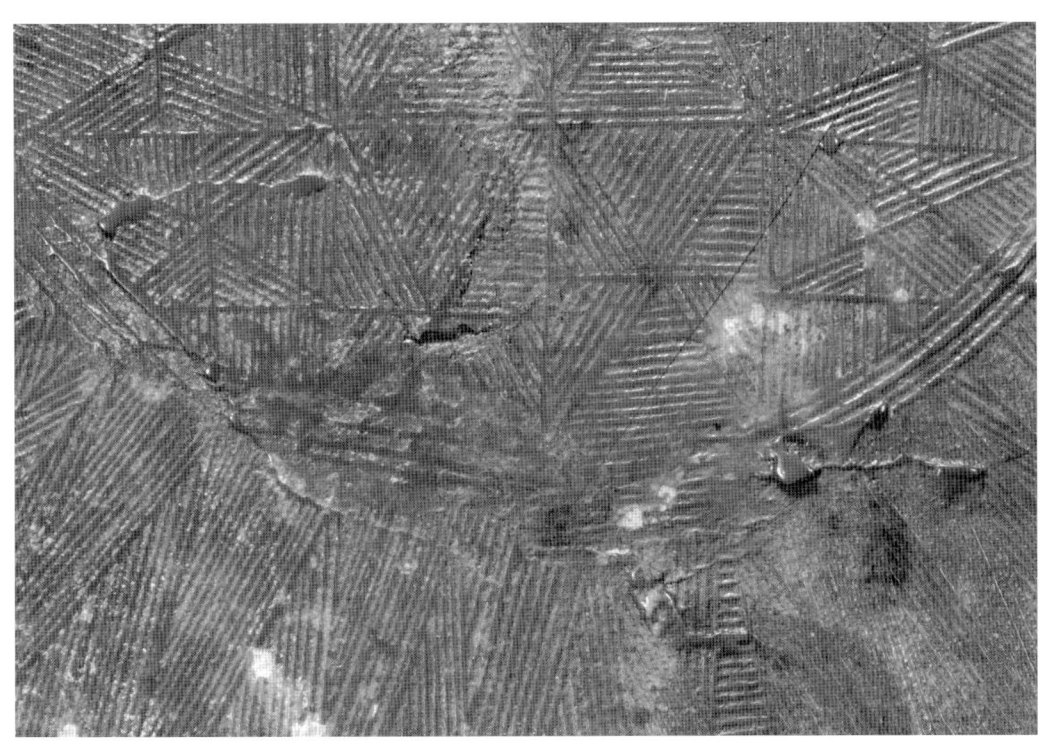

写真8　佐賀県宇木汲田多鈕細文鏡の鋳型破損と補修痕跡

第 6 章　銅　戈

ように二段彫りとならない（写真1）。

(2) 韓国論山市松堂里遺跡銅戈の位置付け

　韓国崇実大学校基督教博物館所蔵の松堂里銅戈（図30-1）は、全長28.3cm、樋長20.0cm、復元闌幅7.9cm、脊最大幅1.63cm、脊最大厚1.43cm、闌最大厚2.01cm、内長2.6cmの計測値をもつ。松堂里銅戈の最大の特徴は鋳造後の研磨痕跡がないことであり、未研磨の銅戈として知られている（村松2008）。そこで、この銅戈の鋳肌を観察することで、鋳型及び鋳造技術の情報を探ってみたい。

　① 銅戈鋳型の刃部輪郭線が突線状に2段彫りされていることから、伝霊岩鋳型の直刃との違

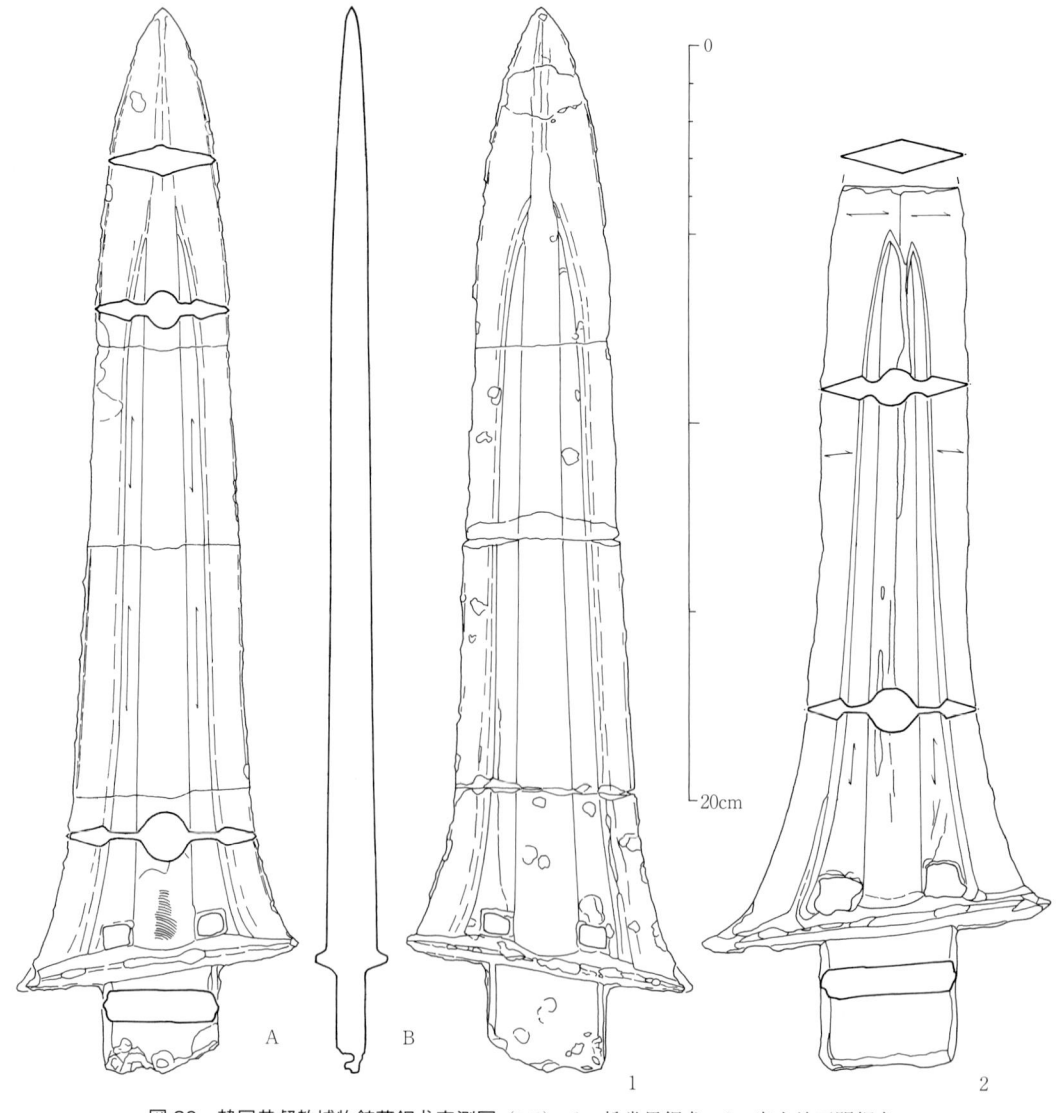

図30　韓国基督教博物館蔵銅戈実測図 (1/2)　1：松堂里銅戈　2：出土地不明銅戈

写真9　韓国松堂里銅戈A面基部の脊の指紋と内の鋳肌

写真10　韓国松堂里銅戈A面基部の脊の指紋と内の鋳肌

いが明瞭である。

② 銅戈型式分類上最大の特徴は、脊が樋先端より伸びて鋒先端から1.5cm付近まできていることであり、両方の樋先端が閉じていない。従来の型式分類では、Ⅰ型式にあたる唯一の例であるが、脊には鎬がない。

③ 刃部の一部にバリを残すなど、未研磨の鋳肌に残されている年輪状縞模様が何を意味するか。B面鋒部中央には鋳型補修痕跡が鋳出されている（カラー図版5、写真7下右）。同様な補修痕は土製鋳型鋳造と考えている多鈕細文鏡でもみられることから、土製鋳型だからこそできる特有の技術とその痕跡ではなかろうか（写真8）。

④ A面の樋内の一部にタテ方向の研磨痕があるものの（図30）、B面の樋内にある銅剣や銅矛翼部と同じような塗型状の痕跡はなにか、（写真7下左、9）。

⑤ 内端に大きな鬆があるなど、銅滓状を呈すことからこの部分が湯口であることがわかる（写真10）。これは伝霊岩銅戈鋳型の内側小口が熱で半円状に黒変していたことと合致する（写真

247

第6章　銅　戈

1）。

⑥　写真9のように、A面脊基部に指紋らしき圧痕が残されているが、指紋だとすると鋳型では窪んだ脊を指で触ったことになる。内にある湯口に近いことから、鋳引けの一種の現象とも考えられるが、鋳引けであれば佐賀県宇木汲田41号甕棺墓銅矛（写真15）のように裏面と内部分にもあるはずだ。したがって、鋳型が土製であるから指紋が付いたものと考える。研磨された銅戈であっても樋内と内表面には鋳肌が観察できるが、松堂里銅戈と他の銅戈とを比較すればその違いが明らかになる可能性がある。崇実大学校所蔵品で比較すると、鋒が欠損している出土地不明銅戈（写真3右）は松堂里銅戈（カラー図版5、写真9・10）より鋳肌が滑らかである（柳田2011b）。①の石製鋳型との違いは土製鋳型の特徴でもあり、北部九州にも当該期に土製鋳型が伝来しているものと考えている。

(3)　北部九州の鋳造技術

　前述のように、朝鮮半島では石製と土製鋳型の双方が同時存在する可能性がある（柳田2011b）。では、北部九州ではどうであろうか。北部九州の初期石製鋳型と「中細形銅戈」石製鋳型は発見されているが、いわゆる「細形銅戈」に属していたⅡAb式・ⅡB式・ⅢA式・ⅢB式鋳型は未発見ではないか。中期初頭から中期前半の扁平なⅢA型式は土製鋳型である可能性を説いたが、その他は未解決であった。これは、樋内などの未研磨部分の鋳肌の判定が困難であることに起因する。したがって、本項では銅戈の基本的鋳造技術から見直し、拙稿（2008a）で結論を出さずにいた湯口方向の問題から検討する。

　国内最古の銅戈鋳型は、本稿最初に俎上に上げた熊本県八ノ坪石製鋳型と佐賀県鍋島本村南石製鋳型である。これらの石製鋳型は中期初頭から中期前半例として知られているが、当該地で中期初頭の可能性をもっている。八ノ坪例には鋒に湯口らしき痕跡があり、拙稿（2008a）ではそう思っていた。ところが、製品で最古である中期初頭の福岡県吉武高木3号木棺墓銅戈の湯口は、反対の内側にある（写真12）。そこで、鋳型と製品の双方から型式毎に湯口方向を検証してみたい。

　Ⅰ型式の韓国石製鋳型は内側に湯口があり、製品も同様で内端に鋳引けや湯端である現象が生じている。さらに、北部九州出土のⅠAb式である福岡県馬渡束ヶ浦例（写真11）・同鹿部例（図4-2）も同じである。

　ⅡAa式の吉武高木3号木棺墓例（写真12）、ⅡAb式の佐賀県釈迦寺例（写真13）、ⅡB式の大分県吹上4号甕棺墓例（写真14）、ⅢB式の福岡県水城例（柳田2005c）の諸例は、Ⅰ型式と同じように内端の諸現象から内側に湯口があることが確実である。

　ⅡB式の内端は、共通して闌方向と平行して一直線に研磨されている。少なくとも、他の型式のような石製鋳型であれば闌方向に平行することはないことから、意図的な研磨であることになる。内端を観察すると、佐賀県白壁例は平坦に研磨され、佐賀県安永田例・大分県吹上6次4号甕棺墓例が両面から面取り状に研磨されており、いずれにしても意図的研磨である。縦断面図をみれば明らかなように、この型式以後極端に脊厚の3分の1の内厚になることと、内厚0.26cm

写真 11　福岡県馬渡束ヶ浦 I Ab 式銅戈の内の湯口（中期初頭）

写真 12　福岡県吉武高木 3 号木棺墓 II Aa 式銅戈の内の湯口（中期初頭）

写真 13　佐賀県釈迦寺 II Ab 式銅戈の湯口（中期前半）

から 0.29 cm は鋒先端部分より薄いことになる。そこで、湯流れが観察できる唯一の吹上例をみると、内両面に弧状のシワが明瞭に観察できる（写真 14）。この現象が鋳引けであることは問題ないとして、ではどちらからの湯流れと判断するかが問題となる。弧文の方向は、鋒側からの流れを示している可能性が強く、佐賀県宇木汲田 41 号甕棺墓銅矛の袋部全体に残された鋳引けによる弧文の方向と同じ現象である（写真 15）。吹上銅戈は鋒全体を二段刃研磨し、先端のみ鋒欠損後の再研磨のごとく目立つ二段刃を呈することから、後述する IV Ac 式のように湯口だからこ

第 6 章　銅　戈

写真 14　大分県吹上ⅡB式銅戈内の湯流れ痕跡（中期後半）

写真 15　佐賀県宇木汲田 41 号甕棺墓銅矛袋部の湯流れ

　そ厚みのある鋒先端を二段刃として尖らせたものと考える（図11）。ちなみに、ⅡB型式が所属する時期は中期後半で、とくに吹上41号甕棺は中期末であり（渡邊2006）、ⅣAc式と同時期である。
　次に問題になるのがⅢA・ⅢB型式と、いわゆる「中細形銅戈」のⅣA型式の湯口方向である。ⅢA型式のうちで内部分が完存するⅢAb式の福岡県有田2号甕棺墓例は内部端が研磨されていることから湯口の可能性をもつが、ⅢAc式の佐賀県宇木汲田17号甕棺墓例が内周縁に鋳型合せ目のバリを残していることから、湯口は鋒側に存在したことが確実な例である（写真16右）。したがって、ⅢA型式では、少なくとも扁平なⅢAc式以後は、後述するいわゆる「大阪湾型銅戈」の扁平なⅣBd式と同じ鋳造技術をもつことになる。宇木汲田17号甕棺墓例は、鋒側よりも樋基部側に鋳引けによる型崩れが発生している（写真16左）。
　ⅢB型式の福岡県須玖岡本13号甕棺墓銅戈は、内を湯口としたもので、注湯が内端で終わらず掛堰の一部まで注湯した状態を明示している（写真17）（柳田2005c）。
　「中細形銅戈」の石製鋳型で湯口が確定できる鋒側と内側が揃った完形品は、佐賀県佐賀市樣木鋳型（図31）、福岡県福岡市八田4号・5号鋳型に限定される（図33・34）。

写真16　佐賀県宇木汲田17号甕棺墓ⅢAc式銅戈の内周縁のバリ（中期前半）

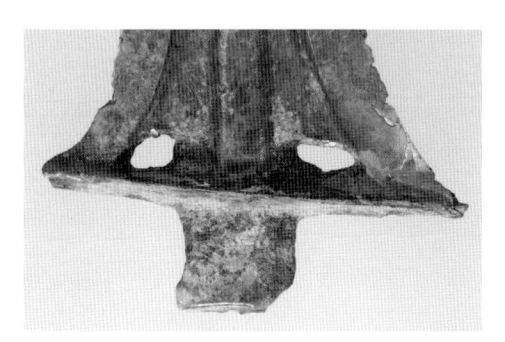

写真17　福岡県須玖岡本13号甕棺墓ⅢB式銅戈の湯口と掛堰の痕跡（中期中頃）

　櫟木鋳型は、全長27.8cm、基部最大幅9.9cmの石英長石斑岩を石材として、片面に全長27.5cm、闌幅9.9cm、鋒最大幅4.1cm、援最小幅4.0cm、援長24.9cm、鋒長11.5cm、脊幅1.15cm、内幅2.1cmの銅戈を彫り込んでいる。この鋳型の特徴として、鋳型面の再研磨で浅くなっているが、先行する一回り大きな銅戈が彫り込まれていた痕跡がある。その銅戈は内が短くなり全長こそ後鋳銅戈と同じであるが、鋒最大幅4.7cm、援最小幅4.7cm、援長26.3cmの計測値をもち、鋒長・鋒最大幅・援長・援最小幅がⅣAb式の熊本県真木2号銅戈（常松2000）にほぼ合致する。この鋳型から考えられることは、内側が欠損したことから一回り小型の銅戈を再度彫り直したもので、鋒に幅1.4cmの湯口らしきものが開口するが、内側が湯口だからこそ欠損し、貴重な石材を有効活用して大型銅戈製作後に小型銅戈を製作したのである（柳田2009c）。湯口が内側にある証左として、鋳型面の内から闌側がとくに黒変している。

　型式については、最初に紹介した『埋蔵文化財要覧二』が「儀仗的な倣製銅戈」（文化財保護委員会1959）、岩永省三（1980a）が「中細銅戈a類」、吉田広（2001a）が「中細形A類」とするが、拙稿（2008a）では鋒長比率・援幅比率などからⅣAb式とする。

　八田石製鋳型を紹介した常松幹雄（1998）が単に「中細形銅戈」とするのに対し、吉田広（2001a）は4号鋳型を「中細形C類銅戈」と限定する。鋳型について詳細を記述した常松は、「湯入れによる明らかな黒変はみられない」としているのみで、湯口についての記述がない。こ

第 6 章　銅　戈

　の 2 例の鋳型は鋒と内が両小口に接することから、一見して湯口と判別できる施設を備えるのが 4 号鋳型で、鋒先端に幅 2.4cm の湯口が開口する。これに対して 5 号鋳型は鋒先端が幅 0.9cm 開口するものの、縦断面形から湯口とは考えられない（写真 18）。
　その他に鋒側に湯口が設けられた確実な例が、福岡市那珂 23 次 SD44 鋳型の両面湯口幅 A 面 2.4cm と B 面 2.6cm（写真 20）（下村・荒牧編 1992）、同那珂 114 次鋳型の湯口幅 1.7cm（写真 22）、同下月隈 C7 次 SD921 鋳型の両面の湯口幅 A 面約 2.3cm と B 面 1.6cm（写真 21）がある。吉田（2001a）は、那珂 23 次 SD44 鋳型を「中細形 B 類」とすることから他の鋳型も同じであり、次の IVAc 式までに湯口が鋒側に転換されたことになる。

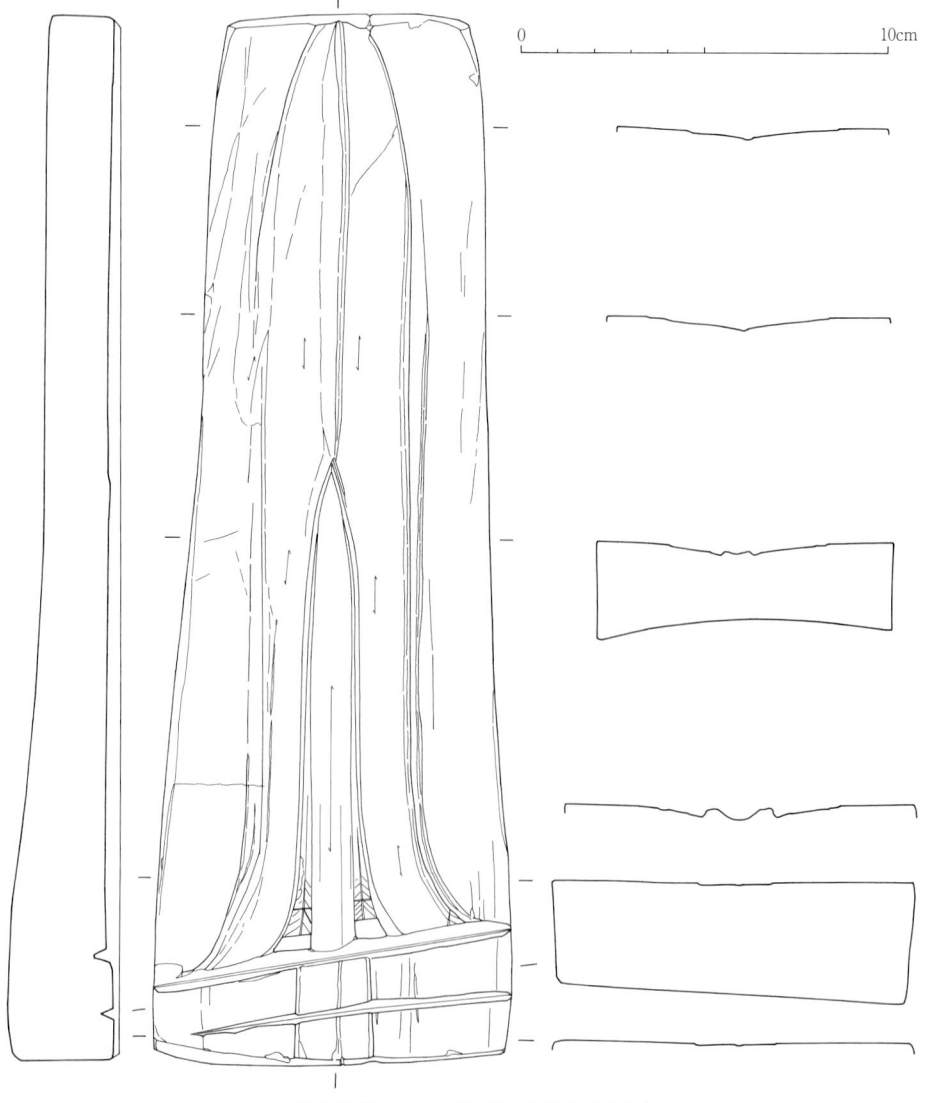

図 31　佐賀県梻木 IVAb 式銅戈石製鋳型実測図（1/2）

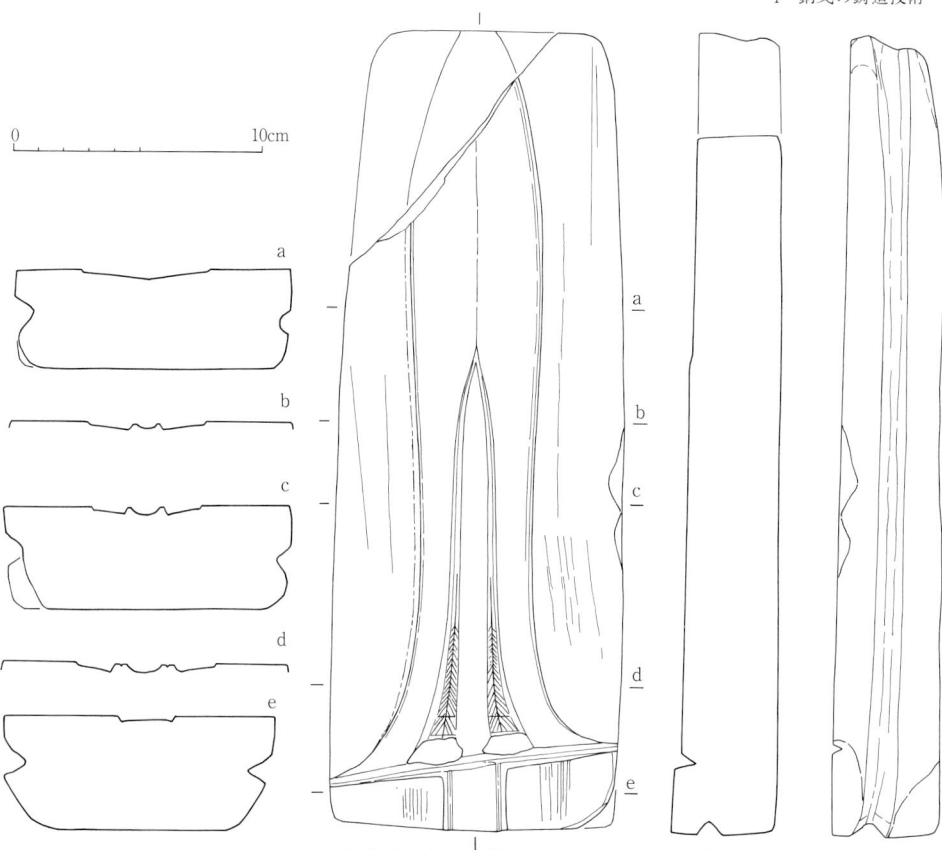

4　銅戈の鋳造技術

図32　ⅣAc式銅戈鋳型実測図①（1/3）　福岡県八田3号

写真18　福岡県八田5号ⅣAc式銅戈石製鋳型鋒　　写真19　福岡県八田3号ⅣAc
　　　　（鋒の湯口が小さい）　　　　　　　　　　　　式銅戈鋳型周囲の溝

253

第6章 銅 戈

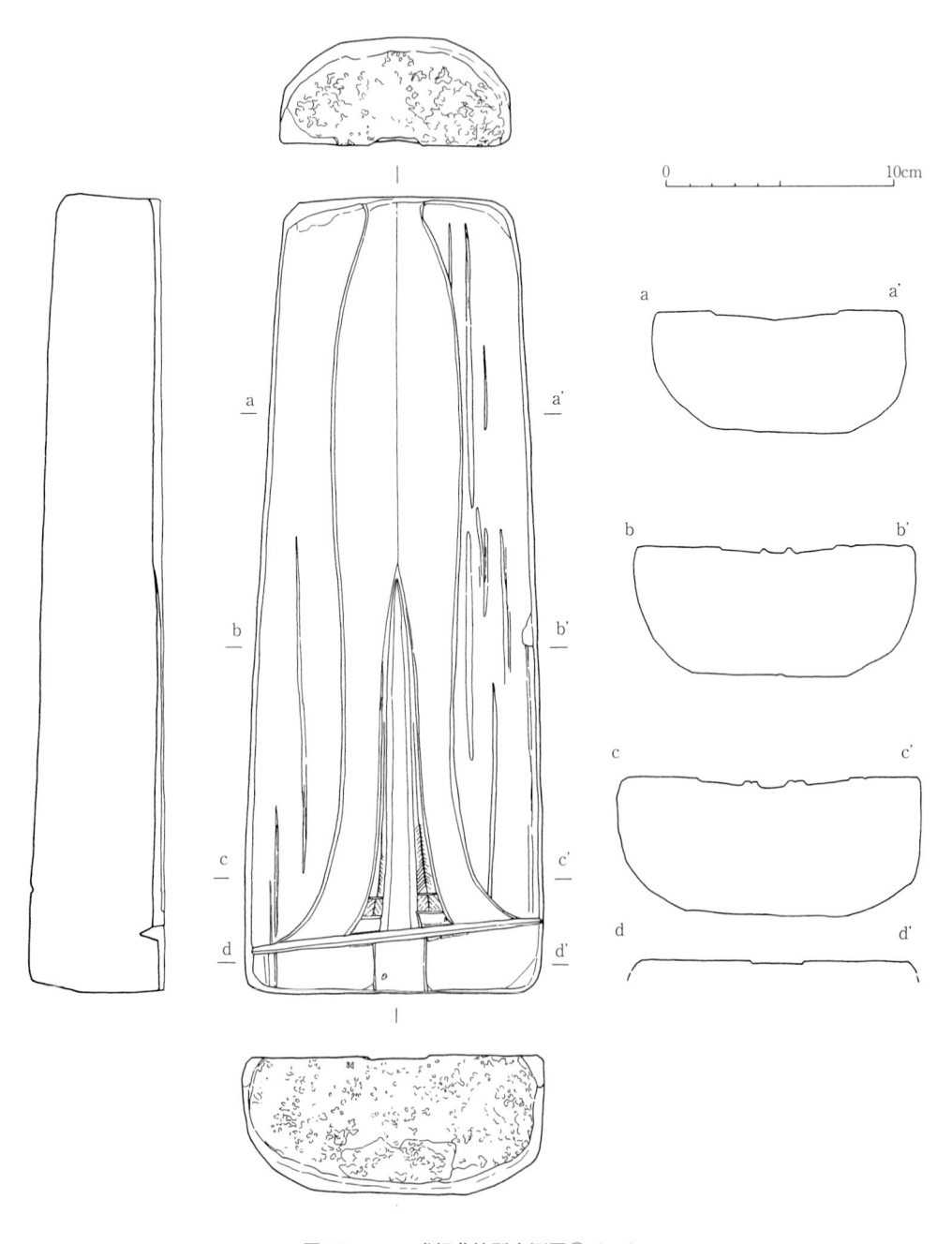

図33 ⅣAc式銅戈鋳型実測図②（1/3）
福岡県八田4号（常松 1998）

254

4 銅戈の鋳造技術

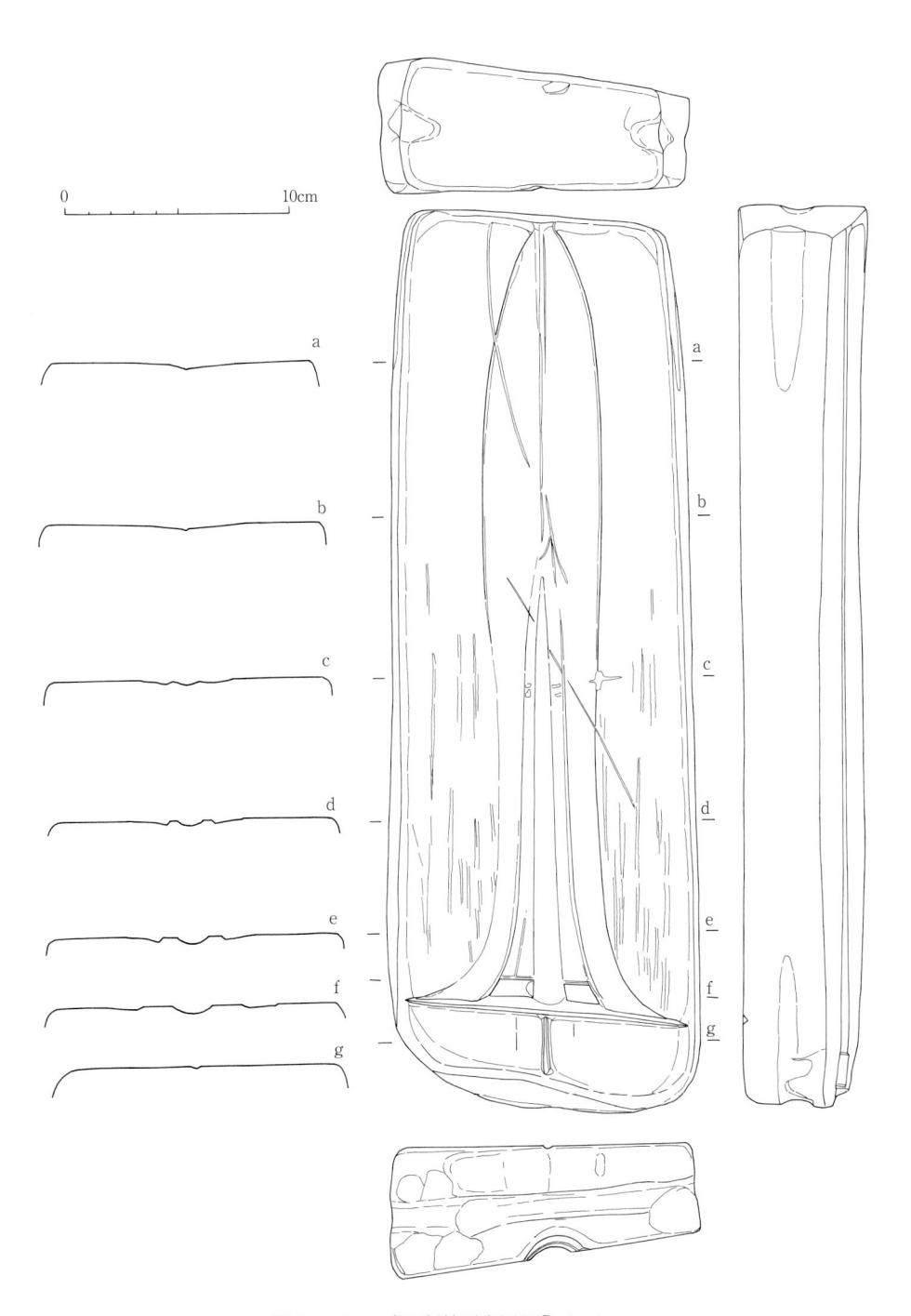

図34 ⅣAc式石製鋳型実測図③（1/3）
　　　福岡県八田5号

第6章　銅　戈

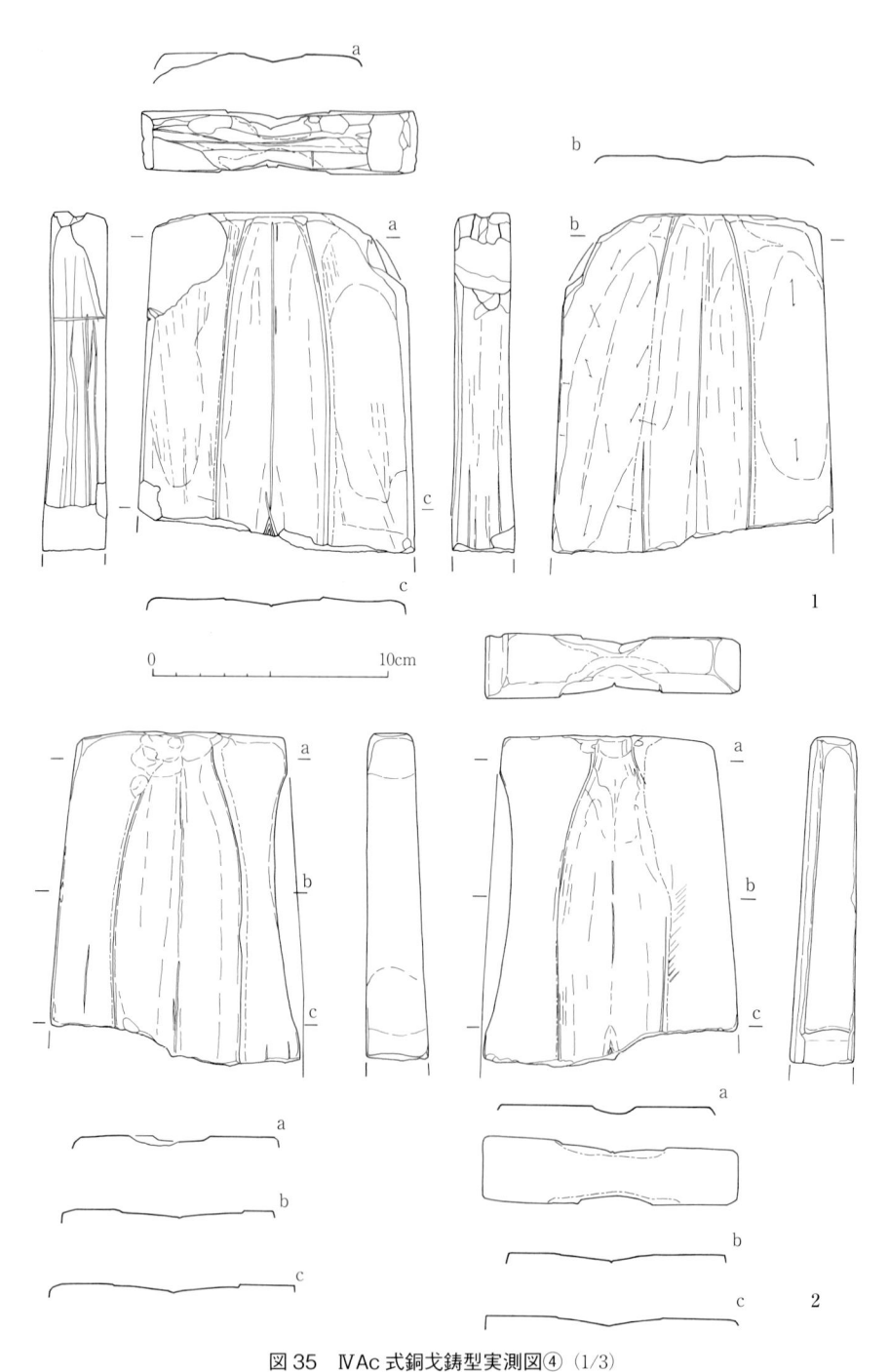

図35　ⅣAc式銅戈鋳型実測図④（1/3）
1：福岡県那珂23次SD44　2：下月隈C7次

4 銅戈の鋳造技術

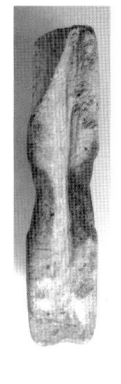

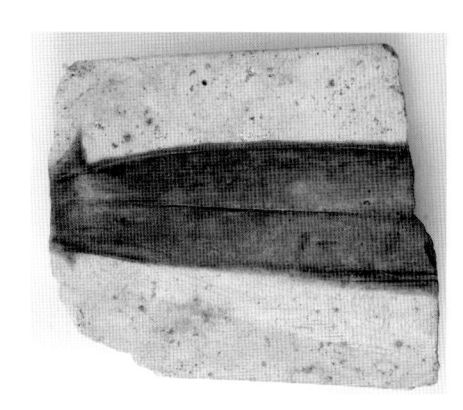

写真20 福岡県那珂23次SD44銅戈鋳型

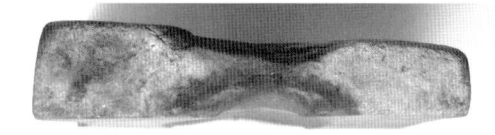

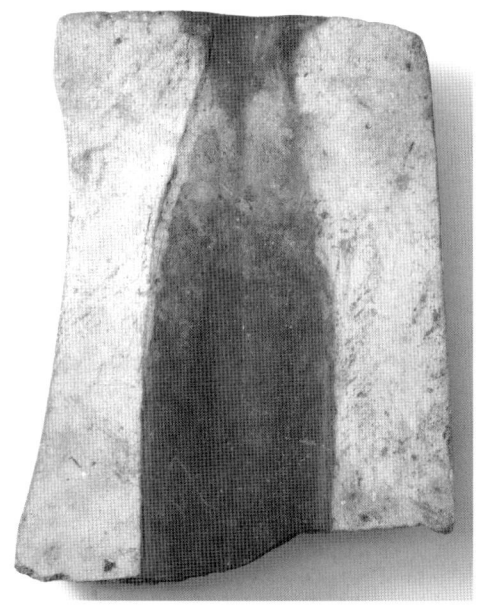

写真21 福岡県下月隈C7次SD921銅戈鋳型

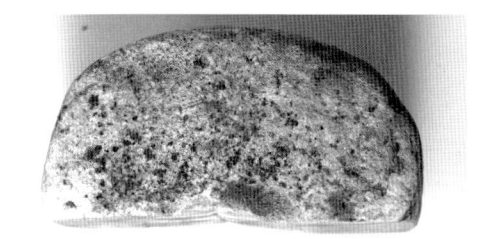

写真22 福岡県那珂114次銅戈鋳型

　ちなみに、以後の型式であるⅤ型式（「中広形銅戈」）の福岡県岡垣町吉木鋳型、Ⅵ型式（「広形銅戈」）の福岡県三雲遺跡群屋敷田鋳型・同多々羅鋳型・同大南鋳型は、鋒側に湯口を設けることが確実な例である（岩永1980a、吉田2001a）。
　では、ⅣAb式の櫟木鋳型とⅣAc式の八田5号鋳型の鋒側に設けられた湯口らしきものは何か。この2例を同型式の鋳型と比較すると、湯口らしき幅は狭いが鋒先端側の中央鎬が強調して深く彫り込まれていることがわかる（図31）。だとすると、やはり湯口を意図して設けられたこ

257

とになりかねない。
　そこで、青銅武器の他の形式はどうであろうか。湯口が袋端側に設定されることが確実な銅矛でもⅡA型式の東小田峯土製鋳型のように鋒側に湯口らしく開口するのはなぜか。初期銅戈鋳型である八ノ坪銅戈鋳型の鋒側の湯口らしき施設の解明にも繋がる。熊本県藤白鋳型は銅矛・銅剣の判別が確定できていないが（柳田2007a）、この鋒にも小さな湯口らしき開口が設けられ、中央鎬が先端ほどわずかであるが深く彫り込まれている。
　鋒側に湯口を設けるのは、素人的判断ではあるが、胡部分の湾曲先端に湯を届ける工夫として北部九州では胡両側先端を鋳型側面に開口してガス抜きの上がりとしていることからも、初期鋳型ではガス抜きを意図して設けられた鋒部の開口であり、中期後半になり大きく発達した胡両端までの湯回りを考えると、内側より鋒側を湯口とした方が湯流れが容易であると判断したものと考える。北部九州での青銅武器初期鋳造では、鋳型材料の選定・選択を含めて、鋳造技術においても試行錯誤が繰り返されたものと考える。
　製品での湯口方向の判断は、鋒先端の厚さとその縦断面形が湯口の目安になる。いわゆる「中広形銅戈」の鋒先端は湯口の厚みをそのまま残すが、直前型式のⅣAc式は厚いながらも局部的に研磨して尖らせている。ⅣAc式の鋒の厚みはⅣAb式以前にはないことから、ⅣAb式以前では湯口として機能していなかったものと考える。
　ちなみに、鋳型には湯口に取り付ける真土製の掛堰が存在することは拙稿（柳田2005c）で詳論していることから、後述するように近畿地方の銅戈鋳型と基本的な相違となる。

(4) 近畿地方の鋳造技術

　近畿地方では、Ⅳ様式以後になると確実に武器形青銅器の銅剣・銅戈を鋳造している（柳田2007a・2008a）。銅剣は兵庫県田能鋳型のⅡBc2式から（柳田2007a）、銅戈が滋賀県服部鋳型のⅣBa式から（柳田2008a）鋳造している。ただし、実際には田能鋳型はⅡ・Ⅲ様式の土器が共伴している（岩永・佐原1982）ことと、その後発見された兵庫県雲井銅戈鋳型もⅡ・Ⅲ様式の土器が共伴している（神戸市2010）ことから、その鋳型の実態と系譜及び北部九州との併行関係を検証してみたい。田能銅剣鋳型は本書の銅剣で詳論していることから、本項では主に銅戈鋳型について述べることになる。

兵庫県神戸市雲井鋳型

　雲井鋳型は、「材質が堆積岩である頁岩、シルト岩もしくは泥岩で」、「鋳造による高熱を受けた痕跡が見られないため、実際には青銅器が製作されていない」。「鋳型として使用されずに砥石として使用されたものが、弥生時代中期中頃に破棄され、包含層中から出土した」（神戸市2010）。
　石製鋳型は、原状で長さ11.3cm、最大幅7.0cm、最大厚4.2cmの大きさで、片面に鋒部と漏斗状の湯口が彫り込まれている。鋒最大幅4.15cm、湯口最大幅2.77cmの計測値をもつ。鋳型中央には脊状に縦貫する溝があり、玉砥石に使用された痕跡とされる。しかし、砥石として利用されているのは片側側面（D面）のみで、他の面はほぼ原型を保っているものと考える。この鋳

4 銅戈の鋳造技術

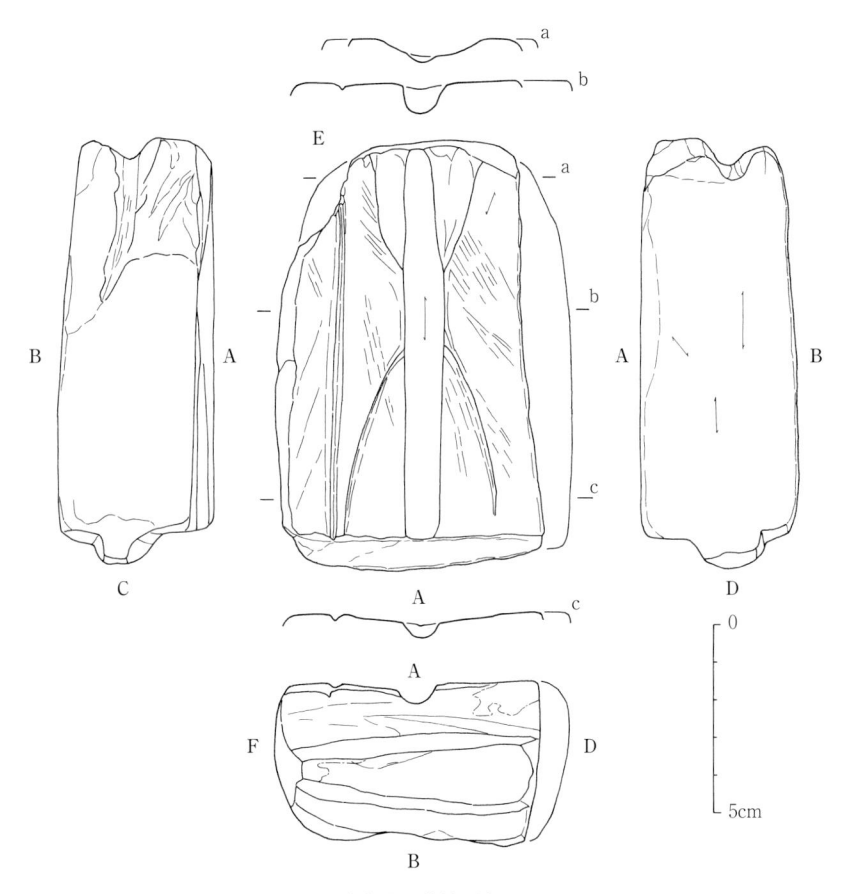

図36 兵庫県雲井鋳型実測図（1/2）

　型の特徴は、湯口側小口（E面）には横方向に溝が彫られ、反対側小口に柄状突起が設けられていることである（図36、写真23）。この特徴は、少なくとも中期後半以後になると北部九州の石製鋳型においてみられる鋳型製作技術の系譜にある。柄状突起は銅矛鋳型で用いられる鋳型連結技術で、小口及び周囲の縄掛け状溝が銅戈鋳型に多用され、銅矛・銅剣でも稀にみられる。小口に溝を設ける鋳型の最古例は、佐賀県土生12次SK06出土中期前半のⅡA型式またはⅡB型式銅矛鋳型（第4章図7、写真5）である（永田編2005）から、系譜が北部九州にあることも明らかであるが、柄連結鋳型は現在のところ管見では後期中頃以後の「広形銅矛」に存在するに過ぎない。それにしても、「広形銅矛」においてもこのような明確な柄構造ではないので、別の機能を考慮した方がいいのかも知れない。鋳型全体とこの小口面にも角部分にマメツが認められ、砥石に使用される以前に設けられたことは間違いないことから、銅戈鋳型としても完成していなかったものと考える。
　雲井鋳型は報告書で「武器形青銅器鋳型」とされ形式を特定されていないが、本項では以下の理由で銅戈鋳型とする。鋳型の横断面形をみると、縦貫する玉砥石に使用された脊状溝を除外しなければならないが、小口F面が武器鋒断面で、E面がF面の鋒断面と比較すると深みのある

第6章 銅 戈

写真23 兵庫県雲井銅戈鋳型の鋒と湯口（第Ⅱ～Ⅲ様式）

丸みをもつことから湯口であることが明らかである。だとすると、後述する大阪府東奈良銅戈土製鋳型の湯口と銅戈鋒に通じるところがあり、鋒部の厚さから先行型式銅戈鋳型とすることができる。ちなみに、銅剣鋒幅と大差が存在することからも銅戈に限定でき、型式では鋒の厚さからⅣBc1式以前となる。

滋賀県守山市服部鋳型

　服部遺跡SH058住居跡から出土した砂岩質鋳型。鋳型には両面に同一方向の銅戈の脊と樋の中央部分の約5cmの長さが残っている。鋳型面の大半の表面が剥離していることから正確ではないが、樋最大幅が両面共に2.6～2.7cm、脊最大幅1.3～1.4cmである。脊に鎬がなく、樋にも文様がない。刃部横断面形は外湾する彫込みである（図37）。

　服部鋳型は、細片ながら両面に脊・樋・刃部の一部が彫り込まれた鋳造経験のある銅戈石製鋳型である。樋内に文様がないことからⅣBa式であり、共伴する土器がⅣ様式中頃である（滋賀

県教育委員会 1986)。

大阪府茨木市東奈良銅戈土製鋳型

東奈良銅戈土製鋳型は、銅鐸石製鋳型を含め「中期後半の土器が多く含まれ」た包含層から出土している (田代ほか 1975)。

銅戈土製鋳型は3個ある(図38)。1号鋳型は闌部分の破片で、現長 10.5 cm、現幅 11.6 cm、最大厚 4.1 cm の横断面形が餅形の精美な外形をしている。平坦面には、長さ 1.25 cm、幅 1.45 cm の内から闌・樋下部が陰刻、穿が陽刻されている。脊最大幅 6.4 cm、樋最大幅 3.4 cm、完存する穿上幅 1.1 cm、長さ 0.85 cm、復元胡最大幅約 11.3 cm である。内には×印、樋には下端に3本線と3～4本線からなる複合鋸歯文が施されている。戈部分の陰刻はいずれも浅く、深さ1mm前後である。小口と側面には、合印が各1条刻まれている。銅戈部分がわずかに灰黒色を呈するが、鋒部分のように濃くない。鋳型全体は鋒部と同じく灰褐色を呈するが、闌部の鋳型側面のみ黒色を呈する（写真24右）。

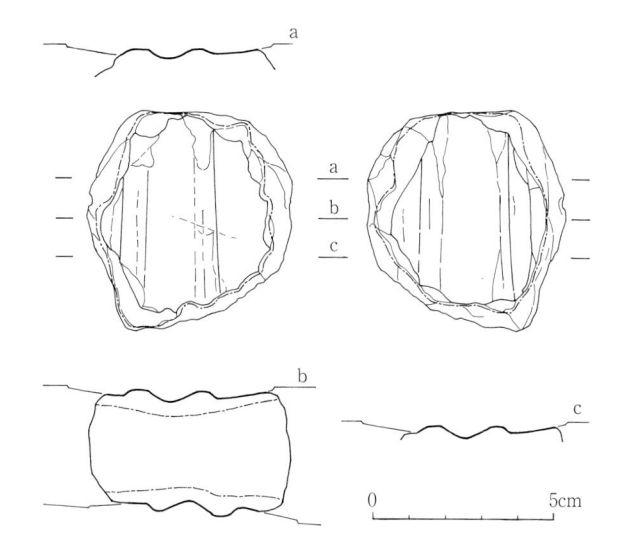

図37　滋賀県服部石製鋳型実測図 (1/2)
一点斜線は黒変範囲。

2号鋳型は湯口を伴う鋒部の破片で、現長 10.2 cm、現幅 8.4 cm、最大厚 4.6 cm で、横断面形が蒲鉾形というより餅形をしている。平坦面には小口に面して漏斗状に掛堰を兼ねた大きく開く湯口と幅広の鋒が浅く窪む。湯口最大厚さは 1.95 cm、復元最大幅は約 4 cm の計測値をもつ。湯口が大きいことから、鋒最小幅が 2.69 cm となり、幅広い。鋒部の最大深さは湯口に接した部分で 3 mm、下部で 1.5 mm と扁平な銅戈となり、鋒中央線らしき部分は観察できるが鋳造された鋒に稜線は形成しない。写真のように湯口周辺部と内部および鋒部は黒色を呈している（写真24中・左）。

土製鋳型でありながら、双方の鋳型面平坦部にはタテ方向の擦痕が明瞭に観察できることから、合わせ面を平滑に密着させるための石製鋳型同様の擦り合わせが行われたことがわかる。

なお、銅戈形が「原型を押し当てて細部を整形」したものであるか確証はないが、後に出土した鋳造品を検討するように肯定できる。ただし、内・穿と樋内の複合鋸歯文が「細部を整形」したものであろう（三好 1993）。

この鋳型から鋳造される銅戈型式は、脊幅と樋内施文から桜ヶ丘銅戈（IVBc2式）と瓜生堂銅戈（IVBd式）の中間的な型式であるが、脊幅が半分近くに縮小しているが、どちらかといえば桜ヶ丘銅戈の型式の範疇となる。すなわち、桜ヶ丘銅戈がこの鋳型に先行することになる。

雲井石製鋳型は鋒部に既存の掛堰を兼ねた湯口をもつ、これは朝鮮半島に系譜を求めることができないことから、北部九州のIVAc式以後の製作技術に系譜をもつことになる。IVB型式

261

第6章 銅 戈

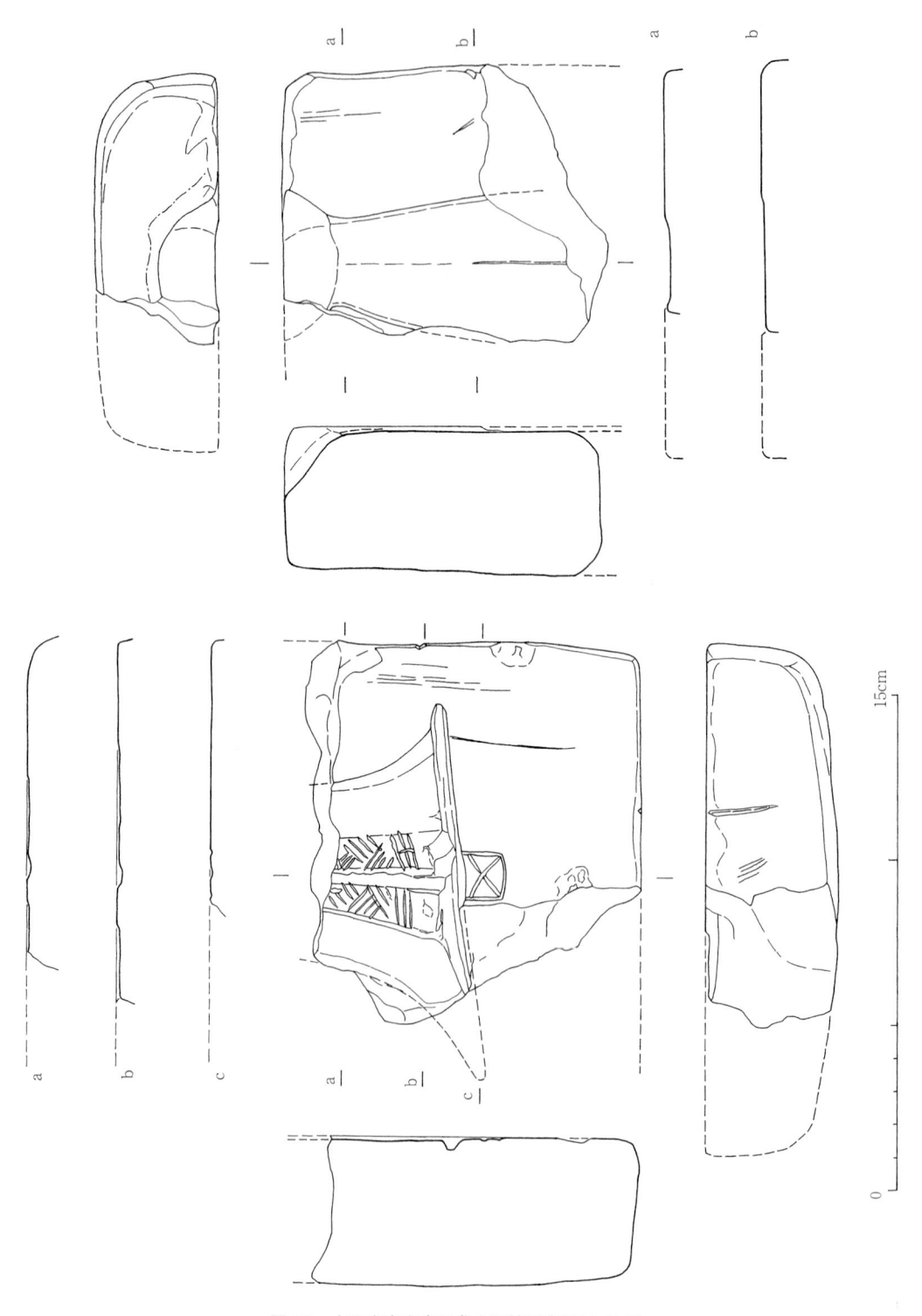

図38 大阪府東奈良銅戈土製鋳型実測図 (1/2)

写真24　大阪府東奈良銅戈土製鋳型　右：1号　中・左：2号鋒と湯口（第Ⅳ様式）

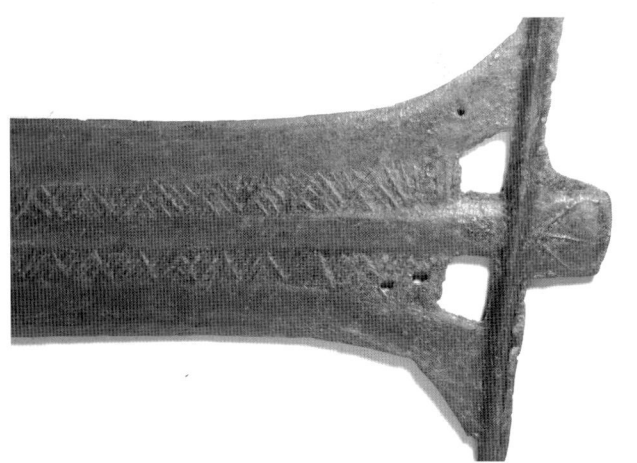

写真25　兵庫県桜ヶ丘4号銅戈の闌から内周縁のバリ（第Ⅳ様式）

最古式のⅣBa式がすでに鋒が長いこと、闌両端が伸びることなどがそれを裏付けている（柳田2009b）。

近畿における土製鋳型は東奈良例で明らかなようにⅣ様式からである。少なくとも、Ⅳ様式中葉の服部鋳型は石製であることから、現状では遅くてもⅣ様式後半で土製鋳型が出現したことになる。

そこで、ⅣB型式の製品を型式順に観察して、その実態を検証してみたい。

和歌山県有田市山地銅戈

1号がⅣBa式、2号～6号がⅣBb式で構成されている。本項で前述したように、樋内の穿上に2・3の平行線と斜格子文を施すⅣBa式の1号、さらに複合鋸歯文が加わるⅣBb式の2号～6号の構成は、後述するⅣBc1式が加わる長野県柳沢銅戈より先行することになる。

山地銅戈の鋳造技術は、3・5・6号銅戈の複合鋸歯文の線刻が深く細いことから、土製鋳型であるためではないか。さらに、湯口は内側にあることから、近畿地方出土の鋳型の実態に即していない。

さらに論を進めるために柳沢遺跡埋納坑出土の銅戈の鋳造技術の実態を検証したい。

第6章 銅　戈

長野県中野市柳沢銅戈

　柳沢銅戈（廣田編2012）は、1号がⅣAb式、2号・6号・7号がⅣBa式、3号・4号・5号がⅣBb式、8号がⅣBc1式で構成されている（柳田2012a）。複合鋸歯文をもつが斜格子文が欠落する8号のⅣBc1式が加わることで、山地例より後出する。

1号銅戈　計量的には「中細形Ｃ類銅戈」であり、刃部の保存状態が悪いことから確定できないが、刃部の鋒側半分が直刃であることからⅣAb式としている（柳田2012a）。

2号銅戈　両面の樋に部分的に窪んだ個所が存在し、これは鋳引けで、土製鋳型鋳造と考えている扁平なⅢ型式とⅣBc式・ⅣBd式にもみられる。Ｂ面闌中央部の湾曲は土製鋳型によるもので（写真26下）、3・4号銅戈の闌の湾曲と同じ現象である。

3号銅戈　内端にくぼみが存在することから、2号銅戈に続いて湯口が内方向であることがわかり、側面のバリも未処理である（写真27上）。特記すべき一つ目は脊先端と樋先端の関係で、写真27中左のように両面脊先端に研磨がほとんどなく、わずかではあるがＡ面では樋先端より長く伸びているようにもみえるが、Ｂ面では確実に樋先端が閉じている。もし、鋳型の段階から樋先端が閉じていなかったことになると、韓国松堂里例に次いで国内で初めて確認されたことになる（柳田2011a・b）が、4号銅戈でも樋先端が閉じていることから、「大阪湾型銅戈」も伝韓国霊岩・葛洞鋳型のように樋先端の彫り込みが浅く、研磨すれば樋先端が開くことになる。

　二つ目は、4号銅戈と同じくＢ面の闌の一方の端と闌の内側からの俯瞰で闌右側（写真27下）が湾曲していることから、双方の銅戈が同笵である可能性と、このような現象は石製鋳型では考えられないことである。

4号銅戈　片面の樋内中央には縦方向の不鮮明な突線が存在するが、裏面にはない。闌の角度と内が短小であり、樋内に文様がないことから、和歌山県山地例を含めて本例が「大阪湾型銅戈」の最古型式となることからⅣBa1型式を新設していた（柳田2011a）が、報告書と今回の詳細な調査で3・4号にマメツした複合鋸歯文が確認されたことからⅣBb1式とする。しかし、両面の樋内に突線が存在することから、最古型式の可能性も残している。内端にくぼみがあり、内全体に鋳引けがあることから、内に湯口があることになる。

　特記すべき一つ目は、写真28の2枚のようにＡ面脊先端が研磨のために扁平で樋先端がわずかに揃わないことと、Ｂ面の写真29左のようにマメツしながらも樋先端が閉じていることである。これは3号銅戈と同様に「大阪湾型銅戈」の最古式は樋先端が閉じていることになり、山地例のように脊が研磨されて樋先端が開いたことが証明されたことにもなる（柳田2008a）。

　二つ目は、3号銅戈と同じように、Ａ面の闌端の湾曲が土製鋳型による同笵の可能性である（写真28上）。

　三つ目は、鋒や刃部の改変が著しいにもかかわらず、闌に接する穿両側平坦面に未研磨部分があり、わずかにくぼむことである（図23）。

5号銅戈　樋内に斜格子文と複合鋸歯文があることからⅣBb型式銅戈である（柳田2008a・2012a）。複合鋸歯文は北部九州の綾杉文と比較して突線が明瞭であることから、土製鋳型に比較的深く刻まれたものと考える（写真30）。Ｂ面の闌側面に限って凹凸のバリが多いのも土製鋳型

写真26 長野県柳沢2号銅戈 上：A面 下：B面

である現象であろう（写真30中右上）。内端に掛堰の痕跡がありくぼむことから、内側が湯口である。湯口は内より幅が狭く、掛堰の部分は厚くなるところを研磨して内と同じにそろえている（写真30下左）。闌両側に大きくバリを残して刃として生かしており、刃部以外の身と脊には研磨が及んでいないので鋳肌が大きく残っていることから、樋外側輪郭の鎬は丸みをもっている。したがって、脊先端が樋からとび出ていることから、樋先端が離れているようだ。刃部は段刃らしいが、樋両側鎬にも微マメツが生じている。しかも、刃部両側に連続刃こぼれ2ヶ所と金属刃による刃こぼれが1ヶ所存在する（第8章写真24参照）。

6号銅戈　内は大きく、左右に型ずれし、湯口がある。鋒に鬆が集中し、樋内をタテ研磨している。脊先端に研磨が及び、その後に中マメツしている（写真31上）。

7号銅戈（全長36.1cm）　特記すべきは、樋内の3ヶ所に鋳型の補修痕跡があることで、1ヶ所が斜格子文の改変（写真32中左）、他の2ヶ所の無文部分がくぼんでいるので、鋳型では突出し

第6章 銅戈

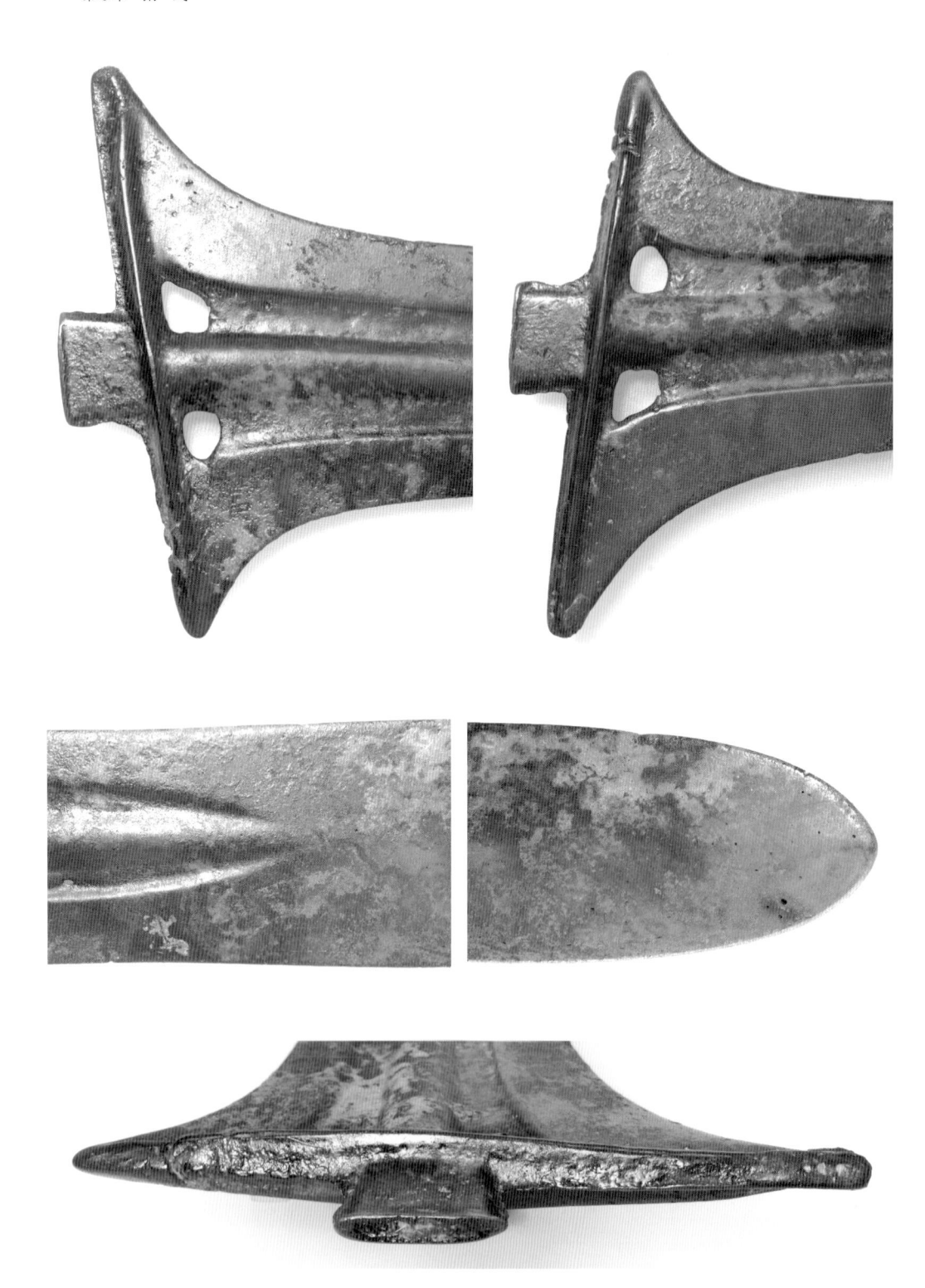

写真27　長野県柳沢3号銅戈B面　上左のみA面

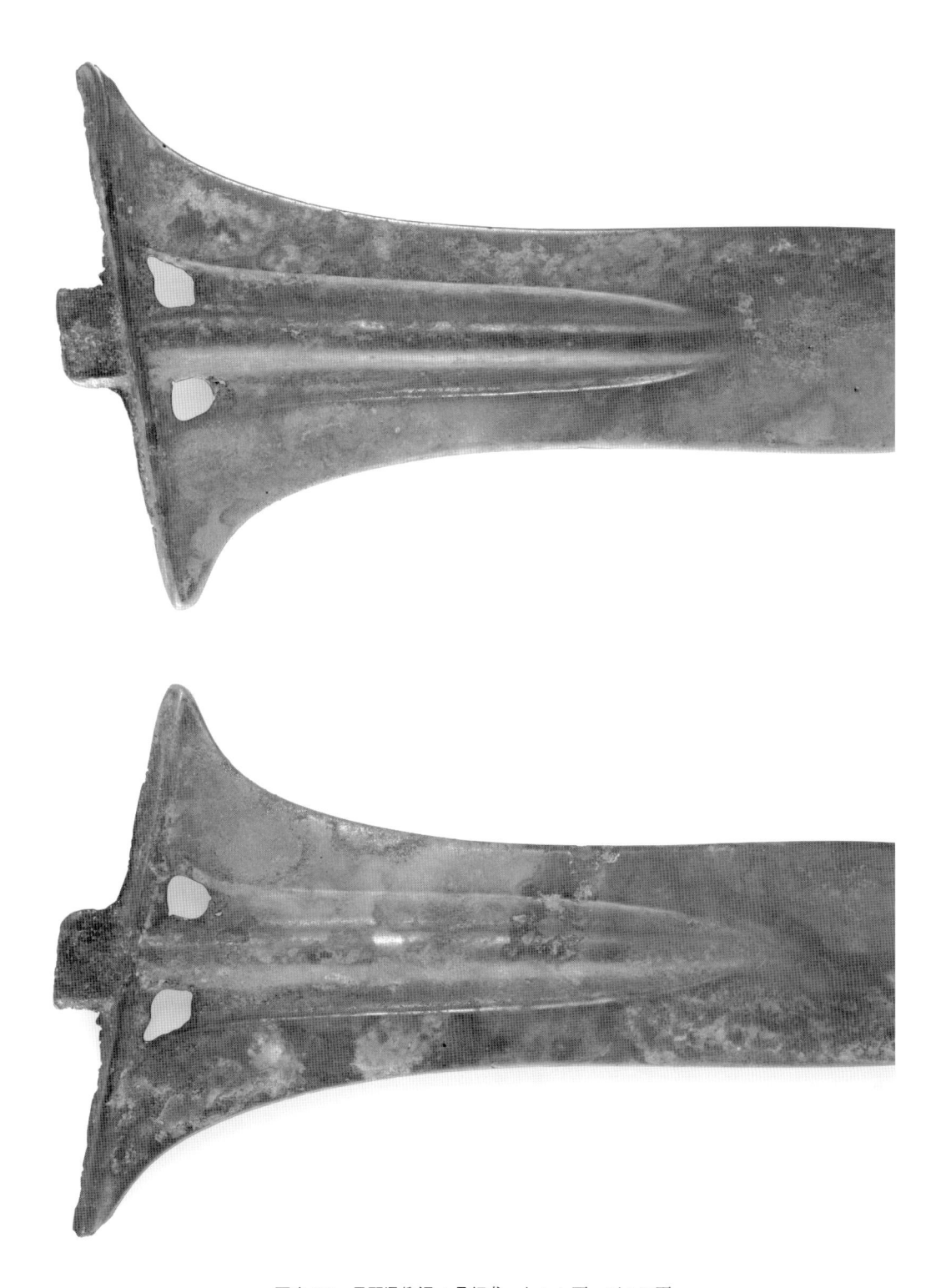

写真28　長野県柳沢4号銅戈　上：A面　下：B面

第6章 銅戈

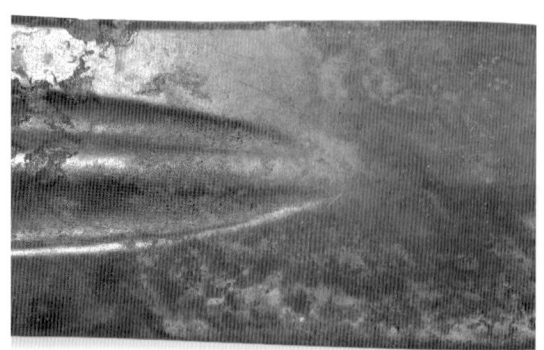

写真29　長野県柳沢4号銅戈　左：A面　右：B面

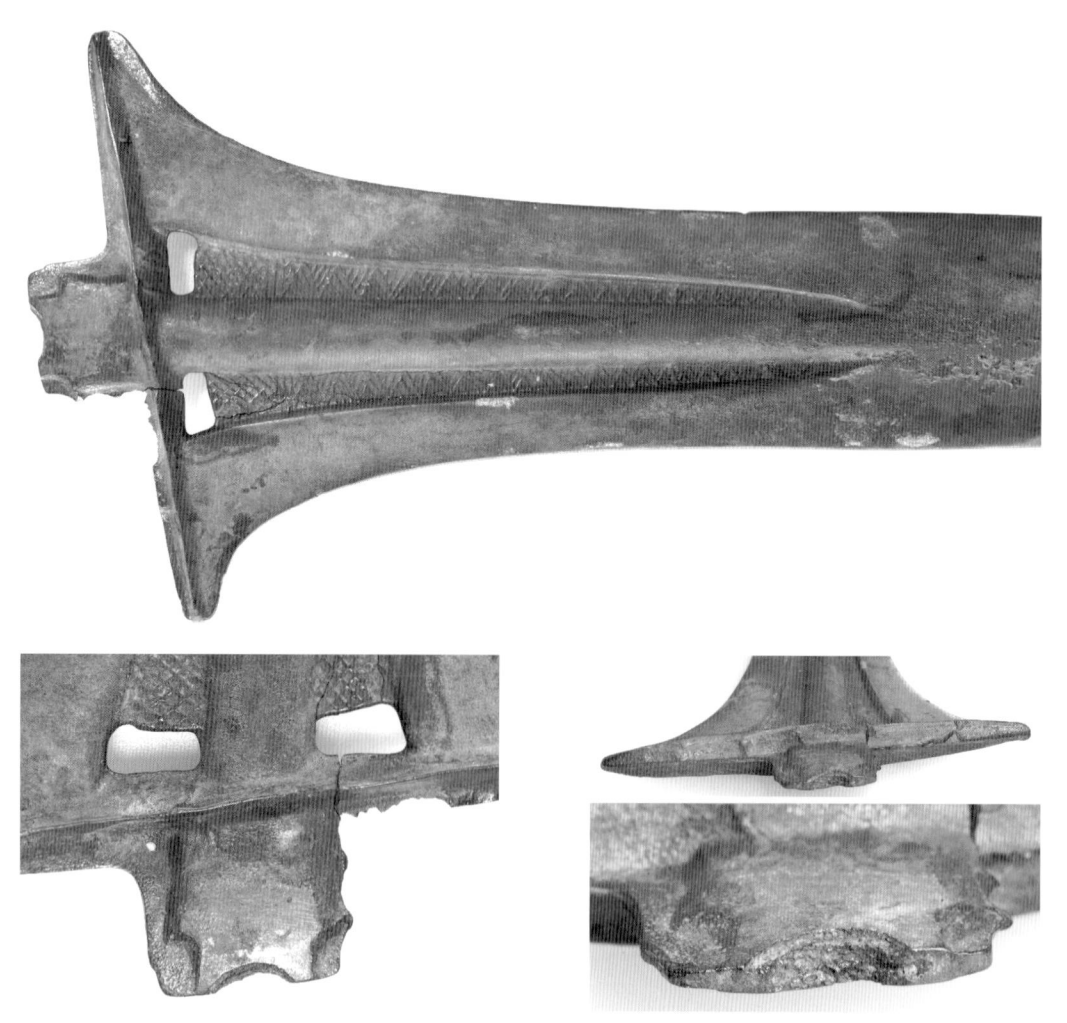

写真30　長野県柳沢5号銅戈　A面

4 銅戈の鋳造技術

写真31 長野県柳沢6号銅戈 上・中：A面 下：B面

269

第6章　銅　戈

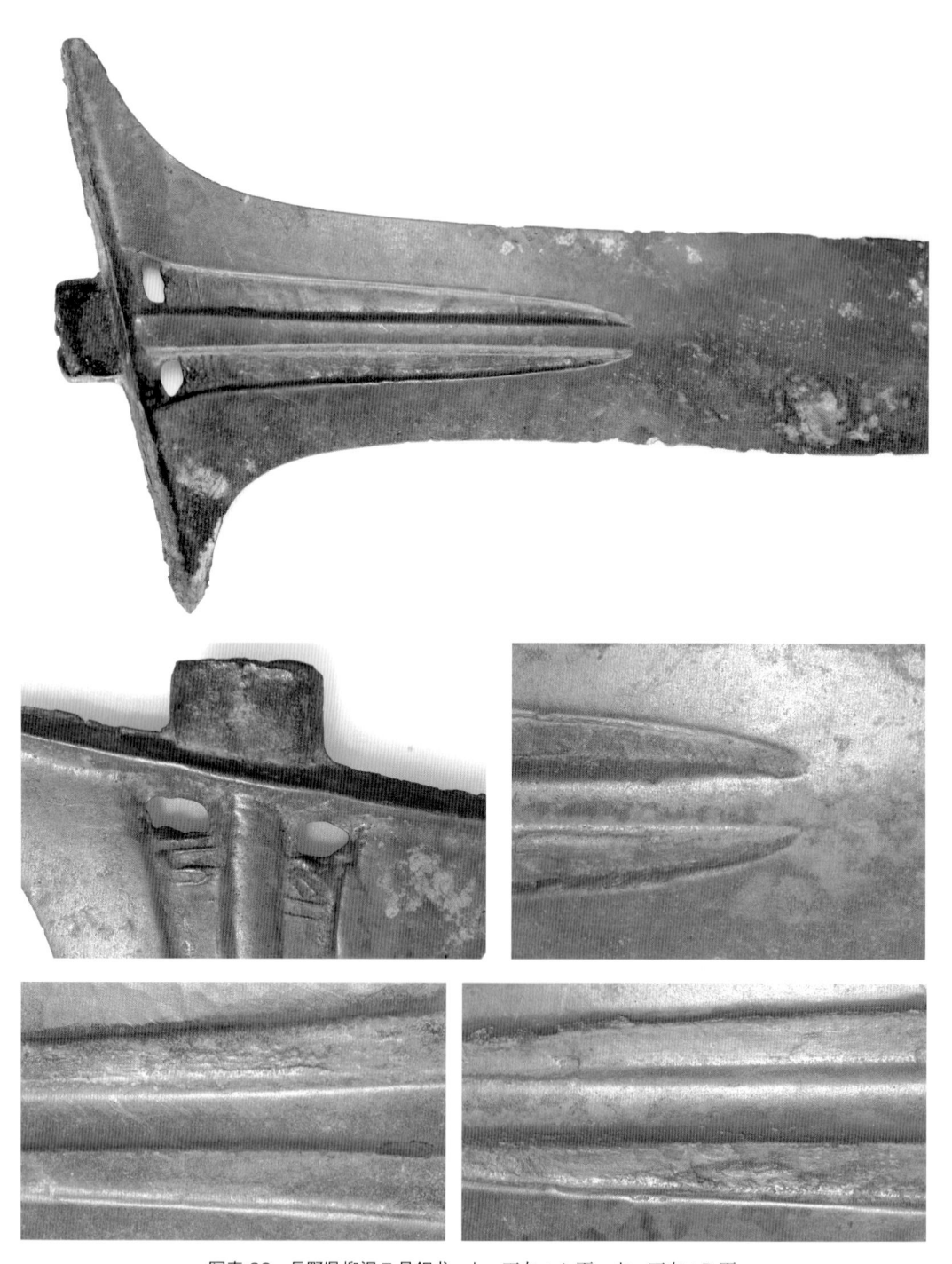

写真 32　長野県柳沢 7 号銅戈　上・下左：A面　中・下右：B面

ていることになる。(写真32下)。この現象は、土製鋳型だからだと考える(柳田2009b・2011b)。
闌に接する穿両側には、未研磨部分がある。

本例と山地1号の闌幅が大きく伸びる特徴は、北部九州の中期後半の鉄戈にもみられることから、時期的に併行関係にあるものと考えている。

8号銅戈 B面(写真33右)の穿上に2本線と樋内に複合鋸歯文が施されているので文様構成は兵庫県桜ヶ丘銅戈群とも同じであるところから、ⅣBc1式を新設した(柳田2012a)。本例は小型であることから、穿に沿って存在する2本の平行線が斜格子文の省略されたものと考え、拙稿のⅣBc式と樋内文様構成が同じで近いことになるが、桜ヶ丘遺跡銅戈と比較すると格段に厚みがあることからⅣBc1式とし、桜ヶ丘銅戈7本と大阪府東奈良土製鋳型をⅣBc2式とする。

内周縁も多マメツだが、端面がくぼむことから湯口らしい。

以上のように柳沢ⅣB型式銅戈は、その多くで土製鋳型製作である可能性が考えられる(柳田2012a)。

5号銅戈において湯口の掛堰の存在が初めて確認できたが、これは掛堰を兼ねた湯口を鋳型に彫り込む近畿地方の銅戈鋳造技術と明らかに違うことが明晰となった。湯口における掛堰の実態については、拙稿(2005c)で詳論しているように鋳型小口面の湯口周囲の加熱による変色で明らかで、その技術が朝鮮半島に由来することも明らかである。武器形青銅器の鋳造技術において北部九州で湯口方向が改変されたこと、それを近畿地方が継承していることも明らかになった。

ⅣB型式がⅣBc式以後だけでなく、ⅣBb式以前も土製鋳型で鋳造された可能性が強まったことから、Ⅳ様式前半段階まで石製鋳型を使用していた近畿地方では、少なくともⅣBa式・ⅣBb式銅戈は製作できない。

写真33 長野県柳沢8号銅戈 左:A面 右:B面

斜格子文・複合鋸歯文の出現も北部九州にあることから、いわゆる「中細形B類銅戈」以後になると北部九州では石英長石斑岩製鋳型に固執するらしく、ⅣBa式・ⅣBb式銅戈は鰭に複合鋸歯文を施す銅鐸と同じく北部九州の中期中頃から中期後半古段階に製作されて近畿地方以東に搬出されたと考える。

ちなみに、北部九州の中期後半は紀元前に収まるが、近畿地方のⅣ様式の終わりは紀元50年頃（寺沢2000）及び100年頃（寺沢2005）とされていることが肯定できる。

5　国内生産

再研磨されたⅠAa型式の流入時期は、北部九州で唯一馬渡束ヶ浦例の中期初頭が確認できる。しかも、前記のように時期不明ながら同型式銅戈が伝壱岐と福岡平野の東側にあたる糟屋・宗像地域に集中している。

北部九州での生産は、ⅡAa式の吉武高木3号木棺墓・八ノ坪鋳型・鍋島本村南鋳型が中期初頭から中期前半、釈迦寺のⅡAb式が中期前半古段階、ⅡB型式の吹上・安永田が中期後半、ⅢA型式の有田・宇木汲田例が中期初頭から中期前半、ⅢB型式の鎌田原9号甕棺墓・須玖岡本13号甕棺墓例が中期前半新段階から中期中頃、ⅣA型式の鎌田原8号甕棺墓が中期中頃古段階に生産を開始している。

ⅣBa式

ⅣB型式では、ⅣBc2型式の外枠を伴わない土製鋳型が大阪府東奈良から出土している。さらにⅣBd型式の瓜生堂では、鋳型の樋先端を指でつぶした痕跡である指紋（図28-2、写真34・35）が鋳出されていることを確認したことから、これも外枠の存在が不明ながら土製鋳型であることがわかる。東奈良で明らかなように、銅鐸より早く武器形青銅祭器が第Ⅳ様式後半の中で土製鋳型へ転換していることが知られている。

ⅣB式の前半型式は近畿周辺部に分散しているが、最終段階のⅣ様式後半には大阪中心部と淡路で破棄されている。ということは、銅戈最終生産段階での両地域の中心地を明示している。ちなみに、北部九州最終段階の広形銅戈は鋳型より製品が広域に分散している。

湖巖美術館蔵伝韓国慶尚北道複合鋸歯文銅戈は、樋先端が閉じていることから、ⅣBa式は本来樋先端が閉じていたことを示唆している。同じく内幅が穿中央部に対応していることから、北部九州製である可能性が強い。本例は写真をみる限り原状では鋒が短く、幅が狭くみえるが、鋒全体が出土後に再研磨されているので、本来は現状より切先が広く長かったことになる（湖巖美術館1997）。ちなみに、この複合鋸歯文銅戈の時期は、ⅠB型式銅矛と竿頭鈴が共伴していることから、朝鮮半島墳墓副葬品諸段階のⅤ-1段階にあり、北部九州の中期中頃に併行する（図39）（柳田2004a・b・2009a）。

「大阪湾型銅戈」は、半島にモデルを見出そうとするもの（近藤1974b、難波1986b）と、北部九州の中細形に起源があるという説（岩永1980a）があるが、半島に求めようとすればⅤ-1段階以後であり、北部九州であれば鋒の長さの比率など、中細形の最終段階であるから中期後半ということになり、Ⅴ-1段階は北部九州の中期中頃に併行する（柳田2004a・b）。むしろ、伝慶州出

5 国内生産

土複合鋸歯文銅戈は半島に類品がなく、鋒の長さは異なるが、北部九州製のⅣBb式となる可能性がある。そうであれば、北部九州と半島南部の交渉が銅矛に続いて「大阪湾型銅戈」でも存在したことになる。

「大阪湾型銅戈」（ⅣB型式）は、樋と鋒の長さがほぼ等しいことから、北部九州の「中細形銅戈C式」とⅡBc型式古津路1号有文銅剣の複合鋸歯文と共通している。同型式の田能鋳型は第Ⅲ様式以後であることから、北部九州の「中細形C式」と同時期の中期後半である蓋然性が高いことになる。しかし、ⅣBa式は複合鋸歯文をもたないことから、服部鋳型と同じⅣ様式中葉か、溯っても中期後半の古段階であろう。ⅣBa式の面取りによる二段刃は、たとえ二次的研磨以後に生じたとしても、面取りが一般化する「中細形銅戈B式」の中期後半をさほど溯らないことを裏付けている。

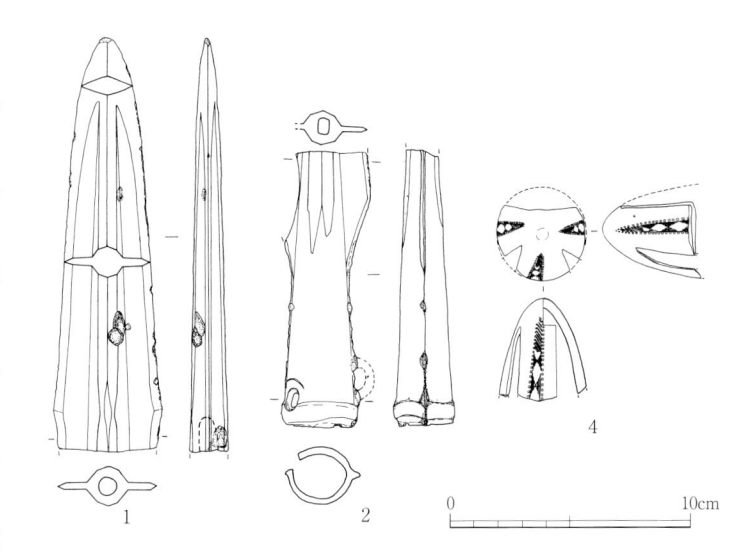

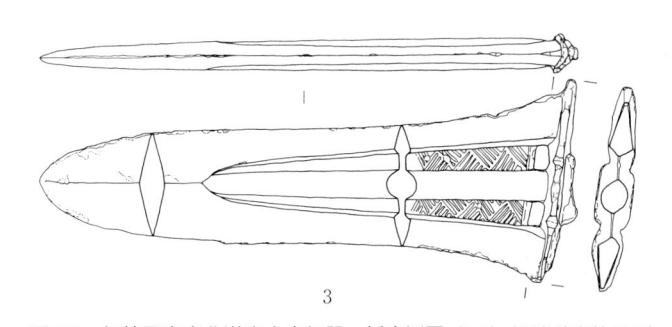

図39　伝韓国慶尚北道出土青銅器一括実測図（1/3）（湖巌美術館1997）

　土製鋳型の出現の可能性について、気掛かりなことがある。宇木汲田17号甕棺墓ⅢAc式銅戈にとくに著しい樋元部両面に明瞭な鋳引け痕跡の解釈である。同様な痕跡は同型式の宇木汲田58号甕棺墓銅戈にもみられるが、この型式は北部九州の扁平銅戈であるところが近畿で土製鋳型が出現するⅣBc式以後と同様である。東奈良鋳型とⅢAc式の扁平で小さな内小口をみると、鋳型の合せ痕跡のバリが顕著であることから、湯口が鋒側にあることは確実であり、湯口側の通有の鋳引けによる鬆多量発生と違っている。北部九州製青銅器は石製鋳型に固執したことも知られているが、扁平な製品を製作するための土製鋳型への革新の要因の一つであるとすれば、この鋳引け痕跡が土製鋳型の証拠である可能性が濃厚である。土製鋳型が確実なⅣBc式の桜ヶ丘1・3・4（図27）・7号銅戈にも樋元部に大きな鬆が複数存在する。さらに扁平なⅣBd式の瓜生堂遺跡銅戈の樋周辺の無数の大きな鬆と鋳掛（図28-2、写真34）は扁平だから起こりうる現象であるかもしれないが、銅鐸鋳造の最盛期であり、鋳造技術が保持されている時期である。

第6章　銅　戈

写真 34　大阪府瓜生堂ⅣBd式銅戈の鬆と鋳掛

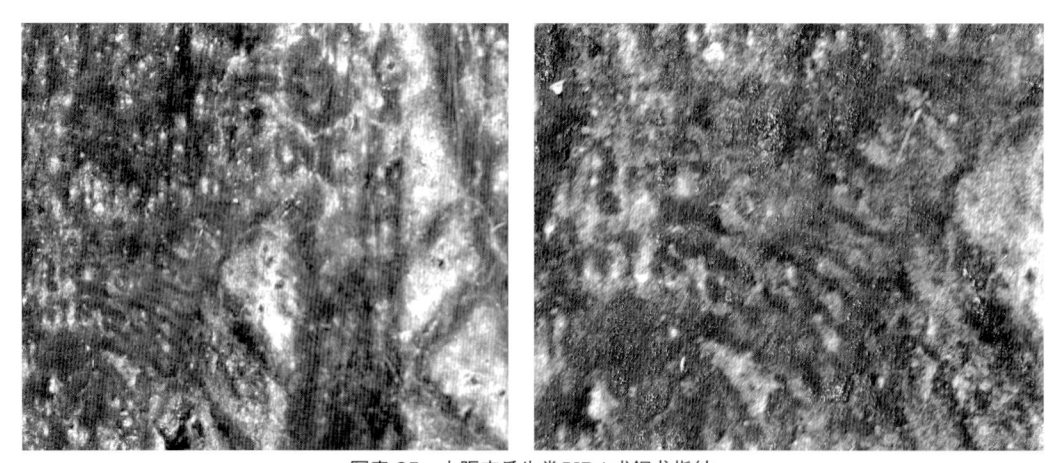

写真 35　大阪府瓜生堂ⅣBd式銅戈指紋

6　流通と地域性

　青銅武器は、北部九州中枢部と近隣に限定される銅矛を王と大首長が独占し、次に銅剣が、北部九州外でも祭器として地域共同体で共有されるが近畿地方には及ばない。最下位にランクされる銅戈は、最初の生産から儀器化したものがあり、広く関東まで分布するようになる。初期銅戈が分布しない遠賀川以東地域などは石戈が製作され、石戈はやがて中枢部を含み広く分布するようになり、東関東から東北では「有角石器」となっている（柳田2012a）。

　銅鐸を早い段階から製作しているという近畿地方は、ついに青銅武器を製作することはできなかった。技術的には製作できるはずの近畿地方が、第Ⅲ様式古段階以後で古津路10号（ⅡBc式）銅剣のような祭器を製作したことから、青銅武器の規制がその後もこの地域にも及んでいる。または、実用武器を必要としない地域性なのである。北部九州中枢部では、一部で当初から祭祀性

をもっていた青銅武器も、中期後半になると鉄製武器が普及することから一層祭器化が促進される（柳田2008c）。これに呼応するかのように東瀬戸内と近畿でⅡBc式銅剣（田能鋳型）とⅣBc型式銅戈の生産が開始される。青銅武器の生産規制が緩和されたのである。

現在のところ詳細な時期は確定できないが、ⅣAb式銅戈から埋納が開始されていることから、九州外の青銅器埋納もこれに準じるものと考える（柳田2006a）。

ⅣB型式銅戈は北部九州の綾杉文とは異なることから、朝鮮半島のⅤ-1段階の有文銅戈（ⅠBb型式）に祖形を求める説もあるが否定されている（岩永1980a）。

ⅣBa・b式は全体にマメツしていることから、伝世後に埋納されている。埋納されるのはⅣBc式までであることから、マメツ伝世していないⅣBc式の時期に埋納されたことになる。その時期は、破棄されるⅣBd式以前ともなり、紀元後のⅣ様式後半となる。

朝鮮半島には北部九州系の武器形青銅祭器が分布していることが知られている。これらが半島東南部の限定された地域に分布していることから、北部九州との密接な交流を裏付けている。ここではそれらより古く遡る、従来「細形銅戈」といわれている型式にも北部九州製品が含まれていることを指摘しておきたい。それはⅤ-1段階の慶州九政里（小田・韓編1991）・竹東里（韓1987）の銅戈で、樋に綾杉文を施し、茎が小さく扁平である。韓国の綾杉文をもつ銅戈は全体に堅牢で内も太いことから、この2例は異彩を放っており、北部九州のⅢB型式とするのが妥当である。さらに、Ⅴ-2段階に属する龍田里木棺墓の2本は、型式的にⅣAb式であり、刃部の面取り二段刃も共通している。もし、双方で製作しているとしても、半島のⅤ-1段階とⅤ-2段階で北部九州の中期中頃から後半には双方の地域間交流が活発化したことが裏付けられる。

銅戈は、石戈などの祭器を含めて弥生時代にこれほど広範囲に影響を及ぼした青銅器はない。したがって、銅戈の地域性に関しては上記以外にも問題が山積していることから、これからの研究課題である（柳田2012a）。

註
1) こうしたことを目標に現在も資料収集を実施しているが、一部の研究者は奇異に感じるらしく「まだ実測しているの」といわれることも珍しくない。理論的に説明できればよしとして模式図のように小さい図のみを添付する風潮や発掘調査報告書・研究論文で精確な実測図が少ない現状だからこそ、出来る限り自分で確認することにしており、新しい発見も多く、研究を深化させるためには絶対条件だと思っている。
2) 吉田広（2001a）が「細形銅戈」としている脊に鎬がある飯塚市立岩下ノ方鋳型は、いまだに行方不明で確認できなかったが、森貞次郎（1942）・岡崎敬（1977）の報告段階では矛または剣鋳型としている。両者の報告の図及び写真をみると、少なくとも脊が鋒先端までとどくような銅戈鋳型は考えられない。
3) 平面図・写真では刃こぼれが多いにもかかわらず、横断面図で刃部が鋭利に表現されるなど、実測図の不備もあることから、本稿で主張する精確で綿密な実測図の作成が急務である。また、樋が広い型式も存在する可能性がある。
4) 韓国忠清南道素素里の銅戈は、正確さに欠けるのが難点であるが、側面図が添付されている（李健

茂1991b）。側面図では刃部が脊より厚いことから脊がみえないはずである。拙稿（2006a）や本稿のようにタテ断面図にすることによって、脊に研磨が及ばない段階の脊の厚さが一定していない状況が明確になる。拙稿以外では、筆者が指導した実測図が使用されているものに馬渡束ヶ浦遺跡の報告書がある（井2006）が、脊に研磨が及んだ段階では脊の厚さの違いはなくなっている。

5) 岡内三真（1973）は脊の鎬は研磨によることを指摘して中分類としているが、研ぎ減りしていくにしたがって型式を変更するのはおかしいだろう。やはり、銅剣と同じように研磨段階を最後に参考程度に付加すべきであろう（柳田2005a）。

6) 最初に資料紹介した小田富士雄（1965）は指摘していないが、両面の片側に限って出土後の丁寧な再研磨（「一部に赤銅色の地があらわれ」）があり、両面の脊に明瞭な鎬が創出されている。詳細に観察すると片面には脊中途まで鎬が存在するが、裏面には当初の鎬が存在しないことが明らかである。その証として、出土後に再研磨されていない側の樋先端は鋒中央部に達し、再研磨された側が中央部から離れている。ちなみに、裏面を実測した下條信行図（岡崎編1982）には脊に鎬がない。本例は樋中央部の脊幅が1.2cm、鋒最大厚0.82cmであることから、半島製（ⅠAb式）である可能性をもつ。現在古代学協会の所蔵となっている。

7) 中期前半の釈迦寺例は内幅が著しく狭いことからⅡA型式に含まれるが、内横断面は剣の茎との折衷形であり、援元部から胡部と内にかけては未研磨で、刃部や周縁にバリを残している。

8) もし、実測図どおりに双方に分類されるとすれば、両者は同時出現となる。ここでも実測図の不備は型式分類を左右する。

9) 国立中央博物館1992『特別展　韓国の青銅器文化』（汎友社、図版116～120・124）から割り出した。34%は如意洞例、伝霊岩鋳型では内幅が胡幅の36.6%を占め、半島製品としては内幅が狭いが、時期が下降する合松里・素素里・鳳安里などが42～49%を占めることから、如意洞・伝霊岩鋳型は内が狭い特例といえる。

10) 釈迦寺銅戈は、鋒が折れた状態で出土しているが、本体と鋒の両面の付着物の状態から、副葬前に折損していたことが明らかである（柳田2008a）。

11) 全体に錆ぶくれしているので、正確さに欠ける。

12) これまで「中細形銅戈B式」とされている立岩焼ノ正鋳型は、樋先端の復元援幅が約5.2cmで、鋒が広がるところから「中細形銅戈C式」である。

13) 鎌田原8号甕棺墓・須玖岡本例のように、ⅣAa式は明らかに刃の面取りや刃つぶしをしないから、この場合刃部が全く残っていないものは型式分類の対照としてふさわしくない。

14) 兵庫県南あわじ市榎列上幡多では、従来の「大阪湾型銅戈c類」と共に「d類」が出土した（定松2001）というが、確認できていない。

表2　銅戈計測表

図	遺跡	地域	型式	時期	全長	援長	樋長	鋒長	鋒長比	鋒幅	援幅	援幅比	闌幅	脊幅	内幅	内厚	実測図
	辛庄頭M30	河北	ⅠAa		*29.0	*25.8	16.5	*9.6	37.2	*5.2	*5.3	98.1	*10.5	*1.8	*4.2	0.6	後藤2007
	九月山下	黄	ⅠAa		*27.4	*24.0	20.3	*3.6	15	*3.0	*3.3	90.9	―	*1.4	*3.7	*0.7	梶本1980
	伝九月里		ⅠAa		26.9	*24.0	18.8	*5.0	20.8	*3.8	*4.4	86.4	*8.2	*1.6	*3.6	―	
	石巌里(1)		ⅠAa		―	―	*7.1			*4.0			*8.2	*1.3	*3.0	*0.6	
	石巌里(2)		ⅠAa		*27.7	*24.4	16.7	*3.4	13.9		*4.8	―	*8.8	―	*3.5	―	後藤2007
	土城洞486号墓		ⅠAa		*25.0	*22.2	14	*8.2	36.9		*4.0		*10.0	―	*3.2	2.8	
	咸鏡南道	咸南	ⅠAa		*28.9	*25.6	19.6	5.8	22.7	*4.0	*4.6	87	9.7	1.7	*4.0	*0.8	梶本1980
	川西面		ⅠAa		*26.7	*23.1		*7.3	31.6	*3.8	*4.2	90.5	*8.6	*1.4	*3.8	―	
	太平里	忠南	ⅠAa		*24.4	*21.5		*4.7	21.9	*3.1	*3.8	81.6	*6.4	*1.4	*2.9	*0.8	
	九鳳里1		ⅠAa	Ⅳ-1	26.7	*24.2	20	*4.8	19.8	*3.8	*4.5	84.4	*6.7	*1.6	*3.5	*0.7	李康承1987
	九鳳里2		ⅠAa		*26.0	*23.7	17	*6.7	28.3	*4.2	*4.7	89.4	*8.5	*1.5	*3.6	―	

図	遺跡	地域	型式	時期	全長	援長	樋長	鋒長	鋒長比	鋒幅	援幅	援幅比	闌幅	脊幅	内幅	内厚	実測図
1-1	葛洞鋳型	全北	ⅠAb	Ⅳ-2	*30.4	*26.3		*4.8	18.3	*3.2	*4.5	71.1	*7.9	*1.5	*3.4	0.7	金他 2005
	草浦里1	全南	ⅠAa	Ⅳ-2	27.6	*24	18	*6.2	25.8	*4	*4.5	88.9	7.8	1.4	3.6	0.7	李・徐 1988
	草浦里2		ⅠAa		*27.0	*23.5	18.2	*5.0	21.3	*3.5	*4.0	87.5	*7.8	1.6	3.6	0.7	
	草浦里3		ⅠAa		*26.5	*23.3	17.7	*5.7	24.5	*3.8	*4.3	88.4	8.2	1.6	3.4	0.6	
	白巌里		ⅠAa	Ⅳ-2	27.3	*24.2	19.4	*4.6	19	*3.2	*4.2	76.2	*6.7	1.4	*2.9	*0.8	趙・殷 2005
1-2	伝霊岩鋳型A		ⅠAb	Ⅳ-2	28.7	25.1	19.6	5	22.1	3.7	4.3	78.7	7.9	1.4	2.9	0.4	林 1987
2	伝霊岩鋳型B		ⅠAb		28.9	25.4	19.5	5.2	20.5	3.8	4.4	86.4	7.9	1.4	2.9	0.4	柳田 2011b
4-1	貞柏洞	平南	ⅠAb	Ⅴ-1	26.5	23	17.2	5.9	25.7	3.3	4	82.5	8.5	1.7	3.2	0.6	柳田実測
4-2	鹿部	福岡	ⅠAb	中期前半	28.2	24.9	19.5	4.7	18.5	2.5	3.4	74.3	7.3	1.5	3.5	0.9	
5	基督教博物館	不明	ⅠAa		*27.8	*24.5	*16.2	*7.6	*31	*4.8	*5.2	*92.3	*9.3	*1.3	*3.7	*0.6	基督 2011
	合松里	忠南	ⅠAa	Ⅳ-3	27.9	*24.9	17.3	*7.4	29.7	*4.0	*4.5	88.9	—	*1.4	3.3	*0.7	李 1990
	素素里		ⅠAa	Ⅳ-3	27.5	*23.8	18.3	*6.2	26.1	*4.2	*4.5	93.3	8.1	1.6	4	0.7	李建茂 1991b
	鳳安里		ⅠAa	Ⅳ-3	26.2	*23.1	17.3	*5.8	25.1	*3.7	*4.2	88.1	8.5	1.7	3.8	*0.6	安 1978
	鳳岩里		ⅠAa	Ⅳ-3	*27.8	*24.2	20.3			*3.2	*4.2	76.2	*6.6	*1.4	*3.9	0.9	金 1964
30-1	松堂里A		ⅠAb		28.3	25.6	18.9	6	23.4	3.4	4	85	7.9	1.6	3.2	0.8	柳田 2011b
	松堂里B		ⅠAb		28.3	25.6	20.2	5.9	23	3.4	4	85	7.9	1.7	3.2	0.9	
	宮坪里		ⅠAb	Ⅳ-2	26.5	*24.0	18.4	*5.1	21.3	*3.1	*3.7	83.8	*7.3	1.5	3.6	0.9	李 1989
30-2	基督教博物館	不明	ⅠAa				18.8			3.7	4.2	88.1	9.6	1.5	3.7	0.7	柳田実測
	伝平澤	慶北	ⅠAa	—	*26.0	*23.5		*6.1	26	*4.0	*4.5	88.9	*8.3	1.4	*3.6		李建茂 1987a
	八達洞90号墓		ⅠBb	Ⅴ-1	*23.2	*20.4	17.6	*3.2	15.7	*2.8	*3.7	75.7	*6.7	*1.1	*2.6	*0.4	嶺南 2000
	慶北大学校				—	—					4.3		7.8	1.5	3	0.6	柳田実測
	嶺南大学校				23.5+	*22.8	17.2	*5	21.9	3	4.3	69.8	—	1.4		0.6	
	入室里1		ⅠBa	Ⅴ-1	26.8	*24.0	16.8	*7.2	30	*4.5	*4.5	100	*9.8	*1.2	*3.5	*0.5	藤田他 1925
6	入室里2		ⅠBa		20.1	18.3	12.4	5.5	29.3	3	2.9	96.7	6.7	1.3	2.7	0.3	柳田実測
7-1	九政洞1		ⅢB	Ⅴ-1	*22.4	*20.0	14.8	*5.3	26.5	*2.7	*3.0	90	*8.0	*1.1	*2.0	*0.3	小田・韓編 1991
7-2	九政洞2		ⅠBb		*24.5	*22		*5.1	23.2	*2.7	*3.3	81.8	*6.8	*1.2	*2.5	0.5	
7-3	九政洞3		ⅠBb		*24.6	*22.3		*5.0	22.4	*2.8	*3.5	80	*7.0	*1.2	*2.5	0.7	
	新川洞1		ⅠBa	Ⅴ-2	*21.0	*18.1	13.8	*4.3	23.8	—	*3.9	—	*7.4	—	*2.5	*0.5	後藤 2007
	新川洞2		ⅠAb		*22.0	*20.4	14.7	*5.7	27.9		*4.1	—	*6.7	—	*2.9	0.7	
8-1	伝槐亭洞		ⅠCa	Ⅴ-2	*18.9	*17.7		*4.6	26	*2.8	*2.6	108	6.5	0.8	1.7	0.6	柳田実測
8-2	飛山洞		ⅠCa	Ⅴ-2	*18.9	*17.5		*3.2	18.3	*2.5	*2.2	114	*5.7	*1.0	*1.5	0.5	湖巌 1997
8-3	坪里洞		ⅠCb	Ⅵ-1	*17.8	*16.0		*10.0	62.5	*3.1	*2.3	135	*6.8	*1.1	*1.5	*0.3	小田・韓編 1991
	田熊石畑4号墓	福岡	ⅠAb	中期前半	*29	26	20.5	*4.5	17.3	*3.3	*4.5	70.3	8.5	1.4	3.6	0.7	柳田実測
9-1	馬渡束ヶ浦		ⅠAb	中期初頭	25.2	22.5	17	4.8	21.3	2.8	3.1	90.3	7	1.7	3.3	0.8	
	伝壱岐	長崎	ⅠAa		*25.3	*22.4	18	4.4	18.8	*3.4	*4.3	79.1	*6.4	*1.5	*3.1	*0.6	岩永 1980a
9-2	吉武高木M3	福岡	ⅡAa	中期初頭	27	24.5	22.4	1.4	5.7	1.8	4.1	43.9	8	1.5	2.9	0.7	柳田実測
9-3	吉武大石M1		ⅡAa	中期初頭	*29.2	26.9	19.3	*6.5	24.2	3.5	4.3	81.4	8.7	1.4	3.5	0.8	
10-1	釈迦寺	佐賀	ⅡAb	中期前半古	24.7	23.4	18.6	4.2	17.9	2.6	3.4	76.5	6.1	1.1	1.6	0.8	
10-2	白壁		ⅡB	中期後半	*26.3	23.7	15.3	7.9	33.3	3.1	3.2	96.9	*8.3	1.2	3.1	0.2	
10-3	安永田		ⅡB	中期後半	28	25.5	16	9	35.3	3.6	3.8	94.7	9.7	1.4	3.1	0.4	
11	吹上6次K4	大分	ⅡB	後期初頭	27.2	24.4	16	8	32.8	3.3	3.5	94.3	9.4+	1.2	3.1	0.3	
12-3	有田K2	福岡	ⅢAb	中期前半	*23.3	*21.8	16.1	*5.3	24.3	3.2	3.6	88.9	*7.2	0.9	1.4	0.2	
12-4	久米K23		ⅢAb	中期前半	*22.0	*20.7	15.4	*4.8	23.2	3.3	4.1	80.5	*7.2	0.9	1.4	0.3	
12-5	宇木汲田K17	佐賀	ⅢAc	中期前半新	*20.9	19.5	13.5	*5.6	28.7	3.1	3.6	86.1	6.3	0.9	1.4	0.2	
13-1	宇木汲田K58		ⅢAc	中期前半古	20.2	19		4.7	24.7	3.2	3.7	86.5	—	0.9	1.5	0.2	
13-2	吉武大石K53	福岡	ⅢAc	中期前半古	21.1	19.6	13.9	5.5	28.1	3.3	3.6	91.7	6.5	0.8	1.4	0.2	
13-3	朝町竹重M28		ⅢAc	中期前半	20.2	19.1		4.4	23	3.4	4	85	6.6	0.9	1.2	0.2	
13-4	田熊石畑2号墓		ⅢAa	中期前半	12.9	12	7.5	4	33.3	2.5	3	83.3	5	0.8	1.3	0.3	
14-1	水城		ⅢB		*22.2	*21.1	12.9	*7.7	36.5	2.7	2.8	96.4	6.8	1.1	1.3	0.3	
14-2	須玖岡本EK13		ⅢB	中期中頃	*23.7	*22.0	13.9	*7.5	34.1	3.1	3.2	96.9	7.2	1.2	1.6	0.3	
14-3	鎌田原K9		ⅢB	中期前半新	*24.1	*22.4	13.9	*8.2	36.6	3.2	3.5	91.4	8.5	1.1	2	0.3	
16-1	竹東里	慶北	ⅢB	Ⅴ-1	23.3	20.8	14.8	5.6	27.1	3.2	3.6	86.1	7.6	1.3	1.9	0.4	
15-1	鎌田原K8	福岡	ⅣAa	中期中頃古	27.8	25.6	15.3	9.8	38.3	3.5	3.7	94.6	8.9	1	2.2	0.3	
	鎌田原M6		ⅣAa	中期前半	*28.2	*26.5	16.1	*10.0	[38]	3.4	3.4	100	*8.8	1	1.9	0.4	
15-2	須玖岡本		ⅣAa	中期前半	*28.5	*26.8	14.6	*11.6	43.3	3.5	3.7	94.6	8.4	1.2	2.5	0.4	
15-3	ヒエデ1		ⅣAb	中期後半	30.6	28.2	14.9	12.8	45.4	4.8	4.6	104	9.8	1.2	2.1	0.3	
17-1	吹上6次K2	大分	ⅣAb	中期後半新	27	24.6	14.5	9.7	39.4	3.7	3.8	97.4	8.2+	1.2	1.9	0.4	
	板屋田中原	福岡	ⅣAb	中期後半	31.8	*29.7	16.3	*12.8	43.1	4.7	4.5	104	10.4	1.3	2.5	0.3	
17-2	真木	熊本	ⅣAb	中期後半	*29.1	26.6	14.3	*11.7	44	4.5	4.5	100	9.9	1.1	1.8	0.3	
17-3	下山門2	福岡	ⅣAb	中期後半	*27.5	*25.9	14	*11.3	43.6	*4.2	*4.0	105	—	*1.0	*1.7	*0.2	

第6章　銅　戈

図	遺跡	地域	型式	時期	全長	援長	樋長	鋒長	鋒長比	鋒幅	援幅	援幅比	闌幅	脊幅	内幅	内厚	実測図
31	櫟木鋳型A	佐賀	IVAb	中期後半	27.5	26.3	―	―	―	4.8	4.7	102	10	―	3.2	0.2	
	櫟木鋳型B		IVAb		27.5	24.9	13.1	11.5	46.2	4.1	4	103	10	1.2	2.1	0.2	
8章	真名井	島根	IVAb	中期後半	31.2	29.2	16	12.7	43.5	4.2	3.8	111	10.3	1.4	2.2	0.4	柳田2006a
18-1	大板井（九歴）	福岡	IVAb	中期後半	29.3	27	13.2	*13.1	48.5	4.8	4.7	102	10.2	1.3	2.2	0.4	柳田実測
	久里大牟田	佐賀	IVAb	中期後半古	34	31.5	17	14	44.4	5.4	4.7	115	12.8	1.4	2.3	0.4	
16-2	龍田里1	慶北	IVAb	V-2	*25.4	*24.1	12.2	*11.4	47.3	*3.8	*3.8	100	8.3	*1.2	1.9	*0.2	国立慶州2007
16-3	龍田里2		IVAb		33	*30.9	17.6	12.7	41.1	*4.6	*4.4	105	*9.6	*1.4	2.3	0.25	柳田実測
	住吉神社	福岡		中期後半	*32.2			*13.8	46	*4.9	*4.7	104	*9.9	*1.3	*1.8	*0.3	岩永1980a
	住吉神社		IVAc		*33.3	*31.0		*14.0	45.2	*5.5	*4.7	117	*11.8	*1.4	*2.1	*0.3	
	住吉神社		IVAc		*34.1	*31.6		*14.2	44.9	*5.6	*4.9	114	*12.5	*1.6	*2.3	*0.3	
18-2	住吉神社		IVAc		32.3	29.8	15.2	14.3	48	5.2	4.4	118	10.8	1.3	2.2	0.4	柳田実測
	ヒエデ2		IVAc	中期末	31.9	29.6	15	14.3	48.3	5.3	4.7	113	11.2	1.4	2.1	0.2	
18-3	ヒエデ3		IVAc		33.7	31.3	15.9	15.2	49	5	4.2	119	11.4	1.5	2.1	0.3	
	ヒエデ4		IVAc		35.7	32.6	16.8	15.5	47.3	5.4	4.6	117	11.9	1.3	2.4	0.3	
32	八田鋳型3		IVAc	中期後半	*31.7	*29.8	16.2	*12.5	41.9	5.2	4.6	113	11.6	1.4	2.2	*0.3	
33	八田鋳型4		IVAc	中期後半	36.6	34.2		14	40.9	5.3	4.3	123	12.6	1.3	―	―	
34	八田鋳型5		IVAc	中期後半	37	34	20	13.8	40.6	5.3	4.3	123	12.7	1.3	2.3	―	
	紅葉ヶ丘27		IVAc	中期後半	39.3	36.4	19	17	46.7	5.5	4.8	115	11.7	1.5	2.3	0.3	
	柳沢1	長野	IVAb	後期前半	34.2	31.9	16.5	15	47	5.5	4.6	120	*12	1.6	2.3	0.3	
	吉野ヶ里	福岡	V		38.3	35	17	17.3	49.4	9	6.2	145	13.8	1.6	2.4	0.3	
19-1	山地1	和歌山	IVBa	中期後半	32.5	*30.7	15.9	*14.5	47.2	5.6	5.3	106	13.9	1.4	2.9	0.7	
20-1	柳沢2	長野	IVBa2	後期前半	23.6	22.7	13.5	8.5	37.4	4.1	4.5	91	8.7+	1.4	2.2	0.4	
20-2	柳沢6		IVBa2		32.3	30.2	14.8	15	49.7	5.8	5.7	102	13	1.4	3.7	0.5	
21	柳沢7		IVBa2		36.1	34.1	15	18.5	54.3	6.4	6.3	102	17.5+	1.4	3.3	0.5	
19-2	山地2	和歌山	IVBb	中期後半	28.6	*27	12.3	*14.5	54.5	4.6	4.3	107	11.2	1.4	2.3	0.5	
19-3	山地3		IVBb		28.3	*26.8	13.4	*13.0	48.5	4.4	4.3	104	10.5	1.5	2.2	0.4	
24-1	山地4		IVBb		28.6	27.1	13.8	13.2	48.7	4.5	4.3	105	9.5	1.4	2.2	0.4	
	山地5		IVBb		28.4	*27.2	14.2	*12.8	47.1	4.4	4.4	100	―	1.5	2.3	0.4	
	山地6		IVBb		29.1	*27.7	14.7	*13.2	47.7	4.2	4.3	97.7	―	1.4	2.3	0.4	
22	柳沢3	長野	IVBb1	後期前半	25.3	23.6	12.7	11.3	47.9	4.8	4.6	104	11	1.5	2.1	0.4	
23	柳沢4		IVBb1		22.2	20.9	12.8	8	38.3	4.6	4.5	102	11.5+	1.4	2	0.4	
24-2	柳沢5		IVBb1		27.2	25.4	14	10.8	42.5	4.5	4.4	102	11.2	1.3	2.5	0.4	
26	柳沢8		IVBc1		7.9+	―	―	―	―	―	―	―	9.4+	1.1	2.5	0.3	
25	海ノ口神社		IVBc1	後期	24.4	23.4	12	11		―	―	―	9.2	1.3	2.4	0.3	
	桜ヶ丘1	兵庫	IVBc2	IV様式	27.3	25.9	14.8	10.5	40.5	4.7	4.6	102	11.8	1.3	2.5	0.4	
	桜ヶ丘2		IVBc2		27.5	26.1	15.1	10.5	40.4	5.2	4.9	106	11.8	1.3	2.3	0.3	
27-1	桜ヶ丘3		IVBc2		28	27	16.8	9.6	35.6	5.1	4.8	106	11.8	1	1.9	0.2	
27-2	桜ヶ丘4		IVBc2		28.3	26.4	17.7	8.6	32.6	5.1	4.8	106	11.8	1.2	2.3	0.4	
	桜ヶ丘5		IVBc2		27.8	26.6	15.8	10.5	39.5	4.8	4.6	104	11	1.3	2.1	0.2	
27-3	桜ヶ丘6		IVBc2		28.3	27	15.5	11.2	41.5	4.8	4.8	100	11.1	1.1	1.9	0.2	
28-1	桜ヶ丘7		IVBc2		29	27.6	16.9	10.4	37.7	5.3	4.8	110	11.3	1	1.9	0.2	
28-2	瓜生堂	大阪	IVBd	IV様式	24.4	23.6	11.2	12.4	52.5	3.3	3.1	106	7.7	0.7	0.8	0.1	
29-1	笠岡湾干拓地	岡山	IVCa		36.7	33.1	18.5	15	45.3	5.8	6	103	13.3	1.3	1.6	0.3	
29-2	宮内鉾が峯	広島	IVCb		*39.7	―	―	―		4.3	3.9	110	*15.8	―	1.4	0.4	
29-3	茂渓里M3	韓国	IVCa		*26.8	*25.1	13.9	*10.7		*3.4	3.7	109	*12.9	1.1	1.3	0.4	

注　＊数字は復元数値及び文献図面を計測した数値、Kは甕棺墓、Mは木棺墓

表3　銅戈鋳型一覧

図	遺跡	所在地	型式	現状（裏面）	材質	出土遺構	時期	文献
1-1	葛洞	韓国全羅北道	I Ab	完形、裏剣	滑石	1号土坑墓		金他2005
1-2	伝霊岩	韓国全羅南道	I Ab	完形、両面揃い、(剣)	滑石	不明	IV-2	林炳泰1987
3-1	八ノ坪	熊本県熊本市	II Aa	両面鋒	石英長石斑岩	試掘採集	中期前半	林田2005
3-2			II Aa	片面鋒、(矛)	石英長石斑岩			柳田2008a
3-3	鍋島本村南	佐賀県佐賀市	II Aa	身中央部	石英長石斑岩	SK345	中期前半	木島1991
3-4	柚比平原・大久保	鳥栖市	II Aa	樋先端付近	石英長石斑岩	平原6住、大久保12住	後期・古墳	未報告
	多田羅大牟田	福岡県福岡市東区	VI	完形品	石英長石斑岩	丘陵斜面	後期	森1963
	八田1号		IVAc	上端欠	石英長石斑岩	丘陵工事中採集	中期末？	下條1977
32	八田3号		IVAc	上端欠	石英長石斑岩			下條1977
33	八田4号		IVAc	ほぼ完形	石英長石斑岩			常松1998
34	八田5号		IVAc	ほぼ完形	石英長石斑岩			常松1998
	有田81次	早良区	V	(矛鋒)	石英長石斑岩	1区SD07E区上層	古墳～奈良	浜石編1986

6 流通と地域性

図	遺跡	所在地	型式	現状（裏面）	材質	出土遺構	時期	文献
	那珂八幡古墳	博多区	V		石英長石斑岩	古墳盛土中		岩永 1980a
	那珂遺跡群 20 次		V		石英長石斑岩	SD01 溝上層下と中層上の境	中末・後前	福岡市 1993
35-1	那珂遺跡群 23 次		IVAc		石英長石斑岩	環溝 SD44 中層	中期末	福岡市 1992b
	23 次		IVAb/c		石英長石斑岩	上同中層下		
	23 次		IV?		石英長石斑岩	上同		
35-2	下月隈 C7 次		IVAb	両面鋒部	石英長石斑岩	SD921	中～後・末	福岡市 2006
	比恵遺跡群 8 次		IVAa-b	（剣）	石英長石斑岩	井戸 SD09	中期末	福岡市 1992a
	43 次		IVBb/c		石英長石斑岩	SC066、1区 R1	中期末前後	福岡市 1996b
	50 次		IVAc/V		石英長石斑岩	中世～近世		福岡市 1996a
	高宮八幡	南区	VI		石英長石斑岩	不明	不明	力武・後藤 1990
	井尻 14 次		VI	（矛）	石英長石斑岩	包含層	中期～中世	未報告
	御陵	春日市須玖北	IVAc	又は矛	石英長石斑岩	2号住居跡	古墳初期	春日市 2003
	須玖岡本坂本区 1 次	岡本	V	樋・身下部	石英長石斑岩	溝 3	後期	春日市 2010b
	須玖岡本坂本区 1 次		V	身－胡	石英長石斑岩	溝 12	後期	春日市 2010b
	須玖岡本坂本区 4 次		V	両面	石英長石斑岩	1号土坑、東部下	後期	春日市 2011
	須玖岡本 L 地点		IVAc	樋	石英長石斑岩	C区包含層	中・中～後・中	春日市 1995
	11 次		V	鋒	石英長石斑岩	溝 8（D008-N001）	中	未報告
	11 次		IVAc/v	湯口・内・胡？	石英長石斑岩	溝 8（D008-N001）	中	未報告
	赤井手	弥生	IVAc		石英長石斑岩	A3区、P2	中・中～後・末	春日市 1980
			IV		石英長石斑岩	A14区		
			V		石英長石斑岩	A5区包含層		
			V		石英長石斑岩			
	竹ヶ本 C 地点	弥生	V	両面、樋～鋒下部	石英長石斑岩	B区1号住居跡	中期末	未報告
	須玖平若 C 地点 1 次	弥生	不明	胡・内	石英長石斑岩	11号住居跡	中・中～後期	春日市史 1995
	2 次		IVAa/b	脊～両樋下端部	石英長石斑岩	2号住居跡＝工房	中期後半	
	2 次		IVAc/V	胡部、側面に合印	石英長石斑岩	4号住居跡	中～中・後期	
	須玖尾花町 1 次	大和町	IVA/v	胡・内	石英長石斑岩	溝 8	後期	春日市 2008
			IVA	又は矛	石英長石斑岩	溝 8、3区	後期	
	トバセ 2 次	大谷	IVAc	脊-樋	石英長石斑岩	包含層	中・中～中・末	春日市 2008
	九州大学筑紫地区	春日公園	IVAb	鋒	石英長石斑岩	旧河川 SX303	中期後半	西編 1994
			IVAb	鋒				
	中白水 1 次	上白水	IVA	胡・脊	石英長石斑岩	中世井戸	不明	未報告
	永岡	筑紫野市	IVAc	身下半～胡・内	石英長石斑岩	採集	不明	山野 1979
	仮塚南		V	連結式下半	石英長石斑岩	10号土坑	後期中頃	福岡県 1995
	中原前	筑前町	V	下半部を欠損	石英長石斑岩	井戸掘り、地下 4m	不明	松本 1966
	乙隈天道町	小郡市	IVAb	身下部	石英長石斑岩	B地区 60号住居跡	後・後	福岡県 1989
	三雲屋敷田	糸島市	VI	完形品	石英長石斑岩	イノカワ	不明	岩永 1980a
	久保長崎	古賀市	IVAc	両面戈	石英長石斑岩	2号・7号住居跡	後期前半	福岡県 1973
	吉木	岡垣町	V	完形品	石英長石斑岩		不明	高橋 1925
	焼ノ正	飯塚市	V	樋先端～下部	石	採集	不明	岡崎 1940
	江島	佐賀県鳥栖市	VI	下半部、内に重弧文	石英長石斑岩	弁財天として祭り	不明	向田編 1997
	本行 11		？	内右側？	石英長石斑岩	ピット	不明	向田編 1997
	柚比本村		IVAc	内・胡・身下部右側	石英長石斑岩	SX2004	中・前～中・後	佐賀県 2003
	西石動	東背振村	IVAc	下半部	石英長石斑岩	不明	不明	岡崎 1940
31	櫟木	佐賀県上和泉	IVAb	完形品、彫り直し	石英長石斑岩		不明	文化財保護 1959
36	雲井	兵庫県神戸市	IVBa	湯口・鋒		包含層	II・III 様式	神戸市 2010
37	服部	滋賀県守山市	IVBa	脊・樋	石英長石斑岩	環濠 SD-E	IV 様式中頃	三好 1993
38	東奈良	大阪府茨木市	IVBc	内～身下部	土製	包含層	IV 様式	三好 1993
			IVB	湯口から先端部	土製	包含層		
			IVB	胡細片	土製	包含層		
	瓜生堂	東大阪市	IVBc	鋒部	凝灰岩質砂岩	8号周溝墓東裾中期包含層	III～IV 様式	大阪府 1980

第6章 銅　戈

表4　銅戈一覧

図	型式	遺跡	出土地	出土遺構	時期	共伴品	文献
1-1	ⅠAb	葛洞	韓国全羅北道	1号土坑墓	Ⅳ-2		金他 2005
1-2	ⅠAb	伝霊岩	韓国全羅南道	採集	Ⅳ-1	BⅠa式剣・矛・鉇・斧・鑿鋳型	林 1987
2						多鈕鏡鋳型	韓国基督教博 2011
	ⅠAa1	九鳳里	忠清南道扶余		Ⅳ-1	BⅠa式剣11・ⅠA式矛・斧2・鉇	李康承 1987
	ⅠAa2					多鈕粗文鏡・多鈕細文鏡・鑿	
						砥石・石斧・土器	
	ⅠAa1	龍堤里	全羅北道益山		Ⅳ-1	剣・鉇・鑿	西谷 1969
	ⅠAa1	草浦里	全羅南道咸平郡	石囲木棺	Ⅳ-2	剣4・矛2・中国式銅剣Ⅱb式	李・徐 1988
	ⅠAa2					多鈕細文鏡3・鉇・斧・鑿	
	ⅠAa2					青銅祭器5・砥石	
	ⅠAb	宮坪里	忠清南道牙山郡		Ⅳ-2	剣・多鈕細文鏡・斧	李 1989
	ⅠAa2	合松里	忠清南道扶余	石囲木棺	Ⅳ-3	BⅠa2式剣2・多鈕細文鏡・円蓋形	李建茂 1990
						異形銅器・小銅鐸2・	
						ガラス管玉8・鉄斧2・鉄鑿	
	ⅠAa	素素里	忠清南道唐津郡		Ⅳ-3	BⅠa4式剣・把頭飾・多鈕細文鏡2	李建茂 1991b
						ガラス管玉・鉄斧・鉄鑿・	
						土器	
	ⅠAa	鳳安里	忠清南道公州		Ⅳ-3	BⅠa4式剣・ガラス管玉	安 1978
	ⅠAa	鳳岩里	忠清南道燕岐郡西面			BⅠa3式剣	国立中央・光州博 1992
4-1	ⅠAa	貞柏洞	北朝鮮平壌市	土坑墓	Ⅴ-1	車馬具・鉄器	
30-2	ⅠAa	不明	韓国基督教博物館蔵				韓国基督教博 2011
4-2	ⅠAb	鹿部	福岡県古賀市		中期前半	銅剣	森 1973
	ⅠAa2	東郷高塚	宗像市				安部 1997
	ⅠAa	田熊石畑	宗像市	4号墓	中期前半	ⅡB式銅矛・銅剣	白木 2009
5	ⅠAa	不明	韓国基督教博物館蔵				韓国基督教博 2011
	ⅠAa	不明	嶺南大学校博物館蔵				
6	ⅠBa	入室里	月城郡外東面		Ⅴ-1	銅剣・多鈕細文鏡・小銅鐸・銅釦	小田・韓編 1991
	ⅠBa	入室里	月城郡外東面		Ⅴ-1	BⅠa式剣4・矛2・多樋式銅矛2・	藤田他 1925
						小銅鐸3・銅鈴2・	榧本 1980
	ⅠA2	平章里	益山		Ⅴ-1	BⅠa2式剣2・矛・前漢鏡	全 1991a
	ⅠBa	新川洞			Ⅴ-2	銅矛2・小銅鐸・竿頭鈴2	国立中央・光州博 1992
	ⅠAb						
7-2	ⅠBb	九政洞	慶州市		Ⅴ-1	剣4・銅矛4・銅鏃・銅環	金 1952
7-3	ⅠBb					素環頭大刀・鉄剣・鉄斧2	金 1964
7-1	ⅢB						
	Ⅴ	晩村洞	大邱市東区		Ⅵ-1	BⅠa・BⅡa式銅剣3・把頭飾・鞘金具	金・尹 1966
8-1	ⅠCa	伝槐亭洞					沈 1980
8-2	ⅠCa	飛山洞	大邱市西区		Ⅵ-1	銅剣・把頭飾・銅矛3・	金 1970
	Ⅴ					蓋弓帽・角形銅器3・	金 1972a
						虎形帯鉤	
8-3	ⅠCb	坪里洞			Ⅵ-1	銅戈鞘金具・銅剣3・剣鞘金具	尹 1981
	ⅠAa2	伝壱岐	長崎県壱岐市				岩永 1980a
9-1	ⅠAb	馬渡束ヶ浦	福岡県古賀市	区K2	中期初頭	BⅠa式銅剣・ⅡA式銅剣・ⅡB式銅矛	井 2006
9-2	ⅡAa	吉武高木	福岡県福岡市西区	M3	中期初頭	剣2・ⅡA式銅矛・玉	力武・横山編 1996
9-3	ⅡAa	吉武大石	福岡県福岡市西区	M1	中期初頭		力武・横山編 1996
	ⅡB？			K70			
9-4	ⅡAa	伝久原松崎	大分県大分市久原松崎				小田 1965
3-1	ⅡAa	八ノ坪	熊本県熊本市護藤町	H5A 小区	中期初頭	銅矛・小銅鐸・銅鐸鋳型	林田 2005
3-2	ⅡAa			採集	〜中期前半		
3-3	ⅡAb	鍋島本村南	佐賀県佐賀市	2区 SK345	中期前半		木島 1991
3-4	ⅡAa	柚比平原 大久保	佐賀県鳥栖市	3区 SH3006	後期・古墳		佐賀県 1993
	ⅡAa	広江浜	岡山県倉敷市広江浜				間壁 1979
10-1	ⅡAb	釈迦寺	佐賀県武雄市	SJ246	中期前半古		坂井編 1990
10-2	ⅡB	白壁	みやき町白壁一の幡		中期後半		岩永 1980a
10-3	ⅡB	安永田	鳥栖市柚比町		中期後半		中山 1918
11	ⅡB	吹上	大分県日田市	6次 K4	中期末	鉄剣・ゴホウラ貝輪15・硬玉勾玉 ガラス管玉500以上	渡邊 2006
	ⅣAa	鎌田原	福岡県嘉麻市嘉穂町馬見	K8	中期中頃（古）		福島 1997
	ⅣAa			M6	中期中頃		
12-1	ⅢAa	中尾下原	熊本県山鹿市蒲生	K59	中期初頭〜		隈 1986
12-2	ⅢAa	元松原	福岡県岡垣町				岡崎編 1982

280

6 流通と地域性

図	型式	遺跡	出土地	出土遺構	時期	共伴品	文献
12-3	ⅢAb	有田	福岡市	K2	中期初頭		森 1968a
12-4	ⅢAb	久米	志摩町	K23	中期前半新		河合編 1999
12-5	ⅢAc	宇木汲田	佐賀県唐津市	K17	中期前半古		岡崎編 1982
13-1	ⅢAc			K58	中期前半古		
13-2	ⅢAc	吉武大石	福岡県福岡市西区	K53	中期前半		力武・横山編 1996
	ⅢAc	清宗	福岡県浮羽市吉井町				岡崎編 1982
	ⅢAc	東尾	佐賀県みやき町東尾				岡崎編 1982
13-3	ⅢAc	朝町竹重	福岡県宗像市朝町竹重	M28	中期前半		安部 1997
13-4	ⅢAa	田熊石畑	福岡県宗像市	2号墓	中期前半	ⅡB式銅矛2・銅剣	白木 2009
14-1	ⅢB	水城	福岡県太宰府市				岩永 1980a
14-2	ⅢB	須玖岡本	春日市須玖	E地点K13	中期中頃		小田・韓編 1991
14-3	ⅢB	鎌田原	嘉麻市嘉穂町馬見	K9	中期前半(新)		福島 1997
16-1	ⅢB	竹東里	韓国慶州市		V-1	銅剣・多樋式銅矛・把頭飾・銅泡 25・小銅鐸・銅とん	韓 1987
15-1	ⅣAa	鎌田原	福岡県嘉麻市	K8	中期中頃古		福島 1997
15-2	ⅣAa	須玖岡本	福岡県春日市岡本	K	中期後半	銅剣	東京国立博物館 2005
15-3	ⅣAb	ヒエデ1号	福岡県筑前町	埋納	中期真	円筒形土器	伊崎 1999
17-1	ⅣAb	吹上6次	大分県日田市	K2	中期後半新		渡邊 2006
	ⅣAb	田中原	福岡県朝倉市	埋納	中期後半		柳田 1982a
17-2	ⅣAb	真木1号	熊本県大津町	埋納	中期後半		常松 2000
	ⅣAb	下山門1号	福岡県福岡市西区		中期後半		常松 2000
17-3	ⅣAb	下山門2号					
18-1	ⅣAb	大板井	福岡県小郡市	埋納	中期後半	土器	片岡 1996b
	ⅣAb	久里大牟田	佐賀県唐津市	K2	中期後半古	ⅡC式鉛矛	中島編 1980
16-2	ⅣAb	龍田里	韓国慶州市		V-2		国立慶州博物館 2007
16-3	ⅣAb						
18-2	ⅣAc	住吉神社	福岡県福岡市博多区	埋納	中期末	ⅡDc式銅矛2本・ⅡC式銅矛3本、銅戈6本	岩永 1980a
	ⅣAc	ヒエデ2号	福岡県筑前町	埋納	中期末	円筒形土器	伊崎 1999
18-3	ⅣAc	ヒエデ3号					
	ⅣAc	ヒエデ4号					
	ⅣAc	紅葉ヶ丘27号	福岡県春日市	埋納	中期末	銅戈27本	
	ⅣAc	柳沢1号	長野県中野市	埋納	後期前半	ⅣB型式銅戈7・銅鐸5	廣田編 2012
	ⅣAb	立岩下ノ方	福岡県飯塚市立岩		中期後半		森 1942
	ⅣAc	三雲南小路	福岡県前原市三雲南小路	K1	中期後半	前漢鏡35・ガラス璧8・ガラス勾玉3金銅四葉座飾金具8・ⅡAa式銅矛2有柄式銅剣・ガラス管玉60以上	青柳 1822 柳田編 1985
	ⅣAc	須玖岡本	福岡県春日市岡本	大石下甕棺墓	中期後半	前漢鏡約30・ⅡAa式銅矛6 BⅡb式銅剣・ⅡBc式銅剣2 ガラス璧・ガラス勾玉・ガラス管玉	岩永 1982 柳田 2011a・d
	V	吉野ヶ里	佐賀県神埼市・吉野ヶ里町	溝埋納	弥生終末		佐賀県 1992
19-1	ⅣBa	山地1号	和歌山県有田市箕島町	埋納	中期後半	ⅣB型式銅戈6	三木 1995
20-1	ⅣBa2	柳沢2号	長野県中野市	埋納坑	後期前半	ⅣB型式銅戈8・銅鐸5 (外縁付1式銅鐸2・外縁付2式銅鐸2外縁付2式～扁平鈕式古段階銅鐸)	廣田編 2012
20-2	ⅣBa1	柳沢6号					
21	ⅣBa2	柳沢7号					
19-2	ⅣBb	山地2号	和歌山県有田市箕島町	埋納	中期後半	ⅣB型式銅戈6 付近で複合鋸歯文銅鐸	三木 1995
19-3	ⅣBb	山地3号					
24-1	ⅣBb	山地4号					
	ⅣBb	山地5号					
	ⅣBb	山地6号					
22	ⅣBb	柳沢3号	長野県中野市	埋納坑	後期前半	ⅣB型式銅戈8・銅鐸5 (外縁付1式銅鐸2・外縁付2式銅鐸2外縁付2式～扁平鈕式古段階銅鐸)	廣田編 2012
23	ⅣBb	柳沢4号					
24-2	ⅣBb	柳沢5号					
26	ⅣBc1	柳沢8号					
25	ⅣBc	海ノ口	長野県大町市海ノ口		後期		柳沢編 2012a
	ⅣBc2	桜ケ丘1号	兵庫県神戸市	埋納	Ⅳ様式	ⅣBc2式銅戈7・銅鐸	兵庫県 1972
	ⅣBc2	桜ケ丘2号					
27-1	ⅣBc2	桜ケ丘3号					
27-2	ⅣBc2	桜ケ丘4号					
	ⅣBc2	桜ケ丘5号					
27-3	ⅣBc2	桜ケ丘6号					
28-1	ⅣBc2	桜ケ丘7号					
28-2	ⅣBd	瓜生堂	大阪府東大阪市	2Bトレ3PT3区	Ⅳ様式		大阪 1980
28-3	ⅣBd	久宝寺	大阪府八尾市	南区土坑15	Ⅳ様式		三好 1987

第6章 銅 戈

図	型式	遺 跡	出 土 地	出土遺構	時 期	共 伴 品	文 献
	ⅣBd	北畑保久良	兵庫県神戸市灘区本山町	神社境内			三木 1995
	ⅢB？	八木連西久保	群馬県富岡市	9号住居跡	後期樽式		妙義町 1999
29-1	ⅣCa	笠岡湾干拓地	岡山県笠岡市				吉田 1998
29-2	ⅣCb	宮内鉾が峯	広島県三原市八幡町				
29-3	ⅣCa	茂溪里	韓国	3号木棺墓			東亜細亜 2006
30-1	ⅠAb	松堂里	論山魯城面	石室墳			柳田 2011b
31	ⅣAb	櫟木	佐賀県佐賀市				文化財保護委 1959
	ⅣAc	八田1号	福岡県福岡市東区	採集	中期後半	Ⅲ型式銅剣鋳型（2号）	下條 1977
32	ⅣAc	八田3号					明治大学 1989
33	ⅣAc	八田4号					常松 1998
34	ⅣAc	八田5号					
35-1	ⅣAc	那珂23次	福岡県福岡市博多区	SD44　203区	中末・後初		下村・荒牧編 1992
	ⅣAc	那珂114次	福岡県福岡市博多区				吉武編 2010
35-2	ⅣAc	下月隈C7次	福岡県福岡市博多区				福岡市 2006
36	ⅣBa	雲井	兵庫県神戸市		Ⅱ・Ⅲ様式		神戸市 2010
37	ⅣBa	服部	滋賀県守山市		Ⅳ様式		滋賀県 1986
38	ⅣBc	東奈良	大阪府茨木市		Ⅳ様式		田代他 1975
39	ⅣBa	伝慶尚北道	韓国慶尚北道		Ⅴ-1～	銅矛2・竿頭鈴	湖巌美術館 1997

第 7 章　青銅武器の研磨技術

1　はじめに

　最古の青銅武器の確実な発掘調査例は、弥生前期前半の遼寧式銅剣の再加工品である。これは遼寧式銅剣の破片が鏃・鑿などに再加工され、墓の副葬品として発見されることがないことから、遼寧式銅剣の完形品が流入した形跡はないに等しい（柳田2004a・b）[1]。

　確実に青銅武器とできるものは、弥生中期初頭に舶載されると同時に国内生産が開始されている。これには朝鮮半島墳墓副葬品Ⅳ-2段階の銅矛・銅剣・銅戈・多鈕細文鏡などが共伴している。しかも、銅矛には鈕（耳）が付加され、銅剣には当初から「中細形銅剣」の属性である内傾斜樋が形成され、銅戈の脊や内が細く扁平になるなど朝鮮半島製と明確に区別できる国産品が多数存在することが確実になった。銅剣・銅戈の脊の鎬や元部の刃部化は研ぎ減りによる形態変化であり、従来の銅剣と銅戈の型式分類では時期的に逆転する虚像が創出されていたことから、あえて新しい型式分類を提示した。これらの青銅武器の形態変化こそが実用されている証拠であり、研ぎ減りする根拠となる鋒の欠損・折損、刃こぼれなどの使用痕跡を詳細に観察・分析することによって、実戦・模擬戦・祭祀などの実用の多様性の実際が把握できるものと考える（柳田2005b・2006a）。青銅武器の「細形」の銅矛・銅剣・銅戈は、実戦武器とのみ考えられているふしがある。橋口達也の「明器銅戈考」（2005）は、それを助長させたかもしれない。「細形銅戈」の一種の宇木汲田17号甕棺墓出土品のような扁平小型銅戈を「副葬用銅戈」すなわち「明器銅戈」としたことから、他の「細形銅戈」の全てが実戦用銅戈と理解されているが、果たしてそうだろうか。

　弥生中期後半の鉄製武器の普及に伴い祭器化を助長する青銅武器ではあるが、その武器形青銅祭器にも様々な再研磨痕跡が観察できる。その大半は実戦武器と同様であり、祭器ならではの再加工や地域性も存在することは、刃こぼれなどが実戦のみに起因するものではないことを明示している（柳田2008b）。

　本稿で扱う青銅武器とは、実戦武器として使用されるものを指すが、いわゆる「中細形」と称されてきた型式の一部に模擬戦を含めて使用実例が存在することからこれらも俎上に載せる。

2　未研磨青銅武器

(1) 鋳型の検討

　未研磨の青銅武器を知るには、先ず鋳型を検討しておかなければならない。いわゆる「細形」

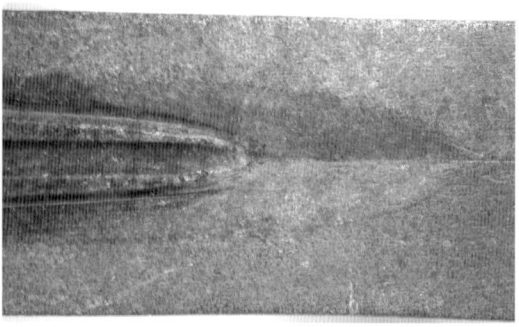

写真1　伝韓国霊岩銅戈石製鋳型

といわれる青銅武器は当初は舶載品として扱われることが多かった（岩永1980a・b）。その後「細形」青銅武器の中にも国産品が含まれるようになる（岩永1986）ことから、その型式分類に明快さを欠いていた。すなわち、青銅武器の型式分類において鋳型が考慮されていなかったことから、その製品との対照において適切さを欠いていた。とくに鋒形態において、銅矛・銅剣の「細形」鋳型は脊が鋒先端までのび、研磨された製品はそうではないことが知られていながら、基本的な差異を見逃してきた。したがって、青銅武器の研磨技術を研究するには、未研磨青銅武器の存在と同時に、鋳型の実態を把握しておかなければならない（柳田2003c・2005b）。

さらに、「細形」青銅武器の脊の鎬において、鋳出し鎬の存在が考えられていたふしがある（宮井1987・2003）。「新段階の銅剣」の脊の鎬や山形節帯が、鋳出し鎬と考えられていたからこそ、「細形銅剣Ⅱ式」（岩永1980a）・「細形Ⅱ式銅剣」（吉田2001a）が存在していることになる。型式分類の再考を高らかに唱えている論者も研ぎ直しの存在を認めていながら、鋳型・未研磨製品及び研磨初期段階の青銅武器の現状を把握していなかったことになる。

青銅武器の鋳型完形品は現在のところ日本では発見されていないことから、朝鮮半島の出土品を検討する。その内平安南道将泉里例は製品例が確認できていないことからここでは除外して、草芙里例・長城例・伝全羅南道霊岩例・葛洞例を検討する。

① 伝霊岩銅矛鋳型　　第4章3①参照。
② 伝長城銅矛鋳型　　第4章3②参照。
③ 伝霊岩銅剣鋳型　　第5章3（1）③参照。
④ 伝霊岩銅戈鋳型　　第6章2（1）参照（写真1）。
⑤ 草芙里銅剣鋳型　　第5章3（1）②参照。
⑥ 葛洞銅戈鋳型　　　第6章2（1）①参照。

（2）未研磨青銅武器の実例

日本では未研磨の「細形」青銅武器の例は知られていないが、韓国に実例が若干存在する。古くから指摘されているのが慶尚南道金海貝塚3号甕棺墓出土の「細形銅剣」2本のうち1本である（榧本1958）。さらに、韓国基督教博物館にも銅剣2本（小田・韓編1991）と銅戈1本（林1987、村松2008、柳田2011b・e）がある。研磨初期段階のものに江原道襄陽郡土城跡出土銅剣（金

1972a）と慶尚南道白雲里例（沈 1980、沈・藤口訳 1981）などがある。

これらとは別に、「細形」青銅武器とほぼ同時期に遼寧省及び朝鮮半島で製作された仿製の中国式銅剣があり、その多くが鋳造後に研磨されていないことを指摘したことがある（柳田 1982a・1984・1990・2002b）。

① 金海貝塚3号甕棺墓銅剣・銅鉇例

2本のうち1号銅剣は、全長 28.85cm のⅡAa型式4段階研磨（図1-1）、2号銅剣が復原全長 28.0cm の未研磨BⅠa型式である（図1-2）。2号銅剣について榧本杜人は、「鋒にも双刃にもとぎをかけず、背も茎からつうじたおなじ杏仁形断面のままで、稜をとぎだしていない。したがってこれは銅剣の一つの形式ではなく、仕上げまえの銅剣で未完成なのである」と明言している（榧本 1958）。この情報を認識していれば、以後の型式分類が研ぎ減りの形式を型式と誤認することはなかったものと考える。

さらに、共伴した銅鉇8～10本にも未研磨製品が含まれている（図1-3・4）。榧本の記述はないが、数本の鋒側面に丸みがあることから、鋒を研ぎ出した佐賀県釈迦寺例（写真2）と比較すれば、未研磨製品であることが明らかである。

② 伝慶尚北道尚州出土銅剣例

韓国基督教博物館には銅剣の未研磨品が2例あり、全長 30.0cm（D22）と全長 30.25cm（D23）の計測値をもつ（韓国基督教博物館 2011）。脊先端が明瞭に鋒先端までのびる D23 例と両面で若干違っている D22 例があり、刃部形成が明瞭でないことから刃部の段が表現されていない図（小田・韓 1991）と若干表現されている図2（韓国基督教博物館 2011）が公表されている。韓国基督教博物館報告の写真をみる限りでは、伝霊岩鋳型から鋳造されれば細い突線となるところが、両例共に突線がなく丸みをもつ段となっている。さらに、両例共に微妙ながら刳り込

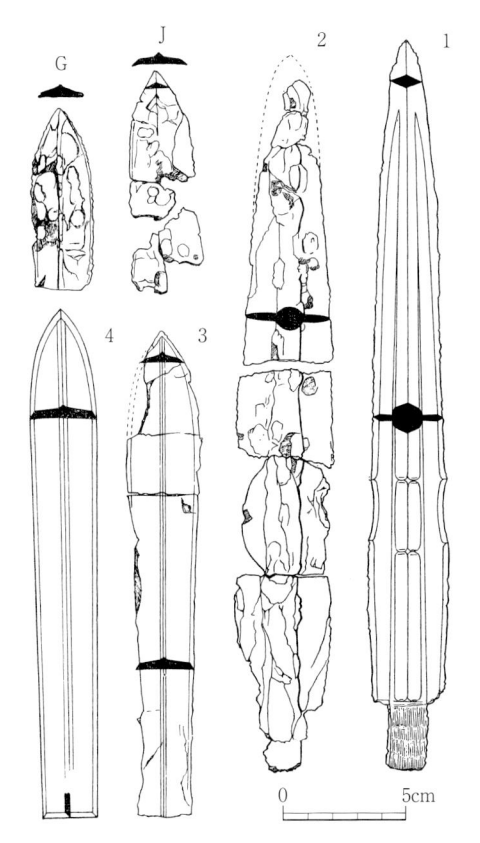

図1　韓国金海貝塚3号甕棺墓銅剣・銅鉇実測図
（1/3）（榧本 1958）

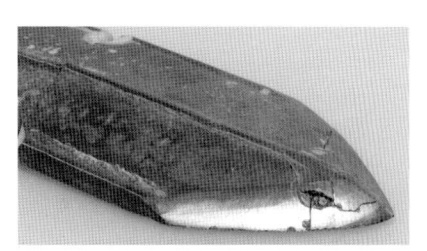

写真2　佐賀県釈迦寺銅鉇

第 7 章　青銅武器の研磨技術

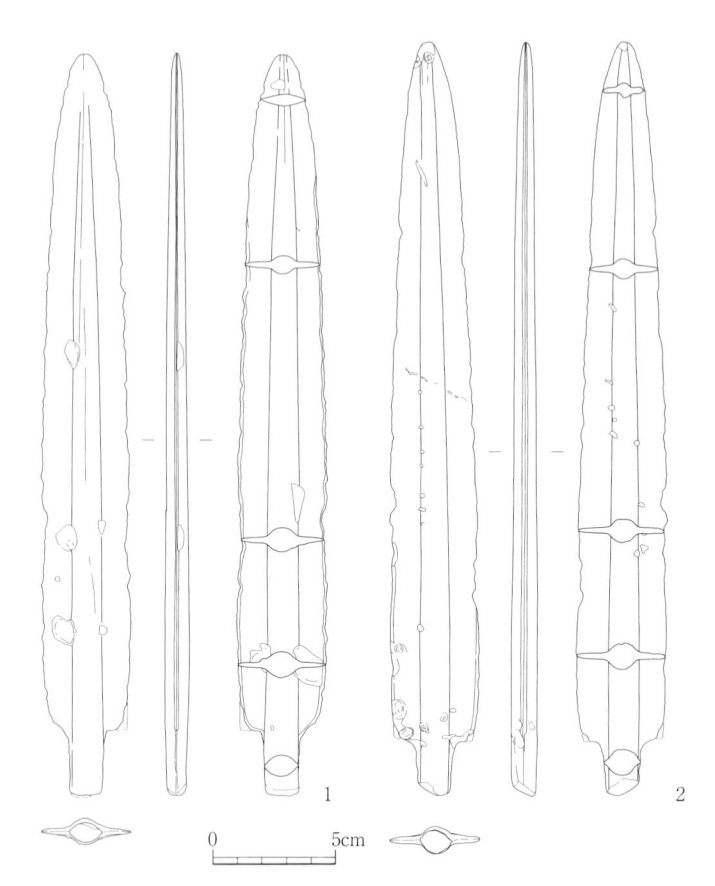

図 2　韓国基督教博物館蔵銅剣実測図（1/3）（韓国基督教博物館 2011）

みが観察されるが、公表されている両者の実測図では意識されていないようだ。刃部に若干のバリと茎両側に明瞭なバリが残されている。

③　松堂里出土銅戈例

　第 6 章 4（2）参照（カラー図版 5、写真 3）。

④　江原道襄陽郡土城跡銅剣例

　小田富士雄が襄陽遺跡（小田・韓編 1991）、宮井善朗が釘岩里出土（宮井 2003）としている銅剣で、多鈕細文鏡と共伴しているが、出土状況は不明。銅剣は全長約 30.8 cm で、脊が鋒先端まで通り、脊に鎬がなく、刃部が形成されずに段状をなすことで知られている（宮井 2003）。脊にも研磨が及ぶが、刃部の研磨が鋳出し鎬部分の研磨で終わっていることから、脊に鎬が形成されるまで研磨されなかったことになる（図 3）。

⑤　慶尚北道白雲里銅剣例

　道路作業中に礫塊中から銅矛 1 本・銅剣 4 本・銅鉇 1 本が出土した（沈・藤口訳 1981）。この内銅剣 D が全長 21.5 cm、最大幅 3.0 cm、脊幅 0.95 cm、脊厚 0.9 cm の小型 B I b 式銅剣である。脊が幅だけでなく扁平であり、武器としての機能をもつとは考えられない。脊に鎬が形成されて

写真3　韓国松堂里未研磨銅戈の鋳肌
左：A面脊の指紋　右：B面鋒の鋳型補修痕跡

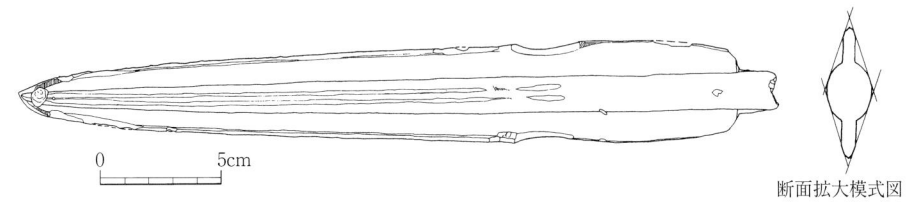

図3　韓国襄陽釘岩里銅剣（1/3）（宮井2003）

いるが、刃部には段状部分があり、鋳出し鎬部分が研磨されたにすぎない。元部の研磨が脊まで及んでいるが、刃部は形成されずに段を形成するにすぎない。茎のバリは処理してある（写真4）。

⑥　全羅北道襄上林里中国式銅剣例

　第3章3（2）⑥参照。

⑦　全羅南道草浦里中国式銅剣例

　第3章3（2）⑦参照。

⑧　長崎県壱岐市原の辻18号甕棺墓中国式銅剣例

　第3章（1）④参照（カラー図版4、写真5）。

⑨　福岡県朝倉市中寒水中国式銅剣例

　銅剣（カラー図版3、写真6）は、剣首を発見時に欠損し、剣身の大半が欠損したものを埋没前に研ぎ直している。現存全長19.0cm、再加工剣身長さ10.3cm、剣身剣口幅3.7cm、重さ164.5gの計測値を示す。

　第3章3（1）⑬参照。

⑩　福岡県糸島市井牟田銅剣

　第3章3（1）⑦参照。

第7章　青銅武器の研磨技術

写真4　韓国白雲里銅剣D

写真5　未研磨の長崎県原の辻18号甕棺墓中国式銅剣Ⅱb式

写真6　福岡県中寒水中国式銅剣Ⅱb式

写真7　未研磨の島根県神庭荒神谷B62銅剣

⑪　島根県出雲市神庭荒神谷 B62 銅剣

　武器形青銅器では、ⅣBc 式銅戈や「広形」銅矛・銅戈などに未研磨製品が存在することが知られている。同様に神庭荒神谷 B62 銅剣も未研磨の武器形青銅器として知られている（島根県教育委員会 1996）。この例は共伴した 357 本の銅剣の全てが研磨されていたことからすれば特異な存在である。神庭荒神谷銅剣はいわゆる「中細形銅剣」の最終段階で拙稿のⅡC 型式の中でも最も扁平なⅡCb 式である。

　B62 銅剣を観察すると、先ず気づくことは刃部に段落があり突線が廻ることである。突線は鋒部稜線にも存在し、同型式を鋳造したと考えている佐賀県姉Ⅳ区 SK4004 土坑鋳型と同じである。姉鋳型には刃部に突線が彫り込まれないが、鋒中央の鎬部分の突線と脊部分の違いが明瞭に識別できる（柳田 2007a）。ちなみに、刃部の突線は鋳型に直接彫り込まれた証拠ともなり、中期後半の佐賀県中原石製鋳型でみられる（柳田 2011a）。

　鋳肌面を観察すると小さな凹凸が存在する部分と、滑らかな部分が共存することも確認できる（写真 7）。

3　脊部の研磨進行段階

(1) 鎬の成立

　従来の「細形銅剣」の型式分類では、鎬が鋒から刳方までか、それ以下に及ぶかにより二大別されてきたように、脊の鎬の形成が重要な役割をもつ。ところが、鋳型で検討したように、初期銅矛・銅剣・銅戈鋳型においては脊に鋳出し鎬は施されないことが確認できた。すなわち、銅矛・銅剣の場合のみ刃部を研磨すれば直ちに脊に研磨が及び、早い段階で脊に鎬が形成されることになるが、吉武高木 3 号木棺墓銅剣と同 117 号甕棺墓銅剣のように、刃部が形成された初期段階では脊に鎬が形成されていない例が存在する（図 4）。これは脊の厚さと刃部の研磨角度に相関するものと考える。白雲里銅剣 D のように脊が扁平であれば、刃部と鎬が形成されない未研磨銅剣となることもありうるのである。したがって、初期段階の青銅武器の脊の鎬は、刃部研磨過程で結果的に形成されるもので、鎬形成を目的としていないことが明らかである。初期鋳型に鋳出し鎬が施されないことと、鎬が形成されていない吉武高木二者例の存在がそれを証明している。

　銅戈においてはすでに拙稿（2008a）で指摘したように、鎬出現初期段階の数例が存在することから、銅矛・銅剣と同じように結果的に脊の鎬が形成されることが明晰となっている。写真 8-1 は拙稿で使用した吉武高木 3 号木棺墓銅戈であり、本例はその後の検討で樋先端より脊が

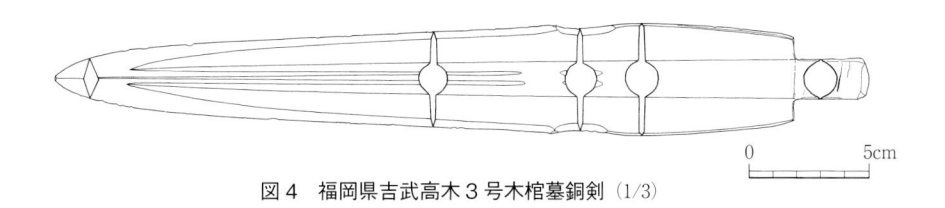

図 4　福岡県吉武高木 3 号木棺墓銅剣（1/3）

第7章 青銅武器の研磨技術

写真8 銅戈脊先端の研磨進行段階　1：福岡県吉武高木3号木棺墓　2：韓国基督教博物館蔵銅戈

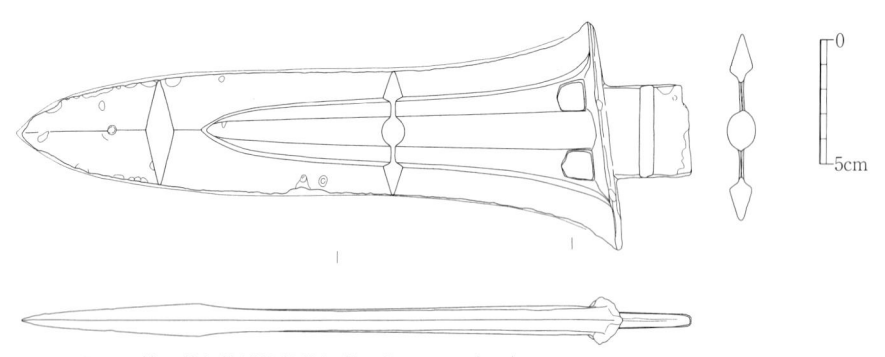

図5　韓国基督教博物館蔵銅戈の鋒の厚さ（1/3）（韓国基督教博物館 2011）

突出する可能性もあるが、研磨初期段階では脊に鎬が形成されていないことを証明できる資料であることに変わりない。写真8-2は韓国基督教博物館蔵の出土地不明銅戈であるが、本例も脊に鎬が形成される初期段階研磨の証拠品となる（柳田 2011e）。同博物館蔵の図5のように樋先端部分に最大厚がある場合は、多少研磨が進行しても鎬が脊に及ばないことも拙稿で指摘しておいた。

ところで、銅戈では脊に研磨が及んでいながら、刃部の全てに研磨が及んでいない例が存在する。先に紹介した吉武高木3号木棺墓銅戈は、脊先端に研磨が及んでいながら闌部側の半分近くでは研磨が及ばずに鋳肌が観察でき、鋳型そのままの二段刃を呈することから樋外側輪郭線に鎬が形成されずに丸みをもつ（第6章図9-2）（写真9-1）。さらに、佐賀県釈迦寺銅戈は、脊に鎬が形成されながら、闌部近くは脊と刃部に研磨が及んでいない（第6章図10-1）（写真9-2）。ところが、刃部研磨が進行して行くと、脊に鎬が発生するばかりではなく、貞柏洞（写真9-4）・馬渡束ヶ浦銅戈（第6章図9-1、図8-13、写真9-3）・鹿部銅戈のように刃部が薄くなり（第6章図4-2）、極限に達すると須玖岡本久我屋敷銅戈（図6）のように刃部が扁平になり、樋と刃部の段差がなくなる。

銅剣が5段階研磨に進行すれば翼部が失われて脊を残すのみとなるように、銅戈も研磨が進行すれば刃部の厚さが失われて、樋と刃部の区別ができなくなるものも存在する。拙稿（2008b）で指摘した福岡県馬渡束ヶ浦銅戈・北朝鮮平壌付近銅戈（榧本1980）・須玖岡本久我氏屋敷銅戈がそ

3 脊部の研磨進行段階

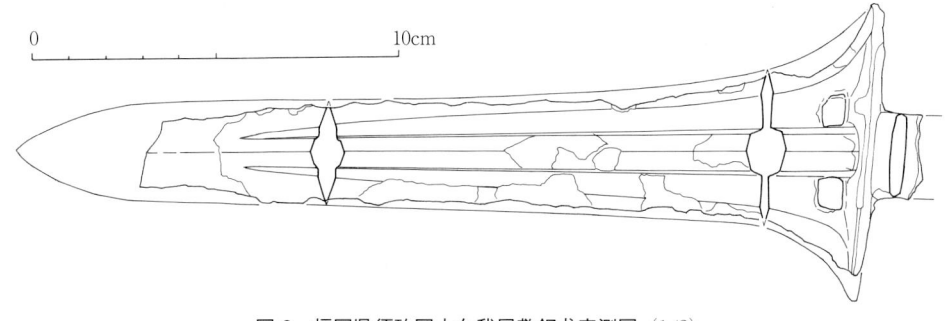

図6 福岡県須玖岡本久我屋敷銅戈実測図（1/2）

写真9 銅戈刃部の研磨進行段階 1：未研磨 2：未研磨と鎬出現 3・4：研磨最終段階
1：福岡県吉武高木3号木棺墓 2：佐賀県釈迦寺 3：福岡県馬渡束ヶ浦 4：韓国貞柏洞

れであるが、東京国立博物館蔵貞柏洞銅戈（第6章図4-1）も加わる。ここまで研磨が進行すれば鋒元部と樋先端部が多少厚くても脊に鎬が形成されて、樋先端が離れることになる（写真8-2）。

291

第 7 章　青銅武器の研磨技術

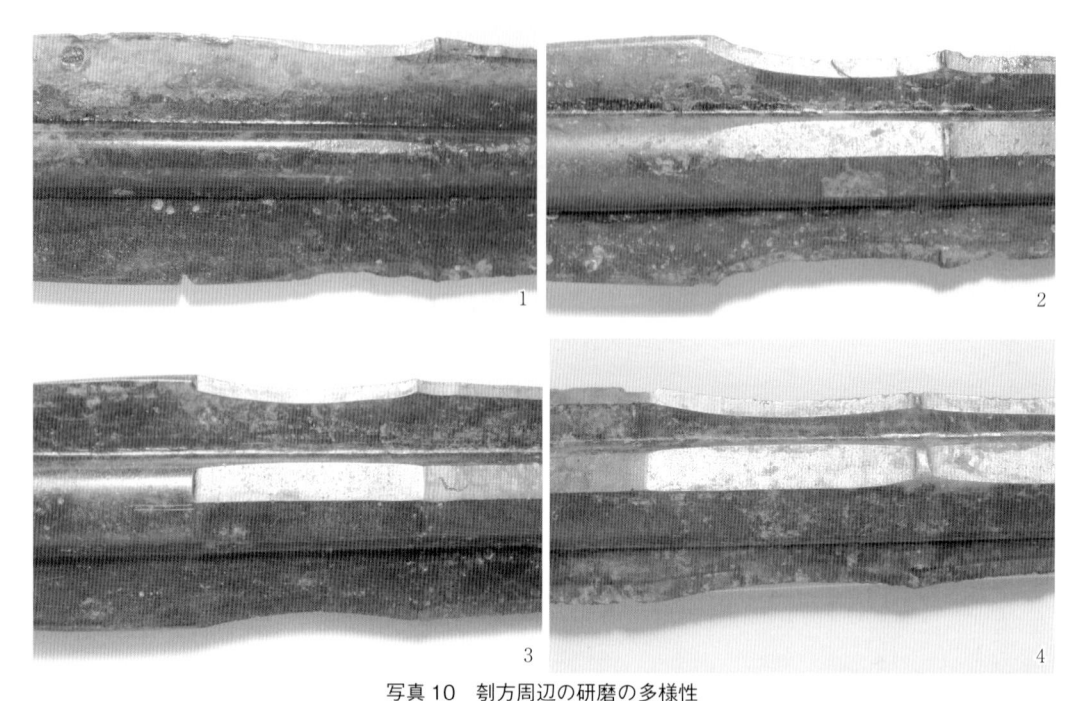

写真 10　刳方周辺の研磨の多様性
1：福岡県吉武高木 117 号甕棺墓　2：吉武大石 45 号甕棺墓　3：吉武大石 51 号甕棺墓　4：吉武高木 4 号木棺墓

(2) 銅剣節帯の成立

　銅剣の節帯という名称については、岩永省三の型式分類再考（1980a）と吉田広の型式分類（1993）にはないが、宮井善朗の型式分類再考（1987）にはある。この名称を使用している宮井の論考には、節帯の説明はないが、管見によると、節帯とは刳方の両側に生じる節を指している（1987・2003）。その節は脊と刃部に出現することになるが前項で検討したように、脊に鎬が出現していない吉武高木銅剣 2 例は刃部に節帯らしき変換点が出現しているものの、脊には節帯が形成されていないものと考えている。
　したがって、結果的に出現する節帯にも規格性があるようで、写真 10 のように多様性もある。
　ところで、宮井の論考にある円形節帯と山形節帯についても拙稿（2005b）で指摘したように、刃こぼれなどが生じることによって再研磨されれば、節帯が前後に移動することによって山形節帯が結果的に出現するに過ぎないことも判明している。写真 11-3 のような 4 段階研磨の宇木汲田 6 号甕棺墓例は一見円形節帯のようにみえても山形節帯がマメツしているに過ぎない例も存在する。須玖岡本 15 号甕棺墓例（写真 11-4）や宇木汲田 61 号甕棺墓例（写真 11-5）のように山形節帯が 2 段階研磨でも出現していることに変わりない。
　さて、2 段階研磨の節帯を意図して残すには、高度な研磨技術に伴う研磨具が必要条件となる。2 段階研磨以降においては、写真 11 のように極細の節帯に仕上げられている。鋳型製作段階では鎬や節帯が存在しないことを確認したことから、極細節帯を仕上げるには鋭利な研削具・研磨具が必要であるが、現在のところこれに適合する道具が出土していない。鋭利で極細の節帯に仕

写真11　円形節帯と山形節帯　1・2：円形節帯　3〜5：山形節帯
1：福岡県田熊石畑3号墓　2：馬渡束ヶ浦　3：佐賀県宇木汲田6号甕棺墓
4：福岡県須玖岡本15号甕棺墓　5：佐賀県宇木汲田61号甕棺墓

上げるには、キサゲなどの研削具で節帯を作り出す方法が考えられるが、出土品をみる限り最終的には仕上研磨されて研削痕跡はみられず、写真11-1の田熊石畑3号墓銅剣のように、節帯に並行する粗研磨痕跡が観察できるにすぎない（柳田2011d）。このことから、鋭利な研削具だけではなく研磨具においても直角な角をもつ砥石が必要となる。

(3) 茎部鎬の出現

　従来の「細形銅剣」型式分類では、岩永省三（1980a）がⅡ式c類・Ⅱ式d類、吉田広（2001a）がⅡ式c類とする脊上の研ぎが茎まで及ぶ例であるが、拙稿（2008b）ではこれらの多くが激しい戦闘で茎を折損したことから、茎を再生するために関部を磨り上げしたと結論付けた。ところが、湯口の掛堰部分が残る大分県仲平例（第5章図5-5）は茎が折損していないことから、茎の十分な長さを確保することからも関部の磨り上げを実施していることになる。同様な例に福岡市吉武高木3号木棺墓例（第8章写真6）・宇木汲田11号甕棺墓例（写真12）もある。岩永の「細形銅剣分類図」では、1個体1型式になりかねない。

第7章　青銅武器の研磨技術

写真12　佐賀県宇木汲田11号甕棺墓銅剣

写真13　磨り上げ研磨　福岡県吉武高木4号木棺墓銅剣

したがって、銅剣の茎に研磨が及んだのは2次的な研磨によるものであるから、1つの形式ではあるが型式としては分類できない。その証拠として、関部の磨り上げ後に元部を再研磨した吉野ヶ里SJ1007銅剣や仲平銅剣があり、脊を側面からみると関部磨り上げ前後で段差が生じていることから、茎の研磨部分は柄の中に隠れることになる。いずれにしても、関部の磨り上げ研磨後に、仲平例や吉武高木4号木棺墓例のように茎と元部の脊に段差が生じているのは、剣身の再研磨が進行している証拠である（写真13）。

4　研磨の種類と段階

(1) 研磨と研ぎ分け

釘岩里・白雲里などの研磨初期段階銅剣に特記すべき粗研磨が存在することはないが、研磨が完了したものと考えられる銅矛・銅剣・銅戈に時折粗研磨と考える部分が残されていることがある。拙稿で指摘した研ぎ分けの嚆矢ともなるもので、ⅠA型式銅剣・ⅡA型式銅戈・ⅢA型式

4 研磨の種類と段階

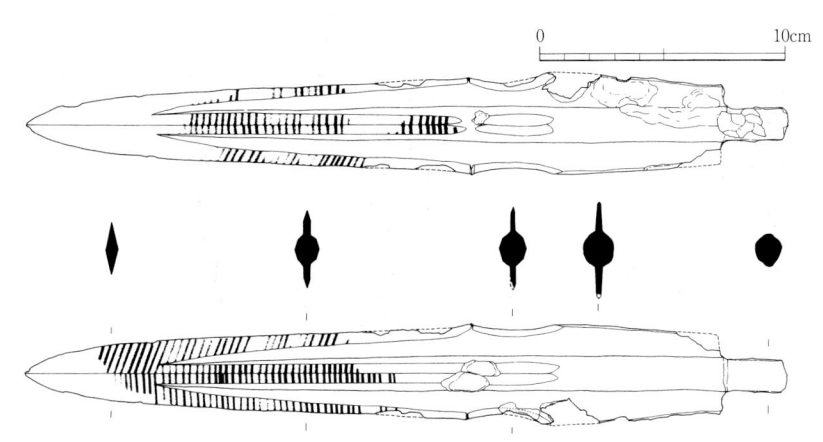

図7 福岡県吉武大石140号甕棺墓銅剣の研ぎ分け（1/3）（福岡市教育委員会1996）

銅戈などで確認できる（柳田2008b）。ⅢA型式銅戈以外は細かい研ぎ分けと認識されて報告されたものであるが、保存処置された現状では、少なくとも研ぎ分けとしては確認できないものがある。報告で研ぎ分けとされているもので、研ぎ分けの理屈に沿わないものの典型例が福岡市吉武大石140号甕棺墓銅剣である（力武・横山編1996）。この銅剣は図7のような研ぎ分けが存在する銅剣として報告されているが、何よりも奇異に感じるのが脊と刃部の研ぎ方向が食い違っていることである。少なくとも、2次研磨されていない青銅武器・武器形青銅器の研磨は、脊と刃部が一体となり直線的に研磨されていると理解されている。だとすれば、粗研磨段階では方向を違えて研磨することも考えられる。あるいは、研ぎ分けの技術が本来研ぎ方向の違いによってなされることから、脊の研ぎ分けと刃部の研ぎ分けを観察する際に光の方向を違えて観察した可能性もある。いずれにしろ、研ぎ分けの嚆矢がこの点に存在することになる。したがって、本例は研ぎ分けを目的とした最終段階の研磨ではないことになる。

常松幹雄は、細かい研ぎ分けがされた青銅武器・武器形青銅器の図7例と韓国の2例を紹介している（常松2000）。研ぎ分けの明瞭な武器形青銅器を観察すると、脊の鎬にほぼ直角方向の研ぎと多少鋭角方向の研磨が交互に繰り返されていることが知られている。だとすると、吉武大石70号甕棺墓銅戈例・吉武大石140号甕棺墓例において現状では観察できないのはなぜだろう。大石70号甕棺墓例は、写真16-1のように粗研磨にしかみえない。この研磨程度は、研ぎ分けの前段階として提示したⅢA型式銅戈ほど粗くないが、少なくとも研ぎ分けとして認識できるものではない。さらに、韓国の東西里・南城里例は実見していないが細かい研き分けの嚆矢となる。

では、細かい研ぎ分けとして確認できる吉武高木3号木棺墓銅剣例・福岡市下山門敷町1号・2号銅戈について検討してみたい。高木3号木棺墓例は、保存処理された現状でも確認できる研ぎ分けであるが、報告書の研ぎ分け表示とは多少違っている。報告書では約2mmから3mm幅が色分けされ、色表示されていない部分が4mm以上あるようにされているが、実際は3mm前後で交互に研ぎ方向が異なるにすぎない。しかも、脊鎬に対して斜め方向が粗く直角方向が比較的精研磨であるに過ぎないことが写真15-1で明らかである。

第 7 章　青銅武器の研磨技術

写真 14　福岡県下山門 1 号銅戈の研ぎ分け
同じ部分を光線の方向を変えて撮影すると上下逆の文様となる。

写真 15　粗研磨と研ぎ分け　1〜4 中期初頭　5：中期前半　6：不明
1：福岡県吉武高木 3 号木棺墓　2：佐賀県宇木汲田 18 号甕棺墓　3：柚比本村 SP1100
4：福岡県吉武 1 次 88 号甕棺墓　5：佐賀県宇木汲田 61 号甕棺墓　6：福岡県井原赤崎

　次に下山門敷町 1 号銅戈例を確認してみる。写真 14 は、同じ部分をライトの方向を変えて撮影したものである。この写真で明らかなように、斜め方向の粗い研磨が先行し、直角方向の精研磨が後である。しかも、粗研磨の幅が狭く、精研磨部分が広くなっている。仕上研磨された銅矛・銅剣・銅戈の研磨方向を詳細に観察すると、脊鎬に対して鋭角斜め方向であることが知られているが、その多くが凝視しないと確認できないことから、拙稿以外の実測図では表記されないことが多い。

　さらに、注意されていない青銅武器にも粗研磨が残されているものがある。拙稿（2008b）で紹介した佐賀県柚比本村 SP1100 銅剣（写真 15-3）以外に、佐賀県宇木汲田 18 号甕棺墓銅剣の部分（写真 15-2）と同 61 号甕棺墓銅剣の剣身全体（写真 15-5）にもみられる。この 3 例から明らかなことは、剣身研磨面に凹凸がみられ、窪んだ部分に粗い研磨が観察できることである。このことから判断できることは、斜め方向に粗研磨された後に直角方向に精研磨されたが、精研磨が徹底されなかったことになる。だとすると、研究者によっては細かい研ぎ分けと判断される可能

第7章　青銅武器の研磨技術

写真16　各種の粗研磨
1：福岡県吉武大石70号甕棺墓銅戈の研磨痕跡　2：久米銅戈　3：須玖岡本1次15号甕棺墓銅剣
4：下山門銅戈　5：馬渡束ヶ浦銅剣　6：佐賀県宇木汲田61号甕棺墓銅剣

性があることになる。

　実は、これまでに粗研磨としてきた以上に粗い研磨が存在する。拙稿（2008a・b）で指摘したⅢA型式銅戈以上に粗研磨される部分が青銅武器・武器形青銅器に存在する。それは青銅武器のうち銅剣の元部両側と茎の湯口処理とバリ処理（写真16〜18）の粗研磨で、ヤスリで研いだように粗い研磨である。それは福岡県須玖1次15号甕棺墓銅剣の元部両側（写真16-3）、宇木汲田61号甕棺墓銅剣の茎小口（写真16-6）、下山門敷町1号銅戈の刃部（写真16-4）処理に施されている。これらが荒砥で研磨したとすると相当粗い砥石となる。銅剣茎の場合は、馬渡束ヶ浦銅剣（写真16-5）などのように未処理のままであることもあるが、粗研磨されることもある。

　銅剣茎小口処理にも多様性が存在する。たとえば、大分県浜遺跡ⅡBb式銅剣では、湯口が未処理の1号、タガネ切断したままの2号、タガネ切断した後に粗研磨した4号銅剣がある（写真17）。鋳造の際に鋳型の茎端で湯の注入が停止できれば1号銅剣のようになるが、湯が掛堰に及

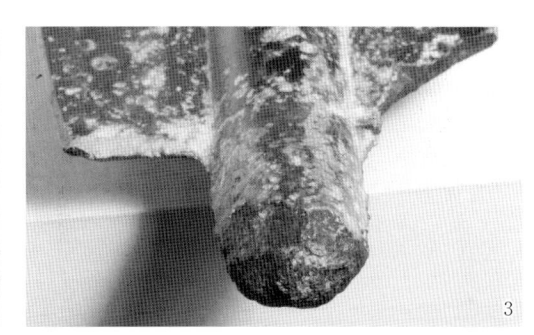

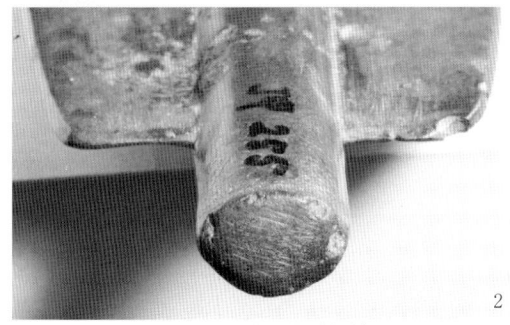

写真17　大分県浜銅剣
1：1号　2：2号　3：4号

写真18　福岡県馬渡束ヶ浦銅剣

べば湯の注入後に掛堰ともども除去しなければならない。神庭荒神谷銅剣の鋳造実験のようにロート状の掛堰部分が残れば、タガネで切断しなければならないだろう。

(2) 仕上研磨

　仕上研磨はほとんどの場合に肉眼では研磨痕が観察し難いことから、研究者に注意されることはない。先に検討した研ぎ分けにおいても、粗研磨された部分にスクリーントーンが貼られることからも、粗研磨の後に実施される仕上研磨が意識されていないことが明白である。したがって、脊鎬に対して鋭角斜め方向に研磨された痕跡も、拙稿以外で標記されることが少ない。
　脊から刃部にかけて実施される仕上研磨以外にも仕上研磨に近い研磨処理が実施されるのが、脊の両側で表裏両面の平坦部においてである。銅矛・銅剣で翼部と称される平坦部分には、鋳肌のまま残されているものがある（写真19-1～3）。吉武高木3号木棺墓銅戈の下半が研磨されていないことから樋内だけではなく刃部にも鋳肌が残り、鋳肌の実態が明らかである。同様な例が佐賀県釈迦寺銅戈にもある（柳田2008a・b）。
　翼部の鋳肌においては鋳肌そのものというより、離型剤の塗布痕跡らしき表面が観察できることがある（写真19-1～3）。写真19-1・3の須玖1次15号甕棺墓例と國學院大學蔵銅剣例は鋳肌のまま全く研磨などの処理が実施されていない例で、わずかにタテ研磨された糸島市赤崎銅剣と比較すると、写真19-2赤崎例に光沢が生じていることで区別できる。「中細形銅矛」の翼部にも離形剤塗布痕跡のある鋳肌が観察できる（写真20）。写真20-2は復原全長57cmの岡垣町ⅡB型式銅矛で、翼部にタテにはしるバリや小さな無数の凹凸がみられる鋳肌のままで、鋳造後の研磨

第7章　青銅武器の研磨技術

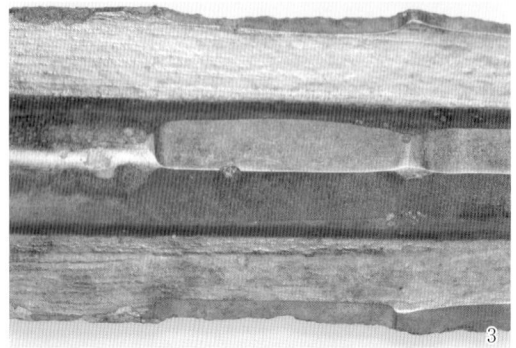

写真19　翼部平坦面の未研磨と粗研磨　1〜3：未研磨　4：粗研磨
1：福岡県須玖岡本1次15号甕棺墓銅剣　2：井原赤崎銅剣　3：國學院大學蔵銅剣　4：福岡県田熊石畑7号墓銅剣

などの処理がまったく施されていない。

　翼部平坦部にも粗研磨があり、写真19-4宗像市田熊石畑7号墓銅剣にみられる（柳田2011d）。この場合の粗研磨は、タテに長くのびる擦痕であるから研磨材本体を平行に大きく移動させる研磨法であるものと考える。ほとんどの銅剣の翼部で鋳肌が観察できないことからすれば、翼部の平坦面が何らかの研磨処理が施されていることになり、最初に実施される粗研磨が本例のような粗研磨であろう。したがって、鋳肌が観察できない場合は仕上研磨が施されている可能性が強いことになり、それがBⅠ型式銅剣であれば鋳型がⅡA型式銅剣であった可能性も出てくることになる。すなわち、ⅡA型式銅剣の内傾斜樋であっても、粗研磨・精研磨されればBⅠa型式銅剣の外傾斜樋になる可能性を秘めている。

　写真20-4は「中細形銅矛a」（吉田2001a）とされる銅矛で、拙稿（2003c）のⅡC型式島根県神庭荒神谷2号銅矛の関部写真であり、翼平坦部の右側が鋳肌で左側がケズリと研磨が実施された実例である。ケズリや研磨されていない鋳肌には割合滑らかな凹凸と縞模様が確認できる。この種の鋳肌は「細形銅剣」などの研磨されていない翼部でも観察できることから、鋳型を再度使用する意図のもとに実施される離型剤などの塗布によるものだろう。

　写真20-5は神庭荒神谷14号銅矛で、樋内は鋳肌のままでありながら関部平坦面にタテ方向の長い擦痕状粗研磨が実施されている。本例はⅢ型式銅矛であり、本来はタテケズリされる袋部にも同様な粗研磨が施されている。

　同様に、写真7の未研磨であることが知られている荒神谷B62号銅剣の鋒部を観察すると、無数の小さな凹凸やバリが存在する部分と滑らかな部分が共存することも確認できる。ちなみ

4 研磨の種類と段階

に、刃部の突線は鋳型に直接彫り込まれた証拠ともなり、中期後半の石製鋳型でみられる（柳田2007a）。

(3) ケズリ研磨

青銅器には砥石による研磨だけではなく、キサゲ状工具によるケズリ研磨も施されている。青銅武器では銅矛の袋部にみられるもので、タテ方向に幅1～3mmの条線をなしている。多くの「中細形銅矛」の場合は、そのケズリ研磨がマメツにより不鮮明になっていることから、伝世を考えている（柳田2003c）。しかし、多くの場合で関部や耳付近の手などが触れにくい部分で残っているものが観察できる（写真20）。福岡県立岩10号甕棺墓銅矛（写真20-1）と岡垣町銅矛（写真20-2・3）は、袋中央部はマメツで不鮮明ながら関部と耳付近ではケズリ研磨が観察できる。中期末から後期初頭に位置付けられる「中広形銅矛」はマメツしないことから、袋部にタテのケズリ研磨、節帯部分にヨコ方向のケズリが施されている（写真22）。

また、写真21左の兵庫県桜ヶ丘7号から11号銅鐸の袈裟襷文の方形区画内に絵画がなければ同

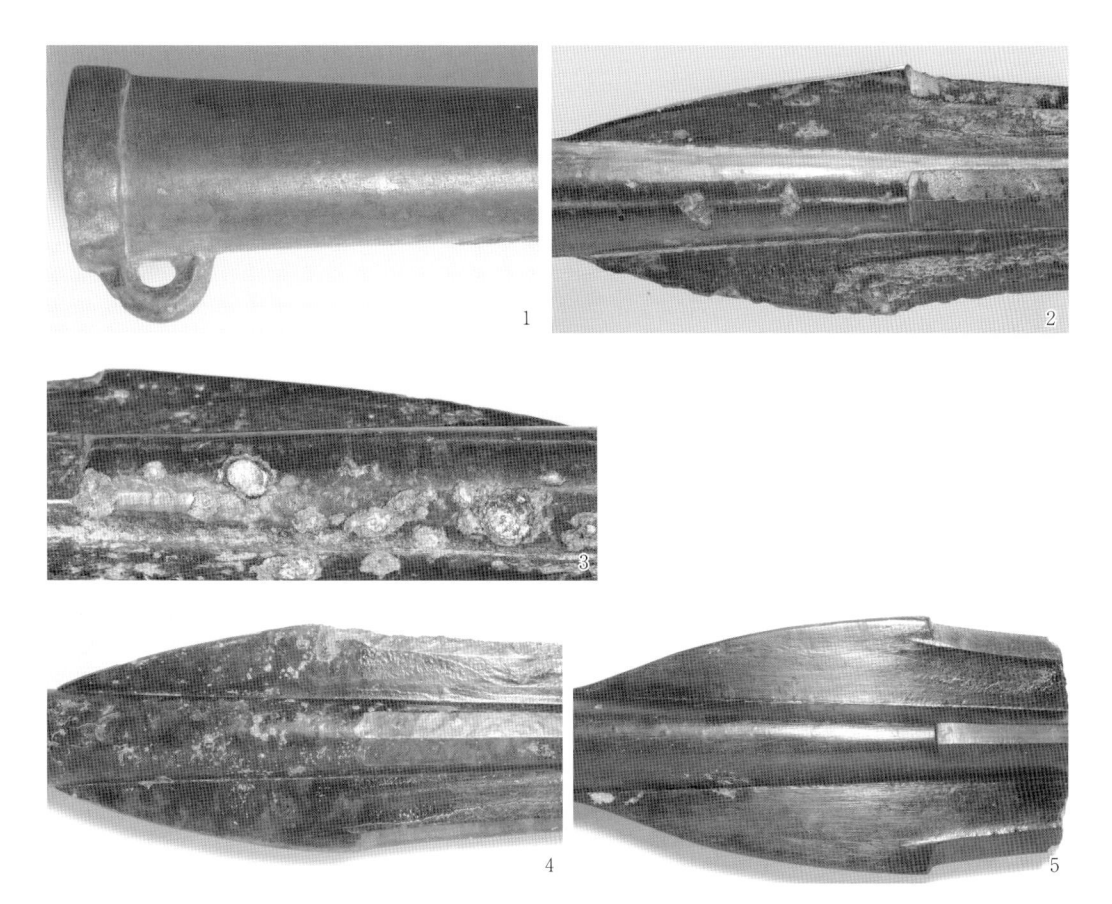

写真20　マメツ・ケズリ研磨・研磨　1：マメツ　2・3：ケズリ研磨　4・5：研磨
1：福岡県立岩堀田10号甕棺墓　2・3：岡垣町　4：島根県神庭荒神谷2号　5：同14号

第7章　青銅武器の研磨技術

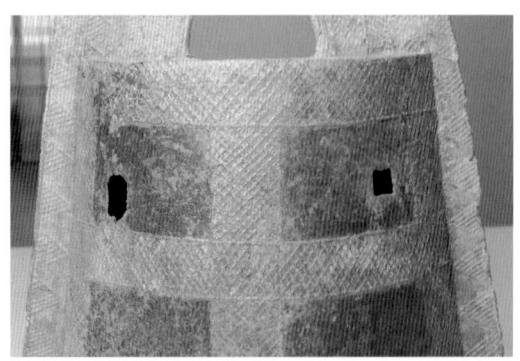

写真21　銅鐸の鋳肌とケズリの区別　左：兵庫県桜ヶ丘7号　右：島根県加茂岩倉10号

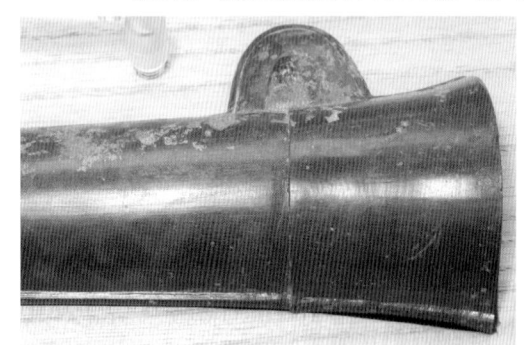

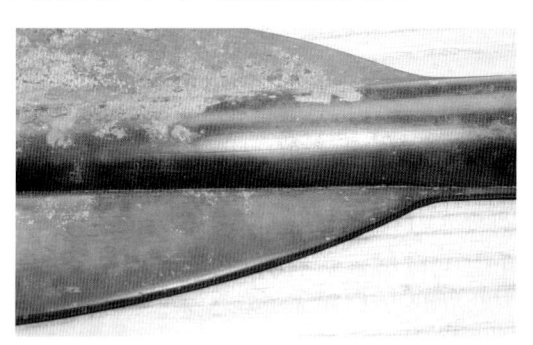

写真22　島根県神庭荒神谷5号銅矛

じ手法のケズリ研磨がみられるものが存在することから、研磨技術も共有している。島根県加茂岩倉銅鐸でも同じであることから、袈裟襷文のⅢ-2式では共通していることらしい（写真21右）。

(4) 穿孔技術

　青銅武器で孔を有するものに銅矛と銅戈がある。銅矛ではⅠ型式の袋部の目釘孔とⅡ型式の耳がそれであり、銅戈では穿がそれにあたる。目釘孔と銅戈の穿は、多少のバリ処理で孔が確保されるが、それがかなわなかった場合には穿孔されることになる。たとえば、神庭荒神谷1号銅矛では鋳造の際に鋳型が上下にずれて孔が確保できなかったものの小さな孔で放置されている例（写真23-1）もあるが、明らかに穿孔具で穿孔されている例が存在する。ちなみに、本例は袋部内の中型砂が5.5cmほどが抜かれているに過ぎないことからも柄を着装する意図もなかった可能性がある。

　穿孔とは孔をあけること、あけられた孔のことであるから、穿孔には1次的穿孔と2次的穿孔がある。1次的穿孔とは銅矛の耳の正円形穿孔であり、2次的穿孔とは銅剣の元部の双孔を指す。1次穿孔には、両側穿孔と片側穿孔がある。

　1次的穿孔事例は日本に於いては少ないが、佐賀県中原SJ11247甕棺墓銅矛はⅡA型式で中期前半古段階であり、両側穿孔された孔径が4.6〜4.8mmである（写真23-2）。中期後半の長崎県景華園ⅡB式銅矛耳にも両側穿孔がある（第4章図26-4）。さらに、遠賀川以東から東日本に

302

4 研磨の種類と段階

分布する銅剣の双孔は、北九州市小倉城家老屋敷石棺墓銅剣が中期前半で両側穿孔である（写真23-3）。韓国では、管見によると両側穿孔された八達洞100号墓銅矛が中期中頃併行期のⅤ-1期である。この時期の90号墓銅戈にも穿が穿孔された円形孔が存在するが、同型式銅戈の九政洞ではより厚い内を備えた銅戈の穿が方形であることから、朝鮮半島での円形穿孔の出現がこの時期になる可能性がある。実物を確認していないが、竹東里竿頭鈴の鈕、入室里多樋式銅矛（ⅠCb式）2本の耳、九政洞多樋式銅矛の耳、飛山洞小型銅戈（ⅠCa式）の穿があり、前三者は朝鮮半島墳墓副葬品のⅤ-1段階であり、北部九州の中期中頃に併行する。

ただし、特例として韓国金泉松竹里4号支石墓Ⅲ型式遼寧式銅剣（第3章図6-3）茎にも穿孔壁がほぼ直行する円形孔が存在する（写真24-3・4）。この円形孔は径4.2mmの大きさで、片側壁が直行するものの、反対側壁の中央に段が存在すること、写真のように円形孔の縁にわずかな面取りも存在する。したがって、この穿孔技術が後述する片側穿孔とは区別できる。時期は朝鮮半島墳墓副葬品のⅡ-2段階で、北部九州の早期後半に併行する（柳田2004a・b）。

当然のこととして、円形孔であれば穿孔具で回転穿孔されたことになるが、前述した両側穿孔は石包丁などのように石製穿孔具を使用した孔とは孔壁の角度で区別できることから、金属穿孔具が存在するものと考えられるが、現在のところ管見によると金属穿孔具は玉作用鉄製錐の存在が知られているにすぎない。

両側穿孔とは別に、片側穿孔されたと思われる事例も存在する。厚みのある銅剣茎に穿孔した例が数例存在し、その中に片側穿孔らしき事例が存在する。「細形銅剣」の茎に存在する稚拙な両側穿孔ではなく、またBⅣ式銅剣茎（深樋式銅剣）などの両側穿孔が明瞭な事例でもなく、須玖岡本王墓BⅡb式（多樋式）銅剣の関部に双孔と茎に1孔を穿っているものである。関部双孔の孔径は3.2～3.0mm、茎孔が径4.0mmの大きさで、ほぼ直線状に穿かれている。剣身本体の厚さが6.5mm前後であるから、明らかに前述両側穿孔と穿孔技術が異なる（第5章図13-4）。さらに、福岡県立石3号大柱遺構中国式銅剣の茎にも同様な穿孔が存在する（第3章図16-3）。立石例は厚さが6.9mmの茎に径6.4mmの正円形孔が穿孔されている（写真24-1）。

両者は銅剣自体が北部九州製ではない可能性もあることから、直ちにこの穿孔技術が日本と断定できない。BⅡb式銅剣は須玖岡本王墓例の他に北朝鮮貞柏里採土場例・韓国大邱坪里洞例があり、両者共茎は剣身の鎬が茎に及んでいることから、2次的に剣身の磨り上げによって再生されたものと考える。貞柏里例が須玖岡本王墓例と同じく幅広の茎が剣身の磨り上げによって再生されたものであるが、坪里洞例は関部の加工が当初からの茎を装っている。

すなわち、中国式銅剣の廃品が再生された可能性を捨てきれないが、第5章で述べたように福岡県御陵鋳型が存在するなど北部九州製品である可能性も残っている。穿孔技術から離れたが、廃品を再加工するところが日本的であり、半島の両者に穿孔が存在しないことからも、北部九州の穿孔技術であることが確実であろう。その時期は、須玖岡本王墓例が中期末、立石例が後期前半であるからこの穿孔技術が北部九州の中期末には存在していたことになる。

中国・四国では銅剣の元部に双孔が存在することが知られているが、稀有な例として倉敷市児島琴浦瑜珈山由加「平形銅剣」の4本のうち2例に双孔が存在する（吉田2001a）。この内4号銅

第 7 章　青銅武器の研磨技術

写真 23　未穿孔と両側穿孔　1：未穿孔　2〜8：両側穿孔
1：島根県神庭荒神谷 1 号銅矛　2：佐賀県中原 SJ11247 銅矛　3：福岡県小倉城家老屋敷銅剣
4：佐賀県千々賀庚申山銅矛　5・6：岡山県由加 4 号銅剣　7：大阪府久宝寺銅戈再生品　8：瓜生堂銅戈

4 研磨の種類と段階

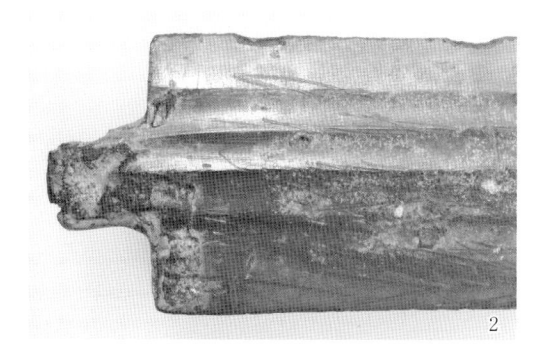

写真 24　片側穿孔
1：福岡県立石中国式銅剣　2：韓国坪里洞銅剣　3・4：金泉松竹里4号支石墓Ⅲb式遼寧式銅剣

剣の双孔が両側から二段穿孔されている。この穿孔は正円でシャープな痕跡から当然のこととして金属穿孔具が想定できるが、あまりにもシャープな二段を形成することから、穿孔具自体が二段を形成することになる（写真23-5・6）。再加工品でありながら、双孔にはマメツは認められないことからも「平形銅剣」ではなく、「中細形銅剣」の再加工品であろう。

ところで近畿では、大阪府瓜生堂ⅣBd式銅戈・同久宝寺南銅戈再生品は片側穿孔であるが、銅戈自体が扁平であることから詳細な観察が必要となる。筆者の調査で指紋を確認した経緯をうけて実施された検証報告をみると、穿孔部分には注意されていないが、孔の拡大写真では両側穿孔が明確である（松岡ほか2007）。久宝寺銅戈再生品は孔径1.6mmの大きさで両側がめくれていることから、金属穿孔具による両側穿孔である可能性が強い（写真23-7）。

(5) 鏨の使用痕跡

青銅武器には、鋳造後に鏨を使用したと考えられる痕跡が存在する。青銅武器を鋳造する際に、湯が掛堰または湯道に及べばそれを切除しなければならない。銅剣の場合は、湯が掛堰に及ばないように止めれば茎小口の微調整で事足りるし、その証拠となる小口に鋳肌を残した事例が多数存在する（写真16-5、17-1）。しかし、湯が掛堰に及んだとしても、注湯後の早い段階で掛堰ごと除去すれば写真16-5のような不規則で粗い肌の破断面となる可能性がある。

さらに、茎部分を再加熱などして鏨で掛堰部分を切除すれば、大分県浜2号・3号銅剣（写真17-2・3）のような多面体の切除面となるだろう。

では、その鏨の形態のうち刃幅が判明する事例が存在する。それは大阪府瓜生堂ⅣBd式銅戈

305

第 7 章　青銅武器の研磨技術

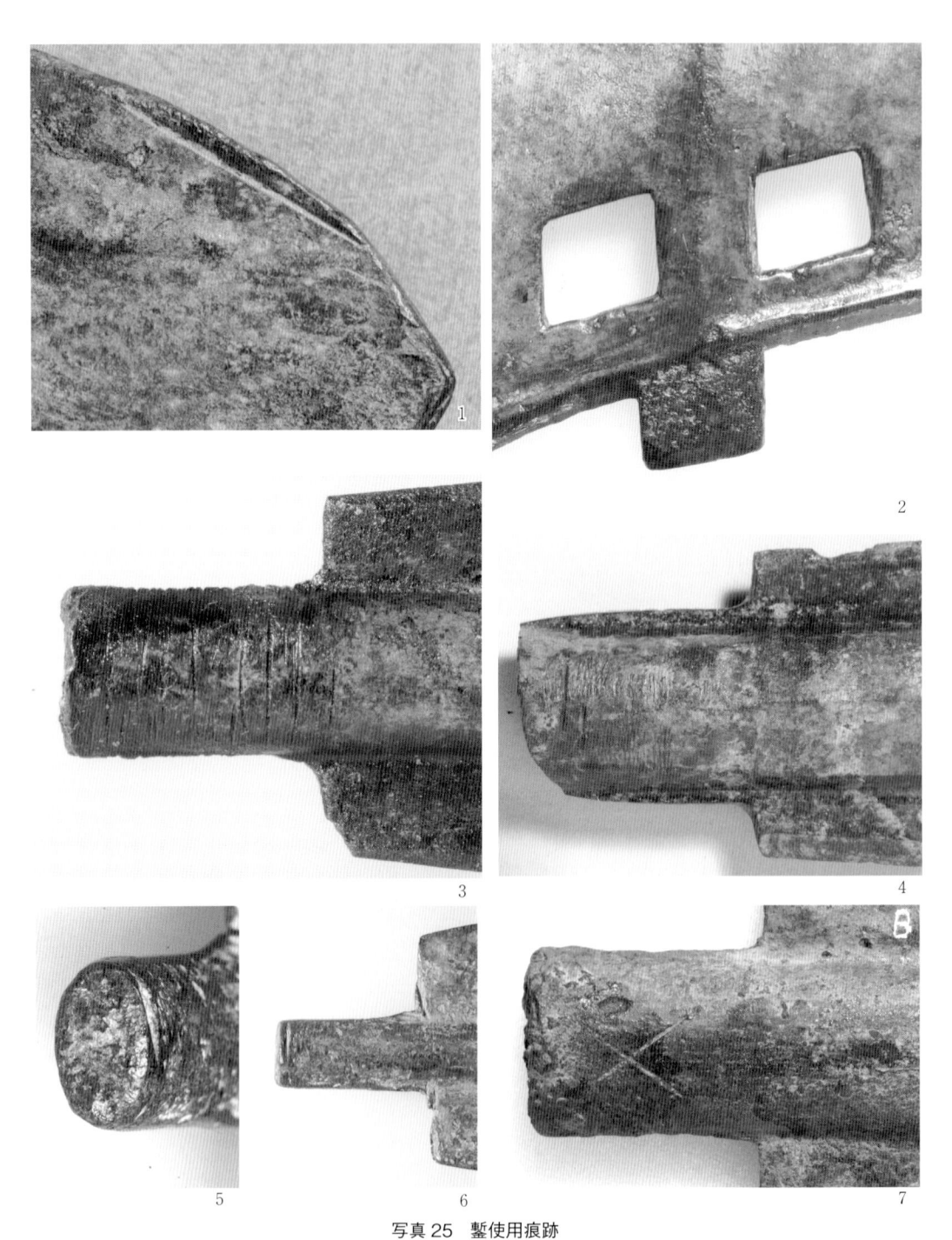

写真 25　鏨使用痕跡
1：大阪府瓜生堂　2：広島県宮内鉾が峯　3：福岡県吉武高木 116 号甕棺墓　4：吉武高木 4 号木棺墓
5・6：岡山県由加 4 号　7：島根県神庭荒神谷 B62 銅剣

の鋒側湯口の切除に使用された鏨で、幅1.0cmの刃幅の痕跡が残されている（写真25-1）。銅戈の鋒先端が角張ることから、切断後の微調整が行われていないことからも、鏨で片面から一撃で切断するのではなく、現存する痕跡のように両面から交互に切断したようだ。

鉄戈形銅戈の穿にも鏨が使用されている。北部九州製鉄戈は長大で、穿が方形を呈していることが知られており、同形態の銅戈も知られている。鉄戈の方形穿は錆びのために実態が不明だが、広島県宮内鉾が峯ⅣCb式銅戈は錆びがなく、鏨で両側からバリが除去されたらしく整然とした方形穿である。その穿幅はヨコが1.22〜1.25cm、タテが1.03〜1.1cmである（写真25-2）。

銅剣茎と木製柄を固定するために、茎に紐を巻きつけることが知られているが、さらにその紐の安定を確実にするためと考えられる茎本体にキザミを施す場合がある。このキザミも鏨で施したと考えられる。写真25-3の吉武高木116号甕棺墓銅剣のように、茎両側と両側面にもキザミを施す例と写真25-4の吉武高木4号木棺墓銅剣のように茎両面のみに施すもの、側面のみに施すものなどがある。

岡山県倉敷市児島琴浦瑜珈山由加4号銅剣は「平形Ⅰ式」の再加工品とされ、「平形Ⅰ・Ⅱ式」と共伴している（吉田2001a）。この4号銅剣の特徴の一つは「平形銅剣」としては茎が長いことであり、関部が鏨で両面から切断されている。この銅剣は、茎の切断にも鏨を使用しており、茎端にためらい傷ともいえる鏨痕が両側に観察できる（写真25-5）。

神庭荒神谷銅剣では、刻印を目的とした鏨使用もある。神庭荒神谷銅剣の茎には×印を刻印した例が344本存在することが知られている（三宅1996）。三宅博士の観察によると、×印がどの工程で施されるのかは「研磨の完了した後のある時点であろうと推定される」としているが、未研磨のB62銅剣茎にも×印が施されていることからすると、少なくとも研磨以前であり、鋳造直後であれば研磨工程に含まれない可能性がある（写真25-7）。同じく東奈良銅戈土製鋳型の内にも×印が刻まれ、乙隈銅戈・大板井銅戈の内にも×印の陽刻が存在することからすれば、北部九州鋳型製作工人が意図した記号となり、青銅祭器の製作目的に応じた意図的な意匠の一つとなる。

5　銅矛袋部と耳周囲処理

(1) 袋部両側の突線と鰭の出現

岩永省三は、「銅矛の非計量的項目分類表」を作成して、「まず計量的項目を主、非計量的項目を従として用いて大別をおこない、次に非計量的項目を主、計量的項目を従として用いて細別をおこなう」とした（岩永1986）。非計量的項目分類表を作成されたことは画期的であったが、実際の型式分類は計量的型式分類が主であることに変わりない。銅矛袋部両側に出現する突線や鰭が岩永が最古式とする福岡市板付田端銅矛に出現していながら生かされていないばかりではなく、広い節帯と鰭をもつ対馬市木坂6号石棺墓銅矛が「細形銅矛」に編年されている（柳田2003c）。

袋部側面の突線と鰭の違いは、鰭が平坦面をもつことであろうから、板付田端銅矛3本では最長身例に突線、他2例に鰭が存在する。時期幅は中期初頭から中期中頃であるから、遅くとも中期中頃までに鰭が出現していることになる（柳田2003c）。では突線はどうであろうか。中期初

頭の吉武高木3号木棺墓ⅡA型式銅矛、吉武大石45号甕棺墓ⅡA型式銅矛、馬渡束ヶ浦ⅡB型式銅矛、中期前半の中原SJ11247甕棺墓ⅡA型式銅矛（写真23-2）などは袋部側面のバリが突線状に残るが、中期中頃から中期後半のⅡA型式・ⅡB型式では突線状を呈する例があるものの、きれいにバリ処理研磨がなされている。突線として明瞭になるのは短身例では、伝筑紫郡銅矛・元松原銅矛・久原Ⅳ-1号土坑墓銅矛であり、ⅡD型式の久原例が中期後半である。長身例では、ⅡB型式の今古閑（全長54.8cm）例・景華園（全長55.2cm）例、ⅡD型式の瓦谷（全長50cm）例があり、時期が今古閑例が製作時期が中期中頃の可能性があり、他は中期後半であろう。

　ⅡD型式の瓦谷銅矛は吉田広の「中細形c類銅矛」に含まれる（吉田2001a）が、同型式には福岡市住吉神社銅矛5例があり、そのうち小型銅矛2例と同じ短身銅矛である。さらに同型式銅矛には、韓国茶戸里1号墓・龍田里銅矛があり（第4章図30-3）、中期末に併行する（柳田2003c）。このうち龍田里例は鰭であり、突線基部に「中広形銅矛」の属性となる突線に沈線を施す（写真26右）。

（2）耳周辺と突線の処理

　「中広形銅矛」とされているⅢ型式になると、袋部両側の突線と耳周囲の突線が文様化している（岩永1980a）。ⅡB型式銅矛に出現した袋部側面の突線は、Ⅲ型式になると突線基部に沈線が施されて文様化する（写真27）。この文様化された突線の出現は、三雲南小路王墓有柄式銅剣（第5章図44-1）・長崎県景華園銅矛にあり、三雲南小路王墓は中期末としている（柳田編1985）。Ⅲ型式に分類する双耳をもつ韓国安渓里と唐津市千々賀庚申山銅矛では安渓里銅矛（写真26左）が突線であるのに対して、千々賀庚申山銅矛（写真23-4）は文様化した突線である。したがって、この時期に突線が文様化するものと考える。文様化された突線は鋳造後にケズリ研磨されていることから、耳表面のケズリ研磨と同時工程のなかで処理されたものと考える（写真27）。

　文様化した突線の時期は、いわゆる「中広形銅矛」の出現時期であるから、後期初頭と考えている（柳田1987b・2002c・2003c）。この時期は佐賀県安永田銅矛鋳型の時期であり、鋳型が大分

写真26　銅矛の突線の2種　左：韓国安渓里銅矛　右：龍田里銅矛

写真27　島根県神庭荒神谷3号銅矛・神庭荒神谷14号銅矛

県老松神社例・高知県三里池長崎例（吉田2001a）のような「中広形銅矛」古式に符合することに依拠する（柳田2003c）。

　ちなみに、吉田広は三雲南小路王墓有柄式銅剣を「中細形Ⅱ式」、景華園銅矛を「中細形c類」、千々賀庚申山銅矛を「細形d類」、安永田銅矛鋳型を「中広形」とする（吉田2001a）。

6　再研磨の技術

(1) 生産地での研磨技術のまとめ

　生産地での研磨技術については、これまでの型式分類では再研磨であることが認識できず初期研磨と再研磨は区別できない。しかし、前述してきたように鋳型の実態と初期研磨・再研磨技術の実態を把握していれば、各段階の研磨技術が区別できるはずである。

① 未研磨青銅武器

　鋳型の検討で銅矛・銅剣鋳型では、脊が鋒先端まで伸びていることが知られていながら、研磨された銅矛・銅剣の鋒との違いに気づかれていない実状が存在する。これまで銅矛・銅剣の鋒と認定された鋳型が熊本市白藤例（写真30）と佐賀県姉Ⅳ区SK4004例（写真31）に限られていたことにも起因するが、実際には前述したように鳥栖市本行でも出土例が存在する。本行3号鋳型は、A面に「細形銅剣」、B面に鉇が彫られていると報告されているが（向田編1997）、拙稿（2005a）では北部九州出土鉇鋳型との違いからA・B両面をⅡ型式銅剣とする。この事例と同じく那珂川町安徳台2号住居跡出土滑石製鋒鋳型も銅鉇鋳型とされるが（茂編2006）、実検したと

第 7 章　青銅武器の研磨技術

ころ佐賀県土生銅鉇滑石製鋳型（写真 28）・福岡県庄原銅鉇石英長石斑岩製鋳型（図 9）のように、北部九州製鉇特有の隆起帯（柳田 2011c）がないことから銅矛の可能性が強い。しかも伝霊岩銅矛鋳型（写真 29）のように、脊が鋒先端までのびていることと鋳型本体の幅からⅠＢ・ⅡＡ・ⅡＢ型式銅矛鋳型である可能性が強い（第 4 章）。時期は安徳台例が中期前半、本行例が中期後半であるから、中期後半には銅鉇は存在しないことが知られている。いずれにしても白藤例・姉例は脊が鋒先端まで伸びていないことから、韓国の「細形銅矛・細形銅剣」鋳型と決定的な型式差が存在する。したがって、姉鋳型（写真 31）を「細形銅矛」（小田 1985a）、白藤鋳型（写真 30）を「細形銅剣」（吉田 2001a）とした型式分類そのものが破綻している。

　未研磨青銅武器の検討で、初期鋳型の脊には鎬がなく、初期研磨でも鎬がない実例が存在することから、再研磨で鎬が出現するものもあり、研磨が段階的に進行することも判明した。しかも初期段階研磨及び再研磨までも脊部と刃部が一体的に一直線に研磨されることも知られていながら、弥生時代中枢部のイト国・ナ国、及びその周辺部の玄界灘沿岸、筑紫平野北部と佐賀平野以外の地域の青銅武器のように刃部・鋒などで丸研ぎされている実例との区別がされてこなかった経緯がある。これは韓国の未研磨青銅武器の研究が見逃されてきたことに起因するが、北部九州の吉武高木 3 号木棺墓銅戈や釈迦寺銅戈にも未研磨部分が存在するにもかかわらず、拙稿

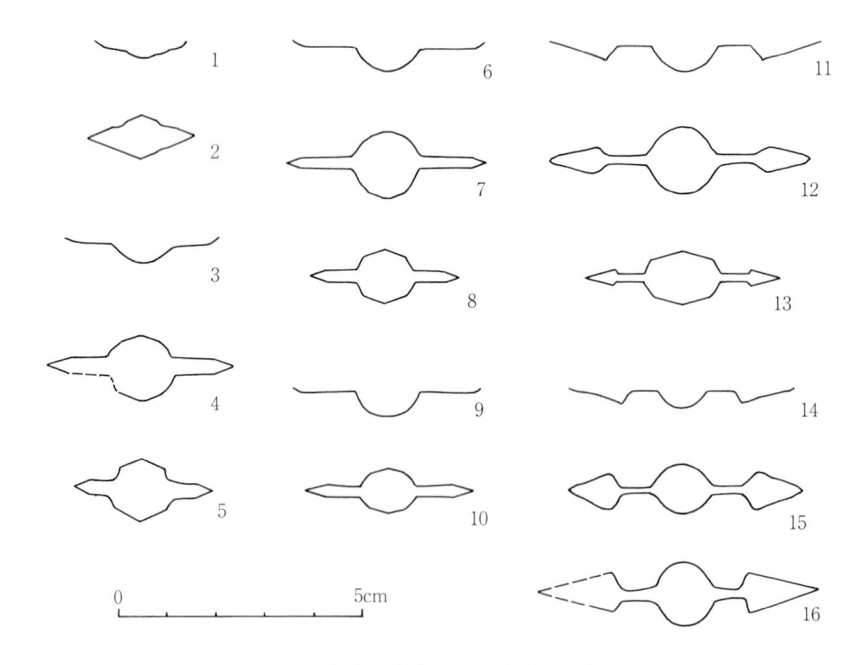

図 8　銅矛・銅剣・銅戈の研磨諸段階断面図 (2/3)
1・2・4・5：ⅡＡ型式銅矛　3：ⅠＡ型式銅矛　6〜8：ＢⅠ型式銅剣　9・10：ⅡＡ型式銅剣
11〜13：ⅠＡ型式銅戈　14・16：ⅡＡ型式銅戈
1・3・6・9・11・14：鋳型　12・15：未研磨　2・4・5・7・16：1 段階　8・10・13：2 段階
1：安徳台銅矛鋳型（鋒）　2：中原銅矛（鋒）　3：伝霊岩銅矛鋳型　4：吉武高木 3 号木棺墓銅矛　5：中原銅矛
6：伝霊岩銅剣鋳型　7：吉武高木 3 号木棺墓銅剣　8：宇木汲田 11 号甕棺墓銅剣　9：勝馬銅剣鋳型
10：須玖岡本 1 次 15 号甕棺墓銅剣　11：伝霊岩銅戈鋳型　12：松堂里銅戈　13：馬渡束ヶ浦銅戈
14：鍋島本村南銅戈鋳型　15：吉武高木 3 号木棺墓銅戈　16：吉武大石 1 号木棺墓銅戈

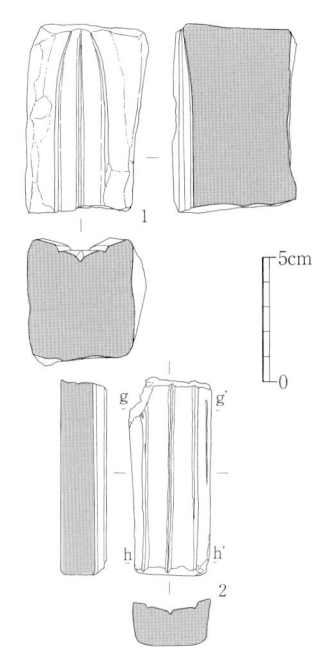

図9 福岡県庄原・佐賀県土生
銅鉇鋳型実測図（1/3）
（片岡1999）

写真28 佐賀県土生
銅鉇滑石製鋳型

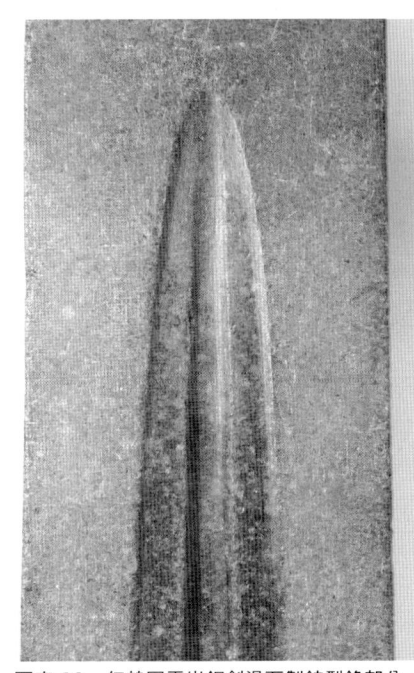

写真29 伝韓国霊岩銅剣滑石製鋳型鋒部分

（2008a・b）以外では注意されていないように、これまでの実測図には鋳造技術・研磨技術・使用痕跡が表記されていない。

② 脊部の研磨進行段階

　鎬の成立、銅剣節帯の成立、茎部鎬の出現などの検討から研磨にも各段階があり、その各段階が再研磨であることも判明した。拙稿（2003c）以前ではその研磨各段階を型式分類してきた経緯があり、ここでもこれまでの型式分類の破綻が鮮明となった。

③ 研磨の種類と段階

　研磨には、全体的に粗研磨から仕上研磨に移行していくが、部分的にはケズリ研磨、研ぎ分け研磨が実施されて、結果的にこれらが仕上研磨となされることもある。研ぎ分けでは、初期研磨の粗研磨が残った部分が結果的に嚆矢となったこと、報告書や論考で色分けされる部分が先行する粗研磨であることも判明した。

　穿孔技術では、孔壁面の緩やかな両面穿孔から壁面が垂直に近い両面穿孔を経て、垂直する片面穿孔に移行してゆくように、穿孔技術の発達と新技術の導入がみられた。

(2) 伝播地での研磨

　青銅器生産地と伝播地の違いは、生産地では複数の青銅器鋳造関係遺物が出土することから青銅器生産遺跡と認定されるが、伝播地で当該青銅器の鋳型などの出土品がなければその青銅器は将来品となる。現在のところ糟屋地域以東では青銅武器の鋳型は発見されていない。出土する鋳

第7章 青銅武器の研磨技術

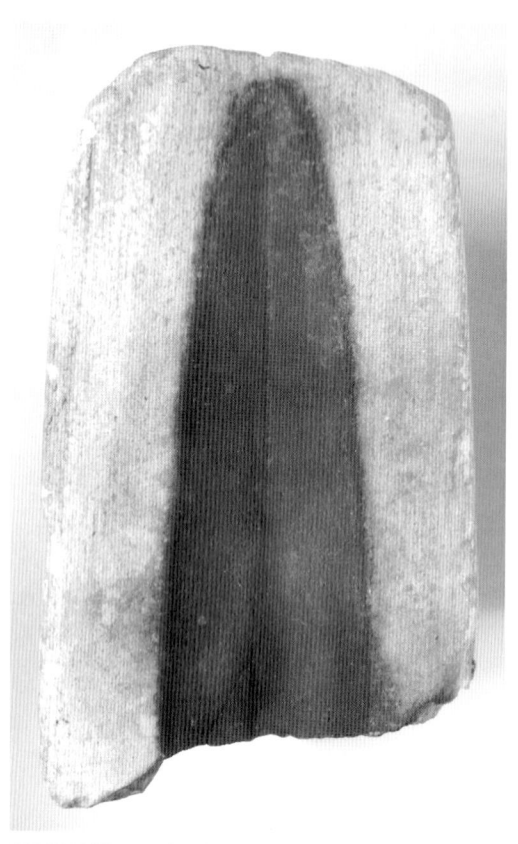

写真30 熊本県白藤青銅武器鋳型

写真31 佐賀県姉Ⅳ区 SK4004 銅剣鋳型

写真32 佐賀県鍋島本村南銅戈鋳型

6 再研磨の技術

写真33 高知県兔田八幡宮ⅡBb式銅剣

型はいわゆる「中細形」武器形青銅器からである（柳田 2003c・2006a・2008c・2011c・d）。したがって、現在のところ宗像地域の多量の青銅武器及び武器形青銅器は近隣から将来されたことになる。ただし、北九州市松本不明青銅器鋳型や添田町庄原鉇鋳型が存在するが、東北九州地域に青銅武器が稀有なことに変わりない。

　さらに東側の遠賀川以東になると、希少な銅剣元部に双孔が穿たれる。現在のところ、遠賀町金丸2号土坑墓ⅡBb式銅剣、北九州市小倉城御家老屋敷1号石棺墓BⅠa式銅剣の2例の銅剣元部に双孔が存在するに過ぎないが、中国・四国以東の銅剣に双孔が存在することと無縁ではない（柳田2011d）。すなわち、元部双孔は2次的な加工であり、生産地で実施されたものではないので地域での価値観のもとに実施された所作であろう。前述したように、これらの双孔は両側穿孔であることから、北部九州では中期前半以後に実施されるが、中期後半の山口県梶栗浜石棺墓の小型BⅠb式とⅡAa式のマメツの少ない2例の銅剣に双孔が存在しないことから（柳田2006a）玄界灘沿岸から直接伝播したものであり、中国・四国以東の銅剣の双孔が後期に下降すると考える。北部九州の中枢部では、前述したように中期後半の須玖岡本王墓や後期前半の立石

第7章 青銅武器の研磨技術

　中国式銅剣には高度な技術の片側穿孔が存在する。ただし、遠賀川以東の九州東北部で中期前半以後に双孔が穿たれた以後に伝播する可能性も残されているが、あくまでも九州東北部を経由する2次的伝播であるから遅れる可能性が強いことになる。

　では、2次的に再加工されたことで知られている高知県兎田八幡宮銅剣はどうであろうか（写真33）。この銅剣を検討した吉田広によると、関部を磨り上げと同時に元部をも2次的に研磨して幅を狭めている。第5章図43-2で図化したように本論もカマキリの尾やカエルの足を復原すると肯定できるが、復原された銅剣が「中細形A類Xタイプ」（吉田広1994）とは認められない。復原された銅剣関幅は4cm前後になることから、従来の「中細形B類」（吉田2001a）となり、拙稿のⅡBb式あるいはⅡBc式銅剣である。その時期は北部九州の中期前半から中期後半であるが、ⅡBc式には福岡市上月隈3次7号甕棺墓銅剣や関幅が同じ須玖岡本王墓ⅡBc式銅剣もあり、中期後半である可能性が極めて強い。たとえ中期前半としても、前述のように四国南部での時期とは併行しない。もちろん、金属への穿孔技術も当該地のものである保証がない。

　佐賀平野のように弥生時代中枢部の周辺部であっても古式青銅武器の生産地であることが知られている。佐賀平野の西端に位置する武雄市釈迦寺SJ246甕棺墓からは銅剣・銅戈・銅鉇が出土しているが、青銅器生産地の小城市土生遺跡はその東側に隣接し、疑無文土器も共伴する。釈迦寺の銅剣・銅戈を観察すると、ⅡAa式銅剣では刳方部分に古い刃こぼれがあり、ⅡAb式銅戈・銅鉇の刃部は丸研ぎである（写真2・34）。両遺跡は中期前半であるから、同時存在しているにもかかわらず専門技術者の正規の研磨ができなかったことになる。

　大分県日田市吹上6次4号甕棺墓銅戈は、刃部に金属刃による刃こぼれと鋒にハケ目状の傷があり、鋒先端が大きく二段刃、鋒両側が小さく二段刃に再研磨されている（写真35）。この事例は、筑紫平野北部では初期鋳型が出土しないことにも起因するが、銅戈がⅡB型式であり、甕棺が中期末である。同時期の青銅器生産地の鳥栖市本行遺跡は、直線距離にして約40kmである。

　福岡県豊前市河原田銅戈・熊本県山鹿市中尾下原銅戈（写真36）は、北部九州の周辺部に位置することから当然のこととして丸研ぎされた切先資料である。切先であるから当該地に完形品が必ずしも存在することにならないが、丸研ぎされていることから吹上例のように完形品が存在して、当該地の近隣同士の戦闘に使用されたことになる。

　中国・四国以東の岡山県南方釜田・同南方蓮田銅剣切先（写真37）も当該地で丸研ぎされた例であり（柳田2006a）、近隣同士の戦闘に使用されたことになる。しかし、兵庫県玉津田中・京都

写真34　佐賀県釈迦寺SJ246甕棺墓銅戈　　　　写真35　大分県吹上6次4号甕棺墓銅戈

6 再研磨の技術

写真36　熊本県中尾下原銅戈

写真37　岡山県南方釜田・南方蓮田銅剣切先

写真38　兵庫県玉津田中銅剣切先

　府神足の銅剣切先2例は、写真38のように刃部が小さく二段刃を呈するに過ぎず、マメツや丸研ぎが少ないことから、北部九州周辺部からの東漸者との戦闘であることになる。写真38のように銅剣切先を側面からみると欠損部近くが湾曲していることから人体に刺突された時点で折損したことになる。すなわち、丸研ぎが少ない切先は、当該地で研磨されたものではないことから

第7章　青銅武器の研磨技術

青銅武器生産地に近い侵略者の武器である。ちなみに、拙稿で検証したように中国・四国以東の青銅武器はマメツがあり、鎬が多少の丸みをもち、刃部のマメツや丸研ぎがあるものの、北部九州中枢部のような研磨技術は確認できない（柳田2006a）。

　次に吉田広が検討した滋賀県下之郷環濠出土銅剣を検証すると、一見して鎬や刃部にめりはりがないことに気付く（写真39）。しかも全体に扁平な作りで、節帯部脊最大厚5.25mm、鋒部最大厚4.2mmであり、吉田の「平形Ⅰa1式」の再加工説に賛同する要素が多いことは確かである（吉田2001a）。しかし、扁平な作りであるにもかかわらず、刃部が全体に均等な二段刃でありながら、「平形銅剣」にしてはマメツしながらも節帯部に限りめりはりが認められることから、新型式の可能性を捨てきれない。ただし全体に泥で研磨したような滑らかなマメツが存在することも確かであることから、前述してきたように近隣に製作地を求めることはできない。後述するように柳沢遺跡の2号～4号銅戈の研磨・マメツと同様である（柳田2012、吉田2012a）。ちなみに、同じく扁平な岡山県別所勝負田ⅡBb式銅剣、愛知県伝上志段味ⅡC型式銅剣は製作地が北部九州及び山陰地方と考えている（柳田2006a・2012a・b）。

　さらに武器形青銅器生産地から遠隔地の長野県の銅剣・銅戈ではどうなるだろうか。千曲市若宮箭塚銅剣は「細形銅剣」とされてきたが、拙稿（2012a・b）では北部九州製のⅡBa式銅剣としている。本例は関部の磨上げ研磨が数回繰り返されているが、鎬の全てが著しく丸みを帯びていることから当該地では脊を含めた刃部の研磨がなされていないことになる。双孔は脊部にも及んでいるように、大きめの金属穿孔具で粗く削りこじ開けた呈をなすことから、東漸過程で再穿孔されたことになる（写真40）。

　大町市海ノ口上諏訪神社ⅣBc1式銅戈は、かろうじて全形を留めているが、援部と脊の表面が出土後の研磨で失われている。しかし、樋内・穿・闌・内周辺に原形が残り、著しくマメツして丸みをもつことがわかる。内両側のみマメツが少ないことから、柄が着装されていたものと考える（柳田2012a）。したがって、本例も当該地で刃部が研磨されなかった可能性が強いことになる（写真41）。

　柳沢遺跡の銅戈を理解するためには、「大阪湾型銅戈」・「近畿型銅戈」の実態を把握しておかなければならない（柳田2012a）。拙稿（2012a）と第6章銅戈の鋳造技術で詳論したように、2号～4号と5号～7号銅戈において研磨・マメツに大差が存在する。吉田広も号数間の大差については触れていないが、「鋳造直後の形状あるいは鋳造直後に刃研ぎを施された形状とは明らかに

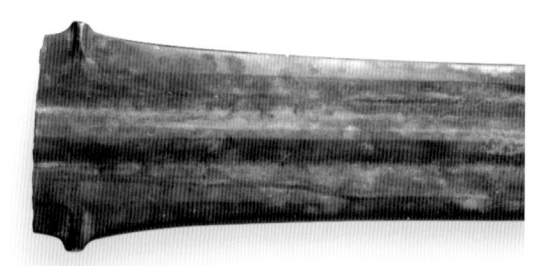

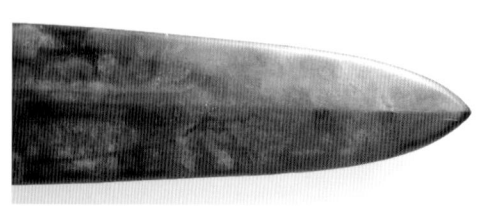

写真39　滋賀県下之郷銅剣

6 再研磨の技術

写真40　長野県若宮箭塚塚銅剣

写真41　長野県海ノ口上諏訪神社銅戈

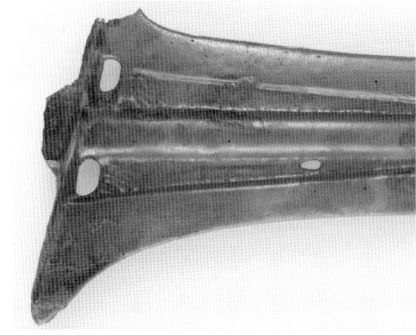

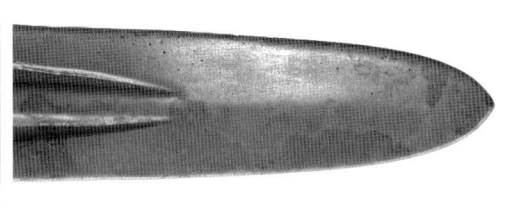

写真42　長野県柳沢2号銅戈

異なる」とする。であるが、「樋先端合致という形態から樋先端が離れる現状に推移した可能性は低い」、「樋先端は分離した形状であったとするのが適当である」ともいう（吉田2012a）。確かに、報告書（廣田編2012）の実測図では樋先端が離れる形態を図示しているが、実態は第6章図23・写真28のように4号銅戈樋先端は合致している。同笵と考える3号銅戈が合致・分離の双方にとれ曖昧ではあるが、研磨とマメツで分離するように鋒部端と樋先端の段差が少ない形式であるにすぎない（柳田2012a）。

いずれにしても、2号（写真42）～4号と5号～7号銅戈及び和歌山県上地銅戈の刃部を比較すれば明らかなように、前者の刃部が厚く丸みをもつのに対して、後者は刃部が直線的で先端がわずかに面取されているにすぎない。脊部研磨は正反対で、前者は脊に研磨が及ばないのに対して後者の脊部は研磨で平坦化している。後者が鋳造後研磨された直後ではないがほぼ原形を保ち、前者は鋳造後に著しく刃部と鋒が再加工を伴う再研磨が繰り返されたことになり、下之郷銅剣と同じような丸みをもつ研磨形態を呈する。その左証として同笵と考えられる3号と4号銅戈の鋒部の平面形を含めた形態差及び樋内文様の再研磨による曖昧さなどがあり、再加工と研磨が繰り返されたことになる（写真43）。したがって、前者は当該地に先着した可能性、あるいは使用頻度が高く、後者が遅れて到着した可能性、あるいは温存されていたことになる。鋳造・研磨技術をもった生産地から遠隔地になるほど当該地特有の磨製石器と同じような研磨技術で研磨されたことになり、4号銅戈に当該地の磨製石戈と同じような斧刃に改変される経過をみることができる（柳田2012a・b）。

第 7 章　青銅武器の研磨技術

写真 43　長野県柳沢 3 号銅戈（上）と 4 号銅戈（下）

註
1)　高橋健自 1925『銅鉾銅剣の研究』聚精堂（「高橋健自集上」『日本考古学選集』9　1971）によると、掲載された「銅鉾銅剣地名表」に「107 紀伊国伊都郡地方（伝）　鉾 1　遊就館蔵」があり、掲載された写真には「細形銅剣」とあるが、本書の型式分類では遼寧式銅剣 A Ⅱ 型式である。事実であれば和歌山県伊都郡から遼寧式銅剣 A Ⅱ 型式が出土していたことになる。伊都郡は紀ノ川中流左岸に実在する。

第8章　青銅武器・武器形青銅祭器の使用痕跡

1　はじめに

　実用刃物は再研磨されて研ぎ減りし、形態変化を繰り返す。青銅武器の再研磨された各段階も使用痕の一種であり、少なくとも2段階研磨以後は鋒の欠損、刃こぼれなどが発生したからこそ再研磨されたことになる（柳田 2003c・2005b・2006a・2007a・2008a・b）。だが、墳墓に副葬された青銅武器のほとんどに刃こぼれなどの使用痕跡が観察できるにもかかわらず、報告書などで論及されることは少ない。

　かつては銅矛・銅剣・銅戈などの青銅武器が宝器であり、破片となっても貴重であると特別視され切先も副葬されると考えられていたという（橋口 1992）。唯一橋口達也は武器の折損と人骨の傷から戦闘の実際を解いたが、切先以外の再研磨の段階的進行や武器の多様性のある使用法は解明されていない（橋口 2007）。

　一方、切先を多角的に研究した福島日出海は、「青銅製武器の切先副葬は」、「比較的青銅製武器の出土が希薄な地域にみられることから、その意義を剣先重視の観念と希少性に求めたい」という（福島 1998）。両者とも鋒が折損・欠損することを認識していることを確認できる。だからこそ研磨が進行するにもかかわらず、研磨され変形した形式を型式として誤認している現状がある。

　近年、「弥生墓から出土した鋒の性格―嵌入・副葬・供献―」を著した荒田敬介（2011）は、副題が示すように切先の多様性を詳細に分析して前二者と比較すると一歩進展している。しかし、「切先」には剣身が含まれていることから橋口や筆者（2008b）が「切先」とした趣旨を理解せずに、武器の部分名称と同じ「鋒」としたこと、せっかくの自前の実測図では両面・側面図を表示していながらとくに断面図が実物と掛離れていること、実測図に添付された縮尺が3分の1とされながら統一されていないこと、肝心のタイプ分類の基準となっている先端や刃こぼれの新古が表示されていないことなど、資料作成においても青銅器研究の現状を把握された論考となっていない。

　なお、墓から打製石鏃以外の武器が出土しない中国・四国地域にも青銅武器は拠点的に流入している。だがその地域に銅剣などの使用痕が観察できる実戦武器が流入していたとしても、伝世していることから個人の武器としては実戦に使用されているのではなく、共同体の祭器として埋納されている（柳田 2007a）。

　また、武器形青銅祭器にも刃こぼれと研ぎ直しなどの使用痕跡が存在することと、実戦武器の局部的に集中する刃こぼれと種類は実戦によるものとは断定できない側面をもっている。地域に

よっては、多数の刃こぼれがありながら再研磨されずに副葬された青銅武器、または破棄された武器形青銅器があるので、これらから戦闘の実際や祭祀の模擬戦などの多様性を探る。

加えて、実戦武器だけではなく武器形青銅祭器も研磨が進行する型式があることを検証し、それによって朝鮮半島の実戦武器と儀器化した青銅武器の区別のように日本の青銅武器の儀器化と祭器化の区別と進行を明確にするのが本論の目的でもある。

2　武器の出現

(1) 磨製石剣・磨製石鏃

青銅武器の使用痕を俎上にのせる前に、弥生文化発祥時に流入する磨製石剣・磨製石鏃の使用痕跡を把握しておく必要がある。北部九州には、弥生早期に磨製石剣の大分類の「有柄式」、中分類の「有節柄式」、小分類の「無樋式」、細分類の「有段柄細身式（BⅡb2）」以後が流入している。この有柄式石剣と共伴する磨製石鏃は、有茎式のうちC式と最終段階の細身のD式である（柳田2004a・b）。

有柄式石剣の剣身が短小なものが存在することから、剣身の折損・欠損後の再研磨は推測できるが、それが実戦であるとは限らないことから、その実態の把握が困難である。当該時期には有柄式磨製石剣は稀有な存在であり、剣身と茎の明確な区別もできないような模倣磨製石剣が多数を占めていることも知られている。これらの模倣磨製石剣は鎬が丸みをもち、有柄式石剣の鎬とは区別できる。しかし、鋭利な有柄式石剣でも2次的な研磨では模倣磨製石剣と同じような丸みをもつ研磨になることから、区別は困難でもある。同様に石剣と石戈の区別も切先のみでは困難な場合が多く、石戈とされている切先は少ない。ではあるが、中村修身が集成した石戈（中村1995a・b・1996a・b）の多くは石剣と同じように鋒が再研磨されている実態があることから、実戦のみで欠損するとは限らない（柳田2008b・2012a・b）。

磨製石鏃のうち北部九州に流入し製作されたものは、鋒部が関部より広く厚みのある菱形断面形鏃身のC式と、菱形断面の長めの鏃身に六角形断面の茎をもつD式である。これらは墓の副葬品に限らず、人骨に嵌入したものや集落からも出土することから実用にも使用されていることが明らかである。副葬品の磨製石鏃においては再研磨の痕跡は少ない（柳田2003b）が、集落から出土するものの大半に再研磨の痕跡が存在する。この事実は、実用に使用されても回収されていることを証明している。にもかかわらず、これらが墓の副葬品となることは少なく、ましてや人骨に嵌入したものは現在のところ管見にはない。

(2) 青銅武器

青銅武器の確実な発掘調査例は、弥生前期前半の遼寧式銅剣の再加工品である。これらは鏃・鑿などに再加工され、墓の副葬品として発見されることがないことから、遼寧式銅剣の完形品が流入した形跡はないに等しい（柳田2004a・b）。

確実に青銅武器とできるものは、弥生中期初頭に舶載されると同時に国内生産が開始されている（柳田1982a・1987a）。これには朝鮮半島墳墓副葬品Ⅳ-2段階の銅矛・銅剣・銅戈・多鈕細文

鏡などが共伴している（柳田 2004a・b）。しかも、銅矛には鈕（耳）が付加され、銅剣には当初から「中細形銅剣」の属性である内傾斜樋が形成され、銅戈の脊や内が細く扁平になるなど朝鮮半島製と明確に区別できる国産品が多数存在することが確実になった（柳田 2003c・2005b・2007a・2008a・2011c）。銅剣・銅戈の脊の鎬や元部の刃部化は研ぎ減りによる形態変化であり、従来の銅剣と銅戈の型式分類では時期的に逆転する虚像が創出されていたことから、あえて新しい型式分類を提示した。これらの青銅武器の形態変化こそが実用されている証拠であり、研ぎ減りする根拠となる鋒の欠損・折損、刃こぼれなどの使用痕跡を詳細に観察・分析することによって、実戦・模擬戦・祭祀などの実用の多様性の実際が把握できるものと考える。青銅武器の「細形」の銅矛・銅剣・銅戈は、実戦武器とのみ考えられているふしがある。橋口達也の「明器銅戈考」（橋口 2005）は、それを助長させたかもしれない。「細形銅戈」の一種の宇木汲田 17 号甕棺墓出土品のような扁平小型銅戈を「副葬用銅戈」すなわち「明器銅戈」としたことから、他の「細形銅戈」の全てが実戦用銅戈と理解されているが、果たしてそうだろうか。

　弥生中期後半の鉄製武器の普及に伴い祭器化を助長する青銅武器ではあるが、その武器形青銅祭器にも様々な使用痕跡が観察できる。その大半は実戦武器と同様であり、祭器ならではの再加工や地域性も存在することは、刃こぼれなどが実戦のみに起因するものではないことを明示している（柳田 2006a）。

3　実戦武器使用実例

①　福岡県宗像市田熊石畑銅剣

　田熊石畑遺跡は、宗像市田熊 2 丁目 9 番 37 に所在する弥生前期から中世に及ぶ集落および墳墓から構成された複合遺跡である。ここでは遺跡を代表することのできる墳墓から多数の青銅器と装身具などが発見されていることからこれらの概要を紹介し、ムナカタ地域の青銅器祭祀の特質を探る。

　墳墓群は、調査区面積約 15,000 ㎡の南西隅で発見された。埋葬遺構は 9 基検出されたうちの 6 基が発掘調査され、合計 15 本の青銅器と多数の装身具が出土した（白木 2009）。現状の墳墓群では 5 本の青銅器と装身具が出土した 1 号墓が中心的存在にみえるが、9 基のうち唯一重複している 4 号・5 号墓があり、5 号墓が先行埋葬であることから、5 号墓が中心埋葬と考える。墳墓群は長方形区画に配置されていることから、方形墳丘墓の中心主体部が 5 号墓であり、現在確認されているのは墳丘の約 3 分の 1 であるにすぎないことが明らかである。すなわち、北側から 9 号・1 号・5 号・4 号墓を中心軸とする墳丘墓が存在し、西側と南側には少なくとも 12 基以上の存在が予想され、合計 20 基前後の埋葬遺構で構成された墳丘墓であることが推測できる。

　発掘調査された埋葬遺構はすべて刳抜式木棺を主体部とするが、未調査の 5 号墓は組合木棺である。

　ここでは図面が公表された青銅器のうち、刃こぼれのある 7 号墓銅剣を紹介する。

　7 号墓は、刳抜式木棺の南側に粘土枕があり、その左右に各一組の装身具、右腕上腕部に鋒を足方向に向けて銅剣 1 本が副葬されていた。**銅剣**は、4 段階研磨のＢⅠa 式で、全体に微細な鬆

第8章　青銅武器・武器形青銅祭器の使用痕跡

写真1　福岡県田熊石畑7号墓銅剣の鋒の2段研磨と刃こぼれ

が無数にある。刃部には、数ヶ所の金属刃による欠損と無数の微細な刃こぼれが連続する部分が3ヶ所存在する（写真1）。また、鋒が再研磨によって丸みをおびた研磨となっている（図1-1）（柳田2011d）。

② 福岡県岡垣町元松原銅矛

　採集品の元松原銅矛は現全長16.75cmで、矛身折損と当時の2次研磨、出土後の再研磨の結果著しく短鋒となり、稀有な矛身折損が明らかな資料である。現状での計測数値は、節帯幅1cm、節帯部幅2.94cm、節帯部厚さ2.62cm、袋部長7.2cm、関幅3.72cmである。最初の折損で矛身の空洞部分まで破損したことから、2次研磨によって片面のみを過度に研磨して新しい鋒を形成している。その結果、片面のみに空洞部分が露出している。それ以後にも研磨が続行され、横断面図において脊と刃部が一直線にならず、丸研ぎとなっている。既存の実測図（小田・韓編1991）では、幅1cmの節帯と袋部両側に突線が存在することから、拙稿では短身銅矛のⅡD型式としていたが（柳田2003c）、実物をみると、袋部の突線は目立つものではなく、節帯も多少形態が違っているので、ⅡDa式に変更した（図1-2、写真2）（柳田2011d）。

③ 福岡県遠賀町金丸銅剣

　金丸2号土坑墓から出土した銅剣は、現全長33.8cm、復原全長34.3cm、茎長1.3cm、茎幅1.46cm、茎厚0.95cm、関幅2.9cm、脊最大幅1.4cm、元部最大幅3cmの計測値で、長身であることと、茎と脊に扁平化がみられることから、北部九州では稀有な4段階研磨に進んだ細身の内傾斜樋をもつⅡBb型式銅剣である。この型式の時期は中期前半以後となるが、いわゆる「中細形銅剣」を極限まで使用していることから中期中頃以後が相当だろう（武田2007）。剣身には、

3 実戦武器使用実例

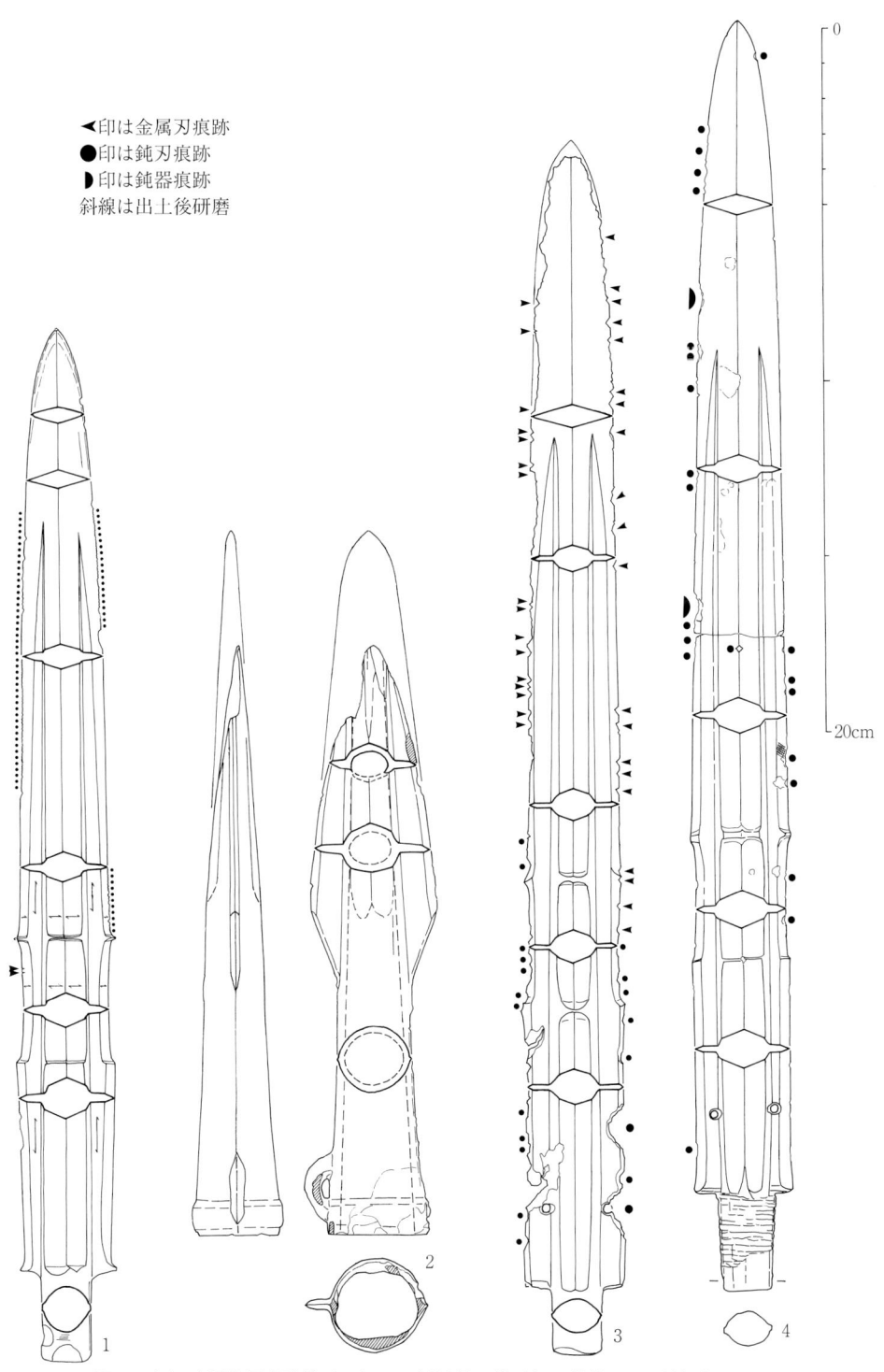

◀印は金属刃痕跡
●印は鈍刃痕跡
）印は鈍器痕跡
斜線は出土後研磨

図1　青銅武器使用痕跡①（1/2）　1：福岡県田熊石畑7号墓　2：元松原
3：金丸2号土坑墓　4：小倉城家老屋敷石棺墓

第8章　青銅武器・武器形青銅祭器の使用痕跡

刳方付近を境目に鋒側に36ヶ所の金属刃による刃こぼれ、元部側に18ヶ所の鈍刃による刃こぼれ、元部片側に鈍器による2ヶ所の大きな欠損が存在する。金属刃による刃こぼれは、刃部が鋭利にめくれている（図1-3、写真3）（柳田2008b・2011d）。

④　福岡県北九州市小倉城家老屋敷銅剣

銅剣は、1号箱式石棺内に二つ折りにして布で包んで副葬されていた、キク地域唯一の青銅武器である。全長36cm、茎長2.8cm、茎厚1.03cm、関幅2.94cm、脊最大幅1.54cm、同厚1.07cm、脊最大厚1.14cm、鋒長9.2cm、鋒最大幅2.43cm、同脊幅1.2cm、同厚0.7cmの計測値をもつ4段階研磨のBⅠa式銅剣。茎には紐巻きが残り、刃部には7ヶ所の連続した刃こぼれと数ヶ所の鈍刃による刃こぼれが存在する。元部には双孔が穿たれているが、マメツ痕跡はみられ

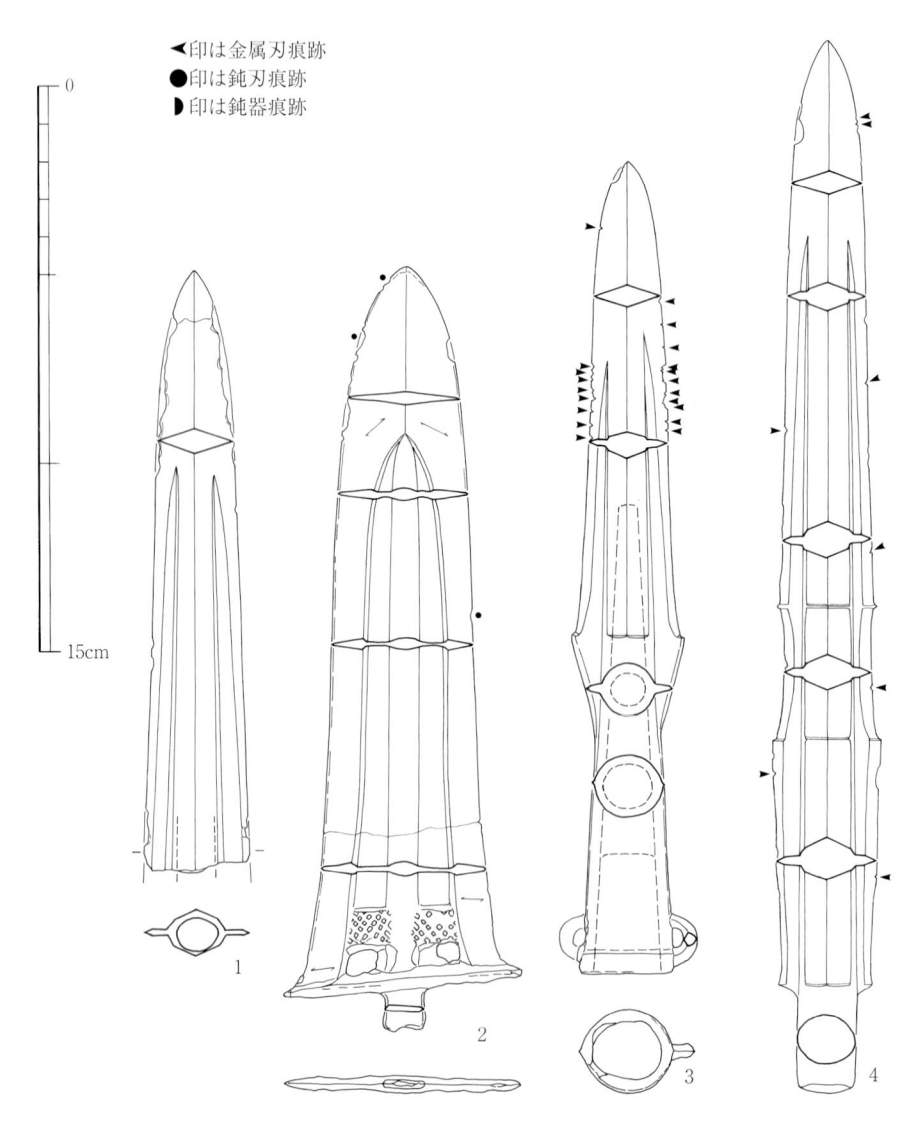

図2　青銅武器使用痕跡②（1/2）　1・2：福岡県朝町竹重28号木棺墓　3・4：久原Ⅳ区1号土坑墓

ない。折損部の脊に打撃痕が存在することから、故意に折られて極細の布に包まれていたようだ（図1-4）（柳田2011d）。

⑤　福岡県宗像市朝町竹重28号木棺墓銅矛・銅戈

　朝町竹重遺跡は木棺墓を主体とする弥生中期前半から中期後半の墳墓群で、中期前半の28号墓から供献された銅矛片・銅戈・小壺が出土している。銅矛は切先例で、扁平な銅戈と共に棺内であるが、床面からかなり浮いて出土したことから、木棺の蓋上に供献されていたものと考える。

　銅矛切先は、現在長16cm、身最大幅2.97cm、脊最大幅1.68cm、脊厚1.29cm、鋒最大幅2.25cm、同厚0.72cm、同脊幅1.05cmの計測値をもつ。刃こぼれは皆新しいが、折損面は古く幅1.15cm、厚さ0.85cmの楕円形中子砂が存在する（図2-1、第4章写真19）。これを「細形銅矛」と比較すると、鋒先端から16cmの部分で上記計測値とほぼ合致するのは全長38.1cmの宇木汲田37号甕棺墓銅矛である。しかも、折損部で刃部がわずかながら内傾斜することから双方共北部九州製のⅡB型式である（柳田2003c・2011a・d）。

　銅戈は、全長20.3cm、闌幅6.61cm、鋒長4.4cm、樋長14.2cm、樋最大幅3.7cm、脊幅0.89cm、内長1.0cm、内幅1.18cm、脊最大厚0.43cm、闌厚0.45cmの計測値をもつ扁平なⅢAc式。全体を青錆が覆っているが、鋒には新しい欠損以外に2ヶ所の刃こぼれがある。しかも、援両側刃部はマメツによる丸みがみられることから、祭祀などで使用されていたことになる（図2-2）（柳田2008a・b・2011d）。

⑥　福岡県宗像市久原銅矛・銅剣

　木棺墓と考えられる久原遺跡Ⅳ区1号土坑墓棺内に、銅矛・銅剣が揃えて副葬されていた。時期は、周辺土坑墓や不整形土坑から中期中頃から後半の土器が出土している（安部1993）。

　銅矛は、全長21.5cm、袋部長6.4cm、袋部最大幅2.53cm、節帯幅0.6cm、関幅3.04cmの計測値をもつ小型で、袋部端に双耳をもつⅡD型式である。この銅矛は、双耳の片方を欠損し、刃部両側には集中して金属刃による刃こぼれが合計20ヶ所存在する（図2-3、写真4）（柳田2011d）。袋部中子真土は、約3.2cmが抜かれているが、浅いことから実戦武器を意図されていない。

　銅剣は、全長28cm、茎長2.6cm、茎幅1.7cm、関幅2.54cm、元部最大幅2.9cm、脊最大幅1.5cmの計測値をもち、4段階まで研磨が進み細身になったBⅠa型式銅剣である（柳田2005b・2007a）。銅剣の材質は、白銅質で漢鏡と同じような膨れる錆である。剣身には鋒から元部に分散して金属刃による小さな刃こぼれが合計8ヶ所存在する（図2-4）（柳田2008b・2011d）。

⑦　福岡県古賀市馬渡束ヶ浦銅矛・銅剣・銅戈

　馬渡束ヶ浦E地区2号甕棺墓は、中期初頭の独立甕棺墓で棺内に銅矛1本・銅剣2本・銅戈1本を副葬することから、墳丘墓に単独で埋葬されていたことが想定できる（井2006）。

　銅矛は、全長20.2cm、節帯部復原幅3cm、同厚2.4cm、節帯幅0.4cm、袋部長4.8cm、関幅3.8cmのⅡB型式（柳田2011d）である。耳には柄と結縛した紐と袋内に木質が残存していることから、柄を装着した状態で副葬されていたことになるが、節帯部分を一部欠損する。さらに、刃部にも古い小さな刃こぼれが集中する箇所がある（図3-1）。

　銅剣1は、現全長33cm、復原全長33.3cm、茎長2.6cm、茎幅1.5cm、茎厚1.2cm、関幅

第8章 青銅武器・武器形青銅祭器の使用痕跡

3.2cm、元部最大幅3.89cm、脊最大幅1.41cmの計測値をもつＢⅠa1型式である。使用痕跡は、剣身中央付近と鋒に金属刃による刃こぼれ合計18ヶ所が集中する（図3-2）。

銅剣2は、全長31.2cm、茎長2.4cm、茎幅1.2cm、茎厚1.0cm、関幅2.65cm、元部最大幅

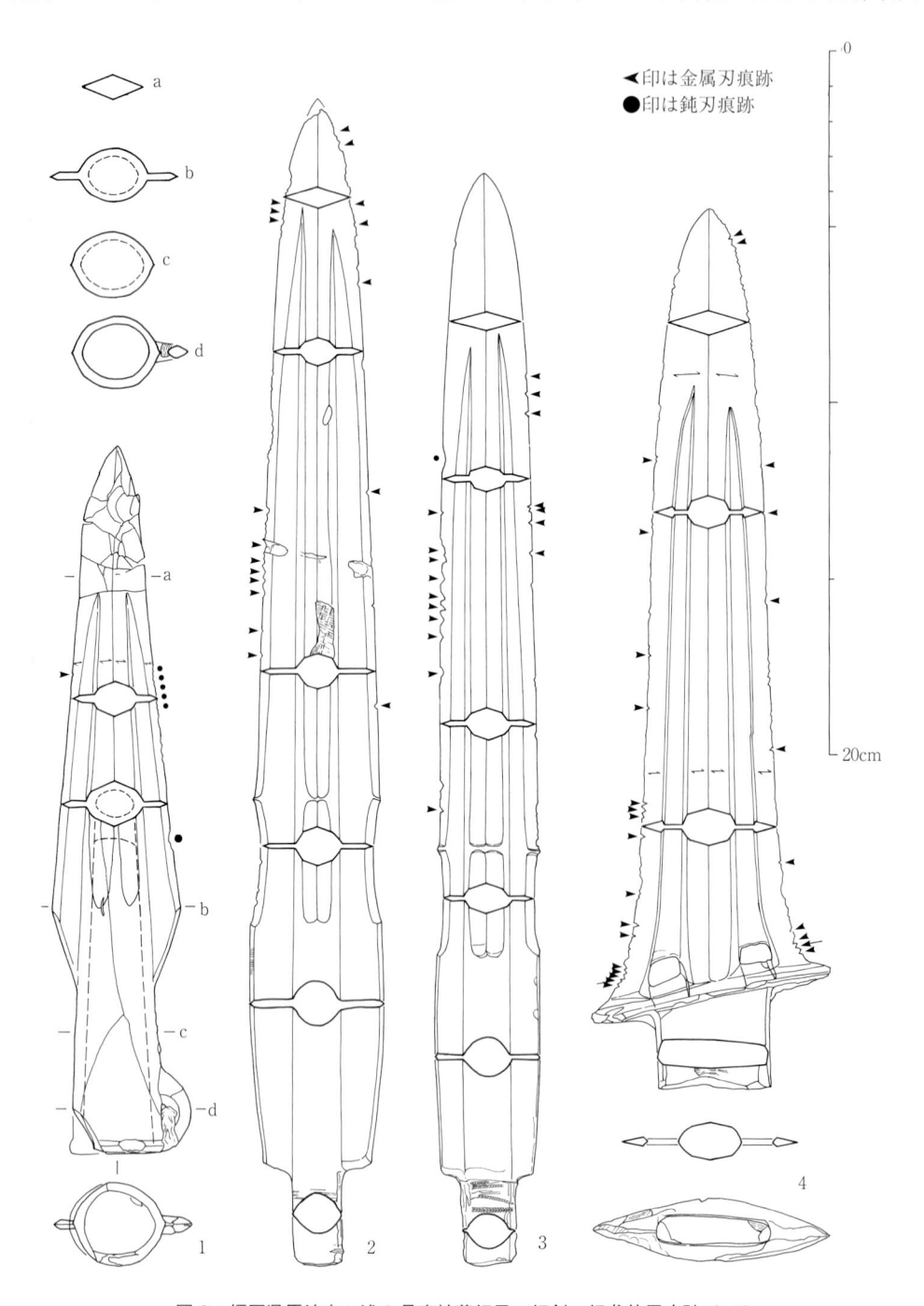

図3　福岡県馬渡束ヶ浦2号甕棺墓銅矛・銅剣・銅戈使用痕跡（1/2）

写真2　福岡県元松原銅矛

写真3　福岡県金丸銅剣

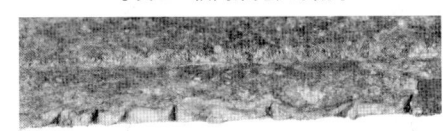

写真4　福岡県久原銅矛

写真5　福岡県馬渡束ヶ浦銅戈

3.11cm、脊最大幅1.33cmの計測値をもつⅡA型式である。銅剣1と同じように元部以下には刃こぼれはなく、剣身中央付近に金属刃が合計17ヶ所集中する（図3-3）。

　銅戈は堅牢な内と脊をもつ拙稿（柳田2008a）の舶載のⅠAb型式で、脊にも研磨が進行した全長25.2cmの大きさ。穿から闌に及ぶ紐の痕跡が存在することと出土状態から、柄に鋭角に装着されていたらしい。ここで問題にするのは、総数27ヶ所の鋭利な金属刃による刃こぼれが、胡部分に集中して存在することである。鋭角に装着された銅戈であることから、当然のこととして外側（上側）に多くの刃こぼれが集中するが、内側にも4ヶ所が集中する他に7ヶ所の刃こぼれが確認できる（図3-4、写真5）ことをどう理解するかである。ちなみに、現状で鋒が急激に尖ることから、鋒の欠損にともなう研磨により、脊に鎬が及んだものであることがわかる。現状で刃部が薄くなっているのは、研磨が繰り返されたためであり、類例として北朝鮮平壌付近銅戈と須玖岡本久我屋敷銅戈例がある（柳田2008b・2011d）。

⑧　福岡県福岡市吉武高木3号木棺墓銅剣・銅戈

　吉武高木3号木棺墓には装身具と共に銅剣2本、銅矛・銅戈各1本が副葬されていた（力武・横山編1996）。銅剣は、全長30.3cm、茎長2.8cm、茎幅1.6cm、茎厚1.2cm、関幅3.3cm、剣身最大幅3.5cmの計測値をもつ5段階研磨のBⅠa型式である。剣身と脊全体に細い研ぎ分けが施されている。茎にも一部ではあるが研磨が及んでいることから、側面を観察するとその部分に関

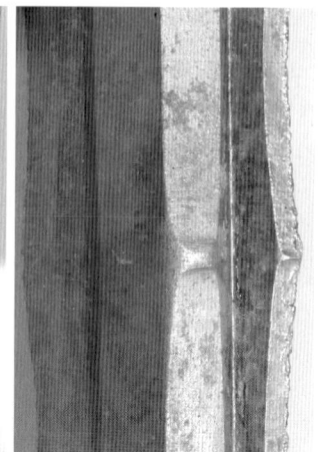

第8章　青銅武器・武器形青銅祭器の使用痕跡

写真6　福岡県吉武高木3号木棺墓銅剣　　　　写真7　福岡県吉武高木4号木棺墓銅剣

の磨上げが確認できる（第5章図2-5、写真6）。
　銅戈は全長27cm、樋長22.4cm、闌幅7.97cm、内幅3.03cm、内厚0.74cmの国産のⅡA型式である。この銅戈は、援の闌側約半分の刃部に未研磨の鋳肌を残すように早い時点で鋒を折損したらしく、樋先端が鋒先端に近接するように研磨が進行しているが、脊先端には鎬が及ぶ過渡期の研磨がある（図4-1）。ちなみに、銅戈の樋長としては、朝鮮半島と日本を合わせて最長であることから、これに鋒長の6cm前後を加算すると、復原全長としても32cm前後の実戦銅戈最大を誇ることになる（図4-1、第6章写真4上）（柳田2008a）。

⑨　福岡県吉武高木4号木棺墓銅剣
　中期初頭の4号木棺墓に、全長26cm、脊幅1.3cmのBⅠb型式小型銅剣が副葬されていた（力武・横山編1996）。銅剣は脊の鎬が茎の一部に及ぶ5段階研磨で、剣身最大幅が2.8cmの細身になっている。この銅剣は拙稿（2003c）で指摘したように、茎両側に元部を研磨して除去した痕跡が存在することから、茎の折損で大幅に関を磨上げしたことが確実な事例である。その再生された茎の元部痕跡に多数の切り込みを刻み、茎と木柄との固定を図っている。この銅剣の原形を復原するために、この脊幅に最も近く未研磨に近い1段階研磨の銅剣である吉武高木1号木棺墓銅剣（全長29.8cm、脊幅1.3cm）の輪郭を対照してみた。これをみても、小型銅剣においてもいかに刃こぼれなどで研ぎ減りするかがわかる（図4-3、写真7）。

⑩　福岡県吉武大石67号甕棺墓銅矛
　中期初頭の金海式甕棺墓の棺内から鋒と節帯部を欠損した銅矛が出土した。現存全長18.4cmの銅矛は、袋部長7cm、袋部最大幅3cm、節帯幅0.7cm、関幅3.65cmで、耳とその付近が欠損したⅡA型式である（柳田2011d）。関部の脊には1段階と2段階研磨の痕跡があることから、鋒折損以前に再研磨されていることになる。節帯部の破損の位置と範囲からは耳が存在したものと考える（図4-2）。

⑪　佐賀県唐津市宇木汲田18号甕棺墓銅剣
　宇木汲田18号甕棺墓は、中期初頭金海式甕棺に1段階研磨で内傾斜樋をもつⅡA型式銅剣を

3 実戦武器使用実例

副葬していた。銅剣は全長 26.7cm で元部が短い特徴をもつ。現状では 1.7cm の短い茎であるが、側面を観察すると、少なくとも 2 度の関磨上げが確認できる。刃こぼれもしない早い時点で何らかの衝撃で茎が折損したことによって、関を磨上げたことになり、結果として元部が短い銅剣となっている。また、鋒先端には、何らかの物体に刺突したタテ方向の無数の擦り傷が確認できる（柳田 2005b）（図 4-4、写真 10）。

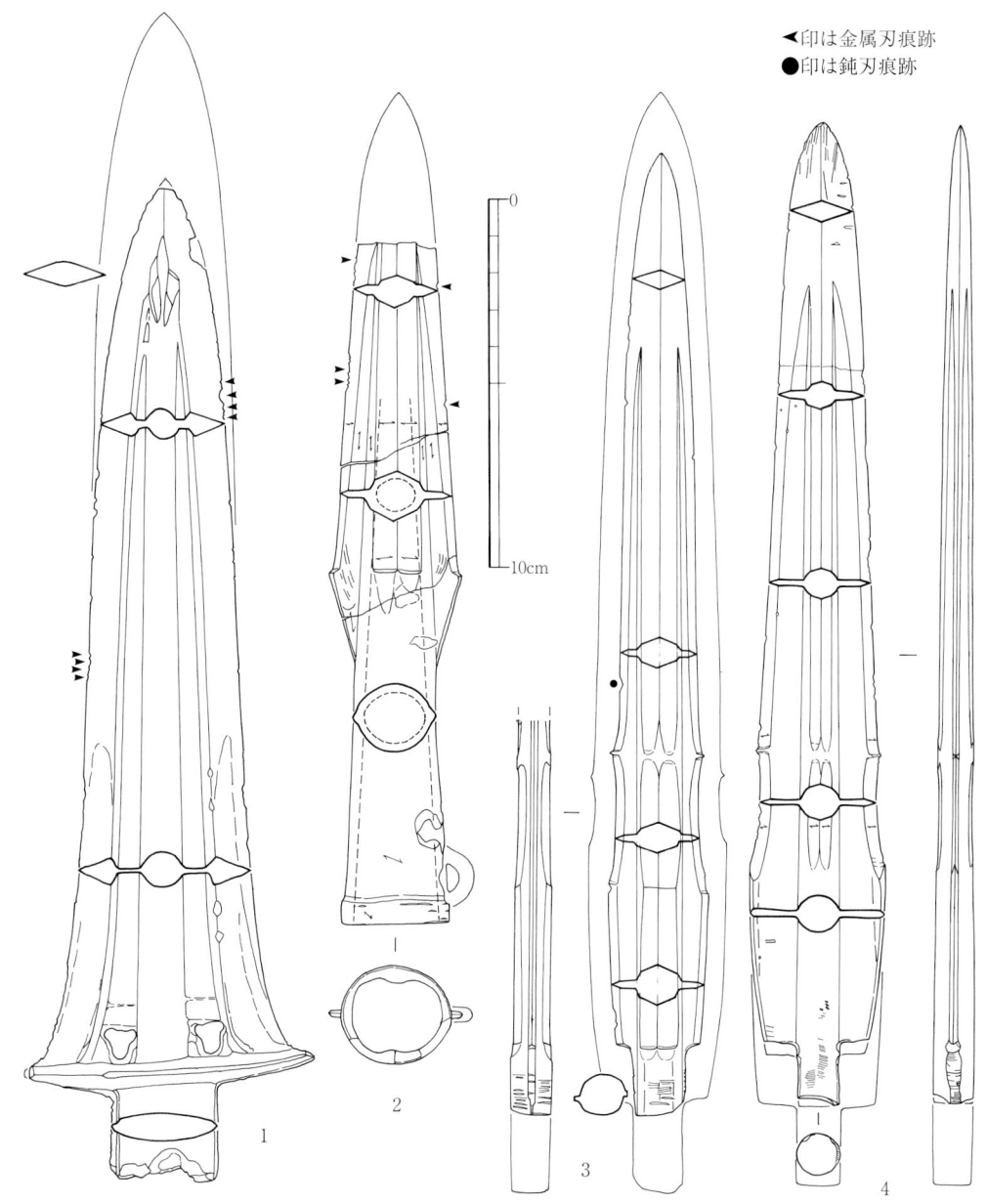

◀印は金属刃痕跡
●印は鈍刃痕跡

図 4　青銅武器使用痕跡③（1/2）
1：福岡県吉武高木 3 号木棺墓　2：吉武大石 67 号木棺墓　3：吉武高木 4 号木棺墓　4：佐賀県宇木汲田 18 号甕棺墓

⑫　佐賀県武雄市釈迦寺銅戈

　銅戈は、中期前半古段階のSJ246甕棺墓から出土した（坂井編1990）。銅戈は、内と胡全体、さらに援の胡部の刃部に未研磨のコウバリが残り、全体にわずかではあるが刃部に丸研ぎがあり、鋒側ほど著しい。本例は出土した時点で鋒が折れた状態で出土している。出土した銅戈の本体と鋒の両面の付着物を観察すると、本来接合する状態では両面の付着物が相反する状態となることが明確であることから、鋒が副葬前に折損しているにもかかわらず、接合した状態で副葬されていたことになる。その鋒先端には、古い微細な刃こぼれが連続していることから、何らかの衝撃を受けたことが考えられるが、切先が回収されたことになり、鞘に入れた際に裏表逆になったものと考える（第7章写真34）（柳田2008a）。

4　使用痕跡の種類

(1) 実戦武器

　使用痕一覧（表1）には銅剣の2～4段階の再研磨は省くが、5段階などの茎欠損による関の磨上げは含む。切先出土例は橋口達也（1992）・荒田敬介（2011）などが検討しているので省くが、実測できた分は表2と図5に掲載した。

①　鋒欠損・折損

　北部九州でも稀有な中国式銅剣にも、第2章で紹介したように鋒折損例が2例存在する。1例は長崎県原の辻遺跡18号甕棺墓例で、中期前半の甕棺内から中国式銅剣有節柄Ⅱ型b式切先が出土している（柳田2009a）。有節柄Ⅱ型b式とは中国式銅剣有節柄Ⅱ型a式を朝鮮半島で模倣した型式で、鋳造後の研磨が完全でないものが多く含まれている。原の辻18号甕棺墓例も刃部周辺のバリの処理が全く実施されていない（カラー図版4）（柳田2004a）。2例目は福岡県朝倉市中寒水例（第3章図14-2、カラー図版3）で、剣首を発見時に欠損し、埋没以前に剣身の大半を欠損した後で稚拙な再研磨によって鋒を再現していることから、剣身を戦闘などで折損した経緯のある例である（柳田1982a）。

　銅矛の折損は元松原遺跡と吉武大石67号甕棺墓で確認できるのと、第4章銅矛の項で例示したように切先出土例から検証できる。

　銅剣などの切先出土例は、2006年3月段階の橋口達也一覧表（橋口2007）で銅矛6例、銅剣31例、銅戈4例、合計41例が存在する。このうち瀬戸内以東は、銅剣2例、銅戈1例である。その内訳は、2例が山口県、1例が兵庫県であるから、山口県の2例を北部九州圏として扱うとすれば、瀬戸内以東では青銅武器を使用した戦闘はないに等しいことになる。これに、吉田広（2006）の小型利器転用青銅器関連資料のうち武器及び武器形青銅器の破片である瀬戸内6例、近畿以東3例を加えてもいかに少ないかがわかると共に、青銅武器及び武器形青銅祭器がいかに破損するかを確認しておきたい。

　銅剣切先は図5のように、北部九州の生産地で研磨された直刃の事例（図5-1～8・10・14～17）、生産地でありながら鎬に並行する方向に研磨された事例（図5-10、写真8）、切先が副葬された可能性のある事例（図5-15～17・19）、当該時期に青銅武器を製作していないカスヤ以東や

4 使用痕跡の種類

表1 青銅武器・武器形青銅器使用痕跡一覧

図	県	市 町	遺 跡	遺構	種別	型式	時期	使用痕部位	痕跡種別	集中・分散、数	文 献
1-4	福岡	北九州市	小倉城家老屋敷	S2	剣	BⅠa4	中期前半	刃部	刃こぼれ	分散	高山編 2012
								脊	打撃痕		
1-2		岡垣町	元松原	採集	矛	ⅡDa		全体	中マメツ		小田・韓編 1991
								鋒	折損研磨		
					矛	ⅡB	中期後半	袋部	中マメツ	集中	岡崎 1977
1-3		遠賀町	金丸	D2	剣	ⅡBb4	中期前半・中頃	鋒側半分	金属刃	集中 36	武田 2007
								元側	鈍刃・鈍器痕	鈍刃20、鈍器2	
1-1		宗像市	田熊石畑	M7	剣	BⅠa4	中期前半	刃部	金属刃痕		白木 2009
									連続刃こぼれ	連続	柳田 2011d
2-3			久原Ⅳ区	D1	矛	ⅡDa	中期後半	身	金属刃痕	集中 20	柳田 2003c
								鈕	欠損		安部 1993
2-4					剣	BⅠa4		剣身	金属刃痕	分散 8	安部 1997
2-2			朝町竹重	M28	戈	ⅢAc	中期前半・中頃	鋒	鈍刃	分散 3以上	
2-1					矛	ⅡB		身	折損	分散 8	
15			釣川	川床	矛	Ⅳ	古墳中期	身	破砕		武末 2011
3-3		古賀市	馬渡束ヶ浦	K2	剣	ⅡAa2	中期初頭	剣身中央	金属刃痕	集中 17	柳田 2011d
3-2					剣	BⅠa2		鋒・身		集中 18	
3-1					矛	ⅡB1		身	鈍刃	集中	
3-4					戈	ⅠAb			金属刃痕	集中・分散 27	
		福岡市	吉武高木	M1	剣	BⅠb1	中期初頭	刳方	突起マメツ		力武・横山編 1996
				M3	剣	BⅠa5	中期初頭	関	磨上げ		
								身	細研分け		
4-1					戈	ⅡAa		援	金属刃痕	集中 8	
4-3				M4	剣	BⅠb5	中期初頭	茎折損	関磨上げ		
								茎	キザミ		
				K116	剣	ⅡAa	中期初頭	鋒	先端欠損		
								茎	キザミ		
				K117	剣	BⅠa1	中期初頭	元部	金属刃	1	
			吉武大石	K45	剣	BⅠa1	中期初頭	茎	キザミ		
				K53	戈	ⅢAc	中期前半	鋒部	鈍刃	1	
				K70	戈	ⅡAa	中期初頭	全体破損			
4-2				K67	矛	ⅡA	中期初頭	接帯・鋒	欠損	分散	
6-1			樋渡	墳丘墓	剣	BⅠa5	中期	茎・剣身	穿孔、改変		
6-2			今宿	14地点大型	剣		不明	茎・全体	穿孔、改変		折尾 1981
			上月隈3次	ST007	剣	ⅡBc	中期末	鋒	欠損		榎本編 2000
								剣身	研ぎ分け		
		糸島市	三雲南小路王墓	K1	剣	有柄式	中期後半	柄	中マメツ	集中	柳田編 1985
			久米	K23	戈	ⅢAc	中期前半	援	鈍刃	分散 6	河合編 1999
		春日市	須玖岡本	B・K1	剣	BⅠa4	中期中頃	茎	キザミ		島田・梅原 1930
				大石下甕棺墓	剣	多樋	中期後半	関・茎	3孔穿孔	全体	
					剣	ⅡBc		剣身	中マメツ	全体	岩永 1982
					矛	ⅡA		身	細研分け	マメツ	
				鈴木採集	戈	ⅡB	中期後半	鋒	鈍器刃	1、3次研磨	岩永 1980a
			立石		剣	ⅡAa1	中期	刳方脊	脊マメツ		岡崎編 1982
				3号大柱	剣	中国式	後期前半	剣身	多マメツ		柳田 2004a
13			辻田	谷	矛	Ⅳ	古墳早期	切先	破砕		小池 1979
7		筑前町	東小田峯	K376	剣	BⅠb2	中期前半	鋒	折損研磨	柄キザミ	未報告
		朝倉市	中寒水		剣	有節柄Ⅱb式	不明	全体	中マメツ		柳田 1982a・2004a
								剣身	折損加工		
		久留米市	高三潴御廟塚	墳丘墓S	剣	BⅠa4	後期	茎	穿孔		片岡 1999
		嘉麻市	鎌田原	K9	戈	ⅢB	中期前半	鋒	鋒欠損		福島 1997
								援	鋭・鈍刃	集中連続	
				K8	戈	ⅢB	中期中頃	鋒	鋭・鈍刃	分散 6	
		飯塚市	立岩堀田	K10	矛	ⅡA	中期後半	袋部	多マメツ		岡崎 1977
9-2		豊前市	河原田塔田	1号墓	戈	ⅢAa	中期前半	身	折損・若干丸研磨		柳田・坂梨 2004

第8章　青銅武器・武器形青銅祭器の使用痕跡

図	県	市　町	遺　跡	遺構	種別	型式	時期	使用痕部位	痕跡種別	集中・分散、数	文　献
4-4	佐賀	唐津市	宇木汲田	K6	剣	ⅠBⅠa4	中期前半	茎	磨上げ		岡崎編1982
				K18	剣	ⅡAa1	中期初頭	茎	茎欠損		柳田2008b
								関	磨上げ		
			久里大牟田	K2	鉛矛	ⅡC	中期後半古	関	複合鋸歯文	線刻	井上・松浦1993
		吉野ヶ里町	吉野ヶ里墳丘墓	SJ1006	剣	ⅡAa4	中期中頃古	茎	キザミ		佐賀1997
				SJ1007	剣	ⅠBⅠa5		鋒・茎	鋒・茎欠損		
				SJ1002	有柄剣	ⅡAa2	中期中頃新	鋒	先端小欠損		
								鋒	金属刃	集中　3	
								柄	中マメツ		
				SJ1054	剣	ⅠBⅠa2		剣身	金属刃痕	6	
				SJ1056	剣	ⅠBⅠa2		鋒	欠損・刃	3	
				SJ1057	剣	ⅡBb1		鋒	欠損		
		鳥栖市	柚比本村墳丘墓	SJ1114	剣	ⅡBb1	中期中頃新	全体	大欠損	4	佐賀県2002
				SJ1124	剣	ⅡBb1	中期前半新	剣身	破砕		
				SJ1135	剣	ⅡBb1	中期中頃古		金属刃痕	3	
				SJ1137	剣	ⅠBⅠa2	中期前半新	刃部	金属刃痕	6	
				SJ1140	剣	ⅡBb1	中期前半新			4	
				SP1100	剣	ⅠBⅠa4	中期前半古	鋒	鋒欠損		
		武雄市	釈迦寺	SJ279	剣	ⅡAa1	中期前半古	刳方	刃こぼれ		坂井編1990
				SJ246	戈	ⅡAb		鋒部	折損	折損のまま副葬	
								刃部丸研ぎ	鈍器刃	1	
11	長崎	壱岐市	原の辻	旧河川	剣	ⅠBⅠb1	中期	鋒・茎・元	折損廃棄		長崎県2005
14				集落表土	矛	Ⅳ	不明	関破片	破砕		
			景華園	K1	剣	中国式	中期後半	全体を改変			小田1959 柳田2004a
								茎	折損		
				K2	剣	中国式	中期後半	全体を改変			
								茎	折損		
	大分	日田市	吹上5次	K4	戈	ⅡB	中期後半	援	金属刃痕	5	橋口2005
		玖珠町	仲平		剣	ⅠBⅠa5		茎欠損	関磨上げ		岩永1980a
								身	金属刃	2	
		大分市	浜4号	埋納	剣	ⅡBb1		刳方脊	マメツ		賀川1961
9-1	熊本	山鹿市	中尾下原	K59	戈	ⅢAa	中期初頭～	援折損、刃部	刃丸研ぎ	分散集中	柳田2008a
								刃部	鈍刃	5	
	島根	伝島根県		埋納	剣	ⅡAa5		刃面取り、茎	茎欠損？		柳田2006a
								刳方	突起マメツ		
								元部・鎬	双孔・マメツ		
		伝松江市	竹矢	埋納	剣	ⅡAa4		元部・鎬	双孔・マメツ		
8		出雲市	真名井	埋納	戈	ⅣAb		脊	鎬		
	岡山	岡山市	山本ノ辻		剣	ⅠBⅠa2		両側刃部	金属刃痕	8	柳田2006a
6-5			由加4号	埋納	剣	ⅡC		全体改変	双孔・マメツ		岩永1980a
6-6		久米南町	別所勝負田	埋納	剣	ⅡBb		全体を改変			柳田2006a
	兵庫	神戸市	桜ヶ丘2号	埋納	戈	ⅣBc			線刻		兵庫県1972
			4号		戈	ⅣBc			線刻		
			6号		戈	ⅣBc		鋒	線刻		
		淡路市	古津路1号	有文、埋納	剣	ⅡBc		全体	マメツ		武藤・三木1972 柳田2007a
			14号		剣	ⅠBⅠa4		全体	多マメツ、双孔		
		南あわじ市	幡多行営地区	K地区SK70	戈	ⅣBd	Ⅳ様式4	全体	破砕		定松2001
	愛媛	四国中央市	西番掛1号	埋納	剣	ⅠBⅠa2		全体	少マメツ、双孔		吉田2001a
			2号		剣	ⅡAa4		全体	少マメツ、双孔		
	香川	善通寺市	瓦谷2号	有文、埋納	剣	Ⅲ		全体	マメツ		高橋1925
			3号		剣	ⅡCa1		刳方	マメツ		
			6号		剣	ⅡCa1			少マメツ		
	高知	香南市	兎田八幡		剣	ⅡBb		茎・元部	磨上げ		吉田広1994
								全体	中マメツ		
		伊野町	八田岩滝	埋納	剣	ⅠBⅠa2		刳方脊	マメツ		石川1986
		須崎市	波介2号	埋納	剣	ⅡBa1		全体・刳方	全体少,刳方多マメツ		三木・岡本1961
								元部	線刻		
			1号		剣	ⅡBa2		全体	マメツ		

4 使用痕跡の種類

図	県	市　町	遺　跡	遺構	種別	型式	時期	使用痕部位	痕跡種別	集中・分散、数	文　献
9-4	大阪	東大阪市	瓜生堂	河川堆積層	戈	IVBd	IV様式	刃部	金属刃痕	集中・分散	大阪府1980
9-3	奈良	田原本町	多	P2115埋納	剣	BIV	IV様式	鋒全体	打撃・折損	集中	寺沢編1989
10	滋賀	守山市	下之郷	溝状遺構	剣	IIBd	IV様式	全体	マメツ・折損	破棄	吉田2001a
6-4	愛知	名古屋市	伝上志段味		剣	IIC		全体改変			柳田2012a
6-3	長野	千曲市	若宮箭塚		剣	IIBa		全体改変	マメツ・折損		柳田2012a

　熊本県・大分県のような北部九州周辺部のように丸研ぎや二段刃を形成する事例（図5-11〜13）、瀬戸内以東のようにマメツや当該地で2次的研磨された事例（図5-11〜13・20）、出土後を含む著しく刃こぼれした事例（図5-10〜13）が実在する。

　図5-12は、岡山県岡山市南方蓮田の土坑墓断面の頭蓋骨付近から出土した銅剣切先である。多くの土坑墓が重複していて、出土状況の詳細は不明であり、「破損物」として扱われている。現存全長2.2cm、最大幅1.62cm、最大厚0.495cmの計測値をもつ。この切先側面には欠損部が存在するが、面取りして丸みをもつ刃先端が保存されている。さらに先端付近にはタテ方向の擦痕があり、鎬も丸みをもつことから、体内に刺突して欠損した切先ではあるが、それ以前の切先の研磨技術が未熟であり著しく丸研ぎとなっている（柳田2006a）。

　同じく南方釜田銅剣切先は、現存全長8.5cm、最大幅2.55cm、最大厚0.575cmの計測値をもつ。切先先端と刃部の若干の刃こぼれは新しいが、多くの刃部の刃こぼれは当時の古い刃こぼれである。若干の金属刃同士の刃こぼれもあるが、大半が鈍い刃こぼれとなっている。注目すべきことは、樋先端から下の鎬などの角がマメツで丸みをもつのに対して、その先端は両面共に斜め方向の粗い再研磨がなされていることである。先端の刃こぼれの研磨を試みてはいるが、未熟な研磨技術では刃こぼれを完璧に直すことができなかったものと考える。この切先は側面からみると多少湾曲しているが、鎬中央付近に発掘時と思われる新しい傷があり、この打撃により湾曲したものと考える（図5-13）（柳田2006a）。

　兵庫県神戸市玉津田中遺跡の中期方形周溝墓4号木棺墓内で検出された長さ4.9cm、最大幅2.8cm、最大厚0.6cmの銅剣切先は、近畿地方の西端で銅剣を持った侵入者から殺害された事実が確認できる。銅剣切先は北部九州から400km以上の遠隔地にありながら、刃部のみわずかに二段刃を形成し、片面刃部に連続した刃こぼれがあり、側面から観察すると折損部が湾曲していることから激しい戦闘で折損したことがわかる（図5-9、写真9）。

　ちなみに、荒田敬介（2011）が分類する第13図Bタイプには、5〜7のように出土時以後欠損した事例が含まれ、15の先端は欠損していないAタイプであると本稿では判断した。図5の切先先端に●印を表示したものが当時の欠損と判断した事例だが、その他は確実に新しいか、どちらとも判断できなかった事例である。

　銅戈鋒の確実な折損例が2例存在する。1例は前記した釈迦寺例であり、2例目は拙稿（2008a）の吉武高木3号木棺墓例である。吉武高木3号木棺墓銅戈は、鋳造時または早い時点で鋒が折損したために現状では樋先端が鋒先端に近接しており、本来の銅戈の形状ではない（図4-1）。銅戈鋒の折損は、鋒と脊先端の段差をなくすほどの研磨の発生と、脊の鎬を誘発する。両者は、共通して闌側刃部に未研磨部分が多い特徴をもつ。

第 8 章　青銅武器・武器形青銅祭器の使用痕跡

図 5　銅剣・銅戈切先実測図 (1/2)
1〜8：直刃の切先（1：吉武遺跡群 1 次　2：西新町 C 地区　3・4：隈・西小田　5：原田　6：柚比梅坂　7：東山田一本杉、8：高志神社）　9：二段刃の切先（玉津田中）　10：タテ研磨の切先（宇木汲田）　11・12・20：マメツした切先（11：広江浜　12：南方蓮田　20：神足）　13：当該地での二次的粗研磨（南方釜田）　14〜19：その他の切先（14：津留　15：鎌田原　16：田熊仲尾　17：鐘崎上八　18：吉野ヶ里　19：天神免）

4 使用痕跡の種類

表2 銅剣・銅戈切先計測表 (単位 cm)

図	県	遺 跡	遺 構	形式	型式	時 期	全長	切先幅	切先厚	鋒幅	脊最小幅	刃こぼれ	文献
5-1	福岡	吉武遺跡群1次	K88	銅剣	ⅡIa	中期初頭	11.55	現2.4	0.75	2.55	1.1	一部古欠	福岡市1998
5-2	福岡	西新町C地区	K19	銅剣		中期末	3.6	1.9	0.57	—	—	不明	福岡市1982
5-3	福岡	隈・西小田	K296	銅剣		中期中頃	4.1	2.1	0.58	—	—	新しい	草場編1993
5-4	福岡	隈・西小田	K61	銅剣	ⅡIa	中期前半古	6	2.43	0.72	2.4	0.76	新しい	
5-5	福岡	原田(県道)	D8(棺外)	銅剣		(前期末)	4.1	2	0.7	—	—	連続古欠あり 先新しい	福島1998
5-6	佐賀	柚比梅坂	SJ1088	銅剣		中期中頃	6.3	2.2	0.78	—	—	先のみ古欠	佐賀県2002
5-7	佐賀	東山田一本杉	SJ075	銅剣	ⅡIa	中期初頭	4.6	2.15	0.62	1.9	0.7	新しい	佐賀県1995
5-8	佐賀	高志神社	SJ018	銅剣	ⅡBc	中期中頃	7.85	2.85	0.77	2.65	0.8	不明 人骨付着	堤編2000
5-9	兵庫	生津田中	M4	銅剣		(Ⅲ様式)	4.9	2.8	0.6	—	—	連続古欠	兵庫県1994
5-10	佐賀	宇木汲田	K32	銅剣	ⅡIa	中期前半	5.4	2.3	0.69	2	0.9	タテ研磨	岡崎他1982
5-11	岡山	広江浜		銅戈	ⅡA	不明	2.5	3.3	0.86	3	0.4	不明	間壁1979
5-12	岡山	南方蓮田	土坑墓	銅剣			2.2	1.62	0.5	—	—	多マメツ	吉田2001a
5-13	岡山	南方釜田		銅剣	ⅡBb		8.5	2.55	0.58	2.4	0.8	金属刃、古欠多 鋒反りは新しい	出宮編1971
5-14	佐賀	津留1区	SP024	銅剣	ⅡIb	中期初頭	4.5	1.6	0.55	1.8	0.4	先欠、2個	前田編1994
5-15	福岡	鎌田原	M2	銅剣	ⅡIa	(中期中頃)	10.7	2.45	0.92	2.2	0.85	先のみ古欠	福島1997
5-16	福岡	田熊仲尾		銅剣	ⅡBc	不明	12.45	2.6	0.9	2.2	0.89	不明	柳田2011d
5-17	福岡	鐘崎上八	S	銅剣	ⅡIa	不明	15.5	3.3	0.89	3.2	0.88	不明	柳田2011d
5-18	佐賀	吉野ヶ里Ⅴ区	環壕	銅剣	ⅡⅣ	後期	14.5	2.9	0.66	2.8	0.55	新しい	佐賀県1992
5-19	熊本	天神免	採集	銅剣	ⅡIa	不明	10.6	2.6	0.8	2.05	0.76	先・元以外新しい	高木1979
5-20	京都	神足	溝	銅剣	ⅡBb		10.55	2.25	0.7	1.8	1	鎬マメツ 新しい	長岡京市2005
9-1	熊本	中尾下原	K59	銅戈	ⅢAa	中期初頭~	10.4	3.5	0.54	2.8	0	先古、連続古欠	隈1986
9-2	福岡	河原田塔田	D1	銅戈	ⅢAa	中期初頭~	10.6	3.76	0.82	2.8	0	連続古欠、先新	棚田・坂梨編2004
9-3	奈良	多		銅戈	ⅡⅣ	後期前半~	13	3.3	0.6	3.3	0.7	金属刃・鈍刃	寺沢編1989
6章	大分	伝大分市		銅戈	ⅡAa		14.5	3.9	1	3	0	先・刃こぼれ新	小田1965

註 K・SJは甕棺墓、M・Dは木棺墓、SPは木棺と甕の組合式、Sは石棺墓、( )は報告書に記載された時期。

　完形の実戦用青銅武器が分布しない地域から出土するその切先は、実戦で折損した切先と考える。出土した墓が荒らされていなければ、嵌入・副葬・供献のいずれかであるが、その判別は困難である。土坑墓・木棺墓であれば出土位置関係で判別可能であるが、甕棺墓内では本来の位置とは限らない。厳密には、上部が削平された甕棺や不整形の土坑墓は確実視できない。

　当時の古い折損と判断した銅戈切先は、福岡県豊前市河原田塔田1号土坑墓例、熊本県山鹿市中尾下原59号甕棺墓例、伝大分市久原松崎例(第6章図9-4)がある。河原田塔田1号土坑墓例(図9-2)は、銅戈切先が出土した位置が円形をした土坑墓であることから遺構が重複している可能性もあるが、折損は古い刃こぼれと同じであり、●印で表示した以外は発掘時以後の新しい欠損である。中尾下原59号甕棺墓例(図9-1)は、甕棺墓上部が削平されていることから確実視できないところもあるが、●印を付加した部分以外は先端などの新しい欠損と区別できる。

　従来の「細形銅戈Ⅱ式」の大半が鋒の折損と刃部の再研磨によるものと考える。

　銅戈の内欠損は少ない。Ⅰ型式とⅡA型式は、脊に研磨が及ぶものが多いことから、実戦に使用され鋒を欠損することが頻繁であったことになる。しかし、ⅢA型式以後は脊に鎬が発生しないことから鋒の折損がなく、実戦に使用されなかったと考える。

　また、切先を含む破片の再利用は、祭祀の模擬戦での折損も考えられる。再利用されずに破棄されるものが存在することがそれを示唆している。ちなみに、転用されている地域は、当該時期に金属利器が他に存在していないことを意味していることも確認しておきたい。

第 8 章　青銅武器・武器形青銅祭器の使用痕跡

② 刃こぼれ

　刃こぼれには、その形状から鋭利なＶ字形の金属刃痕、鈍いＵ字形の鈍刃痕跡、比較的大きな半円形の鈍器痕跡がある。鋭利なＶ字形は、金属刃によることは判断できるが、肉眼ではそれが青銅器であるか鉄器であるかの判断はできない。鈍いＵ字形は大小あり、加害物が金属器ではないことは判断できるが、石器刃なのか木器刃なのか判断できない。半円形の鈍器痕跡は刃部をもつ武器ではなく、棒状の鈍器であろう。これ以上は実験を含む科学的な分析が必要となる。ただ、鉄製武器が普及する以前の中期中頃以前に金属刃痕が多いことから、青銅武器による刃こぼれであることが想定できる。しかも、その金属刃痕跡は局部的に集中する傾向がみられる特徴をもつ（図1～3、写真3～5）。

③ 茎欠損・折損

　拙稿（2005b・2007a）以前には銅剣茎の欠損を指摘した論考は管見にない。従来の「細形銅剣

写真 8　佐賀県宇木汲田 32 号甕棺墓銅剣切先のタテの研磨と刃こぼれ

写真 9　兵庫県玉津田中銅剣切先の刃こぼれ 　　写真 10　佐賀県宇木汲田 18 号甕棺墓銅剣鋒の刃こぼれと擦り傷痕 　　写真 11　大分県吹上 4 号甕棺墓銅戈鋒擦り傷痕

Ⅱc式」は茎に鎬が及んだものをいう。銅剣の茎は、柄に挿入されることを前提に鋳造されていることから2次的な研磨が発生するはずがない。これまでは青銅武器の脊の鎬の状況で型式分類していたことから、短絡的に茎の鎬の有無まで考慮していた。銅剣の脊の研磨が茎にまで及ぶのは、4段階研磨以後茎が欠損したことにより関を磨上げたもの。銅剣の剣身が折損するに等しい激しい衝撃によって茎が折損することがあったことになるが、宇木汲田18号甕棺墓銅剣は刃部の刃こぼれが生じない1段階研磨の状態で茎が折損したことになる。銅剣を平面的に観察しただけでは、茎に鎬があれば茎の折損の判断が可能であるが、宇木汲田18号甕棺墓銅剣のように元部脊に鎬が発生していない場合は、茎の側面観察で関の磨上げを確認しなければならない（図4-4）（柳田2005b・2008b）。

　ただし、茎を折損していなくても関を磨上げた例に兎田八幡宮蔵銅剣（第7章写真33）と大分県玖珠町仲平銅剣（第5章図5-5）がある。兎田銅剣は元部周縁を再研磨した際に関も磨上げて、茎を長くしている（吉田広1994）。仲平銅剣は鋳型の段階で茎が短かったために、湯口の掛堰部を残している。それでも茎の長さに不具合が生じたために、元部脊に鎬が生じた4段階研磨後に関の磨上げを断行している。

④　擦り傷

　墓から出土した銅矛・銅剣・銅戈・石剣の切先の大半で観察できる損傷の一つであり、その切先先端の小さな連続した欠損を伴うのが常である（柳田2007a）。切先は「人を殺傷および、刺突時のショックによって人体内に残ったもの」（橋口2007）という。しかし、宇木汲田18号甕棺墓銅剣・吹上銅戈（写真10・11）のように、殺傷しても鋒を折損しなかった銅剣もあり、墓から出土した鋒先端にタテ方向の擦り傷が研磨されずに残っているものがある（柳田2005b）。

⑤　銅矛耳・節帯欠損

　銅矛の袋部の一部と耳を欠損したものが3例存在する。1例は耳を欠損した久原例（図2-3）、2例目は節帯を欠損した吉武高木3号木棺墓例（図4-1）、3例目は鋒の折損と袋部を破損した吉武大石67号甕棺墓銅矛例（図4-2）である。いずれも衝撃の激しい実戦によるものと考える。

⑥　穿孔

　銅剣への穿孔には2種類がある。いずれも鋳造後に目的に応じて行われるらしく、茎に太めに穿孔される単孔と、元部の両側に穿孔される双孔がある。拙稿（2005b）では茎穿孔、茎加工（キザミなど）と同じように、いずれも柄の着装法で時期的な違いと判断していた。ところが吉田広（2007）が指摘するように北部九州の一部では早い段階から元部の双孔が存在することを認めるが、三雲南小路王墓有柄式銅剣の着装法が存在する以上は元部半分以下に位置する双孔はそれに関連する着装をしたものと考えるが、金丸銅剣の双孔が鈍器で破損している特例も存在することを認めざるをえない。

　元部の双孔は時期差なのか、地域差なのか、遠賀町以東の銅剣には双孔があるが、宗像・糟屋地域の銅剣には双孔が存在しない。いずれにしても、双孔の習慣が早い時期に北部九州の一部で発生しているということが明らかであり、その習慣の東漸時期が早まったにすぎない。

　吉田広（2007）・寺前直人（2010）は、双孔の用途を装飾を懸垂するものとするが、寺前が指摘

第8章 青銅武器・武器形青銅祭器の使用痕跡

する双孔のマメツは極限に全体的にマメツした高知県八田岩滝例のみであり（写真15）、他は写真12〜14と再加工品である倉敷市由加銅剣（第7章写真23-5・6）のように脊の鎬にマメツがあっても双孔にはマメツがみられないのも事実である（柳田2007a）。

⑦ マメツ

　マメツとは、意図的な2次的研磨を含むことから「マメツ」と標記している。青銅武器のマメツには、脊刳方部節帯の部分マメツ、銅矛の袋部マメツ、九州外青銅武器の全体マメツなどが観

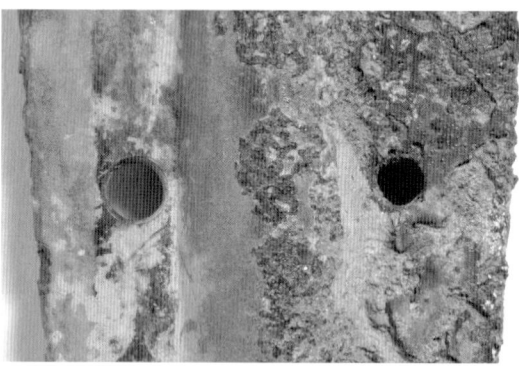

写真12　愛媛県西番掛1号銅剣の脊鎬のマメツとマメツのない双孔

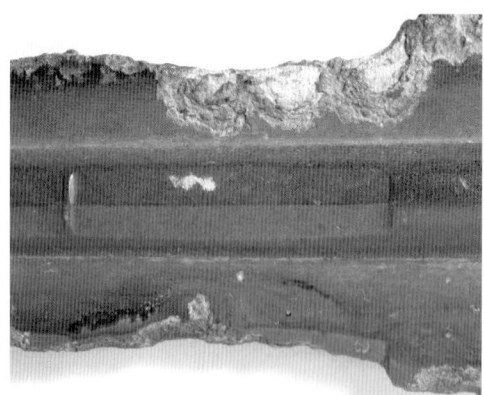

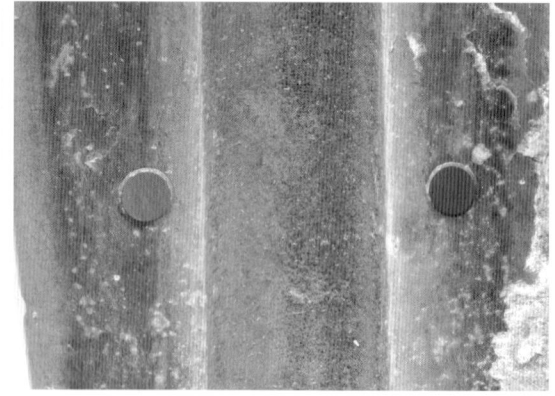

写真13　愛媛県扇田銅剣のマメツの少ない脊鎬とマメツのない双孔

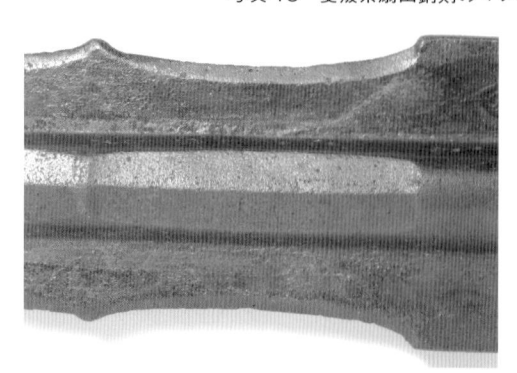

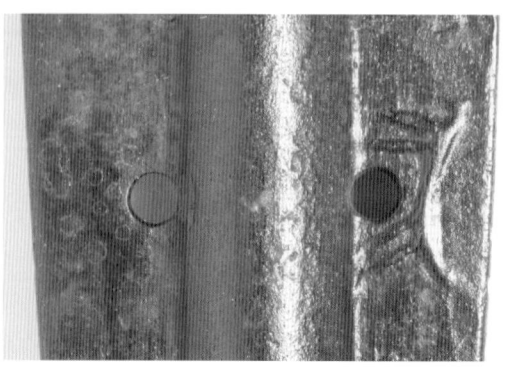

写真14　高知県兎田八幡宮銅剣の鎬のマメツとマメツのない双孔

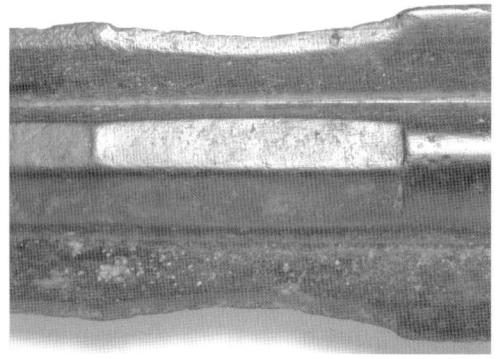

写真15　高知県八田岩滝銅剣の双孔・鋒・脊鎬の著しいマメツ

写真16　福岡県立岩堀田10号甕棺墓銅矛のマメツ

察できる。脊刳方部節帯の部分マメツは、鞘に出し入れする際の鞘との接触のために生じることが想定できる（写真7右）。その一方で、鎬など全体がマメツしているということは、伝世しているだけではなく、青銅器の生産地から遠くにあり、当該地で研磨できないことを意味し、近隣で当該時期に青銅器を生産していないことを証明している（柳田2006a）。

　銅矛袋部のマメツは「中細形銅矛」に顕著であることから（柳田2003c）、柄を着装したとしても袋部を直接触ることが頻繁であったと考える（写真16）。青銅武器のマメツは、古式銅鐸や伝世鏡のマメツと同一条件における使用痕跡である（柳田2012a・2013）。

⑧丸研ぎ

　青銅武器鋳造直後に研磨された脊と刃部は、横断面図で明らかなように定規を当てると一直線

第8章　青銅武器・武器形青銅祭器の使用痕跡

になっている。ところが、磨製石剣の2次研磨のように、刃部と脊に丸みをもつものがある。本来は刃部の研磨は脊に及ぶ直線研磨であるが、そうではなく刃部のみを研磨することによって丸研ぎとなる。これは地域的な現象で、弥生中枢部の「イト国」・「ナ国」とその近隣ではみることができないが、一部の近隣と中枢部周辺部及び遠隔地では丸研ぎが常習化している。先に紹介した元松原銅矛以外に、佐賀県西部の釈迦寺・豊前市河原田塔田銅戈（図9-2）に若干の丸研ぎ、熊本県山鹿市中尾下原銅戈（図9-1）は完全な丸研ぎ（柳田2008a）、中国・四国以東は全体にマメツしている。これは、当該地域が当該時期に青銅器を製作していないことを如実に証明していることになる（写真17・23～26）（柳田2006a）。

⑨　全体改変

　鋒などの小さな欠損ではなく、剣身中途で折損したと考える全体的に改変された短剣がある。長崎県対馬は、出土する青銅武器の大半が大きく原形を損なう改変が加えられていることで知られている（吉田2001a）。その他に岡山県別所勝負田銅剣（柳田2006a）・長崎県景華園中国式銅剣2本（柳田2004a・b）や吉田集成図（2001a）を参照すると、諫早市立石町遺跡銅剣・熊本県ヤリカケ松銅剣・岡山県児島琴浦瑠珈山由加4号銅剣・香川県西ノ谷銅剣・愛媛県今治市銅剣・長野県若宮箭塚銅剣・伝名古屋市志段味銅剣などがある。これらには脊が扁平化した武器形青銅祭器が多く含まれており、青銅武器が普及していない地域は貴重品として継続使用され、宝器として温存されていることになる。これは地域・階層による武器の使用規制の存在を示すことになり、銅鐸を製造できる近畿地方も実戦武器を製造できないことを証明している。

　剣身中途の折損ではなく、全体改変の嚆矢と考える伝統的な刳方を無視した研磨をした銅剣がある。福岡市吉武高木3号木棺墓2号銅剣は、前記した関部の磨上げだけではなく、刳方をもたずに直線的な剣身を形成している。剣身には全面にわたって、斜行と直行の交互方向の研ぎわけが実施されている（写真6）。銅剣の時期が中期初頭の北部九州で初期段階のものであることから、意図的な研ぎわけの出現ともなる（第5章図2-5）。

　ＢＩa式大型銅剣にも全体改変された銅剣がある。福岡市樋渡墳丘墓単独発見の銅剣は、全長30.2cm、脊幅1.6cmの大型銅剣であるが、刳方がなく、茎に単孔をもつ。おそらく鋒側が折損したことから、刳方を省略して再研磨したものと考える（図6-1）。

　一方、韓国東西里（第5章図1-8）・南城里には刃部の研磨が進行して、剣身全体の翼部が狭くなり、刳方近くまで鋒部が長くなった銅剣がある。これらは、翼部をほぼ失っても刳方と節帯を意識した研磨に固執している。この伝統は、深樋式銅剣（ＢⅣ式）が出現する紀元後になっても坪里洞例のような小型銅剣のＢⅡa式が残っている。朝鮮半島では刳方と節帯に固執した韓式銅剣たる所以があり、先に紹介した日本の刳方を無視した研磨が北部九州で実施された証拠ともなる。

　未報告ではあるが、韓式銅剣でありながら2次研磨で鋒が長くなった例が対馬と宇木汲田採集銅剣以外（岡崎編1982）に存在するので紹介する。それは報告の見込みのない福岡県筑前町東小田峯376号甕棺墓銅剣で、全長26.5cm、鋒長8.6cm、鋒最大幅2.34cm、鋒最大厚0.9cm、関幅2.3cm、元部最大幅3.01cm、脊最大幅1.32cm、脊最大厚1.18cm（元部上端）の計測値をもつＢＩb2式。本例は元部に刃部が形成されないことから、本来翼部が比較的狭い銅剣であるが、早

4 使用痕跡の種類

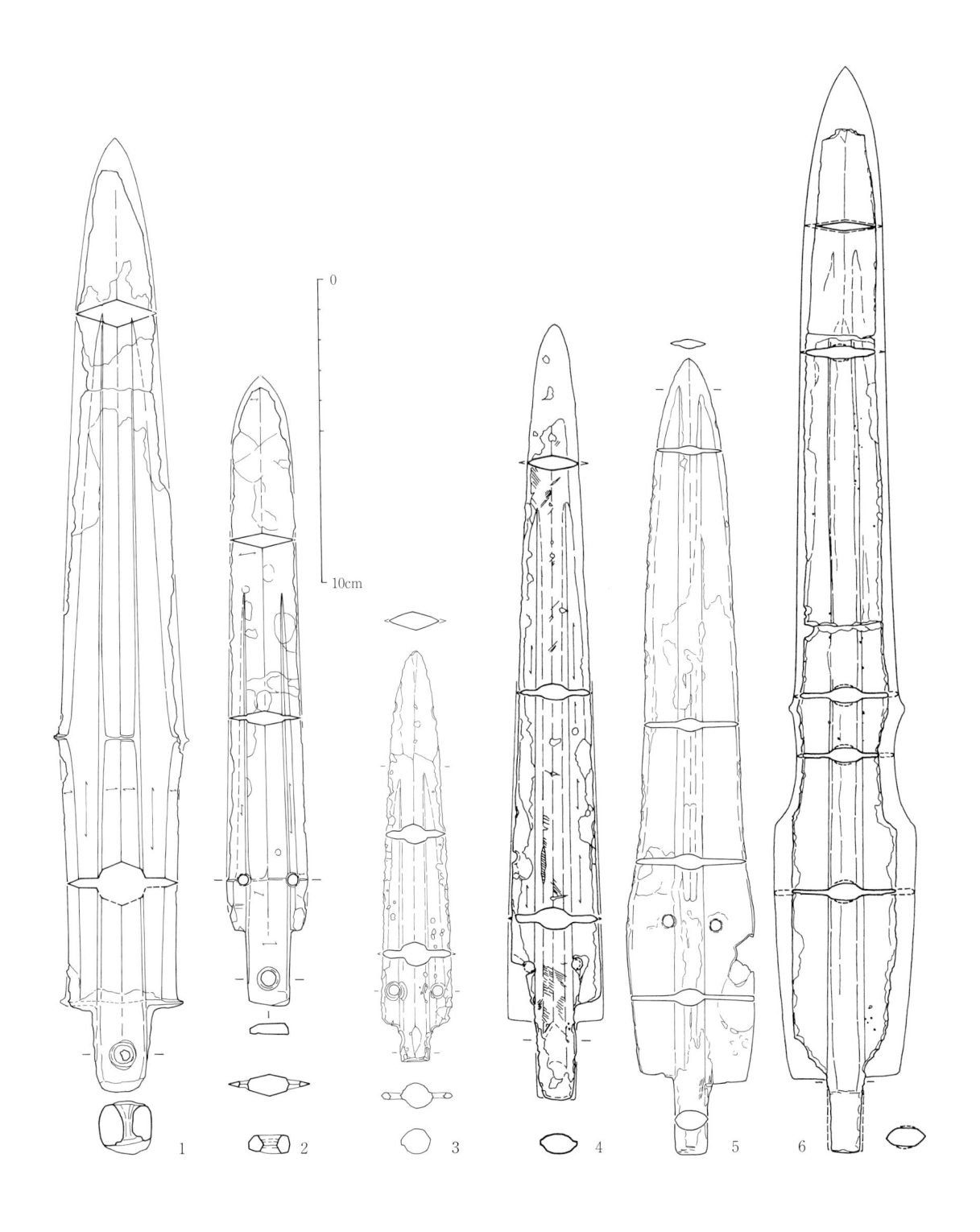

図6 全体改変銅剣実測図 (1/2)
1：福岡県樋渡墳丘墓単独　2：今宿　3：長野県若宮箭塚　4：伝愛知県上志段味　5：岡山県由加4号　6：別所勝負田

341

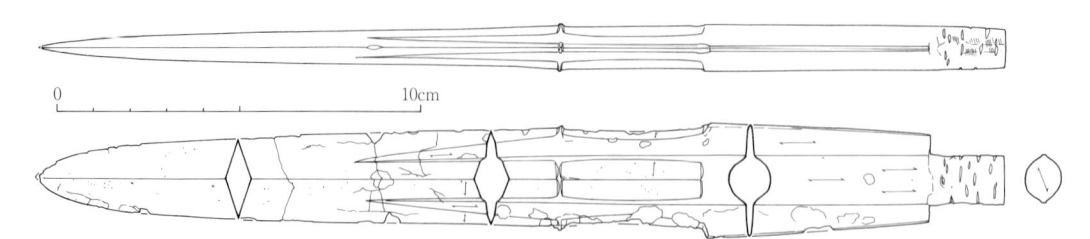

第8章 青銅武器・武器形青銅祭器の使用痕跡

図7 福岡県東小田峯376号甕棺墓銅剣実測図（1/2）

写真17 長野県若宮箭塚銅剣の関磨上げと多マメツ

写真18 岡山県由加4号銅剣刳方部分

い段階で鋒を折損したことから結果的に鋒の長いBⅠa式銅剣に2段階研磨されたものと考える（図7）。甕棺墓の時期は、中期前半である。

　全体改変されている銅剣にも単孔や双孔があり、今宿例（図6-2）・若宮箭塚（図6-3、写真17）・伝上志段味（図6-4）は着柄のためのものである。しかも、伝上志段味銅剣は、扁平なⅡC

式銅剣を細身剣身に改変している。

　若宮箭塚銅剣（図6-3、写真17）は、残存長13.5cmの銅剣鋒部であるが、樋の下半部では内湾する内傾斜樋を形成していることから、北部九州製ⅡBa式銅剣鋒部である。北部九州製古式型式銅剣としては近畿地方の兵庫県淡路島以東で唯一の出土例となる。現状での茎側面にも双孔の痕跡が存在することから、数回の関部の磨上げ研磨が繰り返されたことになるが、双孔穿孔時に脊側面にもケズリが及びその部分が著しくマメツしている。双孔に飾りなどを懸垂するとすれば、双孔の下部がマメツすることになるが（吉田2007、寺前2010）、双孔内部ではなく、双孔から離れた脊側面が周辺の鎬と同じように著しくマメツしていることになり、本銅剣の双孔は着柄でも飾りの懸垂のためでもないことになる（柳田2012a・b）。

　児島琴浦瑜珈山由加「平形銅剣」の4本のうち4号銅剣は、「平形Ⅰ式」の再加工とされている（吉田2001a）。4号銅剣は全長26.1cmであり、「平形銅剣」は全長40cm以上であることから、「平形銅剣」のどの部分を現状のように再加工したことになるのだろう。4号銅剣の特徴は、茎が長く翼部が平坦で鋒が短いところにあり、「平形銅剣」の特徴と反比例する。「平形銅剣」の茎は短くて湯口を残し、鋒が長く樋幅が狭いことで知られている。4号銅剣は第7章でも検討したように関部と茎を鏨で切断しているが、「中細形銅剣」の元部形態をほぼ留めており、節帯から鋒側がタテ方向の粗研磨で再加工されているに過ぎない。脊を観察すると刳方部分が粗研磨されずに残されている（写真18）ことと、翼部が広いことから総合すると「中細形銅剣」の再加工であることが明らかであろう。では「中細形銅剣」のどの型式の再加工品になるのかを検討しなければならない。再加工されていないのは現状の元部の脊と翼部の厚さである。脊最大幅が1.08cm、脊最大厚0.63cm、翼部厚0.2cm前後の計測値からすると、第5章でⅡC型式銅剣としているものに近似することになる。ただし、双孔をもつことから、古式の属性をもつことになる。

⑩　意図的折半

　現在のところ意図的に破砕した青銅武器は、福岡県小倉城家老屋敷1号石棺墓銅剣に限定できる。本例は、全長36cmのBⅠa式銅剣の剣身のほぼ中央部分の片面の脊に打撃を加えて折半している（柳田2011d）。折半された銅剣は、揃えて布にくるまれ頭部右側に副葬されており、元部に双孔をもち、石棺墓は中期前半の壺棺墓に切られている。

　本例のように剣身を折半するには、脊に打撃を加えるのが最善である。刃部に打撃を加えれば破砕となり、その証明は困難である。前述のように刃部の金属刃などの刃こぼれは認識できても、破砕されてしまえば打撃を加えた道具の特定さえ困難であろう。青銅武器は金属質から折半や破砕は容易であるが、武器形青銅器では後述する奈良県多遺跡のBⅣ式銅剣のように、鈍器による刃こぼれや福岡県辻田遺跡破砕「広形銅矛」のように捩れた形状を呈する。ちなみに、多例の剣身の湾曲は、発掘具による打撃によるものであり、新しい痕跡が鋒鎬に明瞭に観察できる。

(2) 武器形祭器と儀器

　最古の青銅製武器形祭器はどれかと問われると、従来は「中細形」の銅矛・銅剣・銅戈とされてきた。さらに、橋口達也が「明器銅戈考」を著してからは、従来の「細形銅戈」の中に一種の

第 8 章　青銅武器・武器形青銅祭器の使用痕跡

儀器を見出したことになる。しかし、これは誰しもが実戦用武器とは考えていなかった型式であり、そもそも「細形銅戈」としてきた従来の型式分類に非がある。そこでその「全体に扁平で茎も短小で薄く実戦には耐えない銅戈」(橋口 2005)である、拙稿(2008a)のⅢA 型式銅戈の実態を検証してみたい。

「副葬用銅戈」とするからには、副葬用に儀器として製作されたのであるから、埋葬時点で初めて使用されることになるが、「明器銅戈」とされたⅢA 型式には果たして使用痕跡はないのであろうか。確かに鋒から援の刃部は斜め方向に粗研磨されていることから、粗製銅戈と言えなくもないが、表面の保存状態が良好な久米 23 号甕棺墓銅戈は、むしろ太陽光にかざすと乱反射で目立ちさえする(第 6 章写真 5 左)。そこで、ⅢA 型式銅戈の型式分類から検証してみよう。ⅢA 型式は、「全体に扁平」な銅戈であると同時に、樋幅が広いという形態的特徴をもつ。その特徴から舶載品に系譜をもつⅡA 型式とは別系統であることは明らかであり、その細分も第 6 章で提示した。現在判明している最古のⅢA 型式銅戈は福岡市有田 2 号甕棺墓例であろう(森 1968a)。金海式とされているこの甕棺墓を前期末とする説は論外(柳田 2003b・2008c)として詳細に検証すると、隣接した 8 号甕棺墓の下甕は金海式甕棺ではあるが上甕に中期前半の汲田式甕棺が使用されていることから、新しい時期を採用すべきであろう。であるから、まず「明器銅戈」前期末起源説が成立しないことを確認しておきたい。さらに、他の型式にない樋幅が広い形態的特徴を重視すると、その特徴をもつ厚みのある中期初頭から中期前半の豊前市河原田塔田 1 号墓銅戈切先(図 9-2)と山鹿市中尾下原銅戈(図 9-1)、時期の不明な元松原銅戈がその系譜上で問題を提起する。樋幅が広い特徴をもつ銅戈は朝鮮半島にもみられることからその系譜が辿れるが、これらは実戦武器として分厚いことから、国内出土例で鋒の最大厚を計測してみた。現在最古の有田銅戈 4.55mm を最大として以下久米銅戈 3.7mm、朝町竹重銅戈 3.5mm、吉武大石 53 号甕棺墓銅戈 3.25mm、宇木汲田 17 号甕棺墓銅戈 2.65mm、宇木汲田 58 号甕棺墓銅戈 2.4mm が続く。これは上位二者が樋に文様を施さないことから、この順が型式的にも肯定できる。だとすれば、先に例示した河原田塔田銅戈鋒最大厚 6.45mm、中尾下原銅戈 6.25mm と元松原銅戈が先行型式であることを認めざるを得ないことから、この三者がⅢA 型式の最古式となり(柳田 2008a)、少なくとも「明器銅戈」として出現した型式ではない。しかも、中期前半までの短期間で終焉を迎え、決して須玖岡本 13 号甕棺墓銅戈のような厚みのある綾杉文銅戈には継続しない。ただし、須玖岡本 13 号甕棺墓銅戈のようなⅢB 型式は、ⅡA 型式から分枝し儀器化して、次世代には武器形祭器となる。ちなみに、舶載のⅠ型式と国産のⅡA 型式の鋒最大厚は 8mm 以上であることから別系列である。

「副葬用銅戈」が存在するとすれば儀器の一種と考えられることから、刃部の保存がよいものについて使用痕跡を観察してみる。鈍刃によるものと考えられる古い刃こぼれが有田銅戈に連続 2 ヶ所、久米銅戈に片側 3 ヶ所の合計 5 ヶ所存在する。鋭利な金属刃による刃こぼれではないことから、肉眼観察では確証が得られないが、同様な刃こぼれが朝町竹重 28 号木棺墓銅戈(図 2-2)・吉武大石 53 号甕棺墓銅戈にもみられる。朝町竹重遺跡銅戈の鋒先端の連続するわずかな刃こぼれは、宇木汲田 18 号銅剣鋒先端と同様に鋒先端が硬い個体に接触した痕跡である。しか

も、刃部全体にはマメツによる丸みがみられる（図2-2）。刃部と鎬のマメツは宇木汲田17号甕棺墓銅戈にも顕著である（第6章図12-5、写真19）。

　したがって、ⅢA型式銅戈は副葬用に儀器化した単なる「明器銅戈」ではなく、祭祀の模擬戦に使用する下位首長個人が占有していた小型化していく単身銅矛（柳田2003c）と同じ武器形青銅祭器でもあるが、共同体の共有物である祭器の近畿型銅戈とは大きく異なり、これに先行する。

　研ぎ分け文様は祭器的使用例の先駆をなすもので、常松幹雄（2000）がいう細い研ぎ分けはその大半が粗研磨段階のものである（柳田2005b）。だが、扁平銅戈の粗研磨と同じように細い研ぎ分けの嚆矢となった可能性もある。細い研ぎ分けで意図的に研ぐ方向を変えていることが確認できたのは、吉武高木3号木棺墓5段階研磨BⅠa型式銅剣以外に管見にない。吉武大石70号甕棺墓銅戈・同140号甕棺墓銅剣・同1号木棺墓銅戈・柚比本村SP1100銅剣（写真20）・宇木汲田61号甕棺墓銅剣などは、研磨が粗研磨段階で終わり、写真20のように凹凸によるシマとして残るもので、仕上げ研磨が部分的に実施されていないものにすぎない（柳田2005b）。ちなみに、研ぎ分けのある福岡市敷町銅戈3本は刃部に「刃止めが加えられている」（常松2000）ことから、ⅣAb式（「中細形b式」（柳田2008b）で、中期後半と考えている。朝鮮半島の儀器化した青銅武器（岩永2002）の大半は実戦武器として通用し、本来の儀器はⅤ-1段階以後のⅢB型式銅戈（柳田2008a）・有耳長鋒銅矛、Ⅵ-1段階のⅠC型式銅戈・深樋式銅剣・銅矛である（柳田2004a）。も

写真19　佐賀県宇木汲田17号甕棺墓銅戈のマメツ

写真20　佐賀県柚比本村SP1100銅剣の粗研磨

写真21　岡山県南方釜田銅剣切先のマメツと二次的粗研磨

写真22　奈良県多銅剣切先の鈍器による刃こぼれ

し、Ⅴ-1段階の多樋式銅剣・有文銅矛・多樋式銅矛などを儀器とするなら、北部九州製の有耳銅矛と銅戈の全てを儀器としなければならない。

儀器化した青銅武器も祭祀の模擬戦に使用されている。儀器と祭器の区別が埋納にあるとすれば、「中細形」の中途から祭器であり、地域性がある。中国・四国地方以東は「細形」も埋納されることから、当該地域には武器が存在せず、「細形」が祭器として存在していたことになる。

島根県真名井銅戈は1665（寛文5）年、命主神社の背後にある大石の下からヒスイ勾玉と共伴して出土し、出雲大社の社宝として伝えられている（近藤1966）。勾玉が共伴していることから埋納青銅武器形祭器としては特異な存在である。銅戈は、全長31.3cm、内長2.1cm、内幅2.23cm、闌幅10.31cm、援（鋒）最大幅4.15cm、最小幅3.8cm、脊最大幅1.35cm、茎厚0.35cm、関最大厚1.43cm、脊最大厚0.955cm、脊最小厚0.55cm、鋒最大厚0.585cmの計測値をもつ。脊両側の樋には下端に鋳放し不整形の穿、2本の平行突線、突線綾杉文が鋳出されている。文献では「中細形b」に分類され（岩永1980b）異論はないが、これまでの実測図には再研磨された脊の鎬が表現されていない（図8）。常松幹雄は内両面の不鮮明な鈎に注目されている（常松2004）。すなわち、青銅武器形祭器でありながら再研磨されていることは、模擬戦などによる刃こぼれ後に再研磨され、一定期間の伝世も想定される（柳田2006a）。

武器形青銅器の最後に近畿地方以東を概観しておく。弥生時代の近畿地方の拠点集落はその規模と内容から、平野単位を統括することはできても、それ以上を政治・経済的に支配できる政権は出現しなかったと考えている（柳田2002b）。したがって、この地域での近畿地方には弥生時代における中枢部は形成できていないことから、地理的な位置関係を例示することしかできない。その中央部である京都・滋賀・大阪・奈良の地域で武器形青銅器の埋納は存在するのであろうか。少なくともこの地域での東瀬戸内型銅剣（ⅡBc式）・「大阪湾型銅戈」（ⅣB式）の埋納は管見にない。しかも、中央部に存在する銅剣・銅戈は最終型式で破棄されている（柳田2008c）。近畿地方弥生共同体の祭器は銅鐸で代表されるが、銅戈も弥生絵画に登場する。近畿地方周辺部に出現する初期の東瀬戸内型銅剣・「大阪湾型銅戈」は埋納されることから武器形青銅祭器であるが、最終型式では兵庫県南あわじ市幡多遺跡銅戈のように破砕されたものだけでなく、東大阪市瓜生堂遺跡では完形品が河川に破棄されている（図9-4）。

滋賀県守山市下之郷遺跡銅剣切先は、全体的に刃部・突起・鎬などが再研磨された後にマメツしている。銅剣は残存長23.2cm、突起部幅4.5cm、同厚さ0.53cm、切先最大幅2.6cm、同厚さ0.42cm、脊最大幅1.1cmで、銅剣の型式を吉田広が平形Ⅰa1式の再加工品という（吉田2001a）が、ⅡBc式（田能鋳型・古津路1号・10号）の後続型式の可能性も含んでいる。しかし、脊厚が薄いことから、後続型式は「大阪湾型銅戈」のように急激に扁平化することになる（図10）。刃部が再加工で段刃となり、さらにマメツによって丸みをもつことから伝世している可能性をもつが、古い破断面にはマメツがないことから、破砕して環濠に破棄されたらしい。その時期は当該地のⅣ様式（中期後半）という（寺前2009）。

近畿地方周辺部にあたる和歌山県山地遺跡で古式「大阪湾型銅戈」が出土しているが、発掘調査ではないことから、脊などの研磨痕跡と全体のマメツは確認できるが、刃こぼれなどの使用痕

4 使用痕跡の種類

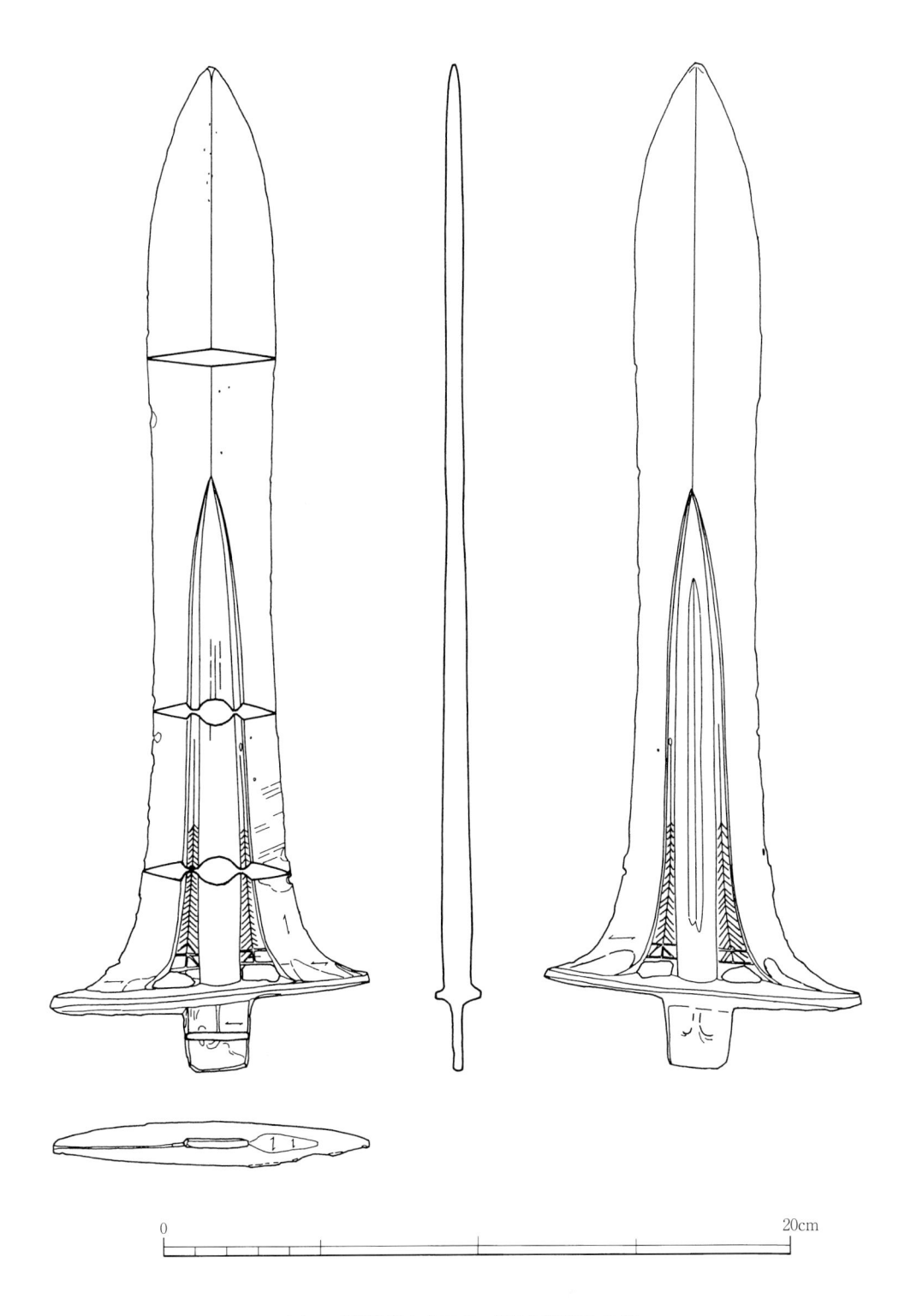

図8 島根県真名井Ⅳ Ab 式銅戈実測図（1/2）

第 8 章　青銅武器・武器形青銅祭器の使用痕跡

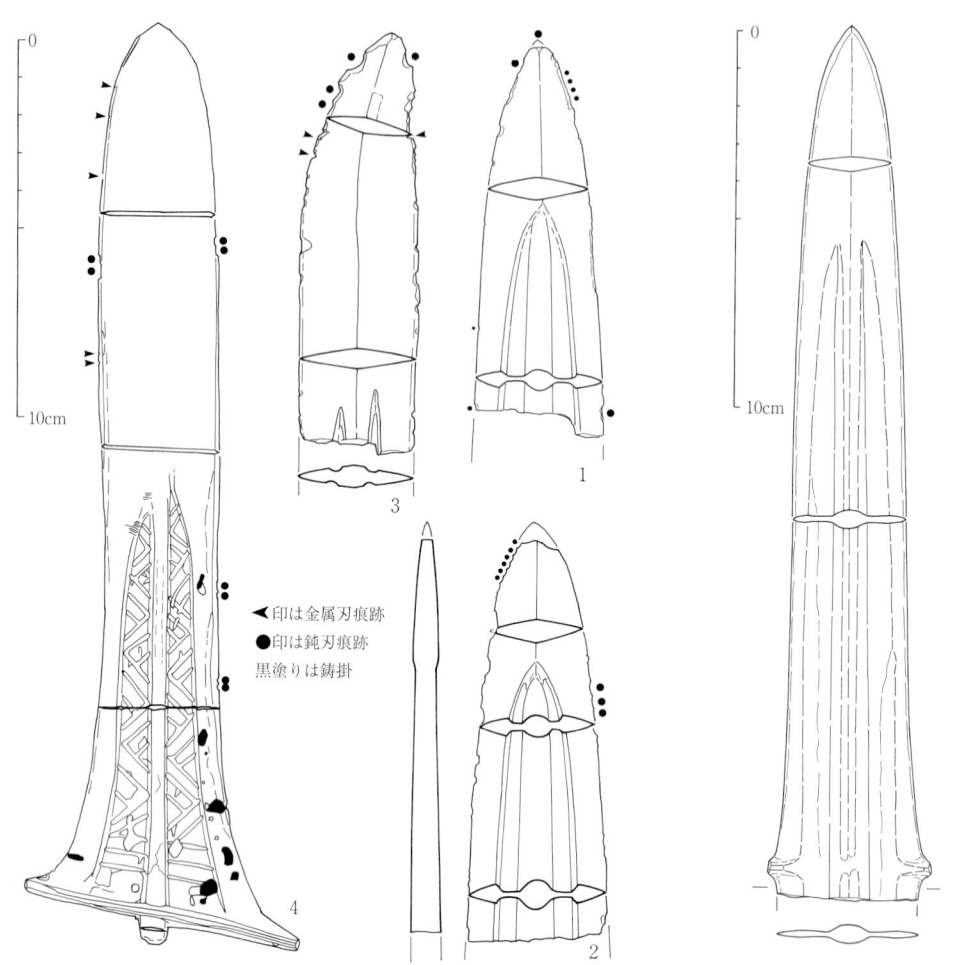

図 9　武器・武器形青銅器使用痕跡（1/2）
1：熊本県中尾下原 59 号甕棺墓　2：福岡県河原田塔田 1 号土坑墓
3：奈良県多　4：大阪府瓜生堂

▲印は金属刃痕跡
●印は鈍刃痕跡
黒塗りは鋳掛

図 10　滋賀県下之郷銅剣
　　　実測図（1/2）

跡の確認はできない。
　そこで、慎重に発掘調査できた柳沢遺跡埋納土坑内出土の銅戈を検証したい。埋納土坑内出土銅戈のうち 1 号銅戈は保存状態が悪いが、2 号から 6 号銅戈は出土後の傷は存在しないことから、この中で刃こぼれ痕跡を探したところ 2 号銅戈鋒に 1 ヶ所、3 号銅戈に 7 ヶ所、5 号銅戈に 3 ヶ所の刃こぼれを確認できた。その刃こぼれは、3 号が援と鋒におよび、5 号が援中央部に 1 ヶ所の金属刃による刃こぼれと鋒両側に連続刃こぼれが各 1 ヶ所存在し、前者の刃こぼれはマメツしていることから、両者の刃こぼれに時間の経過が存在することになる（写真 24）。
　さらに 2 号銅戈は、闌端の一方を両面と内側の 5 方向からドリル状穿孔具で穿孔して切断している。意図が不明ながら、故意に破砕する行為が行われていることが明らかな事例である（写真 23）。ちなみに、その穿孔技術は写真 25 で明らかなように、第 7 章で検討した石包丁などにみられるような初歩的両面穿孔であり、穿孔壁が丸みをもつ緩やかなものとなっていることから、当

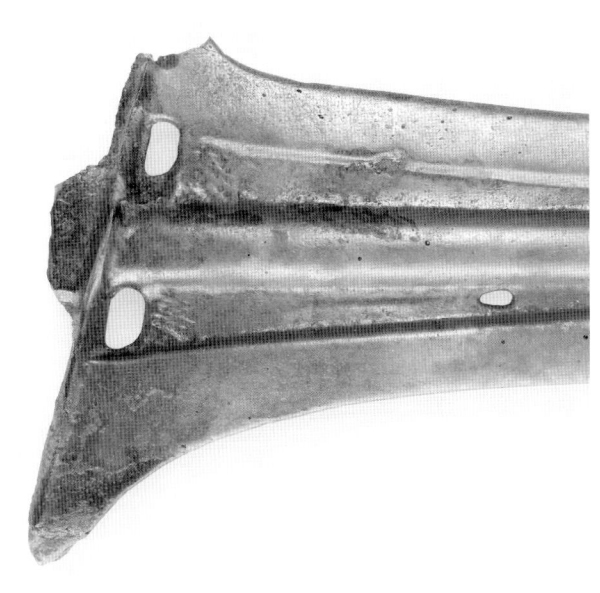

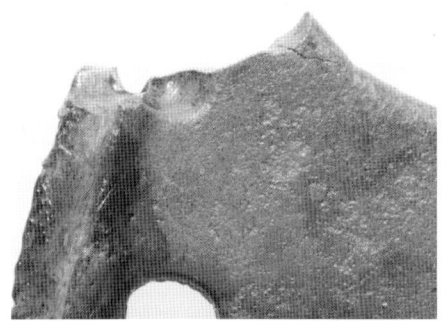

写真23　長野県柳沢2号銅戈　上：a面　中・下：b面

該地で実施されたことになる。

　4号銅戈は、3号銅戈と同笵であることからこれと比較すると明らかに短鋒であり、鋒の折損後に再研磨して丸みのある鋒を再生していることになる。刃部が再研磨されていない5号銅戈鋒と比較するまでもない。再研磨されていない5号銅戈鋒と比較すると、2号銅戈鋒も短鋒となり先端を尖らせてはいるが、細身で刃部に厚みがあることから鋒折損後再研磨が繰り返されたことになる（廣田編2012、柳田2012a）。

　難波洋三（2012）は、「大阪湾型銅戈a類のこの特徴的な研磨は、滋賀県守山市下之郷遺跡出土のそれと類似しており、近畿の磨製石剣などのそれと関係する可能性もある」とする。近畿の磨製石剣に限らず有柄式磨製石剣以外の磨製石剣は、研磨が丸研ぎであることが知られており、当該時期に青銅武器を鋳造・研磨できない地域であることを拙稿では再三述べている（柳田2006a・2008a・2009b）。前述したように下之郷銅剣では吉田広も再加工を認めており、山地銅戈群と柳沢5号〜7号銅戈がほとんど再研磨されず、マメツしていることから、柳沢遺跡5号〜7号銅戈が当該地の再研磨技術であるに過ぎないことが明晰である（柳田2012a・b）。

　このように柳沢古式IVB型式銅戈（「大阪湾型銅戈」）は、とくに刃部の再研磨が著しいことから、祭祀の模擬戦などによる刃こぼれが頻発していたものと考える。

　次に新式「大阪湾型銅戈」の瓜生堂銅戈（IVBd式）を観察すると、鋳型製作段階で付着した指紋（柳田2008a）の他に使用痕跡が確認できた。筆者の熟覧調査で確認できた指紋と鋳造後の鏨痕は報告されたが、使用痕跡については認識されていない（松岡他2007）。銅戈は湯口である鋒先端を鏨で切断・調整した痕跡を残し、援周辺部には部分的に鋳バリを残すものの、大半は面取りされて刃を形成しない。その鋳バリが残る部分と面取りされた双方に古い刃こぼれが確認できた。刃こぼれはその大半が鈍刃によるものと判断するが、図の鋒左側に存在する微細な刃こぼ

第8章　青銅武器・武器形青銅祭器の使用痕跡

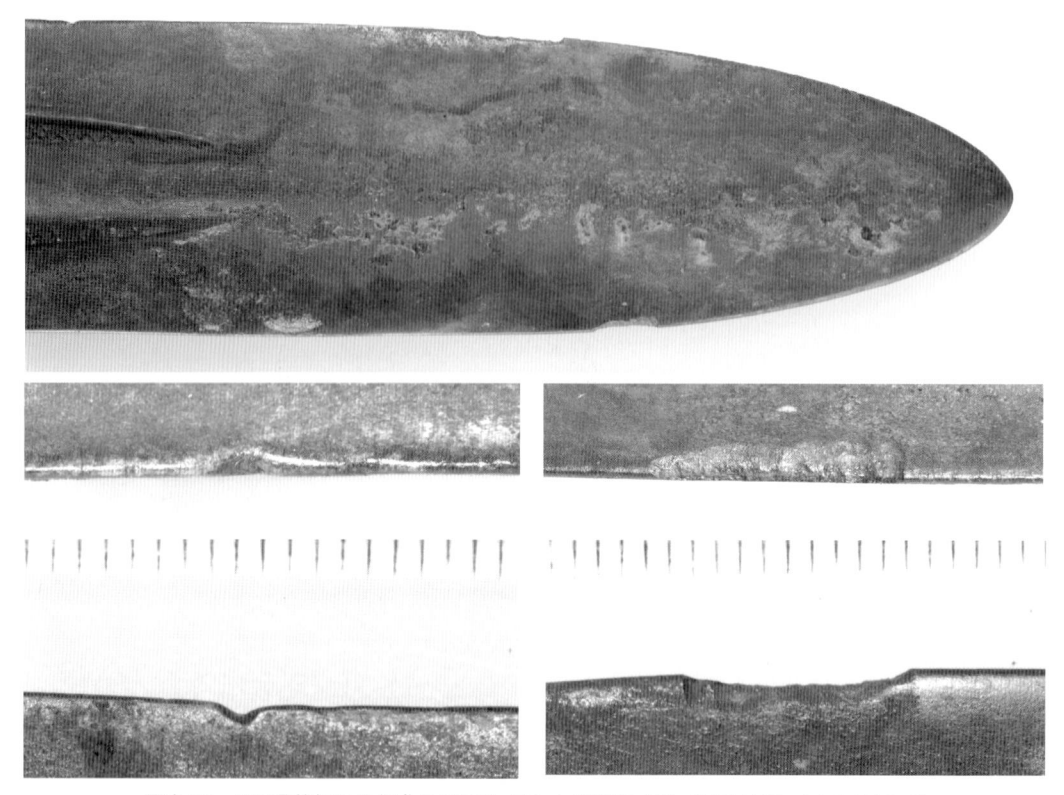

写真24　長野県柳沢5号銅戈の金属刃（左）と連続刃（右）の刃こぼれ（メモリはミリ）

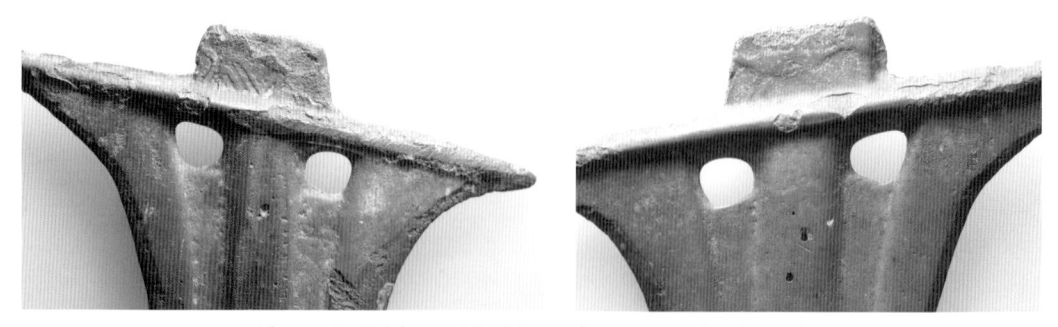

写真25　長野県海ノ口上諏訪神社銅戈のマメツと内両側の文様

れ5ヶ所は金属刃によるものである可能性がある（図9-4）。ちなみに、瓜生堂遺跡銅戈より古式の和歌山県山地遺跡銅戈（ⅣBa・b式）6本は再研磨されて脊に鎬があり、未研磨の兵庫県桜ヶ丘遺跡銅戈（ⅣBc式）3～6号の4本には鈍刃による刃こぼれが存在することを確認している（柳田2008a）。

さらに、奈良県田原本町多BⅣ式（深樋式）銅剣切先は現存全長12.9cm、最大幅3.25cm、最大脊厚0.6cmの計測値をもつ。破損して屈曲していることから破棄されたことは明らかであるが、先端部には集中して古い大きな鈍器による刃こぼれ4ヶ所と金属刃による刃こぼれ3ヶ所が

存在する（図9-3、写真22）。BⅣ式銅剣は、朝鮮半島墳墓副葬品のⅥ-2段階に出現することから、北部九州の後期前半に併行する。したがって、この時期になっても近畿中央部では武器形青銅器の完形品が稀有な存在となっている。

中国・四国以東の武器形青銅祭器の破片再利用は、武器形祭器が破損するような使用法が存在したことになり、実戦武器として使用された可能性と模擬戦での破損も考慮しなければならない（吉田2006）。

(3) 鋳造後の施文

武器形祭器の使用痕には、佐賀県久里大牟田2号甕棺墓鉛矛、高知県波介1号銅剣（柳田2007a）、兵庫県桜ヶ丘ⅣBc2式銅戈2・6号（第6章図27）（柳田2008a）のように鋳造後に陰刻された幾何学的文様も含まれる。

久里大牟田鉛矛（第4章図28-1）は現長64.1cmのⅡC型式であり、中期後半古段階甕棺でⅣAb式銅戈と共伴している。施文は、鉛矛の節帯幅1.45cmの中央部に幅0.45の複合鋸歯文帯が鋳造後に陰刻されている（井上・松浦1993）。現在のところ、北部九州で複合鋸歯文の最古例である。

波介2号銅剣は、片面元部に×印と三角文が2個描かれている（第5章図40-3）。×印は神庭荒神谷銅剣の茎にも陰刻されているが、本例は鏨で施されたものではなく、細く尖った金属刃を使用してフリーハンドで描いている。

桜ヶ丘ⅣBc2式銅戈は、外縁付鈕式銅鐸4個・扁平鈕式銅鐸10個と共伴している。この内2号銅戈A面の鋒の基部（樋先端）の両側には、複線山形文が2個陰刻されている（写真26上）。6号銅戈A面鋒には、双脚三角文を主体として、脊両側にも脊を軸とした無造作に描かれた綾杉文があり、B面鋒にも双脚三角文を主体として不規則に描かれた細線の陰刻が施されている（第6章図27-3、写真26下）。

久里大牟田鉛矛の施文とその他の武器形青銅器の施文では、施文の意義が異なるだろう。久里大牟田鉛矛の節帯への施文は、韓国大邱新川洞銅矛（国立中央博物館・国立光州博物館1992）の節帯に鋳出し複合鋸歯文が存在することから予定された施文であるが、その他のフリーハンドによる施文は二次的な祭祀的・呪術的な施文である。すなわち、久里大牟田例は鋳造工房で実施された可能性が強いが、その他は伝播先、あるいは配布先の祭祀行為の使用段階で施される性質のものである。

(4) 武器形青銅器の破砕はあるのか

破損したものではなく、破砕された武器形青銅器は存在するのか。当該地の初期に分布する青銅武器の再生品ではなく、当該地にすでに分布している武器形青銅器が破損・破砕された部品が発見されることがある。

長崎県原の辻遺跡では、墳墓群でも銅鏡や青銅武器などが破片で採集されているが、これらは墳墓が開発で破壊されたものである。ところが墳墓以外の集落地域などでも青銅武器・武器形青銅器の破片が発見されている。

銅剣片は、旧河川出土で出土状態は明記されていないが、時期は中期とされている（長崎県

第 8 章　青銅武器・武器形青銅祭器の使用痕跡

写真 26　兵庫県桜ヶ丘Ⅳ Bc2 式銅戈の施文　上：2 号銅戈 A 面　下：6 号銅戈 B 面

教育委員会 2005)。茎と剣身鋒側を折損している小型のＢⅠb式銅剣である。原状の寸法は長さ9.8 cm、関幅 2.84 cm、脊最大幅 1.29 cm、関最大幅 3.6 cm、節帯部幅 3.7 cm、脊最大厚 0.86 cm の計測値をもつ。剣身の両側折損面は古いことから当時の破砕である可能性が強く、破棄されたものと考えられる。翼部平坦面にはタテ方向に条痕状の鋳肌が明瞭に観察できるが、元部最大幅より節帯幅がわずかではあるが広く、元部が短小である。1 段階研磨ではあるが、現状になる前に茎の折損により関部を磨り上げて元部の幅も狭めた可能性がある。元部側面には粗研磨痕跡が明瞭であるが、刳方脊部両側にマメツがみられることから折損以前は鞘に出し入れされていたことがわかる（写真 27）。元部を復元すると、元部最大幅が節帯部幅より広い 4 cm、元部長約 6.5 cm、関部幅約 3.5 cm となる（図 11 左）。全体に扁平な作りであり脊最大厚が 1 cm に満たないが、翼部に内傾斜樋が形成されないことからＢⅠa型式となる。

　福岡市笠抜 1 次調査では、弥生中期末から後期初頭の貯水遺構から現長 3.5 cm の銅矛片が銅矛中子 10 点と共伴出土している（常松編 2003）。銅矛片は「中広形銅矛」の脊部の破片で、脊上

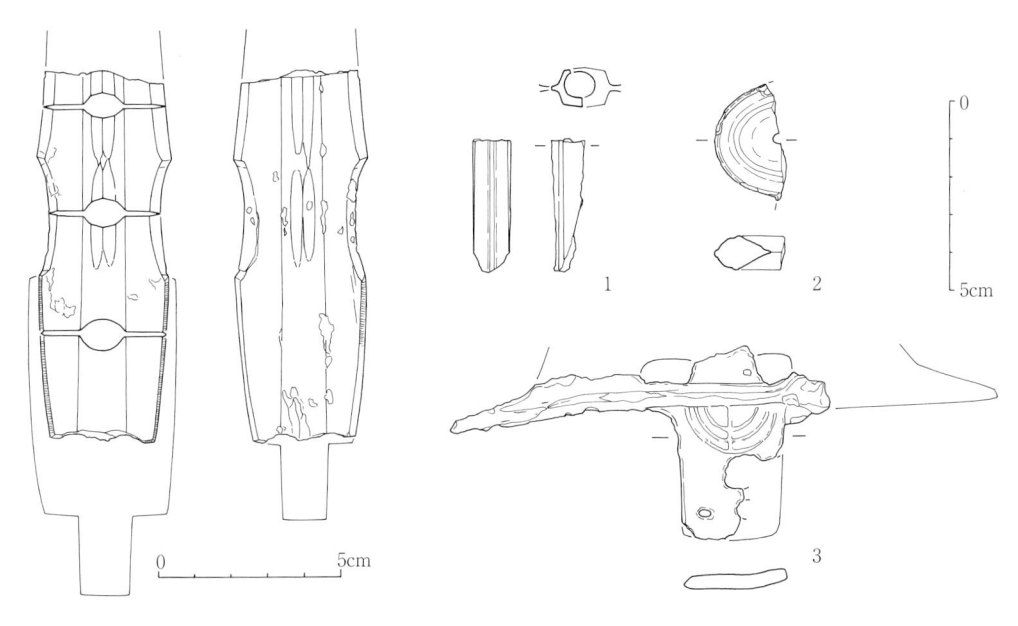

図11 長崎県原の辻旧河川
　　　銅剣破片実測図（1/2）

図12 武器形青銅器破片実測図（1/2）
1：福岡県笠抜　2：鬼木鉾立　3：鬼木四反田

写真27 長崎県原の辻旧河川銅剣破片

部の鎬が鋭利で面に光沢がある（図12-1、写真28右）こと、脊側面の樋に粗研磨された条線が残されている（写真28左）ことから、仕上研磨された後に破片となっていることが明らかである。銅矛中子が共伴していることから、最終的に鋳造工房にスクラップとして持ち込まれた可能性があるが、共伴している同時期の土器が丹塗り土器であることから集落内の祭祀で破砕された可能性もある。

　破損と破砕の区別は、遺物によっては識別が困難な場合もある。たとえば、銅矛の耳は「細形銅矛」の場合では前述のように戦闘による破損であるが、「中広形銅矛」の場合はどうであろうか。稀有な例として、豊前市鬼木鉾立遺跡溝状遺構から出土しているⅢA型式銅矛耳があり、有孔であることもあり破損の可能性もあるが、「中広形銅矛」のほとんどが柄を挿入することが

第 8 章　青銅武器・武器形青銅祭器の使用痕跡

写真 28　福岡県笠抜 1 次銅矛片

写真 29　福岡県鬼木鉾立銅矛耳　　　写真 30　福岡県鬼木四反田 29 号住居跡Ⅴ型式銅戈片

ないことから破砕の可能性が強い事例である（図12-2、写真29）。「中広形銅矛」の耳は第 7 章で述べたようにケズリ研磨が施されるが、本例は写真29のように全体にマメツしていることから一定期間使用されたことになる。朝倉市平塚川添遺跡のような「広形銅矛」の耳の場合は孔もなく、扁平であることから欠損することが考えられる。

　鬼木四反田遺跡西区29号住居跡からは、「中広形銅戈」の基部片が出土している。29号住居跡で共伴した土器は中期前半であるから土器とは関係なく後期前半ごろに属するものと考える（豊前市教育委員会2006）。銅戈は内と闌の 3 分の 2、両穿の半分、脊の基部からなる破片である（図12-3、写真30）。欠損部のほとんどが古いもので、埋没前に破損したものである。内両面には基部に三重の半円の中央に直線を組み合わせた突線文があり、内の 4 分の 1 が大きな鬆 3 個で破損している。欠損している片側の闌が屈曲した古い破損であることと、内の大きな鬆から鋳造不良によるものと考える。

　武器形青銅器の確実唯一の破砕例としては、春日市辻田遺跡の「広形銅矛」片がある（小池編1979）。本例は捩り曲げて切断した破片で、確実に人為的に破砕され、大溝に破棄されている。多量に木製品が共伴しているこの大溝は、土器では弥生中期から古墳中期までの時期幅があり、主体が西新式土器でも新しい段階であることから、古墳早期末以後となる（柳田1982b・2005d・2006b）。須玖遺跡群では同時期まで武器形青銅器を生産していることから、その末期に相当することになる（図13）。

　原の辻遺跡銅矛破片は、丘陵中央部付近の表土から出土しているので時期が不明だが、「中広形銅矛」とされる関部の一部の小片である（長崎県教育委員会2005）（図14）。実見していないの

354

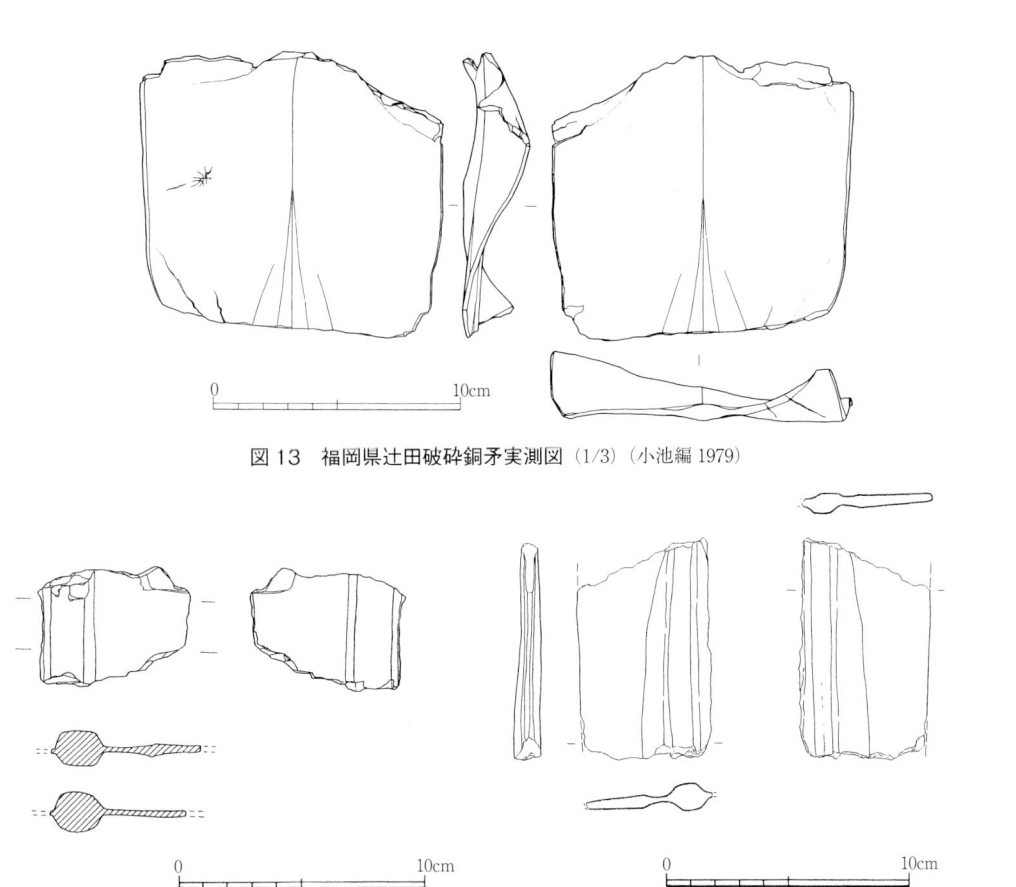

図13　福岡県辻田破砕銅矛実測図（1/3）（小池編 1979）

図14　長崎県原の辻採集銅矛片（1/3）（長崎県 2005）　図15　福岡県釣川川床銅矛片実測図（1/3）（武末 2011）

で詳細は不明であるが、脊部が平坦化していることが気になる。いずれにしろ、武器形青銅器が集落内に存在して使用されたことになる。

　宗像市釣川川床から「広形銅矛」とされる破片が、初期須恵器・土師器と共伴して発見されている（田中 1935）（図15）。このことから、辻田銅矛破砕例もこの時期まで下降する可能性が強くなる。その他に、長崎県北松浦郡大野台銅矛・熊本県南関町上坂下銅矛が報告されている。

5　まとめ

　以上をまとめると
- 従来の青銅武器の型式分類は、鋒・刃部の欠損が生じたために再研磨された形式を列挙したにすぎない。銅矛・銅剣は1段階研磨で脊に鎬が生じ、銅戈は過度に欠損すれば脊にも研磨が及ぶ。したがって、銅剣の2段階研磨以後は、実用により何らかの欠損が生じた証拠となる。
- 銅剣は、3段階研磨以上進行する舶載品のⅠ型式と国産のⅡA型式が実戦武器、2段階研磨まで進行するⅡBa式が一部実戦使用の可能性、ⅡBb式・ⅡC式が1段階研磨から進行しないが埋納されることから、実戦に使用されることのない儀器および祭器とすることができる。

ただし、東瀬戸内型の古津路有文銅剣のⅡBc式は2段階研磨まで進行するが埋納されることから模擬戦に使用される祭器である。
・「中細形銅剣」（ⅡBb式）が4段階研磨された金丸遺跡銅剣は、北部九州としては特例といえるが、その周辺の東糟屋地域以東の実戦武器の刃こぼれが著しく、研磨されないで副葬されるところをみると、北部九州の中枢部ではなくその近隣地域であり、対馬とは違った独特な地域性を醸し出している。
・銅剣と同様に、銅戈のⅣBa式・ⅣBb式（大阪湾型）は、脊に鎬が生じていることから、刃こぼれなどによる研磨が進行したことになり、祭器も一定の研磨が進行することが確認できる。ちなみに、ⅣA式で研磨が進行した唯一の例が島根県真名井ⅣAc式銅戈である（柳田2006a）。
・銅剣と銅戈の研磨がとくに著しいことから、使用頻度が激しいことになり、脊に鎬が生じるまで研磨することが確認できた。
・国産銅戈で脊に鎬をもつものは、鋒が過度に欠損したことから、脊先端と鋒下端の段差が無くなるまで研磨したことになり、ⅡA型式は実戦武器であると同時に、その他の型式はそのほとんどで研磨が進行しないことから、実戦に使用されていないことが確認できた。
・銅戈のⅢA型式は、北部九州中枢部周辺部に実戦可能な厚みのあるⅢAa式が分布し、扁平なⅢAb式・ⅢAc式が中枢部と近隣に分布する。ⅢAb式・ⅢAc式は、扁平・小型化する儀器ではあるが、祭祀にも使用されることから「副葬用」の「明器」としては短絡できない。
・多数の刃こぼれなどが残る青銅武器は、所有者がその時点で死亡したか、研磨ができない地域性がある。実戦可能な馬渡束ヶ浦遺跡のように4本の全てに刃こぼれが残るのは、当該時期に研磨できない地域性と実戦武器も模擬戦など祭祀性が強い使用法が存在することになる。不規則に分散していれば実戦、局部的に集中していれば祭祀の模擬戦と考える。しかも、金属刃同士の模擬戦は中期中頃以前に限定できることなど実用の多様性が確認できた。
・ある程度研磨が進んだ武器に使用痕が多種（数）存在する場合は、その地域で研磨が進んだのではなく、研磨進行後に当該地域に流入したことになる。
・北部九州でも青銅武器生産地の福岡・佐賀平野では刃こぼれのある青銅武器は少ないが、糟屋地域以東、熊本・大分地域の青銅武器には刃こぼれのあるものが多く、刃部の研ぎに丸みがある（丸研ぎ）。
・実戦に耐えるかどうかの判断基準を明確にできた。銅戈の脊・内の扁平化、銅剣・銅矛の大型化、小型化は儀器化である。
・銅剣に限らず、弥生時代政治経済的中枢部のイト・ナ地域及び青銅武器生産地の佐賀平野では切先資料においても直刃であり、当該時期に青銅武器を製作できないムナカタ以東や熊本県・大分県の北部九州周辺部では当該地での二段刃研磨や丸研ぎ研磨が切先でも確認できた。
・実戦青銅武器が製造できない北部九州外は、流入した実戦武器を武器形青銅祭器同様に祭祀の模擬戦に使用している。中期中頃以後に古津路10号銅剣・大阪湾型銅戈の祭器を製造できるようになった近畿地方であるが、土器絵画が示す「弥生戦士の姿」は実戦武器をもつ「日常武装」（森岡2007）ではなく、祭祀の模擬戦を表している「非日常武装」と考える。

参考文献

【あ行】

青柳種信　　『筑前国続風土記拾遺』
青柳種信　1822『柳園古器略考』
秋山進午　1968「中国東北地方の初期金属器文化の諸相（上）」『考古学雑誌』53―4　日本考古学会
秋山進午　1969a「中国東北地方の初期金属器文化の諸相（中）」『考古学雑誌』54―1　日本考古学会
秋山進午　1969b「中国東北地方の初期金属器文化の諸相（下）」『考古学雑誌』54―4　日本考古学会
阿久井長則・佐田　茂　1979「沖ノ島出土細形銅矛」『宗像沖ノ島』宗像大社復興期成会
足立克己　1987「山陰の青銅器と共伴資料」『古文化談叢』17　九州古文化研究会
足立克己　2011『日本の遺跡44　荒神谷遺跡』同成社
安部裕久　1993「宗像地域の墓制」『弥生時代の墓制を考える』宗像市教育委員会
安部裕久　1997「弥生時代」『宗像市史　通史編　第1巻　自然考古』宗像市
尼崎市教育委員会　1982「田能遺跡発掘調査報告書」『尼崎市文化財調査報告』15
網本善光　1987「岡山県笠岡市笠岡湾干拓地出土の銅戈について」『古文化談叢』17　九州古文化研究会
荒田敬介　2011「弥生墓から出土した鋒の性格―嵌入・副葬・供献―」『考古学雑誌』95―3　日本考古学会
有光教一　1959「朝鮮磨製石剣の研究」『京都大学文学部考古学叢書』2
池崎譲二他　1982「西新町遺跡」『福岡市埋蔵文化財調査報告書』79
伊崎俊秋　1999「福岡県夜須町出土の銅戈」『甘木歴史資料館報』1
石川日出志　1986「伝福岡県及び高知県岩滝出土の細形銅剣」『明治大学考古学博物館館報』2
石川日出志　2003「弥生時代暦年代論とＡＭＳ年代」『考古学ジャーナル』510　ニュー・サイエンス社
井上洋一　1989「旧有馬家所蔵銅矛について」『MUSEUM』462　東京国立博物館
井上洋一　1996「弥生時代　弥生文化研究の足跡―型式学と編年論を中心として―」『考古学雑誌』82―2　日本考古学会
井上洋一・松浦宥一郎　1993「東京国立博物館保管の佐賀県唐津市久里大牟田遺跡出土の矛について」『MUSEUM』508　東京国立博物館
井上洋一他　2002「東京国立博物館所蔵弥生時代青銅器の鉛同位体比」『MUSEUM』577　東京国立博物館
井上義也　2010「御陵遺跡―2次調査―」『春日市文化財調査報告書』56
井　英明　2003「馬渡・束ヶ浦遺跡」『古賀市文化財調査報告書』
井　英明　2006「馬渡束ヶ浦遺跡1」『古賀市文化財調査報告書』10
岩永省三　1980a「弥生時代青銅器型式分類編年再考―剣矛戈を中心として―」『九州考古学』55
岩永省三　1980b「日本青銅武器出土地名表」『青銅の武器―日本金属文化の黎明―』九州歴史資料館
岩永省三　1982「須玖遺跡D地点出土青銅利器の再検討」『MUSEUM』373　東京国立博物館
岩永省三・佐原　眞　1982「銅剣鋳型」『田能遺跡発掘調査報告書』尼崎市教育委員会
岩永省三　1985「天ヶ原遺跡出土の銅矛について」「串山ミルメ浦遺跡―第1次調査報告書―」『勝本町文化財調査報告書』4
岩永省三　1986「銅剣」・「銅矛」・「矛形祭器」・「矛形祭器」『弥生文化の研究』6　道具と技術Ⅱ　雄山閣出版

岩永省三　1987「伝世考」『東アジアの考古と歴史　中』同朋舎出版
岩永省三　1991「日本における青銅武器の渡来と生産の開始」『日韓交渉の考古学　Ⅱ金属器をめぐる日韓交渉』六興出版
岩永省三　1994「日本列島産青銅武器類出現の考古学的意義」『古文化談叢』33　九州古文化研究会
岩永省三　1996a「特論―神庭荒神谷遺跡出土銅剣形祭器の『細かい研究』」『神庭荒神谷遺跡発掘調査報告書』
岩永省三　1996b「弥生時代　金属器」『考古学雑誌』82―2　日本考古学会
岩永省三　1997「青銅器の役割」『金属器登場』歴史発掘7　講談社
岩永省三　2002「青銅武器儀器化の比較研究―韓と倭―」『韓半島考古学論叢』すずさわ書店
岩永省三　2003「武器形青銅器の型式学」『考古資料大観』6　弥生・古墳時代　青銅・ガラス製品　小学館
岩永省三　2005「弥生時代開始年代再考―青銅器年代論から見る―」『九州大学総合研究博物館研究報告』3
宇野隆夫　1979「韓国南城里出土の青銅器」『古代文化』31―4
梅崎恵司編　1989「上徳力遺跡1」『北九州市埋蔵文化財調査報告書』76
梅原末治　1923～24「銅剣銅鉾に就て」『史林』8―1～9―4　京都大学文学部内史学研究会
梅原末治　1925「銅鐸の化学成分に就いて」『白鳥博士還暦記念・東洋史論叢』
梅原末治　1927「有柄細形銅剣の一新例」『考古学雑誌』17―9　日本考古学会
梅原末治　1930「朝鮮に於ける新発見の銅剣銅鉾並に関係の遺物」『人類学雑誌』45―8
梅原末治　1933a「支那出土の有柄銅剣」『人類学雑誌』48―2
梅原末治　1933b「朝鮮出土銅剣銅鉾の新資料」『人類学雑誌』48―4
梅原末治　1988『東洋文庫所蔵梅原考古資料目録Ⅰ　日本之部―弥生時代―』
梅原末治・藤田亮策・小泉顕夫　1925「南朝鮮に於ける漢代の遺蹟」『大正11年度古跡調査報告』2
梅原末治・藤田亮策編　1974『朝鮮古文化綜鑑』1
榎本義嗣編　1997「有田・小田部28」『福岡市埋蔵文化財調査報告書』513
榎本義嗣編　2000「上月隈遺跡群3」『福岡市埋蔵文化財調査報告書』634
大阪文化財センター編　1980『瓜生堂』
太田正和編　2007「久蘇遺跡（6～19区）」『小城市文化財調査報告書』3
大平　茂・種定淳介　2009「昭和44年度発掘調査出土の古津路銅剣について」『兵庫県立考古博物館研究紀要』2
岡内三眞　1973「朝鮮出土の銅戈」『古代文化』25―9
岡内三眞　1982「朝鮮における銅剣の始源と終焉」『考古学論考―小林行雄博士古稀記念論文集―』平凡社
岡内三眞　1983「朝鮮の異形有文青銅器の製作技術」『考古学雑誌』69―2　日本考古学会
岡内三眞　1984「東北アジアにおける青銅器の製作技術」『尹武炳博士回甲紀念論叢』
岡内三眞　1988「青銅器」『弥生文化の研究』10　雄山閣出版
岡内三眞　2004a「東北式銅剣の成立と朝鮮半島への伝播」『弥生時代の実年代』学生社
岡内三眞　2004b「朝鮮半島青銅器からの視点」『季刊考古学』88　雄山閣
岡崎　敬　1940「遠賀川上流の有紋弥生式遺跡地」『考古学雑誌』29―2　日本考古学会
岡崎　敬　1955「銅剣・銅矛・銅戈」『日本考古学講座』4　河出書房

岡崎　敬　1968「「夫租薉君」銀印をめぐる諸問題」『朝鮮学報』46
岡崎　敬編　1977『立岩遺跡』河出書房新社
岡崎　敬　1977「青銅器とその鋳型」『立岩遺跡』河出書房新社
岡崎　敬　1982a「触角式有柄式銅剣」『末盧國』六興出版
岡崎　敬　1982b「銅剣・銅矛・銅戈―韓国出土および第一次日本製品―」『末盧國』六興出版
岡崎　敬編　1982『末盧國』六興出版
岡崎　敬他　1982「宇木汲田遺跡」『末盧国』六興出版
緒方　泉　1994「日永遺跡Ⅱ」『一般国道210号線浮羽バイパス関係埋蔵文化財調査報告』7
小田富士雄　1959「島原半島景花園の遺物」『考古学雑誌』45―3　日本考古学会
小田富士雄　1965「大分県丹生川周辺発見の弥生式遺物」『九州考古学』24
小田富士雄　1974a「対馬　チゴノハナ遺跡」『長崎県文化財調査報告書』17
小田富士雄　1974b「日本で生まれた青銅器」『古代史発掘5 大陸文化と青銅器』講談社
小田富士雄　1976「対馬峰町木坂新出の青銅器について」坂田邦洋編『対馬の考古学』縄文文化研究会
小田富士雄　1979「銅剣・銅矛文化と銅鐸文化―政治圏・祭祀圏―」『ゼミナール日本古代史　上　邪馬臺国を中心に』光文社
小田富士雄　1983「日本で生まれた青銅器」『九州考古学研究・弥生時代篇』
小田富士雄　1985a「銅剣・銅矛国産開始期の再検討―近年発見の鋳型資料を中心として―」『古文化談叢』15　九州古文化研究会
小田富士雄　1985b「銅剣・銅矛文化と銅鐸文化―政治圏・祭祀圏―」『九州古代文化の形成』上巻
小田富士雄・韓炳三編　1991『日韓交渉の考古学　弥生時代篇』六興出版
小田富士雄・武末純一　1991「日本から渡った青銅器」『日韓交渉の考古学弥生時代篇』六興出版
小田富士雄　1992「国産銅戈の出現―新出の細形銅戈鋳型をめぐって」『北部九州の古代史』
小田富士雄　1997「「一鋳式銅剣」覚書」『研究紀要』1　下関市立考古博物館
小野忠明　1937「銅剣鎔笵」『考古学』8―8
折尾　学　1981「今山・今宿遺跡」『福岡市埋蔵文化財調査報告書』75

【か行】

賀川光夫　1961「大分県浜遺跡」『日本農耕文化の生成』東京堂
賀川光夫　1982「宇木汲田貝塚―石器」『末盧国』六興出版
梶山　勝　1986「名古屋市守山区上志段味出土の銅剣について」『名古屋市博物館研究紀要』9
春日市教育委員会　1980「赤井手遺跡」『春日市文化財調査報告書』6
春日市教育委員会　1987「須玖永田遺跡」『春日市文化財調査報告書』18
春日市教育委員会　1988「須玖唐梨遺跡」『春日市文化財調査報告書』19
春日市教育委員会　1995「須玖岡本遺跡」『春日市文化財調査報告書』23
春日市教育委員会　1999「福岡県須玖坂本遺跡」『考古学研究』46―2
春日市教育委員会　2000『春日市埋蔵文化財年報7　平成10年度』
春日市教育委員会　2001「須玖盤石遺跡」『春日市文化財調査報告書』29
春日市教育委員会　2002「須玖タカウタ遺跡」『春日市文化財調査報告書』32
春日市教育委員会　2003「御陵遺跡」『春日市文化財調査報告書』36
春日市教育委員会　2005「須玖永田A遺跡2」『春日市文化財調査報告書』40
春日市教育委員会　2008「須玖尾花町遺跡」『春日市文化財調査報告書』51

春日市教育委員会　2009「トバセ遺跡2」『春日市文化財調査報告書』55
春日市教育委員会　2010a「御陵遺跡2」『春日市文化財調査報告書』56
春日市教育委員会　2010b「須玖岡本遺跡3」『春日市文化財調査報告書』58
春日市教育委員会　2011「須玖岡本遺跡4」『春日市文化財調査報告書』61
春日市教育委員会　2012「須玖岡本遺跡5」『春日市文化財調査報告書』66
春日市教育委員会　2013「須玖黒田遺跡」『春日市文化財調査報告書』70
春日市史編さん委員会 1995『春日市史』上
片岡宏二　1984「大板井遺跡Ⅳ　小郡市内出土の青銅器」『小郡市文化財調査報告書』22
片岡宏二　1993a「広形銅矛に残る鋳型継ぎ目痕跡に関する二・三の研究」『九州考古学』70
片岡宏二　1993b「津古遺跡群Ⅰ」『小郡市文化財調査報告書』84
片岡宏二　1996a「渡来人と青銅器生産」『古代』102
片岡宏二　1996b「青銅器・鉄器の出現と普及」『小郡市史第1巻通史編』
片岡宏二　1999『弥生時代渡来人と土器・青銅器』雄山閣
勝部　昭　1981「出雲・隠岐発見の青銅器」『古文化談叢』8　九州古文化研究会
勝部　昭　1982「島根県志谷奥出土の銅鐸・銅剣」『考古学雑誌』68—1　日本考古学会
金関丈夫・金関　恕・原口正三　1961「佐賀県切通遺跡」『日本農耕文化の生成』東京堂
金関　恕　2000「梶栗浜遺跡」『山口県史　資料編　考古1』
榧本亀生　1936「青銅柄付鉄剣及青銅製飾柄頭に就いて」『考古学』7—9
榧本亀次郎　1934「平安南道大同郡龍岳面上里遺跡調査報告」『博物館報』6
榧本杜人　1933「結紐状銅器とクリス形銅剣」『考古学』4—1
榧本杜人　1935「金海貝塚・其の新発見」『考古学』6—2
榧本杜人　1941「「朝鮮出土青銅器遺物の新資料」への追加」『考古学雑誌』31—4　日本考古学会
榧本杜人　1958「金海貝塚の甕棺と箱式石棺—金海貝塚の再検討（承前）」『考古学雑誌』43—1　日本考古学会
榧本杜人　1980『朝鮮の考古学』同朋舎出版
唐津市教育委員会　1980「柏崎松本遺跡」『唐津市文化財調査報告』2
唐津市教育委員会　1982「菜畑」『唐津市文化財調査報告』5
河合　修編　1999「久米遺跡」『志摩町文化財調査報告書』21
川又正智　1982「古代中国の戦闘技術—武器と武術—」『考古学論攷小林行雄博士古稀記念論文集』平凡社
神田孝平　1886「古銅剣の記」『人類学会報告』3
神田孝平　1888「銅鐸出処考」『東京人類学会誌』25
木島慎治　1991「鍋島本村南遺跡」『佐賀市文化財調査報告書』35
九州大学編　1969『対馬—豊玉村佐保シゲノダン・唐崎の青銅器を出土した遺跡の調査報告—』
九州歴史資料館編　1980「日本青銅武器出土地名表」『青銅の武器—日本金属文化の黎明—』
桐原　健　1966「信濃国出土青銅器の性格について」『信濃』18—4　信濃史学会
桐原　健　2006「海ノ口銅戈の将来経路」『長野県考古学会誌—樋口昇一氏追悼号』118　長野県考古学会
金鐘徹　1987「慶尚北道清道郡禮田洞出土の遼寧式銅剣」『東アジアの考古と歴史』上（岡崎敬先生退官記念論集）
草場啓一編　1993『隈・西小田地区遺跡群』『筑紫野市埋蔵文化財調査報告書』38
隈　昭志　1986「中九州の青銅器と共伴関係」『埋蔵文化財研究会第20回研究集会　弥生時代の青銅

器とその共伴関係第Ⅳ分冊』
藏富士寛編　2001「原遺跡10」『福岡市埋蔵文化財調査報告書』688
栗山伸司編　1980「馬場山遺跡」『北九州市文化財調査報告書』36
黒沢　浩　1989「明大考古学博物館所蔵の武器形青銅器二例―銅戈と銅矛―」『明治大学考古学博物館館報』5
黒沢　浩　1992「鋳型地名表」『明治大学考古学博物館館報』7
黒沢　浩　1999「弥生時代鋳型地名表　改訂版」『明治大学博物館研究報告』4
小池史哲編　1979『山陽新幹線関係埋蔵文化財調査報告』12　福岡県教育委員会
神戸市教育委員会　2010『雲井遺跡第28次発掘調査報告書』
甲元真之　1972a「朝鮮半島の有茎式磨製石剣」『古代文化』164
甲元真之　1972b「朝鮮半島の有柄式磨製石剣」『古代文化』166
甲元真之　1973「東北アジアの磨製石剣」『古代文化』172
国立歴史民俗博物館　2004『検証 弥生時代の実年代』
後藤　直・沢皇臣編　1975「板付」『福岡市埋蔵文化財調査報告書』35
後藤　直　1979「板付」『世界考古学事典』平凡社
後藤　直　1980「人面付銅戈―人面と鋳掛け―」『福岡市歴史資料館研究報告』4
後藤　直　1982「福岡市八田出土の銅剣鋳型」『福岡市立歴史資料館研究報告』6
後藤　直　1983「青柳種信の考古資料（二）」『福岡市歴史資料館研究報告』7
後藤　直　1984「韓半島の青銅器副葬墓―銅剣とその社会―」『尹武炳博士回甲紀念論叢』
後藤　直　1987「舶載青銅器と共伴資料」『古文化談叢』17　九州古文化研究会
後藤　直　1996「霊岩出土鋳型の位置」『東北アジアの考古学　第二 [槿域]』（2006『朝鮮半島初期農耕社会の研究』同成社　所収）
後藤　直　2000「鋳型等の鋳造関係遺物による弥生時代青銅器の編年・系譜・技術に関する研究」『平成10年度～平成11年度科学研究費補助金（基盤C）研究成果報告書』
後藤　直　2002「弥生時代の青銅器生産―九州―」『東京大学大学院人文社会系研究科・文学部考古学研究室紀要』17
後藤　直　2006『朝鮮半島初期農耕社会の研究』同成社
後藤　直　2007「朝鮮半島の銅戈―燕下都辛庄頭30号墓出土銅戈の位置づけ―」『遼寧を中心とする東北アジア古代史の再構成』平成16年度～平成18年度科学研究費補助金（基盤研究（B））研究成果報告書
後藤　直　2009「弥生時代の倭・韓交渉―倭製青銅器の韓への移出―」『国立歴史民俗博物館研究報告』151
小林青樹・石川岳彦・宮本一夫・春成秀爾　2007「遼西式銅戈と朝鮮式銅戈の起源」『中国考古学』7　日本中国考古学会
小林青樹　2006a「弥生祭祀における戈とその源流」『栃木史学』20
小林青樹　2006b「中国外郭圏の銅戈」『歴博国際シンポジュウム2006古代アジアの青銅器文化と社会―起源・年代・系譜・流通・儀礼―発表要旨集』
小林青樹　2008a「東北アジアにおける銅戈の起源と年代」春成秀爾・西本豊弘編『新弥生時代のはじまり　第3巻　東アジア青銅器の系譜』雄山閣
小林青樹　2008b「遼寧式銅剣の起源に関する諸問題」『中国考古学』8
小林青樹　2011「細形銅矛の起源」『栃木史学』25　國學院大學栃木短期大学史学会

近藤喬一　1969「朝鮮・日本における初期金属器文化の系譜と展開—銅矛を中心として—」『史林』52—1

近藤喬一　1970「平形銅剣と銅鐸の関係について」『古代学』17—3

近藤喬一　1974a「青銅器の製作技術」『古代史発掘』5　講談社

近藤喬一　1974b「銅戈の変遷」『古代史発掘』5

近藤喬一　1983「亜鉛よりみた弥生時代の青銅器の原材」『展望アジアの考古学』

近藤喬一　1985「銅剣・銅鐸と弥生文化」『古代出雲王権は存在したか』山陰中央新報社

近藤喬一　1986a「青銅器の生産技術　青銅器の生産」『弥生文化の研究』6　道具と技術Ⅱ　雄山閣

近藤喬一　1986b「青銅器の生産技術　鋳造の技術」『弥生文化の研究』6　道具と技術Ⅱ　雄山閣

近藤喬一　2000「東アジアの銅剣文化と向津具の銅剣」『山口県史』資料編　考古1

近藤喬一　2006「燕下都出土の朝鮮式銅戈」高麗美術館研究所編『有光教一先生白寿記念論叢　高麗美術館研究紀要』5

近藤　正　1966「島根県下の青銅器について」『島根県文化財調査報告書』2

【さ行】

酒井仁夫編　1981「今川遺跡」『津屋崎町文化財調査報告書』4

境　靖紀　1998「武器形鋳型型式論」『古文化談叢』41　九州古文化研究会

境　靖紀編　2002「立石遺跡」『春日市文化財調査報告書』34

坂井義哉編　1990「釈迦寺遺跡」『武雄市文化財調査報告書』24

佐賀県教育委員会　1973「土生・久蘇遺跡」『佐賀県文化財調査報告書』25

佐賀県教育委員会　1980「柏崎遺跡群」『佐賀県文化財調査報告書』53

佐賀県教育委員会　1992「吉野ヶ里」『佐賀県文化財調査報告書』113

佐賀県教育委員会　1993「平原遺跡Ⅰ」『佐賀県文化財調査報告書』119

佐賀県教育委員会　1995「東山田一本杉遺跡」『佐賀県文化財調査報告書』125

佐賀県教育委員会　1997「吉野ヶ里遺跡」『佐賀県文化財調査報告書』132

佐賀県教育委員会　2002「柚比遺跡群2」『佐賀県文化財調査報告書』150

佐賀県教育委員会　2003「柚比遺跡群3」『佐賀県文化財調査報告書』155

佐賀県教育委員会　2010「中原遺跡Ⅳ—11区・13区の弥生時代甕棺墓の調査—」『佐賀県文化財調査報告書』182

佐賀市教育委員会　1991「鍋島本村南遺跡」『佐賀市埋蔵文化財調査報告書』35

坂田邦彦編　2004「御陵遺跡」『春日市文化財調査報告書』36

坂田邦洋　1976『対馬の考古学』縄文文化研究会

狭川真一編　1991「筑前国分尼寺跡Ⅱ」『太宰府市の文化財』16

桜井康治　1994「石丸遺跡」『久留米市史　第12巻　資料編（考古）』

桜ヶ丘銅鐸・銅戈調査委員会編　1969『桜ヶ丘銅鐸・銅戈調査報告書』真陽社

佐々木隆彦　1997「日永遺跡出土の銅矛・銅戈」『九州歴史資料館研究論集』22

佐藤浩司編　1998「永犬丸遺跡群2」『北九州市埋蔵文化財調査報告書』216　（財）北九州市教育文化事業団埋蔵文化財調査室

定松佳重　2001『三原郡埋蔵文化財発掘調査年報Ⅰ』三原郡広域事務組合

佐土原逸男　1979「大谷遺跡」『春日市文化財調査報告書』5

佐原　眞・近藤喬一　1974「青銅器の分布」『古代史発掘』5

佐原　眞　1994『斧の文化史』東京大学出版会
滋賀県教育委員会　1986『服部遺跡発掘調査報告書Ⅲ』
茂　和敏編　2006「安徳台遺跡群」『那珂川町文化財調査報告書』67
設楽博己編　2004『歴史研究の最前線1　揺らぐ考古学の常識―前・中期旧石器捏造問題と弥生開始年代―』国立歴史民俗博物館
七田忠昭編　1986「検見谷遺跡」『北茂安町文化財調査報告書』2
島田貞彦　1928「北九州に於ける甕棺調査報告」『人類学雑誌』43―10
島田貞彦　1931「甕棺内新出の玉類及布片等に就いて」『考古学雑誌』21―8　日本考古学会
島田貞彦・梅原末治　1930「筑前須玖史前遺跡の研究」『京都帝国大学文学部考古学研究報告』11
島根県教育委員会　1996『神庭荒神谷遺跡発掘調査報告書』
清水清一　1940「桃氏の青銅剣について」『考古学雑誌』30―3　日本考古学会
下條信行　1977「考古学・粕屋平野― 新発見の鋳型と鏡の紹介をかねて―」『福岡市立歴史資料館研究報告』1
下條信行　1982「銅矛形祭器の生産と波及」『森貞次郎博士古稀記念古文化論集』
下條信行　1985「弥生時代における青銅器の舶載」『稲と青銅と鉄』日本書籍
下條信行　1989「銅戈鋳型の変遷―伝福岡市八田出土明治大学蔵銅戈鋳型について―」『明治大学考古学博物館報』5
下條信行　1991「青銅器文化と北部九州」『新版古代の日本2 九州・沖縄』角川書店
下條信行　1997「玄界灘VS有明海」『平成9年春季特別展　青銅の弥生都市―吉野ヶ里をめぐる有明のクニグニ―』大阪府立弥生文化博物館
下條信行　2000「青銅製武器の伝播と展開」『考古学による日本歴史6 戦争』雄山閣
下村　智・荒牧宏行編　1992「那珂遺跡4」『福岡市埋蔵文化財調査報告書』290
下村　智編　1996「比恵遺跡群（20）」『福岡市埋蔵文化財調査報告書』451
庄田慎矢　2005「湖西地域出土琵琶形銅剣と弥生時代開始年代」『湖西考古』12
庄田慎矢　2006「補遺‥比來洞1号支石墓出土銅剣の観察所見と派生する問題」『史葉』創刊号
庄田慎矢　2007「韓国青銅器時代の編年と年代」『第19回東アジア古代史・考古学研究交流会予稿集』東アジア考古学会
白木原宜　2001「平原遺跡」「柚比遺跡群1」第2分冊『佐賀県文化財調査報告書』148
白木英敏　2009「概報田熊石畑遺跡」『宗像市文化財調査報告書』61
新宅信久編　2002「江辻遺跡第5地点―弥生早期・前期墓地群の調査―」『粕屋町文化財調査報告』19
末永雅雄　1950「備前瑜珈山出土の銅剣銅鐸とその遺跡」『考古学雑誌』42―3　日本考古学会
杉原敦史編　1999「原の辻遺跡」『原の辻遺跡調査事務所調査報告書』16
杉原荘介・大塚初重編　1964『日本原始美術』4　講談社
杉原荘介　1964「銅剣・銅鉾・銅戈」『日本原始美術』4　講談社
杉原荘介　1972『日本青銅器の研究』中央公論美術出版
杉原荘介　1977『日本農耕社会の形成』

【た行】

高木正文　1979「熊本県天神免遺跡の細形銅剣」『九州考古学』54
高久健二　2002「楽浪と三韓」『韓半島考古学論叢』すずさわ書店
高久健二　2003「嶺南地域の武器組成―紀元前2世紀後葉～紀元後4世紀を中心に―」『古代武器研

究』14
高久健二　2007「夫租薉君墓」『東アジア考古学辞典』東京堂出版
高久健二　2013「楽浪郡と三韓・倭の交流関係」柳田康雄編『弥生時代政治社会構造論』雄山閣
高倉洋彰　1974「東の浜遺跡」『対馬―浅茅湾とその周辺の考古学調査―』『長崎県文化財調査報告書』17
高倉洋彰　1976「弥生時代副葬遺物の性格」『九州歴史資料館研究論集』2
高倉洋彰編　1980『対馬豊玉町ハロウ遺跡』豊玉町教育委員会
高倉洋彰　1995『金印国家群の時代』青木書店
高倉洋彰　1998「弥生時代は今から何年前？」『それは何年前のこと？日本文化財科学会設立15周年記念公開講座』日本文化財科学会
高倉洋彰　2006「考古学から見た弥生時代の実年代」『島根考古学会誌』23
高倉洋彰・田中良之編　2011『AMS年代と考古学』学生社
高橋健自　1916〜1923「銅鉾銅剣考」（一）〜（一二）『考古学雑誌』6―11・12、7―2・3・5、13―1〜7　日本考古学会
高橋健自　1923「日本青銅器文化の起源」『考古学雑誌』13―12　日本考古学会
高橋健自　1925『銅鉾銅剣の研究』聚精堂（「高橋健自集上」『日本考古学選集』9　1971）
高橋　徹　1987「東九州の青銅器と共伴資料」『古文化談叢』17　九州古文化研究会
田上勇一郎編　2000「井尻B遺跡7」『福岡市埋蔵文化財調査報告書』644
高山京子編　2012「小倉城二ノ丸家老屋敷跡2」『北九州市文化財調査報告書』126
高山　剛　2008「樋の形成からみた平形銅剣と銅矛の年代関係」『地域・文化の考古学』下條信行先生退任紀念論文集
武末純一　1981「朝鮮磨製石剣の再検討」『古文化研究会会報』29
武末純一　1982a「有柄式石剣」『末盧國』六興出版
武末純一　1982b「銅矛埋納論」『古文化談叢』9　九州古文化研究会
武末純一　2001「日韓銅矛の製作技術―幅木部分の構造を中心に（予察）―」『山中英彦先生退職記念論文集「勾玉」』
武末純一　2003「弥生時代の年代」『考古学と暦年代』ミネルヴァ書房
武末純一　2004「弥生時代前半期の暦年代―北部九州と朝鮮半島南部の併行関係から考える―」『福岡大学考古学論集―小田富士雄先生退職記念―』
武末純一　2011「沖ノ島祭祀の成立前史」『宗像・沖ノ島と関連遺産群Ⅰ』「宗像・沖ノ島と関連遺跡群」世界遺産推進会議
武田光正　2007「尾崎・天神遺跡Ⅴ　金丸遺跡Ⅱ」『遠賀町文化財調査報告書』18
田尻義了　2012『弥生時代の青銅器生産体制』九州大学出版会
田代克己・奥井哲秀・藤沢真依　1975「東奈良遺跡出土の銅鐸鎔笵について」『考古学雑誌』61―1　日本考古学会
立岩遺跡調査委員会編　1977『立岩遺蹟』河出書房新社
立石泰久　1986「惣座遺跡」『大和町文化財調査報告書』3
田中幸夫　1935「筑前宗像郡釣川の遺跡」『考古学評論　日本先史土器論』1―2　東京考古学会
田中壽夫編　1994「比恵遺跡13」『福岡市埋蔵文化財調査報告書』368
田中良之・溝口孝司・岩永省三他　2004夏「弥生人骨を用いたAMS年代測定（予察）」『日・韓交流の考古学』九州考古学会・嶺南考古学会

棚田昭仁・坂梨祐子編　2004「河原田塔田遺跡（河原田遺跡Ⅲ）」『豊前市文化財報告書』19
谷口俊治編　1999「重留遺跡第2地点」『北九州市埋蔵文化財調査報告書』230
田原本町教育委員会　1989「唐古・鍵遺跡―第21・23次発掘調査概報」『田原本町埋蔵文化財調査概要』6
田村晃一　1988「朝鮮半島出土の磨製石剣について」『MUSEUM』452
朝鮮遺跡遺物図鑑編纂委員会編　1989『朝鮮遺跡遺物図鑑（二）』
沈奉謹（藤口健二訳）　1981「慶尚南道地方出土青銅遺物の新例」『古文化談叢』8　九州古文化研究会
対馬遺跡調査会　1963「長崎県対馬遺跡調査報告（一）」『考古学雑誌』41―1　日本考古学会
堤　安信編　1985「姉遺跡Ⅰ」『千代田町文化財調査報告書』3
堤　安信編　2000「高志神社遺跡」『千代田町文化財調査報告書』27
常松幹雄　1998「伝福岡市八田出土の鋳型について―福岡市博物館平成6年度（1994）収集資料―」『福岡市博物館紀要』8
常松幹雄　2000「福岡市下山門敷町遺跡出土の銅戈について」『福岡市博物館研究紀要』10
常松幹雄　2002「三雲南小路出土の有柄式銅剣について」『究斑』Ⅱ
常松幹雄　2004「出雲平野における北部九州系の考古遺物」『福岡考古』21
常松幹雄編　2003「笠抜遺跡―第1・2次調査報告―」『福岡市埋蔵文化財調査報告書』752
常松幹雄編　2005「浦江遺跡　第5次調査2」『福岡市埋蔵文化財調査報告書』863
常松幹雄　2010「安徳原田出土の広形銅矛」「安徳台遺跡群Ⅱ」『那珂川町文化財調査報告書』79
鄭　仁盛　2002「楽浪土城の青銅鏃」『東京大学考古学研究室研究紀要』17
出宮徳尚編　1971『南方遺跡発掘調査概報』岡山市教育委員会
寺沢　薫　1987「近畿周辺の舶載青銅器と共伴資料」『古文化談叢』17　九州古文化研究会
寺沢　薫編　1989「多遺跡第10次発掘調査概報」『奈良県遺跡調査概報1986年度〈第1分冊〉』奈良県立橿原考古学研究所
寺沢　薫　2000『王権誕生日本の歴史02』吉川弘文館
寺沢　薫　2004「考古資料から見た弥生時代の暦年代」『考古資料大観』10　小学館
寺沢　薫　2005「古墳時代開始期の暦年代と伝世鏡論」『古代学研究』169・170
寺沢　薫　2010『青銅器のマツリと政治社会』吉川弘文館
寺前直人　2009「銅鐸と武器形青銅器」『月刊考古学ジャーナル9』590　ニュー・サイエンス社
寺前直人　2010『武器と弥生社会』大阪大学出版会
東亜考古学会　1953「対馬」『東方考古学叢刊乙種』6
東義大学校博物館　2000「金海良洞里古墳文化」『東義大学校博物館叢書』7
東京考古学会編　1965「日本青銅器発見地地名表」『考古学集刊』2―4
東京国立博物館　2005『東京国立博物館図版目録弥生遺物篇（金属器）増補改訂』
塔ノ首遺跡調査団　1974「上対馬町古里・塔ノ首石棺群調査報告」「対馬　浅茅湾とその周辺の考古学調査」『長崎県文化財調査報告書』17
徳本洋一　1999「福岡県大野城市瓦田出土の広形銅矛鋳型」『九州考古学』74
戸塚洋輔　2010「唐津平野における青銅器生産―中原遺跡出土銅剣・銅矛鋳型の検討―」『FUSUS』2　アジア鋳造技術史学会
富岡謙蔵　1918「九州北部に於ける銅剣銅鉾及び弥生式土器と伴出する古鏡の年代について（一）～（四）」『考古学雑誌』8―9　日本考古学会

【な行】

長岡京市埋蔵文化財センター　2005「長岡京跡右京第807次発掘調査報告」『長岡京市埋蔵文化財調査報告書』43

長崎県教育委員会　1988「中道壇遺跡」『長崎県文化財調査報告書』90

長崎県教育委員会　2005「原の辻遺跡総集編Ⅰ」『原の辻遺跡調査事務所調査報告書』30

中島直幸編　1980「久里大牟田遺跡」『唐津市文化財調査報告』1

中島直幸他　1982「菜畑」『唐津市文化財調査報告』5

永田稲男編　1999「仁俣遺跡」『三日月町文化財調査報告書』12

永田稲男編　2005「戌・赤司・赤司東・深川南・土生」『三日月町文化財調査報告書』16

長野県埋蔵文化財センター　2008『速報写真グラフ北信濃柳沢遺跡の銅戈・銅鐸』信濃毎日新聞社

中村修身　1994「福岡県遠賀郡出土の石戈」『北九州埋蔵文化財調査室研究紀要』8

中村修身　1995a「豊前地方出土の石戈」『研究紀要』9　北九州市教育文化事業団埋蔵文化財調査室

中村修身　1995b「石戈の分類と編年について」『地域相研究』23

中村修身　1996a「筑前地方出土の石戈」『研究紀要』10　北九州市教育文化事業団埋蔵文化財調査室

中村修身　1996b「本州四国地方出土の石戈」『地域相研究』24

中村修身　1997「石戈の形態分類と編年（再考）」『地域相研究』25

中村俊介　2012「渡来人実は苦労人？」『朝日新聞第2福岡2012年5月15日』

中村　浩・池田榮史編　1955「飯倉D遺跡」『福岡市埋蔵文化財調査報告書』440

長屋　伸編　1997「比恵遺跡群（24）」『福岡市埋蔵文化財調査報告書』530

中山平次郎　1917a「銅鉾銅剣の新資料」『考古学雑誌』7―7　日本考古学会

中山平次郎　1917b「九州北部に於ける先史原史両時代中間期間の遺物に就て」『考古学雑誌』7―10・11、8―1・3　日本考古学会

中山平次郎　1918「銅鉾銅剣並に石剣発見地の遺物（上）」『考古学雑誌』8―8　日本考古学会

中山平次郎　1927a「クリス形鉄剣及前漢鏡の新資料」『考古学雑誌』17―7　日本考古学会

中山平次郎　1927b「須玖岡本の遺物」『考古学雑誌』17―8　日本考古学会

中山平次郎　1929「須玖岡本の鏡片研究（三）」『考古学雑誌』19―2　日本考古学会

中山平次郎　1950「銅剣鉄剣石剣の共伴を示せる組合式石棺」『考古学雑誌』36―3　日本考古学会

難波洋三　1986a「銅戈」『弥生文化の研究』6　道具と技術Ⅱ　雄山閣

難波洋三　1986b「戈形祭器」『弥生文化の研究』6　道具と技術　雄山閣出版

難波洋三　2009「柳沢遺跡出土の銅鐸と銅戈」『開館15周年　平成21年度秋季企画展　山を越え川に沿う―信州弥生文化の確立―』長野県立歴史館

難波洋三　2012「柳沢遺跡出土銅鐸の位置づけ」「中野市柳沢遺跡」『長野県埋蔵文化財センター発掘調査報告書』100

西江清高　1987「春秋戦国時代の湖南、嶺南地方―湘江・嶺南系青銅器とその銅剣をめぐって―」『紀尾井史学』7

西口陽一　1989「近畿・磨製石剣の研究」『大阪文化財論集―財団法人大阪文化財保護センター設立一五周年記念論集―』

西健一郎編　1994『九州大学埋蔵文化財調査報告―九州大学筑紫地区遺跡群―』3

西田　栄　1986「道前平野の青銅器出土遺跡」『愛媛県史　資料編考古』愛媛県

西田守夫　1982「鉛同位体比法による漢式鏡研究への期待と雑感―主として呉鏡と三角縁神獣鏡の関

係資料について―」『MUSEUM』370　東京国立博物館
西谷　正　1968「慶尚北道大邱市晩村洞発見の青銅器について」『考古学研究』51
西谷　正　1970「「韓国」京畿道竜仁郡出土の銅剣鎔笵」『月刊考古学ジャーナル』41　ニュー・サイエンス社
西谷　正　2007「草浦里遺跡」『東アジア考古学辞典』東京堂出版
二宮忠志・大場友子編　1997「吉武遺跡群Ⅸ飯盛・吉武圃場整備事業関係調査報告書3」『福岡市埋蔵文化財調査報告書』514

【は行】

橋口達也　1976「磨製石剣嵌入人骨について」『スダレ遺跡　穂波町文化財調査報告書』1
橋口達也　1979「甕棺の編年的研究」『九州縦貫自動車道関係埋蔵文化財調査報告』XXXⅠ　福岡県教育委員会
橋口達也編　1983「石崎曲り田遺跡Ⅰ」『今宿バイパス関係文化財調査報告』8
橋口達也編　1985「石崎曲り田遺跡Ⅲ」『今宿バイパス関係埋蔵文化財調査報告書』11
橋口達也編　1987「新町遺跡」『志摩町文化財調査報告書』7
橋口達也　1990「弥生時代における戦闘を示す好資料―銅剣嵌入人骨・外傷例など―」『永岡遺跡Ⅱ　筑紫野市文化財調査報告書』26
橋口達也　1992「弥生時代の戦い―武器の折損・研ぎ直し―」『九州歴史資料館研究論集』17
橋口達也編　1994「曲り田周辺遺跡Ⅳ―福岡県糸島郡二丈町大字石崎所在遺跡群の調査報告―」『二丈町文化財調査報告書』7
橋口達也　1995「弥生時代の戦い」『考古学研究』42―1
橋口達也　2003「炭素14年代測定法による弥生時代の年代論に関連して」『日本考古学』16
橋口達也　2005「明器銅戈考」『九州歴史資料館研究論集』30
橋口達也　2007『弥生時代の戦い―戦いの実態と権力機構の生成―』雄山閣
花田勝広　1995「宗像郷土館の研究―幻の青銅武器を求めて―」『滋賀考古』14
花村利彦　1954「先史時代」『田川市史上巻』
浜石哲也編　1986「有田遺跡群―第81次調査―」『福岡市埋蔵文化財調査報告書』129
林田和人・原田範昭　1998「白藤遺跡群出土の矛形銅製品・鋳型について」『肥後考古』11
林田和人　2005『八ノ坪遺跡Ⅰ』熊本市教育委員会
林田和人・宮崎　拓　2008『八ノ坪遺跡Ⅳ』熊本市教育委員会
林巳奈夫　1972『中国殷周時代の武器』京都大学人文科学研究所
原　俊一編　1999「田久松ヶ浦」『宗像市文化財調査報告書』47
原田大介　2002「船石南遺跡Ⅰ」『上峰町文化財調査報告書』21
原田大六　1961a「伝福岡県遠賀郡岡垣村の銅剣」『九州考古学』11・12
原田大六　1961b「平形銅剣の形成と編年」『考古学雑誌』47―2　日本考古学会
春成秀爾・今村峯雄編　2004『弥生時代の実年代』学生社
春成秀爾　2007「弥生青銅器の成立年代」『国立歴史民俗博物館研究報告』137
春成秀爾編　2009「弥生青銅器コレクション」『国立歴史民俗博物館資料図録』6
東大阪市教育委員会　2008『鬼虎川遺跡第62・63次発掘調査報告』
樋口隆康編　1974「弥生時代青銅器出土地名表」・「銅鐸出土地名表」『古代史発掘5　大陸文化と青銅器』
兵庫県教育委員会　1972「桜ケ丘銅鐸銅戈調査報告書」『兵庫県文化財調査報告』1

兵庫県教育委員会　1994「玉津田中遺跡　第1分冊」『兵庫県文化財調査報告』135
平田定幸・中村昇平編　1988「須玖唐梨遺跡」『春日市文化財調査報告書』19
平田定幸編　1995「須玖岡本遺跡」『春日市文化財調査報告書』23
平田定幸　2001「須玖盤石遺跡」『春日市文化財調査報告書』29
平田定幸編　2011「須玖岡本4―坂本地区3・4次調査の報告―」『春日市文化財調査報告書』61
平田定幸・吉田佳広・井上義也　2011「須玖岡本遺跡4」『春日市文化財調査報告書』61
平野芳英編　1996「銅鐸・武器形青銅器出土地名表」『出雲神庭荒神谷遺跡』島根県古代文化センター
廣田和穂編　2012「中野市柳沢遺跡」『長野県埋蔵文化財センター発掘調査報告書』100
福井英治編　1982「田能遺跡発掘調査報告書」『尼崎市文化財調査報告書』15
福岡県教育委員会　1973「久保長崎遺跡」『福間バイパス関係文化財調査報告』
福岡県教育委員会　1989「乙隈天道町遺跡」『福岡県文化財調査報告書』86
福岡県教育委員会　1995「仮塚南遺跡」『筑紫野バイパス関係埋蔵文化財調査報告書』3
福岡市教育委員会　1982「西新町遺跡」『福岡市埋蔵文化財調査報告書』79
福岡市教育委員会　1983「福岡市有田七田前遺跡」『福岡市埋蔵文化財調査報告書』95
福岡市教育委員会　1986「有田遺跡群」『福岡市埋蔵文化財調査報告書』129
福岡市教育委員会　1992a「比恵遺跡群（11）」『福岡市埋蔵文化財調査報告書』289
福岡市教育委員会　1992b「那珂遺跡4」『福岡市埋蔵文化財調査報告書』290
福岡市教育委員会　1993「那珂遺跡8」『福岡市埋蔵文化財調査報告書』324
福岡市教育委員会　1996a「比恵遺跡群（20）」『福岡市埋蔵文化財調査報告書』451
福岡市教育委員会　1996b「比恵遺跡群（22）」『福岡市埋蔵文化財調査報告書』453
福岡市教育委員会　1996c「吉武遺跡群Ⅷ」『福岡市埋蔵文化財調査報告書』461
福岡市教育委員会　1998「吉武遺跡群Ⅹ」『福岡市埋蔵文化財調査報告書』580
福岡市教育委員会　2006「下月隈C遺跡Ⅳ」『福岡市埋蔵文化財調査報告書』881
福島日出海　1997「原田・鎌田原遺跡」『嘉穂町文化財調査報告書』18
福島日出海　1998「石製及び青銅製武器の切先副葬について」『九州考古学』73
藤沢真依　1987「近畿周辺の国産青銅器と共伴資料」『古文化談叢』17　九州古文化研究会
藤瀬禎博編　1985「安永田遺跡」『鳥栖市文化財調査報告書』25
藤田亮作・梅原末治・小泉顕夫　1925「南朝鮮に於ける漢代の遺跡」『大正十一年度古蹟調査報告』2
藤田亮作・梅原末治　1947『朝鮮古文化綜鑑』1　養徳社
藤田三郎　1989「昭和62・63年度唐古・鍵遺跡」『田原本町埋蔵文化財調査概報』11
豊前市教育委員会　2006「鬼木四反田遺跡（遺物篇）」『豊前市文化財報告書』21
舟山良一編　1983「仲島遺跡Ⅲ」『大野城市文化財調査報告書』10
古川秀幸　1994「深江井牟田遺跡」『二丈町文化財調査報告書』8
文化財保護委員会　1956「志登支石墓群」『埋蔵文化財調査報告』4
文化財保護委員会　1959『埋蔵文化財要覧二』吉川弘文館
堀川義英編　1980「柏崎遺跡」『佐賀県文化財調査報告書』53

【ま行】

埋蔵文化財研究会第20回研究集会世話人編　1986『弥生時代青銅器とその共伴関係』
前田達男編　1994「増田遺跡群Ⅱ」『佐賀市文化財調査報告書』50
前原市教育委員会　1986「長野川流域の遺跡群」『前原市文化財調査報告書』31

間壁忠彦　1979「広江浜遺跡」『倉敷考古館研究集報』14
正岡睦夫　1987「山陽の青銅器と共伴資料」『古文化談叢』17　九州古文化研究会
町田　章　2006「中国古代の銅剣」『奈良文化財研究所学報』75
松岡　史　1962『唐津市史』唐津市
松岡良憲・山口誠治・岩立美香　2007「瓜生堂遺跡出土の大阪湾型銅戈並びに久宝寺遺跡出土の青銅製品」『平成一九年春季特別展稲作とともに伝わった武器』大阪府立弥生文化博物館
松村道博他　2000「雀居遺跡5」『福岡市埋蔵文化財調査報告書』635
松本岩雄・足立克己編　1996『出雲神庭荒神谷遺跡』島根県教育委員会
松本岩雄　2001「弥生青銅器の生産と流通―出雲地域出土青銅器を中心として―」『古代文化』53―4
松本憲明　1966「福岡県夜須町出土の銅戈鎔范」『考古学雑誌』52―2　日本考古学会
馬淵久夫・平尾良光　1982a「鉛同位体比からみた銅鐸の原料」『考古学雑誌』68―1　日本考古学会
馬淵久夫・平尾良光　1982b「鉛同位体比法による漢式鏡の研究」『MUSEUM』370　東京国立博物館
馬淵久夫・平尾良光　1983「鉛同位体比法による漢式鏡の研究（2）―西日本出土の鏡を中心として―」『MUSEUM』382　東京国立博物館
馬淵久夫・平尾良光　1985「三雲遺跡出土青銅器・ガラス遺物の鉛同位体比」「三雲遺跡」南小路地区編『福岡県文化財調査報告書』69
馬淵久夫　1986「青銅器の生産技術　青銅器の材料」『弥生文化の研究』6　道具と技術Ⅱ　雄山閣
馬淵久夫・平尾良光　1989「完州上林里出土中国式銅剣の原料について」『明治大学考古学博物館館報』5
馬淵久夫・平尾良光　1990「福岡県出土青銅器の鉛同位体比」『考古学雑誌』75―4　日本考古学会
丸山康晴編　1980a「赤井手遺跡」『春日市文化財調査報告書』6
丸山康晴編　1980b「須玖・岡本遺跡」『春日市文化財調査報告書』7
丸山康晴　1995「平若遺跡C地点」『春日市史上巻「原始・古代1」』春日市
三木文雄　1941「朝鮮出土青銅器遺物の新資料」『考古学雑誌』31―2　日本考古学会
三木文雄　1956「青銅器」『図説日本文化史大系』1　小学館
三木文雄・岡本健児　1961「高知県波介遺跡」『日本農耕文化の生成』東京堂
三木文雄　1969「大阪湾型銅戈について」『MUSEUM』223　東京国立博物館
三木文雄　1979「銅剣の鋳型とその製品について―仿製銅剣の型式論―」『日本歴史』376
三木文雄　1981「横帯文銅鐸考―安永田出土銅鐸鋳型に関連して―」『古文化談叢』8　九州古文化研究会
三木文雄　1983『銅鐸』柏書房
三木文雄　1995『日本出土青銅器の研究―剣・戈・矛・鏡・銅鐸―』第一書房
水野清一・樋口隆康・岡崎　敬　1953「対馬」『東方考古学叢刊乙種』6
美津島町教育委員会　1988「かがり松鼻遺跡」『美津島町文化財調査報告書』4
宮井善朗　1987「銅剣の流入と波及」『東アジアの考古と歴史　中』同朋舎
宮井善朗　1989「銅剣」『季刊考古学』27　雄山閣
宮井善朗　2003「再び銅剣の研磨について」『青丘学術論集』22　韓国文化研究振興財団
三宅博士・松本岩雄　1985「島根県出土の青銅器について」『月刊文化財』261
三宅博士　1996「×印の観察」『出雲神庭荒神谷遺跡』島根県教育委員会
宮里　修　2007「朝鮮式細形銅剣の成立過程再考―東北アジア琵琶形銅剣の展開のなかで―」『中国シルクロードの変遷』アジア地域文化学叢書Ⅶ　雄山閣
宮里　修　2009a「朝鮮青銅器文化における土製鋳型の出現と展開」『アジア鋳造技術史学会研究発表概要集』3

宮里　修　2009b「韓半島剣把頭飾の分類と編年」『嶺南考古学』50
宮里　修　2009c「朝鮮半島の銅矛について」『古代』122
宮本一夫　1998「古式遼寧式銅剣の地域性とその社会」『史淵』135
宮本一夫　2000a「東北アジアにおける触角式銅剣の変遷」『清溪史学』16―17　清溪史学会
宮本一夫　2000b「遼寧銅剣文化圏とその社会」『中国古代北疆史の考古学的研究』中国書店
宮本一夫　2000c『中国古代北疆史の考古学的研究』中国書店
宮本一夫　2002a「東北アジアにおける触角式銅剣の変遷」『清溪史学』16・17合輯　清溪史学会　韓国精神文化研究院
宮本一夫　2002b「朝鮮半島における遼寧式銅剣の展開」『韓半島考古学論叢』すずさわ書店
宮本一夫　2003「東北アジア青銅器文化からみた韓国青銅器文化」『青丘学術論叢』22
宮本一夫　2004a「中国大陸からの視点」『季刊考古学』88　雄山閣
宮本一夫　2004b「青銅器と弥生時代の実年代」『弥生時代の実年代』学生社
宮本一夫・田尻義了　2005「朝鮮半島出土銅剣の集成」『弥生時代成立期における渡来人問題の考古学的研究』九州大学大学院人文科学研究院考古学研究室
宮本一夫　2008a「遼東の遼寧式銅剣から弥生の年代を考える」『史淵』145　九州史学会
宮本一夫　2008b「細形銅剣と細形銅矛の成立年代」『新弥生時代のはじまり3　東アジア青銅器の系譜』雄山閣
妙義町教育委員会　1999「八木連西久保遺跡・行沢大竹遺跡・行沢竹松遺跡・諸戸スサキ遺跡」『群馬県営ほ場整備事業（妙義中部地区）に伴う埋蔵文化財発掘調査報告書』群馬県甘楽部妙義町教育委員会
三好孝一　1987「久宝寺遺跡出土の青銅製品」『久宝寺南』その1　近畿自動車道天理～吹田線建設に伴う埋蔵文化財調査概要報告書　大阪府教育委員会・財団法人大阪文化財センター
三好孝一　1993「近畿地方における青銅器生産」『月刊考古学ジャーナル』359　ニュー・サイエンス社
向田雅彦編　1997「本行遺跡」『鳥栖市文化財調査報告書』51
向　直也編　1988「森園遺跡Ⅰ」『大野城市文化財調査報告書』26
向　直也・丸尾博恵　1998「石勺遺跡Ⅲ」『大野城市文化財調査報告書』52
武藤　誠・三木文雄　1972「三原郡西淡町古津路出土の銅剣」『兵庫県文化財調査報告』1
村松洋介　2008「銅戈の編年と製作技術―韓日両地域の比較―」『考古広場』3　釜山考古学研究会
明治大学考古学博物館　1989『明治大学考古学博物館館報』5
森岡秀人　2007「武器と武装から見た近畿農耕社会のすがた」『大阪府弥生文化博物館図録』
森　浩一　1986「北部九州勢力の東漸」『日本の古代5　前方後円墳の世紀』中央公論社
森貞次郎　1942「古期弥生式文化期に於ける立岩文化期の意義」『古代文化』13―7
森貞次郎　1955「各地域の弥生式土器―北九州―」『日本考古学講座』4　河出書房
森貞次郎・乙益重隆・渡辺正気　1960「福岡県志賀島の弥生遺跡」『考古学雑誌』46―2　日本考古学会
森貞次郎　1960「青銅器の渡来　銅剣・銅矛・銅戈の鋳造」『世界考古学大系』2　平凡社
森貞次郎　1963「福岡県香椎出土の銅釧鎔笵を中心として―銅釧鎔笵と銅釧の系譜―」『考古学集刊』2―1
森貞次郎　1966「弥生文化の発展と地域性―九州―」『日本の考古学』Ⅲ　河出書房
森貞次郎　1968a「有田甕棺遺跡の甕棺と銅戈」「飯倉の甕棺と細形銅剣」『有田遺跡』有田遺跡調査団
森貞次郎　1968b「弥生時代における細形銅剣の流入について」『日本民族と南方文化』
森貞次郎　1973「総括」『鹿部山遺跡』日本住宅公団

森本六爾　1927「銅剣銅鉾の研究」(1943『日本考古学研究』桑名文星堂に所収)
森本六爾編　1929『日本青銅器時代地名表』
森本六爾　1930a「信濃若宮銅剣に就て」『信濃考古学会誌』2—3　信濃考古学会
森本六爾　1930b「筑前三雲・鑓溝・二日市三遺蹟の考古学的研究」『柳園古器略考・鉾之記』
森本六爾　1930c「肥前松浦潟地方に於ける甕棺遺跡と其伴出遺物」『考古学』1—5・6
森本六爾　1930d「北九州弥生式土器編年—筑前須玖に於ける観察—」『考古学』1巻附録
森本六爾　1932「広鋒銅鉾鎔范」『考古学』2—1

【や行】
八木奘三郎　1897「上代干戈考」『考古学会雑誌』2—3
八木奘三郎　1900「九州古代遺跡調査報告」『東京人類学会雑誌』15—173・19—175
八木奘三郎　1902『考古便覧』嵩山房
八木奘三郎　1906『日本考古学』
八木奘三郎　1908「両筑の古物遺蹟（三）」『國學院雑誌』14—7
八木奘三郎　1910『考古精説』
柳田康雄　1962「福岡県朝倉郡夜須村吹田発見の鉄戈」『考古学雑誌』48—2　日本考古学会
柳田康雄　1980「青銅製鋤先」『鏡山猛先生古稀記念古文化論攷』
柳田康雄編　1980「三雲遺跡Ⅰ」『福岡県文化財調査報告書』58
柳田康雄編　1981「三雲遺跡Ⅱ」『福岡県文化財調査報告書』60
柳田康雄　1982a「原始」『甘木市史』甘木市
柳田康雄　1982b「三・四世紀の土器と鏡」『森貞次郎博士古稀記念古文化論集』
柳田康雄　1983a「糸島地方の弥生遺物拾遺」『九州考古学』58、2002『九州弥生文化の研究』学生社
柳田康雄　1983b「伊都国の考古学—対外交渉のはじまり—」『九州歴史資料館開館十周年記念大宰府古文化論叢』吉川弘文館、2002『九州弥生文化の研究』学生社
柳田康雄編　1984『甘木市史資料　考古編』福岡県甘木市
柳田康雄編　1985「三雲遺跡」南小路地区編『福岡県文化財調査報告書』69
柳田康雄　1985「弥生後期の青銅器の創作」森貞次郎編『稲と青銅と鉄』日本書籍
柳田康雄　1986a「青銅器の仿製と創作」『図説発掘が語る日本史』6　九州・沖縄編　新人物往来社
柳田康雄　1986b「青銅器の創作と終焉」『九州考古学』60
柳田康雄　1986c「北部九州の国産青銅器と共伴関係」『埋蔵文化財研究会第20回研究集会　弥生時代の青銅器とその共伴関係　第Ⅳ分冊』
柳田康雄　1987a「北部九州の国産青銅器と共伴関係」『古文化談叢』17　九州古文化研究会
柳田康雄　1987b「九州地方の弥生土器—高三潴式と西新町式土器—」『弥生文化の研究4弥生土器Ⅱ』雄山閣
柳田康雄　1989「朝鮮半島における日本系遺物」『九州における古墳文化と朝鮮半島』学生社　福岡県教育委員会編
柳田康雄　1990「鉛同位体比法による青銅器研究への期待」『考古学雑誌』75—4　日本考古学会
柳田康雄　1991a「倭と伽耶の文物交流」『伽耶はなぜほろんだか』大和書房
柳田康雄　1991b「呉越の剣とその波及」『呉越の風　筑紫の火』東アジア文化交流史研究会
柳田康雄　1991c「「国」と「王」」『日本文化の源流をさぐる弥生文化』大阪府立弥生文化博物館
柳田康雄　1992「朝鮮半島の倭系遺物の解釈」『東アジアの古代文化』73

柳田康雄　1994「筑紫の王墓―須玖と三雲（伊都国王墓）―」『奴国の首都須玖岡本遺跡』春日市教育委員会
柳田康雄　1995「弥生の諸形式とその時代への疑問」『東アジアの古代文化』85
柳田康雄　1996「平原墳墓の意味」『考古学による日本歴史』5　雄山閣出版
柳田康雄　1997「二世紀の北部九州について」『東アジアの古代文化』92　大和書房
柳田康雄　1998「伊都国の繁栄」『西日本文化』345・346　西日本文化協会
柳田康雄編　2000「平原遺跡」『前原市文化財調査報告書』70
柳田康雄　2000『伊都国を掘る』大和書房
柳田康雄　2002a「摩滅鏡と踏返し鏡」『九州歴史資料館研究論集』27
柳田康雄　2002b『九州弥生文化の研究』学生社
柳田康雄　2002c「九州から見た併行関係と実年代論」『日本考古学協会二〇〇二年度橿原大会研究発表資料集』
柳田康雄　2003a「出土遺物の観察」『古代学研究』160
柳田康雄編　2003b「伯玄社遺跡」『春日市文化財調査報告書』35
柳田康雄　2003「伯玄社遺跡―磨製石鏃―」『春日市文化財調査報告書』35
柳田康雄　2003「伯玄社遺跡―「ナ国」の甕棺編年―」『春日市文化財調査報告書』35
柳田康雄　2003「伯玄社遺跡―弥生木棺墓―」『春日市文化財調査報告書』35
柳田康雄　2003c「短身銅矛論」『橿原考古学研究所論集』14　八木書店
柳田康雄　2003d「「イト国」から邪馬台国へ」『東アジアの古代文化』115　大和書房
柳田康雄　2003e「「イト国」王墓と初期ヤマト王権の出現」石野博信編『初期古墳と大和の考古学』学生社
柳田康雄　2004a「日本・朝鮮半島の中国式銅剣と実年代論」『九州歴史資料館研究論集』29
柳田康雄　2004b「北部九州からみた弥生時代の実年代」『弥生時代の実年代』学生社
柳田康雄　2005a「佐賀県本行遺跡鋳型再考」『古代学研究』168
柳田康雄　2005b「青銅武器型式分類序論」『國學院大學考古学資料館紀要』21
柳田康雄　2005c「銅鏡鋳造における湯口について」『鏡笵研究』Ⅲ　奈良県立橿原考古学研究所
柳田康雄　2005d「武器形青銅器の終焉と大型墳墓の出現」『ふたかみ邪馬台国シンポジュウム5　邪馬台国時代の筑紫と大和資料集』香芝市教育委員会
柳田康雄　2006a「中国地方の青銅武器」『喜谷美宣先生古稀記念論集』
柳田康雄　2006b「武器形青銅器の終焉と大型墳墓の出現」『邪馬台国時代のツクシとヤマト』学生社
柳田康雄　2007a「銅剣鋳型と製品」『考古学雑誌』91―1　日本考古学会
柳田康雄　2007b「青柳種信」『東アジア考古学辞典』東京堂出版
柳田康雄　2007c「三雲南小路遺跡」『東アジア考古学辞典』東京堂出版
柳田康雄　2007d「平原遺跡」『東アジア考古学辞典』東京堂出版
柳田康雄　2008a「銅戈の型式分類と生産・流通」『古代学研究』180
柳田康雄　2008b「青銅武器・武器形青銅祭器の使用痕」『橿原考古学研究所論集』15　八木書店
柳田康雄　2008c「弥生時代の手工業生産と王権」『國學院雑誌』109―11
柳田康雄　2008d「青柳種信の考古学」『近世の好古家たち』雄山閣
柳田康雄　2009a「中国式銅剣と磨製石剣」『國學院大學大学院紀要―文学研究科―』40
柳田康雄　2009b「弥生時代青銅器土製鋳型研究序論」『國學院雑誌』110―6
柳田康雄　2009c「武器形青銅器の型式学的研究」『月刊考古学ジャーナル』590　ニュー・サイエンス社

柳田康雄・平島博文　2009「福岡県筑前町東小田峯遺跡出土銅矛土製鋳型」『古代学研究』183
柳田康雄　2010a「北部九州と東日本の青銅器文化」『佐久考古学会講演資料』浅間縄文ミュージアム
柳田康雄　2010b「弥生王権の東漸」『日本基層文化論叢　椙山林継先生古稀記念論集』雄山閣
柳田康雄　2010c「日本出土青銅製把頭飾と銅剣」『坪井清足先生卒寿記念論集』
柳田康雄　2011a「佐賀県中原遺跡青銅器鋳型の実態」『古文化談叢』65—3　九州古文化研究会
柳田康雄　2011b「銅戈型式分類の補足」『深堂趙由典博士古稀記念論叢』
柳田康雄　2011c「青銅器とガラスの生産と流通」『講座日本の考古学5弥生時代上』青木書店
柳田康雄　2011d「沖ノ島出土銅矛と青銅器祭祀」『「宗像・沖ノ島と関連遺跡群」研究報告Ⅰ』「宗像・沖ノ島と関連遺跡群」世界遺産推進会議
柳田康雄　2011e「朝鮮半島における銅戈の鋳造技術」『アジア鋳造技術史学会研究発表概要集』5
柳田康雄　2011f「北部九州製青銅製把頭飾の蝋型鋳造」『アジア鋳造技術史学会研究発表概要集』5
柳田康雄編著　2012a『東日本の弥生時代青銅器祭祀の研究』雄山閣
柳田康雄　2012b「東日本の青銅器鋳造技術の系譜」『アジア鋳造技術史学会研究発表概要集』6
柳田康雄　2013「弥生時代王権論」柳田康雄編『弥生時代政治社会構造論』雄山閣
柳田康雄編著　2013『弥生時代政治社会構造論』雄山閣
柳田康雄　2014a「田熊石畑遺跡出土青銅武器の意義」『国史跡田熊石畑遺跡』『宗像市文化財調査報告書』71
柳田康雄　2014b「考古学よりみた卑弥呼の鬼道」『シャマニズムの淵源を探る』弘前学院大学地域総合文化研究所
柳瀬昭彦編　1999「田益田中（国立岡山病院）遺跡」『岡山県埋蔵文化財発掘調査報告』141
矢野一貞　1853『筑後将士軍談』
山田　正編　1982「安永田遺跡本調査第1年次概要報告書」『鳥栖市文化財調査報告書』13
大和町教育委員会　1986「惣座遺跡」『大和町文化財調査報告書』3
山野洋一　1979「筑紫野市永岡出土銅戈鋳型」『地域相研究』7
横山邦継編　1983「比恵遺跡―第6次調査・遺構編―」『福岡市埋蔵文化財調査報告書』94
吉武　学編　2010「那河56」『福岡市埋蔵文化財調査報告書』1082
吉田　広　1993「銅剣生産の展開」『史林』76—6
吉田　広　1994「兎田八幡宮蔵銅剣をめぐる諸問題」『古文化談叢』33　九州古文化研究会
吉田　広　1995「観音寺粟井町藤の谷出土の銅剣」『香川考古』4
吉田　広・高山　剛編　1996「武器形青銅器集成」『古代学協会四国支部第10回松山大会資料弥生後期の瀬戸内海―土器・青銅器・鉄器からみたその領域と交通―』
吉田　広　1998「鉄戈形銅戈考」『愛媛大学文学部論集　人文学科編』4
吉田　広　2001a「弥生時代の武器形青銅器」『考古学資料集』21　国立歴史民俗博物館
吉田　広　2001b「対馬海人の剣」『九州考古学』75
吉田　広　2002「武器形青銅器にみる帰属意識」『考古学研究』49—3
吉田　広　2003「朝鮮半島出土の倭系武器形青銅器（東北アジア青銅器文化からみた韓国青銅器文化に関する研究）」『青丘学術論集』22　韓国文化研究振興財団
吉田　広　2005「久枝・願連寺遺跡群と扇田銅剣」『久枝遺跡・久枝Ⅱ遺跡・本郷Ⅰ遺跡』愛媛県埋蔵文化財発掘調査報告書』122
吉田　広　2006「武器形青銅器の流通と地域性」『歴博国際シンポジュウム2006古代アジアの青銅器文化と社会―起源・年代・系譜・流通・儀礼―』国立歴史民俗博物館
吉田　広　2007「銅剣の着柄」『荒神谷博物館2007年特別展　祀―荒神谷銅剣―戦』

吉田　広・増田浩太・山口欧志　2008「青銅器の対立構造」『弥生時代の考古学7　儀礼と権力』同成社
吉田　広　2008「日本列島における武器形青銅器の鋳造開始年代」春成秀爾・西本豊弘編『新弥生時代のはじまり　第3巻　東アジア青銅器の系譜』雄山閣
吉田　広　2009「銅鐸分布圏における武器形青銅器素描」『一山典還暦記念論集　考古学と地域文化』
吉田　広　2010「弥生時代小型青銅利器論」『山口考古』30
吉田　広　2012a「柳沢遺跡出土銅戈の位置づけ」『中野市柳沢遺跡　長野県埋蔵文化財センター発掘調査報告書』100
吉田　広　2012b「出雲青銅器文化の重層的検討」『古代出雲における青銅器文化の研究』島根県古代文化センター
吉田　広　2012c「小倉城二ノ丸家老屋敷跡出土の銅剣」『小倉城二ノ丸家老屋敷跡2　北九州市文化財調査報告書』126
吉田　広　2012d「近畿における銅戈の展開」『菟原Ⅱ―森岡秀人さん還暦記念論文集―』菟原刊行会
吉田　広　2013「武器形青銅器の伝播と時期」『弥生時代政治社会構造論』雄山閣
吉田佳広　1993a「須玖坂本遺跡（5次調査）」『春日市埋蔵文化財年報』1
吉田佳広　1993b「須玖尾花町遺跡」『春日市埋蔵文化財年報』1
吉田佳広　1994「須玖五反田遺跡」『春日市文化財調査報告書』22
吉田佳広・井上義也編　2012「須玖岡本5―坂本地区5・6次調査の報告及び考察―」『春日市文化財調査報告書』66
吉本健一・徳永貞紹・鹿田昌宏・田中大介編　2001「大久保遺跡」「柚比遺跡群1」第3分冊『佐賀県文化財調査報告書』148

【ら・わ行】

李淳鎮、永島暉臣慎・西谷正訳　1968「『夫祖薉君』墓について」『考古学研究』14―4
李相吉・武末純一訳　1994「韓国・昌原徳川里遺跡発掘調査概要」『古文化談叢』32　九州古文化研究会
力武卓治・後藤　直　1990「席田遺跡群（Ⅵ）・福岡市南区高宮八幡宮所蔵鋳型の調査報告」『福岡市埋蔵文化財調査報告書』218
力武卓治・横山邦継編　1996「吉武遺跡群Ⅷ」『福岡市埋蔵文化財調査報告書』461
若林勝邦　1897「銅剣に関する考説及びその材料の増加」『考古学会雑誌』1―8
渡部明夫　1987「四国の青銅器と共伴資料」『古文化談叢』17　九州古文化研究会
渡邊隆行　2006「吹上Ⅳ―6次調査の記録―」『日田市埋蔵文化財調査報告書』70

【韓国】

安東大学校博物館・啓明大学校博物館・安東郡　1989『臨河ダム水没地域文化遺跡発掘調査報告（Ⅲ）臨東地区2』
安承周　1978「公州鳳安出土銅剣・銅戈」『考古美術』136・137
池健吉　1978「禮山東西里石棺墓出土青銅一括遺物」『百済研究』9
池健吉　1990「長水南陽里出土青銅器・鉄器一括遺物」『考古学誌』2
池健吉　1991「東西里遺跡」『日韓交渉の考古学　弥生時代篇』六興出版
韓炳三・李健茂　1977「南城里石棺墓」『国立博物館古蹟調査報告』10
韓炳三　1968「价川龍興里出土青銅剣と伴出遺物」『考古学』1
韓炳三　1987「月城郡竹東里出土青銅器一括遺物」『三仏金元龍教授停年退任紀年論叢Ⅰ考古篇』一志社

韓国考古学会　1969「大田槐亭洞出土一括遺物」『考古学』2
韓国基督教博物館　2011『鎔范と青銅器』
金英夏　1977「韓国式銅剣型式分類試論」『東洋文化研究』4
金元龍　1952「慶州九政里出土金石併用期遺物について」『歴史学報』1
金元龍　1963「金海茂溪里支石墓出土品」『東亜文化』1
金元龍　1970「鳥形アンテナ式細形銅剣の問題」『朝鮮考古学年報』1970年　東出版
金元龍　1973a『韓国美術全集』1　同和出版公社
金元龍　1973b『考古学概説』
金元龍他　1973「欣岩里住居址Ⅰ」『ソウル大学校考古人類学叢刊』4
金載元・尹武炳　1964「扶余・慶州・燕岐出土銅製遺物」『震檀学報』26・27・28合輯
金載元　1964「扶餘・慶州・燕岐出土銅製遺物」『震檀学報』25・26・27合輯
金載元・尹武炳　1966「大邱晩村洞出土の銅戈銅剣」『震檀学報』29・30合輯
金載元・尹武炳　1967「韓国支石墓研究」『国立博物館古跡調査報告』6
金廷鶴　1972「韓国青銅器文化の源流と発展」『韓国の考古学』河出書房新社
金建洙・韓修英・陳蔓江・申元才　2005「完州葛洞遺跡」『湖南文化財研究院学術調査報告』46
金良善　1962「再考を要する磨製石剣の形式分類と祖形考定問題」『古文化』1
金邱軍　1996「韓国式石剣の研究」『湖巖美術館研究論文集』1
湖巖美術館　1997『湖巖美術館所蔵金東鉉翁蒐集文化財』
湖南文化財研究院　2009「完州葛洞遺蹟（Ⅱ）」『湖南文化財研究院學術調査報告』116
国立慶州博物館　1987『菊隱李養潾蒐集文化財』
国立慶州博物館　2007「永川龍田里遺跡」『国立慶州博物館学術調査報告』19
国立全州博物館　2001「鎮安龍潭ダム水没地区内文化遺蹟発掘調査報告書Ⅲ」『国立全州博物館学術叢書』7
国立中央博物館・国立光州博物館　1992『特別展韓国の青銅器文化』汎友社
国立中央博物館　1979「松菊里Ⅰ」『国立博物館古跡調査報告』11
崔夢龍　1971「韓国銅戈について―とくに型式分類を中心として―」『朝鮮考古学年報』2
崔盛洛　1982「韓国磨製石鏃の考察」『韓国考古学報』12
崔鍾圭・安在晧　1983「新村里墳墓群」『中島』Ⅳ　国立中央博物館
崔鐘圭　1991「九政洞遺跡」『日韓交渉の考古学　弥生時代篇』六興出版
徐国泰　1965「永興邑遺跡に関する報告」『考古民俗』1965-2
徐聲勲・成洛俊　1984「高興長水堤支石墓調査」『国立光州博物館学術叢書』6
ソン・チョンヨン　1997「大田新岱洞・比來洞青銅器時代遺蹟」『湖南考古学の諸問題』
ソウル大学校博物館　1978「欣岩里住居址4」『ソウル大学校考古人類学叢刊』8
宋正炫他　1988「牛山里ネウ支石墓」『住岩ダム水没地域文化遺跡発掘調査報告書』Ⅱ
全榮來　1976「完州上林里出土中国式銅剣に関して―春秋末戦国初、中国青銅器文化の南韓流入問題―」『全北遺跡調査報告』6
全榮來　1982「韓国磨製石剣：石鏃編年に関する研究」『馬韓・百済文化』4・5号輯
全榮來　1987「錦江流域青銅器文化圏新資料」『馬韓百済文化研究』10
全榮來　1991a『韓国青銅器時代文化研究』新亜出版社
全榮來　1991b「南陽里遺跡」『日韓交渉の考古学　弥生時代篇』六興出版
全北大学校博物館　2001「鎮安龍漂ダム水没地区内文化遺跡発掘調査報告書Ⅷ如意谷遺跡」『全北大学

校博物館叢書』26

秦弘燮・崔淑卿　1974「楊平郡上紫浦里支石墓発掘報告」『八堂・昭陽ダム水没地区遺跡発掘総合調査報告』

趙由典　1984「全南和順青銅遺物一括出土遺蹟」『国立光州博物館学術叢書』14

趙由典　1991「大谷里遺跡」『日韓交渉の考古学　弥生時代篇』六興出版

趙現鐘・殷和秀　2005「和順白巌里遺跡調査報告」『考古学誌』14

チョン・チャニョン　1974「福昌郡大坪里遺跡発掘報告」『考古学資料集』4

チョン・ペグン　1958「平南猿岩里原始遺跡発掘報告書」『文化遺産』1

沈奉謹　1979「日本弥生文化形成過程研究」『東亜論叢』16

沈奉謹　1980「慶南地方出土青銅遺物の新例」『釜山史学』4

沈奉謹　1982「金海池内洞甕棺墓」『韓国考古学報』12

沈奉謹　1987「本校博物館の青銅器数例について」『考古歴史学誌』3

沈奉謹・鄭聖喜　1982「東亜大学校博物館所蔵青銅遺物新例」『古文化』20

鄭基鎮　1993『麗川積良洞サンチョク支石墓』全南大学校博物館

鄭龍道　1983「新坪郡仙岩里箱式石棺墓」『考古学資料集』6

東亜細亜文化財研究院　2006「金海伽耶の森造成敷地内金海茂溪里共同住宅建設敷地内遺蹟発掘調査報告書」『東亜細亜文化財研究院発掘調査報告書』8

文化公報部・文化財管理局　1989a『重要発見埋蔵文化財図録』Ⅰ

文化公報部・文化財管理局　1989b『重要発見埋蔵文化財図録』Ⅱ

白錬行　1962「《夫祖薉君》印について」『文化遺産』1962－2

密陽大学校博物館　2004「密陽校洞遺蹟」『密陽大学校博物館学術調査報告』7

李進熙　1959「戦後の朝鮮考古学の発展—初期金属文化期—」『考古学雑誌』45—1　日本考古学会

李淳鎮　1964「《夫祖薉君》墓について」『文化遺産』1964－4（永島暉臣慎・西谷正訳1968「夫祖薉君」墓について『考古学研究』14—4）

李淳鎮　1974「夫祖薉君墓発掘報告」『考古学資料集』4　社会科学出版社

李鋭殿　1983「白川郡大雅里箱式石棺墓」『考古学資料集』6

李榮文　1990「全南地方出土青銅遺物」『韓国上古史学報』3

李健茂・徐聲勲　1988「咸平草浦里遺蹟」『国立光州博物館学術叢書』14

李健茂　1987a「青銅遺物の製作技法」『三仏金元龍教授停年退任紀念論叢Ⅰ考古篇』一志社

李健茂　1987b「伝月城安溪里出土青銅器一括遺物」『菊隠李養璿蒐集文化財』

李健茂　1989「牙山宮坪里遺跡出土一括遺物」『考古学誌』1

李健茂・李榮勲・尹光鎮・申大坤　1989「義昌茶戸里遺跡発掘進展報告」『考古学誌』1

李健茂　1990「扶餘合松里遺蹟出土一括遺物」『考古学誌』2

李健茂　1991a「伝忠南出土青銅鈴一括」『動産文化財指定報告書』1990指定篇、文化部、文化財管理局

李健茂　1991b「唐津素素里遺跡出土一括遺物」『考古学誌』3

李健茂　1991c「蓮花里遺跡」『日韓交渉の考古学 弥生時代篇』六興出版

李健茂　1991d「角城里遺跡」『日韓交渉の考古学 弥生時代篇』六興出版

李健茂　1991e「入室里遺跡」『日韓交渉の考古学 弥生時代篇』六興出版

李健茂　1991f「槐亭洞遺跡」『日韓交渉の考古学 弥生時代篇』六興出版

李健茂・尹光鎮・申大坤・金斗喆　1991「昌原茶戸里遺跡発掘進展報告（Ⅱ）」『考古学誌』3

李康承　1977「横城講林里出土一括遺物」『考古学』4

李康承　1984「漢鏡と伴出した細形銅剣の一例」『尹武炳博士回甲紀念論叢』
李康承　1987「扶餘九鳳里出土青銅器一括遺物」『三仏金元龍教授停年退任紀念論叢Ⅰ考古篇』一志社
李康承　1991a「九鳳里遺跡」『日韓交渉の考古学　弥生時代篇』六興出版
李康承　1991b「上里遺跡」『日韓交渉の考古学　弥生時代篇』六興出版
李浩官　1991「北韓文化遺蹟発掘概報」『北韓文化財調査書』3　文化財管理局文化財研究所
李相吉　1994「韓国・昌原徳川里遺跡発掘調査概要」『九州考古学会・嶺南考古学会第1回合同考古学会』
李殷昌　1969「大田市槐亭洞出土一括遺物調査略報」『考古美術』8—9
李南奭・李賢淑　2000「白石・業成洞遺跡」『公州大学校博物館学術叢書』00—08
李白圭　1991a「慶北大博物館所蔵磨製石剣・石鏃」『嶺南考古学』9
李白圭　1991b「飛山洞遺跡」『日韓交渉の考古学　弥生時代篇』六興出版
李昌煕　2007「勒島住居跡の祭祀長—B地区カ-245号住居址出土遺物検討—」『第17回考古学国際
　　　交流研究会韓国の最新発掘調査報告会』大阪府文化財センター
林炳泰　1987「霊岩出土青銅器鎔范について」『三佛金元龍教授停年退任紀念論叢』Ⅰ　考古学篇
林炳泰　1991「(伝)霊岩」『日韓交渉の考古学　弥生時代篇』六興出版
林孝澤他　2000「金海良洞里古墳文化」『東義大学校博物館学術叢書』7
嶺南大学校博物館　1999「時至の文化遺蹟Ⅰ」『学術調査報告』26
嶺南文化財研究院　2000「大邱八達洞遺跡Ⅰ」『嶺南文化財研究院学術調査報告』20
尹武炳　1971「金海出土の異形銅剣・銅鉾」『恵庵柳洪烈博士華甲紀念論叢』
尹武炳　1972a「金海出土の異形銅剣・銅鉾」『九州考古学』46
尹武炳　1972b「韓国青銅遺物の研究」『白山学報』12
尹武炳　1980「伝尚州地方出土の異形青銅器」『考古美術』一四六・一四七合輯
尹武炳　1987「韓国青銅短剣の形式分類」『韓国青銅器文化研究』
尹武炳　1991『韓国青銅器文化研究』芸耕房業社
尹武炳・岡内三眞訳　1972「金海出土異型銅剣・銅鉾—柳洪烈博士華甲記念論叢—」『九州考古学』46
尹容鎮　1981「韓国青銅器文化研究—大邱坪里洞出土一括遺物検討—」『韓国考古学報』10・11合輯
尹徳香　1988「徳峙里シンギ支石墓」『住岩ダム水没地域文化遺跡発掘調査報告書』Ⅱ
ユングアンス　1994「土城洞486号ナムクアクムドム発掘報告」『朝鮮考古研究』1994—4

【中国】
安志敏　1954「唐山石棺墓及其相関的遺物」『考古学報』7
河北省文物研究所『燕下都』文物出版社
河北省文物研究所　1996『燕下都』文物出版社
夏星南　1989「浙江長興県発現呉、越、楚銅剣」『考古』1989-1
許明綱　1993「大連市近年来発現青銅短剣及相並的新資料」『遼海文物学刊』1993-1
靳楓毅　1983「朝陽地区発現の剣柄端加重器及其相関遺物」『考古』1983-2
靳楓毅・岡内三眞訳　1983「中国東北地区の曲刃青銅短剣を含む文化遺存を論ず」『古文化談叢』12
　　　九州古文化研究会
荊州地区博物館　1973「湖北江陵藤店一号墓発掘簡報」『文物』1973-9
荊門市博物館　2008『荊門子陵崗』文物出版社
黄光新　2000「安慶王家山戦国墓出土越王丌北古剣等器物」『文物』2000-8
黄基德　1974「最近新たに知られた琵琶形銅剣関係の遺物」『考古学資料集』4

広州市文物管理委員会　1981『廣州漢墓』文物出版社
胡新立　1993「山東鄒県発現一件呉王夫差剣」『文物』1993－8
湖北省文物考古研究所　1996『江陵望山沙塚楚墓』文物出版社
崔墨林　1976「河南輝県発現呉王夫差銅剣」『文物』1976－11
山西省文物工作委員会　1972「山西省十年来的文物考古新収穫」『文物』1972－4
史樹青　1973「我国古代的金錯工芸」『文物』1973－6
社会科学院考古学研究所 1983「楽浪区域一帯の古墳発掘報告」『考古学資料集』6
朱貴　1960「遼寧朝陽十二台営子青銅短剣墓」『考古学報』1960－1
肖夢龍　1988「鎮江博物館蔵商周青銅器」『東南文化』1988－5
肖夢龍　1991「呉国青銅兵器研究」『考古学報』1991－2
襄陽首届亦工亦農考古訓練班　1976「襄陽蔡坡12号墓出土呉王夫差剣等文物」『文物』1976－11
晋　華　1990「山西楡社出土一件呉王胡発剣」『文物』1990－2
赤峰市博物館（項春松）・寧城県文物管理所（李義）　1995「寧城小黒石溝石槨墓調査清理報告」『文物』1995－5
曹錦炎　1990「呉李子剣銘文考釈」『東南文化』1990－4
曹錦炎　1999『鳥蟲書考』上海書画出版社
曹錦炎　2002「記新発現的越王不寿剣」『文物』2002－2
曹桂岑・駱崇礼・張志華　1980「淮陽県平粮台4号墓発掘簡報」『河南文博通訊』1980－1
孫守道・徐秉琨　1964「遼寧寺児堡等地青銅短剣与大伙房石棺墓」『考古』1964－6
中国科学院考古研究所　1983「洛陽中州路」『中国田野考古報告集』
中国社会科学院考古研究所　1996『双砣子与崗上』科学出版社
中国科学院考古学研究所内蒙古工作隊　1975「寧城南山根遺跡発掘報告」『考古学報』1975－1
朝・中合同考古学発掘隊・東北アジア考古学研究会訳　1986『崗上・楼上1963－1965中国東北地方遺跡発掘報告』六興出版（崗上墓の三本が報告されているように、剣葉の横断面形が平坦な型式であれば、AⅢ型式の祖型となる。）
瀋陽市故宮博物館・瀋陽市文物管理弁公室　1975「瀋陽鄭家窪子の両座青銅時代墓葬」『考古学報』1975－1
裴耀軍　1993「遼寧昌図県発現戦国、漢代青銅器及鉄器」『遼海文物学刊』1993－1
白化文　1976「関干青銅剣」『文物』1976－111
馬道闊　1986「安徽廬江発現呉王光剣」『文物』1986－2
楊　泓　2005『中国考古文物通論　古代兵器通論』紫禁城出版社
楊正宏・肖夢龍編　2008『鎮江出土呉国青銅器』文物出版社
叶玉奇　1986「江楚呉県出土一批批周代青銅剣」『考古』1986－4
洛陽市文物工作隊　1992「洛陽C1M3352出土呉王夫差剣等文物」『文物』1992－3
李先登　1990「呉王夫差銅器集録」『東南文化』1990－4
李矛利　1993「昌図発現青銅短剣墓」『遼海文物学刊』1993－1
遼寧省昭烏達盟文物工作站・中国科学院考古学研究所東北工作隊　1973「寧城県南山根石槨墓」『考古学報』1973－2
遼寧省西豊県文物管理所　1995「遼寧西豊県新発現的幾座石棺墓」『考古』1995－2
遼陽市文物管理所　1977「遼陽二道河子石棺墓」『考古』1977－5
旅順博物館　1960「旅順口区后牧城駅戦国墓清理」『考古』1960－8

あとがき

　本書の刊行を計画したのは3年も前のことである。実際に出版社と交渉したところ、かつて出版したことのある会社からはB5版での体裁を希望したこともあり、結果的に断られた。しかし、たまたま大学の隣の研究室で紹介された雄山閣編集部の方に打診していたところ、数日後に出版の快諾を得た。出版は3冊を計画していたところから、1冊目に柳田康雄編著『東日本の弥生時代青銅器祭祀の研究』(2012年)、2冊目に古稀論文集の柳田康雄編著『弥生時代政治社会構造論』(2013年) と、曲がりなりにも順調に出版できた。

　3冊目の本書は、当初実測図を倍増するものの既発表論文を纏めるだけの論文集のつもりで簡単に考えていた。ところが、2013年3月に國學院大學を退職してみると、遠距離通勤から解放された気の緩みからか、体調を崩すこともある一方で、倍増する計画の青銅武器のトレース作業が70歳の老骨であることも影響して遅々として進まなかった。体調を取り戻してからは欲も出て、不足する実測図の作成やら書下ろし原稿も含めて文章まで倍増してしまった。結果は退職してから間もなく出版できるはずの本書が半年以上も遅れることになり、雄山閣にはご迷惑をおかけした。

　本書は、青銅武器の型式論、年代論、技術論（鋳造・研磨技術）、機能論、分布論を基本としていることからオーソドックスな論旨ではあるが、掲載した実測図は可能な限り大縮尺で断面図を多用したことにより、従来の前記緒論とは一線を画して明快になっているつもりである。実測図を大縮尺としたことで、研ぎ減りする青銅武器の型式分類において、鋳型と研ぎ減りしていない製品の抽出から、舶載品と北部九州製品・近畿地方製品の区別が明確にできた。これまでの型式論では、三者の識別が明晰ではなかったことから、既存の分布論では説得力がなかった。生産された青銅器の基本的な型式分類が未完成な段階では、その生産体制や他地域との動向などの評価は時期尚早であった。

　とくに瀬戸内以東で出土する青銅武器は埋納されるが、先ず先行して分布する破片が集落で出土し相対的時期が明らかなことから、その破片の詳細な実測図と近接撮影写真からその所属する型式を特定して、当該時期と北部九州の併行関係を明確にできたものと考えている。したがって、後続して完形品がもたらされた場合は、それ以後の時期となることが確認できたものと考えている。

　本書は、可能な限り鋳型実測図を多用した。鋳型の基本形が変わらない限り型式変遷はあり得ないことから、既存の型式分類が研ぎ減りした形式を型式と誤認したに過ぎないことも確認できた。「細形銅剣と細形銅戈」では、脊に鎬をもつ鋳型は出現しないことが知られていたはずである。

　北部九州は石製鋳型に固執していると言われていたことから、土製鋳型存在論にも論及した。青銅武器においては、これまでに石製鋳型が発見されていない型式があり、韓国だけではなく、北部九州においても土製鋳型の存在が確認できたものと考えていることから、これからも土製鋳型が発見されることを期待している。

銅鐸の文様や内面突帯のマメツを認める研究者はいたとしても、青銅武器・武器形青銅器のマメツを実測図・写真に表現する研究者はいなかった。伝世鏡のマメツも同じ現象であるにもかかわらず、鏡縁や文様がマメツしているものを踏み返し鏡・倣古鏡などという。マメツ鏡を踏み返し鏡とする論からすれば、青銅武器・武器形青銅器・銅鐸も踏み返しされたことになる。いかに事実を無視した論がまかり通っているかを確認できたものと確信している。

　鋳型と製品の照合だけではなく、鋳造技術・研磨技術・使用痕跡などは、今後3次元計測が普及すれば肉眼での精確な実測図の必要性がなくなるかもしれない。だが、3次元計測の精確な図といえども、図を分析する研究者の修練された眼力に負わざるを得ないことからすれば、考古学の基本的研究である精確な実測図作製は疎かにはできない。

　最後に、出土品の現地調査においては、巻末の一覧表に掲載した各機関と担当者にお世話になり感謝申し上げると同時に、本書の出版を快諾いただいた雄山閣及び担当された桑門智亜紀氏に厚く御礼申し上げます。

本書の既発表論文と書下ろし原稿の構成
第1章　青銅武器・武器形青銅器の研究史　《書下ろし》
第2章　青銅武器出土主要遺跡の確認　《書下ろし》
第3章　中国式銅剣　（2004年「日本・朝鮮半島の中国式銅剣と実年代論」『九州歴史資料館研究論集』29と、2009年「中国式銅剣と磨製石剣」『國學院大學大学院紀要―文学研究科―』40を統合し、磨製石剣は別冊に）
第4章　銅　矛　（2003年「短身銅矛論」『橿原考古学研究所論集』14　八木書店《全面的に加筆、改稿、図・写真大幅増補》）
第5章　銅　剣　（2007年「銅剣鋳型と製品」『考古学雑誌』91―1《大幅に加筆、図・写真大幅増補》）
第6章　銅　戈　（2008年「銅戈の型式分類と生産・流通」『古代学研究』180と、2011年「銅戈型式分類の補足」『深堂趙由典博士古稀記念論叢』を統合《大幅に加筆、図・写真大幅増補》）
第7章　青銅武器の研磨技術　《書下ろし》
第8章　青銅武器・武器形青銅器の使用痕跡（2008年「青銅武器・武器形青銅祭器の使用痕」『橿原考古学研究所論集』15　八木書店と、2011年「沖ノ島出土銅矛と青銅器祭祀」『「宗像・沖ノ島と関連遺跡群」研究報告Ⅰ』「宗像・沖ノ島と関連遺跡群」世界遺産推進会議を統合《大幅に加筆、図・写真増補》）

青銅武器写真掲載一覧

章	写真番号	遺跡名	遺物名	所蔵
カラー図版	1	不明	中国式銅剣	根津美術館
	2	不明	中国式銅剣	東京国立博物館
	3	中寒水	中国式銅剣	朝倉市教育委員会
	4	原の辻18号甕棺墓	中国式銅剣	長崎県埋蔵文化財センター
	5	松堂里	銅戈	韓国基督教博物館
	6	東小田峯145号住居跡	銅矛土製鋳型	筑前町教育委員会
	7	不明	触角式銅剣	慶應義塾大学民族学考古学研究室
第3章	1	不明	中国式銅剣	根津美術館
	2	不明	中国式銅剣	国立歴史民俗博物館
第4章	1	伝霊岩	銅矛鋳型	韓国基督教博物館
	2	安徳台2号住居跡	銅矛鋳型	那珂川町教育委員会
	3	吉野ヶ里SK04	銅矛鋳型	佐賀県教育委員会
	4	惣座SK635	銅矛鋳型	佐賀県教育委員会
	5	土生SK06	銅矛鋳型	小城市教育委員会
	6	東小田峯145号住居跡	銅矛鋳型	筑前町教育委員会
	7	大谷B10号住居跡	銅矛鋳型	春日市教育委員会
		立岩堀田10号甕棺墓	銅矛	飯塚市歴史資料館
	8	本行土器溜り	1号鋳型	鳥栖市教育委員会
	9	本行近世溝	2号鋳型	鳥栖市教育委員会
	10	宇木汲田41号甕棺墓	銅矛	佐賀県立博物館
	11	吉武大石1号甕棺墓	銅矛切先	福岡市博物館
	12	天神免	銅矛切先	山鹿市博物館
	13	年の神	銅矛切先	佮明町公民館
	14	石丸69号甕棺墓	銅矛切先	久留米市教育委員会
	15	馬場山27号土坑墓	銅矛切先	北九州市芸術文化振興財団
	16	隈・西小田279号甕棺墓	銅矛切先	筑紫野市教育委員会
	17	柚比本村4区SJ4392	銅矛切先	佐賀県教育委員会
	18	船石南SJ1104	銅矛切先	上峰町教育委員会
	19	朝町竹重28号墓	銅矛切先	宗像教育委員会
	20	南大橋県営住宅	銅矛片	個人
	21	栗田経田	銅矛片	朝倉市教育委員会
	22	唐古・鍵	銅鏨	田原本町教育委員会
	23	元松原	銅矛	個人
	24	宇木汲田41号甕棺墓	銅矛	佐賀県立博物館
	25	須玖岡本王墓	銅矛	九州国立博物館
	26	立岩堀田10号甕棺墓	銅矛	飯塚市歴史資料館
	27	岡垣町	銅矛	明治大学博物館
第5章	1	柏崎	触角式銅剣	東京国立博物館
第6章	1	伝霊岩	銅戈鋳型	韓国基督教博物館
	2	八ノ坪	銅戈鋳型	熊本市教育委員会
	3	松堂里・出土地不明	銅戈	韓国基督教博物館
	4上	吉武高木3号木棺墓	銅戈	福岡市博物館
	4下	伝大分県久原松崎	銅戈	古代学協会
	5左	久米23号甕棺墓	銅戈	糸島市教育委員会
	5右	宇木汲田17号甕棺墓	銅戈	佐賀県立博物館
	6	茂溪里3号木棺墓	銅戈	東亜細亜文化財研究院
	7	松堂里	銅戈	韓国基督教博物館
	8	宇木汲田17号甕棺墓	多鈕細文鏡	佐賀県立博物館
	9	松堂里	銅戈	韓国基督教博物館
	10	松堂里	銅戈	
	11	馬渡束ヶ浦	銅戈	古賀市教育委員会
	12	吉武高木3号木棺墓	銅戈	福岡市博物館
	13	釈迦寺	銅戈	武雄市教育委員会
	14	吹上6次4号甕棺墓	銅戈	日田市教育委員会
	15	宇木汲田41号甕棺墓	銅矛	佐賀県立博物館
	16	宇木汲田17号甕棺墓	銅戈	佐賀県立博物館
	17	須玖岡本13号甕棺墓	銅戈	福岡市博物館
	18	八田5号鋳型	銅戈鋳型	福岡市博物館
	19	八田3号鋳型	銅戈鋳型	明治大学博物館
	20	那珂23次SD44	銅戈鋳型	福岡市埋蔵文化財センター

381

章	写真番号	遺跡名	遺物名	所　蔵
	21	下月隈 C7 次 SD921	銅戈鋳型	福岡市埋蔵文化財センター
	22	那珂 114 次	銅戈鋳型	福岡市埋蔵文化財センター
	23	雲井鋳型	銅戈鋳型	神戸市教育委員会
	24	東奈良土製鋳型	銅戈鋳型	茨城県立文化財資料館
	25	桜ヶ丘	4号銅戈	神戸市立博物館
	26	柳沢	2号銅戈	長野県教育委員会
	27		3号銅戈	
	28		4号銅戈	
	29		4号銅戈	
	30		5号銅戈	
	31		6号銅戈	
	32		7号銅戈	
	33		8号銅戈	
	34	瓜生堂	銅戈	大阪府埋蔵文化財センター
	35	瓜生堂	銅戈	大阪府埋蔵文化財センター
第7章	1	伝霊岩	銅戈鋳型	韓国基督教博物館
	2	釈迦寺	銅鉇	武雄市教育委員会
	3	松堂里	銅戈	韓国基督教博物館
	4	白雲里	銅剣 D	東亜大学校博物館
	5	原の辻 18 号甕棺墓	銅剣切先	長崎県埋蔵文化財センター
	6	中寒水	中国式銅剣	甘木歴史資料館
	7	神庭荒神谷 B62	銅剣	島根県古代出雲歴史博物館
	8-1	吉武高木 3 号木棺墓	銅戈	福岡市博物館
	8-2	不明	銅戈	韓国基督教博物館
	9-1	吉武高木 3 号木棺墓	銅戈	福岡市博物館
	9-2	釈迦寺	銅戈	武雄市教育委員会
	9-3	馬渡東ヶ浦	銅戈	古賀市教育委員会
	9-4	韓国貞相洞	銅戈	東京国立博物館
	10-1	吉武高木 117 号甕棺墓	銅剣	福岡市博物館
	10-2	吉武大石 45 号甕棺墓	銅剣	福岡市博物館
	10-3	吉武大石 51 号甕棺墓	銅剣	福岡市博物館
	10-4	吉武高木 4 号木棺墓	銅剣	福岡市博物館
	11-1	田熊石畑 3 号墓	銅剣	宗像教育委員会
	11-2	馬渡東ヶ浦	銅剣	古賀市教育委員会
	11-3	宇木汲田 6 号甕棺墓	銅剣	佐賀県立博物館
	11-4	須玖岡本 15 号甕棺墓	銅剣	春日市教育委員会
	11-5	宇木汲田 61 号甕棺墓	銅剣	九州大学考古学研究室
	12	宇木汲田 11 号甕棺墓	銅剣	佐賀県立博物館
	13	吉武高木 4 号木棺墓	銅剣	福岡市博物館
	14	下 山門 1 号	銅戈	福岡市博物館
	15-1	吉武高木 3 号木棺墓	銅剣	福岡市博物館
	15-2	宇木汲田 18 号甕棺墓	銅剣	佐賀県立博物館
	15-3	柚比本村 SP1100	銅剣	佐賀県教育委員会
	15-4	吉武 1 次 88 号甕棺墓		福岡市博物館
	15-5	宇木汲田 61 号甕棺墓	銅剣	九州大学考古学研究室
	15-6	井原赤崎	銅剣	東京国立博物館
	16-1	吉武大石 70 号甕棺墓	銅戈	福岡市博物館
	16-2	久米	銅戈	伊都国歴史博物館
	16-3	須玖岡本 1 次 15 号甕棺墓	銅剣	春日市教育委員会
	16-4	下山門	銅戈	福岡市博物館
	16-5	馬渡東ヶ浦	銅剣	古賀市教育委員会
	16-6	宇木汲田 61 号甕棺墓	銅剣	九州大学考古学研究室
	17-1	浜	1号銅剣	京都国立博物館
	17-2	浜	2号銅剣	
	17-3	浜	4号銅剣	
	18	馬渡東ヶ浦	銅剣	古賀市教育委員会
	19-1	須玖岡本 1 次 15 号甕棺墓	銅剣	春日市教育委員会
	19-2	井原赤崎	銅剣	東京国立博物館
	19-3	不明	銅剣	國學院大學学術資料館
	19-4	田熊石畑 7 号墓	銅剣	宗像市教育委員会
	20-1	立岩堀田 10 号甕棺墓	銅矛	飯塚市歴史資料館

青銅武器写真掲載一覧

章	写真番号	遺跡名	遺物名	所蔵
	20-2	岡垣町	銅矛	明治大学博物館
	20-3	岡垣町	銅矛	明治大学博物館
	20-4	神庭荒神谷2号	銅矛	島根県古代出雲歴史博物館
	20-5	神庭荒神谷14号	銅矛	島根県古代出雲歴史博物館
	21左	桜ヶ丘7号	銅鐸	神戸市立博物館
	21右	加茂岩倉10号	銅鐸	島根県古代出雲歴史博物館
	22	神庭荒神谷5号	銅矛	島根県古代出雲歴史博物館
	23-1	神庭荒神谷1号	銅矛	島根県古代出雲歴史博物館
	23-2	中原SJ11247	銅矛	佐賀県教育委員会
	23-3	小倉城家老屋敷	銅剣	北九州市教育委員会
	23-4	千々賀庚申山	銅矛	個人
	23-5	児島琴浦瑜珈由加	銅剣	岡山県立博物館
	23-6	児島琴浦瑜珈由加	銅剣	岡山県立博物館
	23-7	久宝寺	銅戈再生品	大阪府埋蔵文化財センター
	23-8	瓜生堂	銅戈	大阪府埋蔵文化財センター
	24-1	立石3号大柱遺構	中国式銅剣	春日市教育委員会
	24-2	坪里洞	銅剣	国立慶州博物館
	24-3	金泉松竹里4号支石墓	遼寧式銅剣	啓明大学校行素博物館
	24-4			
	25-1	瓜生堂	銅戈	大阪府埋蔵文化財センター
	25-2	宮内鉾が峯	鉄戈形銅戈	御調八幡宮
	25-3	吉武高木116号甕棺墓	銅剣	福岡市博物館
	25-4	吉武高木4号木棺墓	銅剣	福岡市博物館
	25-5	児島琴浦瑜珈由加	銅剣	岡山県立博物館
	25-6	児島琴浦瑜珈由加	銅剣	岡山県立博物館
	25-7	神庭荒神谷B62	銅剣	島根県古代出雲歴史博物館
	26左	安渓里	銅矛	国立慶州博物館
	26右	龍田里	銅矛	国立慶州博物館
	27上	神庭荒神谷3号	銅矛	島根県古代出雲歴史博物館
	27下	神庭荒神谷14号	銅矛	島根県古代出雲歴史博物館
	28	土生	銅鉇鋳型	小城市教育委員会
	29	伝霊岩	銅剣鋳型	韓国基督教博物館
	30	白藤	鋳型	熊本市教育委員会
	31	姉Ⅳ区SK4004	銅剣鋳型	神埼市教育委員会
	32	鍋島本村南	銅戈鋳型	佐賀市教育委員会
	33	兎田八幡宮	銅剣	兎田八幡宮
	34	釈迦寺	銅戈	武雄市教育委員会
	35	吹上6次4号甕棺墓	銅戈	日田市教育委員会
	36	中尾下原	銅戈鋒	山鹿市教育委員会
	37左	南方釜田	銅剣切先	岡山市教育委員会
	37右	南方蓮田	銅剣切先	岡山市教育委員会
	38	玉津田中	銅剣切先	兵庫県立博物館
	39	下之郷	銅剣	守山市教育委員会
	40	若宮箭塚	銅剣	千曲市さらしなの里歴史資料館
	41	海ノ口	銅戈	大町市文化財センター
	42	柳沢2号	銅戈	長野県埋蔵文化財センター
	43上	柳沢3号	銅戈	
	43下	柳沢4号	銅戈	
第8章	1	田熊石畑7号墓	銅剣	宗像市教育委員会
	2	元松原	銅矛	個人
	3	金丸2号土坑墓	銅剣	遠賀町教育委員会
	4	久原Ⅳ区1号土坑墓	銅矛	宗像市教育委員会
	5	馬渡束ヶ浦E地区2号甕棺墓	銅剣	古賀市教育委員会
	6	吉武高木3号木棺墓	銅剣	福岡市博物館
	7	吉武高木4号木棺墓	銅剣	福岡市博物館
	8	宇木汲田32号甕棺墓	銅剣切先	佐賀県立博物館
	9	玉津田中4号木棺墓	銅剣切先	兵庫県立博物館
	10	宇木汲田18号甕棺墓	銅剣	佐賀県立博物館
	11	吹上6次4号甕棺墓	銅戈	日田市教育委員会
	12	西番掛1号銅剣	銅剣	四国中央市教育委員会
	13	扇田	銅剣	福岡八幡宮

383

章	写真番号	遺跡名	遺物名	所蔵
	14	兎田八幡宮	銅剣	兎田八幡宮
	15	八田岩滝	銅剣	明治大学博物館
	16	立岩堀田10号甕棺墓	銅矛	飯塚市歴史資料館
	17	若宮箭塚	銅剣	佐良志奈神社
	18	由加	4号銅剣	岡山県立博物館
	19	宇木汲田17号甕棺墓	銅戈	佐賀県立博物館
	20	柚比本村SP1100	銅剣	佐賀県教育委員会
	21	南方釜田	銅剣切先	岡山市教育委員会
	22	多	銅剣切先	奈良県立橿原考古学研究所
	23	柳沢	2号銅戈	長野県教育委員会
	24	柳沢	5号銅戈	
	25	海ノ口	銅戈	大町市文化財センター
	26	桜ヶ丘	2号銅戈	神戸市立博物館
			6号銅戈	
	27	原の辻旧河川	銅剣片	長崎県埋蔵文化財センター
	28	笠抜1次貯蔵遺構	銅矛片	福岡市埋蔵文化財センター
	29	鬼木鉾立	銅矛片	豊前市埋蔵文化財センター
	30	鬼木四反田中29号住居跡	銅戈片	豊前市教育委員会

青銅武器実測図一覧

図番号	遺跡名	遺物名	型式	所蔵	出典
第3章					
図1	伝福岡県三雲	有節柄式	Ⅱa	糸島市教育委員会	柳田2004a・b
図2					柳田2004a・b
図3	不明	有節柄式	Ⅰ	根津美術館	柳田原図
図4-1	不明	有節柄式	Ⅰ	根津美術館	柳田原図
図4-2	不明	有節柄式	Ⅰ	東京国立博物館	柳田原図
図4-3	不明	有節柄式	Ⅱa	東京国立博物館	柳田原図
図4-4	不明	有節柄式	Ⅲ	国立歴史民俗博物館	柳田原図
図5-1	不明	筒状柄式		東京国立博物館	柳田原図
図5-2	不明	筒状柄式		東京国立博物館	柳田原図
図6-1	不明	遼寧式銅剣	AⅠb	東京大学考古学研究室	柳田原図
図6-2	不明	遼寧式銅剣	AⅡb	東京大学考古学研究室	柳田原図
図6-3	韓国松竹里4号支石墓	遼寧式銅剣	AⅢb	啓明大学校行素博物館	柳田原図
図7	中国	遼寧式銅剣	AⅠ		町田2006
図8	中国	遼寧式銅剣	AⅡ		町田2006
図9-1	韓国金谷洞	遼寧式銅剣	AⅠa		黄1974
図9-2	北朝鮮平壌付近	遼寧式銅剣	AⅡa	旧平壌博物館	榧本1980
図9-3	北朝鮮龍興里	遼寧式銅剣	AⅡb	国立中央博物館	岡内1982
図9-4	北朝鮮平壌付近	遼寧式銅剣	AⅡc	国立中央博物館	榧本1980
図9-5	北朝鮮弧山里	遼寧式銅剣	AⅡc		黄1974
図10-1	韓国松菊里石棺墓	遼寧式銅剣	AⅢb	国立中央博物館	柳田原図
図10-2		銅鑿			
図10-3		有柄式	BⅢa		
図10-4		磨製石鏃	D		
図11-1	韓国禮田洞	遼寧式銅剣	AⅢa	国立慶州博物館	柳田原図
図11-2	韓国鎮東里	遼寧式銅剣	AⅢb	国立金海博物館	柳田原図
図12-1	福岡県今川	遼寧式銅剣	AⅢ再加工	福岡県教育委員会	柳田原図
図12-2	福岡県今川	遼寧式銅剣	AⅢ再加工	個人	柳田原図
図12-3	福岡県上徳力	遼寧式銅剣	AⅢ	北九州市教育委員会	柳田原図
図13	長崎県かがり松鼻石棺墓	銅剣首		対馬教育委員会	美津島町1988
図14-1	長崎県原の辻18号甕棺墓	有節柄式	Ⅱb	長崎県教育委員会	柳田原図
図14-2	福岡県中寒水	有節柄式	Ⅱb	朝倉市教育委員会	柳田原図
図14-3	福岡県井牟田1号	有茎式銅剣		糸島市教育委員会	糸島市原図に加筆
図14-4	福岡県須玖坂本	銅剣鋳型		春日市教育委員会	春日市原図に加筆
図14-5	福岡県平若C	銅鐸		春日市教育委員会	柳田原図
図15-1	長崎県景華園1号甕棺墓	筒状柄式		島原市教育委員会	柳田原図
図15-2	長崎県景華園2号甕棺墓	筒状柄式?			柳田原図
図16-1	中国鎮江	翼付柄式		中国鎮江博物館	柳田原図
図16-2	佐賀県鶴崎	翼付柄式		佐賀県立博物館	柳田原図
図16-3	福岡県立石3号大柱遺構	有茎式銅剣		春日市教育委員会	春日市原図に加筆

青銅武器実測図一覧

図番号	遺跡名	遺物名	型式	所蔵	出典
図17	福岡県御陵1号住居跡	中国式銅剣鋳型		春日市教育委員会	井上2010
図18-1	伝福岡県三雲	有節柄式	Ⅱa	糸島市教育委員会	榧本1980
図18-2	北朝鮮石巌里	有節柄式	Ⅱa	旧平壌高等普通学校	榧本1980
図18-3	北朝鮮大同江面	有茎式銅剣		旧中尾実氏蔵	榧本1980
図19-1	韓国上林里14号	有節柄式	Ⅱb	国立中央博物館	柳田原図
図19-2	韓国上林里3号	有節柄式	Ⅱb		柳田原図
図19-3	韓国上林里5号	有節柄式	Ⅱb		柳田原図
図20-1	韓国大雅里	銅鏃	A		李1983
図20-2	韓国上梅里	銅鏃	A		
図20-3	韓国徳峙里	銅鏃	B		尹1988
第4章					
図1	朝鮮半島系青銅武器	銅矛・銅剣・銅戈			柳田原図
図2	伝韓国霊岩	銅矛鋳型	ⅠA	韓国基督教博物館	韓国基督教博物館2011
図3	伝韓国霊岩	銅矛鋳型	ⅠA	韓国基督教博物館	柳田原図
図4	伝韓国全羅南道長城	銅矛鋳型	ⅠB	不明	全1987
図5	福岡県安徳台2号住居跡	銅矛鋳型	ⅡA/ⅡB	那珂川町教育委員会	柳田原図
図6-1	佐賀県吉野ヶ里	銅矛鋳型	ⅡAb1	佐賀県立博物館	佐賀県原図に加筆
図6-2	熊本県八ノ坪	銅矛鋳型	ⅡDb	熊本市教育委員会	柳田原図
図7-1	佐賀県土生12次	銅矛鋳型	ⅡA	小城市教育委員会	柳田原図
図7-2	佐賀県土生12次	銅矛鋳型	ⅡA	小城市教育委員会	柳田原図
図8	福岡県東小田峯145住	矛土製鋳型	ⅡB	筑前町教育委員会	柳田原図
図9	福岡県大谷B10号住(立岩堀田)	銅矛鋳型	ⅡA	春日市教育委員会	春日市原図に加筆
図10	佐賀県中原包含層1号	矛・剣鋳型	ⅡB	佐賀教育委員会	柳田2011a
図11	佐賀県中原包含層2・3号	矛・剣鋳型	ⅡB	佐賀教育委員会	柳田2011a
図12	佐賀県本行	1号鋳型	ⅡA/ⅡDa	鳥栖市教育委員会	鳥栖市原図に加筆
図13	伝福岡県沖ノ島	銅矛	ⅡD	個人	阿久井・佐田1979 岡崎編1982
図14	佐賀県本行	2号鋳型	ⅡA	鳥栖市教育委員会	鳥栖市原図に加筆
		7号鋳型	ⅡA/ⅡB		
		8号鋳型	ⅡA/ⅡB		
図15	福岡県隈・西小田	銅矛鋳型	ⅡDb	筑紫野市教育委員会	筑紫野市原図に加筆
図16	福岡県八田	銅矛鋳型	ⅡDb	福岡市博物館	常松1998
図17	佐賀県安永田	銅矛鋳型	ⅢAa/ⅢB	鳥栖市教育委員会	鳥栖市原図に加筆
図18-1	韓国草浦里	銅矛	ⅠA	国立光州博物館	李・徐1988
図18-2	韓国八達洞100号墓	銅矛	ⅠA	国立慶州博物館	嶺南文化財研究院2000
図18-3	伝韓国安渓里	銅矛	ⅠCa	国立慶州博物館	国立慶州博物館1987
図18-4	韓国八達洞90号墓	銅矛	ⅠCa	国立慶州博物館	嶺南文化財研究院2000
図18-5	韓国葛洞8号木棺墓	銅矛	ⅠBa	湖南文化財研究院	湖南文化財研究院2009
図18-6	韓国八達洞100号墓	矛・剣	ⅠCb	国立慶州博物館	嶺南文化財研究院2000
図19	伝韓国公州	銅矛	ⅠBa	韓国基督教博物館	韓国基督教博物館2011
図20-1	佐賀県宇木汲田41号甕棺墓	銅矛	ⅠBb	佐賀県立博物館	柳田原図
図20-2	長崎県原の辻原ノ久保9号土坑	銅矛袋部	ⅠDa	長崎県立原の辻博物館	柳田原図
図20-3	伝韓国金海	銅矛	ⅠDa	釜山市立博物館	柳田原図
図20-4	伝韓国金海	銅矛	ⅠDb	釜山市立博物館	柳田原図
図21-1	福岡県吉武高木3号木棺墓	銅矛	ⅡAa1	福岡市博物館	柳田原図
図21-2	佐賀県中原SJ11247	銅矛	ⅡAa1	佐賀県教育委員会	柳田原図
図21-3	福岡県馬渡東ヶ浦E2号甕棺墓	銅矛	ⅡB1	古賀市教育委員会	柳田原図
図22-1	福岡県吉井	銅矛	ⅡAa2	東京国立博物館	柳田原図
図22-2	福岡県須玖岡本王墓	銅矛	ⅡAa3	九州国立博物館	柳田原図
図22-3					
図22-4					
図22-5					
図22-6					
図22-7					
図23-1	佐賀県久里大牟田	銅矛	ⅡAa3	東京国立博物館	柳田原図
図23-2	福岡円立岩堀田10号甕棺墓	銅矛	ⅡAa3	飯塚市立歴史民俗資料館	柳田原図
図23-3	福岡県吉武大石45号甕棺墓	銅矛	ⅡAb1	福岡市博物館	柳田原図
図24-1	韓国九政洞	銅矛	ⅡB2	国立慶州博物館	小田・韓編1991
図24-2			ⅡB3		
図24-3			ⅠCb		
図24-4			ⅠBb		
		銅剣	BⅠa		

385

図番号	遺跡名	遺物名	型式	所蔵	出典
図25-1	佐賀県宇木汲田37号甕棺墓	銅矛	ⅡB2	佐賀県立博物館	柳田原図
図25-2	佐賀県宇木汲田1930年	銅矛	ⅡB2	唐津市教育委員会	柳田原図
図25-3					
図25-4	福岡県田熊石畑4号墓	銅矛	ⅡB2	宗像市教育委員会	宗像市原図に加筆
図26-1	伝韓国安溪里	銅矛	ⅡB2	国立慶州博物館	柳田原図
図26-2	福岡県野間	銅矛	ⅡB3	東京国立博物館	柳田原図
図26-3	熊本県今古閑	銅矛	ⅡB3	京都国立博物館	柳田原図
図26-4	長崎県景華園	銅矛	ⅡB3	長崎県立美術博物館	柳田原図
図27-1	熊本県今古閑	銅矛	ⅡA3	京都国立博物館	柳田原図
図27-2			ⅡB3		
図27-3	福岡県岡垣	銅矛	ⅡB3	明治大学博物館	柳田原図
図27-4	伝韓国飛山洞	銅矛	ⅡB3	湖巌美術館	湖巌美術館原図
図28-1	佐賀県久里大牟田2号甕棺墓	鉛矛	ⅡC	東京国立博物館	井上1993
図28-2	島根県神庭荒神谷1号	銅矛	ⅡC	島根県立古代出雲歴史博物館	島根県原図に加筆
図28-3	島根県神庭荒神谷2号	銅矛	ⅡC	島根県立古代出雲歴史博物館	島根県原図に加筆
図29-1	福岡県板付田端	銅矛	ⅡAb2	九州国立博物館	柳田原図
図29-2			ⅡAb2		
図29-3			ⅡDa		
図29-4	福岡県元松原	銅矛	ⅡDa	個人	柳田原図
図29-5	福岡県朝町久原Ⅳ-1号土坑墓	銅矛	ⅡDa	宗像市教育委員会	宗像市原図に加筆
図30-1	香川県瓦谷	銅矛	ⅡDc	東京国立博物館	柳田原図
図30-2	韓国茶戸里1号墓	銅矛	ⅡDc	国立中央博物館	井上洋一原図
図30-3	韓国永川龍田里	銅矛	ⅡDc	国立慶州博物館	報告書原図に加筆
図30-4	伝韓国槐亭洞	銅矛	ⅡDc	東亜大学校博物館	柳田原図
図31-1	福岡県吉武大石1号甕棺墓	銅矛切先	(ⅡA)	福岡市博物館	柳田原図
図31-2	熊本県天神免27号土坑墓	銅矛切先	(ⅡA)	山鹿市教育委員会	柳田原図
図31-3	熊本県年の神	銅矛切先	(ⅡA)		柳田原図
図31-4	福岡県石丸69号甕棺墓	銅矛切先	(ⅡA)	久留米市教育委員会	柳田原図
図31-5	福岡県馬場山27号土坑墓	銅矛切先	(ⅡA)	北九州市教育委員会	柳田原図
図31-6	福岡県南大橋県営住宅	銅矛切先	(ⅡB)	個人	横山義章原図に加筆
図31-7	福岡県隈・西小田279号甕棺墓	銅矛切先	(ⅡB)	筑紫野市教育委員会	柳田原図
図31-8	佐賀県柚比本村SJ4392	銅矛切先	ⅡB	佐賀県教育委員会	佐賀県原図に加筆
図31-9	佐賀県船原SJ1104	銅矛切先	(ⅡB)	上峰町教育委員会	柳田原図
図31-10	福岡県朝町竹重28号木棺墓	銅矛切先	ⅡB	宗像市教育委員会	宗像市原図に加筆
図31-11	福岡県栗田	銅矛破片	ⅡB	朝倉市教育委員会	柳田原図
図31-12	奈良県唐古・鍵	銅矛切先	ⅡB	田原本町教育委員会	柳田原図
図32-1	島根県神庭荒神谷3号	銅矛	ⅢAa	島根県立古代出雲歴史博物館	島根県原図に加筆
図32-2	福岡県下淵	銅矛	ⅢAb	太宰府天満宮	柳田原図
図32-3	島根県神庭荒神谷10号	銅矛	ⅢAb	島根県立古代出雲歴史博物館	島根県原図に加筆
図33-1	韓国安溪里	銅矛	ⅢBa	国立慶州博物館	柳田原図
図33-2	佐賀県千々賀庚中山	銅矛	ⅢBa	個人	柳田原図
図33-3	長崎県木坂6号石棺墓	銅矛	ⅢBb	対馬市教育委員会	柳田原図
図33-4	長崎県景華園	銅矛	ⅢBc	長崎県立美術博物館	岩永1980
図33-5	韓国飛山洞	銅矛	ⅢBd	湖巌美術館	湖巌美術館原図
第5章					
図1-1	福岡県吉武高木117号甕棺墓	銅剣	BⅠa1	福岡市博物館	福岡市原図に加筆
図1-2	福岡県井原赤崎	銅剣	BⅠa1	東京国立博物館	柳田原図
図1-3	福岡県吉武大石51号甕棺墓	銅剣	BⅠa2	福岡市博物館	福岡市原図に加筆
図1-4	福岡県比恵28号甕棺墓	銅剣	BⅠa3	福岡市博物館	福岡市原図に加筆
図1-5	福岡県吉武高木2号木棺墓	銅剣	BⅠa4	福岡市博物館	福岡市原図に加筆
図1-6	佐賀県宇木汲田6号甕棺墓	銅剣	BⅠa4	佐賀県立博物館	柳田原図
図1-7	佐賀県吉野ヶ里SJ1007	銅剣	BⅠa5	佐賀県立博物館	佐賀県原図に加筆
図1-8	韓国東西里	銅剣	BⅠa5	国立中央博物館	池1978
図2-1	福岡県吉井	銅剣	BⅠa4	東京国立博物館	柳田原図
図2-2	福岡県井原赤崎	銅剣	BⅠa1	東京国立博物館	柳田原図
図2-3	福岡県久米6号甕棺墓	銅剣	BⅠa2	糸島市教育委員会	糸島市原図に加筆
図2-4	福岡県吉武高木3号木棺墓	銅剣	BⅠa1	福岡市博物館	福岡市原図に加筆
図2-5		銅剣	BⅠa5		
図3-1	福岡県吉武高木2号木棺墓	銅剣	BⅠa4	福岡市博物館	福岡市原図に加筆
図3-2	福岡県吉武高木100号甕棺墓	銅剣	BⅠa2	福岡市博物館	福岡市原図に加筆
図3-3	福岡県吉武高木115号甕棺墓	銅剣	BⅠa2	福岡市博物館	福岡市原図に加筆
図3-4	福岡県吉武高木117号甕棺墓	銅剣	BⅠa1	福岡市博物館	福岡市原図に加筆

青銅武器実測図一覧

図番号	遺跡名	遺物名	型式	所蔵	出典
図3-5	福岡県吉武大石45号甕棺墓	銅剣	BⅠa2	福岡市博物館	福岡市原図に加筆
図3-6	福岡県吉武大石51号甕棺墓	銅剣	BⅠa2	福岡市博物館	福岡市原図に加筆
図4-1	福岡県吉武大石140号甕棺墓	銅剣	BⅠa1	福岡市博物館	福岡市原図に加筆
図4-2	福岡県樋渡77号甕棺墓	銅剣	BⅠa2	福岡市博物館	福岡市原図に加筆
図4-3	福岡県野方久保25号甕棺墓	銅剣	BⅠa2	福岡市博物館	福岡市原図に加筆
図4-4	福岡県板付田端	銅剣	BⅠa2	九州国立博物館	柳田原図
図4-5	福岡県板付田端	銅剣	BⅠa1	九州国立博物館	柳田原図
図4-6	福岡県板付田端	銅剣	BⅠa2	九州国立博物館	柳田原図
図5-1	福岡県比恵28号甕棺墓	銅剣	BⅠa3	福岡市博物館	福岡市原図に加筆
図5-2	福岡県須玖岡本王墓	銅剣	BⅠa2	九州国立博物館	柳田原図
図5-3	福岡県須玖岡本15号甕棺墓	銅剣	BⅠa2	春日市教育委員会	春日市原図に加筆
図5-4	福岡県須玖岡本B-1号甕棺墓	銅剣	BⅠa4	京都大学博物館	柳田原図
図5-5	大分県仲平	銅剣	BⅠa5	天理大学参考館	柳田原図
図5-6	福岡県高三潴塚崎東畑	銅剣	BⅠa4	個人	柳田原図
図6-1	福岡県馬渡束ヶ浦E地区甕棺墓	銅剣	BⅠa2	古賀市教育委員会	柳田原図
図6-2	福岡県馬渡束ヶ浦B地区甕棺墓	銅剣	BⅠa2	古賀市教育委員会	柳田原図
図6-3	福岡県久原Ⅳ区1号土坑墓	銅剣	BⅠa4	宗像市教育委員会	宗像市原図に加筆
図6-4	福岡県田熊石畑3号墓	銅剣	BⅠa4	宗像市教育委員会	宗像市原図に加筆
図6-5	福岡県田熊石畑7号墓	銅剣	BⅠa4	宗像市教育委員会	宗像市原図に加筆
図6-6	福岡県小倉城家老屋敷石棺	銅剣	BⅠa4	北九州市教育委員会	吉田広原図に加筆
図7-1	佐賀県宇木汲田6号甕棺墓	銅剣	BⅠa4	佐賀県立博物館	柳田原図
図7-2	佐賀県宇木汲田11号甕棺墓	銅剣	BⅠa2	佐賀県立博物館	岩永省三原図に加筆
図7-3	佐賀県宇木汲田61号甕棺墓	銅剣	BⅠa2	佐賀県立博物館	柳田原図
図7-4	佐賀県吉野ヶ里 SJ1054	銅剣	BⅠa2	佐賀県立博物館	佐賀県原図に加筆
図7-5	佐賀県吉野ヶ里 SJ1056	銅剣	BⅠa2	佐賀県立博物館	佐賀県原図に加筆
図8-1	佐賀県柚比本村 SP1100	銅剣	BⅠa4	佐賀県立博物館	佐賀県原図に加筆
図8-2	大分県吹上1号木棺墓	銅剣	BⅠa4	日田市教育委員会	日田市原図に加筆
図8-3	岡山県山本ノ辻	銅剣	BⅠa2	東京国立博物館	柳田原図
図8-4	愛媛県西番掛1号	銅剣	BⅠa2	土居町教育委員会	吉田広原図に加筆
図8-5	高知県八田岩滝	銅剣	BⅠa2	明治大学博物館	柳田原図
図9-1	福岡県吉武高木1号木棺墓	銅剣	BⅠb1	福岡市博物館	福岡市原図に加筆
図9-2	佐賀県吉野ヶ里 SJ1005	銅剣	BⅠb4	佐賀県立博物館	佐賀県原図に加筆
図9-3	佐賀県吉野ヶ里 SJ1009	銅剣	BⅠb1	佐賀県立博物館	佐賀県原図に加筆
図9-4	佐賀県切通	銅剣	BⅠb2	祐徳博物館	柳田原図
図9-5	山口県梶栗浜	銅剣	BⅠb1	東京国立博物館	柳田原図
図9-6	福岡県吉武高木116号甕棺墓	銅剣	BⅠb2	福岡市博物館	福岡市原図に加筆
図10-1	北朝鮮黒橋里	銅剣	BⅠc		小田・韓編1991
図10-2	韓国坪里洞	銅剣	BⅡa	国立慶州博物館	小田・韓編1991
図10-3	韓国坪里洞	銅剣	BⅡb	国立慶州博物館	小田・韓編1991
図10-4	福岡県須玖岡本王墓	銅剣	BⅡb	九州国立博物館	柳田原図
図11-1	伝韓国金海	銅剣	BⅣ	釜山市立博物館	小田・韓編1991
図11-2	韓国良洞里	銅剣	BⅣ	東義大学校博物館	東義大学校原図に加筆
図11-3	長崎県シゲノダン	銅剣	BⅣ	国立歴史民俗博物館	柳田原図
図11-4	福岡県高三潴塚崎御廟塚	銅剣	BⅣ	個人	柳田原図
図12-1	不明	触角式銅剣	AⅡ	慶應義塾大学	柳田原図
図12-2	佐賀県柏崎	触角式銅剣	BⅠa2	東京国立博物館	柳田原図
図13-1	不明	触角式銅剣	BⅠa4	大英博物館蔵	金1970
図13-2					小田1977
図14-1	伝韓国飛山洞	触角式銅剣	BⅠa4	湖巌博物館	湖巌博物館原図
図14-2	長崎県サカドウ	触角式銅剣	BⅠa4		
図15	北朝鮮將泉里	銅剣鋳型		国立中央博物館	梅原・藤田1974
図16	韓国草坪里①	銅剣鋳型	BⅠa/BⅠb		西谷正原図
図17	韓国草坪里②	銅剣鋳型	BⅠa/BⅠb		西谷正原図
図18	韓国草坪里③	銅剣鋳型	BⅠa		西谷正原図
図19	伝韓国霊岩 D01	銅剣鋳型	BⅠa	韓国基督教博物館	韓国基督教博物館2011
図20	伝韓国霊岩 D02	銅剣鋳型	BⅠa		
図21	伝韓国霊岩 D03	剣・戈鋳型	BⅠa		
図22	伝韓国霊岩 D04	剣・戈鋳型	BⅠa		
図23	伝韓国霊岩 D03～05	銅剣鋳型	BⅠa/BⅠb		柳田原図
図24	福岡県勝馬	銅剣鋳型	ⅡAa	志賀海神社	柳田原図
図25	福岡県八田2号	銅剣鋳型	Ⅲ	福岡市博物館	常松幹雄原図に加筆

図番号	遺跡名	遺物名	型式	所蔵	出典
図26-3	福岡県雀居9次	銅剣鋳型	ⅡAa	福岡市埋蔵文化財センター	福岡市原図に加筆
図26-5	福岡県西新町	銅剣鋳型	ⅡAa	福岡市埋蔵文化財センター	福岡市原図に加筆
図26-6	福岡県大谷	銅剣鋳型	ⅡAb	春日市教育委員会	春日市原図に加筆
図26-7	福岡県須玖岡本5次	銅剣鋳型	ⅡAa	春日市教育委員会	春日市原図に加筆
図27-8	福岡県須玖五反田1次	銅剣鋳型		春日市教育委員会	春日市原図に加筆
図27-9	福岡県須玖坂本5次	銅剣鋳型	ⅡBd	春日市教育委員会	春日市原図に加筆
図28-1	佐賀県本行3号	銅剣鋳型	ⅡAb	鳥栖市教育委員会	鳥栖市原図に加筆
図28-2	佐賀県本行4号	銅剣鋳型	ⅡBc	鳥栖市教育委員会	鳥栖市原図に加筆
図29-16-1	佐賀県姉Ⅳ区SK4004土坑	銅剣鋳型	ⅡCa	神埼市教育委員会	神埼市原図に加筆
図29-16-2	佐賀県姉Ⅶ区SK7土坑	銅剣鋳型	ⅡBa	神埼市教育委員会	神埼市原図に加筆
図30-17-1	佐賀県吉野ヶ里SJ0937墓坑	銅剣鋳型	ⅡAa	佐賀県立博物館	佐賀県原図に加筆
図30-17-3	佐賀県吉野ヶ里SK04土坑	銅剣鋳型	ⅡAa	佐賀県立博物館	佐賀県原図に加筆
図30-17-4	佐賀県吉野ヶ里包含層	銅剣鋳型	ⅡAa	佐賀県立博物館	佐賀県原図に加筆
図31-18	佐賀県物座	矛剣鋳型	ⅡAa	佐賀市教育委員会	佐賀市原図に加筆
図31-19-1	佐賀県土生11次河川跡	銅剣鋳型	ⅡBb	小城市教育委員会	小城市原図に加筆
図31-19-2	佐賀県土生12次河川跡	銅剣鋳型	BⅠa	小城市教育委員会	小城市原図に加筆
図31-A	島根県原山	銅剣鋳型	ⅡB	個人	松本岩雄原図
図31-B	岡山県田益田中	鋳型		岡山県教育委員会	柳田原図
図32-20	熊本県白藤	銅剣鋳型	ⅡA/ⅡB	熊本市教育委員会	柳田原図
図32-C	兵庫県田能4区土坑	銅剣鋳型	ⅡBc	尼崎市教育委員会	尼崎市原図に加筆
図33	大阪府鬼虎川62次整地層	銅剣鋳型	ⅡB	東大阪市教育委員会	大阪府原図に加筆
図34-1	福岡県樋渡75号甕棺墓	銅剣	BⅠa4大型	福岡市博物館	福岡市原図に加筆
図34-2	福岡県野方久保2次5号甕棺墓	銅剣	BⅠa4大型	福岡市博物館	福岡市原図に加筆
図34-3	佐賀県吉野ヶ里SJ1007	銅剣	BⅠa5大型	佐賀県立博物館	佐賀県原図に加筆
図34-4	兵庫県古津路14号	銅剣	BⅠa4大型	兵庫県立考古博物館	兵庫県原図に加筆
図34-5	韓国勒島B地区カ-245号住	銅剣	BⅠa4大型	釜山大学校博物館	柳田原図
図35-1	福岡県馬渡束ヶ浦E-2号甕棺墓	銅剣	ⅡAa2	古賀市教育委員会	柳田原図
図35-2	伝福岡県	銅剣	ⅡAa2	明治大学博物館	柳田原図
図35-3	佐賀県吉野ヶ里SJ1006	銅剣	ⅡAa4	佐賀県立博物館	佐賀県原図に加筆
図35-4	佐賀県宇木汲田12号甕棺墓	銅剣	ⅡAa2	佐賀県立博物館	岩永省三原図に加筆
図35-5	福岡県須玖岡本1次15号甕棺墓	銅剣	ⅡAa2	春日市教育委員会	春日市原図に加筆
図35-6	福岡県立石	銅剣	ⅡAa1	春日市教育委員会	春日市原図に加筆
図36-1	佐賀県鍋島本村南SP002土坑墓	銅剣	ⅡAa1	佐賀市教育委員会	佐賀市原図に加筆
図36-2	佐賀県宇木汲田12号甕棺墓	銅剣	ⅡAa2	佐賀県立博物館	柳田原図
図36-3	佐賀県釈迦寺	銅剣	ⅡAa1	武雄市教育委員会	吉田広原図に加筆
図36-4	佐賀県柚比本村SJ1148	銅剣	ⅡAa2	佐賀県教育委員会	佐賀県原図に加筆
図36-5	佐賀県高志神社	銅剣	ⅡAa1	神埼市教育委員会	神埼市原図に加筆
図37	佐賀県吉野ヶ里SJ1002	有柄式銅剣	ⅡAa2	佐賀県立博物館	佐賀県原図に加筆
図38-1	山口県梶栗浜石棺墓	銅剣	ⅡAa2	東京国立博物館	柳田原図
図38-2	伝島根県松江市竹矢町	銅剣	ⅡAa4	島根県立風土記の丘資料館	柳田原図
図38-3	伝島根県	銅剣	ⅡAa4	島根県立風土記の丘資料館	柳田原図
図38-4	愛媛県西番掛2号	銅剣	ⅡAa	土居町教育委員会	吉田広原図に加筆
図39	韓国密陽校洞13号木棺墓	銅剣	ⅡAb1	釜山大学校博物館	柳田原図
図40-1	愛媛県扇田	銅剣	ⅡBa2	福岡八幡宮	吉田広原図に加筆
図40-2	高知県波介1号	銅剣	ⅡBa2	東京国立博物館	柳田原図
図40-3	高知県波介2号	銅剣	ⅡBa1	東京国立博物館	柳田原図
図40-4	福岡県田熊石畑6号墓	銅剣	ⅡBa2	宗像市教育委員会	宗像市原図に加筆
図41-1	佐賀県柚比本村SJ1124	銅剣	ⅡBb1	佐賀教育委員会	佐賀県原図に加筆
図41-2	佐賀県柚比本村SJ1140	銅剣	ⅡBb1	佐賀県教育委員会	佐賀県原図に加筆
図41-3	佐賀県柚比本村SJ1114	銅剣	ⅡBb2	佐賀県教育委員会	佐賀県原図に加筆
図41-4	佐賀県柚比本村SJ1135	銅剣	ⅡBb1	佐賀県教育委員会	佐賀県原図に加筆
図41-5	佐賀県吉野ヶ里SJ1057	銅剣	ⅡBb1	佐賀県立博物館	佐賀県原図に加筆
図41-6	大分県浜4号	銅剣	ⅡBb1	九州歴史資料館	柳田原図
図42-1	兵庫県古津路2号	銅剣	ⅡBb	国立歴史民俗博物館	常松幹雄原図に加筆
図42-2	兵庫県古津路3号				
図42-3	兵庫県古津路7号				
図42-4	兵庫県古津路11号				
図42-5	兵庫県古津路4号				
図42-6	兵庫県古津路8号				
図43-1	福岡県上月隈	銅剣	ⅡBb2	福岡市博物館	榎本編2000
図43-2	高知県兎田八幡宮	銅剣	ⅡBb2	兎田八幡宮	吉田広原図に加筆
図44-1	福岡県三雲南小路王墓	有柄式銅剣	ⅡBc1	聖福寺	柳田編1985

青銅武器実測図一覧

図番号	遺跡名	遺物名	型式	所蔵	出典
図44-2	福岡県須玖岡本王墓	銅剣	ⅡBc1	九州国立博物館	柳田原図
図44-3	福岡県須玖岡本王墓	銅剣	ⅡBc1	九州国立博物館	柳田原図
図44-4	兵庫県古津路10号	銅剣	ⅡBc2	兵庫県立考古博物館	柳田原図
図44-5	兵庫県古津路1号	銅剣	ⅡBc2	国立歴史民俗博物館	柳田原図
図45-1	香川県瓦谷3号	銅剣	ⅡCa1	東京国立博物館	柳田原図
図45-2	香川県瓦谷6号	銅剣	ⅡCa1	東京国立博物館	柳田原図
図45-3	伝島根県横田八幡宮境内	銅剣	ⅡCa1	島根県立風土記の丘資料館	島根県原図に加筆
図45-4	島根県志谷奥6号	銅剣	ⅡCa1	島根県立風土記の丘資料館	島根県原図に加筆
図45-5	島根県志谷奥5号	銅剣	ⅡCa1	島根県立風土記の丘資料館	島根県原図に加筆
図46-1	香川県瓦谷8号	銅剣	ⅡCa	東京国立博物館	柳田原図
図46-2	香川県瓦谷7号	銅剣	ⅡCa	東京国立博物館	柳田原図
図46-3	香川県瓦谷2号	銅剣	Ⅲ	東京国立博物館	柳田原図
図47-B62	島根県神庭荒神谷B62	同笵銅剣	ⅡCb	島根県立古代出雲歴史博物館	島根県原図に加筆
図47-C81	島根県神庭荒神谷C81	同笵銅剣	ⅡCb	島根県立古代出雲歴史博物館	島根県原図に加筆
第6章					
図1-1	韓国葛洞1号土坑墓	剣・戈鋳型	ⅠAb	湖南文化財研究院	金他2005
図1-2	伝韓国霊岩	銅戈鋳型	ⅠAb	韓国基督教博物館	林1987
図2	伝韓国霊岩	銅戈鋳型	ⅠAb	韓国基督教博物館	柳田原図
図3-1	熊本県八ノ坪	銅戈鋳型	ⅡAa	熊本市教育委員会	春日市原図に加筆
図3-2	熊本県八ノ坪	銅戈鋳型	ⅡAa	熊本市教育委員会	春日市原図に加筆
図3-3	佐賀県鍋島本村南	銅戈鋳型	ⅡAa	佐賀市教育委員会	佐賀市原図に加筆
図3-4	佐賀県柚比平原・大久保	銅戈鋳型	ⅡAa	佐賀県教育委員会	佐賀県原図に加筆
図4-1	北朝鮮貞柏洞	銅戈	ⅠAa	東京国立博物館	柳田原図
図4-2	福岡県鹿部	銅戈	ⅠAb	古賀市教育委員会	柳田原図
図5	不明（D66）	銅戈	ⅠAa	韓国基督教博物館	柳田原図
図6	韓国入室里	銅戈	ⅠBa	東京国立博物館	柳田原図
図7-1	韓国九政洞	銅戈	ⅢB	国立慶州博物館	小田・韓1991
図7-2			ⅠBb		
図7-3			ⅠBb		
図8-1	伝韓国槐亭洞	銅戈	ⅠCa	東亜大学校博物館	柳田原図
図8-2	韓国飛山洞	銅戈	ⅠCa	湖巌美術館	湖巌美術館原図
図8-3	韓国坪里洞	銅戈	ⅠCb	東亜大学校博物館	小田・韓1991
図9-1	福岡県馬渡東ヶ浦2号甕棺墓	銅戈	ⅠAb	古賀市教育委員会	柳田原図
図9-2	福岡県吉武高木3号木棺墓	銅戈	ⅡAa	福岡市博物館	福岡市原図に加筆
図9-3	福岡県吉武大石1号木棺墓	銅戈	ⅡAa	福岡市博物館	福岡市原図に加筆
図9-4	伝大分市久原松崎	銅戈	ⅡAa	古代学協会	柳田原図
図10-1	佐賀県釈迦寺	銅戈	ⅡAb	武雄市教育委員会	吉田広原図に加筆
図10-2	佐賀県白壁	銅戈	ⅡB	みやき町教育委員会	柳田原図
図10-3	佐賀県安永田	銅戈	ⅡB	東京国立博物館	柳田原図
図11	大分県吹上6次4号甕棺墓	銅戈	ⅡB	日田市教育委員会	日田市原図に加筆
図12-1	熊本県中尾下原	銅戈	ⅢAa	山鹿市博物館	柳田原図
図12-2	福岡県元松原	銅戈	ⅢAa	個人	柳田原図
図12-3	福岡県有田2号甕棺墓	銅戈	ⅢAb	福岡市博物館	柳田原図
図12-4	福岡県久米23号甕棺墓	銅戈	ⅢAb	糸島市教育委員会	糸島市原図に加筆
図12-5	佐賀県宇木汲田17号甕棺墓	銅戈	ⅢAc	佐賀県立博物館	柳田原図
図13-1	佐賀県宇木汲田58号甕棺墓	銅戈	ⅢAc	佐賀県立博物館	柳田原図
図13-2	福岡県吉武大石53号甕棺墓	銅戈	ⅢAc	福岡市博物館	福岡市原図に加筆
図13-3	福岡県朝町竹重28号木棺墓	銅戈	ⅢAc	宗像市教育委員会	宗像市原図に加筆
図13-4	福岡県田熊石畑2号墓	銅戈	ⅢAa	宗像市教育委員会	宗像市原図に加筆
図14-1	福岡県水城	銅戈	ⅢB	九州歴史資料館	柳田原図
図14-2	福岡県須玖岡本13号甕棺墓	銅戈	ⅢB	福岡市博物館	柳田原図
図14-3	福岡県鎌田原9号甕棺墓	銅戈	ⅢB	嘉麻市教育委員会	嘉麻市原図に加筆
図15-1	福岡県鎌田原8号甕棺墓	銅戈	ⅣAa	嘉麻市教育委員会	嘉麻市原図に加筆
図15-2	福岡県須玖岡本	銅戈	ⅣAa	九州国立博物館	柳田原図
図15-3	福岡県ヒエデ1号	銅戈	ⅣAb	朝倉市教育委員会	伊崎俊秋原図に加筆
図16-1	韓国竹東里	銅戈	ⅢB	国立慶州博物館	柳田原図
図16-2	韓国龍田里	銅戈	ⅣAb	国立慶州博物館	報告書原図に加筆
図16-3	韓国龍田里	銅戈	ⅣAb	国立慶州博物館	報告書原図に加筆
図17-1	大分県吹上6次2号甕棺墓	銅戈	ⅣAb	日田市教育委員会	日田市原図に加筆
図17-2	熊本県真木1号	銅戈	ⅣAb	京都国立博物館	常松幹雄原図に加筆
図17-3	福岡県下山門2号	銅戈	ⅣAb	福岡市博物館	常松幹雄原図に加筆
図18-1	福岡県大板井	銅戈	ⅣAb	九州歴史資料館	柳田原図

389

図番号	遺跡名	遺物名	型式	所蔵	出典
図18-2	福岡県住吉神社	銅戈	IVAc	住吉神社	柳田原図
図18-3	福岡県ヒエデ3号	銅戈	IVAc	朝倉市教育委員会	伊崎俊秋原図に加筆
図19-1	和歌山県山地1号	銅戈	IVBa	東京国立博物館	吉田広原図に加筆
図19-2	和歌山県山地2号	銅戈	IVBb	東京国立博物館	吉田広原図に加筆
図19-3	和歌山県山地3号	銅戈	IVBb		吉田広原図に加筆
図20-1	長野県柳沢2号	銅戈	IVBa	長野県教育委員会	吉田広原図に加筆
図20-2	長野県柳沢6号	銅戈	IVBa		吉田広原図に加筆
図21	長野県柳沢7号	銅戈	IVBa		吉田広原図に加筆
図22	長野県柳沢3号	銅戈	IVBb		吉田広原図に加筆
図23	長野県柳沢4号	銅戈	IVBb		吉田広原図に加筆
図24-1	和歌山県山地4号	銅戈	IVBb	東京国立博物館	常松幹雄原図に加筆
図24-2	長野県柳沢5号	銅戈	IVBb	長野県教育委員会	吉田広原図に加筆
図25	長野県海ノ口神社	銅戈	IVBc1	海ノ口上諏訪神社	柳田原図
図26	長野県柳沢8号	銅戈	IVBc1	長野県教育委員会	吉田広原図に加筆
図27-1	兵庫県桜ヶ丘3号	銅戈	IVBc2	神戸市立博物館	吉田広原図に加筆
図27-2	兵庫県桜ヶ丘4号				吉田広原図に加筆
図27-3	兵庫県桜ヶ丘6号				吉田広原図に加筆
図28-1	兵庫県桜ヶ丘7号				吉田広原図に加筆
図28-2	大阪府瓜生堂	銅戈	IVBd	大阪府文化財調査研究センター	大阪府原図
図28-3	大阪府久宝寺	銅戈	IVBd	大阪府文化財調査研究センター	大阪府原図
図29-1	岡山県笠岡湾干拓地	鉄戈形銅戈	IVCa	笠岡市教育委員会	吉田広原図に加筆
図29-2	広島県宮内鉾ヶ峯	鉄戈形銅戈	IVCb	御調八幡宮	吉田広原図に加筆
図29-3	韓国茂溪里3号木棺墓	鉄戈形銅戈	IVCa	東亜細亜文化財研究院	柳田原図
図30-1	韓国松堂里	銅戈	IAb	韓国基督教博物館	柳田原図
図30-2	不明	銅戈	IAa	韓国基督教博物館	柳田原図
図31	佐賀県櫟木	銅戈鋳型	IVAb	東京国立博物館	柳田原図
図32	福岡県八田3号	銅戈鋳型	IVAc	明治大学博物館	明治大学原図に加筆
図33	福岡県八田4号	銅戈鋳型	IVAc	福岡市博物館	常松1998
図34	福岡県八田5号	銅戈鋳型	IVAc	福岡市博物館	常松幹雄原図に加筆
図35-1	福岡県那珂23次SD44	銅戈鋳型	IVAc	福岡市埋蔵文化財センター	福岡市原図に加筆
図35-2	福岡県下月隈C7次	銅戈鋳型	IVAc	福岡市埋蔵文化財センター	福岡市原図に加筆
図36	兵庫県雲井包含層	銅戈鋳型	IVBa	神戸市教育委員会	神戸市原図に加筆
図37	滋賀県服部SH058住居跡	銅戈鋳型	IVBa	守山市教育委員会	吉田広原図に加筆
図38	大阪府東奈良	銅戈土鋳型	IVBc	茨木市文化財資料館	柳田原図
図39-1	伝韓国慶尚北道	銅戈		湖巌美術館	湖巌美術館1997
図39-2		銅矛			
図39-3		銅戈	IVBa		
図39-4		銅竿頭鈴			
第7章					
図1-1	韓国金海貝塚3号甕棺墓	銅剣1	IIAa4	不明	榧本1958
図1-2		銅剣2	BIa0		
図1-3・4		銅鉇			
図2-1	不明	銅剣	BIa0	韓国基督教博物館	韓国基督教博物館2011
図2-2	不明	銅剣	BIa0	韓国基督教博物館	
図3	韓国襄陽釘岩里	銅剣	BIa1		宮井2003
図4	福岡県吉武高木3号木棺墓	銅剣	BIa1	福岡市博物館	柳田原図
図5	不明	銅戈	IAa	韓国基督教博物館	韓国基督教博物館2011
図6	福岡県須玖岡本久我屋敷	銅戈	IIAb	天理大学参考館	岩永1980aに加筆
図7	福岡県吉武大石140号甕棺墓	銅剣	BIa1	福岡市博物館	福岡市1996
図8-1	福岡県安徳台	銅矛鋳型	IIA/IIB	那珂川町教育委員会	柳田原図
図8-2	佐賀県中原SJ11247	銅矛	IIAa1	佐賀県教育委員会	柳田原図
図8-3	伝韓国霊岩	銅矛鋳型	IA	韓国基督教博物館	柳田原図
図8-4	福岡県吉武高木3号木棺墓	銅矛	IIAa1	福岡市博物館	福岡市原図に加筆
図8-5	佐賀県中原SJ11247	銅矛	IIAa1	佐賀県教育委員会	柳田原図
図8-6	伝韓国霊岩	銅剣鋳型	BIa	韓国基督教博物館	柳田原図
図8-7	福岡県吉武高木3号木棺墓	銅剣	BIa1	福岡市博物館	福岡市原図に加筆
図8-8	佐賀県宇木汲田11号甕棺墓	銅剣	BIa2	佐賀県立博物館	柳田原図
図8-9	福岡県勝馬	銅剣鋳型	IIAa	志賀海神社	柳田原図
図8-10	福岡県須玖岡本1次15号甕棺墓	銅剣	IIAa2	春日市教育委員会	春日市原図に加筆
図8-11	伝韓国霊岩	銅戈鋳型	IAb	韓国基督教博物館	柳田原図
図8-12	韓国松堂里	銅戈	IAb	韓国基督教博物館	柳田原図
図8-13	福岡県馬渡束ヶ浦2号甕棺墓	銅戈	IAb	古賀市教育委員会	柳田原図

青銅武器実測図一覧

図番号	遺跡名	遺物名	型式	所蔵	出典
図 8-14	佐賀県鍋島本村南	銅戈鋳型	ⅡA	佐賀市教育委員会	佐賀市原図に加筆
図 8-15	福岡県吉武高木 3 号木棺墓	銅戈	ⅡAa	福岡市博物館	福岡市原図に加筆
図 8-16	福岡県吉武大石 1 号木棺墓	銅戈	ⅡAa	福岡市博物館	柳田原図
図 9-1	佐賀県庄原	銅鉇鋳型		添田町教育委員会	片岡 1999
図 9-2	佐賀県土生	銅鉇鋳型		小城市教育委員会	片岡 1999
第 8 章					
図 1-1	福岡県田熊石畑 7 号墓	銅剣	BⅠa4	宗像市教育委員会	宗像市原図に加筆
図 1-2	福岡県元松原	銅矛	ⅡDa	個人	柳田原図
図 1-3	福岡県金丸 2 号土坑墓	銅剣	ⅡBb4	遠賀町教育委員会	柳田原図
図 1-4	福岡県小倉城家老屋敷石棺墓	銅剣	BⅠa4	北九州市教育委員会	吉田広原図に加筆
図 2-1	福岡県朝町竹重 28 号木棺墓	銅矛切先	ⅡB1	宗像市教育委員会	宗像市原図に加筆
図 2-2	福岡県朝町竹重 28 号木棺墓	銅戈	ⅢAc		
図 2-3	福岡県久原Ⅳ区 1 号土坑墓	銅矛	ⅡDa		
図 2-4	福岡県久原Ⅳ区 1 号土坑墓	銅剣	BⅠa4		
図 3-1	福岡県馬渡束ヶ浦 2 号甕棺墓	銅矛	ⅡB1	古賀市教育委員会	古賀市原図に加筆
図 3-2		銅剣	BⅠa2		
図 3-3		銅剣	ⅡAa2		
図 3-4		銅戈	ⅠAb		
図 4-1	福岡県吉武高木 3 号木棺墓	銅戈	ⅡAa	福岡市博物館	福岡市原図に加筆
図 4-2	福岡県吉武大石 67 号甕棺墓	銅矛	ⅡA	福岡市博物館	福岡市原図に加筆
図 4-3	福岡県吉武高木 4 号木棺墓	銅剣	BⅠb5	福岡市博物館	福岡市原図に加筆
図 4-4	佐賀県宇木汲田 18 号甕棺墓	銅剣	ⅡAa	佐賀県立博物館	岩永省三原図に加筆
図 5-1	福岡県吉武遺跡群 1 次 88 号甕棺墓	銅剣切先	BⅠa	福岡市埋蔵文化財センター	柳田原図
図 5-2	福岡県西新町 C 地区 19 号甕棺墓	銅剣切先		福岡市埋蔵文化財センター	柳田原図
図 5-3	福岡県隈・西小田 296 号甕棺墓	銅剣切先		筑紫野市教育委員会	柳田原図
図 5-4	福岡県隈・西小田 61 号甕棺墓	銅剣切先	BⅠa	筑紫野市教育委員会	柳田原図
図 5-5	福岡県原田 8 号土坑墓	銅剣切先		嘉麻市教育委員会	嘉麻市原図に加筆
図 5-6	佐賀県柚比梅坂 SJ1088	銅剣切先		佐賀県教育委員会	佐賀県原図に加筆
図 5-7	佐賀県東山田一本杉 SJ075	銅剣切先	BⅠa	佐賀県教育委員会	佐賀県原図に加筆
図 5-8	佐賀県高志神社 SJ018	銅剣切先	ⅡBc	神埼市教育委員会	神埼市原図に加筆
図 5-9	兵庫県玉津田中	銅剣切先		兵庫県教育委員会	柳田原図
図 5-10	佐賀県宇木汲田 32 号甕棺墓	銅剣切先	BⅠa	佐賀県立博物館	柳田原図
図 5-11	岡山県広江浜	銅剣切先	ⅡA	倉敷考古館	柳田原図
図 5-12	岡山県南方蓮田	銅剣切先		岡山市教育委員会	吉田広原図に加筆
図 5-13	岡山県南方釜田	銅剣切先	ⅡBb	岡山市教育委員会	吉田広原図に加筆
図 5-14	佐賀県津留 SP024	銅剣切先	BⅠa	佐賀県教育委員会	佐賀県原図に加筆
図 5-15	福岡県鎌田原 2 号木棺墓	銅剣切先	BⅠa	嘉麻市教育委員会	嘉麻市原図に加筆
図 5-16	福岡県田熊仲尾	銅剣切先	ⅡBc	関西大学	柳田原図
図 5-17	福岡県鐘崎上八	銅剣切先	BⅠa 超大型	関西大学	柳田原図
図 5-18	佐賀県吉野ヶ里Ⅴ区	銅剣切先	BⅣ	佐賀県教育委員会	佐賀県原図に加筆
図 5-19	熊本県天神免採集	銅剣切先	BⅠa	山鹿市博物館	柳田原図
図 5-20	京都府神足溝	銅剣切先	ⅡBb	長岡京市教育委員会	柳田原図
図 6-1	福岡県樋渡墳丘墓単独	銅剣	BⅠa5	福岡市博物館	福岡市原図に加筆
図 6-2	福岡県今宿	改変銅剣	BⅠa5 大型	福岡市博物館	柳田原図
図 6-3	長野県若宮箭塚	改変銅剣	ⅡBa5	千曲市さらしなの里歴史資料館	柳田原図
図 6-4	伝愛知県上志段味	改変銅剣	ⅡC5	名古屋市博物館	柳田原図
図 6-5	岡山県由加 4 号	改変銅剣	ⅡC5	岡山県立博物館	古田広原図に加筆
図 6-6	岡山県別所勝負田	改変銅剣	ⅡBb5	岡山大学	柳田原図
図 7	福岡県東小田峯 376 号甕棺墓	銅剣	BⅠb2	筑前町教育委員会	柳田原図
図 8	島根県真名井	銅戈	ⅣAb	出雲大社	常松幹雄原図に加筆
図 9-1	熊本県中尾下原 59 号甕棺墓	銅戈	ⅢAa	山鹿市博物館	岩永省三原図に加筆
図 9-2	福岡県河原田塔田 1 号土坑墓	銅戈切先	ⅢAa	豊前市教育委員会	豊前市原図に加筆
図 9-3	奈良県多	銅戈切先	BⅣ	桜井市教育委員会	桜井市原図に加筆
図 9-4	大阪府瓜生堂	銅戈	ⅣBd	大阪府立弥生文化博物館	大阪原図に加筆
図 10	滋賀県下之郷	銅剣	ⅡBd	守山市教育委員会	吉田広原図に加筆
図 11	長崎県原の辻旧河川	銅剣片	BⅠb1	長崎県原の辻博物館	長崎県原図に加筆
図 12-1	福岡県笠抜貯水遺構	銅矛片	Ⅲ	福岡市埋蔵文化財センター	柳田原図
図 12-2	福岡県鬼木鉾立	銅矛耳	ⅢA	豊前市教育委員会	豊前市原図に加筆
図 12-3	福岡県鬼木四反田	銅戈	Ⅴ	豊前市教育委員会	豊前市原図に加筆
図 13	福岡県辻	破砕銅矛	Ⅳ	九州歴史資料館	小池編 1979
図 14	長崎県原の辻表土	銅矛	Ⅳ	長崎県原の辻	長崎県 2005
図 15	福岡県釣川川床	銅矛	Ⅳ	福岡県宗像高等学校	武末 2011

著者紹介

柳田 康雄（やなぎだ　やすお）

＜略歴＞
- 1943 年　福岡県福岡市に生まれる
- 1962 年　福岡県立朝倉高等学校卒業
- 1966 年　國學院大學文学部史学科卒業
- 1967 年　福岡県教育庁採用
- 1999 年　福岡県教育庁文化財保護課長
- 2001 年　九州歴史資料館副館長
- 2003 年　國學院大學博士（歴史学）取得
- 2003 年　福岡県教育庁退職
- 2013 年　國學院大學文学部教授退職
- 2006 年から現在　久留米大学経済学部非常勤講師

＜主要著書＞
- 2000 年　『伊都国を掘る』大和書房
- 2002 年　『九州弥生文化の研究』学生社
- 2012 年　『東日本の弥生時代青銅器祭祀の研究』雄山閣（編著）
- 2013 年　『弥生時代政治社会構造論』雄山閣（編著）

2014 年 3 月 25 日 初版発行　　　　　　　　　　　《検印省略》

日本・朝鮮半島の青銅武器研究

著　者	柳田康雄
発行者	宮田哲男
発行所	株式会社 雄山閣
	〒 102-0071　東京都千代田区富士見 2-6-9
	TEL　03-3262-3231㈹／FAX 03-3262-6938
	URL　http://www.yuzankaku.co.jp
	e-mail　info@yuzankaku.co.jp
	振替：00130-5-1685
印刷・製本	株式会社ティーケー出版印刷

©Yasuo Yanagida 2014　　　　　　　　　ISBN978-4-639-02299-2 C3021
Printed in Japan　　　　　　　　　　　　N.D.C.210　391p　27cm